iCUBE-핵심 ERP

KB149237

2024

정보관리사 ERP

김혜숙 · 김진우 · 임상종 지음

회계 1급

SAMIL | 삼일회계법인
삼일인포마인

머리말

우리나라 대부분의 기업들이 ERP 시스템을 도입하였거나, 도입을 검토하고 있는 현실에서 한국생산성본부(KPC)에서는 ERP 시스템의 운용과 정보관리에 필요한 인력을 확충하기 위하여 국가공인 ERP 정보관리사 자격시험, ERP Master 제도 및 ERP 공인강사 PTE(Professional Trainer for ERP) 제도를 시행하고 있다.

ERP 정보관리사 자격시험은 국내 최초로 국가가 인정한 비즈니스 전문 자격시험으로 공기업 및 민간기업의 취업에서 가산점이 부여될 만큼 '실무와 취업에 강한 자격증'으로 자리매김하고 있다.

본 교재는 산업현장에서 다년간 ERP를 구축한 사례와 오랜 강의 경험을 바탕으로 집필하였기에 실무자에게는 ERP 실무 적응에 도움을 주며, ERP 정보관리사 자격시험을 준비하는 수험생들에게는 합격을 보장하는 지침서가 될 것이다.

본 교재의 특징은

첫째, 최근 기출문제 분석을 통한 다양한 신규출제 문제 반영!
기출문제를 철저히 분석한 유형별 연습문제와 신규출제 문제를 충실히 반영하였기에 모든 수험생들이 이론 및 실무영역 모두 완벽하게 시험에 대비하도록 구성하였으며, 혼자 공부하는 수험생을 위해서 해설과 풀이를 충실하게 하였다.

둘째, 다양한 사례를 통해 실무 적응 및 응용력 상승!
더존 ICT그룹이 개발하여 보급하고 있는 핵심ERP 실습을 교육현장에서도 쉽게 접근할 수 있도록 다양한 사례를 제공하였으며, 사례실습을 통해 ERP 시스템의 핵심적인 기능과 프로세스를 익혀 실무에서의 적응 및 응용력을 높일 수 있도록 하였다.

셋째, 국가직무능력표준(NCS, National Competency Standards)으로 교재 구성!
NCS에 맞추어 산업현장에서 직무를 성공적으로 수행하기 위해 요구되는 능력을 갖출 수 있도록 내용을 구성하였다.

넷째, 교재 핵심ERP 실무 부분의 백데이터를 장별로 제공하여 원하는 곳부터 실습이 가능!
수험생과 강의하는 분들의 편의를 위해 수강을 못한 경우에도 큰 무리가 없도록 핵심ERP 실무 부분의 내용 중 원하는 곳부터 실습할 수 있도록 백데이터를 구분 제공하였다.

본 교재를 통해 산업현장의 실무자의 실무적응 능력을 높임과 동시에, ERP 정보관리사 자격시험을 준비하는 수험생들이 자격증 취득을 바탕으로 ERP 전문인력으로 거듭날 수 있기를 바란다.

끝으로 본 교재를 출간하도록 도와주신 삼일인포마인 이희태 대표이사님을 비롯한 관계자와 바쁘신 일정 속에서 시간을 내어 꼼꼼한 감수작업을 해주신 감수자분들께 깊은 감사를 드리고, 앞으로도 계속 노력하여 보다 충실한 교재로 거듭날 것을 약속드리며, 독자들의 충고와 질책을 바라는 바이다.

저자 일동

ERP 정보관리사 자격시험 안내

1. ERP 정보관리사란?

ERP 정보관리사 자격시험은 한국생산성본부가 주관하여 시행하고 있으며, 기업정보화의 핵심인 ERP 시스템을 효율적으로 운용하기 위해 필요한 이론과 실무적 지식을 습득하여 ERP 전문인력 양성을 목적으로 하는 국가공인 자격시험이다.

2. 시험일정

2024년 ERP 정보관리사 자격시험 일정표					
회차	시험일	온라인접수	방문접수	수험표공고	성적공고
제1회	01.27.	23.12.27.~24.01.03.	01.03.	01.18.	02.13.
제2회	03.23.	02.21.~02.28.	02.28.	03.14.	04.09.
제3회	05.25.	04.24.~05.02.	05.02.	05.16.	06.11.
제4회	07.27.	06.26.~07.03.	07.03.	07.18.	08.13.
제5회	09.28.	08.28.~09.04.	09.04.	09.19.	10.15.
제6회	11.23.	10.23.~10.30.	10.30.	11.14.	12.10.

3. 시험시간 및 종목

교시	구분	시험시간	과목	응시자격
1교시	이론	09:00 ~ 09:40 (40분)	회계 1급, 회계 2급 생산 1급, 생산 2급 (위 과목 중 택1)	응시제한 없음
	실무	09:45 ~ 10:25 (40분)		
2교시	이론	11:00 ~ 11:40 (40분)	인사 1급, 인사 2급 물류 1급, 물류 2급 (위 과목 중 택1)	
	실무	11:45 ~ 12:25 (40분)		

- 시험방식: CBT(Computer Based Testing) 및 IBT(Internet Based Testing) 방식
- 같은 교시의 응시과목은 동시신청 불가(예: 회계, 생산모듈은 동시 응시 불가)

4. 합격기준

구분	합격점수	문항 수
1급	평균 70점 이상(단, 이론 및 실무 각 60점 이상 시)	이론 32문항, 실무 25문항 (인사모듈 이론은 33문항)
2급	평균 60점 이상(단, 이론 및 실무 각 40점 이상 시)	이론 20문항, 실무 20문항

5. 응시료 및 납부방법

구분	1과목	2과목	응시료 납부방법
1급	40,000원	70,000원	전자결제
2급	28,000원	50,000원	

- 동일 등급 2과목 응시 시 응시료 할인(단, 등급이 다를 경우 개별적인 응시료 적용)

6. ERP 회계 1급 출제기준(이론 32문항, 실무 25문항)

구분	과목	배점	문항별 점수 × 문항 수
이론	경영혁신과 ERP	10	2점(객관식) × 5문항
	재무회계의 이해	39	3점(객관식) × 9문항 / 4점(주관식) × 3문항
	세무회계의 이해	30	3점(객관식) × 6문항 / 4점(주관식) × 3문항
	관리회계의 이해	21	3점(객관식) × 3문항 / 4점(주관식) × 3문항
	소　계	100	2점(객관식) × 5문항 / 3점(객관식) × 18문항 / 4점(주관식) × 9문항
실무	ERP 회계 기본정보관리	12	4점(객관식) × 3문항
	ERP 재무회계 프로세스의 이해	44	4점(객관식) × 11문항
	ERP 세무회계 프로세스의 이해	24	4점(객관식) × 6문항
	ERP 원가회계 프로세스의 이해	20	4점(객관식) × 5문항
	소　계	100	4점(객관식) × 25문항

차 례

제1부 경영혁신과 ERP

제1장 경영혁신과 ERP / 11

01 ERP 개념과 등장 / 12

02 ERP 발전과정과 특징 / 15

03 ERP 도입과 구축 / 18

04 확장형 ERP / 24

05 4차 산업혁명과 스마트(차세대) ERP / 28

제2부 회계이론의 이해

제1장 재무회계의 이해 / 39

01 재무회계의 기초 / 41

02 재무제표의 이해 / 46

03 회계의 순환과정 / 51

04 당좌자산 / 56

05 재고자산 / 62

06 투자자산 / 68

07 유형자산 / 72

08 무형자산 / 77

09 기타비유동자산 / 80

10 부채 / 81

11 자본 / 86

12 수익과 비용 / 89

제2장 세무회계의 이해 / 95

01 부가가치세의 이론 / 97

02 법인세의 이론 / 114

제3장 원가 및 관리회계의 이해 / 131

01 원가 및 관리회계의 이해 / 133

02 원가계산 / 141

03 관리회계 / 148

제3부 핵심ERP 이해와 활용

핵심ERP 설치와 DB 관리 / 157

제1장 회계정보시스템 운용(0203020105_20v4) / 165

01 회계 관련 DB마스터 관리하기(NCS 능력단위요소명) / 168

02 회계프로그램 운용하기(NCS 능력단위요소명) / 196

제2장 전표관리(0203020101_20v4) / 205

01 회계상 거래 인식하기(NCS 능력단위요소명) / 209

02 전표 작성하기(NCS 능력단위요소명) / 212

제3장 자금관리(0203020102_20v4) / 235

01 현금 시재 관리하기(NCS 능력단위요소명) / 238

02 어음 · 수표 관리하기(NCS 능력단위요소명) / 255

제4장   부가가치세 신고(0203020205_23v6) / 267

01 세금계산서 발급 · 수취하기(NCS 능력단위요소명) / 270

02 부가가치세 신고하기(NCS 능력단위요소명) / 289

03 부가가치세 부속서류 작성하기(NCS 능력단위요소명) / 295

제5장   결산처리(0203020104_23v5) / 321

01 결산분개하기(NCS 능력단위요소명) / 324

02 장부마감하기(NCS 능력단위요소명) / 345

03 재무제표 작성하기 / 346

제4부   합격 문제풀이

제1장   유형별 연습문제 / 359

01 ERP 시스템의 이해 / 361

02 재무회계의 이해 / 373

03 세무회계의 이해 / 390

04 원가 및 관리회계의 이해 / 400

제2장   최신 기출문제 / 411

01 2024년 1회(2024년 1월 27일 시행) / 413

02 2023년 6회(2023년 11월 25일 시행) / 426

03 2023년 5회(2023년 9월 23일 시행) / 439

04 2023년 4회(2023년 7월 22일 시행) / 452

05 2023년 3회(2023년 5월 27일 시행) / 466

06 2023년 2회(2023년 3월 28일 시행) / 479

07 2023년 1회(2023년 1월 28일 시행) / 492

08 2022년 6회(2022년 11월 26일 시행) / 505

09 2022년 5회(2022년 9월 24일 시행) / 518

10 2022년 4회(2022년 7월 23일 시행) / 530

제3장   합격문제 답안 / 543

01 유형별 연습문제 / 545

02 최신 기출문제 / 564

제**1**부

경영혁신과 ERP

제1장

경영혁신과 ERP

01 ERP 개념과 등장

1.1 ERP의 개념

ERP(Enterprise Resource Planning)란 우리말로 '전사적 자원관리', '기업 자원관리', '통합정보시스템' 등 다양한 명칭으로 불리우고 있다. ERP는 선진 업무프로세스(Best Practice)를 기반으로 최신의 IT(Information Technology)기술을 활용하여 영업, 구매, 자재, 생산, 회계, 인사 등 기업 내 모든 업무를 실시간 및 통합적으로 관리할 수 있는 통합정보시스템이다.

ERP라는 용어를 처음으로 사용한 미국의 정보기술 컨설팅회사인 가트너그룹은 ERP를 '제조, 물류, 회계 등 기업 내의 모든 업무기능이 조화롭게 운영될 수 있도록 지원하는 애플리케이션의 집합'이라고 정의하였다. 또한 미국생산관리협회에서는 '기존의 MRP Ⅱ 시스템과는 차별화된 것이며, 최신의 정보기술을 수용하고 고객 주문에서부터 제품 출하까지의 모든 자원을 효율적으로 관리하는 회계지향적인 정보시스템'으로 정의하고 있다.

1.2 ERP의 구성

ERP는 기업에서 영업, 구매/자재, 생산, 품질, 원가, 회계, 인사 등 정보생성의 단위업무 시스템이 하나의 통합시스템으로 구성되어 있다. 각 모듈에서 발생된 거래내역은 최종적으로 회계모듈로 전송되어 재무제표 작성까지 연결된다.

대부분의 ERP 시스템은 환경설정과 기준정보관리 등을 담당하는 시스템관리 모듈과 영업, 구매, 생산, 회계, 인사 등의 단위업무별 모듈과 경영진 및 관리자들을 위한 경영정보 모듈로 구성되는 것이 일반적이다. ERP의 주요 구성은 다음과 같이 나타낼 수 있다.

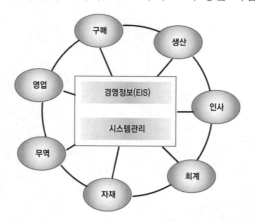

경영혁신과 ERP의 등장

20세기 후반부터 세계 각국의 본격적인 경제개방으로 인해 기업의 경영환경은 급변하게 되었다. 시장은 세계화되고 경쟁이 심화되면서 기업은 생존을 위해 혁신이 필수적인 것으로 이해되고 있으며, 실제로 대부분의 기업 경영자들은 경영혁신을 핵심적인 경쟁전략으로 채택하고 있다.

기업들은 경영혁신을 위해 BPR(Business Process Re-engineering), 다운사이징(Downsizing), JIT(Just in Time), TQM(Total Quality Management) 등 다양한 혁신기법들을 도입하여 실행하고 있다. 그러나 BPR(업무프로세스 재설계)을 실행한 상당수의 기업들이 혁신에 실패하거나 그 성과에 대해 만족하지 못하였다.

그 이유는 업무효율성을 극대화할 수 있도록 업무프로세스를 재설계하였으나, 여전히 부서 간의 커뮤니케이션이 단절되고 일부 반복적인 중복업무의 발생 등으로 인해 큰 성과를 내지 못한 것이다.

이러한 결과를 초래한 가장 큰 이유는 기존의 전통적인 정보시스템은 생산, 물류, 회계, 인사 등 각 시스템이 기능별 단위업무에 초점을 두어 기능별 최적화는 가능하였으나 데이터의 통합성이 결여되어 기업 전체적인 차원에서의 최적화는 어려웠던 것이다. 따라서 이러한 전통적인 정보시스템이 내포하고 있는 한계점을 극복하고 경영혁신의 성과를 극대화하는데 필요한 통합정보시스템 ERP가 등장하게 되었다.

전통적인 정보시스템(MIS)과 ERP는 목표와 업무처리 방식 등 다양한 측면에서 다음과 같은 큰 차이를 보이고 있다.

구 분	전통적인 정보시스템(MIS)	E R P
목 표	부분 최적화	전체 최적화
업무범위	단위업무	통합업무
업무처리	기능 및 일 중심(수직적 처리)	프로세스 중심(수평적 처리)
접근방식	전산화, 자동화	경영혁신 수단
전산화 형태	중앙집중 방식	분산처리 방식
의사결정방식	Bottom-Up(상향식), 상사	Top-Down(하향식), 담당자
설계기술	3GL, 프로그램 코딩에 의존	4GL, 객체지향기술
시스템구조	폐쇄성	개방성, 확장성, 유연성
저장구조	파일시스템	관계형데이터베이스(RDBMS)

개념 익히기

■ **업무프로세스 재설계(BPR: Business Process Re-engineering)**

비용, 품질, 서비스, 속도와 같은 핵심적 부분에서 극적인 성과를 이루기 위해 기업의 업무프로세스를 기본적으로 다시 생각하고 근본적으로 재설계하는 것으로, BPR은 모든 부분에 걸쳐 개혁을 하는 것이 아니라 중요한 비즈니스 프로세스, 즉 핵심프로세스를 선택하여 그것들을 중점적으로 개혁해 나가는 것이다.

■ **프로세스 혁신(PI: Process Innovation)**

PI는 정보기술을 활용한 리엔지니어링을 의미하며, ERP 시스템이 주요도구로 활용될 수 있다. 기업의 업무처리 방식, 정보기술, 조직 등에서 불필요한 요소들을 제거하고 효과적으로 재설계함으로써 기업의 가치를 극대화하기 위한 경영기법이라 할수 있다.

■ **업무프로세스 개선(BPI: Business Process Improvement)**

ERP 구축 전에 수행되는 것으로, 단계적인 시간의 흐름에 따라 비즈니스 프로세스를 개선해가는 점증적 방법

02 ERP 발전과정과 특징

2.1 ERP의 발전과정

ERP는 1970년대에 등장한 MRP(Material Requirement Planning: 자재소요계획)가 시초가 되어 경영 및 IT 환경의 변화에 따라 지속적으로 발전하게 되었다.

① 1970년대의 MRP Ⅰ(Material Requirement Planning: 자재소요계획)은 기준생산 계획과 부품구성표, 재고정보 등을 근거로 재고감소를 목적으로 개발된 단순한 자재 수급관리 정보시스템이다. MRP Ⅰ은 종속적인 수요를 가지는 품목의 재고관리시스 템으로 구성 품목의 수요를 산출하고 필요한 시기를 추적하며, 품목의 생산 혹은 구매에 사용되는 리드타임을 고려하여 작업지시 혹은 구매주문을 하기 위한 재고통제 시스템으로 개발된 것이다.

② 1980년대에 등장한 MRP Ⅱ(Manufacturing Resource Planning: 제조자원계획)는 MRP Ⅰ의 자재수급관리뿐만 아니라 제조에 필요한 자원을 효율적으로 관리하기 위한 것으로 확대되었다. MRP Ⅱ는 생산에 필요한 모든 자원을 효율적으로 관리하기 위하여 이전 단계의 개념이 확대된 개념으로서 시스템이 보다 확장되어 생산능력이나 마케팅, 재무 등의 영역과 다양한 모듈과 특징들이 추가된 새로운 개념이다.

③ 1990년대 ERP(Enterprise Resource Planning: 전사적 자원관리)는 MRP Ⅱ의 제조자원뿐만 아니라 영업, 회계, 인사 등 전사적인 차원의 관리를 위한 시스템이다.

④ 2000년대 이후에는 확장형 ERP(EERP – Extended ERP)라는 이름으로 기존 ERP 의 고유기능 확장뿐만 아니라 e–business 등 다양한 분야의 정보시스템과 연결하는 등 협업체제의 시스템으로 확장되었다.

ERP의 발전과정과 각 연대별 정보시스템이 추구하는 목표와 관리범위를 요약하면 다음과 같다.

[ERP의 발전과정과 특징]

MRP Ⅰ (1970년대)	MRP Ⅱ (1980년대)	E R P (1990년대)	확장형 ERP (2000년대)
자재수급관리 (재고의 최소화)	제조자원관리 (원가절감)	전사적 자원관리 (경영혁신)	기업간 최적화 (Win-Win)

2.2 ERP의 기능적 특징

구분	세부내용
글로벌 대응(다국적, 다통화, 다언어)	글로벌 기업이 사용하는 ERP는 국가별로 해당 언어와 통화 등 각국의 상거래 관습, 법률 등을 지원한다.
중복업무의 배제 및 실시간 정보처리체계 구축	조직 내에서 공통적으로 사용하는 거래처, 품목정보 등 마스터데이터는 한 번만 입력하면 되고, 입력된 데이터는 실시간 서로 공유한다.
선진 비즈니스 프로세스 모델에 의한 BPR 지원	선진 업무프로세스(Best Practice)가 채택되어 있기 때문에, ERP의 선진 업무프로세스를 적용함으로써 자동적으로 경영혁신(BPR) 효과를 볼 수 있다.
파라미터 지정에 의한 프로세스 정의	자사의 업무처리 프로세스에 맞도록 옵션설정 등을 할 수 있으며, 조직 변경이나 프로세스 변경이 있을 시에 유연하게 대처할 수 있다.
경영정보 제공 및 경영조기경보체계 구축	실시간(Real Time) 처리되는 기업의 경영현황을 파악할 수 있으며, 리스크관리를 통해 위험을 사전에 감지할 수 있다.
투명 경영의 수단으로 활용	조직을 분권화하고 상호견제 및 내부통제제도를 강화하여 부정의 발생을 사전에 예방할 수 있다.
오픈-멀티벤더 시스템	특정 하드웨어나 운영체제에만 의존하지 않고 다양한 애플리케이션과 연계가 가능한 개방형 시스템이다.

개념 익히기

■ 선진 업무프로세스(Best Practice)

Best Practice란 업무처리에 있어 여러 방법들이 있을 수 있으나 그 어떤 다른 방법으로 처리한 결과보다 더 좋은 결과를 얻어낼 수 있는 표준 업무처리 프로세스를 의미한다.

■ 파라미터(Parameter)

프로그램 소스에 코딩하는 것이 아니라 프로그램상의 특정 기능을 사용하여 조직의 변경이나 프로세스 변경에 유연하게 대응하기 위한 것이다.

ERP의 기술적 특징

구분	세부내용
4세대 언어로 개발	Visual Basic, C++, Power Builder, Delphi, Java 등과 같은 4세대 언어로 개발되었다.
관계형 데이터베이스 시스템(RDBMS) 채택	원장형 통합데이터베이스 구조를 가지며, 관계형 데이터베이스시스템(RDBMS: Relational DataBase Management System)이라는 소프트웨어를 사용하여 데이터의 생성과 수정 및 삭제 등의 모든 관리를 한다. 대표적으로 MS SQL, Oracle, Sybase 등이 있다.
객체지향기술 사용	객체지향기술(OOT: Object Oriented Technology)은 공통된 속성과 형태를 가진 데이터와 프로그램을 결합하여 모듈화한 후 이를 다시 결합하여 소프트웨어를 개발하는 기술이다. 시스템 업그레이드, 교체 등의 경우에 전체적으로 변경하지 않고 필요한 모듈만 변경이 가능하다.
인터넷 환경의 e-비즈니스를 수용할 수 있는 Multi-Tier 환경 구성	클라이언트서버(C/S) 시스템을 통하여 업무의 분산처리가 가능하며, 웹과의 연동으로 e-비즈니스를 수용한다. 웹서버, ERP 서버 등의 Multi-Tier 환경을 구성하여 운영할 수 있다.

03 ERP 도입과 구축

ERP 도입의 성공여부는 BPR을 통한 업무개선이 중요하며 BPR은 원가, 품질, 서비스, 속도와 같은 주요 성과측정치의 극적인 개선을 위해 업무프로세스를 급진적으로 재설계하는 것이라고 정의할 수 있다. 따라서 ERP를 도입하여 구축 시에는 BPR이 선행되어 있거나 BPR과 ERP 시스템 구축을 병행하는 것이 바람직하며, 기업 내 ERP 시스템 도입의 최종 목적은 고객만족과 이윤의 극대화 이다.

3.1 ERP 도입 시 고려사항

ERP 도입을 원하는 회사에서는 일반적으로 ERP 시스템을 회사의 업무에 적합하도록 자체 또는 외주의뢰를 통해 직접 개발하거나, 시중에서 유통되고 있는 ERP 패키지를 구입하여 도입할 수 있다.

최근에는 ERP 패키지를 도입하는 경우가 대부분을 차지하는데, 그 이유는 ERP 패키지 내에는 선진 비즈니스 프로세스가 내장되어 있어 BPR을 자동적으로 수행하는 효과를 볼 수 있으며, 시간과 비용적인 측면에서도 효율적이기 때문이다. 하지만 ERP 패키지를 도입하는 경우, 다음의 사항들은 반드시 고려되어야 한다.

① 자사에 맞는 패키지 선정(기업의 요구에 부합하는 시스템)
② TFT(Task Force Team)는 최고 엘리트 사원으로 구성
③ 경험이 많은 유능한 컨설턴트를 활용
④ 경영진의 확고한 의지
⑤ 전사적인 참여 유도
⑥ 현업 중심의 프로젝트 진행
⑦ 구축방법론에 의한 체계적인 프로젝트 진행
⑧ 커스터마이징(Customizing)을 최소화 및 시스템 보안성
⑨ 가시적인 성과를 거둘 수 있는 부분에 집중
⑩ 지속적인 교육 및 워크숍을 통해 직원들의 변화 유도

개념 익히기

■ **커스터마이징(Customizing)**

'주문제작하다'라는 뜻의 Customize에서 나온 말이다. 사용자가 사용방법과 기호에 맞춰 하드웨어나 소프트웨어를 설정 및 수정하거나 기능을 변경하는 것을 의미한다. ERP 패키지를 도입할 때, 자사의 업무 프로세스와 기능에 부합되도록 ERP 시스템을 회사 실정에 맞게 조정할 수도 있다.

3.2 ERP 도입효과

ERP의 성공적인 구축과 운영은 기업의 다양한 측면에서 그 효과를 찾아볼 수 있다.

1) 통합업무시스템 구축

ERP는 영업, 구매/자재, 생산, 회계, 인사 등 모든 부문에서 발생되는 정보를 서로 공유하여 의사소통이 원활해지며, 실시간 경영체제를 실현하여 신속한 의사결정을 지원한다.

2) 기준정보 표준체계(표준화, 단순화, 코드화) 정립

업무의 표준화는 ERP 구축의 선행요건이다. 예컨대 ERP 시스템 내에서 제품판매를 처리하기 위해서는 거래처와 품목정보 등이 필수적으로 등록되어야 한다. 이러한 거래처와 품목정보 등은 항상 코드화해서 운용되며, 복잡하게 정의하지 않고 단순화하여 정의하는 것이 효율적이다.

3) 투명한 경영

ERP를 사용하면 각 업무영역의 분리와 연계성 등에 의해 자동적으로 조직이 분권화되고, 상호견제 및 내부통제가 강화되어 부정의 발생을 사전에 예방할 수 있다.

4) 고객만족도 향상

ERP를 사용함으로써 실시간 정보를 파악할 수 있기 때문에 고객 피드백 및 응답시간 등의 단축으로 인해 고객만족도가 향상될 수 있다.

5) BPR 수행을 통한 경영혁신 효과

ERP 내에는 다양한 산업에 대한 최적의 업무관행인 베스트 프랙티스(Best Practices)가 채택되어 있기 때문에, ERP의 선진 업무프로세스를 적용함으로써 자동적으로 경영혁신(BPR) 효과를 볼 수 있다.

6) 차세대 기술과의 융합

차세대 ERP는 인공지능 및 빅데이터 분석 기술과의 융합으로 분석도구가 추가되어 선제적 예측과 실시간 의사결정지원이 가능하다.

7) 각종 경영지표의 개선

① 재고 및 물류비용 감소(재고감소, 장부재고와 실물재고의 일치)
② 부서별 및 사업장별 손익관리를 통한 수익성 개선
③ 생산성 향상을 통한 원가절감 및 종업원 1인당 매출액 증대
④ 업무의 정확도 증대와 업무시간 단축(생산계획 수립, 결산작업 등)
⑤ 리드타임(Lead Time) 감소 및 사이클타임(Cycle Time) 단축

개념 익히기

■ **리드타임(Lead Time)**

시작부터 종료까지의 소요된 시간을 의미한다. 일반적으로 제품생산의 시작부터 완성품생산까지 걸리는 시간을 생산리드타임, 구매발주에서부터 입고완료까지 걸리는 시간을 구매리드타임, 주문접수에서부터 고객에게 인도하기까지의 걸리는 시간을 영업리드타임이라고 한다. 리드타임을 단축시킴으로써 납기단축, 원가절감, 생산 및 구매 효율성 증대 등의 효과를 얻어 기업의 경쟁력을 향상시킬 수 있다.

■ **사이클타임(Cycle Time)**

어떤 상황이 발생한 후 동일한 상황이 다음에 다시 발생할 때까지의 시간적 간격을 의미한다.

■ **총소유비용(Total Cost of Ownership)**

ERP 시스템에 대한 투자비용에 관한 개념으로 시스템의 전체 라이프사이클(life-cycle)을 통해 발생하는 전체 비용을 계량화하는 것을 말한다.

■ **ERP 아웃소싱(Outsourcing)**

ERP 시스템의 자체개발은 구축에서 운영 및 유지보수까지 많은 시간과 노력이 필요하므로, 아웃소싱을 통한 개발이 바람직하다. 아웃소싱을 통해서 ERP의 개발과 구축, 운영, 유지보수 등에 필요한 인적 자원을 절약할 수 있고, 기업이 가지고 있지 못한 지식 획득은 물론 자체개발에서 발생한 수 있는 기술력 부족의 위험요소를 제거할 수 있다.

3.3 ERP 구축 방법

ERP 시스템은 일반적으로 다음과 같이 분석(Analysis), 설계(Design), 구축(Construction), 구현(Implementation) 등의 단계를 거쳐 구축되며, ERP를 성공적으로 구축하기 위해서는 ERP 구축 모든 단계에서 전 직원의 교육훈련은 필수적이다.

(1) 분석단계

분석단계에서의 핵심은 현재 업무상태(AS-IS)를 분석하는 것이다. 기준프로세스 설정을 위해 현재의 업무 및 프로세스를 파악하고, 문제점이 무엇인지를 분석하는 단계이다.

분석단계에서 이루어지는 주요 업무범위는 다음과 같다.

① TFT 구성(Kick-off)
② 현재업무(AS-IS) 및 시스템 문제 파악
③ 현업 요구 분석
④ 경영전략 및 비전 도출
⑤ 목표와 범위 설정
⑥ 주요 성공요인 도출
⑦ 세부추진일정 계획 수립
⑧ 시스템 설치(하드웨어, 소프트웨어)

(2) 설계단계

설계단계에서는 이전 단계인 분석단계에서 AS-IS 분석을 통해 파악된 문제점이나 개선사항을 반영하여 개선방안(TO-BE)을 도출하는 것이 핵심이다. 이때 TO-BE 프로세스와 ERP 시스템의 표준 프로세스 간의 차이를 분석하여야 한다. 이를 차이(GAP)분석이라고 한다. GAP 분석의 결과를 토대로 ERP 패키지의 커스터마이징 여부를 결정짓는다.

설계단계에서 이루어지는 주요 업무범위는 다음과 같다.

① TO-BE 프로세스 도출
② GAP 분석(패키지 기능과 TO-BE 프로세스와의 차이)
③ 패키지 설치 및 파라미터 설정
④ 추가 개발 및 수정보완 문제 논의
⑤ 인터페이스 문제 논의
⑥ 사용자 요구 대상 선정(커스터마이징 대상 선정)

(3) 구축단계

구축단계는 이전의 분석 및 설계단계에서 도출된 결과를 시스템으로 구축하여 검증하는 단계이다. 분석 및 설계단계에서 회사의 핵심 업무에 대한 업무프로세스 재설계(BPR) 결과를 ERP 패키지의 각 모듈과 비교하여 필요한 모듈을 조합하여 시스템으로 구축한 후 테스트를 진행한다.

구축단계에서 이루어지는 주요 업무범위는 다음과 같다.

① 모듈 조합화(TO-BE 프로세스에 맞게 모듈을 조합)
② 테스트(각 모듈별 테스트 후 통합 테스트)
③ 추가개발 또는 수정기능 확정
④ 인터페이스 프로그램 연계 테스트
⑤ 출력물 제시

(4) 구현단계

구현단계는 시스템 구축이 완료된 후 본격적인 시스템 가동에 앞서 시험적으로 운영하는 단계이다. 이 단계에서는 실 데이터 입력을 통해 충분한 테스트를 거쳐 발견된 문제점들을 보완하여야 시스템의 완성도를 높일 수 있다. 또한 기존의 데이터를 ERP 시스템으로 전환(Conversion)하는 작업과 추후 시스템 운영에 필요한 유지보수 계획 등을 수립하게 된다.

구현단계에서 이루어지는 주요 업무범위는 다음과 같다.

① 프로토타이핑(Prototyping): 실 데이터 입력 후 시스템을 시험적으로 운영하는 과정
② 데이터 전환(Data Conversion): 기존 시스템 또는 데이터를 ERP 시스템으로 전환
③ 시스템 평가
④ 유지보수
⑤ 추후 일정 수립

개념 익히기

■ ERP 구축절차

분석(Analysis) → 설계(Design) → 구축(Construction) → 구현(Implementation)

① 분석	② 설계	③ 구축	④ 구현
• AS-IS 파악 • TFT 결성 • 현재 업무 및 시스템 문제파악 • 주요 성공요인 도출 • 목표와 범위설정 • 경영전략 및 비전도출 • 현업요구분석 • 세부추진일정 계획수립 • 시스템 설치 • 교육	• TO-BE Process 도출 • 패키지 기능과 TO-BE Process 와의 차이 분석 • 패키지 설치 • 파라미터 설정 • 추가개발 및 수정보완 문제 논의 • 인터페이스 문제논의 • 사용자요구 대상선정 • 커스터마이징 • 교육	• 모듈조합화 • 테스트(각 모듈별 테스트 후 통합 테스트) • 추가개발 또는 수정 기능 확정 • 출력물 제시 • 인터페이스 프로그램 연계 • 교육	• 시스템운영(실데이터 입력 후 테스트) • 시험가동 • 데이터전환 • 시스템 평가 • 유지보수 • 향후 일정수립 • 교육

■ ERP 구축 및 실행의 성공을 위한 제언

- 현재의 업무방식을 그대로 고수하지 말라.
- 업무상의 효과보다 소프트웨어 기능성 위주로 적용대상을 판단하지 말라.
- 단기간의 효과 위주로 구현하지 말라.
- IT 중심의 프로젝트로 추진하지 말라.
- 커스터마이징은 가급적 최소화 한다.
- 업무단위별로 추진하지 않는다.
- BPR을 통한 업무프로세스 표준화가 선행 또는 동시에 진행되어야 한다.

■ 효과적인 ERP 교육 시 고려사항

- 다양한 교육도구를 이용하여야 한다.
- 교육에 충분한 시간을 배정하여야 한다.
- 논리적 작업단위인 트랜잭션이 아닌 비즈니스 프로세스에 초점을 맞추어야 한다.
- 사용자에게 시스템 사용법과 업무처리 방식을 모두 교육하여야 한다.
- 조직차원의 변화관리 활동을 잘 이해하도록 교육을 강화하여야 한다.

04 확장형 ERP

4.1 확장형 ERP란

(1) 확장형 ERP의 개념

확장형 ERP(Extended ERP)란 EERP 또는 ERP Ⅱ라고도 불리며, 기존의 ERP 시스템에서 좀 더 발전된 개념이다. 기존의 ERP 시스템은 기업내부 프로세스의 최적화가 목표였지만, 확장형 ERP는 기업외부의 프로세스까지 운영 범위를 확산하여 다양한 애플리케이션과의 인터페이스, e-비즈니스 등이 가능한 시스템이다.

확장형 ERP는 다음과 같이 전통적인 ERP 시스템의 기능뿐만 아니라 확장에 따른 고유기능의 추가, 경영혁신 지원, 최신 IT 기술 도입 등으로 기업 내·외부의 최적화를 포괄적으로 지원하는 시스템이라 할 수 있다.

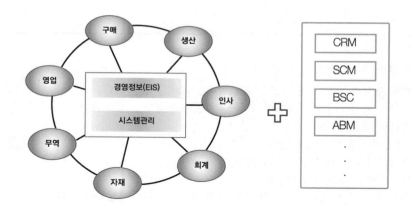

(2) 확장형 ERP의 등장배경과 특징

등장배경	특징
• 기업의 비즈니스 환경의 변화 • 기업 외부 프로세스와의 유연한 통합에 대한 요구 • 협업(Co-work) 상거래의 필요성 • 기존 ERP와 타 솔루션 간의 연계에 대한 요구	• 기업외부 프로세스까지도 웹 환경을 이용하여 지원 • 상거래 지향적인 프로세스로 통합 • 더욱 향상된 의사결정을 지원 • e-비즈니스에 대비할 수 있는 기능 지원

(3) 확장형 ERP에 포함되어야 할 내용

1) 고유기능의 추가

POS(Point of Sales) 시스템, SCM(Supply Chain Management), CRM(Customer Relationship Management) 등 ERP 시스템의 기본적인 기능 이외의 추가기능이 지원되어야 한다.

2) 경영혁신 지원

지식경영, 전략적 의사결정 지원, 전략계획 수립 및 시뮬레이션 기능 등으로 경영혁신을 확대 지원하는 기능이 추가되어야 한다.

3) 선진 정보화 지원기술 추가

IT 기술의 개발 및 도입 시에는 국내·국제적인 표준을 반드시 지원하여야 한다. 그 이유는 추후 무역거래, 기업 간 상거래 및 유사업종 간의 공동구매 등이 더욱 활발해질 것이며, 개방성향이 강한 개방형 시스템의 요구가 늘어나 이종 간의 시스템을 통합하고 지원하는 시스템을 필요로 할 것이다. 기업이 전 세계를 시장으로 삼을 경우 표준을 지향하는 e-비즈니스는 필수적인 부분이다.

4) 전문화 확대 적용

컴퓨터 시스템에 대해 인간 수준의 판단까지 기대하는 것은 아직 어려울 수도 있지만, 인공지능 분야의 발전으로 점차 인간 판단의 역할을 대행할 수 있는 기능이 추가되고, 이러한 기능이 미래의 ERP에도 보완될 것이다. 예컨대 음성인식 기술을 사용하여 거래자료 입력 등을 음성으로 입력할 수도 있다.

5) 산업유형 지원확대

제조업은 ERP를 가장 활발하게 사용하고 있는 업종 중의 하나이다. 금융업, 건설업 등 다양한 분야에서 ERP가 활용되고 있지만, 아직도 일부 산업의 특성은 전혀 고려하지 못하고 있다. 정보기술의 발달과 더불어 산업별로 특화된 전문기능을 추가적으로 개발하여 그 수요에 부응하여야 할 것이다.

4.2 확장형 ERP의 구성요소

(1) 기본 ERP 시스템

기본형 ERP 시스템은 기업에서 반복적이고 일상적으로 발생되는 업무를 처리하기 위해 영업관리, 물류관리, 생산관리, 구매 및 자재관리, 회계 및 재무관리, 인사관리 등의 모듈별 단위시스템으로 구성되어 있다.

(2) e - 비즈니스 지원 시스템

e - 비즈니스 지원 시스템은 인터넷 환경을 기반으로 기업 및 국가 간의 정보교환은 물론 기술이전, 시장분석, 거래촉진 등의 역할을 담당하고 있다. 주요 e - 비즈니스 지원 시스템의 종류는 다음과 같다.

명 칭	주 요 내 용
지식관리시스템(KMS) (Knowledge Management System)	기업의 인적자원들이 축적하고 있는 조직 및 단위 지식을 체계화하여 공유함으로써 핵심사업 추진 역량을 강화하기 위한 정보시스템
의사결정지원시스템(DSS) (Decision Support System)	기업 경영에 당면하는 여러 가지 문제를 해결하기 위해 복수의 대안을 개발하고, 비교 평가하여 최적안을 선택하는 의사결정과정을 지원하는 정보시스템
경영자정보시스템(EIS) (Executive Information System)	기업 경영관리자의 전략 수립 및 의사결정 지원을 목적으로 주요 항목에 대한 핵심정보만 별도로 구성한 정보시스템
고객관계관리(CRM) (Customer Relationship Management)	기업이 소비자들을 자신의 고객으로 만들고, 이를 장기간 유지하고자 고객과의 관계를 지속적으로 유지·관리하는 광범위한 개념으로 마케팅, 판매 및 고객서비스를 자동화하는 시스템
공급망관리(SCM) (Supply Chain Management)	부품 공급업자로부터 생산자, 판매자, 고객에 이르는 물류의 흐름을 하나의 가치사슬 관점에서 파악하고 필요한 정보가 원활히 흐르도록 지원하는 시스템으로, 수요변화에 대한 신속한 대응 및 재고수준의 감소 및 재고회전율 증가를 위해 공급사슬에서의 계획, 조달, 제조 및 배송 활동 등 통합 프로세스를 지원
전자상거래(EC) (Electronic Commerce)	재화 또는 용역을 거래함에 있어서 그 전부 또는 일부가 전자문서에 의하여 처리되는 방법으로, 상행위를 하는 것을 의미

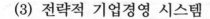

(3) 전략적 기업경영 시스템

기업의 가치창출과 주주 이익의 증대를 목표로 한 주요 관리 프로세스의 운영을 통해 신속한 성과측정 및 대안 수립을 가능하게 하는 전략적 기업경영(SEM: Strategic Enterprise Management)은 경영자의 전략적 의사결정을 위해 기업운영을 위한 전략적 부분을 지원하고 경영정보를 제공해 준다.

전략적 기업경영 시스템에 속하는 대표적인 단위시스템은 다음과 같다.

명 칭	주 요 내 용
성과측정관리 또는 균형성과표(BSC) (Balanced Scorecard)	기업의 성과를 지속적으로 향상시키기 위해서 재무적인 측정지표뿐만 아니라 고객만족 등 비재무적인 측정지표도 성과평가에 반영시켜 미래가치를 창출하도록 관리하는 시스템
가치중심경영(VBM) (Value-based Management)	주주 가치의 극대화를 위해 지속적으로 가치를 창출하는 고객 중심의 시스템이며, 포괄적인 경영철학이자 경영기법
전략계획 수립 및 시뮬레이션(SFS) (Strategy Formulation & Simulation)	조직의 목표를 달성하고 비전에 도달하기 위해 최선의 전략을 수립하고 선택된 전략을 실행하는 것을 의미함
활동기준경영(ABM) (Activity-based Management)	프로세스 관점에 입각하여 활동을 분석하고 원가동인 및 성과측정을 통해 고객가치 증대와 원가절감을 도모한다. 궁극적으로는 이익을 개선하고자 하는 경영기법

개념 익히기

■ ERP와 확정형 ERP 차이

구 분	E R P	확장형 ERP
목표	기업 내부 최적화	기업 내·외부 최적화
기능	기본 ERP (영업, 구매/자재, 생산, 회계, 인사 등)	기본 ERP + e-비즈니스 지원시스템 또는 SEM 시스템
프로세스	기업내부 통합프로세스	기업 내·외부 통합프로세스
시스템 구조	웹지향, 폐쇄성	웹기반, 개방성
데이터	기업내부 생성 및 활용	기업 내·외부 생성 및 활용

05 4차 산업혁명과 스마트(차세대) ERP

5.1 4차 산업혁명

4차 산업혁명은 인공지능(AI: Artificial Intelligence), 사물인터넷(IoT: Internet of Things), 빅데이터(BigData), 클라우드 컴퓨팅(Cloud Computing) 등 첨단 정보통신기술이 경제 및 사회 전반에 융합되어 혁신적인 변화가 나타나는 차세대 산업혁명을 말한다.

4차 산업혁명의 산업생태계는 사물인터넷을 통해 방대한 빅데이터를 생성하고, 이를 인공지능이 분석 및 해석하여 적절한 판단과 자율제어를 수행하여 초지능적인 제품을 생산하고 서비스를 제공한다.

4차 산업혁명의 주요 기술적 특징에는 초연결성, 초지능화, 융합화를 들 수 있다.

구 분	주 요 내 용
초연결성 (hyper-connectivity)	사물인터넷(IoT)과 정보통신기술(ICT)의 진화를 통해 인간과 인간, 인간과 사물, 사물과 사물 간의 연결과정을 의미한다.
초지능화 (super-intelligence)	다양한 분야에서 인간의 두뇌를 뛰어넘는 총명한 지적 능력을 말한다. 초지능화는 인공지능과 빅데이터의 연계·융합으로 기술과 산업구조를 지능화, 스마트화시키고 있다.
융합화 (convergence)	초연결성과 초지능화의 결합으로 인해 수반되는 특성으로 4차 산업혁명 시대의 산업 간 융합화와 기술 간 융합화를 말한다. • 산업 간 융합화: IT 활용범위가 보다 확대되고 타 산업 분야 기술과의 접목이 활발해지면서 산업 간 경계가 무너지고 산업지도 재편 및 이종 산업 간 경쟁이 격화되는 현상 • 기술 간 융합화: 서로 다른 기술 요소들이 결합되어 개별 기술 요소들의 특성이 상실되고 새로운 특성을 갖는 기술과 제품이 탄생되는 현상

4차 산업혁명의 핵심 원천기술

(1) 인공지능

인공지능(AI)은 인간의 학습능력, 추론능력, 지각능력, 자연어 이해능력 등을 컴퓨터 프로그램으로 실현한 기술이다. 인공지능은 기억, 지각, 이해, 학습, 연상, 추론 등 인간의 지성을 필요로 하는 행위를 기계를 통해 실현하고자 하는 학문 또는 기술의 총칭으로 정의되고 있다.

1) 인공지능 기술의 발전

인공지능 기술의 발전은 계산주의 시대, 연결주의 시대, 딥러닝 시대로 구분된다.

① 계산주의 시대

인공지능 초창기 시대는 계산주의(computationalism) 시대이다. 계산주의는 인간이 보유한 지식을 컴퓨터로 표현하고 이를 활용해 현상을 분석하거나 문제를 해결하는 지식기반시스템을 말한다. 컴퓨팅 성능 제약으로 인한 계산기능(연산기능)과 논리체계의 한계, 데이터 부족 등의 근본적인 문제로 기대에 부응하지 못하였다.

② 연결주의 시대

계산주의로 인공지능 발전에 제약이 생기면서 1980년대에 연결주의(connectionism)가 새롭게 대두되었다. 연결주의는 지식을 직접 제공하기보다 지식과 정보가 포함된 데이터를 제공하고 컴퓨터가 스스로 필요한 정보를 학습한다.

연결주의는 인간의 두뇌를 묘사하는 인공신경망(Artificial Neural Network)을 기반으로 한 모델이다. 연결주의 시대의 인공지능은 인간과 유사한 방식으로 데이터를 학습하여 스스로 지능을 고도화한다.

연결주의는 막대한 컴퓨팅 성능과 방대한 학습데이터가 필수적이나 학습에 필요한 빅데이터와 컴퓨팅 파워의 부족이라는 한계를 극복하지 못해 비즈니스 활용 측면에서 제약이 있었다.

③ 딥러닝의 시대

2010년 이후 GPU(Graphic Processing Unit)의 등장과 분산처리기술의 발전으로 계산주의와 연결주의 시대의 문제점인 방대한 양의 계산문제를 대부분 해결하게 되었다. 사물인터넷과 클라우드 컴퓨팅 기술의 발전으로 빅데이터가 생성 및 수집되면서 인공지능 연구는 새로운 전환점을 맞이하였다.

최근의 인공지능은 딥러닝(deep learning)의 시대이다. 연결주의 시대와 동일하게 신경망을 학습의 주요 방식으로 사용한다. 입력층(input layer)과 출력층(output layer) 사이에 다수의 숨겨진 은닉층(hidden layer)으로 구성된 심층신경망(Deep Neural Networks)을 활용한다. 심층신경망은 인간의 두뇌 구조와 학습방식이 동일하여 뇌 과학과 인공지능 기술의 융합이 가능해지고 있다.

2) 인공지능 규범 원칙

최근에는 인공지능 개발과 사용과정에서 발생하는 위험요소와 오용의 문제에 대해 윤리원칙을 검토 및 채택해야 한다는 움직임이 활발해지고 있다.

2018년 9월 세계경제포럼(World Economic Forum)에서 인공지능 규범(AI code)의 5개 원칙을 발표하였다.

코드명	주　요　내　용
Code 1	인공지능은 인류의 공동 이익과 이익을 위해 개발되어야 한다.
Code 2	인공지능은 투명성과 공정성의 원칙에 따라 작동해야 한다.
Code 3	인공지능이 개인, 가족, 지역 사회의 데이터 권리 또는 개인정보를 감소시켜서는 안 된다.
Code 4	모든 시민은 인공지능을 통해서 정신적, 정서적, 경제적 번영을 누리도록 교육받을 권리를 가져야 한다.
Code 5	인간을 해치거나 파괴하거나 속이는 자율적 힘을 인공지능에 절대로 부여하지 않는다.

(2) 사물인터넷

사물인터넷(IoT)은 인터넷을 통해서 모든 사물을 서로 연결하여 정보를 상호 소통하는 지능형 정보기술 및 서비스를 말한다. 수많은 사물인터넷 기기들이 내장된 센서를 통해 데이터를 수집하고 인터넷을 통해 서로 연결되어 통신하며, 수집된 정보를 기반으로 자동화된 프로세스나 제어기능을 수행할 수 있으므로 스마트가전, 스마트홈, 의료, 원격검침, 교통 분야 등 다양한 산업분야에 적용되고 있다.

사물인터넷의 미래인 만물인터넷(IoE: Internet of Everything)은 사물, 사람, 데이터, 프로세스 등 세상에서 연결 가능한 모든 것(만물)이 인터넷에 연결되어 서로 소통하며 새로운 가치를 창출하는 기술이다.

(3) 빅데이터

빅데이터(BigData)의 사전적 의미는 디지털 환경에서 생성되는 데이터로 그 규모가 방대하고, 형태도 수치데이터뿐만 아니라 문자와 영상데이터를 포함한 다양하고 거대한 데이터의 집합을 말한다.

IT시장조사기관 가트너(Gartner)는 향상된 의사결정을 위해 사용되는 비용 효율적이며 혁신적인 거대한 용량의 정형 및 비정형의 다양한 형태로 엄청나게 빠른 속도로 쏟아져 나와 축적되는 특성을 지닌 정보 자산이라고 정의하였다. 또한 가트너는 빅데이터의 특성으로 규모, 속도, 다양성, 정확성, 가치의 5V를 제시하였다.

구 분	주 요 내 용
규모 (Volume)	• 데이터 양이 급격하게 증가(대용량화) • 기존 데이터관리시스템의 성능적 한계 도달
다양성 (Variety)	• 데이터의 종류와 근원 확대(다양화) • 로그 기록, 소셜, 위치, 센서 데이터 등 데이터 종류의 증가(반정형, 비정형 데이터의 증가)
속도 (Velocity)	• 소셜 데이터, IoT 데이터, 스트리밍 데이터 등 실시간성 데이터 증가 • 대용량 데이터의 신속하고 즉각적인 분석 요구
정확성 (Veracity)	• 데이터의 신뢰성, 정확성, 타당성 보장이 필수 • 데이터 분석에서 고품질 데이터를 활용하는 것이 분석 정확도에 영향을 줌
가치 (Value)	• 빅데이터가 추구하는 것은 가치 창출 • 빅데이터 분석 통해 도출된 최종 결과물은 기업이 당면하고 있는 문제를 해결하는데 통찰력 있는 정보 제공

개념 익히기

■ 빅데이터 처리과정
데이터(생성) → 수집 → 저장(공유) → 처리 → 분석 → 시각화

(4) 클라우드 컴퓨팅

클라우드 컴퓨팅(Cloud Computing)은 인터넷을 통하여 외부사용자에게 IT자원을 제공하고 사용하게 하는 기술 및 서비스를 의미한다. 사용자들은 클라우드 컴퓨팅 사업자가 제공하는 IT자원(소프트웨어, 스토리지, 서버, 네트워크)을 필요한 만큼 사용하고, 사용한 만큼 비용을 지불할 수 있다.

클라우드 서비스는 필요한만큼의 IT자원을 빠르게 확장하거나 축소할 수 있고, 어디에서나 접속할 수 있으며, 기술적인 관리부담이 없다는 장점을 갖고 있다.

1) 클라우드 서비스의 유형

구 분	주 요 내 용
SaaS (Software as a Service)	응용소프트웨어를 인터넷을 통해 제공하여 사용자들이 웹 브라우즈를 통해 접속하여 사용할 수 있도록 서비스로 제공
PaaS (Platform as a Service)	업무용 또는 비즈니스용 응용소프트웨어를 개발하는데 필요한 플랫폼과 도구를 서비스로 제공하여 개발자들이 응용소프트웨어를 개발, 테스트, 배포할 수 있게 지원
IaaS (Infrastructure as a Service)	업무나 비즈니스 처리에 필요한 서버, 스토리지, 데이터베이스 등의 IT 인프라 자원을 클라우드 서비스로 제공하는 형태

2) 클라우드 서비스의 비즈니스 모델

구 분	주 요 내 용
퍼블릭(공개형)	• 전 세계의 소비자, 기업고객, 공공기관 및 정부 등 모든 주체가 클라우드 컴퓨팅을 사용할 수 있음 • 사용량에 따라 사용료를 지불하며 규모의 경제를 통해 경쟁력 있는 서비스 단가를 제공한다는 장점
사설(폐쇄형)	• 특정한 기업의 구성원만 접근할 수 있는 전용 클라우드서비스 • 초기 투자비용이 높으며, 주로 데이터의 보안 확보와 프라이버시 보장이 필요한 경우 사용
하이브리드(혼합형)	• 특정 업무 또는 데이터 저장은 폐쇄형 클라우드 방식을 이용하고 중요도가 낮은 부분은 공개형 클라우드 방식을 이용

(5.3) 스마트팩토리와 스마트(차세대) ERP

(1) 스마트팩토리

스마트팩토리(smart factory)란 설계·개발, 제조 및 유통·물류 등 생산 과정에 4차산업의 핵심기술이 결합된 정보통신기술(ICT: Information and Communications Technology)을 적용하여 생산성, 품질, 고객만족도를 획기적으로 향상시키는 지능형 생산공장을 말한다.

스마트팩토리는 사물인터넷(IoT)을 결합하여 공장의 설비(장비) 및 공정에서 발생하는 모든 데이터 및 정보가 센서를 통해 네트워크로 서로 연결되어 공유되고 실시간으로 데이터를 분석하여 필요한 의사결정을 내릴 수 있도록 지원하여 생산 및 운영이 최적화된 공장이다.

1) 스마트팩토리의 등장배경

세계 각국은 국가경제의 핵심인 제조기업의 경쟁력을 향상시키기 위하여 스마트팩토리 구축을 적극 지원하고 있다. 과거에는 생산원가 절감을 위하여 기업의 제조시설을 해외로 이전하는 경향이 많았으나, 최근에는 국가경쟁력 회복을 위하여 제조시설의 리쇼어링(reshoring) 경향이 두드러지게 나타나고 있다.

스마트팩토리의 주요 구축목적은 생산성 향상, 유연성 향상을 위하여 생산시스템의 지능화, 유연화, 최적화, 효율화 구현에 있다. 세부적으로는 고객서비스 향상, 비용절감, 납기향상, 품질향상, 인력효율화, 맞춤형제품생산, 통합된 협업생산시스템, 최적화된 동적 생산시스템, 새로운 비즈니스 창출, 제품 및 서비스의 생산통합, 제조의 신뢰성 확보 등의 목적을 갖는다고 할 수 있다.

2) 스마트팩토리의 구성영역과 기술요소

스마트팩토리는 제품개발, 현장자동화, 공장운영관리, 기업자원관리, 공급사슬관리영역으로 구성된다.

구 분	주 요 기 술 요 소
제품개발	제품수명주기관리(PLM: Product Lifecycle Management)시스템을 이용하여 제품의 개발, 생산, 유지보수, 폐기까지의 전 과정을 체계적으로 관리
현장자동화	인간과 협업하거나 독자적으로 제조작업을 수행하는 시스템으로 공정자동화, IoT, 설비제어장치(PLC), 산업로봇, 머신비전 등의 기술이 이용

구 분	주 요 기 술 요 소
공장운영관리	자동화된 생산설비로부터 실시간으로 가동정보를 수집하여 효율적으로 공장운영에 필요한 생산계획 수립, 재고관리, 제조자원관리, 품질관리, 공정관리, 설비제어 등을 담당하며, 제조실행시스템(MES), 창고관리시스템(WMS), 품질관리시스템(QMS) 등의 기술이 이용
기업자원관리	고객주문, 생산실적정보 등을 실시간으로 수집하여 효율적인 기업운영에 필요한 원가, 재무, 영업, 생산, 구매, 물류관리 등을 담당하며, ERP 등의 기술이 이용
공급사슬관리	제품생산에 필요한 원자재 조달에서부터 고객에게 제품을 전달하는 전체 과정의 정보를 실시간으로 수집하여 효율적인 물류시스템 운영, 고객만족을 목적으로 하며, 공급망관리(SCM) 등의 기술이 이용

(2) 스마트(차세대) ERP와 비즈니스 애널리틱스

최근의 스마트(차세대) ERP 시스템은 인공지능(AI), 빅데이터(BigData), 사물인터넷(IoT), 블록체인(Blockchain) 등의 신기술과 융합하여 보다 지능화된 기업경영이 가능하게 하는 통합정보시스템으로 진화하고 있다.

기업경영 분석에 있어 비즈니스 인텔리전스를 넘어 비즈니스 애널리틱스(Business Analytics)가 회자되고 있다. 비즈니스 인텔리전스가 과거 데이터 및 정형 데이터를 기반으로 무엇이 발생했는지를 분석하여 비즈니스 의사결정을 돕는 도구라면, 비즈니스 애널리틱스는 과거뿐만 아니라 현재 실시간으로 발생하는 데이터에 대하여 연속적이고 반복적인 분석을 통해 미래를 예측하는 통찰력을 제공하는 데 활용된다.

스마트(차세대) ERP와 ERP 시스템 내의 빅데이터 분석을 위한 비즈니스 애널리틱스의 특징은 다음과 같다.

① 인공지능 기반의 빅데이터 분석을 통해 최적화와 예측분석이 가능하여 과학적이고 합리적인 의사결정지원이 가능하다.

② 제조업에서는 빅데이터 처리 및 분석기술을 기반으로 생산 자동화를 구현하고 ERP 시스템과 연계하여 생산계획의 선제적 예측과 실시간 의사결정이 가능해진다.

③ 과거 데이터 분석뿐만 아니라, 이를 바탕으로 새로운 통찰력 제안과 미래 사업을 위한 시나리오를 제공할 수 있다.

④ 비즈니스 애널리틱스는 질의 및 보고와 같은 기본적인 분석기술과 예측 모델링과 같은 수학적으로 정교한 수준의 분석까지 지원한다.

⑤ 파일이나 스프레드시트와 데이터베이스를 포함하는 구조화된 데이터와 전자메일, 문서, 소셜미디어 포스트, 영상자료 등의 비구조화된 데이터를 동시에 활용이 가능하다.

⑥ 미래 예측을 지원해주는 데이터 패턴 분석과 예측 모델을 위한 데이터마이닝(Data Mining)을 통해 고차원 분석기능을 포함하고 있다.

⑦ 리포트, 쿼리, 알림, 대시보드, 스코어카드뿐만 아니라 예측 모델링과 같은 진보된 형태의 분석기능도 제공한다.

개념 익히기

■ 스마트(차세대) ERP의 특징
- 인공지능, 빅데이터, 블록체인 등의 신기술과 융합하여 지능화된 기업경영 실현이 가능
- MES, PLM 등을 통한 생산과정의 최적화와 예측분석을 통해 합리적인 의사결정지원
- 제조업에서의 생산자동화 구현은 물론 생산계획의 선제적 예측과 실시간 정보공유
- 다양한 비즈니스 간 융합을 지원하는 시스템으로 확대 가능
- 전략경영 등의 분석 도구가 추가되어 상위계층의 의사결정을 지원하는 스마트시스템 구축 가능

제**2**부

회계이론의 이해

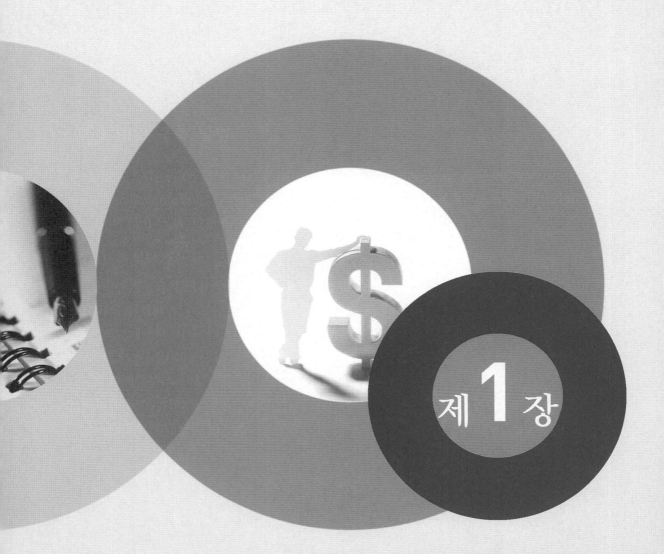

제1장

재무회계의 이해

01 재무회계의 기초

1.1 회계의 정의 및 목적

회계는 회계정보이용자가 합리적인 판단이나 의사결정을 할 수 있도록 기업실체에 관한 유용한 경제적 정보를 식별, 인식, 측정, 기록 및 전달하는 과정이라고 말한다.

회계의 목적은 광범위한 회계정보이용자의 경제적 의사결정에 유용한 기업의 재무상태, 경영성과 및 재무상태 변동에 관한 정보를 제공하는 것이다. 또한 회계는 위탁받은 자원에 대한 경영진의 수탁책임이나 회계책임(경영진이 기업에 투자한 투자자나 채권자 등을 대신하여 기업을 경영하는 책임)의 결과를 보여준다.

회계정보이용자는 내부정보이용자(경영자, 근로자)와 외부정보이용자(투자자, 채권자, 거래처, 정부, 유관기관, 일반대중 등)로 나뉜다.

1.2 회계의 기본가정(전제조건)

회계는 일정한 가정 하에 이루어지는데, 이 기본가정 중 가장 중요한 것은 다음과 같다.

구분	주요 내용
기업실체의 가정	• 기업을 소유주와는 독립적으로 존재하는 회계단위로 간주 • 하나의 기업을 하나의 회계단위 관점에서 재무정보를 측정, 보고 • 소유주와 별도의 회계단위로서 기업실체를 인정하는 것 **주의** 회계단위: 기업의 경영활동을 기록 계산하기 위한 장소적 범위(본점, 지점)
계속기업의 가정	• 일반적으로 기업이 예상 가능한 기간 동안 영업을 계속할 것이라는 가정 • 기업은 그 경영활동을 청산하거나 중요하게 축소할 의도나 필요성을 갖고 있지 않다는 가정을 적용 **주의** 건물의 내용연수를 20년 등으로 하여 감가상각을 할 수 있는 것은 계속기업의 가정이며, 자산의 가치를 역사적 원가에 따라 평가하는 기본 전제이다.
기간별 보고의 가정	• 기업실체의 존속기간을 일정한 기간 단위로 분할하여 각 기간별로 재무제표를 작성하는 것 • 기업의 경영활동을 영업이 시작되는 날부터 폐업하는 날까지 전체적으로 파악하기는 어려우므로, 인위적으로 6개월 또는 1년 등으로 구분하여 재무제표를 작성 **주의** 회계연도는 1년을 넘지 않는 범위 내에서 기업의 임의대로 설정할 수 있다.

1.3 발생주의와 현금주의

발생주의는 현금의 수수에 관계없이 거래가 발생된 시점에 인식하는 기준으로, 현금거래 이외의 비현금거래에 대하여도 거래로 인식하여 회계처리하게 된다. 이에 따라 거래는 발생하였으나 현금의 유입과 유출이 이루어지기 전에 인식되는 매출채권, 매입채무 등의 발생주의 계정이 사용된다. 현금주의는 현금이 실제 오간 시점을 기준으로 회계처리하게 되는 방식이다. 따라서 발생주의와는 대비된다.

사례	20×1년 1월 1일 향후 2년간의 자동차보험료 200,000원을 일시에 현금 지급했을 경우, 20×1년 자동차 보험료로 기록해야 할 금액은 얼마일까?		
회계연도	20X1년 보험료	20X2년 보험료	판 단 내 용
현금주의	200,000원	–	20×1년도에 현금 200,000원을 지급했으므로 20×1년도 보험료는 200,000원이다.
발생주의	100,000원	100,000원	20×1년도의 보험혜택을 위하여 발생한 금액은 100,000원이고, 20×2년도의 보험혜택을 위하여 발생한 금액은 100,000원이다.

1.4 보수주의

보수주의는 회계상의 특정 거래나 경제적 사건에 대하여 두 가지 이상의 대체적인 회계처리 방법이 선택 가능한 경우, 재무적 기초를 견고히 하는 관점에서 이익을 낮게 보고하는 방법을 선택하는 속성을 의미한다.

사례	• 비용발생에 대하여 발생주의 대신 현금주의 채택 • 저가주의에 의한 재고자산의 평가 및 초기 감가상각방법을 정액법 대신 정률법의 적용 • 우발이익은 실현될 때까지 인식하지 않지만, 우발손실은 당기에 인식 • 장기할부 매출 시 수익인식을 인도기준법이 아닌 회수기준법 적용

1.5 회계정보의 질적특성

회계정보의 질적특성(qualitative characteristics)이란 정보이용자의 의사결정에 유용한 정보를 제공하기 위하여 회계정보가 갖추어야 할 주요 속성을 말한다. 측정된 회계정보는 정보이용자들이 이해 가능하도록 적절한 방법으로 공시해야 한다는 이해가능성이 전제되어야 한다. 가장 중요한 질적특성은 목적적합성(relevance)과 신뢰성(reliability)이 있다.

특정 거래를 회계처리할 때 대체적인 회계처리방법이 허용되는 경우, 목적적합성과 신뢰성이 더 높은 회계처리방법을 선택할 때에 회계정보의 유용성이 증대된다. 목적적합성과 신뢰성 중 하나가 완전히 상실된 경우, 그 정보는 유용한 정보가 될 수 없다.

질적 특성	하위 질적특성	주요 내용
목적적합성	예측가치	회계정보이용자가 기업의 미래 재무상태, 경영성과, 순현금흐름 등을 예측하는데에 그 정보가 활용될 수 있는 능력 **예** 반기 재무제표에 의한 반기 이익은 연간 이익을 예측하는데 활용
	피드백 가치	제공되는 회계정보가 정보이용자의 당초 기대치(예측치)를 확인 또는 수정 되게 함으로써 의사결정에 영향을 미칠 수 있는 능력 **예** 어떤 기업의 투자자가 특정 회계연도의 재무제표가 발표되기 전에 그 해와 그 다음 해의 이익을 예측하였으나 재무제표가 발표된 결과 당해 연도의 이익이 자신의 이익 예측치에 미달하는 경우, 투자자는 그다음 해의 이익 예측치를 하향 수정
	적시성	의사결정시점에서 정보이용자에게 필요한 회계정보가 제공되지 않는다면, 동 정보는 의사결정에 이용될 수 없게 되어 목적적합성을 상실 **예** A기업이 2분기 손익계산서를 공시하기 전까지 1분기 손익계산서를 공시하지 않았다면 이는 적시성을 훼손한 것임.
신뢰성	표현의 충실성	회계정보가 신뢰성을 갖기 위해서는 그 정보가 기업의 경제적 자원과 의무 그리고 이들의 변동을 초래하는 거래나 사건을 충실하게 표현함
	검증 가능성	동일한 경제적 사건이나 거래에 대하여 동일한 측정방법을 적용할 경우, 다수의 독립적인 측정자가 유사한 결론에 도달할 수 있어야 함
	중립성	회계정보가 신뢰성을 갖기 위해서는 편의 없이 중립적이어야 함 의도된 결과를 유도할 목적으로 재무제표에 특정 회계정보를 표시함으로써 정보이용자의 의사결정에 영향을 미친다면 중립적이라 할 수 없음
비교가능성		기업실체의 재무상태, 경영성과, 현금흐름 및 자본변동의 추세 분석과 기업실체 간의 상대적 평가를 위하여 회계정보는 기간별 비교가 가능해야 하고 기업실체 간의 비교가능성도 있어야 함

1.6 회계정보의 제약요인

구분	주요 내용
비용과 효익 간의 균형	• 질적특성을 갖춘 정보라도 정보제공 및 이용에 소요될 사회적 비용이 사회적 효익을 초과한다면, 그러한 정보의 제공은 정당화될 수 없다.
중요성	• 목적적합성과 신뢰성을 갖춘 항목이라도 중요하지 않다면, 반드시 재무제표에 표시되는 것은 아니다.(중요성은 정보가 제공되기 위한 최소한의 요건) • 특정 정보가 생략되거나 잘못 표시된 재무제표가 정보이용자의 판단이나 의사결정에 영향을 미칠 수 있다면, 그 정보는 중요한 정보라 할 수 있다. **예** • 재무제표를 공시할 때 회사규모가 크고 재무제표 이용자의 오해를 줄 염려가 없다면, 천 원 또는 백만 원 미만 금액은 생략할 수 있다. • 기업에서 사무용 소모성 물품을 구입시에 소모품 계정이 아닌 소모품비 계정으로 회계처리할 수 있다.
질적특성 간의 상충관계	• 목적적합성 있는 정보를 위해 신뢰성이 희생하는 경우가 있고, 신뢰성 있는 정보 제공을 위해서 목적적합성이 희생해야 하는 경우가 있다. 즉, 정보의 적시성과 신뢰성 간의 균형을 고려하여야 한다.

구 분	목적적합성	신 뢰 성
자산의 평가	공정가치법(시가법)	원가법
수익의 인식	진행기준	완성기준
손익의 인식	발생주의	현금주의
재무제표 보고	반기 재무제표	연차 재무제표
유가증권 투자	지분법	원가법

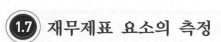 1.7 재무제표 요소의 측정

재무제표의 측정은 재무상태표와 손익계산서에 인식되고 평가되어야 할 재무제표 요소의 금액을 결정하는 과정을 의미하며, 측정속성은 다음과 같다.

구분	주요 내용
취득원가 역사적원가	자산의 취득원가는 자산을 취득하였을 때 그 대가로 지불한 금액이나 공정가치이며, 부채의 역사적 현금수취액은 그 부채를 부담하는 대가로 수취한 금액
공정가치	독립된 당사자간의 현행거래에서 자산이 매각 또는 구입되거나 부채가 결제 또는 이전될 수 있는 교환가치
기업특유가치	사용가치라고 하며, 기업실체가 자산을 사용함에 따라 당해 기업실체의 입장에서 인식되는 현재의 가치
순실현가능가치	정상적인 기업활동 과정에서 미래에 당해 자산이 현금 또는 현금성자산으로 전환될 때 수취할 것으로 예상되는 금액에서 직접 소요된 비용을 차감한 금액

02 재무제표의 이해

재무제표는 기업의 외부 정보이용자에게 재무정보를 전달하는 핵심적인 재무보고 수단으로, 다양한 정보이용자의 공통요구를 위해 작성되는 일반목적의 재무보고서를 의미한다.

2.1 재무제표의 종류

구분	주요 내용
재무상태표	일정 시점의 기업의 재무상태(자산·부채·자본)를 파악하기 위한 보고서
손익계산서	일정 기간의 기업의 경영성과(비용·수익)를 파악하기 위한 보고서
현금흐름표	일정 기간의 기업의 현금유입과 현금유출에 관한 보고서
자본변동표	일정 시점의 기업의 자본 크기와 자본의 변동에 관한 보고서
주석	재무제표의 해당 과목과 금액에 기호를 붙여 별지에 추가적 정보를 보여주는 보고서

2.2 재무제표 작성과 표시의 일반원칙

구분	주요 내용
계속기업	경영진은 재무제표 작성 시 계속기업으로서의 존속가능성을 평가해야 한다. 경영진이 기업을 청산하거나 경영활동을 중단할 의도를 가지고 있지 않거나, 청산 또는 경영활동의 중단 외에 다른 현실적 대안이 없는 경우가 아니면 계속기업을 전제로 재무제표를 작성하여야 한다.
재무제표의 작성책임과 공정한 표시	재무제표의 작성과 표시에 대한 책임은 경영진에게 있다. 재무제표는 경제적 사실과 거래의 실질을 반영하여 기업의 재무상태, 경영성과, 현금흐름 및 자본변동을 공정하게 표시하여야 한다. 일반기업회계기준에 따라 적정하게 작성된 재무제표는 공정하게 표시된 재무제표로 본다.

구분	주요 내용
자산과 부채의 총액표시	자산과 부채는 원칙적으로 상계하여 표시하지 않는다. 다만, 기업이 채권과 채무를 상계할 수 있는 법적 구속력 있는 권리를 가지고 있고, 채권과 채무를 순액기준으로 결제하거나 채권과 채무를 동시에 결제할 의도가 있다면 상계하여 표시할 수 있다. 매출채권에 대한 대손충당금 등은 해당 자산이나 부채에서 직접 가감하여 표시할 수 있으며, 이는 상계에 해당하지 않는다.
재무제표 항목의 구분과 통합표시	재무제표의 중요한 항목은 본문이나 주석에 그 내용을 가장 잘 나타낼 수 있도록 구분하여 표시한다. 중요하지 않은 항목은 성격과 기능이 유사한 항목과 통합하여 표시할 수 있다.
비교재무제표의 작성	재무제표의 기간별 비교가능성을 제고하기 위하여 전기 재무제표의 모든 계량정보를 당기와 비교하는 형식으로 표시한다.
재무제표 항목의 표시와 분류의 계속성	재무제표의 기간별 비교가능성을 제고하기 위하여 재무제표 항목의 표시와 분류는 다음의 경우를 제외하고는 매기 동일하여야 한다. ① 일반기업회계기준에 의해 재무제표 항목의 표시, 분류 변경이 요구되는 경우 ② 사업결합 또는 사업중단 등에 의해 영업의 내용이 유의적으로 변경된 경우 ③ 재무제표 항목의 표시와 분류를 변경함으로써 기업의 재무정보를 더욱 적절하게 전달할 수 있는 경우 재무제표 항목의 표시나 분류방법이 변경되는 경우에는 당기와 비교하기 위하여 전기의 항목을 재분류하고, 재분류 항목의 내용 및 금액, 재분류가 필요한 이유를 주석으로 기재한다.
재무제표의 보고양식	재무제표는 이해하기 쉽도록 간단하고 명료하게 표시하여야 한다. 재무제표는 재무상태표, 손익계산서, 현금흐름표, 자본변동표 및 주석으로 구분하여 작성하며, 다음의 사항을 각 재무제표의 명칭과 함께 기재한다. ① 기업명 ② 보고기간종료일 또는 회계기간 ③ 보고통화 및 금액단위

2.3 재무상태표

재무상태표는 일정 시점의 기업의 재무상태를 보여주는 보고서이다. 재무상태는 기업이 소유하고 있는 자산(현금, 상품, 건물 등)과 타인에게 갚아야 하는 부채(외상매입금, 차입금 등) 그리고 자산에서 부채를 차감한 자본(순자산)으로 나누어진다.

구분표시			계정과목
자산	유동자산	당좌	현금및현금성자산(현금, 당좌예금, 보통예금, 현금성자산), 현금과부족, 단기금융상품(정기예금과 적금, 기타단기금융상품), 단기매매증권, 매출채권(외상매출금, 받을어음), 단기대여금, 주·임·종단기채권, 미수금, 선급금, 선급비용, 가지급금
		재고	상품, 원재료, 재공품, 반제품, 제품, 미착품, 소모품
	비유동자산	투자	장기성예금, 장기금융상품, 특정현금과예금, 매도가능증권, 만기보유증권, 장기대여금, 투자부동산
		유형	토지, 건물, 구축물, 기계장치, 차량운반구, 비품, 건설중인자산
		무형	영업권, 산업재산권(특허권, 실용신안권, 디자인권, 상표권), 광업권, 개발비, 소프트웨어
		기타비유동	임차보증금, 장기외상매출금, 장기미수금
부채	유동부채		매입채무(외상매입금, 지급어음), 미지급금, 미지급비용, 선수금, 선수수익, 예수금, 단기차입금, 가수금, 유동성장기부채
	비유동부채		사채, 장기차입금, 임대보증금, 퇴직급여충당부채, 장기미지급금
자본	자본금		보통주자본금, 우선주자본금
	자본잉여금		주식발행초과금, 감자차익, 자기주식처분이익
	자본조정		주식할인발행차금, 감자차손, 자기주식처분손실, 자기주식, 미교부주식배당금
	기타포괄손익누계액		매도가능증권평가손익, 해외사업환산손익, 현금흐름위험회피파생상품평가손익, 재평가잉여금
	이익잉여금		이익준비금(법정적립금), 임의적립금, 미처분이익잉여금

■ 재무상태표 작성기준

- 1년기준: 자산과 부채는 1년 기준이나 정상적인 영업주기 기준으로 유동과 비유동으로 분류
- 유동성배열법: 자산과 부채는 유동성이 큰 항목부터 배열하는 것이 원칙
- 총액표시의 원칙: 자산과 부채는 총액으로 표시(원칙적으로 상계하여 표시하지 않는다.)
- 잉여금구분의 원칙: 주주와의 거래로 발생하는 자본잉여금과 영업활동에서의 이익잉여금으로 구분표시
- 구분표시의 원칙: 자산, 부채, 자본 중 중요한 항목은 재무상태표 본문에 별도 항목으로 구분하여 표시
- 미결산항목등 표시금지: 가지급금, 가수금, 현금과부족 등은 재무제표에 표시금지

손익계산서

손익계산서는 일정 기간 기업의 경영성과를 보여주는 보고서이다. 경영성과는 일정 기간동안 벌어들인 수익(상품매출, 임대료, 이자수익 등)에서 일정 기간동안 지출한 비용(급여, 복리후생비, 임차료, 이자비용 등)을 차감하여 계산된 이익이나 손실을 말한다.

구분표시	계정과목
매출액	상품매출, 제품매출 (상품매출과 제품매출의 차감계정: 매출에누리와 환입, 매출할인)
(−) 매출원가	상품매출원가, 제품매출원가
매출총손익	
(−) 판매비와관리비	급여, 퇴직급여, 복리후생비, 여비교통비, 접대비, 통신비, 수도광열비, 세금과공과금, 감가상각비, 임차료, 수선비, 보험료, 차량유지비, 운반비, 도서인쇄비, 소모품비, 수수료비용, 광고선전비, 대손상각비 등
영업손익	
(+) 영업외수익	이자수익, 단기매매증권평가이익, 단기매매증권처분이익, 외환차익, 수수료수익, 외화환산이익, 유형자산처분이익, 투자자산처분이익, 자산수증이익, 채무면제이익, 잡이익 등
(−) 영업외비용	이자비용, 외환차손, 기부금, 외화환산손실, 매출채권처분손실, 단기매매증권평가손실, 단기매매증권처분손실, 재해손실, 유형자산처분손실, 투자자산처분손실, 잡손실 등
법인세차감전순손익	
(−) 법인세비용	법인세 등
당기순손익	

■ 손익계산서 작성기준
- 발생기준: 수익과 비용은 발생한 기간에 정당하게 배분되도록 처리
- 실현주의: 수익은 실현시기를 기준으로 계상
- 총액주의: 수익과 비용은 총액에 의해 기재됨을 원칙
- 수익비용대응의 원칙: 수익과 비용은 발생한 시기에 정당하게 배분되어야 하며, 미실현 수익은 당기의 손익계산서에 산입하지 않아야 함
- 구분표시의 원칙: 매출총손익, 영업손익, 법인세차감전손익, 당기순손익, 주당순손익으로 구분표시

2.5 현금흐름표

현금흐름표는 일정 기간 기업의 현금유입과 유출에 대한 정보를 제공하는 재무제표로 영업활동, 투자활동, 재무활동에 대한 현금흐름 정보를 제공하는 동태적 보고서이다.

영업활동	영업활동이란 재고자산의 판매 등 주요 수익창출 활동뿐만 아니라 투자활동이나 재무활동에 속하지 아니하는 거래나 사건을 모두 포함한 활동
투자활동	투자활동이란 유형자산 등 영업활동과 관련이 없는 자산의 증가와 감소거래
재무활동	재무활동이란 영업활동과 관련이 없는 부채 및 자본의 증가와 감소거래

2.6 자본변동표

자본변동표는 일정 기간 기업의 자본 크기와 그 변동에 관한 정보를 제공하는 재무제표이다. 자본을 구성하고 있는 자본금, 자본잉여금, 자본조정, 기타포괄손익누계액, 이익잉여금(또는 결손금)의 변동에 대한 포괄적인 정보를 제공한다.

2.7 주석

주석은 재무제표의 본문에 표시되는 정보를 이해하는데 도움이 되는 추가적 정보를 설명하는 것을 말하며, 재무제표 본문에 관련 주석번호를 표시하여 별지에 기록한 것이다.

주의 이익잉여금처분계산서는 상법 등 관련 법규에서 작성을 요구하는 경우 재무상태표의 이익잉여금에 대한 보충정보로서, 이익잉여금처분계산서를 주석으로 공시한다.

03 회계의 순환과정

3.1 회계상 거래의 식별

　거래란 일반적인 의미로는 '주고받음' 또는 '사고팖'이란 뜻이다. 그런데 회계상 거래는 이와는 달리 사용된다. 회계상 거래는 기업의 경영활동에서 자산, 부채, 자본, 비용, 수익의 증가와 감소 등의 변화를 가져오는 것을 말한다. 즉, 회계에서는 재무상태표와 손익계산서에 영향을 미치는 것만 거래라고 본다.

　따라서 일상생활에서는 거래이지만 회계상 거래가 아닌 경우도 있으며, 회계상 거래이지만 일상생활에서는 거래에 해당하지 않는 경우도 있다.

회계상의 거래		회계상의 거래가 아님
• 화재, 도난, 파손, 분실, 감가상각, 대손상각 등	• 자산의 구입과 판매, 채권·채무의 발생과 소멸 • 유형자산 매각 등 실거래 • 손익(비용/수익)의 발생	• 건물의 임대차계약 • 상품의 매매계약, 주문서 발송 • 일정급여를 주기로 한 후 직원 채용 • 건물·토지 등의 담보설정
일상생활상 거래가 아님	일상생활(사회통념)상의 거래	

3.2 분개(분개장)

(1) 거래의 8요소

　재무상태표와 손익계산서 요소에서 차변(왼쪽)에 위치하는 것은 자산과 비용이며, 대변(오른쪽)에 위치하는 것은 부채, 자본 및 수익이다.

　회계상 모든 거래는 차변(왼쪽) 요소와 대변(오른쪽) 요소가 결합되어 발생하는데, 차변 요소는 자산의 증가·부채의 감소·자본의 감소·비용의 발생이며, 대변 요소는 자산의 감소·부채의 증가·자본의 증가·수익의 발생이다.

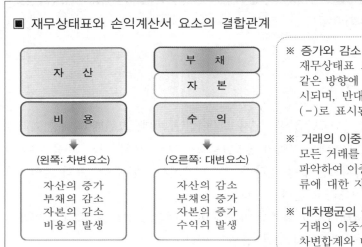

(2) 계정(account: A/C)

기업의 경영활동에서 회계상 거래가 발생하면 자산의 증가와 감소, 부채의 증가와 감소, 자본의 증가와 감소, 수익과 비용이 발생하는데, 이때 각 항목별로 설정된 기록 및 계산 단위를 계정이라고 하며, 현금, 보통예금, 상품 등과 같이 계정에 붙이는 이름을 계정과목이라고 한다.

(3) 분개(전표작성)와 분개장

기업의 경영활동에서 회계상 거래가 발생하면 차변계정과 대변계정에 어떤 계정과목으로 얼마의 금액을 기록할 것인지 결정하는 절차를 분개라고 하며, 분개를 기록한 장부를 분개장이라 한다.

(4) 거래의 종류

구분	주요 내용
교환거래	자산, 부채, 자본의 증가와 감소만 있고, 수익과 비용의 발생은 없는 거래
손익거래	거래 총액이 수익 또는 비용의 발생으로 이루어진 거래
혼합거래	자산, 부채, 자본의 증감과 수익과 비용의 발생이 혼합되어 이루어진 거래

전기

기업의 경영활동에서 회계상 거래가 발생하여 분개한 내용을 해당 계정에 옮겨 적는 것을 전기라고 하며, 해당 계정이 설정되어 있는 장부를 총계정원장이라 한다.

3.4 결산

(1) 결산의 의의

기업은 경영활동에서 발생한 거래를 분개장에 분개하고 총계정원장에 전기하는 행위를 기중에 반복하게 되고, 보고기간 말에는 기중에 기록된 내용을 토대로 기업의 재무상태와 경영성과를 파악하여야 한다. 이와 같이 일정 시점에 자산, 부채, 자본의 재무상태를 파악하고 일정 기간 동안 발생한 수익과 비용을 통해 경영성과를 파악하는 절차를 결산이라 한다.

자산, 부채, 자본의 재무상태는 재무상태표에 표시되고, 수익과 비용을 통한 경영성과는 손익계산서에 표시되므로 결산 절차는 기중에 기록된 내용을 토대로 재무상태표와 손익계산서라는 재무제표를 작성하는 과정이라고 할 수 있다.

(2) 결산의 절차

1) 수정전시산표 작성

기업의 경영활동에서 발생한 모든 거래를 분개장에 분개한 후 총계정원장에 전기를 하게 되는데, 분개를 토대로 전기가 정확하게 되었는지 조사하기 위하여 작성하는 장부가 '수정전시산표'이다. 전기가 정확히 되었다면 대차평균의 원리에 의해 모든 계정의 차변합계와 대변의 합계는 반드시 일치한다.

시산표의 종류에는 합계시산표, 잔액시산표, 합계잔액시산표가 있으며, 현재 실무에서는 합계잔액시산표를 주로 사용하고 있다.

개념 익히기

■ 시산표등식

기말자산 + 총비용 = 기말부채 + 기초자본 + 총수익

■ 시산표의 또 다른 이름 일계표, 월계표이다.

시산표는 회계연도 말에만 작성하는 것은 아니다. 필요할 때마다 작성할 수 있는데, 매일 작성하면 일계표, 월단위로 작성하면 월계표라고 한다.

■ 합계잔액시산표의 오류 원인

• 거래의 누락이나 중복, 분개의 누락이나 중복, 전기의 누락이나 중복
• 전기한 금액의 잘못 기입, 다른 계정으로 잘못 전기, 서로 반대로 전기 등

■ 합계잔액시산표에서 발견할 수 없는 오류

분개 혹은 전기 시에 계정과목이 잘못되었거나, 차변/대변 서로 반대로 전기하거나 양변을 누락하거나 중복한 경우

2) 기말 결산사항에 대한 수정분개

기말 결산시점에서 자산, 부채, 자본의 현재액과 당기에 발생한 수익과 비용을 정확하게 파악하기 위해 자산, 부채, 자본, 수익, 비용에 대한 수정분개를 하여야 한다. 이러한 기말 수정사항을 분개장에 분개하고, 그 내용을 총계정원장에 전기한 뒤 기말수정사항을 반영한 수정후시산표를 작성하게 된다.

① 손익의 이연 & 손익의 예상

• 선급비용: 당기 지급한 비용 중 차기에 속하는 금액이 포함(비용의 이연)
• 선수수익: 당기에 받은 수익 중 차기에 속하는 금액이 포함(수익의 이연)
• 미수수익: 당기에 속하는 수익이지만 결산 시까지 받지 못한 금액(수익의 예상)
• 미지급비용: 당기에 발생한 비용이지만 결산 시까지 지급하지 못한 금액(비용의 예상)

구분	차변		대변		결산조정결과
비용의 이연	선급비용	×××	이자비용	×××	비용의 감소 → 이익의 증가
수익의 이연	이자수익	×××	선수수익	×××	수익의 감소 → 이익의 감소
수익의 예상	미수수익	×××	이자수익	×××	수익의 증가 → 이익의 증가
비용의 예상	이자비용	×××	미지급비용	×××	비용의 증가 → 이익의 감소

3) 수정후시산표 작성

기말수정분개를 하면 그 분개내용을 총계정원장에 전기하게 되는데, 기말수정분개가 정확히 전기 되었는지 확인하기 위하여 수정후시산표를 작성한다.

4) 손익계산서 계정의 장부마감

손익계산서 계정인 수익과 비용계정은 당기의 경영성과를 보여주는 것으로, 차기의 경영활동에 영향을 미치지 않는다. 따라서 수익과 비용계정 잔액은 손익(집합손익)계정을 설정하여 '0'으로 만들어 마감하게 된다.

5) 재무상태표 계정의 장부마감

재무상태표 계정인 자산, 부채, 자본계정은 당기의 재무상태가 보고된 이후에도 잔액이 '0'으로 되지 않고 계속해서 이월되어 차기의 재무상태에 영향을 미치게 된다. 따라서 자산, 부채, 자본계정은 다음과 같은 절차로 마감한다.

---

① 자산계정은 차변에 잔액이 남게 되므로 대변에 차변잔액만큼 차기이월로 기입하여 일치시킨 후, 다시 차변에 그 금액만큼 전기이월로 기입한다.
② 부채와 자본계정은 대변에 잔액이 남게 되므로 차변에 대변잔액만큼 차기이월로 기입하여 일치시킨 후, 다시 대변에 그 금액만큼 전기이월로 기입한다.

자산, 부채, 자본계정의 잔액을 이용하여 재무상태표를 작성하고, 수익과 비용계정을 이용하여 손익계산서를 작성한다.

개념 익히기

■ 회계의 순환과정

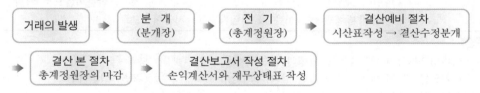

04 당좌자산

당좌자산은 유동자산 중에서 판매과정을 거치지 않고 1년 이내에 현금화가 가능한 자산을 말한다.

4.1 현금 및 현금성자산

통화 및 통화대용증권, 은행예금 중 요구불예금, 취득당시 만기 3개월 이내의 유가증권 및 단기금융상품을 현금 및 현금성자산으로 분류한다.

계정과목		주요 내용
현금	통화	지폐와 주화
	통화대용증권	은행발행 자기앞수표, 타인발행 당좌수표, 송금수표, 우편환증서, 배당금지급통지표, 만기도래 국공채 및 회사채 이자표 등
예금		당좌예금, 보통예금, 제예금
현금성자산		취득당시 만기가 3개월 이내인 유동성이 매우 높은 단기금융상품으로, 다음과 같은 특징을 가진다. • 큰 거래비용 없이 현금으로 전환이 용이할 것 • 가치변동의 위험이 중요하지 않을 것 **주의** 현금성자산(통화대용증권)에 포함되지 않는 것 • 차용증서: 단기대여금 혹은 장기대여금으로 처리 • 우표, 엽서: 통신비(비용) 혹은 소모품(자산) 처리 • 타인이 발행한 약속어음 & 선일자수표를 수취한 경우: 받을어음으로 처리 • 당점이 발행한 약속어음 & 선일자수표: 지급어음으로 처리

주의
• 우리기업(당점)이 당좌수표를 발행하여 지급하는 경우: (대변) 당좌예금
• 우리기업(당점)이 발행하여 지급한 당좌수표를 수취하는 경우: (차변) 당좌예금
• 타인(동점)이 발행한 당좌수표를 지급하는 경우: (대변) 현금
• 타인(동점)이 발행한 당좌수표를 수취하는 경우: (차변) 현금

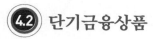 단기금융상품

만기가 1년 이내에 도래하는 금융상품으로, 현금성자산이 아닌 것을 말한다.

(1) 단기매매증권

단기간 내에 매매차익을 얻기 위한 목적으로 시장성 있는(매수와 매도가 적극적이고 빈번함) 유가증권(주식, 사채, 공채 등)을 구입하는 경우 단기매매증권으로 분류한다.

취득	• 구입금액(액면금액×, 구입금액○)으로 회계처리 • 취득시 발생하는 매입수수료는 당기비용(영업외비용)으로 처리 (차) 단기매매증권　　　　×××　　　(대) 현금　　　　　　××× 　　　수수료비용(영업외비용)　×××
결산시 평가	• 결산시 장부금액과 공정가치를 비교하여 공정가치로 평가 • 차액은 단기매매증권평가손익(단기투자자산평가손익)으로 처리 • 장부금액 〈 공정가치: 단기매매증권평가이익(단기투자자산평가이익) 　(차) 단기매매증권　　　　×××　　　(대) 단기매매증권평가이익　××× • 장부금액 〉 공정가치: 단기매매증권평가손실(단기투자자산평가손실) 　(차) 단기매매증권평가손실　×××　　　(대) 단기매매증권　　　×××
처분	• 장부금액과 처분금액의 차액은 단기매매증권처분손익(단기투자자산처분손익)으로 처리 • 처분시 수수료 등의 비용은 단기매매증권처분손익에서 가(+)감(−) • 장부금액 〈 처분금액: 단기매매증권처분이익(단기투자자산처분이익) 　(차) 현금(처분금액)　　　×××　　　(대) 단기매매증권　　　××× 　　　단기매매증권처분이익　××× • 장부금액 〉 처분금액: 단기매매증권처분손실(단기투자자산처분손실) 　(차) 현금(처분금액)　　　×××　　　(대) 단기매매증권　　　××× 　　　단기매매증권처분손실　×××

(2) 정기예금과 적금

만기가 1년 이내에 도래하는 정기예금과 정기적금을 말한다.

(3) 기타단기금융상품

만기가 1년 이내에 도래하는 금융기관에서 판매하고 있는 기타의 금융상품들로 양도성예금증서(CD), 종합자산관리계좌(CMA), 머니마켓펀드(MMF), 환매채(RP), 기업어음(CP) 등이 있다.

4.3 매출채권과 매출채권의 대손

(1) 매출채권(외상매출금, 받을어음)

1) 외상매출금
상품이나 제품을 매출하고 대금을 나중에 받기로 하면 외상매출금으로 기입한다.

2) 받을어음
약속어음은 발행인(채무자)이 수취인(채권자)에게 자기의 채무를 갚기 위하여 일정한 금액(외상대금)을 약정기일(만기일)에 약정한 장소(은행)에서 지급할 것을 약속한 증권으로, 상품이나 제품 등의 재고자산을 매출하고 대금을 약속어음으로 수취한 경우 받을어음으로 기입한다.

보관	• 상품이나 제품을 매출하고 약속어음을 수령하면 받을어음계정 차변으로 회계처리
	(차) **받을어음** ××× (대) 상품매출(제품매출) ×××
만기 (추심)	• 받을어음의 만기가 도래하면 거래은행에 어음대금을 받아 줄 것을 의뢰(추심의뢰) • 어음대금을 받게 되면(추심) 받을어음계정 대변으로 회계처리 • 추심관련 수수료는 당기비용(판매비와관리비)으로 처리
	(차) 당 좌 예 금 ××× (대) **받을어음** ××× 수수료비용(판관비) ×××
배서 양도	• 받을어음 뒷면에 배서하고 양도하면 받을어음계정 대변으로 회계처리
	(차) 외상매입금 ××× (대) **받을어음** ×××
할인 (매각거래)	• 받을어음의 만기가 되기 전에 은행에 배서양도하고 자금을 조달하는 것 • 할인료는 매출채권처분손실로 처리하고 받을어음계정 대변으로 회계처리
	(차) 당좌예금 ××× (대) **받을어음** ××× 매출채권처분손실 ×××
부도	• 받을어음의 만기가 되기 전에 거래처의 부도가 확정된 경우
	(차) 부도어음과수표 ××× (대) **받을어음** ×××

(2) 매출채권의 대손과 대손충당금

• 대손: 매출채권(외상매출금, 받을어음)이 채무자의 파산 등의 이유로 받지 못하게 되는 상황을 의미한다.
• 대손충당금: 보고기간 말에 외상매출금, 받을어음 등의 채권에 대한 회수가능성을 검토하여 대손예상액을 대손충당금으로 설정한다.

- 대손상각비: 매출채권의 대손발생시 처리되는 비용(판매비와관리비)계정에 해당한다.
- 기타의 대손상각비: 매출채권 이외의 계정(대여금, 미수금, 선급금 등)에서 대손발 생시 처리되는 비용(영업외비용)계정에 해당한다.

기말	• 보고기간 말 대손예상액을 대손상각비로 계상
	• 매출채권에서 직접 차감(직접상각법)하거나 대손충당금(충당금설정법)을 설정
	
	• 직접상각법: (차) 대손상각비 ××× (대) 외상매출금 ×××
	• 충당금설정법: 대손충당금추가설정액 = 대손예상액 − 기설정대손충당금
	
	① 대손예상액 〉 기설정대손충당금
	    (차) 대손상각비 ××× (대) 대손충당금 ×××
	② 대손예상액 〈 기설정대손충당금
	    (차) 대손충당금 ××× (대) 대손충당금환입 ×××
	    주의 대손충당금환입 → 판매비와관리비의 차감(−) 항목이다.

대손	• 매출채권이 채무자의 파산 등의 사유로 회수불가능이 확정(대손확정)되었을 경우 대손충당금 잔액이 충분하면 대손충당금과 상계하고, 잔액이 없으면 대손상각비로 회계 처리
	
	    (차) 대손충당금(매출채권차감항목)××× (대) 매출채권 ×××
	        대손상각비 ×××

대손금 회수	• 매출채권의 대손이 확정되어 대손처리를 하였는데, 다시 회수하게 되었을 경우 대손충당금계정 대변으로 회계처리한다. (차) 현금 ××× (대) 대손충당금 ×××

- 대손충당금설정법
  - ① 매출채권 잔액비례법(보충법): 보고기간 말에 매출채권 잔액에 일정률을 곱하여 계산

  > 대손예상액 = 기말매출채권 × 대손 설정률

  - ② 연령분석법: 매출채권의 발생기간(연령)에 따라 다른 대손율을 곱하여 계산 (오래된 매출채권일수록 대손률이 높음)

  > 대손예상액 = 기간별 기말매출채권 × 기간별 대손 설정률

개념 익히기

■ 기말잔액비율법에 의한 대손충당금

기말잔액비율법(보충법)은 매출채권의 잔액에 대하여 대손률을 적용하여 대손추산액을 계산하는 방법이다.

결산일의 합계잔액시산표가 아래와 같고, 당기말 매출채권(외상매출금, 받을어음)의 잔액에 대하여 1%를 보충법으로 설정하는 경우의 회계처리는 다음과 같다.

차 변		계정과목	대 변	
잔액	합계		합계	잔액
33,400,000	611,150,000	외 상 매 출 금	577,750,000	
		대 손 충 당 금	126,000	126,000
10,100,000	40,600,000	받 을 어 음	30,500,000	
		대 손 충 당 금	30,000	30,000

※ 외상매출금의 대손충당금 = 33,400,000원 × 1% − 126,000원 = 208,000원
※ 받을어음의 대손충당금 = 10,100,000원 × 1% − 30,000원 = 71,000원
※ 결산시 회계처리:

　　(차) 대손상각비　　279,000원　　　(대) 대손충당금(외상매출금)　　208,000원
　　　　　　　　　　　　　　　　　　　　　　대손충당금(받을어음)　　　　71,000원

■ 연령분석법에 의한 대손충당금

연령분석법은 각각의 매출채권을 경과일수에 따라 몇 개의 집단으로 분류하여 연령분석표를 만들고, 각각의 집단에 대한 과거 경험률 등에 대한 별도의 대손추정률을 적용하여 대손충당금을 계상하는 방법이다.

경과일수	매출채권잔액	추정 대손율	대손충당금 계상액
1일~30일	20,000,000원	1%	20,000,000원 × 1% = 200,000원
31일~60일	10,000,000원	5%	10,000,000원 × 5% = 500,000원
61일~180일	8,000,000원	10%	8,000,000원 × 10% = 800,000원
181일 이상	7,000,000원	30%	7,000,000원 × 30% = 2,100,000원
계	45,000,000원		3,600,000원

기타의 당좌자산

계정과목	주요 내용
단기대여금	자금을 대여하고 그 회수기간이 1년 이내인 대여금을 말한다. **주의** 회수기간이 1년 이상인 대여금에 대한 회계처리: 장기대여금
주·임·종 단기채권	주주, 임원, 종업원에게 급여지급 시 공제하기로 하고, 자금을 대여하고 회수기간이 1년 이내인 금품을 말한다.
미수금	주요 상거래인 상품매출, 제품매출 이외의 외상거래(비품, 기계장치 등의 매각)에서 대금을 나중에 받기로 하면 미수금으로 기입한다. **주의** 상품과 제품을 외상으로 매출에 대한 회계처리: 외상매출금
선급금	계약금 성격으로 대금의 일부를 미리 지급하는 경우에 처리하며, 지급한 대금만큼 자산을 청구할 권리가 발생하므로 자산계정에 해당한다.
선급비용	당기에 이미 지급한 비용 중에서 차기에 속하는 부분을 계산하여 차기로 이연시키기 위하여 처리하는 자산계정이며, 차변에는 '선급비용(자산)'으로, 대변에는 당기의 비용에서 차감하는 비용계정과목으로 분개한다.
가지급금	금전의 지급이 있었으나 그 계정과목이나 금액이 확정되지 않을 경우 사용하는 일시적인 계정과목이며, 그 내용이 확정되면 본래의 계정으로 대체한다.

회계이론

05 재고자산

재고자산은 정상적인 영업과정에서 판매를 위하여 보유하거나 생산 중에 있는 자산 및 생산 또는 서비스 제공과정에 투입될 원재료나 소모품 등을 의미한다.

5.1 재고자산의 종류와 포함 여부

재고자산은 정상적인 영업과정에서 판매를 위하여 보유하는 자산(상품, 제품), 생산 중에 있는 자산(재공품, 반제품) 및 생산 또는 서비스 제공과정에 투입될 원재료나 소모품 형태로 존재하는 자산을 말한다.

(1) 재고자산의 종류

계정과목	주요 내용
상품	완성품을 외부에서 구입하여 추가 가공 없이 재판매하는 것을 말한다.
원재료	제품 생산과정이나 서비스를 제공하는데 투입되는 원료 및 재료를 말한다.
재공품	제품이 완성되기 전의 상태인 제조과정 중에 있는 재고자산을 말한다.
반제품	현재 상태로 판매 가능한 재공품을 말한다.
제품	판매를 목적으로 원재료, 노무비, 경비를 투입하여 완성된 것을 말한다.
미착품	상품이나 원재료 등을 주문하였으나 아직 회사에 입고되지 않은 것을 말한다.
소모품	소모성 물품 중 아직 사용하지 않은 자산상태의 소모품을 말한다.

> **주의** 상품매매기업은 상품, 미착상품이 주요 재고자산이며, 제조기업은 원재료, 미착원재료, 재공품, 반제품, 제품이 주요 재고자산이다. 부동산매매업을 주업으로 하는 기업이 보유하고 있는 부동산은 판매를 목적으로 하므로 재고자산이다.

개념 익히기

■ 건물 구입시 발생할 수 있는 계정과목의 종류
  • 기업이 영업에 사용할 목적으로 구입한 건물 ⇨ 건물(유형자산)
  • 일반기업이 판매를 목적으로 구입한 건물 ⇨ 투자부동산(투자자산)
  • 업종코드가 부동산매매업인 기업이 판매를 목적으로 구입한 경우 ⇨ 상품(재고자산)

(2) 재고자산의 포함 여부

기말 결산시점에 기업의 재고자산 포함여부를 판단하여 금액을 보고한다.

① 미착상품, 미착원재료: 매입하였으나 운송 중에 있어 아직 도착하지 않은 자산으로, 판매조건에 따라 재고자산의 귀속 시점이 달라질 수 있다.
  • 선적지인도조건: 선적하는 시점에 매입자의 재고자산이므로, 기말 결산시점에 선적이 완료되었으면 매입자의 재고자산으로 본다.
  • 도착지 인도조건: 도착하는 시점에 매입자의 재고자산이므로 기말 결산시점에 도착이 완료되었으면 매입자의 재고자산으로, 아직 운송 중이라면 판매자의 재고자산으로 본다.

② 위탁상품(적송품): 판매를 위탁하여 수탁자에게 적송한 재고자산으로 수탁자가 판매하기 전까지는 위탁자의 재고자산으로 보며, 수탁자의 판매시 위탁자의 수익으로 인식하게 된다.

③ 시송품: 시용매출로 매입자에게 인도한 재고자산으로, 매입자가 구입의사 표시를 하기 전까지는 판매자의 재고자산으로 본다.

5.2 재고자산의 취득원가

(1) 재고자산의 매입

재고자산 매입대금 및 매입과 관련하여 지불한 운반비, 매입수수료, 하역비, 보험료, 취득세, 등록세 등의 구입 부대비용을 취득원가에 포함한다.

> **주의** 재고자산 구입 시 발생하는 운반비 등은 재고자산의 취득원가에 가산하지만, 재고자산의 매출시 발생하는 운반비 등은 별도 비용계정으로 처리함.

(2) 매입에누리와 환출

매입에누리는 매입한 재고자산 중 파손이나 이상이 있는 자산에 대해 가격을 인하받는 것을 말하며, 매입환출은 매입한 재고자산 중 파손이나 이상이 있는 자산을 반품하는 것을 말한다.

(3) 매입할인

재고자산의 구매자가 판매대금을 정해진 일자보다 조기에 지급하는 경우, 약정에 의해 일정 금액을 할인받는 것을 말한다.

(4) 자산의 순매입액

> (순)매입액 = 총매입액(상품매입금액 + 매입 부대비용) – 매입에누리와 환출 – 매입할인

 **매출원가**

(1) 매출원가의 의의

기업이 주된 영업활동을 통하여 수익을 창출하는 것을 매출이라고 한다면, 매출원가는 매출이 이루어지기 위하여 투입한 비용(원가)을 말한다.

- 상품매출원가 = 기초상품재고액 + <u>당기상품(순)매입액</u> – 기말상품재고액
  - 당기상품(순)매입액 = 당기상품(총)매입액 – 매입에누리 및 환출 – 매입할인
- 제품매출원가 = 기초제품재고액 + <u>당기제품제조원가</u> – 기말제품재고액
  - 원재료비 = 기초원재료재고 + 당기원재료매입 – 기말원재료재고
  - 제조간접비 = 간접재료비 + 간접노무비 + 간접제조경비
  - 당기총제조비용 = 직접재료비 + 직접노무비 + 제조간접비
  - 당기제품제조원가 = 기초재공품재고액 + 당기총제조비용 – 기말재공품재고액
- 매출총이익률(%) = 매출총이익 ÷ 매출액 × 100
  매출이란 기업이 재고자산을 판매함으로써 벌어들이는 수익이며, 매출원가는 해당 자산을 구입하거나 만드는 비용을 의미한다. 매출액에서 매출원가를 차감한 금액인 매출총이익은 기업이 판매한 재고자산에서 어느 정도의 이윤을 남기는지를 나타내며, 수치가 높을수록 수익성이 높으며, 이윤이 높음을 의미한다.

 **기말재고자산의 평가**

(1) 수량결정 방법

계속기록법	• 상품의 입고 및 출고 모두 장부에 기록하여 수량을 파악한다.
실지재고조사법	• 상품의 입고만 기록하고 출고는 기록하지 않는다. • 입고란에 기록된 수량에서 직접 조사한 상품의 실제 수량을 차감하여 판매된 수량을 파악한다.
혼합법	• 계속기록법과 실지재고조사법을 병행하여 파악한다.

(2) 단가결정 방법

상품을 매입할 때마다 단가가 계속하여 변동하는 경우가 대부분이므로, 판매되는 재고자산의 단가흐름을 어떻게 가정할 것인지를 정해야 한다.

개별법	개별 상품 각각에 단가표를 붙여서 개별적 단가를 결정
선입선출법	먼저 입고된 상품을 먼저 출고한다는 가정 하에 출고단가를 결정
후입선출법	나중에 입고된 상품을 먼저 출고한다는 가정 하에 출고단가를 결정
이동평균법	매입할 때마다 이동평균단가를 구하여 이동평균단가로 출고 단가를 결정
총평균법	기말에 총 입고금액을 총 입고수량으로 나누어 총 평균단가로 출고단가 결정

주의 총평균법과 이동평균법을 가중평균법이라고도 함.

개념 익히기

■ 재고자산의 평가시 인플레이션(물가상승)시 인식되는 자산의 단가비교
- 기말재고금액, 매출총이익, 당기순이익, 법인세비용
  선입선출법 〉 이동평균법 ≥ 총평균법 〉 후입선출법
- 매출원가
  선입선출법 〈 이동평균법 ≤ 총평균법 〈 후입선출법

■ 기말재고액의 과다계상: 매출원가가 과소계상되어 매출총이익이 과다계상
■ 기말재고액의 과소계상: 매출원가가 과다계상되어 매출총이익이 과소계상

(5.5) 재고자산의 감모손실과 평가손실

(1) 재고자산감모손실(수량차이)

재고자산의 감모손실은 재고자산의 장부상 재고수량과 실제의 재고수량과의 차이에서 발생하는 것으로, 정상적인 조업 과정에서 발생한 감모손실은 매출원가에 가산하고 비정상적으로 발생한 감모손실은 영업외비용으로 처리한다.

정상적 감모	(차) 재고자산감모손실 (매출원가)	×××	(대) 재고자산	×××
비정상 감모	(차) 재고자산감모손실 (영업외비용)	×××	(대) 재고자산	×××

주의 재고자산 감모손손실은 재고자산의 수량결정 방법에서 계속기록법과 실지재고조사법을 혼용하여 사용하는 경우에만 확인 가능하다.

(2) 재고자산평가손실(금액차이)

재고자산은 저가법으로 평가하는데, 저가법(Lower of Cost or Market)이란 취득원가와 시가를 비교하여 낮은 금액으로 표시하는 방법이다.

다음과 같은 사유가 발생하면 재고자산의 시가가 원가 이하로 하락할 수 있다.

- 손상을 입은 경우
- 보고기간 말로부터 1년 또는 정상영업주기 내에 판매되지 않았거나 생산에 투입할 수 없어 장기체화된 경우
- 진부화하여 정상적인 판매시장이 사라지거나 기술 및 시장 여건 등의 변화에 의해서 판매가치가 하락한 경우
- 완성하거나 판매하는데 필요한 원가가 상승한 경우

① 재고자산평가손실

재고자산의 시가가 장부금액 이하로 하락하여 발생한 평가손실은 매출원가에 가산하며, 재고자산의 차감계정인 재고자산평가충당금으로 회계처리한다.

재고자산의 기말재고 금액(저가법): Min(취득원가, 순실현가치)

차변	재고자산평가손실 (매출원가가산)	×××	대변	재고자산평가충당금 (재고자산 차감계정)	×××

주의 재고자산을 저가법으로 평가하는 경우 재고자산의 시가는 순실현가능가치를 의미하며, 공정가치(판매하면 받을 수 있는 금액)에서 판매에 소요되는 비용을 차감한 금액을 말한다.
단, 원재료의 경우에는 현행대체원가(동등한 자산을 현재시점에서 취득할 경우 그 대가)를 말한다.

② 재고자산평가손실 환입

저가법의 적용에 따른 평가손실을 초래했던 상황이 해소되어 새로운 시가가 장부금액보다 상승한 경우에는, 최초의 장부금액을 초과하지 않는 범위 내에서 평가손실을 환입한다.

재고자산평가손실의 환입은 매출원가에서 차감한다.

차변	재고자산평가충당금	×××	대변	재고자산평가충당금환입 (매출원가에서 차감)	×××

주의 최초의 장부금액을 초과하지 않는 범위 내에서 환입

개념 익히기

■ 재고자산평가 순서

재고자산의 감모(수량차이) 파악	→	감모분에 대한 회계처리

(장부상수량과 실제수량의 차이)   (정상감모 - 매출원가에 가산)

예 장부수량 10개 〉 실제수량 8개   (비정상감모 - 영업외비용으로 처리)

재고자산의 저가평가(가격차이)	→	평가손실에 대한 회계처리

(실제금액과 순실현가능가치의 차이)   (평가손실 - 매출원가에 가산)

예 실제수량 8개 × 단가@20원 〉 실제수량 8개 × 저가단가@15원

5.6 소모품의 정리

소모성 물품은 구입 시 자산(소모품)으로 처리할 수도 있고 비용(소모품비)으로 처리할 수도 있는데, 소모품의 당기 사용분을 비용으로 처리하여야 한다.

(1) 자산처리법

구입 시 자산계정인 '소모품'으로 처리하며, 기말에 당기 사용분을 비용으로 처리하기 위하여 차변에는 '소모품비' 계정으로 대변에는 '소모품' 계정으로 분개한다.

차변	소 모 품 비	×××	대변	소 모 품	×××

(2) 비용처리법

구입 시 비용계정인 '소모품비'로 처리하며, 기말에 당기 미사용분을 자산으로 처리하기 위하여 차변에는 '소모품' 계정으로 대변에는 '소모품비' 계정으로 분개한다.

차변	소 모 품	×××	대변	소 모 품 비	×××

06 투자자산

투자자산이란 비유동자산 중에서 기업의 판매활동 이외의 장기간에 걸쳐 투자이익을 얻을 목적으로 보유하고 있는 자산을 말한다.

6.1 투자자산의 종류

계정과목	주요 내용
장기성예금	만기가 1년 이후에 도래하는 예금
장기금융상품	금융기관에서 판매하고 있는 양도성예금증서(CD), 종합자산관리계좌(CMA), 머니마켓펀드(MMF), 환매채(RP), 기업어음(CP) 등 만기가 1년 이후에 도래
특정현금과예금	만기가 1년 이후에 도래하는 사용이 제한되어 있는 금융상품을 말한다. **주의** 은행과 당좌거래 체결시 당좌개설보증금을 예치하는 경우의 회계처리
장기대여금	자금을 대여하고 그 회수기간이 1년 이상인 대여금을 말한다.
투자부동산	기업의 고유의 영업활동과 직접적인 관련이 없는 부동산으로, 투자를 목적으로 보유하고 있으면 투자부동산이다.
매도가능증권	기업이 여유자금으로 유가증권(주식, 사채, 공채 등)을 구입하는 경우 단기매매증권이나 만기보유증권으로 분류되지 아니하는 경우 매도가능증권으로 분류된다.
만기보유증권	기업이 여유자금으로 사채, 공채 등의 채무증권을 만기까지 보유할 적극적인 의도와 능력을 가지고 구입하는 경우 만기보유증권으로 분류한다.

유가증권의 회계처리

(1) 유가증권

투자수익을 얻을 목적으로 보유하고 있는 지분증권(equity securities)과 채무증권(debt securities)으로, 재산권을 나타내는 증권이다.

① 지분증권: 보통주, 우선주, 수익증권 등이 해당하며, 배당수익을 목적으로 한다.

② 채무증권: 국채, 공채(지방채), 사채 등이 해당하며, 이자수익을 목적으로 한다.

(2) 유가증권의 분류

유가증권은 취득시점의 보유목적에 따라 단기매매증권, 매도가능증권 또는 만기보유증권 등으로 분류한다.

보유목적	지분증권(주식)	채무증권(국공채, 사채)
1) 단기간 내에 매매차익	단기매매증권	단기매매증권
2) 만기보유 적극적 의도와 능력	–	만기보유증권
3) 1), 2)의 목적이 아닌 경우로 매각시점이 결정되지 않은 경우	매도가능증권	매도가능증권

주의 단기매매증권 취득 시 발생하는 매입수수료: 당기비용(수수료비용-영업외비용)으로 처리
매도가능증권, 만기보유증권 취득 시 매입수수료: 취득원가에 가산(+)

1) 유가증권보유에 따른 수익의 인식

지분증권인 주식을 보유하고 있는 경우, 피투자회사가 현금배당을 선언하면 영업외수익항목의 배당금수익으로 회계처리한다.

채무증권인 국·공채와 사채는 약정한 기일에 이자를 수령하면 영업외수익의 이자수익으로 회계처리한다.

구 분		회계처리
지분증권 (주식)	현금배당	(차) 현금　　　×××　　　(대) 배당금수익(현금배당)　×× ×
	주식배당	회계처리는 하지 않고 주식수를 증가시키고 취득단가를 조정하는 내용을 주석으로 표시한다.
채무증권(국·공채, 사채)		(차) 현금　　　×××　　　(대) 이자수익　　　　　×× ×

2) 매도가능증권

기업이 여유자금으로 유가증권(주식, 사채, 공채 등)을 구입하는 경우 단기매매증권이나, 만기보유증권으로 분류되지 아니하는 경우 매도가능증권으로 분류된다. 즉, 만기까지 보유할 것도 아니고 단기에 매각할 목적도 아닌, 언제 매각할지를 결정하지 않은 유가증권을 말한다.

취득	• 구입금액(액면금액×, 구입금액○)으로 회계처리 • 취득 시 매입수수료 취득원가에 가산	
	(차) 매도가능증권(매입수수료 포함) ×××　　　(대) 현금	×××
결산시 평가	• 시장성이 있는 매도가능증권은 결산시 장부금액과 공정가치를 비교하여 공정가치로 평가 • 차액은 매도가능증권평가손익(자본항목: 기타포괄손익누계액)으로 처리	
	• 장부금액 〈 공정가치: 매도가능증권평가이익 (차) 매도가능증권　　　　　　×××　　　(대) 매도가능증권평가이익　　××× • 장부금액 〉 공정가치: 매도가능증권평가손실 (차) 매도가능증권평가손실　　×××　　　(대) 매도가능증권　　　　×××	
처분	• 장부금액과 처분금액을 비교하여 매도가능증권처분손익(당기손익)으로 처리 • 처분시 매도가능증권평가손익을 상계처리 후 매도가능증권처분손익(당기손익)으로 처리	
	• 장부금액 〈 처분금액: 매도가능증권평가이익(자본항목: 기타포괄손익누계액)이 존재하는 경우 (차) 현금(처분금액)　　　　　　×××　　　(대) 매도가능증권　　　　　××× 　　　매도가능증권평가이익　　×××　　　　　　매도가능증권처분이익　××× • 장부금액 〉 처분금액: 매도가능증권평가이익(자본항목: 기타포괄손익누계액)이 존재하는 경우 (차) 현금(처분금액)　　　　　　×××　　　(대) 매도가능증권　　　　　××× 　　　매도가능증권평가이익　　××× 　　　매도가능증권처분손실　　×××	

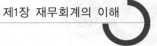

3) 만기보유증권

기업이 여유자금으로 사채, 공채 등의 채무증권을 만기까지 보유할 적극적인 의도와 능력을 가지고 구입하는 경우 만기보유증권으로 분류한다.

취득	• 구입금액(액면금액×, 구입금액○)으로 회계처리 • 취득 시 매입수수료 취득원가에 가산			
	(차) 만기보유증권(매입수수료 포함) ×××		(대) 현금	×××
평가	• 원가법으로 평가하므로 기말 평가 시 회계처리는 하지 않음 • 원가법이란 취득원가에서 할인·할증상각액을 차감한 상각원가법임			
만기	• 장부금액과 처분금액을 비교하여 매도가능증권처분손익(당기손익)으로 처리 • 처분 시 매도가능증권평가손익을 상계하고 매도가능증권처분손익(당기손익)으로 처리			
	(차) 현금 ×××		(대) 만기보유증권 이자수익	××× ×××

(3) 유가증권의 평가비교

계정과목	기말평가	회계처리
단기매매증권	공정가치로 평가	단기매매증권평가손익 (영업외손익 ➜ 손익계산서)
만기보유증권	공정가치로 평가 없이 상각 후 취득원가로 계상	–
매도가능증권	시장성이 있는 경우 (공정가치로 평가)	매도가능증권평가손익 (기타포괄손익누계액 ➜ 재무상태표)
	시장성이 없는 경우 (공정가치로 평가하지 않음)	–

07 유형자산

비유동자산 중 기업의 영업활동과정에서 장기간에 걸쳐 사용되어 미래의 경제적 효익이 기대되는 유형의 자산을 말한다.

7.1 유형자산의 종류

계정과목	주요 내용
토 지	영업목적을 위하여 영업활동에 사용할 대지, 임야, 전답 등을 말한다. 토지라고 해서 모두 유형자산으로 분류하는 것은 아니며, 지가상승을 목적으로 하면 투자자산(투자부동산), 판매를 목적으로 하면 재고자산이다.
건 물	건물과 냉난방, 조명, 통풍 및 건물의 기타 건물부속설비(전기설비, 급배수설비, 위생설비, 가스설비, 냉난방설비, 통풍설비, 보일러설비 및 승강기설비, 차고, 창고 등), 토지 위에 건설된 공작물로서 지붕이나 벽을 갖추고 있는 사무소, 점포, 공장, 사택, 기숙사 등을 말한다.
구축물	기업이 영업에 사용할 목적으로 소유·사용하고 있는 토지 위에 정착된 건물 이외의 토목설비, 공작물 및 이들의 부속설비 등을 말한다.
기계장치	기계장치와 콘베어, 기중기 등의 설비 및 기타 부속설비 등을 말한다.
차량운반구	육상운송수단으로 사용되는 승용차, 화물차, 오토바이 등을 말한다.
비품	사무용 집기비품으로 냉장고, 에어컨, 책상, 컴퓨터, 복사기 등을 말한다.
건설중인자산	유형자산의 건설을 위해 지출한 금액으로 건설완료 전까지 처리하는 임시계정으로, 건설이 완료되면 본래의 계정과목으로 대체한다. **사례** ① 매장 신축도급 계약을 맺고 계약금 2,000,000원을 현금으로 지급하였다. (차) 건설중인자산　2,000,000원　　(대) 현금　　　　　2,000,000원 　　↳ 건설에 관련된 계약금, 중도금 등은 선급금 계정을 사용할 수 없음. ② 매장 신축이 완료되어 계약금 2,000,000원을 제외한 8,000,000원을 보통예금에서 이체하여 지급하였다. (차) 건물　　　　10,000,000원　　(대) 건설중인자산　2,000,000원 　　　　　　　　　　　　　　　　　　　보통예금　　　8,000,000원

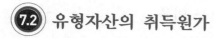 유형자산의 취득원가

유형자산은 최초 취득시 취득원가로 측정한다. 단, 유형자산을 현물출자, 증여, 기타 무상으로 취득하는 경우 그 공정가치를 취득원가로 한다.

취득원가는 구입원가 또는 제작원가 및 경영진이 의도하는 방식으로, 자산을 가동하는데 필요한 장소와 상태에 이르게 하는데 직접 관련되는 원가인 다음의 지출 등으로 구성된다.

> 유형자산의 취득원가 = 매입금액 + 구입 시 취득원가에 가산하는 지출

① 설치장소 준비를 위한 지출
② 외부 운송 및 취급비
③ 설치비
④ 설계와 관련하여 전문가에게 지급하는 수수료
⑤ 유형자산의 취득과 관련하여 국·공채 등을 불가피하게 매입하는 경우 당해 채권의 매입금액과 일반기업회계기준에 따라 평가한 차액
⑥ 자본화대상인 차입원가(자본화 금융비용)
⑦ 취득세 등 유형자산의 취득과 직접 관련된 제세공과금
⑧ 해당 유형자산의 경제적 사용이 종료된 후 원상회복을 위하여 그 자산을 제거, 해체하거나 또는 부지를 복원하는 데 소요될 것으로 추정되는 원가가 충당부채의 인식요건을 충족하는 경우 그 지출의 현재가치(이하 '복구원가'라 한다)
⑨ 유형자산이 정상적으로 작동되는지 여부를 시험하는 과정에서 발생하는 원가
단, 시험과정에서 생산된 재화(예: 장비의 시험과정에서 생산된 시제품)의 순매각금액은 당해 원가에서 차감한다.

7.3 유형자산의 취득 후 지출

(1) 자본적 지출

유형자산을 취득한 후에 발생하는 지출이 내용연수의 증가, 생산능력의 증대, 원가절감, 품질향상 등의 경우로 미래의 경제적 효익을 증가시키면 해당자산으로 처리한다.

주의 자본적 지출: 건물의 에스컬레이터 및 냉·난방장치 설치, 증축 등

(2) 수익적 지출

유형자산을 취득한 후에 발생하는 지출이 원상회복, 능률유지 등 수선유지를 위한 성격이면 당기비용(수선비)으로 처리한다.

주의 수익적 지출: 건물의 도색, 파손유리의 교체, 소모된 부품의 교체 등

(3) 수익적 지출과 자본적 지출을 구분해야 하는 이유

어떤 특정한 지출을 수익적 지출로 처리하느냐, 아니면 자본적 지출로 처리하느냐에 따라 기업의 재무상태와 경영성과가 크게 달라진다.

즉, 수익적 지출로 처리하여야 할 것을 자본적 지출로 처리하게 되면 그 사업연도의 이익이 과대계상(비용의 과소계상)될 뿐만 아니라 유형자산이 과대계상된 부분이 발생하게 되며, 반대로 자본적 지출로 처리하여야 할 것을 수익적 지출로 처리하게 되면 이익의 과소계상(비용의 과대계상)과 유형자산이 과소평가되는 결과를 초래하게 된다.

오류의 유형	자산	비용	당기순이익
수익적 지출을 자본적 지출로 잘못 처리한 경우	과대계상	과소계상	과대계상
자본적 지출을 수익적 지출로 잘못 처리한 경우	과소계상	과대계상	과소계상

7.4 유형자산의 감가상각

유형자산은 사용하거나 시간의 경과에 따라 물리적 혹은 경제적으로 그 가치가 점차 감소되는데 이를 감가라고 하며, 이러한 현상을 측정하여 유형자산의 사용기간 동안 비용으로 배분하는 절차를 감가상각이라고 한다.

감가상각비를 계산하기 위해서는 감가상각대상금액, 감가상각기간, 감가상각방법을 알아야 한다.

주의 토지와 건설중인자산은 감가상각 대상 자산이 아니므로 감가상각을 하지 않는다.

(1) 감가상각 대상금액(취득원가 – 잔존가치)

취득원가에서 잔존가치를 차감한 금액을 말한다. 여기서 취득원가는 자산의 구입대금에 구입시 부대비용을 가산한 금액이며, 잔존가치는 자산을 내용연수가 종료하는 시점까지 사용한다는 가정하에 처분시 받을 금액을 말한다.

(2) 감가상각기간(내용연수)

자산이 사용가능할 것으로 기대되는 기간을 말한다.

(3) 감가상각의 방법

유형자산의 감가상각방법에는 정액법, 체감잔액법(정률법, 연수합계법), 생산량비례법 등이 있다.

① 정액법: 감가상각대상금액(취득원가 – 잔존가치)을 내용연수 동안 균등하게 배분하는 것을 말한다.

$$감가상각비 \ = \ 감가상각대상금액(취득원가 - 잔존가치) \ \times \ \frac{1}{내용연수}$$

② 정률법: 기초의 미상각잔액(취득원가 – 감가상각누계액)에 매기 일정률(정률)을 곱해서 계산한다. 정률법을 적용하면 감가상각비를 초기에는 많이 인식하고 후기로 갈수록 적게 인식하게 된다.

$$감가상각비 \ = \ 미상각잔액(취득원가 - 감가상각누계액) \ \times \ 정률$$

③ 연수합계법: 감가상각대상금액(취득원가 – 잔존가치)에 상각률을 곱하는데, 여기서 상각률은 분모에는 내용연수의 합을 분자에는 내용연수의 역순의 금액을 사용하여 계산한 비율을 말한다.

$$감가상각비 \ = \ 감가상각대상금액(취득원가 - 잔존가치) \ \times \ \frac{내용연수의 \ 역순}{내용연수의 \ 합계}$$

④ 생산량비례법: 예정조업도나 예상생산량에 근거하여 그 기간의 감가상각비를 계산하는 것을 말한다.

$$감가상각비 \ = \ 감가상각대상금액(취득원가 - 잔존가치) \ \times \ \frac{당기생산량}{총 \ 예상생산가능량}$$

⑤ 이중체감법: 기초 장부금액에 정액법 상각률의 2배가 되는 상각률을 곱하여 감가상각비를 계산하는 것을 말한다.

$$감가상각비 \ = \ 미상각잔액(취득원가 - 감가상각누계액) \ \times \ \frac{2}{내용연수}$$

(4) 감가상각비의 회계처리

보고기간 말에 당기에 해당하는 감가상각비금액을 감가상각비계정 차변에 기입하고, 감가상각누계액계정 대변에 기입한다.

차변	감가상각비	×××	대변	감가상각누계액 (유형자산의 차감계정)	×××

개념 익히기

■ 유형자산의 순장부금액

재무상태표에 표시될 때 건물의 감가상각누계액은 건물의 차감계정으로 표시된다.

재무상태표

자산		×××	부채	×××
건물	500,000			
감가상각누계액	(100,000)	400,000	자본	×××

* 건물의 순장부금액: 500,000원(취득원가) - 100,000원(감가상각누계액) = 400,000원

(5) 유형자산의 처분

유형자산의 처분시 금액과 장부금액(취득원가 - 감가상각누계액)을 비교하여 차액에 대한 금액을 유형자산처분손익으로 인식한다.

➡ 장부금액(취득원가 - 감가상각누계액) 〈 처분금액: 유형자산처분이익

차변	현금 감가상각누계액	××× ×××	대변	유형자산 유형자산처분이익	××× ×××

➡ 장부금액(취득원가 - 감가상각누계액) 〉 처분금액: 유형자산처분손실

차변	현금 감가상각누계액 유형자산처분손실	××× ××× ×××	대변	유형자산	×××

08 무형자산

기업의 영업활동과정에서 장기간에 걸쳐 사용되어 미래의 경제적 효익이 기대되는 자산으로, 유형자산과의 차이점은 물리적 형태가 없는 무형의 자산이라는 것이다. 그런데 무형자산은 물리적 형태가 없기 때문에 재무제표에 기록하기 위해서는 추가적으로 고려해야 하는 것이 있다.

8.1 무형자산의 정의

무형자산은 재화의 생산이나 용역의 제공, 타인에 대한 임대 또는 관리에 사용할 목적으로 기업이 보유하고 있으며, 물리적 형체가 없지만 식별가능하고, 기업이 통제하고 있으며, 미래 경제적 효익이 있는 비화폐성자산을 말한다.

주의 물리적 형체가 없는 판매용 자산의 경우에는 재고자산 계정을 처리한다.

(1) 식별가능성

무형자산이 분리가능하면 그 무형자산은 식별가능하다. 자산이 분리가능하다는 것은 그 자산과 함께 동일한 수익창출활동에 사용되는 다른 자산의 미래 경제적 효익을 희생하지 않고 그 자산을 임대, 매각, 교환 또는 분배할 수 있는 것을 말한다.

(2) 통제

무형자산의 미래 경제적 효익을 확보할 수 있고 제3자의 접근을 제한할 수 있다면 자산을 통제하고 있는 것이다. 무형자산의 미래 경제적 효익에 대한 통제는 일반적으로 법적 권리로부터 나오며, 법적 권리가 없는 경우에는 통제를 입증하기 어렵다. 그러나 권리의 법적 집행가능성이 통제의 필요조건은 아니다.

주의 교육훈련비, 마케팅 비용은 미래 경제적 효익은 기대되지만 통제가능성이 없으므로 발생기간의 비용으로 인식한다.

(3) 미래 경제적 효익

무형자산의 미래 경제적 효익은 재화의 매출이나 용역수익, 원가절감 또는 자산의 사용에 따른 기타 효익의 형태로 발생한다.

8.2 무형자산의 종류

계정과목	주요 내용
영업권	기업의 좋은 이미지, 우수한 경영진, 뛰어난 영업망, 유리한 위치 등으로 동종의 타기업에 비해 특별히 유리한 자원을 말한다. 영업권은 사업결합으로 취득한 영업권과 내부창출영업권이 있는데, 내부창출영업권은 인정하지 않는다. 매수 합병이라는 사업결합 시 순자산(자본)을 초과하여 지급한 금액을 영업권으로 인식한다.
산업재산권	• 특허권: 특정한 발명을 등록하여 일정 기간 독점적, 배타적으로 사용할 수 있는 권리를 말한다. • 실용신안권: 특정 물건의 모양이나 구조 등 실용적인 고안을 등록하여 일정 기간 독점적, 배타적으로 사용할 수 있는 권리를 말한다. • 디자인권: 특정 디자인이나 로고 등 고안을 등록하여 일정 기간 독점적, 배타적으로 사용할 수 있는 권리를 말한다. • 상표권: 특정 상표를 등록하여 일정 기간 독점적, 배타적으로 사용할 수 있는 권리를 말한다.
광업권	일정한 광구에서 광물을 일정 기간 독점적, 배타적으로 채굴할 수 있는 권리를 말한다.
개발비	신제품과 신기술 등의 개발활동과 관련하여 발생한 지출로서 미래경제적 효익의 유입가능성이 높으며, 취득원가를 신뢰성 있게 측정할 수 있는 것을 말한다. **주의** • 신제품, 신기술 개발과 관련된 지출 자산처리 → 개발비(무형자산) • 개발비 요건 충족 못하면 비용처리 → 경상연구개발비(판매비와관리비) • 개발비는 다음의 조건을 모두 충족하는 경우에만 무형자산으로 인식한다. • 무형자산을 사용 또는 판매하기 위해 그 자산을 완성시킬 수 있는 기술적 실현가능성을 제시할 수 있어야 한다. • 무형자산을 완성해 그것을 사용하거나 판매하려는 기업의 의도가 있다. • 완성된 무형자산을 사용하거나 판매할 수 있는 기업의 능력을 제시할 수 있다. • 무형자산이 어떻게 미래 경제적 효익을 창출할 것인가를 보여줄 수 있다. • 무형자산의 개발을 완료하고 그것을 판매 또는 사용하는데 필요한 기술적, 금전적 자원을 충분히 확보하고 있다는 사실을 제시할 수 있다. • 개발단계에서 발생한 무형자산 관련 지출을 신뢰성 있게 구분하여 측정할 수 있다.
소프트웨어	소프트웨어 구입에 따른 금액을 말한다.

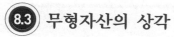

무형자산의 상각

무형자산상각은 유형자산의 상각방법처럼 정액법, 체감잔액법(정률법, 연수합계법), 생산량비례법 등이 있는데, 추정 내용연수동안 체계적인 방법을 사용하기 곤란할 경우에는 정액법을 사용한다.

1) 무형자산의 회계처리

보고기간 말에 당기에 해당하는 상각비금액을 무형자산상각비계정 차변에 기입하고 해당 자산계정을 대변에 기입한다.

차변	무형자산상각비	×××	대변	무형자산 (개발비, 영업권 등)	×××

주의 유형자산에 대해서는 '감가상각누계액'이라는 차감계정을 사용하지만, 무형자산에 대해서는 일반적으로 무형자산에서 직접 차감한다.

09 기타비유동자산

비유동자산 중에서 투자자산, 유형자산, 무형자산에 속하지 아니하는 자산을 말한다.

9.1 기타비유동자산의 종류

계정과목	상세 내용
임차보증금	임대차계약에 의하여 임차료를 지급하는 조건으로 타인의 부동산 사용을 계약하고 임차인이 임대인에게 지급하는 보증금을 말한다. 임차보증금은 계약기간이 만료되면 다시 상환받는다. **주의** 임대보증금은 비유동부채에 해당한다.
장기외상매출금	상품이나 제품을 매출하고 1년 이상의 기간 동안 받기로 한 외상매출금을 말한다.
장기받을어음	상품이나 제품을 매출하고 받은 약속어음의 만기가 1년 이상인 것을 말한다.

10 부채

부채는 유동부채와 비유동부채로 분류되며, 유동부채는 결산일로부터 상환기한이 1년 이내에 도래하는 단기부채를 말한다.

10.1 유동부채의 종류

계정과목	상세 내용
외상매입금	상품, 원재료를 매입하고 대금을 나중에 지급하기로 하면 외상매입금으로 기입한다.
지급어음	약속어음은 발행인(채무자)이 수취인(채권자)에게 자기의 채무를 갚기 위하여 일정한 금액(외상대금)을 약정기일(만기일)에 약정한 장소(은행)에서 지급할 것을 약속한 증권이다. 상품이나 원재료를 매입하고 대금을 약속어음으로 발행하여 지급하였을 경우 지급어음으로 기입한다.
미지급금	주요 상거래인 상품매입 이외의 외상거래(비품, 기계장치 등의 구입과 복리후생비 등의 지급)에서 대금을 1년 이내의 기간에 지급하기로 하면 미지급금으로 기입한다. **주의** 상품을 외상으로 매입하는 경우는 외상매입금으로 회계처리
미지급비용	일정 기간 계속 발생하는 비용으로써, 당기에 발생하였으나 아직 지급기일이 도래하지 않아 지급되지 않고 있는 비용이다. 지급기일이 도래하였으나 지급하지 않은 경우에 처리하는 미지급금과는 구분되며, 미지급비용은 결산시에 발생한다.
선수금	상품을 판매함에 있어서 이를 판매하기 이전에 계약금 성격으로 그 대금의 일부 또는 전부를 미리 수취한 금액은 당해 상품이나 제품을 판매할 때까지는 선수금으로 처리한다. 즉, 그 거래에 따르는 수익(매출)이 계상될 때까지 그 거래 대가의 일부를 미리 받은 금액이 선수금이다. **주의** 선급금(자산)은 선수금(부채)의 상대적인 계정이다.
선수수익	당기에 이미 받은 수익 중에서 차기에 속하는 부분을 차기로 이연시킨다. 차변에는 당기의 수익에서 차감하는 수익계정과목으로, 대변에는 '선수수익(부채)'으로 분개한다.

계정과목	상세 내용
예수금	일시적으로 잠시 보관하고 있는 성격으로 급여 지급 시 공제액인 소득세와 지방소득세, 4대 보험의 근로자부담금 등의 금액을 말한다. **주의** • 기업이 원천징수의무이행을 위해 지급할 금액에서 일정액을 떼는 것 → 예수금(부채) • 기업이 받을 금액에서 일정액을 원천징수 당하여 떼이는 것 → 선납세금(자산)
가수금	금전의 입금이 있었으나 그 계정과목이나 금액이 확정되지 않았을 경우 사용하는 일시적인 계정과목이며, 그 내용이 확정되면 본래의 계정으로 대체한다.
단기차입금	자금을 차입하고 그 상환기간이 1년 이내에 도래하는 차입금을 말한다.
유동성장기부채	비유동부채 중 1년 내에 만기일이 도래하는 부분을 유동부채로 재분류한 것을 말한다.

⑩.② 비유동부채

부채는 유동부채와 비유동부채로 분류하며, 비유동부채는 결산일로부터 상환기한이 1년 이후에 도래하는 장기부채를 말한다.

계정과목	상세 내용
사채	주식회사가 장기자금을 조달하기 위하여 발행하는 채무증권으로, 계약에 따라 일정한 이자를 지급하고 일정한 시기에 원금을 상환할 것을 약속한 증서를 말한다.
장기차입금	자금을 차입하고 그 상환기간이 1년 이후에 도래하는 차입금을 말한다. 장기차입금(비유동부채) 중 결산일 현재 1년 내에 만기일이 도래하는 부분은 유동성장기부채(유동부채)로 재분류 하여야 한다.
임대보증금	임대차계약에 의하여 임대료를 지급받는 조건으로 타인에게 부동산 사용을 계약하고 임대인이 임차인에게 지급받는 보증금을 말한다. 임대보증금은 계약기간이 만료되면 다시 임차인에게 상환하여야 한다.
충당부채	과거사건이나 거래의 결과에 의한 현재의무로서, 지출의 시기 또는 금액이 불확실하지만 그 의무를 이행하기 위하여 자원이 유출될 가능성이 매우 높고 또한 당해 금액을 신뢰성 있게 추정할 수 있는 의무를 말한다.

(1) 사채

1) 사채의 흐름

사채는 장기자금을 조달하기 위하여(일반적으로 3년) 사채발행자(회사)가 사채임을 증명하는 사채권을 발행하여 주고, 만기까지의 기간동안 정해진 이자율(액면이자율, 표시이자율)에 따라 이자를 지급하고, 만기에 원금을 상환하는 것을 약정한 비유동부채이다.

2) 사채의 발행

사채의 발행가격은 미래현금흐름을 유효이자율로 할인한 현재가치를 말하며, 시장이자율과 표시이자율에 의해 액면발행, 할인발행, 할증발행으로 나누어진다.

> 사채의 발행가격 = 만기금액의 현재가치 + 이자지급액의 현재가치

① 액면발행(발행금액 = 액면금액): 시장이자율과 표시이자율이 동일하여 액면금액으로 발행

회계처리(사채발행자)				부분재무상태표(20X1. 12. 31.)	
(차) 현금	10,000	(대) 사채	10,000	비유동부채	
				사채	10,000

② 할인발행(발행금액 〈 액면금액): 사채발행회사는 시장이자율에 비해 낮은 사채이자에 대한 보상으로 할인발행

회계처리(사채발행자)				부분재무상태표(20X1. 12. 31.)	
(차) 현금	8,000	(대) 사채	10,000	비유동부채	
사채할인발행차금	2,000			사채	10,000
				사채할인발행차금 (2,000)	8,000

③ 할증발행(발행금액 〉 액면금액): 사채발행회사는 시장이자율보다 높은 사채이자에 대한 프리미엄으로 할증발행

회계처리(사채발행자)				부분재무상태표(20X1. 12. 31.)	
(차) 현금	12,000	(대) 사채	10,000	비유동부채	
		사채할증발행차금	2,000	사채	10,000
				사채할증발행차금 2,000	12,000

3) 사채할인(할증)발행차금 상각(환입)

사채할인(할증)발행차금은 사채의 상환기간 동안에 매결산기마다 체계적인 방법으로 상각(환입)함으로써 만기일에 사채할인(할증)발행차금계정 잔액이 0원이 되어 사채의 액면금액과 장부금액(액면금액 ± 사채할인(할증)발행차금)이 일치하도록 회계처리하여야 한다.

사채할인(할증)발행차금은 유효이자율법으로 상각 또는 환입한다. 유효이자율은 '사채의 액면금액과 미래지급액(이자＋액면금액)의 현재가치를 일치시켜주는 이자율'이다. 유효이자율법은 사채의 장부금액(액면금액－사채할인발행차금, 또는 액면금액＋사채할증발행차금)에 사채발행 시의 유효이자율을 곱하여 계산된 이자비용과 액면금액에 액면이자율을 곱하여 계산된 이자비용과의 차액을 상각(환입)시키는 방법이다.

4) 사채할인(할증)발행차금의 상각과 관련된 비교

구 분	사채할인발행 상각 시	사채할증발행 상각 시
매기 상각액	증가	증가
매기 사채의 장부금액	증가	감소
매기 이자비용(유효이자율법) (사채의 장부금액 × 유효이자율)	증가	감소
매기 지급해야 하는 이자 (사채의 액면금액 × 액면이자율)	일정	일정

개념 익히기

■ 사채발행비 회계처리

'사채' 계정은 무조건 액면금액으로 기입하고, 사채발행 시 발생하는 사채권인쇄비, 사채발행수수료 등의 비용은 사채할인발행차금에 가산(+)하거나 사채할증발행차금에서 차감(−)한다. 앞의 예제에서 사채발행비 1,000원을 현금으로 지급했다고 가정하면 회계처리는 다음과 같다.

구 분	차 변		대 변	
액면발행 (10,000원 발행)	현금 사채할인발행차금	9,000원 1,000원	사채	10,000원
할인발행 (8,000원 발행)	현금 사채할인발행차금	7,000원 3,000원	사채	10,000원
할증발행 (12,000원 발행)	현금	11,000원	사채 사채할증발행차금	10,000원 1,000원

(2) 충당부채

충당부채는 다음의 요건을 모두 충족하는 경우에 인식한다.

① 과거사건이나 거래의 결과로 현재의 의무가 존재한다.

② 당해 의무를 이행하기 위하여 자원이 유출될 가능성이 매우 높다.

③ 그 의무를 이행하기 위하여 소요되는 금액을 신뢰성 있게 추정할 수 있다.

1) 퇴직급여충당부채

회사의 퇴직급여규정 등에 의하여 직원이 퇴직할 때 지급해야 할 퇴직금을 충당하기 위하여 설정하는 계정과목이다. 퇴직급여충당부채 설정 시에는 퇴직급여충당부채계정 대변에 기입하고, 퇴직금 지급시에는 퇴직급여충당부채계정 차변에 기입한다.

2) 퇴직연금제도

① 확정기여형(DC) 퇴직연금제도

확정기여형 퇴직연금제도를 설정한 경우에는 당해 회계기간에 대하여 기업이 납부하여야 할 부담금(기여금)을 퇴직급여(비용)로 인식하고, 회계연도 말 현재 아직 납부하지 않은 기여금은 미지급비용으로 인식한다.

② 확정급여형(DB) 퇴직연금제도

• 종업원이 퇴직하기 전의 경우: 보고기간 말 현재 종업원이 퇴직할 경우 지급하여야 할 퇴직일시금에 상당하는 금액을 측정하여 퇴직급여충당부채로 인식한다.

• 종업원이 퇴직연금에 대한 수급요건 중 가입기간 요건을 갖추고 퇴사하였으며 퇴직연금의 수령을 선택한 경우: 보고기간 말 이후 퇴직 종업원에게 지급하여야 할 예상퇴직연금합계액의 현재가치를 측정하여 '퇴직연금미지급금'으로 인식한다. 확정급여형 퇴직연금제도에서 운용되는 자산은 하나로 통합하여 퇴직연금운용자산으로 표시한다.

〈재무상태표 표시〉

비유동부채	
퇴직급여충당부채	11,000
퇴직연금운용자산	(10,000)

11 자본

자본은 기업이 소유하고 있는 자산에서 갚아야 하는 부채를 차감한 순자산을 의미하며, 법인기업의 자본은 자본금, 자본잉여금, 자본조정, 기타포괄손익누계액, 이익잉여금을 말하며 자본의 분류는 다음과 같다.

구분표시	계정과목
자본금	우선주, 보통주
자본잉여금	주식발행초과금, 감자차익, 자기주식처분이익
자본조정	주식할인발행차금, 감자차손, 자기주식처분손실, 자기주식, 미교부주식배당금
기타 포괄손익누계액	매도가능증권평가손익, 해외사업환산손익, 재평가잉여금, 현금흐름위험회피 파생상품평가손익
이익잉여금	이익준비금(법정적립금), 임의적립금, 미처분이익잉여금

주의 이익잉여금은 손익거래에서의 이익을 의미한다.

11.1 자본금

주식회사의 자본금은 법정자본금으로서 주당 액면금액에 발행주식수를 곱한 금액이다.

> 자본금(법정자본금) = 주당 액면금액 × 발행주식수

발행유형	차 변		대 변	
할인발행 (발행금액 〈 액면금액)	현금 주식할인발행차금	××× ×××	자본금(액면금액)	×××
액면발행 (발행금액 = 액면금액)	현금	×××	자본금(액면금액)	×××
할증발행 (발행금액 〉 액면금액)	현금	×××	자본금(액면금액) 주식발행초과금	××× ×××

주의

• 자본금은 무조건 액면금액으로 회계처리한다.
• 주식발행 시 신주발행비: 주식의 발행금액에서 차감한다. 즉 주식발행초과금에서 차감하고 주식할인발행차금에 가산(+)한다.

⑪.2 자본잉여금

(1) 주식발행초과금

주식발행초과금은 주식발행금액이 액면금액을 초과하는 경우 그 초과금액을 말한다.

➡ 주식을 액면금액 이상으로 발행하는 경우(할증발행: 액면금액 〈 발행금액)

> **주의** • 신주발행비는 주식발행초과금에서 차감한다.
> • 주식발행초과금은 유상증자시 발생하는 것으로, 주금납입절차가 이루어지지 않는 무상증자나 주식배당의 경우에는 발생하지 아니한다.

(2) 감자차익

자본금 감소 시 그 감소액이 주식의 소각, 주금의 반환에 의한 금액 또는 결손 보전에 충당한 금액을 초과하는 경우 그 초과액을 말한다.

➡ 유상감자 시: 액면금액 〉 유상으로 재취득한 금액(취득금액)

(3) 자기주식처분이익

자기주식을 구입한 후 다시 처분할 경우 취득금액보다 처분금액이 높은 경우 그 초과액을 말한다.

➡ 자기주식처분: 취득금액 〈 처분금액

⑪.3 자본조정

자본조정은 당해 항목의 성격으로 보아 자본거래에 해당하나 최종 납입된 자본으로 볼 수 없거나 자본의 가감 성격으로 자본금 또는 자본잉여금으로 분류할 수 없는 항목이다.

(1) 주식할인발행차금

주식할인발행차금은 주식을 액면금액 이하로 발행한 경우, 발행금액과 액면금액의 차이를 말하며 자본조정에 해당한다.

➡ 주식을 액면금액 이하로 발행하는 경우(할인발행: 액면금액 〉 발행금액)

> **주의** 신주발행비는 주식할인발행차금에 가산한다.

(2) 감자차손

자본금의 감소 시 나타나는 것으로, 주식을 매입하여 소각하는 경우 취득금액이 액면금액보다 큰 경우에 그 차이를 말한다.

➡ 유상감자시: 액면금액 〈 유상으로 재취득한 금액(취득금액)

(3) 자기주식

우리회사의 주식을 재발행할 목적으로 구입하는 경우 자기주식으로 처리한다.

➡ 자기주식 구입 시(액면금액이 아닌 구입금액으로 회계처리)

(4) 자기주식처분손실

자기주식을 처분 시 취득금액보다 처분금액이 낮은 경우 그 차액을 말한다.

➡ 자기주식처분: 취득금액 〉 처분금액

(5) 미교부주식배당금

이익잉여금 처분과정에서 주식배당을 결의하였다면 미처분이익잉여금이 감소하면서 미교부주식배당금을 인식하며 이를 자본조정으로 처리한다.

11.4 기타포괄손익누계액

기타포괄손익누계액은 재무상태표일 현재의 기타포괄손익 잔액으로, 당기순이익에 포함되지 않는 평가손익의 누계액이다. 기타포괄 손익누계액에는 매도가능증권평가손익, 해외사업환산손익, 현금흐름위험회피 파생상품평가손익, 재평가잉여금 등이 있다.

11.5 이익잉여금

이익잉여금은 영업활동의 결과 손익거래에서 얻어진 이익이 사내에 유보되어 생기는 잉여금이다. 이익잉여금의 종류로는 이익준비금(법정적립금), 기타법정적립금, 임의적립금, 미처분이익잉여금이 있다.

12 수익과 비용

기업의 주요 영업활동인 상품매출활동과 관련된 수익을 영업수익이라 하고, 그 외의 수익을 영업외수익이라 한다. 영업수익인 매출액에 대응하는 비용을 매출원가라 하고 판매와 관리활동에 관련된 비용을 판매비와관리비라고 하며, 그 외의 비용을 영업외비용이라 한다.

12.1 수익

수익은 기업의 경영활동에서 재화의 판매 또는 용역의 제공 과정으로 획득된 경제적 가치로서 자산의 증가 또는 부채의 감소에 따라 자본의 증가를 초래하는 경제적 효익의 총 유입을 의미한다.

(1) 매출액

1) 상품매출(제품매출)

기업의 경영활동에서 판매를 목적으로 외부에서 구입한 재화인 상품을 일정한 이익을 가산하여 매출하게 되는데, 상품의 매출이 발생하면 상품매출(제품매출)계정 대변에 기입한다.

2) 매출에누리와 환입

① 매출에누리: 매출한 상품 중 하자나 파손이 있는 상품에 대해 값을 깎아 주는 것을 말한다.

② 매출환입: 매출한 상품 중 하자나 파손이 있는 상품에 대해 반품받는 것을 말한다.

3) 매출할인

외상매출금을 조기에 회수하는 경우 약정에 의해 할인해주는 금액을 말한다.

순매출액 = 총매출액 − 매출에누리와 환입 − 매출할인

(2) 영업외수익

구 분	내 용
이자수익	금융기관 등에 대한 예금이나 대여금 등에 대하여 받은 이자
단기매매증권 평가이익	결산 시 단기매매증권을 공정가치로 평가할 때 장부금액보다 공정가치가 높은 경우 그 차액
단기매매증권 처분이익	단기매매증권을 처분할 때 장부금액보다 처분금액이 높은 경우 그 차액
외환차익	외화자산 회수와 외화부채 상환 시 환율의 차이 때문에 발생하는 이익
수수료수익	용역을 제공하고 그 대가를 받은 경우
외화환산이익	결산 시 외화 자산과 외화 부채를 결산일 환율로 평가할 때 발생하는 이익
유형자산 처분이익	유형자산을 장부금액(취득원가 - 감가상각누계액)보다 높은 금액으로 처분할 때 발생하는 이익
투자자산 처분이익	투자자산을 장부금액보다 높은 금액으로 처분할 때 발생하는 이익
자산수증이익	타인으로부터 자산을 무상으로 증여받게 되는 경우 그 금액
채무면제이익	채무를 면제받는 경우의 그 금액
잡이익	영업활동 이외의 활동에서 발생한 금액이 적은 이익이나 빈번하지 않은 이익

비 용

(1) 상품매출원가(제품매출원가)

기업의 경영활동에서 판매를 목적으로 외부에서 구입한 상품을 매출하였을 때 그 상품의 매입원가를 상품매출원가로 표기하고, 제조기업에서 원재료를 가공하여 완성한 제품을 매출하였을 때 그 제품의 제조원가를 제품매출원가로 표기한다.

> • 당기상품순매입액 = 당기상품총매입액 - 매입에누리와 환출 - 매입할인
> • 상품매출원가 = 기초상품재고액 + 당기상품순매입액 - 기말상품재고액
> • 제품매출원가 = 기초제품재고액 + 당기완성품 - 기말제품재고액

(2) 판매비와 관리비

구 분	내 용
급 여	종업원에 대한 급여와 제수당 등
퇴직급여	종업원이 퇴직을 할 경우 발생하는 퇴직금이나 결산 시 퇴직급여충당부채를 설정할 경우의 퇴직금 등
복리후생비	종업원의 복리와 후생을 위한 비용으로 식대, 경조비, 직장체육대회, 야유회비 등을 말하며, 또한 종업원을 위해 회사가 부담하는 건강보험료, 고용보험료, 산재보험료 등
여비교통비	종업원의 업무와 관련한 교통비와 출장 여비 등
접대비	업무와 관련하여 거래처를 접대한 비용으로 식대, 경조비, 선물대금 등
통신비	업무와 관련하여 발생한 전화, 핸드폰, 팩스, 인터넷 등의 요금 등
수도광열비	업무와 관련하여 발생한 수도, 가스, 난방 등의 요금 등
전력비	업무와 관련해서 발생한 전기요금 등
세금과공과금	업무와 관련하여 발생한 세금인 재산세, 자동차세 등과 공과금인 대한상공회의 소회비, 조합회비, 협회비 등
감가상각비	업무와 관련된 유형자산인 건물, 기계장치, 차량운반구 등의 감가상각금액
임차료	업무와 관련하여 발생한 토지, 건물, 기계장치, 차량운반구 등의 임차비용 등
수선비	업무와 관련하여 발생한 건물, 기계장치 등의 현상유지를 위한 수리비용을 말한다. 단, 차량운반구에 관련된 현상유지를 위한 수리비용은 차량유지비 등
보험료	업무와 관련된 유형자산(건물, 기계장치 등)과 재고자산 등에 대한 보험료
차량유지비	업무와 관련된 차량운반구의 유지, 수선(유류대, 오일교체비 등)을 위한 비용
운반비	상품을 매출하고 지출한 운송료
도서인쇄비	업무와 관련된 도서구입비, 신문과 잡지구독료, 인쇄비 등
소모품비	업무와 관련된 복사용지, 문구류 등 소모성 물품비 등
수수료비용	업무와 관련된 용역을 제공받고 그에 대한 대가를 지불한 것으로 은행의 송금수수료, 어음의 추심수수료, 청소와 경비용역비 등
광고선전비	업무와 관련하여 광고목적으로 신문, 방송, 잡지 등에 지출한 광고비용
대손상각비	상품매출과 관련하여 발생한 매출채권(외상매출금, 받을어음)이 회수 불능되었을 때 또는 결산 시 대손에 대비하여 대손충당금을 설정할 때 대손상각비

회계이론

(3) 영업외비용

구 분	내 용
이자비용	금융기관에 대한 차입금, 당좌차월 등 자금의 차입대가로 지불하는 이자
외환차손	외화자산의 회수와 외화부채의 상환시 환율의 차이 때문에 발생하는 손실
기부금	아무런 대가를 바라지 않고 무상으로 금전이나 물건 등을 기증한 경우
외화환산손실	결산 시 외화 자산과 외화 부채를 결산일 환율로 평가할 때 발생하는 손실
매출채권처분손실	받을어음의 만기가 되기 전에 은행에 어음을 할인할 경우 그 할인료 등
단기매매증권평가손실	결산 시 공정가치로 평가할 때 장부금액보다 공정가치가 낮은 경우 그 차액
단기매매증권처분손실	단기매매증권을 처분할 때 장부금액보다 처분금액이 낮은 경우 그 차액
재해손실	천재지변이나 도난 등의 예측치 못한 상황으로 발생한 손실
유형자산처분손실	유형자산을 장부금액(취득원가 - 감가상각누계액)보다 낮은 금액으로 처분할 때 발생하는 손실
투자자산처분손실	투자자산을 장부금액보다 낮은 금액으로 처분할 때 발생하는 손실
잡손실	영업활동 이외 활동에서 금액이 적은 비용이나 빈번하지 않은 지출

(4) 법인세비용

회계기간에 납부하여야 할 법인세액이다. 법인세 중간예납액과 이자수익 등의 원천징수 금액을 차변에 선납세금으로 회계처리하고 기말에는 법인세비용으로 대체한다.

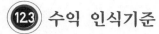 수익 인식기준

(1) 재화의 판매

재화의 판매로 인한 수익은 다음 조건이 모두 충족될 때 인식한다.

> ① 재화의 소유에 따른 유의적인 위험과 보상이 구매자에게 이전된다.
> ② 판매자는 판매한 재화에 대하여 소유권이 있을 때 통상적으로 행사하는 정도의 관리나 효과적인 통제를 할 수 없다.
> ③ 수익금액을 신뢰성 있게 측정할 수 있다.
> ④ 경제적효익의 유입 가능성이 매우 높다.
> ⑤ 거래와 관련하여 발생했거나 발생할 원가를 신뢰성 있게 측정할 수 있다.

(2) 용역의 제공

용역의 제공으로 인한 수익은 용역제공거래의 성과를 신뢰성 있게 추정할 수 있을 때 진행기준에 따라 인식한다. 다음 조건이 모두 충족되는 경우에는 용역제공거래의 성과를 신뢰성 있게 추정할 수 있다고 본다.

> ① 거래 전체의 수익금액을 신뢰성 있게 측정할 수 있다.
> ② 경제적효익의 유입 가능성이 매우 높다.
> ③ 진행률을 신뢰성 있게 측정할 수 있다.
> ④ 이미 발생한 원가 및 거래의 완료를 위하여 투입하여야 할 원가를 신뢰성 있게 측정할 수 있다.

(3) 이자수익, 로열티수익, 배당금수익

자산을 타인에게 사용하게 함으로써 발생하는 이자, 배당금, 로열티 등의 수익은 다음 기본조건을 모두 충족하여야 한다.

> ① 수익금액을 신뢰성 있게 측정할 수 있다.
> ② 경제적효익의 유입 가능성이 매우 높다.
>
> 상기 기본조건을 충족한 이자수익, 배당금수익, 로열티수익은 다음의 기준에 따라 인식한다.
> ① 이자수익은 원칙적으로 유효이자율을 적용하여 발생기준에 따라 인식한다.
> ② 배당금수익은 배당금을 받을 권리와 금액이 확정되는 시점에 인식한다.
> ③ 로열티수익은 관련된 계약의 경제적 실질을 반영하여 발생기준에 따라 인식한다.
> > **주의** 제조업의 경우 이자수익, 로열티수익, 배당금수익은 영업외수익에 해당한다.

12.4 비용 인식기준

비용은 경제적 효익이 사용 또는 유출됨으로써 자산이 감소하거나 부채가 증가하고 그 금액을 신뢰성 있게 측정할 수 있을 때 인식한다. 보다 구체적인 비용 인식기준은 다음과 같다.

① 수익과 직접 관련하여 발생한 비용은 동일한 거래나 사건에서 발생하는 수익을 인식할 때 대응하여 인식한다.

　예 매출수익에 대응하여 인식하는 매출원가

② 수익과 직접 대응할 수 없는 비용은 재화 및 용역의 사용으로 현금이 지출되거나 부채가 발생하는 회계기간에 인식한다.

　예 광고선전비 등의 판매비와관리비

③ 자산으로부터의 효익이 여러 회계기간에 걸쳐 기대되는 경우, 이와 관련하여 발생한 특정 성격의 비용은 체계적이고 합리적인 배분절차에 따라 각 회계기간에 배분하는 과정을 거쳐 인식한다.

　예 유형자산의 감가상각비와 무형자산의 상각비

제2장

세무회계의 이해

부가가치세 이론

1.1 부가가치세의 의의와 특징

부가가치는 재화 또는 용역이 생산·유통되는 모든 단계에서 기업이 새로이 창출하는 가치의 증가분을 말하며, 부가가치에 대해 부과하는 조세를 부가가치세(Value Added Tax)라 한다.

구분	주요 내용
국세	국가를 과세의 주체로 하는 과세
일반소비세	법률상 면세대상으로 열거된 것을 제외하고, 모든 재화나 용역의 소비행위에 대해 과세
간접세	납세의무자는 재화 또는 용역을 공급하는 사업자이지만, 납세자(세금을 실질적으로 부담하는 자)는 최종소비자가 된다.
소비형 부가가치세	총매출액에서 중간재구입액과 자본재구입액을 차감하여 부가가치를 산출한다. 중간재와 자본재 구입비용을 차감하므로, 부가가치는 총소비액과 일치한다.
면세제도	부가가치세의 역진성 완화를 목적으로 함
전단계세액 공제법	매출세액(매출액×세율)을 계산한 후 매입세액(매입액×세율)을 차감하여 부가가치세 납부세액을 계산한다.
소비지국 과세원칙	생산지국에서 수출할 때 부가가치세를 과세하지 않고, 소비지국에서 과세할 수 있도록 하는 소비지국과세원칙을 채택하고 있다. 이에 부가가치세법은 수출재화에 대하여 0% 세율을 적용하여 부가가치세를 전액 공제 또는 환급하여 부가가치세 부담을 완전히 제거하고, 수입할 때는 국내생산 재화와 동일하게 부가가치세를 부과한다.
물세	담세력을 고려하지 않고 수입이나 재산 그 자체에 대하여 부과하는 조세
다단계거래세	재화·용역이 최종소비자에게 도달될 때까지의 모든 거래단계마다 부가가치세를 과세

1.2 사업자등록

구분	주요 내용
신청	사업자는 사업장마다 사업개시일부터 20일 이내에 사업장 관할 세무서장에게 사업자 등록을 신청하여야 한다. 다만, 신규로 사업을 시작하려는 자는 사업 개시일 이전이라도 사업자등록을 신청할 수 있다.
발급	사업자등록 신청을 받은 사업장 관할 세무서장은 사업자의 인적사항과 그 밖에 필요한 사항을 적은 사업자등록증을 신청일부터 2일 이내에 신청자에게 발급하여야 한다. 다만, 사업장시설이나 사업현황을 확인하기 위하여 국세청장이 필요하다고 인정하는 경우에는 발급기한을 5일 이내에서 연장하고 조사한 사실에 따라 사업자등록증을 발급할 수 있다.
사후관리	사업자가 다음에 해당하는 경우 지체 없이 사업자등록정정신고서를 관할세무서장에게 제출해야 한다.

재발급 기한	변경 사유
신청일 당일	• 상호를 변경하는 경우 • 통신판매업자가 사이버몰의 명칭 또는 인터넷 도메인이름을 변경하는 경우
신청일부터 2일 이내	• 대표자를 변경하는 경우 • 사업의 종류에 변동이 있는 경우 • 사업장을 이전하는 경우 • 상속으로 사업자의 명의가 변경되는 경우 • 공동사업자의 구성원 또는 출자지분이 변경되는 경우 • 임대인, 임대차 목적물 및 그 면적, 보증금, 임차료 또는 임대차기간이 변경되거나 새로 상가건물을 임차한 경우

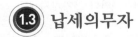 주의 미등록 가산세: 사업개시일부터 20일 이내에 사업자등록을 신청하지 않은 경우 '공급가액 × 1%'

1.3 납세의무자

(1) 부가가치세의 납세의무자

① 사업자: 부가가치세법상 과세대상이 되는 재화 또는 용역을 공급해야 하고 영리목적 여부는 불문하며, 사업상 독립적으로 공급해야 한다.

② 재화를 수입하는 자

주의 재화를 수입하는 경우, 사업자 여부 관계없이 부가가치세 납세의무를 부담한다.

(2) 사업자 분류

* 면세사업자는 부가가치세가 면세되는 재화 또는 용역을 공급하는 사업자이므로 부가가치세 납세의무가 없다.

1.4 과세기간

(1) 일반과세자

과세기간	예정신고기간과 과세기간 최종 3개월		신고납부기한
제1기 (1월 1일~6월30일)	예정신고기간	1월 1일 ~ 3월 31일	4월 25일
	과세기간 최종 3개월	4월 1일 ~ 6월 30일	7월 25일
제2기 (7월 1일~12월31일)	예정신고기간	7월 1일 ~ 9월 30일	10월 25일
	과세기간 최종 3개월	10월 1일 ~ 12월 31일	다음해 1월 25일

주의 법인사업자의 과세기간은 1년을 1기와 2기로 나누나, 부가가치세신고 · 납부는 예정신고기간으로 인하여 3개월마다 해야 한다.(단, 개인사업자와 직전 과세기간 공급가액의 합계액이 1억 5천만 원 미만인 법인사업자는 예정신고기간에 고지세액을 납부한다.)

(2) 그 외의 과세기간

구분	과세기간
간이과세자	1월 1일 ~ 12월 31일
신규로 사업을 시작하는 자	사업개시일 또는 등록일 ~ 해당 과세기간 종료일
폐업하는 경우	해당 과세기간 개시일 ~ 폐업일

1.5 납세지

(1) 납세지의 정의

부가가치세의 납세지는 각 사업장의 소재지로 한다. 따라서 사업자가 여러 사업장을 가지고 있다면 각 사업장마다 사업자등록을 하고 부가가치세를 신고·납부하는 등 부가가치세법상 제반 의무를 사업장별로 이행해야 한다.

(2) 업종별 사업장 범위

사 업	사업장의 범위	
광 업	광업사무소 소재지	
제조업	최종제품을 완성하는 장소	
건설업·운수업과 부동산매매업	가. 법인인 경우	법인의 등기부상 소재지
	나. 개인인 경우	사업에 관한 업무를 총괄하는 장소
무인자동판매기를 통하여 재화·용역을 공급하는 사업	사업에 관한 업무를 총괄하는 장소	
다단계판매원	다단계판매원이 등록한 다단계판매업자의 주된 사업장	
부동산임대업	부동산의 등기부상 소재지	

(3) 주사업장총괄납부와 사업자단위과세

구분	주사업장총괄납부	사업자단위과세
의의	사업장이 둘 이상인 사업자가 납부할 세액을 주된 사업장에서 총괄하여 납부할 수 있는 제도	사업장이 둘 이상인 사업자가 사업자의 본점(주사무소)에서 총괄하여 사업자등록, 세금계산서 발급, 신고·납부할 수 있게 하는 제도
총괄사업장 (주사업장)	법인: 본점 또는 지점 개인: 주사무소	법인: 본점 개인: 주사무소
효력	세액만 합산하여 납부(환급)하므로 사업자등록, 세금계산서 발급 및 수취, 과세표준 및 세액계산, 신고·결정·경정은 사업장별로 이루어져야 함	사업자단위과세 적용사업장(본점 또는 주사무소)에서 납부(환급)뿐만 아니라 신고도 총괄하여 할 수 있음
신청 및 포기	관할 세무서장에게 과세기간 개시 20일 전까지 신청 및 포기 신청을 한 경우에 적용받을 수 있다.	

1.6 과세대상

(1) 재화의 공급

1) 재화의 정의

재화란 재산 가치가 있는 물건 및 권리를 말하며, 구체적으로 다음과 같다.

① 유체물: 상품, 제품, 원료, 기계, 건물 등

② 무체물: 전기, 가스, 열 등 관리할 수 있는 자연력

2) 공급의 정의

계약상 또는 법률상의 모든 원인에 따라 재화를 인도하거나 양도하는 것이다.

3) 일반적인 재화 공급

구 분	내 용
매매거래	현금판매, 외상판매, 할부판매, 장기할부판매, 조건부 및 기한부 판매, 위탁판매와 그 밖의 매매계약에 따라 재화를 인도하거나 양도하는 것
가공거래	자기가 주요자재의 전부 또는 일부를 부담하고 상대방으로부터 인도받은 재화를 가공하여 새로운 재화를 만드는 가공계약에 따라 재화를 인도하는 것(단, 건설업의 경우 제외)
교환거래	재화의 인도 대가로서 다른 재화를 인도받거나 용역을 제공받는 교환계약에 따라 재화를 인도하거나 양도하는 것
기타 계약상 또는 법률상 원인에 따른 거래	경매, 수용, 현물출자와 그 밖의 계약상 또는 법률상의 원인에 따라 재화를 인도하거나 양도하는 것

주의 재화의 공급으로 보지 않는 경우

① 질권, 저당권 또는 양도담보의 목적으로 동산, 부동산 및 부동산상의 권리를 제공하는 것

② 사업에 관한 모든 권리와 의무를 포괄적으로 승계시키는 사업양도

③ 조세물납

4) 특수한 재화 공급(재화의 간주공급)

구 분		내 용
자가공급	면세사업 전용	자기의 과세사업과 관련하여 생산·취득한 재화를 자기의 면세사업을 위하여 직접 사용·소비하는 것은 재화의 공급으로 본다.
	비영업용 소형승용차와 그 유지비용	과세사업을 위하여 생산·취득한 재화를 비영업용 소형승용차와 그 자동차 유지를 위하여 사용하면 재화의 공급으로 본다.
	타사업장 반출	사업장이 둘 이상인 사업자가 자기의 사업과 관련하여 생산 또는 취득한 재화를 판매할 목적으로 자기의 다른 사업장에 반출하는 것은 재화의 공급으로 본다.
개인적 공급		사업자가 자기생산·취득재화를 사업과 직접적인 관계없이 자기의 개인적인 목적이나 그 밖의 다른 목적을 위하여 사용·소비하거나 그 사용인 또는 그 밖의 자가 사용·소비하는 것으로서 사업자가 그 대가를 받지 아니하거나 시가보다 낮은 대가를 받는 경우는 재화의 공급으로 본다.
사업상 증여		사업자가 자기생산·취득재화를 자기의 고객이나 불특정 다수에게 증여하는 경우 재화의 공급으로 본다.
폐업 시 잔존재화		사업자가 폐업할 때 자기생산·취득재화 중 남아 있는 재화는 자기에게 공급하는 것으로 본다.

(2) 용역의 공급

용역의 공급은 계약상 또는 법률상의 모든 원인에 따라 역무를 제공하거나, 시설물·권리 등 재화를 사용하게 하는 것을 말한다.

┃재화·용역 공급의 사례┃

거래	구분
건설업자가 건설자재의 전부 또는 일부를 부담하는 것 (건설자재의 부담유무에 관계없음)	용역의 공급
자기가 주요자재를 전혀 부담하지 아니하고 상대방으로부터 인도받은 재화를 단순히 가공만 해 주는 것	용역의 공급
자기가 주요자재의 전부 또는 일부를 부담하고 상대방으로부터 인도받은 재화를 가공하여 새로운 재화를 만드는 가공계약에 따라 재화를 인도하는 것	재화의 공급
산업재산권(특허권, 상표권 등)의 대여	용역의 공급
산업재산권(특허권, 상표권 등)의 양도	재화의 공급

(3) 재화의 수입

　재화의 수입은 다음에 해당하는 물품을 국내에 반입하는 것(보세구역을 거치는 것은 보세구역에서 반입하는 것을 말한다)으로 한다.

　① 외국으로부터 국내에 도착한 물품(외국 선박에 의하여 공해에서 채집되거나 잡힌 수산물을 포함한다)

　② 수출신고가 수리된 물품

1.7 공급시기와 공급장소

(1) 재화의 공급시기

1) 재화의 공급시기의 원칙

구　분	내　용
① 재화의 이동이 필요한 경우	재화가 인도되는 때
② 재화의 이동이 필요하지 아니한 경우	재화가 이용 가능하게 되는 때
①과 ②를 적용할 수 없는 경우	재화의 공급이 확정되는 때

2) 거래 형태에 따른 재화의 공급시기

구　분	공　급　시　기
현금판매, 외상판매 또는 할부판매	재화가 인도되거나 이용 가능하게 되는 때
상품권 등을 현금 또는 외상으로 판매하고 그 후 그 상품권 등이 현물과 교환되는 경우	재화가 실제로 인도되는 때
재화의 공급으로 보는 가공의 경우	가공된 재화를 인도하는 때
반환조건부 판매, 동의조건부 판매, 그 밖의 조건부 판매 및 기한부 판매	그 조건이 성취되거나 기한이 지나 판매가 확정되는 때
장기할부판매, 완성도기준지급조건부 공급, 중간지급조건부 공급, 전력이나 그 밖에 공급단위를 구획할 수 없는 재화를 공급하는 경우	대가의 각 부분을 받기로 한 때
무인판매기를 이용하여 재화를 공급하는 경우	사업자가 무인판매기에서 현금을 꺼내는 때
위탁판매 또는 대리인에 의한 매매의 경우	수탁자 또는 대리인의 공급을 기준으로 판단
간주공급	재화가 사용·소비되는 때
폐업시 잔존재화	폐업하는 때

구　분	공　급　시　기
수출재화 • 내국물품을 외국으로 반출하거나 중계무역방식의 수출 • 원양어업 및 위탁판매수출 • 외국인도수출 및 위탁가공무역 방식의 수출	• 수출재화의 선(기)적일 • 수출재화의 공급가액이 확정되는 때 • 외국에서 해당 재화가 인도되는 때

(2) 용역의 공급시기

1) 용역의 공급시기의 원칙

구　분	내　　용
① 통상적인 용역의 경우	역무의 제공이 완료되는 때
② 기타	시설물, 권리 등 재화가 사용되는 때

2) 거래 형태에 따른 용역의 공급시기

구　분	공　급　시　기
장기할부판매, 완성도기준지급조건부 공급, 중간지급조건부 공급, 전력이나 그 밖에 공급단위를 구획할 수 없는 재화를 공급하는 경우	대가의 각 부분을 받기로 한 때
전세금 또는 임대보증금의 간주임대료	예정신고기간 또는 과세기간의 종료일
2 이상의 과세기간에 걸쳐 일정한 용역을 계속적으로 제공하고 그 대가를 선불로 받는 경우	예정신고기간 또는 과세기간의 종료일
2 이상의 과세기간에 걸쳐 부동산 임대용역을 공급하고 그 대가를 선불 또는 후불로 받는 경우 월수로 안분계산한 임대료	예정신고기간 또는 과세기간의 종료일
폐업 전에 공급한 용역의 공급시기가 폐업일 이후에 도래하는 경우	폐업일
위 이외의 경우	역무의 제공이 완료되고 그 공급가액이 확정되는 때

1.8 영세율과 면세

구분	영세율	면세
의의	재화 또는 용역을 공급하는 때에 영의 세율(0%)을 적용	일정한 재화 또는 용역의 공급에 대하여 부가가치세를 면제하는 것
목적	국가간 이중과세의 방지와 수출산업 지원 및 육성	소득대비 세부담의 역진성 완화
대상	수출 등 외화획득 재화·용역	기초생활필수품 등
면세정도	완전면세 납부세액(매출세액-매입세액)이 부(-)의 금액으로 산출되므로, 재화 또는 용역을 공급받을 때 부담한 매입세액을 환급받음	부분면세
거래중간단계에서의 적용시	환수효과 발생	환수효과와 누적효과 발생
사업자 여부	부가가치세법상 사업자	부가가치세법상 사업자가 아님
과세대상 여부	부가가치세 과세대상에 포함	부가가치세 과세대상에서 제외
의무이행 여부	영세율 사업자는 부가가치세법상 사업자이므로 부가가치세법상의 제반의무를 이행해야 한다.	부가가치세법상 각종 의무를 이행할 필요가 없으나 매입처별세금계산서합계표 제출의무와 대리납부의무의 협력의무는 있다.

(1) 영세율 적용 대상거래

구분	주요 내용
재화의 수출	① 내국물품(대한민국 선박에 의하여 채집되거나 잡힌 수산물을 포함)을 외국으로 반출하는 것 ② 중계무역 방식의 수출 ③ 위탁판매수출 ④ 외국인도수출 ⑤ 위탁가공무역 방식의 수출 ⑥ 원료를 대가 없이 국외의 수탁가공 사업자에게 반출하여 가공한 재화를 양도하는 경우에 그 원료의 반출 ⑦ 사업자 내국신용장 또는 구매확인서에 의하여 공급하는 재화 ⑧ 국외의 비거주자 또는 외국법인과 직접 계약에 따라 공급하는 재화
용역의 국외공급	국외에서 공급하는 용역에 대하여는 영세율을 적용한다. (예 해외에서 진행 중인 건설공사)
외국항행용역의 공급	외국항행용역은 선박 또는 항공기에 의하여 여객이나 화물을 국내에서 국외로, 국외에서 국내로 또는 국외에서 국외로 수송하는 것을 말한다. 선박 또는 항공기에 의한 외국항행용역의 공급에 대하여는 영세율을 적용한다.
외화 획득 재화 또는 용역의 공급	① 우리나라에 상주하는 외교공관, 영사기관, 국제연합과 이에 준하는 국제기구 등에 재화 또는 용역을 공급하는 경우 ② 외교공관 등의 소속 직원으로서 해당 국가로부터 공무원 신분을 부여받은 자 또는 외교부장관으로부터 이에 준하는 신분임을 확인받은 자 중 내국인이 아닌 자에게 재화 또는 용역을 공급하는 경우 ③ 수출업자와 직접 도급계약에 의하여 수출재화를 임가공하는 수출재화임가공용역 ④ 내국신용장 또는 구매확인서에 의하여 공급하는 수출재화임가공용역 ⑤ 외국을 항행하는 선박 및 항공기 또는 원양어선에 공급하는 재화 또는 용역 ⑥ 국내에서 국내사업장이 없는 비거주자 또는 외국법인에 공급되는 일정한 재화 또는 용역

(2) 면세대상 재화 또는 용역

구분	면세항목
기초생활필수품 및 관련 용역	• 미가공 식료품(농·축·수·임산물): 국내산 외국산 불문 • 미가공 비식용(농·축·수·임산물): 국내산만 면세 • 수돗물 및 연탄과 무연탄 • 여성용 생리 처리 위생용품 • 여객운송 용역(항공기, 우등고속버스, 전세버스, 택시, 특수자동차, 특종선박 또는 고속철도, 케이블카, 유람선 등 관광 또는 유흥 목적의 운송수단에 의한 여객운송 용역은 과세) • 시내버스용으로 공급되는 친환경 버스(친환경 수소버스 보급지원)
국민후생 및 문화관련 재화 또는 용역	• 의료보건 용역(혈액 및 수의사의 용역을 포함)과 교육용역 • 사회적협동조합이 직접 제공하는 간병, 산후조리, 보육 용역과 사회적협동조합의 교육용역 • 우표(수집용 우표는 과세), 인지, 증지, 복권 및 공중전화 • 도서(도서대여 용역을 포함), 신문, 잡지, 관보, 뉴스통신 (광고는 과세) • 예술창작품, 예술행사, 문화행사 또는 아마추어 운동경기 • 도서관, 과학관, 박물관, 미술관, 동물원, 식물원, 그밖에 대통령령으로 정하는 곳의 입장권
부가가치 구성요소	• 토지의 공급 및 금융·보험 용역 • 저술가·작곡가나 그 밖의 자가 직업상 제공하는 인적용역
기타	• 국가, 지방자치단체 또는 지방자치단체조합이 공급하는 재화 또는 용역 • 국가, 지방자치단체, 지방자치단체조합 공익단체에 무상으로 공급하는 재화 또는 용역 • 종교, 자선, 학술, 구호, 그 밖의 공익을 목적으로 하는 단체가 공급하는 재화 또는 용역 • 주택과 이에 부수되는 토지의 임대용역 • 국민주택 및 국민주택건설용역

1.9 과세표준과 세액계산

(1) 과세표준

세법에 따라 직접적으로 세액산출의 기초가 되는 과세대상의 수량 또는 가액으로, 해당 과세기간에 공급한 재화 또는 용역의 공급가액을 합한 금액이다.

주의 공급대가 = 공급가액 + 부가가치세

1) 일반원칙

구분	비고
금전으로 대가를 받는 경우	그 대가
금전 외의 대가를 받는 경우	공급한 재화 또는 용역의 시가
폐업하는 경우	폐업시 남아 있는 재화의 시가
간주공급	공급한 재화 또는 용역의 시가

2) 거래유형별 과세표준

구분	과세표준 금액
외상판매 및 할부판매	공급한 재화의 총가액
장기할부판매	계약에 따라 받기로 한 대가의 각 부분
완성도기준지급조건부 또는 중간지급조건부로 재화나 용역을 공급	
계속적으로 재화나 용역을 공급	

3) 항목별 과세표준 포함 여부

구분	주요 내용
과세표준에 포함하는 금액	1. 개별소비세 및 교통·에너지·환경세 또는 주세가 과세되는 경우에 당해 개별소비세, 주세, 교통·에너지·환경세, 교육세 및 농어촌특별세 상당액 2. 할부판매의 이자상당액 3. 대가의 일부로 받는 운송비·포장비·하역비·운송보험료·산재보험료 등 4. 사업자가 고객에게 매출액의 일정비율에 해당하는 마일리지를 적립해 주고 그 대가의 일부 또는 전부를 적립된 마일리지로 결제하는 경우 해당 마일리지 상당액
과세표준에 포함하지 않는 금액	1. 매출에누리액 2. 환입된 재화의 가액 3. 공급받는 자에게 도달하기 전에 파손·훼손 또는 멸실된 재화의 가액 4. 재화 또는 용역의 공급과 직접 관련되지 않는 국고보조금과 공공보조금 5. 공급대가의 지급지연으로 인하여 지급받는 연체이자 6. 재화 또는 용역을 공급한 후 그 공급가액에 대한 할인액(매출할인) 　→ 외상판매에 대한 공급대가를 결제하거나 약정기일 전에 영수하는 경우 일정액을 할인하는 금액 7. 음식·숙박·개인서비스 용역을 공급하고 영수증 등에 봉사료를 구분 기재한 후 종업원에게 지급한 봉사료 8. 반환조건부의 용기대금과 포장비용
과세표준에서 공제하지 않는 금액	1. 판매한 재화 또는 용역에 대한 하자보증금 2. 재화 또는 용역을 공급한 후의 그 공급가액에 대한 대손금·장려금과 이와 유사한 금액 (판매장려금: 사전약정에 의하여 거래실적에 따라 지급 받는 금액) **주의** 판매장려물품을 지급하는 경우 재화의 시가로 과세된다.
수입하는 경우	관세의 과세가격과 관세, 개별소비세, 주세, 교육세, 교통·에너지·환경세 및 농어촌특별세의 합계액

(2) 매출세액

구분	주요 내용
매출세액	• 세금계산서 수취분 매입세액 매출세액 = 과세표준 × 세율(10%, 0%)
예정신고누락분	• 예정신고 시 누락된 매출세액을 확정신고 시 신고하는 금액을 말한다.
대손세액공제	• 외상매출금이나 그밖의 매출채권이 공급받은 자의 파산·강제집행이나 그 밖의 사유로 대손되어 회수할 수 없는 경우 매출세액에서 차감한다. • 공급일로부터 5년이 경과된 날이 속하는 과세기간에 대한 확정신고기한까지 대손세액공제요건이 확정되어야 한다. 대손세액 = 대손금액 × 10/110 주의 확정신고 시에만 대손세액공제가 가능하다.(예정신고 때는 불가능)

(3) 매입세액

구분	주요 내용
공제받는 매입세액	• 사업자가 사업을 위하여 사용하였거나 사용할 목적으로 세금계산서와 함께 공급받은 재화 또는 용역에 대한 부가가치세액은 매출세액에서 공제한다.
예정신고누락분	• 예정신고 시 누락된 매입세액을 확정신고 시 신고하는 금액을 말한다.
기타공제 매입세액	• 신용카드매출전표 등 수취분: 사업자가 일반과세자로부터 재화 또는 용역을 공급받고 부가가치세액이 별도로 구분되는 신용카드매출전표 등을 발급받은 경우 그 부가가치세액은 공제할 수 있는 매입세액으로 본다. • 의제매입세액: 사업자가 면세농산물을 원재료로 하여 제조·가공한 재화 또는 창출한 용역의 공급에 대하여 부가가치세가 과세되는 경우에는 매입가액에 소정의 율을 곱한 금액을 매입세액으로 보아 공제할 수 있다. 의제매입세액 = 면세로 구입한 농·축·수·임산물 × 2/102 * 중소제조기업 4/104, 과세유흥장소 2/102, 음식업: 법인 6/106, 개인 8/108
공제받지 못할 매입세액	• 매입처별 세금계산서합계표 미제출·부실기재 • 세금계산서 미수취·부실기재 • 면세사업 관련 매입세액 • 사업과 직접 관련이 없는 지출에 대한 매입세액 • 비영업용 소형승용차의 구입과 임차 및 유지에 관한 매입세액 • 접대비 관련 매입세액 • 사업자등록을 신청하기 전의 매입세액 　주의 공급시기가 속하는 과세기간이 끝난 후 20일 이내에 사업자등록을 신청한 경우 등록신청일부터 공급시기가 속하는 과세기간 기산일까지 역산한 기간 내의 것은 매입세액 공제가 가능하다. • 토지에 관련된 매입세액

1.10 세금계산서

구분	주요 내용
세금계산서	사업자가 재화 또는 용역을 공급하는 때에 부가가치세를 거래징수하고 이를 증명하기 위하여 공급받는 자에게 교부하는 것으로, 종이세금계산서와 전자세금계산서가 있다.
전자세금계산서 의무발급대상자	• 법인사업자 • 직전연도의 사업장별 재화 및 용역의 과세공급가액이 8,000만 원(2023년 7월 1일부터 2024년 6월 30일까지는 1억 원) 이상인 개인사업자
전자세금계산서 발급명세 전송	전자세금계산서를 발급하였을 때에는 전자세금계산서 발급일의 다음 날까지 전자세금계산서 발급명세를 국세청장에게 전송하여야 한다.

구분		주요 내용
세금계산서 기재사항	필요적 기재사항	공급하는 사업자의 등록번호와 성명 또는 명칭, 공급받는 자의 등록번호, 공급가액과 부가가치세, 작성 연월일
	임의적 기재사항	공급하는 자의 주소, 공급받는 자의 상호·성명·주소, 공급품목, 단가와 수량, 공급 연월일

구분	주요 내용
세금계산서 발급시기	재화 또는 용역의 공급시기에 재화 또는 용역을 공급받는 자에게 발급하여야 한다.
세금계산서 발급의무 면제	• 택시운송 사업자, 노점 또는 행상을 하는 사람이 공급하는 재화 또는 용역 • 소매업 또는 미용, 욕탕 및 유사 서비스업을 경영하는 자가 공급하는 재화 또는 용역. 다만, 소매업의 경우에는 공급받는 자가 세금계산서 발급을 요구하지 아니하는 경우로 한정한다. • 재화의 간주공급(판매목적 타사업장 반출의 경우 제외) • 간주임대료 • 영세율 적용대상이 되는 재화의 공급 　**주의** 영세율 적용대상거래 중 세금계산서 발급해야 하는 거래 　　① 내국신용장 등에 의하여 공급하는 재화 　　② 한국국제협력단, 한국국제보건의료재단에 공급하는 재화 　　③ 수출재화임가공용역
거래상대방이 세금계산서 발급을 요구하는 경우	공급을 받는 사업자가 사업자등록증을 제시하고 세금계산서 발급을 요구할 때 세금계산서를 발급할 수 있다. 다만, 목욕·이발·미용, 여객운송업(전세버스운송업 제외), 입장권을 발행하여 영위하는 사업은 세금계산서를 발급할 수 없다.

일반과세자와 간이과세자 비교

구분	일반과세자	간이과세자
적용대상	간이과세자를 제외한 모든 과세사업자	직전연도 공급대가(공급가액 + 부가가치세)가 8,000만 원 미만인 개인사업자
과세기간	1기: 1월 1일 ~ 6월 30일 2기: 7월 1일 ~ 12월 31일	1월 1일 ~ 12월 31일
과세표준	공급가액(부가가치세 제외)	공급대가(부가가치세 포함)
납부세액	매출세액 − 매입세액	공급대가 × 부가가치율 × 세율
세금계산서 발급	세금계산서 또는 영수증 교부 가능	세금계산서 또는 영수증 교부 가능
세금계산서 수취	매입세액 공제	공급대가 × 0.5%를 납부세액에서 공제
대손세액공제	적용가능	적용받을 수 없음
납부의무면제	없음	당해 과세기간의 공급대가가 4,800만 원 미만인 경우에 납부의무 면제
포기제도	없음	간이과세를 포기하고 일반과세자가 될 수 있음

간이과세자의 경우 세금계산서 발급의무가 면제 되었으나, 직전연도 공급대가 합계액이 4,800만 원 이상인 경우 세금계산서를 발급(영수증발급 대상 제외) 하여야 한다.

회계이론

02 법인세 이론

2.1 법인세법의 개념과 납세의무

법인이란 법률에 의해 권리능력이 인정된 법적 인격자로서 법률상 권리와 의무의 주체를 말하며, 이러한 법인의 소득에 과세하는 조세가 법인세이다.

주의 소득세는 이론상 개인소득세와 법인소득세로 나눌 수 있는데, 우리나라에서는 법인소득세는 법인세라는 명칭을 사용하며, 소득세는 개인소득세만을 의미한다.

(1) 법인세의 특징

구분	세부 내용
국세	국가에 부과하는 조세
직접세	납세자와 담세자가 일치
보통세	사용의 목적이 없이 모두에게 부과하는 조세
종가세	과세표준에 의거하여 계산
인세	수입을 획득하는 사람(경제주체)의 지급능력에 따라 징수되는 조세
독립세	독립적 세원 존재
순자산증가설	순자산을 증대시키는 모든 소득에 대하여 포괄적으로 과세

(2) 법인의 종류별 납세의무

종 류		각 사업연도 소득	청산소득	미환류 소득	토지 등 양도소득
내국법인	영리법인	국내외 모든 소득	과세	과세	과세
	비영리법인	국내외소득 중 수익사업소득	비과세	비과세	과세
외국법인	영리법인	국내원천소득	비과세	비과세	과세
	비영리법인	국내원천소득 중 수익사업소득	비과세	비과세	과세
국가·지방자치단체		납세의무 없음			

* 국세기본법 제13조 제4항에서 규정하는 '법인으로 보는 단체'의 납세의무는 비영리내국법인의 납세의무와 같다.

개념 익히기

- 각 사업연도 소득: 법인이 사업연도마다 얻은 소득
- 각 사업연도 소득에 대한 법인세: 법인이 사업연도마다 얻은 소득에 대한 법인세
- 청산소득: 내국법인이 해산한 경우 법인의 해산에 의한 잔여재산의 가액에서 해산등기일 현재의 자기자본을 공제한 금액
- 미환류 소득에 대한 법인세: 각 사업연도종료일 현재 자기자본이 500억 원을 초과하는 법인(중소기업 제외)이나 상호출자제한기업집단에 속하는 내국법인은 미환류소득의 20%에 상당하는 법인세를 추가 납부하여야 함
- 토지 등 양도소득에 대한 법인세: 법인이 보유한 비사업용 토지 또는 법령에서 정하는 주택(부수토지 포함)을 양도하는 경우에는 해당 부동산의 양도소득에 대하여 각 사업연도 소득에 대한 법인세 외에 추가로 법인세를 과세

2.2 사업연도와 납세지

(1) 사업연도(기간적 단위)

구분	세부 내용
의의	• 법령 또는 정관 등에서 정하는 1회계기간으로 한다. (1년 초과 못함) • 법인의 소득은 계속하여 발생하므로 조세수입을 적시에 확보하기 위해서는 일정한 기간 단위로 소득을 구분하여야 하는데 이렇게 소득을 구분하는 일정한 기간을 의미한다.
최초 사업연도 개시일	• 내국법인: 설립등기일 그러나 최초 사업연도 개시일 전에 생긴 손익을 사실상 그 법인에게 귀속시킨 것이 있는 경우 당해 법인에게 귀속시킨 손익의 최초 발생한 날 • 외국법인: 국내사업장을 가지게 된 날
신고	• 법령이나 정관에 사업연도 규정이 없는 법인은 법인 설립일 또는 사업자등록 시 사업연도를 신고해야 한다. • 단, 신고하지 않은 경우 1월 1일 ~ 12월 31일까지를 사업연도로 한다.
변경	• 사업연도를 변경하려면 직전 사업연도의 종료일로부터 3개월 이내에 사업연도변경신고서를 제출해야 한다.

(2) 납세지(장소적 기준)

구분	세부 내용
내국법인	• 법인등기부상 본점 또는 주사무소의 소재지(국내에 본점 또는 주사무소가 소재하지 아니하는 경우에는 사업의 실질적 관리장소의 소재지) • 납세지 지정: 본점 등의 소재지가 등기된 주소와 동일하지 아니하거나 자산 또는 사업장과 분리되어 있어 조세포탈의 우려가 있는 경우
외국법인	• 국내사업장 소재지(국내사업장이 없고 부동산·양도소득이 있는 경우는 그 자산의 소재지)
법인으로 보는 단체	• 사업장 소재지(주된 소득이 부동산임대소득인 경우에는 그 부동산의 소재지)

법인세의 계산구조

회계상 수익에서 비용을 차감하여 당기순이익을 계산하듯이 세무상 익금에서 손금을 차감하여 각 사업연도 소득금액을 계산한다. 세무상 익금과 손금을 별도로 계산하기보다는 회계상 수익과 비용에 세법의 차이만 가감하여 각사업연도 소득금액을 계산한다.

┃ 법인세의 계산구조 ┃

구분	계산 구조		세부 내용
1순위 소득금액의 계산	결산서상 당기순이익	⋯	회계상의 소득(수익−비용＝당기순이익)
	(＋) 익금산입·손금불산입	⋯	세무조정사항
	(−) 손금산입·익금불산입		
	차가감소득금액		
	(＋) 기부금한도초과액		
	각사업연도소득금액	⋯	법인세법상의 소득
2순위 과세표준의 계산	(−) 이월결손금	⋯	15년 이내에 발생한 세무상 결손금 ＊2019. 12. 31. 이전에 발생한 　　결손금은 10년
	(−) 비과세소득	⋯	
	(−) 소득공제		
	과세표준		
3순위 세액의 계산	(×) 세율	⋯	**주의** 2억 원 이하 9%, 2억 원 초과 200억 원 이하분 19%, 200억 원 초과 3,000억 원 이하분 21%, 3,000억 원 초과 24%
	산출세액		
	(−) 공제·감면세액		
	(＋) 가산세		
	(＋) 감면분추가납부세액		
	총부담세액		
	(−) 기납부세액	⋯	원천납부세액, 중간예납세액, 수시부과세액
	법인세차감납부세액		

2.4 세무조정

법인의 각 사업연도 소득은 익금총액에서 손금총액을 공제하여 계산한다. 그런데 이는 개념상의 계산일뿐이며, 실제 계산에 있어서는 결산서상 당기순이익을 출발점으로 기업회계와 세무회계의 차이를 조정하여 각 사업연도의 소득금액을 계산한다. 이러한 조정과정을 '세무조정'이라 한다.

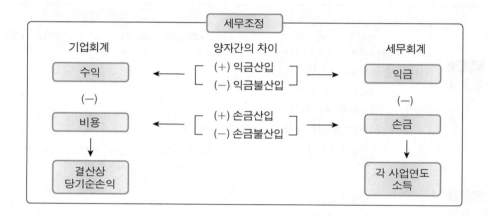

개념 익히기

- 익 금 산 입: 회계상 수익은 아니지만 법인세법상 익금인 금액 → 당기순이익에 가산
- 익금불산입: 회계상 수익이지만 법인세법상 익금이 아닌 금액 → 당기순이익에 차감
- 손 금 산 입: 회계상 비용은 아니지만 법인세법상 손금인 금액 → 당기순이익에 차감
- 손금불산입: 회계상 비용이지만 법인세법상 손금이 아닌 금액 → 당기순이익에 가산

세액조정계산서

세무조정에 대한 내용은 소득금액조정합계표, 법인세 과세표준 및 세액조정계산서, 자본금과 적립금조정명세서(을)·(갑) 등의 세무조정계산서에 기록하여 관리하여야 한다.

┃ 세액조정계산서 서식 ┃

서식	세부 내용
소득금액조정합계표	• 모든 세무조정사항을 과목, 금액, 소득처분으로 구분하여 기재 **주의** 기부금 한도초과액과 전기기부금 한도초과이월액의 손금산입에 대한 세무조정 → '법인세 과세표준 및 세액조정계산서'에 직접 기재
법인세 과세표준 및 세액조정계산서	• 소득금액, 과세표준 및 세액의 계산 내역 기재 • '토지 등 양도소득에 대한 법인세'도 이 서식에 기재
자본금과적립금 조정명세서(을)	• '유보'로 소득처분된 금액을 관리하는 서식 **주의** 유보 → 결산상 자산과 부채가 세무상 자산과 부채와 차이가 있을 때 기업회계와 세무회계의 일시적 차이를 말하며, 그 후 반대의 세무조정(추인)을 함.
자본금과적립금 조정명세서(갑)	• 세무상 자본을 계산하는 서식이며, 세무상 자본은 청산소득 계산에 사용된다. **주의** 세무상 자본 → 결산상 자본에 유보잔액을 더하고 손익 미계상 법인세 비용을 차감하여 계산

2.6 결산조정과 신고조정

익금산입, 손금불산입, 익금불산입 세무조정은 모두 강제조정사항이나 손금산입에 대한 세무조정은 결산조정항목과 신고조정항목으로 나누어진다.

▎ 결산조정과 신고조정 ▎

구분	결산조정 항목	신고조정 항목
개념	결산 시 비용으로 회계처리를 한 경우에만 손금으로 인정되는 항목	결산 시 비용으로 회계처리 여부와 관계없이 손금으로 인정되는 항목
대상	외부와의 거래없이 결산 시 비용으로 인식하는 항목 • 감가상각비, 고유목적사업준비금, 퇴직급여충당금, 대손충당금, 일시상각충당금(압축기장충당금), 구상채권상각충당금, 대손금, 자산의 평가손, 생산설비의 폐기손	결산조정항목 이외의 모든 항목
손금산입방법	결산 시 비용으로 회계처리하는 방법만 인정	결산 시 비용으로 회계처리하는 방법과 세무조정으로 손금산입하는 방법 모두 인정
결산 시 누락한 경우	세무조정으로 손금산입할 수 없음	반드시 세무조정으로 손금산입해야 함
손금의 귀속시기	결산 시 비용으로 회계처리하는 사업연도	세법에서 규정하고 있는 귀속시기 (손금의 귀속시기 선택 불가)
경정청구	경정청구 대상이 아님	경정청구 대상임

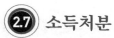 소득처분

소득처분이란 세무조정사항으로 발생한 소득이 법인 내부에 남아 있으면 이를 기업회계상 순자산에 가산하여 세무상 순자산을 계산하고, 법인 외부로 유출되었으면 소득귀속자를 파악하여 소득세를 징수하는 제도를 말한다.

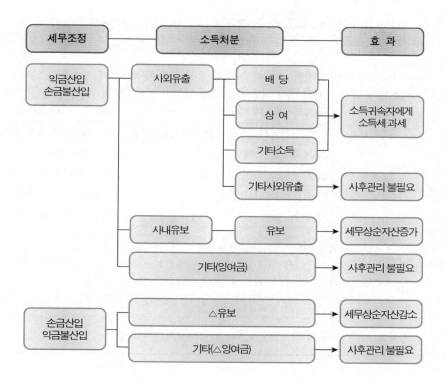

▌소득처분▐

유형	세부 내용
유보	• 세무조정으로 발생한 소득이 법인에 남아 있는 것 • 세무상 자산을 증가시키거나, 세무상 부채를 감소시키는 경우 • '자본금과적립금조정명세서(을)'로 기재되어 사후관리 하다가 차이가 해소될 때 △유보 처분으로 소멸 퇴직급여충당금, 대손충당금, 감가상각비, 미수이자, 단기매매증권평가손익, 매도가능증권평가손익, 재고자산평가손익
사외유출	• 세무조정으로 발생한 소득이 사외로 유출되어 특정인에게 귀속되는 경우 • 소득이 법인 외부로 유출되면 결산상과 세무상 자산, 부채, 자본 금액은 차이 없다. • 사외유출은 소득자의 귀속에 따라 배당, 상여, 기타사외유출, 기타소득으로 분류

소득처분	귀속자	법인의 원천징수	귀속자에 대한 과세
배당	주주(출자임원 제외)	○	배당소득에 대한 소득세 과세
상여	임원 또는 사용인	○	근로소득에 대한 소득세 과세
기타사외유출	법인 또는 개인사업자	×	추가적인 과세는 없음
기타소득	위 외의 경우	○	기타소득에 대한 소득세 과세

• 배당: 가지급금인정이자(출자자) 등
• 상여: 가지급금인정이자(사용인), 채권자불분명 사채이자, 임원상여금과 퇴직금
• 기타사외유출: 접대비, 기부금, 벌금, 법인세비용 등
• 기타소득: 배당, 상여, 기타사외유출이 아닌 것으로 기타소득으로 보는 것

기타	• '유보'나 '사외유출'이 아닌 경우 자기주식처분손익 등

주의 • 소득의 귀속자가 불분명한 경우 → 대표자에 대한 상여(인정상여)로 처분
• 추계조사 결정의 경우 → 재무상태표상 당기순이익과의 차액: 대표자 상여
 → 천재지변 기타 불가항력으로 추계결정한 경우: 기타사외유출

익금과 손금

(1) 익금

익금이란 자본 또는 출자의 납입 및 법인세법에서 익금불산입항목으로 규정하는 것을 제외하고 해당 법인의 순자산을 증가시키는 거래로 인하여 발생하는 수익의 금액으로 한다.

┃익금항목┃

항목	세부 내용
① 사업에서 생기는 수입금액	• 매출에누리, 매출할인 차감
② 자산의 양도금액	• 고정자산이나 투자자산 등 비경상적인 양도
③ 자기주식의 양도금액	• 자기주식처분이익은 익금산입항목 • 자기주식소각이익은 익금불산입항목
④ 자산의 임대료	• 일시적으로 자산을 임대하고 받은 수입
⑤ 법률에 따른 자산의 평가차익	• **보험업법 등의 법률에 따른 고정자산 평가이익** • 자본시장과 금융투자업에 관한 법률에 따른 투자회사 등이 보유한 유가증권 등의 평가이익 • **화폐성외화자산·부채의 환율변동으로 인한 평가이익**
⑥ 자산수증이익	• 무상으로 받은 자산의 가액
⑦ **채무면제이익**	• 채무의 면제 또는 소멸로 인하여 생기는 부채의 감소액
⑧ 손금에 산입한 금액 중 환입된 금액	
⑨ 이익처분에 의하지 아니하고 손금으로 계상된 적립금액	• 적립금은 잉여금 처분에 의하여야 하는데 손금으로 처리한 경우 손금불산입
⑩ 불공정자본거래로 인하여 특수관계자로부터 분여받은 이익	
⑪ 가지급금 인정이자	• 특수관계자가 소멸되는 날까지 회수되지 아니한 가지급금과 이와 관련된 이자 및 이자발생일이 속하는 사업연도 종료일부터 1년이 되는 날까지 회수하지 아니한 가지급금 이자
⑫ **임대보증금에 대한 간주임대료**	• 부동산임대에 의한 전세금 또는 임대보증금에 대한 수입금액(정기예금이자 상당액)을 계산하여 각 사업연도 소득금액에 포함시켜야 한다.
⑬ 기타 법인의 수익으로서 그 법인에 귀속되었거나 귀속될 금액	

▌익금불산입항목 ▌

항목	세부 내용
① 자본거래로 인한 수익의 익금불산입	• **주식발행액면초과액** • **주식의 포괄적 교환·이전차익, 감자차익** • 합병·분할차익 • 자본준비금을 감액하여 받은 이익배당
② **평가차익 등의 익금불산입**	• **자산의 평가차익**(법률에 따른 자산의 평가차익은 제외) • 이월익금 • 법인세 또는 지방소득세소득분을 환급받았거나 환급받을 금액을 다른 세액에 충당한 금액 • 국세 또는 지방세의 과오납금의 환급금에 대한 이자 • **부가가치세 매출세액** • 이월결손금의 보전에 충당한 자산수증익 및 채무면제익
③ 지주회사가 자회사로부터 받은 배당소득금액 중 일정금액	
④ 법인이 내국법인으로부터 받는 수입배당금 중 일정금액	

(2) 손금

손금은 자본 또는 출자의 환급, 잉여금의 처분 및 법인세법에서 손금불산입항목으로 규정하는 것을 제외하고 해당 법인의 순자산을 감소시키는 거래로 인하여 발생하는 손비의 금액으로 한다.

▌손금항목 ▌

항목	세부 내용
① **상품, 제품에 대한 원료의 매입가액과 부대비용**	• 매입에누리 및 매입할인 금액 제외
② 상품 또는 제품의 보관료, 포장비, 운반비, 판매장려금 및 판매수당 등 판매와 관련된 부대비용	• 판매장려금, 판매수당은 사전약정 없는 경우 포함
③ 양도한 자산의 양도 당시의 장부가액	
④ 인건비	
⑤ 고정자산의 수선비	
⑥ 고정자산에 대한 감가상각비	

항목	세부 내용
⑦ 자산의 임차료	
⑧ 차입금이자	
⑨ 회수할 수 없는 부가가치세매출세액 미수금	• 부가가치세법상 대손세액공제를 받지 아니한 것에 한정함
⑩ 법률에 따른 자산의 평가차손	• 재고자산, 유가증권 등, 화폐성외화자산 · 부채 등을 법인세법에 따라 평가함으로써 발생하는 평가손실
⑪ 제세공과금	
⑫ 영업자가 조직한 단체로서 법인이거나 주무관청에 등록된 조합 또는 협회에 지급한 회비	• **법인 또는 주무관청에 등록한 조합 · 협회에 납부하는 일반회비: 손금처리** • 법인 또는 주무관청에 등록한 조합 · 협회에 납부하는 특별회비: 지정기부금 처리 • 위 외의 임의 단체: 지정기부금 처리
⑬ 업무와 관련 있는 해외시찰 · 훈련비	
⑭ **임원 또는 사용인을 위하여 지출한 복리후생비**	• 직장체육비, **직장연예비** • 우리사주조합의 운영비 • 국민건강보험법 및 노인장기요양보험법에 의하여 사용자로서 부담하는 보험료, 기타 부담금 • 영유아보육법에 의하여 설치된 직장어린이집의 운영비 • 고용보험법에 의하여 사용자로서 부담하는 보험료 • 임원 또는 사용인에게 지급한 경조사비 등 기타 이와 유사한 비용으로서 사회통념상 타당하다고 인정되는 금액
⑮ 우리사주조합에 출연하는 자사주의 장부가액 또는 금품	
⑯ 장식 · 환경미화 등의 목적으로 사무실 · 복도 등 여러 사람이 볼 수 있는 공간에 상시 비치하는 미술품의 취득가액으로서 거래단위별 5백만 원 이하 금액	
⑰ 불특정다수에게 광고선전용 목적으로 기증한 물품 구입비용	
⑱ 특정인에게 기증한 물품구입비용의 경우에 연간 3만 원 이내 금액(개당 10,000원 이하의 물품은 3만 원 한도 미적용)	
⑲ 임직원이 주식매수선택권 또는 주식기준보상을 행사하거나 지급받는 경우 해당 주식매수선택권 등을 부여하거나 지급한 법인에 그 행사 또는 지급비용으로서 보전하는 금액	
⑳ 동업기업 소득금액 등의 계산 및 배분규정에 따라 배분받은 결손금	
㉑ 위 이외의 손비로서 그 법인에 귀속되었거나 귀속될 금액	

┃손금불산입항목┃

항목	세부 내용
① 자본거래 등으로 인한 손비의 손금불산입	• 잉여금의 처분을 손비로 계상한 금액 • **주식할인발행차금 및 감자차손**
② 제세공과금의 손금불산입	• 각 사업연도에 납부하였거나 납부할 법인세(외국법인세액 포함) 또는 지방소득세 소득분과 각 세법에 규정된 의무 불이행으로 납부하였거나 **납부할 세액(가산세 포함) 및 부가가치세의 매입세액** • 판매하지 아니한 제품에 대한 반출필의 개별소비세, 주세 미납액(제품가격에 세액상당액을 가산한 경우는 예외) • **벌금, 과료**(통고처분에 의한 벌금 또는 과료 상당액 포함)**, 과태료, 가산금과 체납처분비** • 법령에 의하여 의무적으로 납부하는 것이 아닌 공과금 • **법령에 의한 의무의 불이행, 금지, 제한의 위반에 대한 제재로 부과되는 공과금**
③ 자산의 임의 평가차손	
④ 상각범위액을 초과하는 감가상각비	
⑤ 기부금의 손금불산입	
⑥ 접대비의 손금불산입	
⑦ 과다경비 등의 손금불산입	다음 손비 중 과다하거나 부당하다고 인정하는 금액은 손금에 산입하지 않는다. • **상여금**, 퇴직금 및 퇴직보험료 등 • 복리후생비 • 여비·교육훈련비 • 분담금액을 초과하는 공동경비
⑧ 업무와 관련 없는 비용의 손금불산입	• 업무와 관련이 없는 자산을 취득·관리함으로써 발생하는 비용, 유지비, 수선비 및 이와 관련되는 비용 • 법인이 직접 사용하지 아니하고 다른 사람(주주 등이 아닌 임원과 소액주주인 임원 및 사용인 제외)이 주로 사용하고 있는 장소, 건축물, 물건 등의 유지비, 관리비, 사용료와 이와 관련된 지출금 • 주주(소액주주 제외) 또는 출연자인 임원 또는 그 친족이 사용하고 있는 사택의 유지비, 관리비, 사용료와 이와 관련된 지출금 • 형법상 뇌물(외국공무원에 대한 뇌물을 포함)에 해당하는 금전 및 금전 이외의 자산과 경제적 이익의 합계액

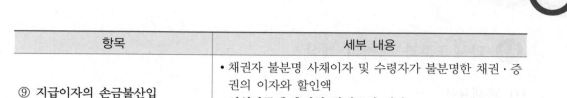

항목	세부 내용
⑨ 지급이자의 손금불산입	• 채권자 불분명 사채이자 및 수령자가 불분명한 채권·증권의 이자와 할인액 • **건설자금에 충당한 차입금의 이자** • 업무무관자산 및 가지급금 등에 대한 지급이자
⑩ 부당행위계산의 유형 등에 해당하는 금액	

2.9 과세표준과 세액의 계산

(1) 과세표준

각사업연도 소득금액에서 이월결손금, 비과세소득, 소득공제액을 차감하여 계산한다.

각사업연도소득금액	
(−)이월결손금	• 결손금: 각 사업연도 익금총액 〈 손금총액 • 이월 결손금: 결손금이 다음 사업연도로 이월되는 경우 • 각 사업연도 개시일전 15년(2020년 1월 1일 전에 개시한 사업연도에서 발생한 결손금은 10년) 이내에 개시한 사업연도에서 발생한 세무상 결손금 공제대상
(−)비과세소득	• 과세당국이 과세권을 포기한 소득으로 이월되지 않고 소멸 • 법인세법상 비과세소득: 공익신탁의 신탁재산에서 생기는 소득
(−)소득공제	• 일정한 요건에 해당하면 소득금액에서 일정액을 공제 • 법인세법상 소득공제: 유동화전문회사 등에 대한 소득공제
과세표준	

(2) 산출세액

법인세 과세표준에 세율을 곱하여 산출세액을 계산한다.

과세표준		
(×) 세율	2억 원 이하	과세표준 × 9%
	2억 원 초과 ~ 200억 원 이하	1,800만 원 + (과세표준 − 2억 원) × 19%
	200억 원 초과 ~ 3,000억 원 이하	37억 8천만 원 + (과세표준 − 200억 원) × 21%
	3,000억 원 초과	625억 8천만 원 + (과세표준 − 3,000억 원) × 24%
산출세액		

주의 사업연도가 1년 미만인 경우

$$산출세액 = \left(과세표준 \times \frac{12}{사업연도\ 월수} \times 세율 \right) \times \frac{사업연도\ 월수}{12}$$

* 사업연도 월수는 역에 따라 계산하되, 1월 미만의 일수는 1월로 한다.

(3) 총부담세액

산출세액	
(-)공제 · 감면세액	• 감면세액: 납부할 세액을 감면 해주는 것 예 중소기업특별세액감면, 창업중소기업에 대한 감면 등 • 세액공제: 산출세액에서 일정금액을 공제하는 것 예 재해손실세액공제, 외국납부세액공제 등
(+)가산세	
(+)감면분추가납부세액	
총부담세액	

(4) 법인세차감납부세액

총부담세액	
(-)기납부세액	• 원천납부세액: 법인의 소득에 대하여 원천징수를 당한 금액 예 이자소득에 대한 14%의 원천납부세액 • 중간예납세액: 각사업연도 6월을 초과하는 법인은 사업연도 개시일부터 6개월간을 중간예납기간으로 하여 중간예납기간이 경과한 날로부터 2개월 이내에 그 기간에 대한 법인세를 신고 · 납부 예 사업연도 개시일이 1월 1일이라면, 8월 31일까지 신고 · 납부 • 수시부과세액: 법인세포탈 우려가 있어 조세채권을 조기에 확보하여야 할 것으로 인정되는 경우
법인세차감납부세액	

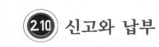

2.10 신고와 납부

▌ 신고와 납부 ▐

항목	세부 내용
신고기한	• 납세의무가 있는 내국법인은 각 사업연도의 종료일이 속하는 달의 말일부터 3개월 이내에 그 사업연도의 소득에 대한 법인세의 과세표준과 세액을 납세지 관할 세무서장에게 신고 **예** 사업연도 종료일이 12월 31일이라면 3월 31일까지 신고·납부
제출서류	① 필수 첨부서류 • 기업회계기준을 준용하여 작성한 개별 내국법인의 재무상태표, 포괄손익계산서 및 이익잉여금처분계산서(또는 결손금처리계산서) • 세무조정계산서(법인세과세표준 및 세액조정계산서) **주의** 필수 첨부서류를 제출하지 아니한 경우 무신고로 본다. ② 기타 첨부서류 • 세무조정계산서 부속서류(소득금액조정합계표 등) • 현금흐름표
분납	• 자진납부할 세액이 1천만 원을 초과하는 경우에는 다음의 금액을 납부기한이 지난 날부터 1개월(중소기업의 경우에는 12개월) 이내에 분납할 수 있다. <table><tr><th>구분</th><th>분납할 수 있는 세액</th></tr><tr><td>납부할 세액이 2천만 원 이하인 경우</td><td>1천만 원을 초과하는 금액</td></tr><tr><td>납부할 세액이 2천만 원을 초과하는 경우</td><td>납부할 세액의 50% 이하의 금액</td></tr></table>

제3장

원가 및 관리회계의 이해

원가 및 관리회계의 이해

　　관리회계(management accounting)는 기업의 내부정보이용자인 경영자가 기업을 합리적으로 경영할 수 있도록 관리적 의사결정에 유용한 정보를 제공하는 것을 목적으로 하는 회계이다. 그리고 제품이나 서비스의 원가계산을 주된 목적으로 하는 원가회계(cost accounting)의 범위를 포함하고 있다. 원가회계에서 산출된 정보는 재무제표를 작성하기 위한 원가정보를 제공하며, 의사결정을 위한 관리회계 정보로도 이용된다.

　　따라서 관리회계가 제공해주는 정보는 경영자의 의사결정문제와 관련하여 주관적인 추정이나 판단에 의한 내용을 많이 포함하고, 일정한 양식이나 회계원칙의 지배를 받지 않으면서, 미래지향적인 정보를 제공한다.

원가의 개념과 분류

(1) 원가의 개요

　　원가회계는 과거에는 제조기업의 제품원가계산을 의미하였으나 현대적 의미는 외부공표용 재무제표 작성에 필요한 정보를 제공하고, 경영계획을 수립·통제하며, 특수한 의사결정에 필요한 원가정보를 제공하기 위하여 생산과 영업활동에 관한 원가자료를 집계·배분·분석하는 과정이라고 할 수 있다.

구 분	주요 내용
원가회계의 목적	• 재무제표 작성에 필요한 원가정보 제공 　　예 손익계산서: 제품매출원가의 파악을 위한 원가정보 제공 　　　　재무상태표: 제품, 재공품, 원재료 등의 재고자산을 위한 원가정보 제공 • 원가통제에 필요한 원가정보 제공 • 경영의사결정에 필요한 원가정보 제공
원가의 개념	• 제품을 생산하기 위하여 사용한 원재료, 노동력, 기계설비, 건물, 가스, 전기, 용수 등의 경제적 자원의 가치를 화폐적으로 표시
원가의 특징	• 경제적 가치의 소비: 금전지출과 관계없이 제품 생산과정에서 소비된 가치 • 제품의 생산과 관련된 소비: 제품생산과 관련된 것으로 이자비용 등은 제외 • 정상적인 경제자원의 소비: 정상적인 경영활동에서 나타나는 경제자원의 소비
원가와 비용	• 공통점: 기업의 경영활동을 위하여 소비되는 경제적 가치 • 차이점: 원가 – 재화나 용역의 생산을 위하여 소비되는 경제적 가치 　　　　　 비용 – 일정 기간의 수익을 창출하기 위하여 소비되는 경제적 가치

(2) 분류기준에 따른 원가 용어

분류기준		주요 내용
발생형태 (원가요소)	재료비	제품 제조를 위한 재료의 소비액 예 빵의 밀가루, 가구의 목재
	노무비	제품 제조를 위해 투입된 노동력의 대가 예 임금, 급료
	제조경비	재료비와 노무비 외의 모든 원가요소 예 전력비, 가스비
경제적 효익의 소멸여부	소멸원가	용역 잠재력이 소멸되어 더 이상 경제적 효익을 제공할 수 없는 원가 → 수익창출 여부에 따라 비용과 손실로 나누어지고, 손익계산서의 비용으로 표시 예 매출원가
	미소멸원가	미래 경제적 효익을 제공할 수 있는 원가 → 재무상태표의 재고자산으로 표시 예 원재료, 재공품, 제품
원가행태	*원가행태: 조업도의 변화에 따라 나타나는 원가의 반응 → 조업도: 생산설비를 이용한 정도를 나타내는 지표 예 생산량, 작업시간	
	변동비	조업도의 증감에 따라 총원가가 비례적으로 증감 예 직접재료비
	고정비	조업도의 증감에 관계없이 일정한 범위의 조업도내에서 총원가가 일정하게 발생하는 원가 예 공장건물 임차료, 보험료, 감가상각비
	준변동비 (혼합원가)	생산량이 하나도 없어도 일정 고정비가 발생하고 생산량이 늘어나면 일정한 비율로 증가(변동비)하는 형태 예 전력비, 전화요금
	준고정비	일정한 조업도범위 내에서는 고정비와 같이 일정하나 조업도가 일정수준 이상 증가하면 원가총액이 증가 예 생산관리자의 급여, 난방비

주의 조업도의 변화에 따른 변동비와 고정비의 증감변화

조업도	변동비		고정비	
	총원가	단위당원가	총원가	단위당원가
증가	증가	일정	일정	감소
감소	감소	일정	일정	증가

분류기준		주요 내용
통제 가능성	통제가능원가	경영자가 원가 발생액에 영향을 미칠 수 있는 원가 예 직접재료비
	통제불능원가	경영자가 원가 발생액에 영향을 미칠 수 없는 원가 예 임차료
추적 가능성	직접비	제품에 직접 관계가 있어 추적이 가능한 원가 예 자동차의 타이어
	간접비 (제조간접비)	제품에 직접적으로 추적이 불가능하거나, 여러 가지 제품 생산에 공통으로 소비되는 원가로 '합리적인 배부기준'에 의하여 배부 예 전력비, 가스비
제조활동 관련성	제조원가	제품을 생산하는 과정에서 발생하는 경제적 가치의 소비액
	비제조원가	제조활동과 직접 관련이 없는 판매 및 관리활동에서 발생하는 원가 → 판매비와관리비

분류기준		주요 내용
자산화 여부	제품원가	제품을 생산할 때 소비되는 모든 원가로, 먼저 재고자산으로 계상하였다가 판매시점에 비용화되어 매출원가계정으로 대체
	기간원가	제품 생산과 관련 없이 발생하는 원가로, 발생한 기간에 비용으로 인식
의사결정 관련성	관련원가	특정 의사결정과 직접 관련이 있는 원가로, 의사결정의 여러 대안 간에 원가의 차이가 있는 미래의 원가 **예** 기회원가 (기회비용): 의사결정의 여러 대안 중 하나를 선택하면 다른 대안은 포기할 수밖에 없는데 이때 포기한 대안에서 얻을 수 있는 효익 중 가장 큰 것
	비관련원가	특정 의사결정과 관련이 없는 이미 발생한 원가로 의사결정의 여러 대안 간에 원가의 차이가 없는 원가 → 역사적 원가 **예** 매몰원가: 과거 의사결정의 결과 이미 발생한 원가로 현재 또는 미래의 의사결정에 아무런 영향을 미치지 못하는 원가

1.2 원가계산과 원가의 흐름

(1) 원가계산의 단계

원가요소별 계산　　　　부문별 원가계산　　　　제품별 원가계산

(2) 원가계산의 종류

분류기준		내　　용
원가계산 시기	사전원가계산	제품의 생산을 위하여 원가 요소를 소비하는 시점에 사전적으로 예정가격, 표준가격 등을 사용 ① 정상(예정)원가계산 　직접재료비와 직접노무비 → 실제원가로 측정 　제조간접비 → 예정배부율에 의해 원가 결정 ② 표준원가계산 　원가요소 모두를 사전에 설정된 표준가격, 표준사용량을 이용
	실제원가계산 (사후원가계산)	제품의 생산이 완료된 후 원가요소의 실제 소비량과 실제 금액을 적용하여 실제발생액을 이용

분류기준		내　　용
생산형태	개별원가계산	성능, 규격 등이 서로 다른 여러 가지의 제품을 개별적으로 생산하는 경우 예 건설업, 조선업, 기계제조업 등 주문제작
	종합원가계산	성능, 규격 등이 동일한 종류의 제품을 대량으로 연속하여 생산 예 정유업, 제지업, 제분업
원가계산 범위 (고정비 포함 여부)	전부원가계산	직접재료비, 직접노무비, 변동제조간접비(전력비 등)의 변동비 뿐만 아니라 고정비에 속하는 고정제조간접비(공장 임차료, 보험료 등)도 포함하여 모든 원가를 제품의 원가계산 범위에 포함
	변동(직접) 원가계산	직접재료비, 직접노무비, 변동제조간접비 등의 변동비만 원가계산 대상에 포함시키고 고정비는 제품의 원가에 구성하지 않고 기간비용 (판매비와관리비)으로 처리

(3) 원가의 흐름

┃ 원가의 구성도 ┃

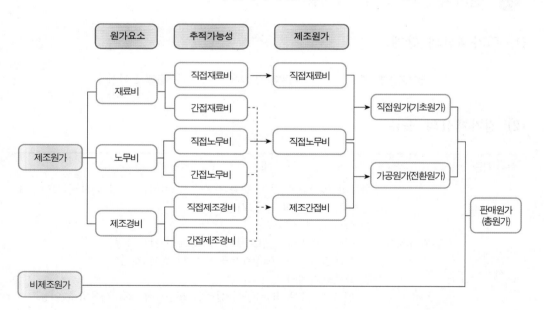

┃ 원가의 흐름 ① ┃

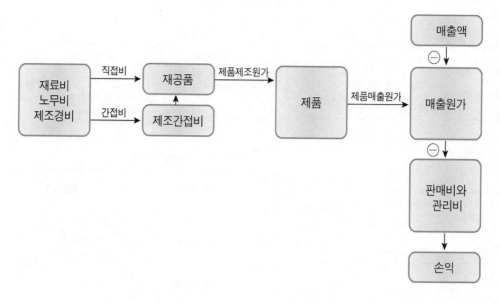

※ 제조경비를 원가의 추적가능성에 따라 직접·간접제조경비로 분류할 수 있으나, 일반적으로 제조경비는 전액 간접제조경비로 분류된다.
  ① 직접원가(기본원가 또는 기초원가) = 직접재료비 + 직접노무비
  ② 가공원가(전환원가) = 직접노무비 + 제조간접비
  ③ 제조간접비 = 간접재료비 + 간접노무비 + 간접제조경비
  ④ 제조원가 = 직접재료비 + 직접노무비 + 제조간접비 = 직접원가 + 제조간접비
  ⑤ 판매원가(총원가) = 제조원가 + 판매비와관리비
  ⑥ 판매가격 = 판매원가 + 이익

▌원가의 흐름 ② ▌

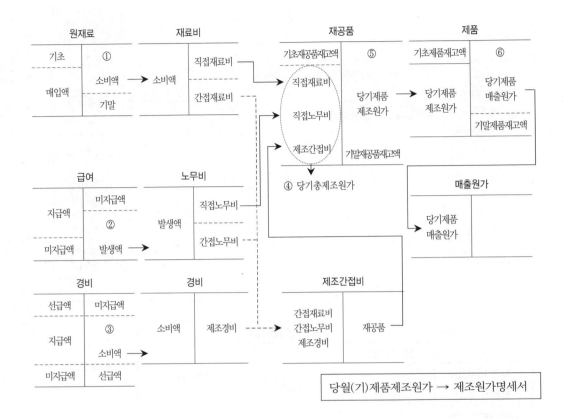

당월(기)제품제조원가 → 제조원가명세서

※ 제조경비를 원가의 추적가능성에 따라 직접·간접제조경비로 분류할 수 있으나, 일반적으로
  제조경비는 간접제조경비가 대부분이다.
※ 당기제품제조원가 관련 보고서 ➡ 제조원가명세서
※ 당기제품매출원가 관련 보고서 ➡ 손익계산서

---

① 원재료비 = 기초원재료재고액 + 당기원재료매입액 – 기말원재료재고액
② 노무비소비액 = 당월지급액 + 당월미지급액 – 전월미지급액
③ 제조경비소비액 = 당월지급액 + 당월미지급액 + 전월선급액 – 전월미지급액 – 당월선급액
④ 당월(기)총제조원가 = 직접재료비 + 직접노무비 + 제조간접비
⑤ 당월(기)제품제조원가 = 기초재공품재고액 + 당월(기)총제조원가 – 기말재공품재고액
⑥ 당월(기)제품매출원가 = 기초제품재고액 + 당월(기)제품제조원가 – 기말제품재고액

(4) 제조원가명세서

제조원가명세서는 당기에 제품제조를 위하여 소비된 원가를 집계해 놓은 표로 재공품 계정을 펼쳐놓은 서식이다. 제조원가명세서에서 산출되는 '당기제품제조원가'는 손익계산서의 '제품매출원가'의 '당기제품제조원가'에 반영된다.

┃ 제조원가명세서 ┃

20×1년 1월 1일부터 20×1년 12월 31일까지

과 목	금	액
Ⅰ. 재료비		
1. 기초재료재고액	×××	
2. 당기재료매입액	×××	
합 계	×××	
3. 기말재료재고액	(×××)	×××
Ⅱ. 노무비		
1. 임 금	×××	
2. 급 여	×××	
3. 퇴직급여	×××	×××
Ⅲ. 경비		
1. 전기료	×××	
2. 가스료	×××	
3. 세금과공과금	×××	
4. 감가상각비	×××	
5. 보험료	×××	×××
Ⅳ. 당기총제조원가		×××
Ⅴ. 기초재공품재고액		×××
Ⅵ. 합 계		×××
Ⅶ. 기말재공품재고액		(×××)
Ⅷ. 당기제품제조원가		×××

개념 익히기

- 원재료비 = 기초원재료재고액 + 당기원재료(순)매입액 − 기말원재료재고액

- 당기총제조비용 = 재료비 + 노무비 + 제조경비
  = 직접재료비 + 직접노무비 + 제조간접비

- 당기제품제조원가 = 기초재공품재고액 + 당기총제조비용 − 기말재공품재고액
  : 재공품 → [제조원가명세서]의 재공품, [재무상태표]의 재고자산의 재공품

- 당기제품매출원가 = 기초제품재고액 + 당기제품제조원가 − 기말제품재고액
  : 제품 → [재무상태표]의 재고자산의 제품, [손익계산서]의 기말제품재고액
  : [제조원가명세서]의 당기 제품제조원가 → [손익계산서]의 당기 제품매출원가에 반영

원가계산

원가배부와 부문별 원가계산

(1) 원가배부

원가는 추적가능성에 따라 직접원가와 간접원가로 나눌 수 있는데, 직접원가는 특정 원가대상에 직접 추적할 수 있으나, 간접원가는 특정 원가대상에 직접 추적할 수 없으므로 합리적인 배부기준을 선택하여 원가대상에 배부하는 과정이 필요하다.

목적	• 외부 재무보고 • 내부 의사결정 • 성과평가 및 동기부여 • 원가의 정당화 및 가격결정
배부기준	• 인과관계 기준 • 수혜 기준 • 부담능력 기준 • 공정성과 공평성 기준

(2) 부문별 제조간접비의 배부

제품의 원가계산 시 제조간접비(부문비)를 각 제품에 보다 엄격하게 배부하기 위하여 우선적으로 그 발생장소인 부문별로 분류 집계하는 절차를 말한다.

장점	• 원가의 관리 및 통제에 필요한 정보를 제공 • 특정 원가부문에서 불필요한 원가의 낭비 및 비효율의 발생을 용이하게 파악 • 특정 보조부문의 유지와 폐지 및 외부에서의 구입 여부 등을 결정하는 판단 근거
원가부문의 설정	• 제조부문: 제품의 제조활동을 직접 담당하는 부문 예 절단부문, 조립부문 • 보조부문: 제조부문의 제조활동을 돕기 위해 여러 가지 용역을 제공하는 부문 　예 보조용역부문 → 동력부문, 수선부문, 검사부문 　　　공장관리부문 → 구매부문, 공장사무부문, 노무관리부문
부문별원가 계산 절차	• 1단계: 부문개별비를 각 부문에 부과 • 2단계: 부문공통비를 각 부문에 부과 • 3단계: 보조부문비를 제조부문에 배부 　↳ 주의 직접배부법, 단계배부법, 상호배부법 • 4단계: 제조부문비를 각 제품에 배부

(3) 보조부문의 원가배부

보조부문 원가배부 이유	• 보다 정확한 원계계산 • 보조부문에 대한 통제를 통한 원가절감에 기여 • 부문별 책임 소재를 분명히 하고, 외부 구입과 비교하여 보조부문 운영여부 결정			

보조부문 원가배부 방법	구분	직접배부법	단계배부법	상호배부법
	보조부문 상호간의 용역수수	완전히 무시	부분적으로 인식	완전히 인식
	보조부문비 배부하는 방법	제조부문에만 배부	보조부문의 배부순서를 정하여 배부	제조부문과 보조부문 상호간 배부
	배부방법별 특징	배부절차 매우간편	직접배부법과 상호배부법을 절충	이론적으로 가장 타당, 가장 정확
	배부의 정확성 정도	직접배부법 < 단계배부법 < 상호배부법		

* 단계배부법 적용시 보조부문의 배부순서 결정 방법
 ① 다른 보조부문에 용역을 제공하는 수가 많은 것부터
 ② 다른 보조부문에 대한 용역제공비율이 큰 보조부문부터
 ③ 발생원가(총원가)가 큰 보조부문부터

(4) 단일배부율법과 이중배부율법

단일 배부율법	• 보조부문원가를 제조부문에 배분할 때 변동비와 고정비로 구분하지 않고 하나의 배분율을 사용하는 방법	
이중 배부율법	• 보조부문원가를 제조부문에 배분할 때 변동비와 고정비로 구분하고 이들을 각각 별개의 배부기준을 사용하여 제조부문에 배분하는 방법 • 이중배부율법을 사용하는 이유는 특정제조부문의 필요에 따라 잠재적 용역을 제공하기 위해 많은 설비를 보유하여 고정원가가 많이 발생하면 해당 제조부문에는 실제사용량 기준이 아니라 장기적 관점에서 최대사용량을 기준으로 배분해야 하기 때문	
	고정비	변동비
	보조부문이 제공하는 용역에 대한 각 부문의 최대사용가능량을 기준으로 배분	각 부문의 실제사용량을 기준으로 배분

보조부문비 배분방법 사용가능성	구분	직접배부법	단계배부법	상호배부법
	단일배부율법	○	○	○
	이중배부율법	○	○	○

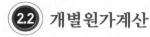 **개별원가계산**

(1) 개별원가계산의 의의

개별원가계산은 제품의 종류나 규격이 다양한 개별적인 생산형태의 기업에 적용되는 원가계산으로 개별 작업별로 구분하고 집계하며 조선업, 건설업, 기계제조업 등 주문생산 하는 업종에 적합하다.

┃ 개별원가계산의 흐름 ┃

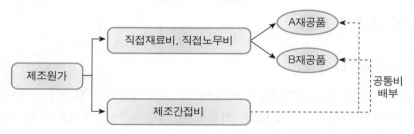

주의 원가요소별 집계: 직접재료비, 직접노무비, 제조간접비

(2) 제조간접비의 배부방법

직접재료비와 직접노무비를 실제로 발생된 원가로 제품에 배부하고, 제조간접비도 모두 실제발생액으로 배부하는 것을 실제원가계산이라 한다. 제조간접비만 예정배부율을 적용 하여 제품에 배부하는 것을 예정(정상)원가계산이라 한다.

┃ 실제원가계산과 예정(정상)원가계산의 비교 ┃

실제원가계산	예정(정상)원가계산
• 제조간접비 실제배부율 　　$= \dfrac{\text{실제 제조간접비 총액}}{\text{실제배부기준의 합계}}$	• 제조간접비 예정배부율 　　$= \dfrac{\text{예정제조간접비 총액}}{\text{예정 배부기준의 합계}}$
• 제조간접비 실제배부액 　= 실제배부율 × 실제제품별 배부기준	• 제조간접비 실제배부액 　= 예정배부율 × 실제제품별 배부기준
• 단점 　직접비는 대응관계가 있어 발생시점에 바로 계산이 가능하나 제조간접비는 개별작업과 직접적인 대응관계를 찾기 어렵기에 회계기말에 당기 발생한 제조간접비를 집계하여 배부 　→ 원가계산의 지연	• 제조간접비 배부차이의 처리 　① 과대배부: 실제배부액 < 예정배부액 　　→ 유리한 차이 　② 과소배부: 실제배부액 > 예정배부액 　　→ 불리한 차이 　③ 처리방법: 매출원가처리법, 비례배분법, 　　　　　　　영업외손익법

∥ 제조간접비 배부차이 ∥

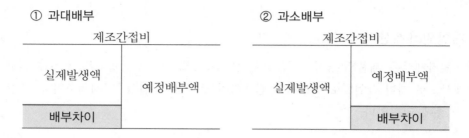

① 과대배부

제조간접비

실제발생액	예정배부액
배부차이	

② 과소배부

제조간접비

실제발생액	예정배부액
	배부차이

2.3 종합원가계산

(1) 종합원가계산의 의의

종합원가계산은 단일 종류의 제품을 연속적으로 대량생산하는 업종에 사용되는 원가계산으로 공정별원가계산이라고도 한다. 화학공업, 식품가공업, 제지업 등에 적용된다.

∥ 종합원가계산의 흐름 ∥

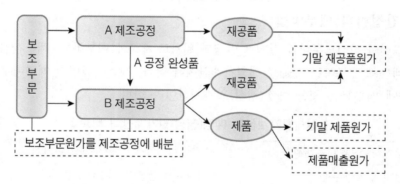

(2) 종합원가계산의 절차

종합원가계산에서 기초재공품이 없는 상황이라면 원가흐름에 대한 가정이 의미가 없으나, 기초재공품이 있다면 재공품 계정 차변에 집계된 제조원가는 '기초재공품원가 + 당기총제조원가'로 구성된다. 이 금액을 완성품과 기말재공품에 배분하기 위해서 원가흐름에 대한 가정이 필요하다. 원가흐름에 대한 가정으로 평균법과 선입선출법이 있다.

주의 기초재공품이 없다면 평균법과 선입선출법에 의해 계산한 금액은 동일하다.

1) 평균법

기초재공품의 제조를 당기 이전에 착수하였으나 이를 무시하고 당기에 착수한 것으로 가정한다. 따라서 기초재공품원가와 당기발생원가를 합하여 완성품과 기말재공품에 배분한다.

1단계	물량흐름 파악	완성품 수량, 기말수량과 완성도 파악
2단계	완성품환산량 계산 ↳ = 완성품수량 × 진척도(완성도)	(완성품수량 × 100%) + (기말수량 × 완성도)
3단계	원가의 집계	기초재공품원가 + 당기총제조비용
4단계	완성품환산량 단위당 원가의 계산	3단계 ÷ 2단계
5단계	완성품과 기말재공품 원가의 계산	• 완성품원가 = (완성품수량 × 100%) × 4단계 • 기말재공품원가 = (기말수량 × 완성도) × 4단계

2) 선입선출법

기초재공품이 먼저 완성되고 당기착수물량을 그 뒤에 가공한다고 보고 기초재공품과 당기총제조비용 중 일부가 완성품원가가 되고, 기말재공품원가는 당기발생원가로만 구성된다고 가정하는 것이다.

1단계	물량흐름 파악	완성품수량, 기말수량과 완성도, 기초수량과 완성도 파악
2단계	완성품환산량 계산 ↳ = 완성품수량 × 진척도(완성도)	• (완성품수량 × 100%) + (기말수량 × 완성도) – (기초수량 × 완성도) 또는 • (당기투입수량 중 완성수량 × 100%) + (기말수량 × 완성도)
3단계	원가의 집계	당기총제조비용
4단계	완성품환산량 단위당 원가의 계산	3단계 ÷ 2단계
5단계	완성품과 기말재공품 원가의 계산	• 완성품원가 = (기초재공품 당기투입원가 × 4단계) + {(당기투입수량 중 완성품 수량 × 100%) × 4단계} • 기말재공품원가 = (기말수량 × 완성도) × 4단계

개념 익히기

■ 개별원가계산과 종합원가계산의 비교

개별원가계산	종합원가계산(공정별원가계산)
제품의 종류나 규격이 다양한 개별적 고객주문 생산형태의 기업에 적용 **예** 조선업, 건축업, 항공기, 제조업 등	단일종류의 제품을 연속적으로 대량생산하는 업종의 기업에 적용 **예** 정유업, 자동차, 시멘트 등
제품원가를 작업별로 집계(작업별원가표)	작업원가를 공정별로 집계
특정제조지시서	계속제조지시서
직접원가와 간접원가의 구분이 중요 → 제조간접비의 배부	재료원가와 가공원가의 구분이 중요
기말재공품 평가문제가 발생하지 않음	제품원가를 집계 후 완성품과 재공품에 배분
작업별원가표를 기초로 원가계산	제조원가보고서를 기초로 원가계산

주의 개별원가계산과 종합원가계산의 차이점 → 제조간접비 계산

2.4 공손과 감손

공손품은 표준 및 규격에 미달하는 불합격품을 말한다. 종합원가계산을 채택하고 있는 화학, 공업, 식품가공업 등에서는 제품을 제조하는 과정에서 부주의, 결함, 작업관리 부실 등의 이유로 공손품이 발생한다. 감손은 제품의 제조과정에서 증발 등의 이유로 원재료가 감소되거나 제품으로 완성되지 않은 것 등을 말한다.

정상공손은 합격품을 얻기 위해 생산과정 중에서 불가피하게 발생하는 공손을 말하며, 비정상공손은 작업자의 부주의, 생산계획의 미비 등의 이유로 발생한다.

주의 정상공손: 제조원가에 가산하여 결국 완성품과 기말재공품에 가산한다.(매출원가)
　　　　비정상공손: 당기비용으로 처리한다.(영업외비용)

2.5 활동기준원가계산

활동기준원가계산(Activity Based Costing: ABC)은 보다 정확한 원가계산을 위하여 기업의 기능을 여러 가지 활동으로 구분한 후 활동을 기본적인 원가대상으로 삼아 활동별로 원가를 집계하고, 이를 통해 활동별로 집계된 원가를 다시 이들 활동별로 적절한 배부기준(원가동인)을 적용하여 제품에 배부하는 원가계산방법이다.

주의 원가동인: 활동을 유발시키는 원인

▌활동기준원가계산의 흐름 ▌

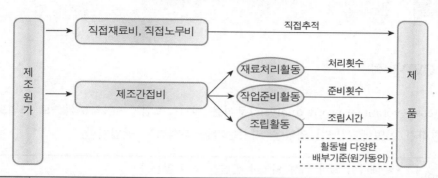

도입배경	• 공장자동화로 제조간접비의 비중이 증가하고 생산활동도 복잡하고 다양화됨 • 소비자의 다양한 욕구 충족을 위해 다품종소량생산체제로 전환하는 기업들의 보다 정확한 원가계산 필요 • 활동분석, 자원에 대한 활동원가동인, 활동원가 등에 대한 방대한 정보수집을 발달된 정보처리기술을 이용하여 적은 비용으로 수행 가능
활동의 구분	활동이란 자원을 사용하여 가치를 창출하는 작업으로서 원가를 발생시키는 기본적인 분석단위이며, 그 수준에 따라 4가지로 구분된다. • 단위수준활동: 제품 한 단위가 생산될 때마다 수행되는 활동 　　　　　　　 예 기계작업활동, 직접노동활동, 품질검사활동 • 묶음수준활동: 한 묶음의 제품을 처리하거나 생산할 때마다 수행하는 활동 　　　　　　　 예 구매주문활동, 품질검사활동, 작업준비활동 • 제품수준활동: 제품라인을 유지하기 위해 수행하는 활동으로 제품유지활동 　　　　　　　 예 제품개발활동, 설계변경활동, 제품광고활동 • 설비수준활동: 제조공정을 유지관리 하기 위하여 수행하는 활동으로 설비유지활동 　　　　　　　 예 안전강화활동, 공장환경미화활동, 냉난방활동
계산절차	활동분석 → 활동중심점의 설정 및 활동원가집계 → 활동중심점별 원가동인의 선택 → 활동중심점별 원가배부율계산 → 활동원가의 제품별 배부
장점	• 제조간접비를 활동별로 구분하므로 전통적 원가계산보다 더 정확 • 활동을 기준으로 하므로 제품구성이 변하여도 신축적인 원가계산이 가능 • 활동을 부가가치 및 비부가가치활동으로 분석하여 비부가가치활동을 제거하거나 감소하여 원가를 절감할 수 있음
단점	• 활동을 분석하고 측정하는 과정에서 시간과 비용이 많이 소요됨 • 공장냉난방비, 공장 감가상각비 등의 설비수준 원가동인을 파악하기 힘들어 기계시간이나 노동시간 등을 자의적으로 배분할 가능성이 있음 • 활동에 대한 정확한 구분기준이 불분명함

03 관리회계

 CVP분석

CVP(cost-volunme-profit analysis)분석은 원가·조업도·이익분석으로 조업도와 원가의 변화가 이익에 어떠한 영향을 미치는가를 분석하는 방법이다.

CVP의 활용	• 판매량이 얼마 이상 되어야 손실을 보지 않는가? • 일정한 목표이익을 달성하려면 판매량이 얼마가 되어야 하는가? • 원가나 판매가격이 변동하면 이익은 어떻게 변하는가?
CVP의 가정	실제 판매량의 변동에 따라 원가와 이익이 변화되는 상황이 다양하고 복잡하므로 실무상 편의를 위해 몇 가지 가정을 전제로 한다. • 수익과 원가의 행태는 결정되어 있고, 관련 범위 내에서 선형이다. • 모든 원가는 변동비와 고정비로 구분할 수 있다. • 생산량과 판매량은 일치한다(기초재고와 기말재고는 동일하다). • 원가와 수익은 유일한 독립변수인 조업도에 의해 결정된다.

	기본등식
영업이익	= 매출액 − 매출원가 − 판매비와관리비 $\overbrace{}^{\text{변동매출원가+변동판관비}}$ = 매출액 − (변동비 + 고정비) $\underbrace{}_{\text{고정제조간접비+고정판관비}}$

	공헌이익과 공헌이익률

• 공헌이익(contribution margin: CM)에는 총공헌이익(TCM)과 단위당 공헌이익(UCM)이 있다.
• 공헌이익률(contribution margin ratio: CMR): 매출액에서 공헌이익이 차지하는 비중

공헌이익	= 매출액 − 변동비
단위당 공헌이익	= 단위당 판매가격 − 단위당 변동비 (영업이익 = 공헌이익 − 고정비)
공헌이익률	$= \dfrac{\text{공헌이익}}{\text{매출액}} = \dfrac{\text{매출액} - \text{변동비}}{\text{매출액}} = \dfrac{\text{단위당 공헌이익}}{\text{단위당 판매가격}}$ $= \dfrac{\text{단위당 판매가격} - \text{단위당 변동비}}{\text{단위당 판매가격}}$
공헌이익률 +변동비율	$= \dfrac{\text{공헌이익}}{\text{매출액}} + \dfrac{\text{변동비}}{\text{매출액}} = \dfrac{\text{매출액} - \text{변동비}}{\text{매출액}} + \dfrac{\text{변동비}}{\text{매출액}} = 100\%$

CVP 분석을 위한 기본등식	

영업이익	= 판매량 × 단위당 판매가격 − 판매량 × 단위당 변동비 − 고정비
	      ┗ 매출액 ┗ 변동비
	 = 판매량 × 단위당 공헌이익 − 고정비
	      ┗ 공헌이익
	 = 매출액 × 공헌이익률 − 고정비
	      ┗ 공헌이익

개념 익히기

■ CVP분석관련 공식

① 손익분기점(Break Even Point: BEP)분석의 기본등식

$$이익(0) = (단위당\ 판매가격(P) - 단위당\ 변동비(V)) × 판매량(Q) - 고정비(F)$$
$$= (p - v) × Q - F$$

손익분기점(BEP)분석은 판매량(Q)과 매출액(S)의 두 가지 측면에서 계산할 수 있다. 위 식을 판매량(Q)과 매출액(S)을 구하는 식으로 변형하면 다음과 같다.

- BEP 판매량(Q) $= \dfrac{고정비(F)}{(단위당\ 판매가격(P) - 단위당\ 변동비(V))}$

                $= \dfrac{고정비(F)}{단위당\ 공헌이익(UCM)}$

- BEP 매출액(S) $= \dfrac{고정비(F)}{공헌이익률(CMR)}$

② 목표이익 달성

- 목표판매량(Q) $= \dfrac{고정비(F) + 목표이익}{단위당\ 공헌이익(UCM)}$

- 목표매출액(S) $= \dfrac{고정비(F) + 목표이익}{공헌이익률(CMR)}$

③ 법인세 고려

- 목표판매량(Q) $= \dfrac{고정비(F) + \dfrac{세후이익}{(1 - 세율(t))}}{단위당\ 공헌이익(UCM)}$

- 목표매출액(S) $= \dfrac{고정비(F) + \dfrac{세후이익}{(1 - 세율(t))}}{공헌이익률(CMR)}$

④ 안전한계(MOS)와 영업레버리지도(DOL)

- 안전한계 판매량 = $\dfrac{\text{안전한계 매출액}}{\text{단위당 판매가격}}$

- 안전한계 매출액 = 매출액 − 손익분기점 매출액

- 안전한계율(%) = $\dfrac{\text{안전한계 매출액}}{\text{매출액}} \times 100 = \dfrac{\text{영업이익}}{\text{공헌이익}} \times 100$

- 영업레버리지도 = $\dfrac{\text{공헌이익}}{\text{영업이익}} = \dfrac{1}{\text{안전한계율}}$

3.2 전부원가계산과 변동원가계산 및 초변동원가계산

제품원가 구성항목을 무엇으로 보느냐에 따라 전부원가계산, 변동원가계산, 초변동원가계산으로 나누어진다.

▮ 원가계산의 비교 ▮

전부원가계산 (흡수원가계산)	• 직접재료비, 직접노무비, 변동제조간접비, 고정제조간접비를 모두 제품의 원가에 포함하여 모든 제조원가를 제품의 원가로 보는 방법
변동원가계산 (직접원가계산)	• 직접재료비, 직접노무비, 변동제조간접비인 변동제조원가만 제품원가에 포함시키고, 고정제조간접비는 기간비용으로 처리하는 방법
초변동원가계산	• 직접재료비만 제품원가에 포함시키고 나머지는 기간비용으로 처리하는 방법

원가계산 방법의 비교	원가 구성	전부원가계산	변동원가계산	초변동원가계산
	직접재료비	제조원가	제조원가	제조원가
	직접노무비			기간비용
	변동제조간접비			
	고정제조간접비		기간비용	
	변동판매비와관리비	기간비용		
	고정판매비와관리비			

150

손익계산서에 의한 비교	전부원가계산		변동원가계산		초변동원가계산	
	매출액	×××	매출액	×××	매출액	×××
	매출원가	(×××)	변동원가	(×××)	• 직접재료비	(×××)
	• 직접재료비	(×××)	• 직접재료비	(×××)	재료처리량공헌이익	×××
	• 직접노무비	(×××)	• 직접노무비	(×××)	운영비용	
	• 변동제조간접비	(×××)	• 변동제조간접비	(×××)	• 직접노무비	(×××)
	• 고정제조간접비	(×××)	• 변동판관비	(×××)	• 변동제조간접비	(×××)
	매출총이익	×××	공헌이익	×××	• 고정제조간접비	(×××)
	판매비와관리비		고정원가		• 변동판관비	(×××)
	• 변동판관비	(×××)	• 고정제조간접비	(×××)	• 고정판관비	(×××)
	• 고정판관비	(×××)	• 고정판관비	(×××)		
	영업이익	×××	영업이익	×××	영업이익	×××

개념 익히기

■ 전부원가계산과 변동원가계산의 영업이익 차이

전부원가계산과 변동원가계산의 영업이익 차이의 원인은 제품의 당해 생산수량이 판매수량을 초과할 때 기말제품재고에 포함된 고정제조간접비 때문이다. 즉 전부원가계산에서는 판매한 수량의 고정제조간접비만 매출원가에 가산되어 비용처리되며, 변동원가계산에서는 판매량에 관계없이 고정적으로 발생하는 고정제조간접비는 전액 기간비용으로 처리된다.

┃장점과 단점의 비교┃

	전부원가계산	변동원가계산	초변동원가계산
장점	• 외부보고목적에 이용 • 장기적 의사결정에 적합 • 혼합비의 구분 불필요	• 판매량에 따라 이익변동 • 단기적 의사결정에 적합 • 제품단위당 제조원가 일정	• 원가행태별 분류 용이 • 불필요한 재고 최소화
단점	• 생산량이 변동하면 제품단위당 제조원가 변동 • 불필요한 재고의 보유	• 외부보고목적에 부적합 • 원가행태별 분류 어려움	• 외부보고목적에 부적합 • 장기적 의사결정에 부적합

회계이론

3.3 표준원가계산

표준원가란 생산활동이 효율적으로 수행되는 경우에 제품 한 단위를 생산하는 데에 발생할 것으로 기대되는 원가를 물량 단위로 표시되는 '수량표준'과 화폐단위로 표시되는 '가격표준'을 설정하여 제품을 제조하기 이전에 사전적으로 결정한 원가이다.

표준원가는 직접재료비, 직접노무비, 제조간접비에 대하여 사전에 정해 놓은 표준원가를 이용하여 제품의 원가를 계산하는 것을 말한다. 표준원가는 실제원가계산의 원가정보의 지연성과 조업도에 따른 원가의 변동성이라는 문제점을 해결해 준다.

┃표준원가계산┃

유용성	계획	예산을 설정하는 데 있어 기초자료로 활용
	통제	달성목표인 표준원가와 실제원가를 비교하여 실제원가가 표준원가의 일정한 범위 내에서 발생하고 있는지 파악
	제품원가계산	표준원가를 기준으로 제품원가계산을 하게 되면 원가계산이 신속, 간편
표준원가의 설정		• 표준직접재료비의 설정 　단위당 표준직접재료비 = 제품단위당 표준직접재료수량 × 재료단위당 표준가격 　　(표준원가)　　　　　　　　(표준수량 SQ)　　　　　　　(표준가격 SP) • 표준직접노무비의 설정 　단위당 표준직접노무비 = 제품단위당 표준직접노동시간 × 직접노동시간당 표준가격 　　(표준원가)　　　　　　　　(표준수량 SQ)　　　　　　　(표준가격 SP) • 표준변동제조간접비의 설정 　단위당 표준변동제조간접비 = 제품단위당 표준조업도 × 조업도 단위당 표준배부율 　　(표준원가)　　　　　　　　(표준수량 SQ)　　　　　　　(표준가격 SP) • 표준고정제조간접비의 설정 　단위당 표준고정제조간접비 = 제품단위당 표준조업도 × 조업도 단위당 표준배부율 　　(표준원가)　　　　　　　　(표준수량 SQ)　　　　　　　(표준가격 SP) *고정제조간접비의 조업도 단위당 표준배부율 = 고정제조간접비예산 ÷ 기준조업도

개념 익히기

■ 원가측정에 따른 분류

원가요소	실제원가계산	예정(정상)원가계산	표준원가계산
직접재료비	실제원가	실제원가	표준원가
직접노무비	실제원가	실제원가	표준원가
제조간접비	실제원가	정상원가(예정배부액)	표준원가(표준배부액)

❚ 표준원가계산의 차이분석 ❚

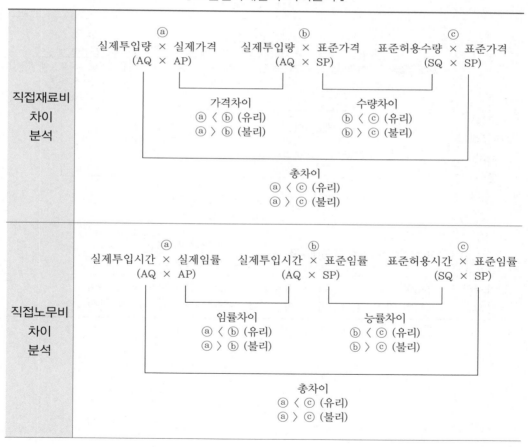

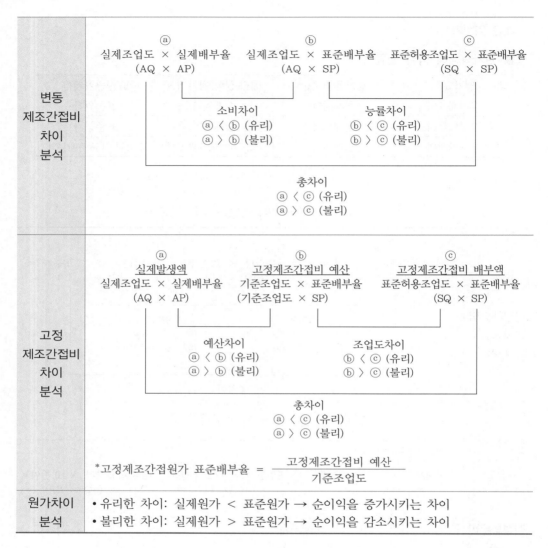

변동 제조간접비 차이 분석	ⓐ 실제조업도 × 실제배부율 (AQ × AP)	ⓑ 실제조업도 × 표준배부율 (AQ × SP)	ⓒ 표준허용조업도 × 표준배부율 (SQ × SP)

소비차이
ⓐ < ⓑ (유리)
ⓐ > ⓑ (불리)

능률차이
ⓑ < ⓒ (유리)
ⓑ > ⓒ (불리)

총차이
ⓐ < ⓒ (유리)
ⓐ > ⓒ (불리)

고정 제조간접비 차이 분석	ⓐ 실제발생액 실제조업도 × 실제배부율 (AQ × AP)	ⓑ 고정제조간접비 예산 기준조업도 × 표준배부율 (기준조업도 × SP)	ⓒ 고정제조간접비 배부액 표준허용조업도 × 표준배부율 (SQ × SP)

예산차이
ⓐ < ⓑ (유리)
ⓐ > ⓑ (불리)

조업도차이
ⓑ < ⓒ (유리)
ⓑ > ⓒ (불리)

총차이
ⓐ < ⓒ (유리)
ⓐ > ⓒ (불리)

*고정제조간접원가 표준배부율 = $\dfrac{\text{고정제조간접비 예산}}{\text{기준조업도}}$

원가차이 분석	• 유리한 차이: 실제원가 < 표준원가 → 순이익을 증가시키는 차이 • 불리한 차이: 실제원가 > 표준원가 → 순이익을 감소시키는 차이

제**3**부

핵심ERP 이해와 활용

알고가자! 핵심ERP 설치와 DB관리

❶ 시스템 운영환경

구 분	권장사항
설치 가능 OS	Microsoft Windows 7 이상의 OS (Window XP, Vista, Mac OS X, Linux 등 설치 불가)
CPU	Intel Core2Duo / i3 1.8Ghz 이상의 CPU
Memory	3GB 이상의 Memory
DISK	10GB 이상의 C:₩ 여유 공간

※ 위 최소 요구 사양에 만족하지 못하는 경우 핵심ERP 설치 진행이 불가능합니다.

❷ 핵심ERP 설치

(1) i cube 핵심ERP_{v2.0} 설치 파일 폴더에서 [CoreCubeSetup.exe]를 더블클릭하면 설치가 시작된다.

(2) 진행을 하면 아래와 같이 [핵심ERP 설치 전 사양 체크] 프로그램이 자동으로 실행된다. 설치 전 사양체크가 완료되면 바로 핵심 ERP설치가 진행된다.

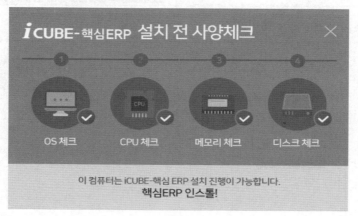

※ ①단계~④단계까지 모두 충족하지 않는 핵심ERP 설치 진행이 불가능하다. 모두 만족하면 하단에 '이 컴퓨터는 iCUBE-핵심 ERP 설치 진행이 가능합니다. 핵심ERP 인스톨!'을 확인할 수 있다.

핵심ERP실무

(3) i cube 핵심ERP_{v2.0} 사용권 계약의 동의를 위해 [예]를 클릭한다.

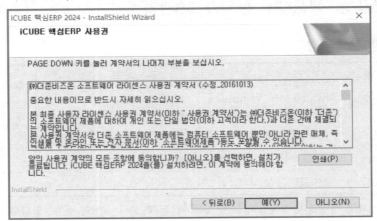

(4) DBMS(SQL Server 2008 R2)의 설치는 시스템 환경에 따라 몇 분간 소요된다. 만약 SQL Server 2008 R2가 설치되어 있다면 i cube – 핵심ERP_{v2.0} DB 및 Client 설치단계로 자동으로 넘어간다.

(5) i cube 핵심ERP_{v2.0} DB 및 Client 설치가 진행된다.

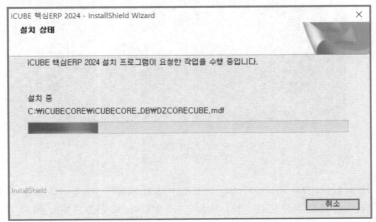

(6) i cube 핵심ERP$_{v2.0}$ DB 및 Client 설치가 완료되면 [완료]를 클릭한다.

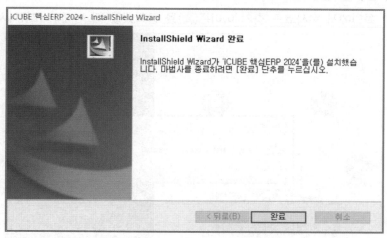

(7) i cube 핵심ERP$_{v2.0}$ 프로그램 로그인 화면이 실행되는지 확인한다.

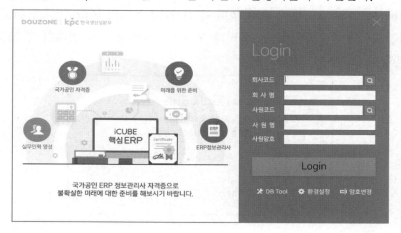

부 핵심ERP 이해와 활용

❸ 핵심ERP 실행오류 처리 방법

(1) 로그인 화면에서 회사코드 찾기 아이콘(🔍)을 클릭했을 때 아래의 오류메세지 확인

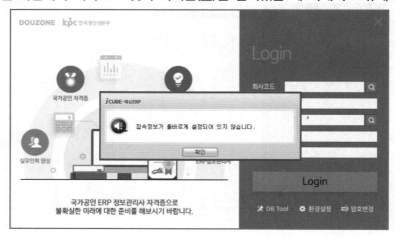

(2) i cube 핵심ERP~v2.0~ 설치 파일 폴더 내 [UTIL] 폴더의 [CoreCheck.exe] 파일을
더블클릭한다. [×] 아이콘을 클릭해 모두 [○] 아이콘으로 변경한 후 프로그램을
실행하면 로그인이 가능하다.

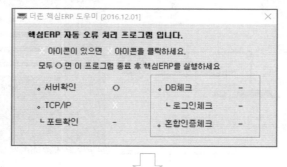

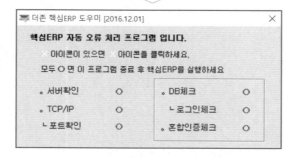

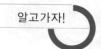

❹ 핵심ERP DB관리

(1) DB 백업 방법

① 로그인 창에서 [DB TOOL]을 클릭하여 [DB백업]을 선택한다.

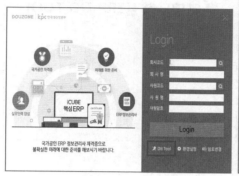
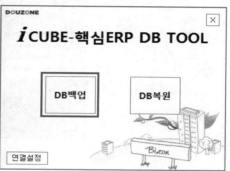

② 백업 경로와 폴더명이 나타나며 [확인]을 클릭하면, 백업이 진행된다.

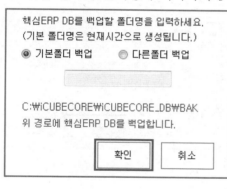
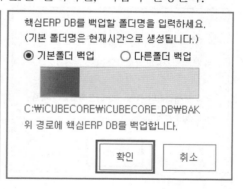

③ DB 백업이 완료된 후 [확인]을 클릭하면 백업폴더로 이동할 수 있다.

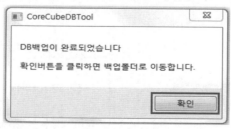

(2) DB 복원 방법

① 로그인 창에서 [DB TOOL]을 클릭하여 [DB복원]을 선택한다.

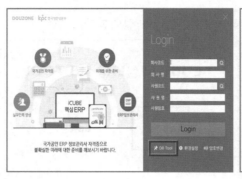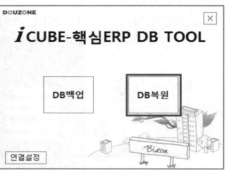

② 복원폴더 지정 및 파일명을 선택하고 [확인]을 클릭한다. 현재 연결중인 DB는 삭제된다는 경고 창이 나타난다.

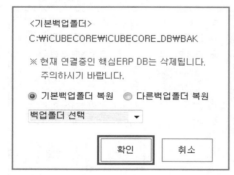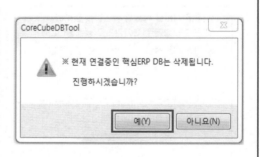

③ DB 복원 진행한 후 DB복원 완료 창이 나타나면 [확인]을 클릭한다.

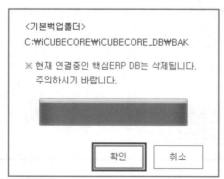

알고가자! **핵심ERP 구성**

❶ 핵심ERP 모듈 구성

한국생산성본부에서 주관하는 ERP 정보관리사 자격시험의 수험용 프로그램인 i cube – 핵심ERP$_{v2.0}$은 (주)더존비즈온에서 개발하여 공급하고 있다.

교육용 버전인 i cube – 핵심ERP$_{v2.0}$은 실무용 버전과 기능상의 차이는 다소 있지만 모듈별 프로세스 차이는 거의 없기 때문에 혼란을 야기하지는 않는다.

i cube – 핵심ERP$_{v2.0}$은 아래의 그림과 같이 물류, 생산, 회계, 인사모듈로 구성되어 있으며 각 모듈의 업무프로세스와 기능들은 모듈 간 유기적으로 서로 연계되어 있다.

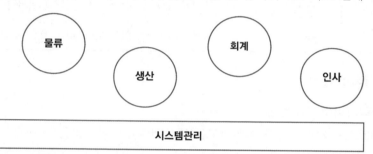

❷ 핵심ERP 화면 구성

i cube – 핵심ERP$_{v2.0}$의 화면구성은 사용자의 관점에서 매우 편리하도록 구성되어 있다. 메인화면 좌측에는 전체 메뉴리스트와 함께 최근메뉴보기, 메뉴찾기 등 편의기능들이 위치하며, 우측 상단부에는 데이터를 검색할 수 있는 다양한 조회조건들이 존재한다. 그리고 데이터의 입력화면은 대부분 헤드(상단)부분과 디테일(하단)부분으로 나누어진다.

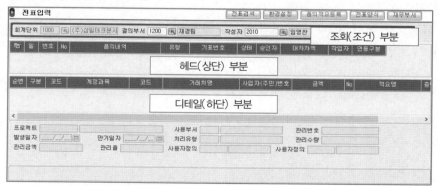

❸ 아이콘 설명

명 칭	아이콘	단축키	기능 설명
닫기	닫기	Esc	화면을 닫는다.
코드도움	코드도움	F2	해당코드 도움창이 열린다.
삭제	삭제	F5	선택한 라인을 삭제한다.
조회	조회	F12	조회조건에 해당하는 데이터를 불러온다.
인쇄	인쇄	F9	선택한 정보를 인쇄하기 위해 인쇄 도움창이 열린다.
화면분할	화면분할		현재 화면만 별도의 화면으로 분리한다.
정보	정보		현재 화면에 대한 프로그램 정보를 보여준다.

❹ 기타 특이사항

(1) 입력데이터 저장방법

핵심ERP는 몇몇 메뉴를 제외하고는 별도의 [저장] 아이콘을 찾아볼 수가 없다. 메뉴를 실행하였을 때 우측 상단에 [저장] 아이콘이 있을 경우에는 [저장] 아이콘을 클릭하여 저장할 수 있지만 대부분의 메뉴에서 입력된 데이터를 저장하는 방법은 다음과 같다.

① 마지막 입력 항목에서 엔터나 마우스를 이용해 다음 필드로 넘어가면 자동 저장된다.

② 데이터 입력 후 상단의 [조회]를 클릭하면 저장의 유무를 묻는 팝업창이 띄워진다.

(2) R−Click 기능

핵심ERP 대부분의 메뉴 실행 상태에서 마우스 오른쪽 버튼을 누르면 데이터 변환, 클립보드 복사 등 다양한 편의기능이 제공된다. 이것을 R−Click 기능이라고 한다.

제**1**장

(**N**CS 능력단위 0203020105_20v4)

회계정보시스템 운용

NCS 능력단위요소

01 회계 관련 DB마스터 관리하기
02 회계프로그램 운용하기

NCS 능력단위: 회계정보시스템 운용(0203020105_20v4)

회계정보시스템 운용	원활한 재무보고를 위하여 회계 관련 DB를 관리, 운영하고 회계 정보를 활용할 수 있다.

직종	분류번호	능력단위	능력단위 요소	수준
회계 감사	0203020105_20v4	회계정보시스템 운용	01 회계 관련 DB마스터 관리하기	2
			02 회계프로그램 운용하기	2
			03 회계정보 활용하기	2

능력단위 요소	수행준거
01 회계 관련 DB마스터 관리하기	1.1 DB마스터 매뉴얼에 따라 계정과목 및 거래처를 관리할 수 있다.
	1.2 DB마스터 매뉴얼에 따라 비유동자산의 변경 내용을 관리할 수 있다.
	1.3 DB마스터 매뉴얼에 따라 개정된 회계 관련 규정을 적용하여 관리할 수 있다.
02 회계프로그램 운용하기	2.1 회계프로그램 매뉴얼에 따라 프로그램 운용에 필요한 기초 정보를 처리할 수 있다.
	2.2 회계프로그램 매뉴얼에 따라 정보 산출에 필요한 자료를 처리할 수 있다.
	2.3 회계프로그램 매뉴얼에 따라 기간별·시점별로 작성한 각종 장부를 검색할 수 있다.
	2.4 회계프로그램 매뉴얼에 따라 결산 작업 후 재무제표를 검색할 수 있다.
03 회계정보 활용하기	3.1 회계 관련 규정에 따라 회계정보를 활용하여 재무 안정성을 판단할 수 있는 자료를 산출할 수 있다.
	3.2 회계 관련 규정에 따라 회계정보를 활용하여 수익성과 위험도를 판단할 수 있는 자료를 산출할 수 있다.
	3.3 회계관련 규정에 따라 회계프로그램을 이용하여 활동성을 판단할 수 있는 자료를 산출할 수 있다.

01 회계 관련 DB마스터 관리하기(NCS_ 능력단위요소명)

★ **학습목표(NCS_ 수행준거)**

1.1 DB마스터 매뉴얼에 따라 계정과목 및 거래처를 관리할 수 있다.

1.2 DB마스터 매뉴얼에 따라 비유동자산의 변경 내용을 관리할 수 있다.

1.3 DB마스터 매뉴얼에 따라 개정된 회계 관련 규정을 적용하여 관리할 수 있다.

필요 지식

1.1 실습회사 개요

(주)삼일테크는 2012년 5월에 설립되어 주로 스마트폰을 제조하여 전 세계적으로 판매하면서 스마트폰과 관련된 각종 액세서리를 판매하는 기업이다.

본점은 서울 용산구에 위치하고 있으며, 본점에서는 생산업무를 제외한 대부분의 경영활동이 이루어지고 있고, 대구지사에서는 주로 생산업무를 담당하고 있다. (주)삼일테크의 세부 조직구성은 다음의 그림과 같이 구성되어 있다. 조직의 구성도는 핵심ERP에서 실습을 위한 중요한 정보이기 때문에 반드시 이해하여야 한다.

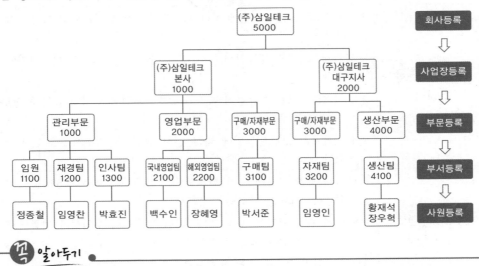

꼭 알아두기

핵심ERP의 조직구성 프로세스는 반드시 다음의 순서대로 진행하여야 한다.

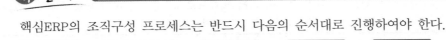

1.2 회사등록 정보

(1) 회사등록

핵심ERP 설치 후 최초의 회사등록을 위해서는, 우선적으로 다음과 같이 시스템관리자로 로그인하여야 한다.

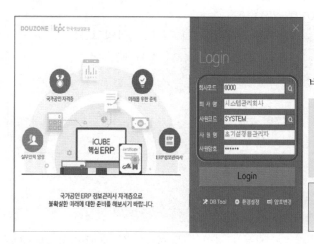

시스템관리회사 로그인

바탕화면 █️를 더블클릭한다.

❶ 회사코드: '0000'
❷ 사원코드: 대문자 'SYSTEM'
❸ 사원암호: 대문자 'SYSTEM'
   입력 후 Login을 클릭한다.

프로그램에 최초 로그인하기 위해서 0000.
시스템관리회사의 시스템관리자로 로그인
하여야 한다.

 알아두기

핵심ERP 설치 후 최초 회사등록의 경우에만 회사코드 '0000'으로 로그인이 가능하다.
시스템관리자는 관리자 권한의 계정으로서 핵심ERP 운용을 위한 초기설정 등을 담당한다.

수행 내용 회사등록

시스템관리 ➡ 회사등록정보 ➡ 회사등록

(주)삼일테크는 전자제품 제조업을 영위하는 법인으로서 회계기간은 제13기(2024년 1월 1일 ~ 2024년 12월 31일)이다. 다음의 사업자등록증을 참고하여 회사등록을 수행하시오.

- 회사코드: 5000
- 대표자 주민등록번호: 750914-1927313
- 설립연월일과 개업연월일은 동일하다.

사업자 등록증
(법인 사업자)
등록번호: 106-81-11110

법 인 명 (단체명): (주)삼일테크
대　　표　　자: 정종철
개 업 연 월 일: 2012년 5월 1일
법 인 등 록 번 호: 100121-2711413
사 업 장 소 재 지: 서울 용산구 녹사평대로11길 30 (서빙고동)
사 업 의 종 류: 업태 제조, 도소매　　종목 전자제품 외
교　부　사　유: 정정교부

2017년 1월 4일
용산 세무서장 (인)

수행 결과　**회사등록**

❶ 핵심ERP 메인화면 좌측 상단의 시스템관리 모듈을 클릭한 후 회사등록정보 폴더의 회사등록 메뉴를 실행한다.

❷ 사업자 등록증을 참고하여 [기본등록사항] TAB의 해당 항목에 입력한다.

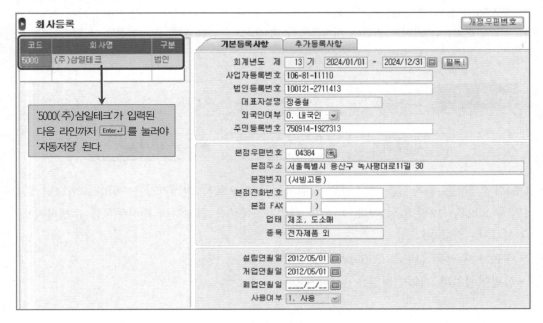

주요항목 설명

❶ 회사코드: 0101~9998 범위 내에서 숫자 4자리를 입력할 수 있다.
❷ 회계연도: 회사를 설립한 해가 1기이며, 그 다음 해는 2기로 매년 1기씩 증가한다.
❸ 사업자등록번호: 번호오류 자동체크 기능이 있어 오류입력 시 빨간색으로 표시된다.
❹ 주민등록번호: 번호오류 자동체크 기능이 있어 오류입력 시 빨간색으로 표시된다.

꼭 알아두기

- 회사등록 정보를 저장하기 위해서는 입력화면 마지막(사용여부) 항목까지 Enter⤶ 를 하여 5000번 다음 라인으로 넘어가야 자동저장이 된다. 그렇지 않으면 입력된 데이터가 저장되지 않고 사라진다.
- 저장 후 회사명 등 다른 내용은 수정이 가능하지만, 회사코드는 수정이 불가능하다.
- 핵심ERP 입력항목 중 배경색상이 노란색인 경우는 필수입력 항목에 해당한다.

(2) 사업장등록

법인은 사업장 소재지가 다른 복수 사업장을 운영할 수 있다. 다양한 법률이나 기업환경 등에 따라 법인의 통합관리 또는 사업장별 분리관리가 필요하다. 우리나라 부가가치세법에서는 사업장별 과세제도를 채택하고 있다. 따라서 법인은 사업장별 사업자등록증을 근거로 핵심ERP에 사업장을 별도로 등록하여야 한다.

사업장등록을 위해 로그아웃 후 (주)삼일테크의 시스템관리자로 다시 로그인한다.

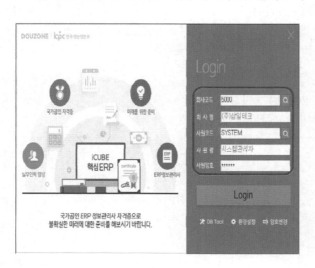

(주)삼일테크 로그인

바탕화면 ⬜를 더블클릭한다.

❶ 회사코드: '5000'
❷ 사원코드: 대문자 'SYSTEM'
❸ 사원암호: 대문자 'SYSTEM'
입력 후 로그인을 한다.

회사등록 후 사업장등록을 하기 위해서 로그아웃을 한 후, 5000.(주)삼일테크의 시스템관리자로 다시 로그인 하여야 한다.

수행 내용 사업장등록

시스템관리 ➡ 회사등록정보 ➡ 사업장등록

(주)삼일테크는 서울에 본점을 두고 대구에 지사가 있다. 대구지사(사업장코드: 2000)의 사업자등록증과 아래의 사항을 참고하여 사업장등록을 수행하시오.

- 본사 및 지사의 주업종코드: 322001(제조업)
- 지방세신고지 및 법인구분

구분	본사	지사
지방세신고지	용산구 서빙고동	달서구 신당동
법인구분	주식회사 ○○	주식회사 ○○

- 본사에서 부가가치세 총괄납부(승인번호: 201372)

사업자 등록증
(법인 사업자)
등록번호: 514-85-27844

법인명 (단체명): (주)삼일테크 대구지사
대　　표　　자: 정종철
개 업 연 월 일: 2013년 8월 1일
법 인 등 록 번 호: 100121-2711413
사 업 장 소 재 지: 대구 달서구 선원로10길 11 (신당동)
사 업 의 종 류: 업태 제조　종목 전자제품 외
교　부　사　유: 신규

2013년 8월 1일
남대구 세무서장 (인)

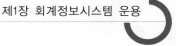

> **수행 결과** 사업장등록

❶ (주)삼일테크 시스템관리자로 로그인 후 사업장등록 메뉴를 실행하면 기본적으로 본사 사업장 코드는 '1000'번으로 자동 등록되며, 본사 관할 세무서 코드(106. 용산)를 조회하여 추가 입력한다.

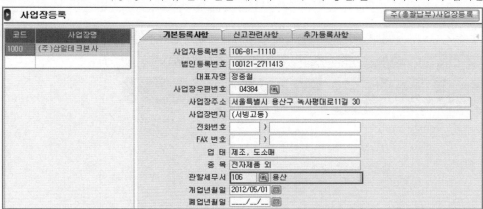

❷ 대구지사의 사업장코드를 '2000'번으로 등록하고 사업자등록증의 내용을 입력한다.

❸ [신고관련사항] TAB에서 주업종코드와 지방세신고지(주소의 '동' 검색)를 입력한다.

❹ 우측 상단의 주(총괄납부)사업장등록 을 클릭하여 부가가치세 총괄납부 관련 정보를 입력한다.

꼭 알아두기

■ 주사업장총괄납부제도
사업자에게 둘 이상의 사업장이 있는 경우에 정부의 승인을 얻어 부가가치세의 납부를 각각의 사업장마다 납부하지 아니하고, 주된 사업장에서 다른 사업장의 납부세액까지를 일괄하여 납부 또는 환급할 수 있게 하는 제도이다.
➡ 부가세 신고는 각 사업장에서, 세액의 납부(환급)만 주된 사업장에서 한다.

■ 사업자단위과세제도
사업자단위과세제도는 사업자가 여러 사업장을 소유하고 있는 경우, 주된 사업장에서 사업자 등록을 하나만 하여 신고와 납부를 할 수 있는 제도이다. 즉 각 지점의 사업자등록번호는 말소되고, 주된 사업장의 사업자등록번호로 모든 사업장의 세금계산서를 발급 및 수취하는 제도이다.
➡ 사업자등록, 세금계산서 발급, 신고·납부(환급) 모두 주된 사업장에서 한다.

(3) 부서등록

부서는 회사 업무의 범주를 구분하는 중요한 그룹단위라고 할 수 있다. 핵심ERP에서 등록된 부서는 추후 부서별 판매 및 구매현황, 부서별 손익계산서 등 다양한 형태의 보고서로 집계될 수 있다.

수행 내용 부서등록

다음의 사항을 참고하여 (주)삼일테크의 부문등록과 부서등록을 수행하시오.

구분	부문코드	부문명	사용기간
부문	1000	관리부문	2012/05/01~
	2000	영업부문	2012/05/01~
	3000	구매/자재부문	2013/08/01~
	4000	생산부문	2013/08/01~

* [부서등록] 작업 이전에 [부문등록] 작업이 선행되어야 한다.

구분	부서코드	부서명	사업장	부문명	사용기간
부서	1100	임원실	본사	관리부문	2012/05/01~
	1200	재경팀	본사	관리부문	2012/05/01~
	1300	인사팀	본사	관리부문	2012/05/01~
	2100	국내영업팀	본사	영업부문	2012/05/01~
	2200	해외영업팀	본사	영업부문	2012/05/01~
	3100	구매팀	본사	구매/자재부문	2013/08/01~
	3200	자재팀	대구지사	구매/자재부문	2013/08/01~
	4100	생산팀	대구지사	생산부문	2013/08/01~

수행 결과 **부서등록**

❶ 부서등록 메뉴의 화면 우측 상단 부문등록 클릭하여 부문을 등록하고 확인을 누른다.
❷ 부문을 등록한 후 부서를 등록한다.

부서코드	부서명	사업장코드	사업장명	부문코드	부문명	사용기간	사용기간
1100	임원실	1000	주)삼일테크본사	1000	관리부문	2012/05/01	
1200	재경팀	1000	주)삼일테크본사	1000	관리부문	2012/05/01	
1300	인사팀	1000	주)삼일테크본사	1000	관리부문	2012/05/01	
2100	국내영업팀	1000	주)삼일테크본사	2000	영업부문	2012/05/01	
2200	해외영업팀	1000	주)삼일테크본사	2000	영업부문	2012/05/01	
3100	구매팀	1000	주)삼일테크본사	3000	구매/자재부문	2013/08/01	
3200	자재팀	2000	주)삼일테크 대구지사	3000	구매/자재부문	2013/08/01	
4100	생산팀	2000	주)삼일테크 대구지사	4000	생산부문	2013/08/01	

부서등록 시 부문등록이 먼저 등록되어 있어야
F2를 이용하여 부문코드를 입력할 수 있다.
(작업순서: 부문등록 ⇒ 부서등록)

▶부문등록

부문코드	부문명	사용기간
1000	관리부문	2012/05/01
2000	영업부문	2012/05/01
3000	구매/자재부문	2013/08/01
4000	생산부문	2013/08/01

꼭 알아두기

• 핵심ERP에서 등록된 부문명 및 부서명, 사원명, 품목명 등의 명칭은 언제든지 수정할 수 있지만, 이에 따른 코드는 수정할 수 없으며, 관련 데이터가 발생한 후에는 삭제할 수도 없다.

• 저장 후 관련 데이터가 발생한 상태에서 삭제가 필요하다면, 진행되었던 프로세스의 역순으로 삭제 및 취소 후 저장한 데이터를 삭제할 수 있다.

(4) 사원등록

사원등록은 회사에 소속된 직원을 등록하는 메뉴이며, 모든 직원을 등록하여야 한다. 핵심ERP 인사모듈에서 인사관리, 급여관리 등의 업무는 사원등록 정보를 기초로 이루어지기 때문이다. 사원등록 시 소속부서, 입사일, 핵심ERP의 사용여부와 조회권한, 입력방식 등을 결정하여 등록할 수 있다.

다음의 사항을 참고하여 (주)삼일테크의 사원등록을 수행하시오.

사원코드	사원명	부서명	입사일	사용자 여부	인사 입력방식	회계 입력방식	조회권한
1010	정종철	임원실	2012/05/01	여	미결	미결	회사
2010	임영찬	재경팀	2012/05/01	여	승인	수정	회사
2020	박효진	인사팀	2012/05/01	여	승인	미결	회사
3010	백수인	국내영업팀	2013/07/01	여	미결	미결	사업장
3020	장혜영	해외영업팀	2013/07/01	여	미결	미결	사업장
4010	박서준	구매팀	2014/12/01	여	미결	미결	회사
4020	임영인	자재팀	2014/12/01	여	미결	미결	부서
5010	황재석	생산팀	2015/08/01	여	미결	미결	사원
5020	장우혁	생산팀	2015/08/01	부	미결	미결	미사용

* 품의서권한과 검수조서권한은 '미결'로 설정한다.

꼭 알아두기

■ 회계입력방식

구 분	세 부 내 용
미결	회계모듈 전표입력 시 자동으로 미결전표가 생성되며, 승인권자의 승인이 필요
승인	회계모듈 전표입력 시 자동으로 승인전표가 생성되며, 전표를 수정 및 삭제하고자 할 경우 승인해제 후 수정이 가능
수정	회계모듈 전표입력 시 자동으로 승인전표가 생성되며, 승인해제를 하지 않아도 전표를 수정 및 삭제 가능

■ 조회권한

구 분	세 부 내 용
미사용	핵심ERP 로그인이 불가능하여 접근이 통제된다.
회사	회사의 모든 데이터를 입력 및 조회할 수 있다.
사업장	로그인한 사원이 속한 사업장의 데이터만 입력 및 조회할 수 있다.
부서	로그인한 사원이 속한 부서의 데이터만 입력 및 조회할 수 있다.
사원	로그인한 사원 자신의 정보만 입력 가능하며, 그 데이터만 조회할 수 있다.

수행 결과 사원등록

화면상단의 부서검색 조건을 비워두고 조회한 후 사원등록 정보를 입력한다.

사원등록   부서란에서 Space bar를 누르고 공란으로 조회한 후 입력한다.

부서 [___] 🔍 [_____] ~ [_____] 🔍   사원명검색 [_____]   ☐ 사용자만

사원코드	사원명	부서코드	부서명	입사일	퇴사일	사용자여부	암호	인사입력방식	회계입력방식	조회권한	품의
1010	정종철	1100	임원실	2012/05/01		여		미결	미결	회사	미결
2010	임영찬	1200	재경팀	2012/05/01		여		승인	수정	회사	미결
2020	박효진	1300	인사팀	2012/05/01		여		승인	미결	회사	미결
3010	백수인	2100	국내영업팀	2013/07/01		여		미결	미결	사업장	미결
3020	장혜영	2200	해외영업팀	2013/07/01		여		미결	미결	사업장	미결
4010	박서준	3100	구매팀	2014/12/01		여		미결	미결	회사	미결
4020	임영인	3200	자재팀	2014/12/01		여		미결	미결	부서	미결
5010	황재석	4100	생산팀	2015/08/01		여		미결	미결	사원	미결
5020	장우혁	4100	생산팀	2015/08/01		부		미결	미결	미사용	미결

🛬 주요항목 설명

❶ 사용자여부: 핵심ERP 운용자는 '여', 핵심ERP 운용자가 아니면 '부'로 설정한다.

❷ 퇴사일: 퇴사일은 시스템관리자만 입력할 수 있으며, 퇴사일 이후에는 시스템 접근이 제한된다.

❸ 암호: 암호를 입력하면 핵심ERP 로그인시 암호를 반드시 입력하여야 하며, 시스템관리자와 본인이 설정 및 수정할 수 있다.

❹ 인사입력방식: 급여마감에 대한 통제권한이다. 승인권자는 최종급여를 승인 및 해제할 수 있다.

❺ 회계입력방식: 회계모듈 전표입력 방식에 대한 권한을 설정한다.

❻ 조회권한: 핵심ERP 데이터 조회권한을 설정한다.

❼ 품의서 및 검수조서권한: 실무에서 사용되는 그룹웨어나 자산모듈 운용과 관련된 기능으로서, 핵심ERP에서는 활용되지 않는 기능이다.

(5) 시스템환경설정

시스템환경설정 메뉴는 핵심ERP를 본격적으로 운용하기 전에 회사의 상황에 맞도록 각 모듈 및 공통적인 부문의 옵션(파라미터)을 설정하는 메뉴이다. 본·지점회계 사용여부의 결정, 유형자산의 감가상각비 계산방식, 수량 소수점 자릿수 등 다양한 항목들에 대하여 설정할 수 있다.

시스템환경설정에서 설정된 항목은 추후 핵심ERP 운용프로세스에도 영향을 미치므로 신중하게 고려하여야 한다. 시스템환경설정을 변경한 후 적용을 위해서는 반드시 재 로그인을 하여야 한다.

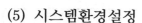 **시스템환경설정**

시스템관리 ➡ 회사등록정보 ➡ 시스템환경설정

다음을 참고하여 (주)삼일테크의 핵심ERP 시스템의 환경설정을 수행하시오.

조회구분	코드	설 정 내 용
공통	01	본점과 지점의 회계는 구분하지 않고 통합적으로 관리하고 있다.
	03	원화단가에 대한 소수점은 사용하지 않는다.
회계	27	전표출력 기본양식은 9번 양식을 사용하기로 한다.

수행 결과 **시스템환경설정**

시스템환경설정

조회구분 1. 공통   환경요소 [   ]

구분	코드	환경요소명	유형구분	유형설정	선택범위	비고
공통	01	본지점회계여부	여부	0	0.미사용1.사용	
공통	02	수량소숫점자리수	자리수	2	선택범위:0-6	
공통	03	원화단가소숫점자리수	자리수	0	선택범위:0-6	
공통	04	외화단가소숫점자리수	자리수	2	선택범위:0-6	
공통	05	비율소숫점자리수	자리수	3	선택범위:0-6	
공통	06	금액소숫점자리수	자리수	0	선택범위:0-4	
공통	07	외화소숫점자리수	자리수	2	선택범위:0-4	
공통	08	환율소숫점자리수	자리수	3	선택범위:0-6	
공통	10	끝전 단수처리 유형	유형	1	0.반올림, 1.절사, 2 절상	
공통	11	비율%표시여부	여부	0	여:1 부:0	
공통	14	거래처코드도움창	유형		0. 표준코드도움 1.대용량코드도움	

시스템환경설정

조회구분 [2. 회계 ▼]   환경요소 [   ]

구분	코드	환경요소명	유형구분	유형설정	선택범위	비고
회계	20	예산통제구분	유형	0	0.결의부서 1.사용부서 2.프로젝트	
회계	21	예산관리여부	여부	0	여:1 부:0	
회계	22	입출금전표사용여부	여부	1	여:1 부:0	
회계	23	예산관리개시월	유형	01	예산관리시월:01~12	
회계	24	거래처등록보조화면사용	여부	1	여:1 부:0	
회계	25	거래처코드자동부여	여부	0	0-사용않함, 3~10-자동부여자리수	
회계	26	자산코드자동부여	여부	0	여:1 부:0	
회계	27	전표출력기본양식	유형	9	전표출력기본양식 1~15	
회계	28	다국어재무제표 사용	유형	0	0.사용안함 1.영어 2.일본어 3.중국어	
회계	29	등록자산상각방법	유형	2	1.상각안함 2.월할상각 3.반년법상각	
회계	30	처분자산상각방법	유형	2	1.상각안함 2.월할상각	
회계	31	부가가치세 신고유형	유형	0	0.사업장별 신고 1.사업자단위 신고(폐…	
회계	32	전표입력 품의내역검색 조회…	여부	0	0-사용자 조회권한 적용,1-미적용	
회계	34	전표복사사용여부	여부	0	0.미사용1.사용	
회계	35	금융CMS연동	유형	88	00.일반, 03.기업, 05.KEB하나(CMS 플러…	
회계	37	거래처코드자동부여 코드값…	유형	0	0 - 최대값 채번, 1 - 최소값 채번	
회계	39	고정자산 비망가액 존재여부	여부	1	여:1 부:0	
회계	41	고정자산 상각완료 시점까지…	여부	0	1.여 0.부	
회계	45	거래처등록의 [프로젝트/부…	유형	2	0.적용안함, 1.[빠른부가세]입력만 적용…	

(6) 사용자권한설정

사용자권한설정 메뉴는 핵심ERP 사용자들의 사용권한을 설정하는 메뉴이다. 사원등록에서 등록한 입력방식과 조회권한을 토대로 사용자별로 접근 가능한 세부 메뉴별 권한을 부여한다. 사용자별로 핵심ERP 로그인을 위해서는 반드시 사용자별로 권한설정이 선행되어야 한다.

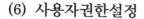
수행 내용 사용자권한설정

다음은 (주)삼일테크의 업무영역을 고려하여 사원별로 핵심ERP 시스템 사용권한을 부여하고자 한다. 사원별로 사용자권한설정을 수행하시오.

사원코드	사원명	사 용 권 한	조회권한
1010	정종철	전체모듈(전권)	회사
2010	임영찬	전체모듈(전권)	회사
2020	박효진	인사/급여관리(전권)	회사
3010	백수인	영업관리(전권), 무역관리(전권)	사업장
3020	장혜영	영업관리(전권), 무역관리(전권)	사업장
4010	박서준	구매/자재관리(전권)	회사
4020	임영인	구매/자재관리(전권)	부서
5010	황재석	생산관리공통(전권)	사원

수행 결과 사용자권한설정

❶ 사용자권한설정 메뉴의 모듈구분에서 권한을 부여하고자 하는 모듈을 선택한다.
❷ 권한부여 대상 사원명을 선택한다.
❸ [MENU] 항목에 나타난 메뉴가 선택한 모듈의 전체 메뉴를 보여주고 있다. 부여할 권한이 '전권'이라면 [MENU] 항목의 왼쪽 체크박스를 선택하면 전체가 동시에 선택된다.
❹ 화면 우측 상단의 ▨권한설정▨ 아이콘을 클릭한다.
❺ 권한부여 대상자의 조회권한을 확인한 후 [확인]을 클릭한다.

(1) 정종철의 권한설정: 권한설정 순서에 따라 모든 권한을 설정한다.

* 다른 모듈도 위의 순서에 따라 권한설정을 각각 수행한다.

(2) 임영찬의 권한설정: (1) 정종철과 동일하므로 권한복사를 이용하여 설정한다.

권한복사 순서

- 권한이 설정된(복사하고자 하는) 사원명 선택 → 마우스 오른쪽 클릭 → 권한복사
- 권한을 설정할(붙여넣고자 하는) 사원명 선택 → 마우스 오른쪽 클릭 → 권한붙여넣기

(3) 박효진의 권한설정: 인사/급여관리 모듈을 선택하고 권한을 설정한다.

(4) 백수인의 권한설정: 영업관리, 무역관리 모듈을 선택하고 권한을 설정한다.

(5) 장혜영의 권한설정: (4) 백수인과 동일하므로 권한복사를 이용하여 설정한다.

(6) 박서준의 권한설정: 구매/자재관리 권한을 설정한다.

(7) 임영인의 권한설정: (6) 박서준과는 조회권한이 다르기 때문에 권한복사가 아닌 별도로 구매/자재관리 권한을 설정한다.

(8) 황재석의 권한설정: 생산관리공통 권한을 설정한다.

필요 지식

1.3 기초정보관리

핵심ERP의 회계모듈 프로세스 진행에 앞서 이에 필요한 다양한 기초정보 자료를 입력하여야 한다. 이러한 기초정보 자료는 데이터의 일관성 유지 측면에서 잦은 변경을 삼가하여야 한다.

회계모듈의 기초정보 자료 입력은 시스템관리자 계정으로 로그인하지 않고 [조회권한]이 '회사'이면서 핵심ERP 전 모듈 사용이 가능한 '임영찬' 사원으로 로그인하여 입력한다.

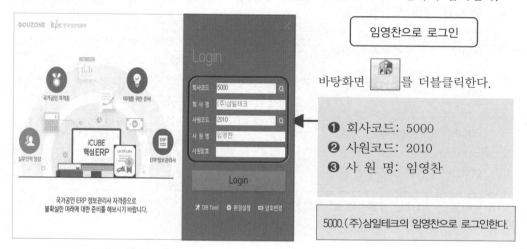

임영찬으로 로그인

바탕화면 ![icon]를 더블클릭한다.

❶ 회사코드: 5000
❷ 사원코드: 2010
❸ 사 원 명: 임영찬

5000.(주)삼일테크의 임영찬으로 로그인한다.

(1) 거래처등록

거래과정에서 발생되는 매입처, 매출처, 금융거래처 등을 등록하여 관리하는 메뉴이다. 핵심ERP에서 거래처등록은 매입과 매출처를 등록하는 [일반거래처등록]과 금융기관, 카드사 등을 등록하는 [금융거래처등록] 메뉴로 구분된다.

수행 내용   거래처등록

다음은 (주)삼일테크의 일반거래처와 금융거래처 현황이다. 거래처등록을 수행하시오.

구분	코드	거래처명	구분	사업자번호 대표자명	업태 종목	주소
일반거래처	00001	(주)영재전자	일반	217-81-15304 임영재	도소매 전자제품 외	서울 강북구 노해로 13길 12 (수유동)
	00002	(주)한국테크	일반	101-81-11527 황재원	도소매, 서비스 전자제품 외	서울 종로구 성균관로 10 (명륜2가)
	00003	(주)화인알텍	일반	502-86-25326 박정우	제조, 도소매 컴퓨터 외	대구 동구 신덕로5길 4 (신평동)
	00004	IBM CO.,LTD.	무역	LIMSANG		Bennelong Point, Sydney
	00005	(주)수민산업	일반	104-81-39257 임수민	제조, 도매 전자부품 외	서울 중구 남대문로 11 (남대문로4가)
	00006	(주)이솔전자	일반	122-85-11236 최이솔	제조, 도매 전자부품 외	인천 남동구 남동대로 263 (논현동, 남동공단2호공원)
	00007	(주)삼성화재	일반	209-85-15510 민경진	서비스 보험, 금융	서울 성북구 길음로 10 (길음동)
	00008	(주)대한해운	일반	125-86-22229 장상윤	운수업 운송	경기도 평택시 가재길 14(가재동)
	00009	(주)휴스토리	일반	301-86-32127 김형진	도소매 도서, 잡화	서울 용산구 한강대로 49 (한강로3가)

＊ 거래시작일은 2012년 5월 1일로 가정한다.

시스템관리 ➡ 기초정보관리 ➡ 금융거래처등록

구분	코드	거래처명	구분	계좌/가맹점/카드번호
금융거래처	10001	기업은행(보통)	금융기관	542-754692-12-456
	10002	신한은행(당좌)	금융기관	764502-01-047418
	10003	국민은행(정기예금)	정기예금	214654-23-987654
	10004	비씨카드	카드사	0020-140-528
	10005	신한카드(법인)	신용카드	카드번호: 4521-6871-3549-6540 카드구분: 1. 법인 사업자등록번호: 106-81-11110 카드회원명: (주)삼일테크

수행 결과 **거래처등록**

┃ 일반거래처 등록 화면 ┃

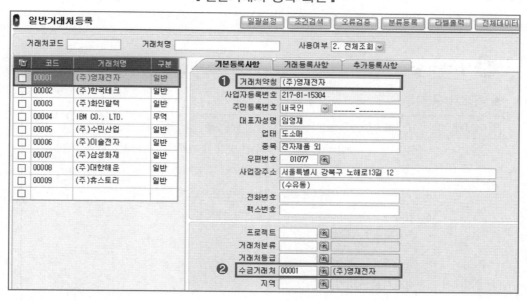

┃ 금융거래처 등록 화면 ┃

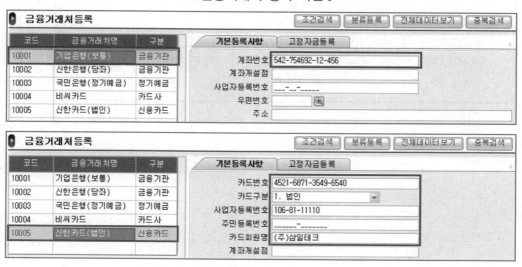

주요항목 설명

❶ 거래처약칭: 거래처명을 입력 및 조회할 때 이용되는데, 동일한 상호를 가진 회사가 있을 경우에 유용하게 사용된다. 거래처명에 대한 별명 개념이다.

❷ 수금거래처: 거래처명을 입력하면 자동으로 수금거래처에 반영되지만, 매출처와 수금처가 다를 경우 변경하여 관리할 수 있으며, 영업관리 메뉴에서 주로 사용된다.

꼭 알아두기

■ 거래처 구분

거래처	구 분	세 부 내 용
일반거래처	1. 일반	세금계산서(계산서) 수취 및 발급 거래처, 사업자등록번호 입력필수
	2. 무역	무역거래와 관련된 수출 및 수입거래처
	3. 주민	주민등록번호 기재분, 주민등록번호 입력필수
	4. 기타	일반, 무역, 주민 이외의 거래처
금융거래처	5. 금융기관	보통예금, 당좌예금
	6. 정기예금	정기예금
	7. 정기적금	정기적금
	8. 카드사	카드매출 시 카드사별 신용카드 가맹점
	9. 신용카드	구매대금 결제를 위한 신용카드

■ 거래처코드 부여

- 거래처코드는 최대 10자리까지 부여할 수 있다.
- [시스템환경설정] 메뉴 '회계 25. 거래처코드 자동부여'에서 '사용'을 선택했을 경우에는 코드가 자동으로 부여되고, '미사용'인 경우에는 수동으로 부여된다.

(2) 프로젝트등록

사업장과 부서 및 부문 등과 같은 대외적인 조직 외에 특정한 임시 조직, 프로모션 행사 등을 별도로 관리하고자 할 때 프로젝트를 등록한다. 등록된 프로젝트는 회계모듈에서 프로젝트별 손익관리와 함께 물류모듈에서도 프로젝트별로 데이터를 집계하여 조회할 수 있다.

수행 내용 프로젝트등록

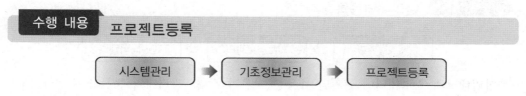

(주)삼일테크의 프로젝트 정보는 다음과 같다. 프로젝트 등록을 수행하시오.

코드	프로젝트명	구분	프로젝트기간	원청회사	원가구분	프로젝트유형
S600	e-book 스마트패드 개발	진행	2024/03/01~2025/01/31	(주)화인알텍	제조	직접

수행 결과 프로젝트등록

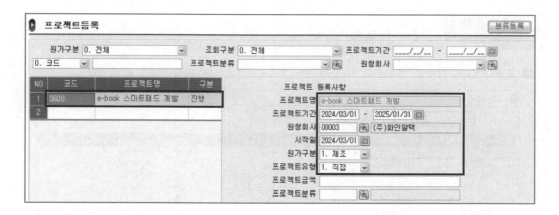

(3) 관리내역등록

관리내역등록 메뉴에서는 회사에서 주로 관리하는 항목들을 '공통'과 '회계'로 구분하여 조회 혹은 변경할 수 있으며, 관리항목을 추가적으로 등록하여 사용할 수도 있다.

수행 내용 관리내역등록

시스템관리 ➡ 기초정보관리 ➡ 관리내역등록

(주)삼일테크의 관리내역에 추가할 내용은 다음과 같다. 관리내역 등록을 수행하시오. (조회구분: 회계)

관리코드	관리항목	관리내역
11	증빙구분	10. 입금표
		11. 지로용지
L3 (추가등록)	경비구분 (등록일: 2024/01/01)	100. 국내경비
		200. 해외경비

수행 결과 관리내역등록

❶ 조회구분: 1.회계를 선택하고 11.증빙구분 항목을 선택하여 관리내역을 등록한다.

코드	관리항목	구분		코드	관리항목	사용여부	비고
11	증빙구분	변경가능		1	세금계산서	사용	변경불가능
12	사유구분	변경불가능		2	계산서	사용	변경불가능
13	제외대상내역	변경불가능		3	영수증(일반경비)	사용	변경불가능
14	수입명세구분	변경불가능		3A	영수증(접대비)	사용	변경불가능
15	지급보류구분	변경가능		4	거래명세서	사용	변경불가능
21	전표유형	변경불가능		5	품의서	사용	
22	전표연동구분	변경불가능		6	급여대장	사용	
33	결의서연동구분	변경불가능		7	청구서	사용	
B1	거래처명	변경불가능		8	신용카드매출전표(법인)	사용	
C2	자금과목	변경불가능		8A	신용카드매출전표(개인)	사용	
C5	증권종류	변경가능		9	기타	사용	
D8	처리구분	변경가능		98	접대비명세작성분	사용	
E4	유가증권NO	변경불가능		99	송금명세작성분	사용	
E5	대체계정	변경불가능		9A	현금영수증	사용	변경불가능
E7	자산코드	변경불가능		10	입금표	사용	
E8	차입금번호	변경불가능		11	지로용지	사용	
E9	대여금번호	변경불가능					

❷ 우측 상단의 [관리항목등록]을 클릭하여 관리항목(핸드폰번호)을 등록한다.

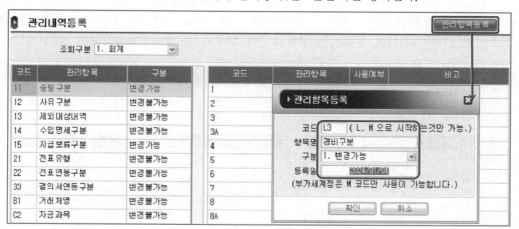

❸ 등록된 관리항목명(L3.경비구분)에서 우측의 관리항목을 등록하고, 사용여부란은 '사용'으로 선택한다.

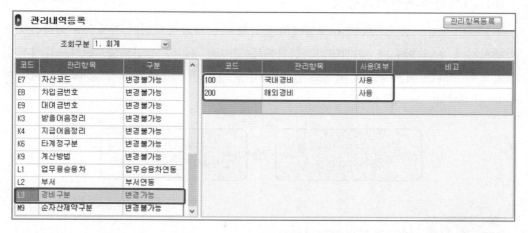

곡 알아두기

• 관리항목등록코드는 L이나 M으로 시작하는 알파벳이나 숫자를 혼합하여 두 자리로 설정하여야 한다.
• 삭제를 원할 경우 사용여부에서 '미사용'으로 수정하여 시스템에서 조회되지 않도록 한다.

(4) 관련계정등록

관련계정등록 메뉴는 시스템에 등록되어 있는 계정과목을 자금관리와 매출채권을 효율적으로 관리하기 위하여 등록하는 통합계정의 형태이며, 주요계정증감현황, 채권채무잔액조회서 등의 메뉴에서 집계하여 조회할 수 있다.

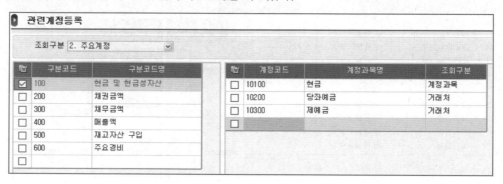

(5) 회계연결계정과목등록

핵심ERP 물류·생산모듈, 인사모듈에서는 발생되는 거래에 대하여 자동으로 회계전표를 발행시키기 위한 메뉴가 [회계연결계정과목등록]이며, 물류·생산모듈, 인사모듈에서자동발행된 전표는 회계자료에 미결로 반영되며, 승인권한을 가진자의 승인처리를 통해 장부에 반영된다.

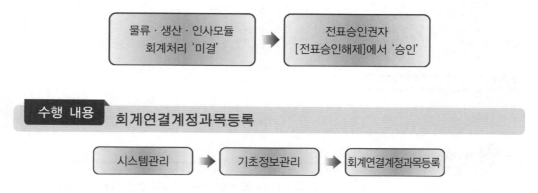

수행 내용   회계연결계정과목등록

영업관리, 자재관리, 생산관리, 인사관리, 서비스관리, 무역관리 모듈의 세부 전표코드별로 회계연결계정과목 초기설정을 수행하시오.

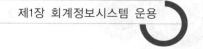

수행 결과 회계연결계정과목등록

우측 상단의 [초기설정] 아이콘을 클릭하여 '초기화 도움' 화면이 나오면 전체를 선택한 후 [적용]을 클릭한다. '연결계정을 초기화 하시겠습니까?'라는 화면에서 [예]를 클릭하면 '초기화를 완료했습니다.'의 화면과 초기설정 내용을 확인할 수 있다.

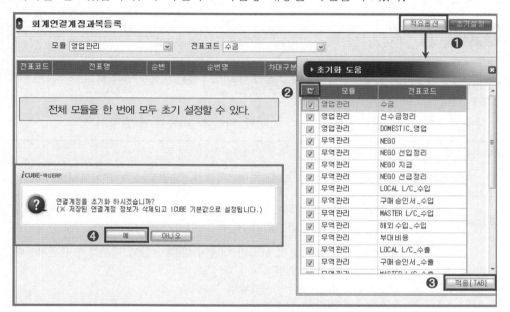

꼭 알아두기

• 회계연결계정이 설정되어 있지 않다면 자동 회계전표 발행이 불가능하다.
• 초기설정으로 적용된 차·대변 계정과목은 회사의 상황에 맞추어 변경이 가능하다.
• 초기 설정된 항목은 삭제가 되지 않으므로 회사에서 사용하지 않는 항목이 있을 경우에는 '사용' 항목을 '미사용'으로 설정한다.

(6) 계정과목등록

계정과목은 시스템에 기본계정으로 등록되어 있는 상태이므로, 회사 특성에 따라 계정과목을 계정과목코드 체계 내에서 수정하거나 추가하여 사용할 수 있다. 핵심ERP에서는 계정과목코드는 다섯 자리로 구성되어 있으며, 마지막 두 자리는 세목을 등록하여 사용하고자 할 경우에 이용한다.

(주)삼일테크의 계정과목 및 관리항목에 대한 다음의 내용을 수행하시오.

번호	구 분	내 용
1	계정과목 변경	[10700.유가증권] 계정과목명을 [단기매매증권]으로 변경하시오.
2	계정과목 등록	영업외비용 코드범위에 [93600.매출채권처분손실]계정과목을 등록하시오. (계정구분을 '3.일반', 입력구분을 '2.입력가능'으로 수정하시오.)
3	세목 등록	판매관리비 [81300.접대비]에 대하여 다음과 같이 세분화하여 관리한다. ① 81301.접대비-일반접대비 ② 81302.접대비-경조사접대비 ③ 81303.접대비-문화접대비
4	관리항목 수정	판매관리비 [81200.여비교통비]에 대하여 '경비구분' 별로 관리하고, 예산 통제는 월별로 관리하고자 한다. - 관리항목으로 'L3.경비구분'을 등록하고 '차·대변 필수'로 지정하시오.

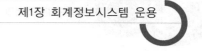

수행 결과 **계정과목등록**

계정과목명을 변경하여 입력하면 출력계정명은 계정과목명으로 자동 변경된다. 계정과목명의 글자간격을 균등하게 정렬하기 위해 출력계정명을 선택한 후 간격(F8) 아이콘을 클릭한다.

❶ [10700.유가증권] 계정과목을 선택한 후 우측에 계정과목명을 [단기매매증권]으로 변경한다.

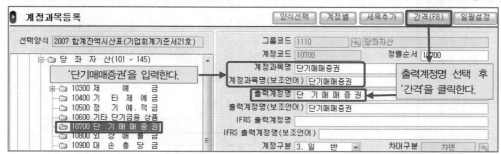

❷ 영업외비용 영업외비용(931~960) 을 더블클릭하여 표시되는 계정과목 중 '93600.회사설정계정'을 클릭하고, 계정과목명에 '매출채권처분손실'을 입력한다.
 → '계정구분 3.일반', '입력구분 2.입력가능'으로 선택 입력한다.

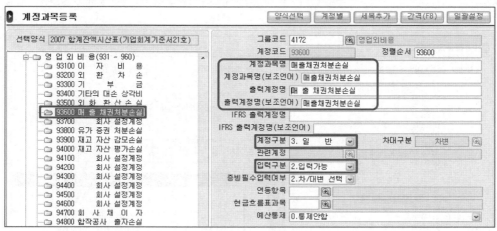

❸ 1. 81300.접대비 계정을 클릭하고, 화면상단의 「세목추가」 아이콘을 클릭한다.

2. [계정과목코드 변경] 화면이 뜨면 [변경 후]란에 변경코드를 확인한 후 [확인]을 클릭한다.

3. 계정과목명란에 '접대비-일반접대비'를 입력한 다음 「Enter」를 하면 입력구분이 1.입력가능으로 표시된다. 81302 '접대비-경조사접대비', 81303 '접대비-문화접대비'도 같은 방법으로 등록한다.

> [주의] 세목추가 시 왼쪽 화면 '81300.접대비'를 클릭하여야 [세목추가] 버튼이 활성화된다.

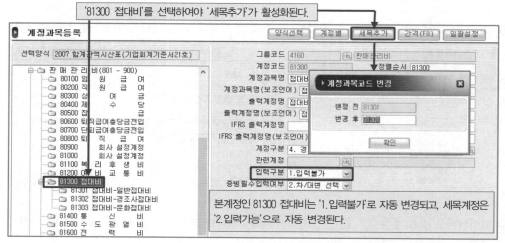

❹ 81200.여비교통비 계정의 우측 관리항목 코드에서 [F2] 키를 눌러 L3.경비구분을 선택하고 입력 필수란에서 '차.대변 필수'에 체크한다.

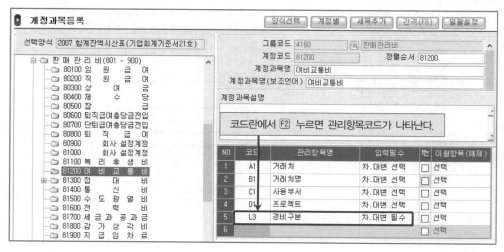

- 관리항목을 등록해 두면 각 계정과목별로 추가사항을 관리할 수 있다.
  1. 차·대변 필수: 계정과목의 차·대변 위치와 무관하게 관리항목 반드시 입력
  2. 차·대변 선택: 차변과 대변 모두 사용자가 선택하여 입력가능
  3. 차변필수: 계정과목이 차변에 발생 시 관리항목을 반드시 입력
  4. 대변필수: 계정과목이 대변에 발생 시 관리항목을 반드시 입력

🔖 주요항목 설명

❶ **세목추가**

- 이미 등록된 계정과목을 관리목적상 세분화하여 사용하고자 할 경우 해당계정과목을 선택한 다음 [세목추가]를 클릭한다.
- 본계정의 코드 뒷자리 2자리 중 01부터 순차적으로 자동부여한다. 이때 본계정은 '사용불가'로 바뀌고, 세목이 '사용가능'이 된다.

  사례 복리후생비 81100계정에서 세목추가하면 81101~81199로 순차적으로 생성된다.

❷ **일괄설정**

- 계정과목에 대한 관리구분을 일괄적으로 변경할 때 사용한다.
- 계정그룹을 설정한 다음, 변경하고자 하는 계정과목을 조회하여 입력한다.

❸ 연동항목: 전표입력 시 계정과목을 선택했을 때 나타나는 관리항목 보조화면을 여기에서 설정한다. 연동항목(매출부가세/매입부가세/받을어음/지급어음/유가증권/외화/기간비용 등)을 설정하면 해당계정 전표 입력 시 연동자료를 동시에 입력할 수 있으며, 핵심ERP에서 아래 연동항목은 기본적으로 설정되어 있다.

【 계정과목 】		【 연동항목 】		【 관련메뉴 】
25500.부가세예수금	→	01.매출부가세	→	부가가치세관리
13500.부가세대급금	→	02.매입부가세	→	부가가치세관리
11000.받을어음	→	04.받을어음	→	자금관리 (받을어음명세서 등)
25200.지급어음	→	05.지급어음	→	자금관리 (지급어음명세서 등)
10700.단기매매증권	→	08.유가증권	→	유가증권명세서
13300.선급비용	→	09.기간비용	→	기간비용현황
10301.외화예금	→	10.외화자산	→	외화자산명세서

핵심ERP실무

02 회계프로그램 운용하기(NCS 능력단위요소명)

★ 학습목표(NCS 수행준거)
2.1 회계프로그램 매뉴얼에 따라 프로그램 운용에 필요한 기초 정보를 처리할 수 있다.
2.2 회계프로그램 매뉴얼에 따라 정보 산출에 필요한 자료를 처리할 수 있다.

필요 지식

2.1 회계초기이월등록

ERP 프로그램을 설치한 후 당기의 자료는 ERP 시스템을 통해 처리하고 결산이 끝나면 자동으로 차기로 이월이 되지만, 전기의 자료는 프로그램에 반영되어 있지 않으므로 ERP 시스템에 입력을 하여야 한다. 회계초기이월등록은 각 사업장별로 전기분 재무상태표, 손익계산서, 제조원가보고서 및 계정에 따른 거래처별 초기이월금액을 시스템 초기에 입력하는 메뉴이다.

2.2 전기분 재무상태표

전기분 재무상태표와 거래처 초기이월금액을 회계초기이월등록에서 일괄적으로 등록한다. 전기분 금액이 당기의 각 장부에 전기이월금액으로 반영되며, 거래처별금액을 함께 입력하므로 거래처원장에도 전기이월금액이 표시된다.

수행 내용 전기분 재무상태표

시스템관리 ➡ 초기이월관리 ➡ 회계초기이월등록

(주)삼일테크의 전기분 재무상태표 및 부속명세는 다음과 같다. 전기분 재무상태표 등록을 수행하시오.

재 무 상 태 표
2023. 12. 31. 현재

(주)삼일테크 (단위: 원)

과 목	금 액		과 목	금 액	
자 산			부 채		
유 동 자 산		35,900,000	유 동 부 채		39,400,000
당 좌 자 산		27,900,000	외 상 매 입 금		32,900,000
현 금		3,050,000	미 지 급 금		6,500,000
보 통 예 금		10,000,000	비 유 동 부 채		0
외 상 매 출 금	5,000,000		부 채 총 계		39,400,000
대 손 충 당 금	50,000	4,950,000	자 본		
받 을 어 음	10,000,000		자 본 금		100,000,000
대 손 충 당 금	100,000	9,900,000	자 본 금		100,000,000
재 고 자 산		8,000,000	자 본 잉 여 금		0
제 품		5,000,000	자 본 조 정		0
원 재 료		3,000,000	기타포괄손익누계액		0
비 유 동 자 산		158,000,000	이 익 잉 여 금		54,500,000
투 자 자 산		0	이 익 준 비 금		3,000,000
유 형 자 산		142,000,000	미처분이익잉여금※		51,500,000
건 물		100,000,000	(당기순이익 15,690,000)		
기 계 장 치	20,000,000		자 본 총 계		154,500,000
감 가 상 각 누 계 액	5,000,000	15,000,000			
차 량 운 반 구	29,000,000				
감 가 상 각 누 계 액	3,500,000	25,500,000			
비 품	3,000,000				
감 가 상 각 누 계 액	1,500,000	1,500,000			
무 형 자 산		5,000,000			
개 발 비		5,000,000			
기 타 비 유 동 자 산		11,000,000			
기 타 보 증 금		11,000,000			
자 산 총 계		193,900,000	부 채 와 자 본 총 계		193,900,000

※ 미처분이익잉여금은 입력 시 37500.이월이익잉여금 계정으로 입력하여야 한다.

▌거래처별 금액 ▌

계정과목	거래처명	금 액	비　　고	
보 통 예 금	기업은행(보통)	10,000,000원		
외상매출금	(주)영재전자	3,000,000원		
	(주)한국테크	2,000,000원		
받 을 어 음	(주)영재전자	5,000,000원	• NO.자가10941786 • 만 기 일 2024/05/31 • 어음종류 3.어음	• 발 행 일 2023/12/01 • 수금구분 2.자수
	(주)한국테크	3,000,000원	• NO.자가51331912 • 만 기 일 2024/06/30 • 어음종류 3.어음	• 발 행 일 2023/12/08 • 수금구분 2.자수
	(주)화인알텍	2,000,000원	• NO.자가51251234 • 만 기 일 2024/04/04 • 어음종류 3.어음	• 발 행 일 2023/12/18 • 수금구분 2.자수
외상매입금	(주)수민산업	12,900,000원		
	(주)이솔전자	20,000,000원		
미 지 급 금	신한카드(법인)	6,500,000원		

수행 결과 **전기분 재무상태표**

❶ 전기분 재무상태표를 선택한다. 상단부 코드란에 계정과목 두 글자를 입력하거나, F2를 이용하여 계정과목을 입력하고, Enter 를 하여 하단부까지 이동한다.

❷ 하단부 차대변은 상단부 계정성격에 의해 자동 입력되며, 금액은 직접 입력한다.
예금, 채권, 채무의 거래처별내역은 F2를 이용한 거래처코드와 금액을 입력한다.

❸ 받을어음, 지급어음 등 세부 내역이 주어지면 관련 내용을 입력한다.
주의 숫자키보드의 ⊞를 누르면 000이 입력된다.

꼭 알아두기

• 모든 자료를 입력 완료하면 전산상의 차변합계와 대변합계가 204,050,000원이지만 재무상태표상 자산총계와 부채 및 자본총계는 193,900,000원으로 차액이 발생하는 원인은 자산의 차감계정인 대손충당금과 감가상각누계액에 의한 것이다.
⇒ 차액(10,150,000원) = 대손충당금(150,000원) + 감가상각누계액(10,000,000원)

▌전기분 재무상태표 입력완료 화면 ▌

▶ 회계초기이월등록

회계단위 1000 (주)삼일테크본사 | 구분 1. 재무상태표 | 이월기준일 2024/01/01

NO	코드	계정과목	결의부서	작성자	차변금액	대변금액	잔액
1	10100	현금	재경팀	임영찬	3,050,000		3,050,000
2	10301	보통예금	재경팀	임영찬	10,000,000		10,000,000
3	10800	외상매출금	재경팀	임영찬	5,000,000		5,000,000
4	10900	대손충당금	재경팀	임영찬		50,000	50,000
5	11000	받을어음	재경팀	임영찬	10,000,000		10,000,000
6	11100	대손충당금	재경팀	임영찬		100,000	100,000
7	14700	제품	재경팀	임영찬	5,000,000		5,000,000
8	14900	원재료	재경팀	임영찬	3,000,000		3,000,000
9	20200	건물	재경팀	임영찬	100,000,000		100,000,000
10	20600	기계장치	재경팀	임영찬	20,000,000		20,000,000
11	20700	감가상각누계액	재경팀	임영찬		5,000,000	5,000,000
12	20800	차량운반구	재경팀	임영찬	29,000,000		29,000,000
13	20900	감가상각누계액	재경팀	임영찬		3,500,000	3,500,000
14	21200	비품	재경팀	임영찬	3,000,000		3,000,000
15	21300	감가상각누계액	재경팀	임영찬		1,500,000	1,500,000
16	23900	개발비	재경팀	임영찬	5,000,000		5,000,000
17	19000	기타보증금	재경팀	임영찬	11,000,000		11,000,000
18	25100	외상매입금	재경팀	임영찬		32,900,000	32,900,000
19	25300	미지급금	재경팀	임영찬		6,500,000	6,500,000
20	33100	자본금	재경팀	임영찬		100,000,000	100,000,000
21	35100	이익준비금	재경팀	임영찬		3,000,000	3,000,000
22	37500	이월이익잉여금	재경팀	임영찬		51,500,000	51,500,000
23							
		계			204,050,000	204,050,000	0

NO	차대	코드	거래처명	금액
1	차변	00001	(주)영재전자	5,000,000
2	차변	00002	(주)한국테크	3,000,000
3	차변	00003	(주)화인알텍	2,000,000
4	차변			
	계			10,000,000

어음번호 자가10941786
처리구분 1. 보관
만기일 2024/05/31
발행일 2023/12/01
어음종류 3. 어음
수금구분 2. 자수

수행 tip ❧ 전기분재무상태표

- 대손충당금과 감가상각누계액은 해당 자산 아래 코드를 선택한다.

10800.외상매출금	11000.받을어음	20800.차량운반구	20600.기계장치	21200.비품
10900.대손충당금	11100.대손충당금	20900.감가상각누계액	20700.감가상각누계액	21300.감가상각누계액

- 재무상태표의 '미처분이익잉여금'은 전기분 재무상태표 입력 시와 전표입력 시 '37500.이월이익잉여금'으로 입력한다.
- 계정과목코드, 거래처코드 입력방법: 코드란에서 F2를 누르거나, 계정과목명 두 글자를 입력하여 검색한다.
- 입력이 완료되면 회계관리→ 결산/재무제표관리 → 재무상태표를 조회해서 확인한다.

2.3 전기분 손익계산서

전기분 손익계산서를 입력하는 곳으로, 전기분 손익계산서는 계속기업의 비교식 손익계산서 작성 자료를 제공함과 동시에 기업의 당기순이익을 산출하는 메뉴이다.

수행 내용	전기분 손익계산서

시스템관리 ➡ 초기이월관리 ➡ 회계초기이월등록

(주)삼일테크의 전기분 손익계산서는 다음과 같다. 전기분 손익계산서 등록을 수행하시오.

손 익 계 산 서

제9기 2023.1.1.~2023.12.31.

(주)삼일테크 (단위: 원)

과　　목	금　　액	
매　　　　출　　　　액		200,000,000
제　품　매　출 [1]		200,000,000
매　　　출　　　원　　　가		86,000,000
제　품　매　출　원　가		86,000,000
기　초　제　품　재　고　액	4,500,000	
당　기　제　품　제　조　원　가	86,500,000	
기　말　제　품　재　고　액	5,000,000	
매　　출　　총　　이　　익		114,000,000
판　매　비　와　관　리　비		97,110,000
직　　원　　급　　여	46,000,000	
복　리　후　생　비	12,000,000	
여　비　교　통　비	4,500,000	
접　　대　　비 [2]	9,250,000	
통　　신　　비	3,560,000	
세　금　과　공　과　금	13,500,000	
보　　험　　료	2,500,000	
소　　모　　품　　비	5,650,000	
대　손　상　각　비	150,000	
영　　업　　이　　익		16,890,000
영　업　외　수　익		0
영　업　외　비　용		1,200,000
이　　자　　비　　용	1,200,000	
법　인　세　차　감　전　이　익		15,690,000
법　　인　　세　　등		0
당　　기　　순　　이　　익		15,690,000

[1] 제품매출은 세목등록 되어있는 [40401.국내제품매출액]을 선택하여 입력하기로 한다.
[2] 접대비는 세목등록 작업을 하였으므로 [81301.접대비-일반접대비]를 선택하여 입력하기로 한다.

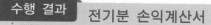 **전기분 손익계산서**

❶ [45500.제품매출원가] 계정을 입력할 때는 아래 화면과 같이 기초재고액, 당기매입액(당기제품 제조원가), 기말재고액을 화면 우측 하단에 입력한다.

❷ 화면에는 [당기매입액]이라 표시되어 있는데, 상품매출원가인 경우는 [당기매입액]이고 제품매 출원가인 경우는 [당기제품제조원가]를 의미하는 것이다.

❚ **전기분 손익계산서 입력완료 화면** ❚

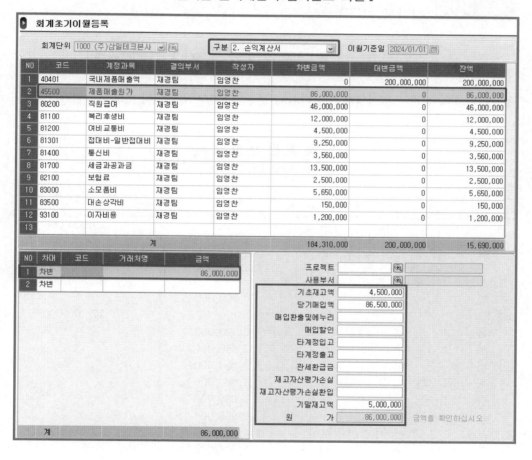

2.4 전기분 원가명세서

제조원가명세서는 제조업을 영위하는 기업에서 작성하는 것으로 재료비, 노무비, 제조경비 등을 집계하여 당기제품제조원가를 산출하는 보고서이며, 비교식 원가명세서를 작성하기 위하여 전년도 원가명세서를 입력하여야 한다.

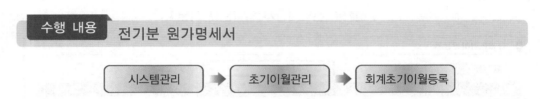

수행 내용 **전기분 원가명세서**

시스템관리 ➡ 초기이월관리 ➡ 회계초기이월등록

(주)삼일테크의 전기분 원가명세서는 다음과 같다. 전기분 원가명세서(500대 원가) 등록을 수행하시오.

제 조 원 가 명 세 서
제9기 2023.1.1.~2023.12.31.

(주)삼일테크 (단위: 원)

과 목	금 액	
원 재 료 비		29,000,000
기 초 원 재 료 재 고 액	2,000,000	
당 기 원 재 료 매 입 액	30,000,000	
기 말 원 재 료 재 고 액	3,000,000	
노 무 비		30,500,000
임 금	30,500,000	
경 비		27,000,000
복 리 후 생 비	6,600,000	
가 스 수 도 료	1,650,000	
전 력 비	4,200,000	
세 금 과 공 과 금	1,680,000	
감 가 상 각 비	4,230,000	
수 선 비	2,956,000	
보 험 료	1,320,000	
차 량 유 지 비	1,200,000	
소 모 품 비	3,164,000	
당 기 총 제 조 비 용		86,500,000
기 초 재 공 품 재 고 액		0
합 계		86,500,000
기 말 재 공 품 재 고 액		0
타 계 정 으 로 대 체 액		0
당 기 제 품 제 조 원 가		86,500,000

수행 결과 **전기분 원가명세서**

❶ 화면 상단 구분을 '3. 500번대 원가'로 선택하고 계정과목에 대한 금액을 입력한다.

❷ [50100.원재료비] 계정을 입력할 때는 아래 화면과 같이 기초재고액, 당기매입액, 기말재고액을
화면 우측 하단에 입력한다.

▌전기분 제조원가명세서 입력완료 화면 ▌

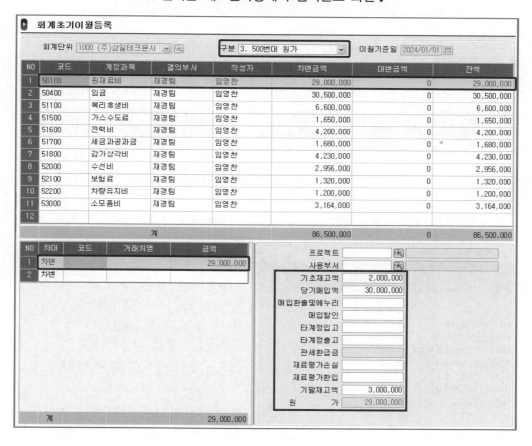

2.5 마감 및 연도이월

    당기에 작성된 재무제표 정보들을 다음 연도의 초기이월데이터로 이월할 수 있는 메뉴이며, 당기의 회계처리 및 결산작업 이후에 이루어진다. [마감 및 연도이월]작업을 수행하면, 기존의 자료는 추가 및 수정이 불가능하게 된다.

시스템관리 ➡ 마감/데이타관리 ➡ 마감및년도이월

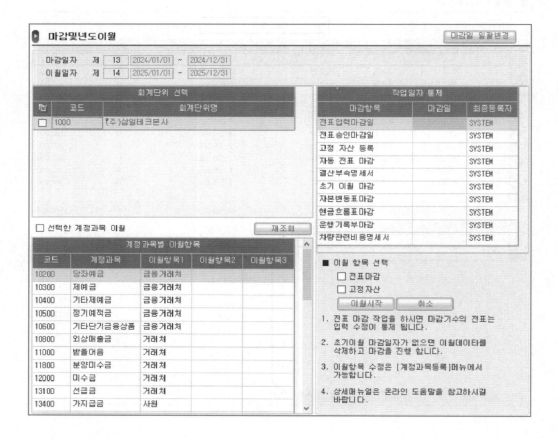

제2장

(NCS 능력단위 0203020101_20v4)

전표관리

NCS 능력단위요소

01 회계상 거래 인식하기
02 전표 작성하기

NCS 능력단위: 전표관리(0203020101_20v4)

전표관리	회계상 거래를 인식하고, 전표작성 및 이에 따른 증빙서류를 처리 및 관리할 수 있다.

직종	분류번호	능력단위	능력단위요소	수준
회계 감사	0203020101_20v4	전표관리	01 회계상 거래 인식하기	2
			02 전표 작성하기	2
			03 증빙서류 관리하기	2

능력단위요소	수행준거
01 회계상 거래 인식하기	1.1 회계상 거래와 일상생활에서의 거래를 구분할 수 있다.
	1.2 회계상 거래를 구성 요소별로 파악하여 거래의 결합관계를 차변 요소와 대변 요소로 구분할 수 있다.
	1.3 회계상 거래의 결합관계를 통해 거래 종류별로 구별할 수 있다.
	1.4 거래의 이중성에 따라서 기입된 내용의 분석을 통해 대차평균의 원리를 파악할 수 있다.
02 전표 작성하기	2.1 회계상 거래를 현금거래 유무에 따라 사용되는 입금전표, 출금전표, 대체전표로 구분할 수 있다.
	2.2 현금의 수입 거래를 파악하여 입금전표를 작성할 수 있다.
	2.3 현금의 지출 거래를 파악하여 출금전표를 작성할 수 있다.
	2.4 현금의 수입과 지출이 없는 거래를 파악하여 대체전표를 작성할 수 있다.
03 증빙서류 관리하기	3.1 발생한 거래에 따라 필요한 관련 서류 등을 확인하여 증빙여부를 검토할 수 있다.
	3.2 발생한 거래에 따라 관련 규정을 준수하여 증빙서류를 구분·대조할 수 있다.
	3.3 증빙서류 관련 규정에 따라 제 증빙자료를 관리할 수 있다.

알고가자!　회계관리 전체 프로세스

　핵심ERP에서의 회계관리는 회계업무 전체의 관리 모듈이다.

　관리부서의 자금관리, 즉 자금계획의 자료와 회계전표와의 관계가 연결되고, 회계
전표 입력 시 받을어음, 지급어음 등의 정보가 자금관리에 다시 반영된다.

　관리부서의 예산통제정보가 회계처리에서 통제되며, 고정자산관리의 감가상각비
계산 데이터가 결산에 반영되어 자동결산처리에 의해 각종 재무제표에 반영된다.

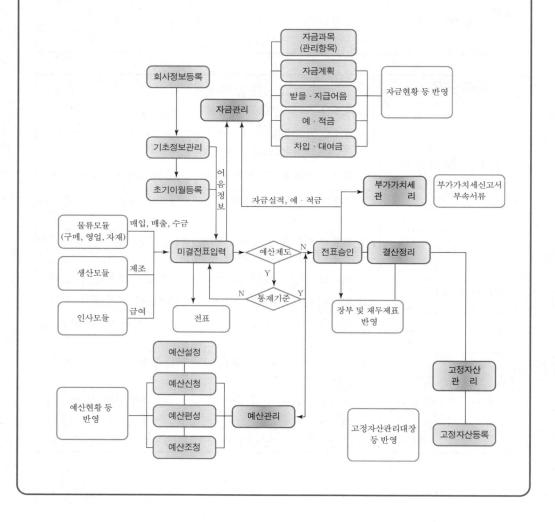

01 회계상 거래 인식하기(NCS 능력단위요소명)

★ **학습목표(NCS 수행준거)**

1.1 회계상 거래와 일상생활에서의 거래를 구분할 수 있다.

1.2 회계상 거래를 구성 요소별로 파악하여 거래의 결합관계를 차변 요소와 대변 요소로 구분할 수 있다.

1.3 회계상 거래의 결합관계를 통해 거래 종류별로 구별할 수 있다.

1.4 거래의 이중성에 따라서 기입된 내용의 분석을 통해 대차평균의 원리를 파악할 수 있다.

필요 지식

 1.1 회계상 거래와 일상생활에서의 거래

회계상 거래는 자산·부채·자본 증가와 감소, 수익·비용의 발생을 가져오는 것이다. 일상생활에서는 거래이지만 회계상 거래가 아닌 경우도 있으며, 회계상 거래이지만 일상생활에서는 거래에 해당하지 않는 경우도 있다.

회계상의 거래		회계상의 거래가 아님
• 화재, 도난, 파손, 분실, 감가상각, 대손상각 등	• 자산의 구입과 판매, 채권·채무의 발생과 소멸 • 유형자산 매각 등 실거래 • 손익(비용/수익)의 발생	• 건물의 임대차계약 • 상품의 매매계약, 주문서 발송 • 일정급여를 주기로 한 후 직원 채용 • 건물·토지 등의 담보설정
일상생활상 거래가 아님	일상생활(사회통념)상의 거래	

꼭 알아두기

▣ 일상생활에서는 거래이지만 회계상 거래가 아닌 경우
  상품 매매 계약, 종업원 채용 계약, 건물의 임대차 계약, 부동산 담보 설정 등

▣ 회계상 거래이지만 일상생활에서는 거래가 아닌 경우
  상품 등의 도난·파손·화재, 상품의 가격 하락 등

1.2 거래의 결합관계와 거래의 이중성

재무상태표 요소와 손익계산서 요소에서 왼쪽(차변)에 위치하는 것은 자산과 비용이며 오른쪽(대변)에 위치하는 것은 부채, 자본 및 수익이다. 회계상 모든 거래는 왼쪽(차변) 요소와 오른쪽(대변) 요소가 결합하여 발생한다. 모든 거래를 원인과 결과의 인과관계를 파악하여 이중으로 기록하기 때문에 오류에 대한 자가 검증 기능이 있다.

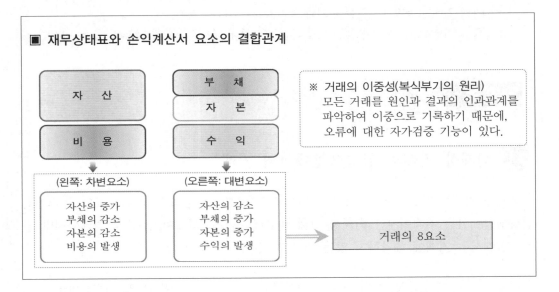

수행 내용 | 회계상 거래 인식하기

❶ 다음 중 회계상 거래인 것은 ○, 회계상 거래가 아닌 것은 ×를 하시오.

① (　　) 상품 500,000원을 외상으로 구입하였다.
② (　　) 사무실에 사용할 냉장고를 300,000원에 구입하기로 계약하였다.
③ (　　) 상품 50,000원이 화재가 발생하여 유실되었다.
④ (　　) 급여 1,500,000원을 지급하기로 하고 영업사원을 채용하였다.

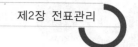

❷ 다음의 회계상 거래를 거래의 8요소에 따른 결합관계로 나타내시오.

　① 상품 100,000원을 현금으로 구입하였다.
　② 상품 500,000원을 외상으로 구입하였다.
　③ 은행에서 2,000,000원을 차입(차입기간: 6개월)하여 보통예금 통장에 입금하였다.
　④ ②의 상품외상 구입대금 500,000원을 현금으로 지급하였다.
　⑤ 은행에 예치해 둔 예금에 대한 이자 80,000원을 현금으로 받았다.
　⑥ 사무실 임차료 150,000원을 현금으로 지급하였다.

구 분		결합관계	분　개	구 분		결합관계	분　개
①	차변요소				대변요소		
②	차변요소				대변요소		
③	차변요소				대변요소		
④	차변요소				대변요소		
⑤	차변요소				대변요소		
⑥	차변요소				대변요소		

수행 결과 　회계상 거래 인식하기

❶ 회계상 거래: ① (○), ② (×), ③ (○), ④ (×)

❷ 거래의 결합관계

구 분		결합관계	분　개	구 분		결합관계	분　개
①	차변요소	자산증가	(상품　　100,000원)		대변요소	자산감소	(현금　　100,000원)
②	차변요소	자산증가	(상품　　500,000원)		대변요소	부채증가	(외상매입금　500,000원)
③	차변요소	자산증가	(보통예금　2,000,000원)		대변요소	부채증가	(단기차입금 2,000,000원)
④	차변요소	부채감소	(외상매입금 500,000원)		대변요소	자산감소	(현금　　500,000원)
⑤	차변요소	자산증가	(현금　　80,000원)		대변요소	수익발생	(이자수익　80,000원)
⑥	차변요소	비용발생	(임차료　　150,000원)		대변요소	자산감소	(현금　　150,000원)

02 전표 작성하기(NCS 능력단위요소명)

필요 지식

2.1 일반거래자료 입력

　자산·부채·자본의 증감변동이 발생하면 증빙서류를 보고 회계 프로그램이 요구하는 형식에 맞추어 입력하는 메뉴이다. 전표입력에 입력된 자료는 전표, 분개장 및 총계정원장 등 관련 장부와 메뉴에 자동으로 반영되어 필요한 내용을 조회, 출력할 수 있다. 프로그램으로 회계처리함에 있어 전표입력은 가장 핵심적이고 중요한 작업이다.

▌전표/장부관리 프로세스▐

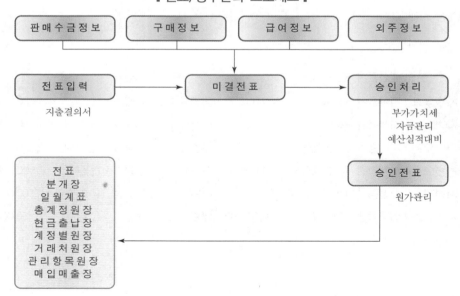

2.2 출금전표 작성하기

현금의 감소거래로 현금계정 대변에 기입되며, 거래총액이 현금으로 이루어진 거래를 출금거래라고 한다. 전표입력 시 구분란에 '1'을 입력하면 출금으로 표시되며, 자동으로 대변에 '현금'이 입력되므로 차변 계정과목만 입력하면 된다.

2.3 입금전표 작성하기

현금의 증가거래로 현금계정 차변에 기입되며, 거래총액이 현금으로 이루어진 거래를 입금거래라고 한다. 전표입력 시 구분란에 '2'를 입력하면 입금으로 표시되며 자동으로 차변에 '현금'이 입력되므로 대변 계정과목만 입력하면 된다.

2.4 대체전표 작성하기

거래액 총액 중 일부가 현금인 거래나 현금이 포함되지 않는 거래일 경우, 전표 입력 시 구분란에 차변은 '3'을 대변은 '4'를 입력한다.

회계자료의 입력은 [조회권한]이 '회사'이면서 핵심ERP 전 모듈 사용이 가능한 '임영찬' 사원으로 로그인한다.

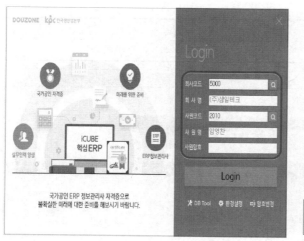

바탕화면 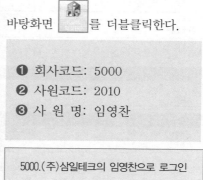 를 더블클릭한다.

❶ 회사코드: 5000
❷ 사원코드: 2010
❸ 사 원 명: 임영찬

5000.(주)삼일테크의 임영찬으로 로그인

213

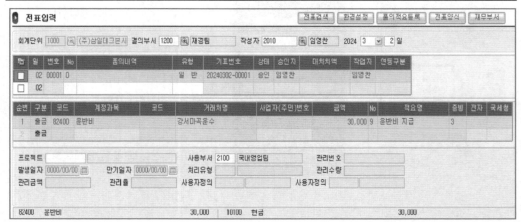

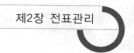

❷ [3월 3일] (차) (제)소모품비   80,000원   (대) 현금   80,000원

분개	구 분	코 드	계정과목	코 드	거래처명	적 요
	1.출금	53000	소모품비		신일상사	9.소모자재대 지급

주의 상단부 [품의적요등록]을 먼저 수행하여야 전표입력 시 품의내역을 입력할 수 있다.

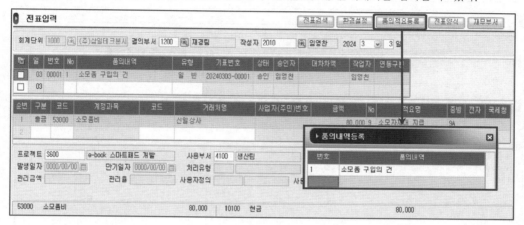

❸ [3월 4일] (차) 현금   2,000,000원   (대) 외상매출금   2,000,000원

분개	구 분	코 드	계정과목	코 드	거래처명	적 요
	2.입금	10800	외상매출금	00002	(주)한국테크	12.외상대금 현금회수

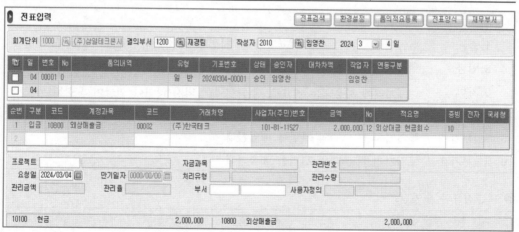

❹ [3월 5일] (차) (판)접대비–문화 접대비 200,000원 (대) 미지급금 200,000원

분개	구 분	코 드	계정과목	코 드	거래처명	적 요
	3.차변	81303	접대비–문화접대비		서울아트센터	1.거래처접대비(신용카드)
	4.대변	25300	미지급금	10005	신한카드(법인)	0.거래처접대비(신용카드)

전표입력 [전표검색] [환경설정] [품의적요등록] [전표양식] [재무부서]

회계단위 1000 (주)삼일테크본사 결의부서 1200 재경팀 작성자 2010 임영찬 2024 3 ▼ 5 일

	일	번호	No	품의내역	유형	기표번호	상태	승인자	대차차액	작업자	연동구분
☐	05	00001	0		일 반	20240305-00001	승인	임영찬		임영찬	
☐	05										

순번	구분	코드	계정과목	코드	거래처명	사업자(주민)번호	금액	No	적요명	증빙	전자	국세청
1	차변	81303	접대비-문화접대비		서울아트센터		200,000	1	거래처접대비(신용카드)	8		
2	대변	25300	미지급금	10005	신한카드(법인)	106-81-11110	200,000	0	거래처접대비(신용카드)	8		
3												

프로젝트 [ ] 사용부서 2100 국내영업팀 관리번호 [ ]
발생일자 0000/00/00 만기일자 0000/00/00 처리유형 [ ] 관리수량 [ ]
관리금액 [ ] 관리율 [ ] 사용자정의 [ ] 사용자정의 [ ]

81303	접대비-문화접대비	200,000	25300	미지급금	200,000
차변합계		200,000	대변합계		200,000

🔖 주요항목 설명

❶ 전표구분

구 분	설 명
1.출금	현금이 출금되는 전표(전표입력 시 차변만 입력하며, 대변은 자동 분개됨)
2.입금	현금이 입금되는 전표(전표입력 시 대변만 입력하며, 차변은 자동 분개됨)
3.차변	대체거래에 사용되는 전표로, 현금이 포함되지 않거나 현금이 포함되더라도
4.대변	2개 이상의 계정(제좌)이 발생되는 거래에서 사용한다.
5.매입부가세	부가가치세(VAT)와 관련한 매입거래
6.매출부가세	부가가치세(VAT)와 관련한 매출거래

❷ 미결전표와 승인전표

구 분	설 명
미결전표	전표가 입력되어 저장은 되었으나 재무제표에 반영이 되지 않은 미결상태이므로, 승인권자에 의해 전표를 승인하는 작업이 필요한 전표이다.
승인전표	전표가 입력되고 승인권자에 의해 승인이 된 상태로, 승인전표가 되면 해당전표의 내용이 재무제표에 반영된 상태이다.

❸ 회계단위, 결의부서, 작성자, 일자

회계단위 1000 ㉮ (주)삼일테크본사 결의부서 1200 ㉮ 재경팀   작성자 2010 ㉮ 임영찬   2024 3 ▾ 5 일

결의부서와 작성자는 로그인한 사용자로 자동 반영된다. 시스템환경설정의 본지점회계 사용여
부에서 '사용'으로 체크되면 각 사업장별 회계단위를 선택할 수 있고, '미사용'으로 체크되면 로
그인한 작업자의 회계단위로 표시된다.

❹ 번호

각 일자별로 00001부터 저장 시 자동 생성되며, 공란인 상태는 해당 전표가 아직 저장되지 않
았음을 뜻한다.

❺ No, 품의내역

품의내역은 전표의 내용을 요약하는 의미로 사용된다. 화면상단의 품의적요등록 아이콘을 이용
하여 추가등록할 수 있다.

❻ 유형

유형	내 용
일반	회계 모듈만 사용 시 전표입력을 '일반'으로 선택하여 입력하면 된다.
매입	자재관리 모듈에서 '회계처리' 과정을 통하여 넘겨받은 전표유형이다.
매출	영업관리 모듈에서 '회계처리' 과정을 통하여 넘겨받은 전표유형이다.
수금	영업관리 모듈에서 '회계처리' 과정을 통하여 넘겨받은 전표유형이다.
반제	특정거래처의 채권, 채무 특정일자의 발생금액을 임의로 상계할 수 있는 기능이다.
수정	일반분개의 수정분개 시 사용된다.
본·지점	본·지점간 회계 시 사용된다.
결산	결산자료입력에서 자동 대체된 분개에 대한 유형으로 자동 설정된다.

❼ 상태, 승인자

미결전표 상태에서는 단지 전표일 뿐이다. 상태가 미결인 경우는 승인절차를 거쳐야 장부에 반
영된다.
전표입력 방식이 '승인'이나 '수정'인 사원이 입력하더라도 대차차액이 발생하는 전표는 승인되지
않고 '미결'로 나타난다.

핵심ERP실무

필요 지식

2.5 업무용승용차관리

업무용승용차의 사적 사용을 제한하기 위하여 도입되었으며, 법인 소유이거나 법인이 리스 또는 임차하여 업무에 사용하는 승용차를 말한다. 종업원 소유의 차량을 업무에 사용하고 차량유지비 등을 지급받는 경우에는 업무용승용차관련 지출에 해당하지 않는다.

구 분	내 용
적용대상	법인사업자, 복식부기의무자인 개인사업자(간편장부 대상 제외)
업무용승용차 범위	일반적인 승용차(개별소비세법 제1조 제2항 제3호에 해당하는 승용차), 리스나 렌트 차량도 포함 - 제외: 배기량 1,000cc 이하, 판매업, 자동차 임대업(렌트회사), 시설대여업(리스회사), 운전학원업 등에서 사용하는 자동차
승용차관련비용	임차료, 유류비, 자동차세, 보험료, 수리비, 감가상각비 등
보험가입	- 법인: 업무전용자동차보험 가입(미가입 시 전액 비용 불인정) - 개인(성실신고대상자, 전문직종사자): 1대를 제외하고 업무전용보험에 가입하여야 하며, 미가입 시 50%만 비용 인정 - 개인(복식부기대상자): 업무용자동차보험 가입 의무 없음
관련비용명세서 제출의무	미제출(불성실) 가산세 1%

(1) 업무용승용차 차량등록

업무용승용차의 취득과 유지를 위하여 지출한 비용(유류비, 보험료, 수선비, 자동차세, 통행료 등) 등을 관리항목으로 관리하기 위하여 고정자산등록 작업과 함께 업무용승용차를 등록하여야 한다.

(2) 업무용승용차 운행기록부

업무용승용차를 운행한 기록에 대하여는 관련 증명서류를 보관하고, 업무용승용차 운행기록부를 작성한다. 만약 운행기록부를 작성하지 않았을 경우에는 비용으로 인정되는 금액이 다를 수 있다.

① 운행기록부를 작성한 경우: 업무용승용차 관련비용 × 업무사용비율
② 운행기록부를 작성하지 않은 경우
  • 1천 5백만 원 이하: 1천 오백만 원(100% 비용 인정)
  • 1천 5백만 원 초과: 업무관련 사용 거리가 차지하는 비율만큼 비용 인정

- ▣ 업무용 사용거리의 범위

  제조, 판매시설 등 해당 법인의 사업장 방문, 거래처 및 대리점 방문, 회의참석, 판매 촉진 활동, 출·퇴근 등 직무와 관련된 업무 수행을 위하여 주행한 거리

- ▣ 업무용승용차의 감가상각비
  - 연 800만원 한도(부동산 임대업을 주업으로 하는 법인의 경우 400만 원)
  - 감가상각방법: 5년 정액법 균등 강제상각
  - 리스차량: 리스료 중 보험료, 자동차세, 수선유지비(리스료에서 보험료와 자동차세를 제외한 금액의 7%)를 차감한 잔액
  - 렌트차량: 렌트료의 70%

(3) 업무용승용차 관련비용 명세서(관리용)

업무용승용차는 업무전용자동차보험에 가입하여야 하며, 업무용승용차 관련비용 명세서를 납세지 관한 세무서장에게 제출하여야 한다. 운행기록부를 작성하지 않은 경우에도 업무용승용차 관련비용 명세서는 작성하여야 한다.

핵심ERP실무

수행 내용 | 업무용승용차

(주)삼일테크(본사)의 업무용승용차와 관련된 다음의 사항을 수행하시오.

❶ 다음의 고정자산을 [고정자산등록] 메뉴에 등록하시오.

계정과목	코드	자산명	취득일	취득금액	상각방법	전기말상각누계액	내용연수	경비구분	관리부서
차량운반구	3001	제네시스	2024/01/01	50,000,000원	정액법	–	5	800번대	국내영업팀

❷ [고정자산등록]에 등록한 업무용승용차를 [업무용승용차 차량등록] 메뉴에 등록하시오.

코 드	차량번호	차 종	부 서	사 원	사용여부
101	25오7466	제네시스	2100.국내영업팀	3010.백수인	사용

보험가입	보험회사	보험기간	임차구분	사용구분
업무전용자동차보험(법인) 가입	(주)삼성화재	2024.01.01.~2024.12.31.	자가	일반 업무용

❸ [3월 6일]

국내영업팀에서 사용 중인 업무용차량(25오7466)을 우리주유소에서 주유하고 주유대금 150,000원은 법인카드인 신한카드로 결제하였다.(증빙: 신용카드매출전표, 사용부서: 국내영업팀)

거래자료 입력을 수행하고, 관리항목(하단)에서 업무용승용차 설정을 수행하시오.

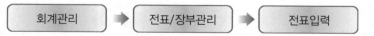

❹ 업무용승용차(25오7466)의 운행기록을 참고하여 운행기록부 작성을 수행하시오.

사용일자	시작시간	주행거리 (km)	업무용 사용거리(km)	비업무용 사용거리(km)	주행 전 계기판의 거리(km)
2024/03/06	10:00	100	일반 업무용 90	10	22,500

- 사원: 백수인, 부서: 국내영업팀, 사용기간: 2024/01/01~2024/12/31

❺ 업무용승용차(25오7466)의 관련비용명세서 작성을 수행하시오.

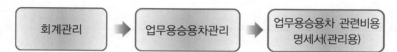

수행 결과 업무용승용차 차량등록

❶ 자산유형에서 F2를 누른 후 '20800.차량운반구'를 선택하여 하단의 내용을 입력한다.

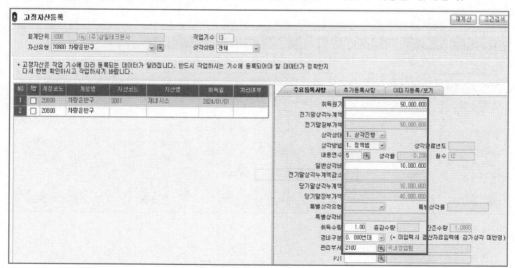

❷ 업무용승용차 차량등록 각 란의 내용을 입력한 후, 고정자산코드에서 F2를 클릭하여 ❶에서 등록한
고정자산을 선택 시 자동반영되는 고정자산명, 취득일자, 경비구분을 확인하고, 보험가입관련 내용을
추가입력한다.

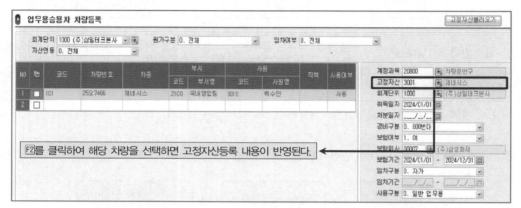

❸ [3월 6일]　　(차) (판)차량유지비　　150,000원　　(대) 미지급금　　150,000원

분개	구 분	코 드	계정과목	코 드	거래처명	적 요
	3.차변	82200	차량유지비		우리주유소	0.차량유류대 카드결제
	4.대변	25300	미지급금	10005	신한카드(법인)	0.차량유류대 카드결제

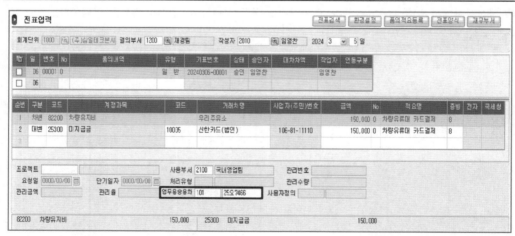

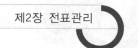

참고

• 전표입력 메뉴 관리항목(하단)의 [업무승용차] 항목은 [계정과목 등록] 메뉴 '82200.차량유지
비'의 관리항목명 'L1.업무용승용차' 항목과 연동되어 있다.

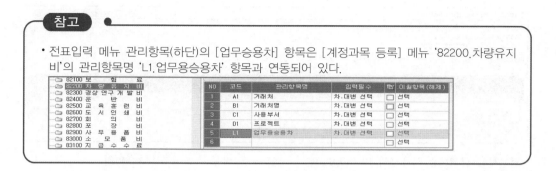

❹ 업무용승용차 운행기록을 각 란에 입력한다. 상단부의 총주행 거리, 업무용 사용거리, 업무사용비
율은 재조회하면 하단의 입력 내용에 의해 자동으로 반영된다.

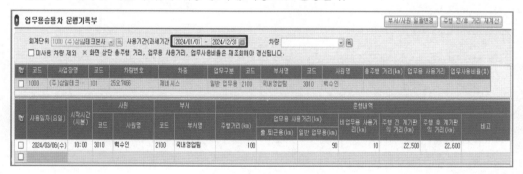

❺ 업무용승용차 관련비용명세서 상단부 불러오기를 클릭하면 자동으로 관련비용 명세서에 반영된다.

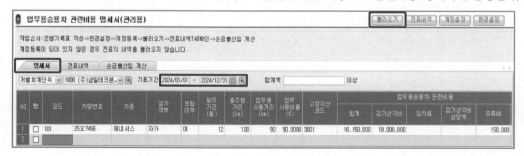

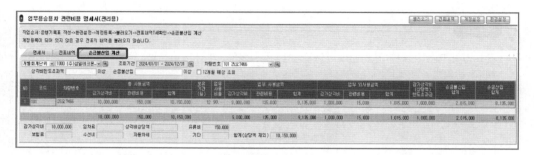

* 업무사용 금액: 총 사용금액 10,150,000원 × 업무사용 비율 90% = 9,135,000원
* 업무 외 사용금액: 총 사용금액 10,150,000원 × 업무 외 사용 비율 10% = 1,015,000원
* 감가상각비는 연간 800만원 한도이므로 1,000,000원 초과
  따라서, 손금불산입액 = 1,015,000원 + 1,000,000원 = 2,015,000원

2.6 기간비용전표 작성하기

보험료, 이자 등의 비용들은 발생주의 원칙에 의해 당해연도 발생 귀속분만 비용처리되어야 한다. 기간이 있는 비용들은 납부 시 '선급비용'으로 처리하였다가 결산 시 당해연도 기간경과분에 대한 금액은 보험료, 이자비용 등의 계정으로 대체한다. 핵심ERP에서는 13300.선급비용과 26300.선수수익 계정에 연동항목으로 '기간비용'이 등록되어 [기간비용현황]에서 당해연도 발생금액과 다음연도 귀속금액을 조회할 수 있고 결산대체분개도 자동으로 수행할 수 있다.

┃기간비용 회계처리 사례┃

구 분	보험료 지급 시	결산 시 회계처리
비용처리	(차) 보험료 ××× (대) 보통예금 ×××	(차) 선급비용 ××× (대) 보험료 ×××
자산처리	(차) 선급비용 ××× (대) 보통예금 ×××	(차) 보험료 ××× (대) 선급비용 ×××

┃총일수 계산방법┃

양편넣기	기간 계산 시 초일과 말일을 모두 포함하여 계산한다. (보험료)
초일산입	기간 계산 시 초일은 산입하고 말일은 불산입하는 방법으로 계산한다.
말일산입	기간 계산 시 초일은 불산입하고 말일은 포함하여 계산한다. (이자)

기간비용전표 작성하기

(주)삼일테크의 기간비용 자료는 다음과 같다.

구 분	일 자	내 용
기간비용	3월 7일	국내영업팀에서 사용되는 물품창고에 대한 화재보험을 (주)삼성화재에 가입하고 1년분 보험료 365,000원을 현금으로 지급하였다. – 보험기간: 2024/03/07 ~ 2025/03/06 (계산방법: 양편넣기) – 증　빙: 지로용지 – 회계처리: 납부 시 자산으로 처리

❶ 거래자료 입력을 수행하시오.

❷ 자산으로 처리한 보험료 중 기간경과분에 대하여 결산분개를 수행하시오.

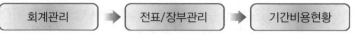

수행 결과 기간비용전표 작성하기

❶ [3월 7일] (차) 선급비용 365,000원 (대) 현금 365,000원

분개	구 분	코 드	계정과목	코 드	거래처명	적 요
	1.출금	13300	선급비용	00007	(주)삼성화재	0.창고 보험료 지급

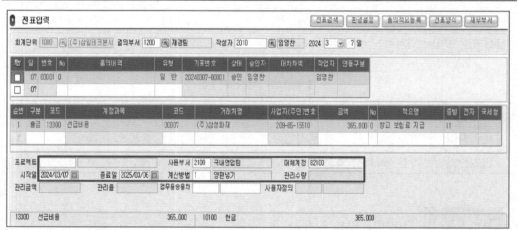

❷ 기간비용현황 메뉴의 [입력] TAB을 선택하여 3월 7일로 기표일자를 조회한 후 화면 우측 상단에 있는 [전표발행]을 클릭한다. 처리기간을 '2024년 3월~2024년 12월' 입력하고 [전표발행 (ENTER)]을 클릭하면 전표발행이 완료된다.

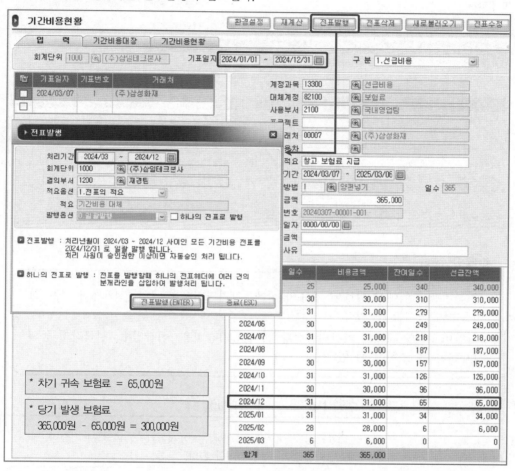

❸ [전표발행]을 완료하면 [전표입력] 메뉴에서 12월 31일 결산전표를 확인할 수 있다. 승인·수정
권자가 처리하면 승인전표가 된다.

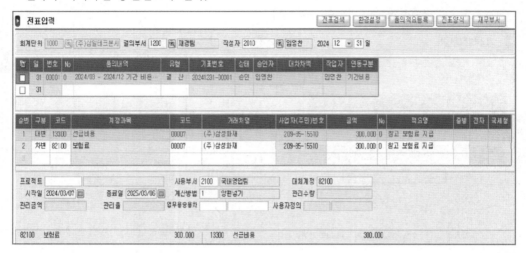

- [기간비용현황]에서 발행된 전표의 삭제는 [기간비용현황]의 [전표삭제] 메뉴를
  이용하여 삭제할 수 있다.
- [기간비용현황]메뉴의 기간비용현황 탭에서 기간비용, 선급일수, 선급잔액 등의
  상세현황 을 조회할 수 있다.

수행 tip   ❀ 기간비용

- [회계관리] → [기초정보관리] → [계정과목등록]에서 기간비용과
  관련된 설정이 되어 있어야 한다.

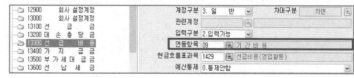

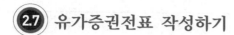
필요 지식

2.7 유가증권전표 작성하기

유가증권에는 단기매매증권과 만기보유증권, 매도가능증권 및 지분법투자주식 등이 있다. 이들은 모두 주식(지분증권)과 채권(채무증권)의 형태로 되어 있으며 실물의 형태로 관리하다가 매매 시 원본이 제시되어야 하므로, 별도의 유가증권에 대한 관리가 필요하다.

수행 내용 **유가증권전표 작성하기**

(주)삼일테크의 유가증권 자료는 아래와 같다. 다음 내용을 수행하시오.

구 분	일 자	내 용
유가증권	3월 8일	단기보유목적으로 (주)더존비즈온의 주식 200주(NO.10011001~10011200 액면금액 10,000원, 매입금액 9,000원, 평가방법: 시가법, 만기일: 2025.03.07.)를 매입하고 현금으로 지급하였다.

❶ 거래자료 입력을 수행하시오.

회계관리 ➡ 전표/장부관리 ➡ 전표입력

❷ [유가증권명세서]를 조회하여 보관 중인 유가증권 장부금액을 확인하면 얼마인가?
(기표일자: 3월 1일 ~ 3월 31일)

회계관리 ➡ 자금관리 ➡ 유가증권명세서

핵심ERP실무

수행 결과 유가증권전표 작성하기

❶ [3월 8일] (차) 단기매매증권 1,800,000원 (대) 현금 1,800,000원

분개	구 분	코 드	계정과목	코 드	거래처명	적 요
	1.출금	10700	단기매매증권		(주)더존비즈온	10.주식 현금매입

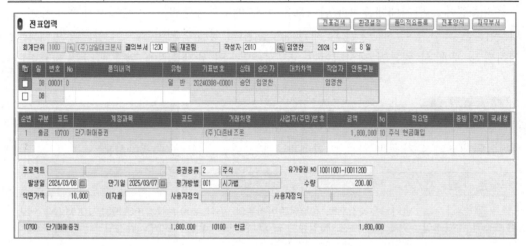

❷ 유가증권 장부금액 ➡ 1,800,000원

유가증권명세서

종목	증권번호	액면가액	주수	장부가액	비고
주식	10011001~10011200	10,000	200	1,800,000	

🏷️ **알아두기**

- 단기매매증권 취득과 직접 관련된 수수료 등은 영업외비용(수수료비용)으로 회계처리하고, 매도가능증권, 만기보유증권의 취득과 직접 관련된 수수료 등은 최초 인식하는 공정가치에 가산한다.
- 10700.단기매매증권과 17800.투자유가증권에 연동항목으로 '유가증권'이 등록되면 [회계관리] → [자금관리] → [유가증권명세서]에 자동 반영된다.

2.8 지출증명서류(적격증빙)

증빙이란 거래상황에 대하여 객관적으로 입증이 가능한 증거서류를 말한다. 일정 사업자와의 거래건당 3만 원 초과의 지출거래 시에는 정규증명서류(세금계산서, 계산서, 신용카드매출전표, 현금영수증)를 수취하여야 하며, 수취하지 않은 경우에는 지출증명서류 미수취 가산세(거래금액의 2%)를 법인세 신고 시 납부하여야 한다.

3만 원 초과 거래를 [전표입력]에 입력하고 증빙유형 '3.영수증(일반경비)'으로 선택하여 [구분 및 공급자 등록] 화면이 나오면 관련 내용을 입력한다. [지출증명서류 검토표(관리용)]를 조회하면 지출증명서류에 따라 금액이 구분 집계되며, '차이'란에 집계된 금액이 지출증명서류 미수취 가산세의 대상이 된다.

수행 내용 지출증명서류

(주)삼일테크(본사)는 제품광고용 전단지 제작대금을 현금으로 지급하고 영수증을 받았다. 본 거래에 대하여 지출증명서류 미수취 가산세 대상인지를 검토하고자 한다.

❶ 거래자료 입력을 수행하시오.

회계관리 ➡ 전표/장부관리 ➡ 전표입력

❷ [지출증빙서류검토표(관리용)] 작성을 수행하시오.

(기표기간: 3월 1일 ~ 3월 31일)

회계관리 ➡ 전표/장부관리 ➡ 지출증빙 서류검토표

영 수 증 (공급받는자용)				
NO.		**(주)삼일테크** 귀하			
공급자	사업자등록번호	105-36-14583		
	상 호	잘보여광고	성 명	김행복
	사업장소재지	서울시 구로구 경인로 472		
	업 태	제조외	종 목	인쇄외
작성년월일	공급대가총액		비고	
2024.3.9.	100,000원			
공 급 내 역				
월/일	품 목	수량	단가	공급대가(금액)
3/9	전단지			100,000
합 계	₩100,000			
위 금액을 영수(청구)함				

수행 결과　지출증명서류검토표 작성하기

❶ [3월 9일]　(차) 광고선전비　　　　100,000원　　(대) 현금　　　　　　100,000원

분개	구 분	코 드	계정과목	코 드	거래처명	적 요
	1.출금	83300	광고선전비		잘보여광고	10.광고물제작비 지급

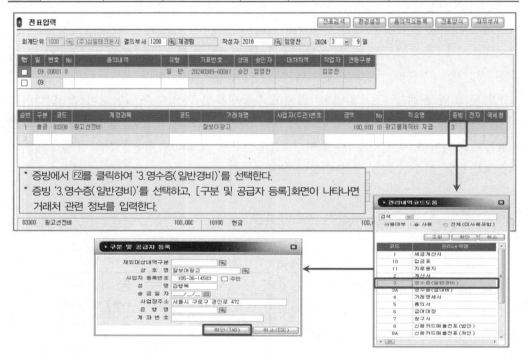

* 증빙에서 F2를 클릭하여 '3.영수증(일반경비)'를 선택한다.
* 증빙 '3.영수증(일반경비)'를 선택하고, [구분 및 공급자 등록]화면이 나타나면 거래처 관련 정보를 입력한다.

참고

• '제외대상내역구분'에 해당하는 거래의 경우 F2를 이용하여 관련 항목을 선택하면 [지출증명서류검토표(관리용)]의 '수취제외대상'으로 집계된다.

❷ [지출증명서류검토표(관리용)]를 조회하면 '신용카드, 현금영수증, 세금계산서, 계산서'에 해당
하는 금액이 '증빙 계'란에 집계되며, 30,000원 이하 영수증은 '수취제외대상'에 집계된다. 계정
금액에서 '증빙 계'와 '수취제외대상'을 차감한 금액이 '차이'란에 자동 계산되며, '차이'에 해당
하는 금액이 지출증명서류 미수취 가산세(2%) 적용대상이 된다.

| 코드 | 표준과목명 | 계정금액 | 신용카드 | | 현금영수증 | 세금계산서 | 계산서 | 증빙 계 | 수취제외대상 | 차이 (금액-계-제외) | 비고 |
			법인	개인							
085	접대비	200,000	200,000					200,000			
091	광고선전비 (판매촉진비…)	100,000								100,000	
093	차량유지비 (유류비 포함)	150,000	150,000					150,000			
110	운반비	30,000							30,000		
	[손익계산서 소계]	480,000	350,000					350,000	30,000	100,000	

* 차이 100,000원은 지출증명서류 미수취 가산세(2%) 적용대상이다.

꼭 알아두기

▣ 정규증명서류 수취

① 3만 원 초과 거래에 대하여 정규증명서류를 수취하지 않았을 경우 영수증수취명
세서를 작성하여 제출하며, 제출자료에 대하여 2%의 가산세가 부과된다.

② 3만 원 초과 거래 중 제외대상거래가 있으므로 검토하여 함께 제출한다.

▣ 정규증명서류의 범위

① 신용카드 매출전표 ② 현금영수증 ③ 세금계산서 ④ 계산서

• 전표입력 시 3만 원 초과 거래에 대하여 정규증명서류 외의 증빙을 선택하면 [구분
및 공급자등록] 화면이 나타나며, 관련 내용을 입력 하면 정규증명서류검토표의
가산세 대상으로 '차이' 란에 자동반영 된다.

제**3**장

(NCS_ 능력단위 0203020102_20v4)

자금관리

NCS_ 능력단위요소
01 현금 시재 관리하기
02 어음 · 수표 관리하기

NCS 능력단위: 자금관리(0203020102_20v4)

자금관리	기업 및 조직의 자금을 관리하기 위하여 회계 관련 규정에 따라 자금인 현금, 예금, 법인카드, 어음·수표를 관리할 수 있다.

직종	분류번호	능력단위	능력단위요소	수준
회계 감사	0203020102_20v4	자금관리	01 현금 시재 관리하기	2
			02 예금 관리하기	2
			03 법인카드 관리하기	2
			04 어음·수표 관리하기	2

능력단위요소	수행준거
01 현금 시재 관리하기	1.1 회계 관련규정에 따라 현금 입출금을 관리할 수 있다.
	1.2 회계 관련규정에 따라 소액현금 업무를 처리할 수 있다.
	1.3 회계 관련규정에 따라 입·출금전표 및 현금출납부를 작성할 수 있다.
	1.4 회계 관련규정에 따라 현금 시재를 일치시키는 작업을 할 수 있다.
02 예금 관리하기	2.1 회계 관련 규정에 따라 예·적금을 구분·관리할 수 있다.
	2.2 자금운용을 위한 예·적금 계좌를 예치기관별·종류별로 구분·관리 할 수 있다.
	2.3 은행업무시간 종료 후 회계 관련 규정에 따라 은행잔고를 확인할 수 있다.
	2.4 은행잔고의 차이 발생 시 그 원인을 규명할 수 있다.
03 법인카드 관리하기	3.1 회계 관련 규정에 따라 금융기관에 법인카드를 신청할 수 있다.
	3.2 회계 관련 규정에 따라 법인카드 관리대장 작성 업무를 처리할 수 있다.
	3.3 법인카드의 사용범위를 파악하고 결제일 이전에 대금이 정산될 수 있 도록 회계처리할 수 있다.
04 어음·수표 관리하기	4.1 관련규정에 따라 수령한 어음·수표의 예치 업무를 할 수 있다.
	4.2 관련규정에 따라 수령한 어음·수표를 발행·수령할 때 회계처리할 수 있다.
	4.3 관련규정에 따라 어음관리대장에 기록하여 관리할 수 있다.
	4.4 관련규정에 따라 어음·수표의 분실 처리 업무를 할 수 있다.

01 현금 시재 관리하기(NCS 능력단위요소명)

★ **학습목표(NCS 수행준거)**

1.1 회계 관련규정에 따라 현금 입·출금을 관리할 수 있다.
1.2 회계 관련규정에 따라 소액현금 업무를 처리할 수 있다.
1.3 회계 관련규정에 따라 입·출금전표 및 현금출납부를 작성할 수 있다.
1.4 회계 관련규정에 따라 현금 시재를 일치시키는 작업을 할 수 있다.

필요 지식

자금관리는 자금계획입력과 전표입력 시 계정과목의 입력 등을 통하여 자금현황, 자금 입·출금내역, 예·적금현황 등 자금의 흐름을 실시간으로 파악할 수 있는 메뉴이며, 기업이 경영활동에 필요한 자금을 계획적으로 조달·운용함과 동시에 자금의 효율을 극대화 하도록 통제가 가능하다.

▌자금관리 프로세스 ▌

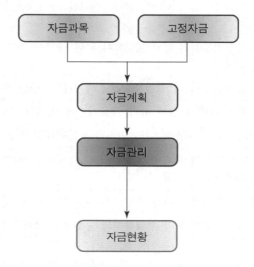

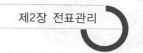

1.1 현금 시재 관리하기

현금의 수입과 지출이 있을 때 현금출납장에 기록하여 현금 시재를 관리한다. 장부의 현금계정잔액은 현금의 실제잔액과 일치하여야 하므로 현금출납 담당자는 매일 현금 시재의 잔액을 확인하고 관리하여야 한다.

계산이나 기록상 오류, 분실, 도난 등의 이유로 현금 시재와 장부가 일치하지 않을 수 있는데, 이때 일시적으로 '현금과부족' 계정을 사용한다.

구 분	거래	분 개			
장부상 현금잔액 < 실제 현금잔액	현금 과잉 시	(차) 현금	×××	(대) 현금과부족	×××
	결산 시	(차) 현금과부족	×××	(대) 잡이익	×××
장부상 현금잔액 > 실제 현금잔액	현금 부족 시	(차) 현금과부족	×××	(대) 현금	×××
	결산 시	(차) 잡손실	×××	(대) 현금과부족	×××

1.2 일자별자금계획 입력하기

회사는 매일, 매월, 분기별, 연간 단위로 자금계획을 수립하는데, 자금계획의 수립을 위하여 발생한 정보를 모아주는 곳이 자금계획 입력 메뉴이다.

일자별자금계획 입력 메뉴는 거래처등록을 통한 자료 및 고정자금을 등록하여 자금계획에 반영할 수 있으며, 전표입력을 통한 채권, 채무의 수금예정일이나 결제일 설정 등의 스케줄을 활용하여 자금계획에 반영할 수 있다.

수행 내용 | 일자별자금계획 입력하기

(주)삼일테크(본사)의 고정자금 지출내역은 다음과 같다. 고정자금에 등록하고 3월의 자금계획에 반영하시오.

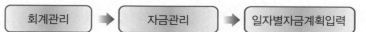

회계관리 ➡ 자금관리 ➡ 일자별자금계획입력

사업장	일자	적 요	자금과목	금 액	비 고
본사	25	인터넷 요금	2410. 제세공과금	300,000원	• 기업은행 보통예금계좌 25일 자동이체 • 계약기간: 2024.01.01. ~
	28	정수기 렌탈료	2000. 경상지출	600,000원	• 계약기간: 2024.03.01. ~ 2026.02.28.
	30	차량 리스료	2990. 기타경상지출	800,000원	• 계약기간: 2024.03.11. ~ 2027.03.10.

* 본 실무예제는 자금관리부분을 위한 내용이며, 회계처리는 생략하기로 한다.

수행 결과 일자별자금계획 입력하기

❶ [자금계획입력] TAB에서 고정자금 을 이용하여 고정자금 내역과 금액을 등록한다.

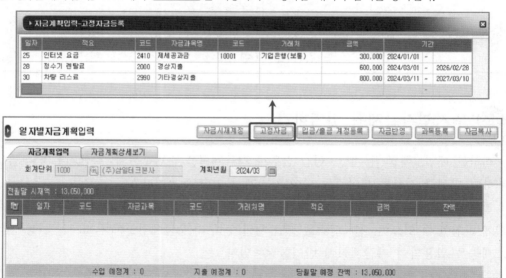

❷ 　자금반영　 버튼을 눌러 적용기간을 입력하고 [적용] 버튼을 클릭하여 고정자금에 등록된 내용을 자금계획에 반영한다. 이때 기간은 월단위로 입력 가능하며, 전표조회기간은 조회월이 포함된 3개월이 기본으로 반영된다.

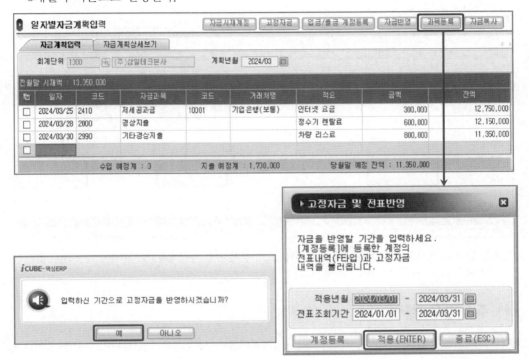

❸ 자금계획 상세보기

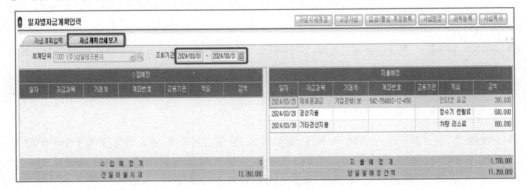

❹ 자금계획 카렌다

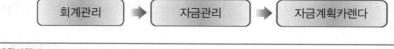

회계관리 ➡ 자금관리 ➡ 자금계획카렌다

자금계획카렌다 　　　　　　　　　　　　　　　　　　　　　　　　　[휴일사용여부]

회계단위 1000 [▦] (주)삼일테크본사 　　　　　　　　　　　　　계획년월 2024/03 [▦]

Sunday	Monday	Tuesday	Wednesday	Thursday	Friday	Saturday
					수입: 1 0	2 0
					지출: 0	0
수입: 3 0	4 0	5 0	6 0			9 0
지출: 0	0	0	0			0
수입: 10 0	11 0	12 0	13 0			16 0
지출: 0	0	0	0			0
수입: 17 0	18 0	19 0	20 0	21 0	22 0	23 0
지출: 0	0	0	0	0	0	0
수입: 24 0	25 0	26 0	27 0	28 0	29 0	30 0
지출: 0	300,000	0	0	600,000	0	800,000
수입: 31 0						
지출: 0						

자금계획카렌다의 날짜란을 선택하면 하단에 해당 날짜의 내역이 나타난다.

일자	코드	자금과목	코드	거래처	적요	금액
2024/03/25	2410	제세공과금	10001	기업은행(보통)	인터넷 요금	300,000

* 우측 상단 [휴일사용여부] 기능에서 '휴일 사용'으로 설정하면, 자금계획일이 휴일에 해당되는 경우에는 이전 일자 또는 다음 일자로 변경된다.

주요항목 설명

❶ **자금시재계정** : 현금예금 계정과목이 [현금], [당좌예금], [제예금]으로 구성되어 있음을 보여준다.

❷ **고정자금** : 매달 일정하게 발생하는 자금의 지급 및 수입 내역을 등록하는 내역이다.

고정자금을 등록한 후에는 실제 매달 자금계획에 반영하기 위해서는 **자금반영** 버튼을 눌러 해당 월에 자금반영을 적용하여야 한다.

❸ **입금/출금 계정등록** : 입출금전표로 입력을 하게 되면 10100.현금계정과목은 자동분개되어 상대계 정만 입력하면 된다. 이때 현금계정에 자금과목을 등록하려면 [분개영역]에 현금계정에 대한 분 개처리를 하지 않기 때문에 관리내역을 입력할 수 없다. 따라서 상대계정에 따른 현금의 관리항목 을 등록하고자 할 때 이용한다.

❹ **자금반영** : 자금계획을 등록한 후 해당 월의 지출 및 수입계획에 실제 반영할 때 [자금반영] 버 튼을 이용한다. 특정 일자에 자금계획을 등록하는 것은 여러 월의 특정 일자에 해당하므로, 반 드시 [자금반영] 버튼을 눌러 해당 월을 선택하여야 한다.

❺ **과목등록** : 기본적으로 등록된 자금과목을 수입계획과 지출계획으로 구분되고, 임의의 자금과목을 추가할 수 있다.

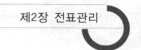

> **필요 지식**

(1.3) 자금현황 작성하기

자금현황은 자금관련 계정과목의 증감 잔액을 총괄하여 표시함으로써 조회시점의 자금 내역 및 가용자금을 한눈에 파악할 수 있는 메뉴이다.

> **수행 내용** 자금현황 작성하기

(주)삼일테크의 2024년 3월 31일 현재 보통예금 가용자금 금액은 얼마인가?

> **수행 결과** 자금현황 작성하기

보통예금 가용자금 금액 ➡ 10,000,000원

NO	구분	계좌번호	거래처	전일말잔액	차월한도	전일말가용	금일입금	금일출금	당일말자금
1	현금		현금	3,050,000		3,050,000	2,000,000	2,375,000	2,675,000
2	소계			3,050,000		3,050,000	2,000,000	2,375,000	2,675,000
3	보통예금	542-754692-12-456	기업은행(보통)	10,000,000		10,000,000			10,000,000
4	소계			10,000,000		10,000,000			10,000,000
	합 계			13,050,000	0	13,050,000	2,000,000	2,375,000	12,675,000

자금현황 화면: 총괄거래현황 / 어음현황 / 자금집행실적 / 일일자금계획 탭. 계정등록에 설정 된 자금계정의 데이터를 조회합니다. 회계단위 1000 (주)삼일테크본사, 조회기간 2024/01/01 ~ 2024/03/31, 계정구분 1. 세목별, 자금계정, □현금 계정 거래처별 분할조회

필요 지식

1.4 예산 관리하기

예산관리란 부서별로 예산을 신청·편성·조정하고 전표결의 시 실행예산과 집행예산을 토대로 예산을 통제하는 일련의 과정을 의미한다.

❚ 예산관리 프로세스 ❚

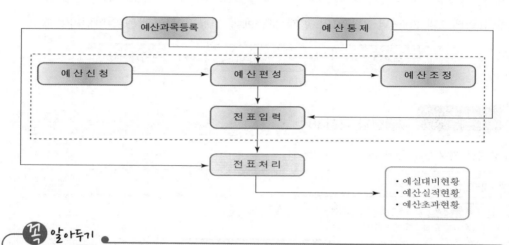

꼭 알아두기

▣ 예산관련 용어

- 신청예산: 해당부서에서 신청한 예산액
- 편성예산: 예산결정부서에서 신청예산을 바탕으로 결정한 예산
- 실행예산: 편성예산에 예산조정내역을 가감한 예산
- 집행예산: 현재까지 사용된 예산
- 집행실적: 현시점까지 사용된 예산실적
- 잔여예산: 실행예산에서 현시점까지 사용된 예산을 차감한 예산잔액

▣ 예산통제방식

- 통제안함: 예산통제를 안 할 경우
- 월별통제: 월별로 예산을 통제하고자 할 경우
- 분기별통제: 분기별로 예산을 통제하고자 할 경우
- 반기별통제: 반기별로 예산을 통제하고자 할 경우
- 연간통제: 1년 단위로 예산을 통제하고자 할 경우
- 누적통제: 연도구분 없이 예산을 통제하고자 할 경우
- 입력가능: 집행예산이 실행예산을 초과하는 경우에도 전표입력을 하고자 할 경우

(1) 예산신청입력

예산을 사용할 부서별로 예산과목에 대하여 예산을 신청하는 메뉴이다.

수행 내용   예산신청입력

❶ (주)삼일테크는 2024년 1월부터 사용부서별로 예산관리 및 통제를 시행하고자 한다. [시스템환경설정] 메뉴에 예산관련 등록을 수행하시오.

   ※ 시스템환경설정을 변경한 후 반드시 로그아웃하고 재로그인 하시오.

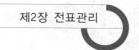

시스템관리 ➡ 회사등록정보 ➡ 시스템환경설정

❷ 재경팀의 2024년 예산신청금액은 다음과 같다. [예산신청입력] 메뉴에 예산신청 등록을 수행하시오.

회계관리 ➡ 예산관리 ➡ 예산신청입력

부 서	계정과목	월별신청금액	비 고
재경팀	복리후생비	500,000원	월별통제
재경팀	여비교통비	300,000원	월별통제

수행 결과   예산신청입력

❶ 시스템환경설정에서 다음과 같이 시스템환경설정을 수정한다.

   - 예산통제구분: 1. 사용부서, 예산관리여부: 1. 여, 예산관리개시월: 01

⬛ 시스템환경설정

조회구분 2. 회계 ▾   환경요소 [　　　　　]

구분	코드	환경요소명	유형구분	유형설정	선택범위	비고
회계	20	예산통제구분	유형	1	0.결의부서 1.사용부서 2.프로젝트	
회계	21	예산관리여부	여부	1	여:1 부:0	
회계	22	입출금전표사용여부	여부	1	여:1 부:0	
회계	23	예산관리개시월	유형	01	예산개시월:01~12	
회계	24	거래처등록보조화면사용	여부	1	여:1 부:0	
회계	25	거래처코드자동부여	여부	0	0-사용안함, 3-10-자동부여자리수	
회계	26	자산코드자동부여	여부	0	여:1 부:0	

❷ 예산신청입력

1) 복리후생비: 계정과목 선택 후 당기 신청란에서 1월부터 12월까지 500,000원을 입력한다.

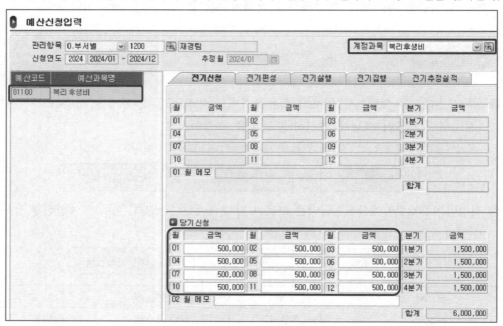

2) 여비교통비: 계정과목 선택 후 당기 신청란에 1월부터 12월까지 300,000원을 입력한다.

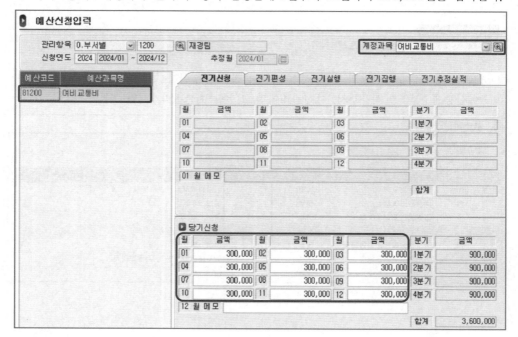

3) 예산통제 방식은 계정과목등록에 설정되어 있는 '1.월별통제'를 확인한다.

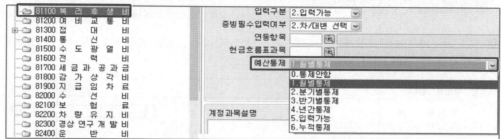

 알아두기

■ 예산관리 환경설정 시 예산통제 부서
- 결의부서: 부서별로 예산통제하면서 전표를 입력하는 경우 선택
- 사용부서: 회계부서에서 예산통제하면서 일괄적으로 전표를 입력하는 경우 선택

(2) 예산편성입력

각 부서에서 [예산신청입력]을 통해 입력한 예산금액을 기초로 예산을 증액하거나 감액하여 예산을 확정하는 메뉴이다. 편성된 예산금액은 통제 및 예실 대비의 기초가 되는 실행 예산금액이 된다.

수행 내용 예산편성입력

❶ 재경팀의 계정별 예산신청금액을 전액 당기 편성으로 반영하시오.

❷ [3월 10일]
재경팀은 토끼정 식당에서 회식 후 대금 400,000원을 현금으로 결제하고 현금영수증을 수취하였다.
[전표입력] 메뉴에 등록하고, 잔여예산액을 확인하시오.

수행 결과 예산편성입력

❶ 왼쪽 계정과목의 체크상자를 클릭한 후 하단의 '당기편성'란을 선택하고, 상단부 '자료복사'를
클릭하여 당기예산신청 자료를 복사한다.

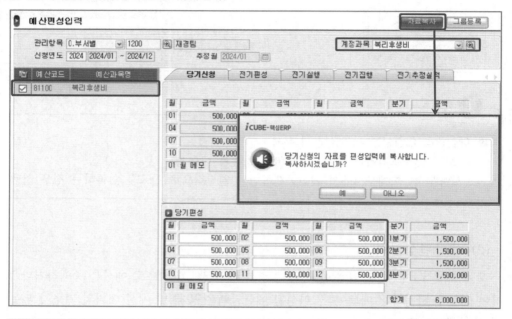

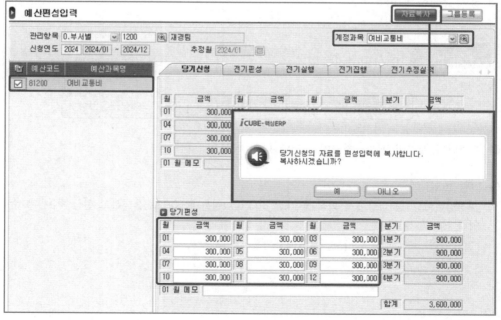

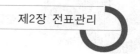

❷ [3월 10일]　(차) (판)복리후생비　　　　400,000원　　(대) 현금　　　　400,000원

분개	구분	코드	계정과목	코드	거래처명	적요
	출금	81100	복리후생비		토끼정	13.직원회식대 지급

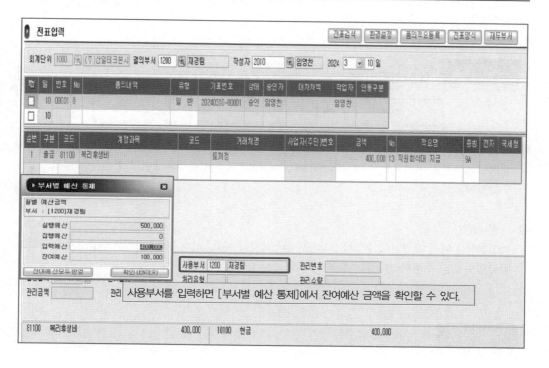

사용부서를 입력하면 [부서별 예산 통제]에서 잔여예산 금액을 확인할 수 있다.

(3) 예산조정입력

예산조정은 추경예산 또는 예산전용에 의해서 예산을 조정하는 메뉴이다. 편성된 예산 금액이 부족한 경우 추경에 의해서 증액할 수도 있고 타계정에서 전용하는 방법으로 증액할 수도 있다.

수행 내용 예산조정입력

회계관리 ➡ 예산관리 ➡ 예산조정입력

❶ [3월 20일]
재경팀의 3월분 여비교통비 예산액 중 100,000원을 재경팀 복리후생비로 전용하여 예산조정을 수행하시오.

❷ [3월 25일]
법인결산을 마친 재경팀이 수림한정식에서 점심식사를 하고, 식대 150,000원은 현금으로 지급하고 현금영수증을 수취하였다.
[전표입력] 메뉴에 등록하고 잔여 예산액을 확인하시오.

수행 결과 예산조정입력

❶ 예산조정입력

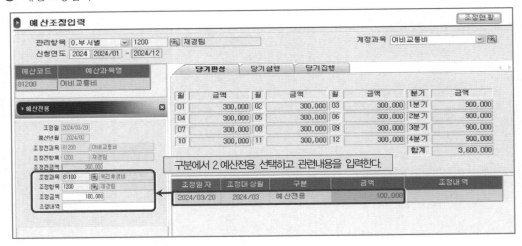

1) 조정내용 확인: 여비교통비

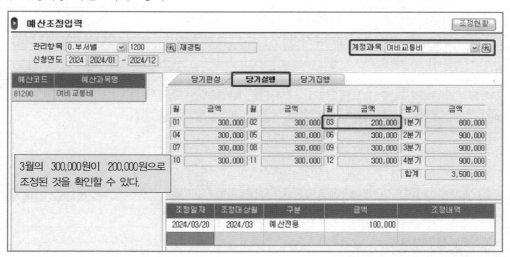

3월의 300,000원이 200,000원으로 조정된 것을 확인할 수 있다.

2) 조정내용 확인: 복리후생비

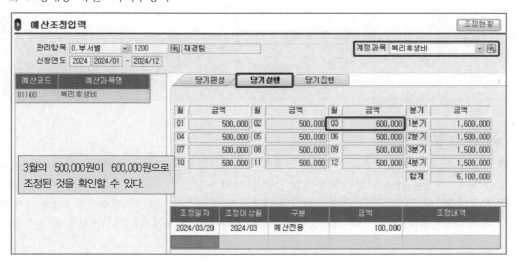

3월의 500,000원이 600,000원으로 조정된 것을 확인할 수 있다.

❷ [3월 25일] (차) (판)복리후생비 　　　 150,000원 　　　　　　 (대) 현금 　　　 150,000원

분개	구분	코드	계정과목	코드	거래처명	적요
	출금	81100	복리후생비		수림한정식	10.직원식대및차대 지급

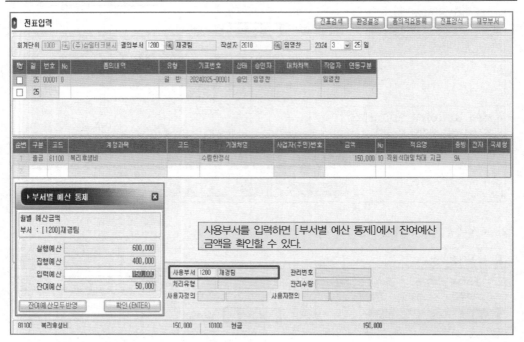

주요항목 설명

❶ 추경예산: 전체 계정과목을 검토하여 일괄적으로 예산을 증액 또는 감액하는 경우의 예산을 나타내며, 추경할 과목을 선택하여 직접 금액을 입력한다.

❷ 예산전용: 예산이 부족한 과목에 대하여 예산이 남아 있는 과목에서 전용하여 조정하고자 할 때의 예산을 나타내며, 남은 예산을 전용할 과목에서 부족한 과목으로 예산조정을 하여야 한다.

1.5 예산현황 관리하기

(1) 예실대비현황

각 부서별로 편성된 실행예산과 집행금액을 비교하여 관리할 수 있도록 예산과 실제로 집행된 금액의 비교현황을 조회하여 확인할 수 있는 메뉴이다.

수행 내용 예실대비현황

(주)삼일테크의 [예실대비현황]을 조회하여 재경팀의 복리후생비 3월 실행예산과 집행실적, 예실대비 금액 확인을 수행하시오.(집행방식: 승인집행)

수행 결과 예실대비현황

복리후생비 실행예산 ➡ 600,000원
집행실적 ➡ 550,000원, 예실대비 잔액 ➡ 50,000원

예실대비현황

관리항목 0.부서별 ∨ 1200 재경팀 ∨ 집행방식 2. 승인집행 ∨
신청연도 2024 2024/01 ~ 2024/12

예산코	예산과목명	구분	신청예산	편성예산	실행예산	집행실적	예실대비
81100	복리후생비	2024/01	500,000	500,000	500,000		500,000
81200	여비교통비	2024/02	500,000	500,000	500,000		500,000
		2024/03	500,000	500,000	600,000	550,000	50,000
		1분기	1,500,000	1,500,000	1,600,000	550,000	1,050,000
		2024/04	500,000	500,000	500,000		500,000
		2024/05	500,000	500,000	500,000		500,000
		2024/06	500,000	500,000	500,000		500,000
		2분기	1,500,000	1,500,000	1,500,000		1,500,000
		상반기	3,000,000	3,000,000	3,100,000	550,000	2,550,000

꼭 알아두기

■ 집행방식

구 분	내 용
결의집행	승인된 전표 + 미결된 전표의 실적금액 반영
승인집행	승인된 전표의 실적금액 반영

(2) 예산실적현황

각 부서별로 편성된 실행예산과 예산실적을 비교하여, 잔여예산 및 집행률을 조회할 수 있는 메뉴이다.

수행 내용 예산실적현황

회계관리 ➡ 예산관리 ➡ 예산실적현황

(주)삼일테크의 3월 말 [예산실적현황]을 조회하여 재경팀의 복리후생비 누계예산 집행율 확인을 수행하시오.(조회기간: 2024/01~2024/03, 집행방식: 승인집행)

수행 결과 예산실적현황

복리후생비의 누계예산 집행율 ➡ 34.375%

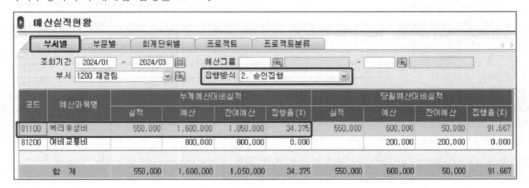

02 어음·수표 관리하기(NCS 능력단위요소명)

★ **학습목표(NCS 수행준거)**
4.1 관련규정에 따라 수령한 어음·수표의 예치 업무를 할 수 있다.
4.2 관련규정에 따라 수령한 어음·수표를 발행·수령할 때 회계처리할 수 있다.
4.3 관련규정에 따라 어음관리대장에 기록하여 관리할 수 있다.
4.4 관련규정에 따라 어음·수표의 분실 처리 업무를 할 수 있다.

필요 지식

2.1 어음 관리하기

약속어음이란 발행인이 소지인(수취인)에게 일정한 기일에 일정한 금액을 지급할 것을 약속하는 증서이다. 약속어음 거래에 대하여는 거래상대방으로부터 물품대금으로 약속어음을 받는 경우와 약속어음을 발행하여 지급하는 경우로 구분할 수 있다.

2.2 수표 관리하기

자기앞수표는 은행이 자기를 지급인으로 정하여 발행한 수표이며, 거래가 발생하여 자기앞수표를 수령하거나 지급하면 '현금'으로 회계 처리한다. 당좌수표는 현금거래의 번거로움을 막기 위해 거래대금을 수표로 발행하는 것이다.

당좌수표를 발행하기 위해서는 기업이 은행과 당좌거래의 약정을 맺고 일정한 현금을 입금한 후 당좌수표용지를 수령하여 필요한 경우 발행하면 된다. 당좌예금은 당좌수표를 통해서만 인출되는 예금이다.

┃ 수표 관련 회계처리 ┃

구분	거 래	분		개	
자기앞수표	자기앞수표 수령	(차) 현 금	×××	(대) 제품매출	×××
	자기앞수표 지급	(차) 비 품	×××	(대) 현 금	×××
당좌수표	타인발행 당좌수표 수령	(차) 현 금	×××	(대) 제품매출	×××
	당사발행 당좌수표 지급	(차) 상 품	×××	(대) 당좌예금	×××

2.3 받을어음의 거래 입력하기

기업의 주요 영업활동인 제품을 매출하고 약속어음을 수령하면 차변에 '받을어음'으로 회계처리하고, 만기 시 어음대금이 입금되면 대변에 '받을어음'으로 회계처리 한다.

전 자 어 음

(주)삼일테크 귀하   08820240402123456789

금 삼백만원정   3,000,000원

위의 금액을 귀하 또는 귀하의 지시인에게 지급하겠습니다.

지급기일 2025년 1월 2일   발행일 2024년 4월 2일
지 급 지 신한은행   발행지 서울특별시 강북구 노해로 12
지급장소 용산지점   주 소
                                발행인 (주)영재전자

┃ 받을어음의 회계처리 ┃

구분	거 래	분		개	
보관	외상대금 어음회수	(차) 받을어음	×××	(대) 외상매출금	×××
	제품판매 시 어음회수	(차) 받을어음	×××	(대) 제품매출	×××
결제	어음대금 입금	(차) 당좌예금	×××	(대) 받을어음	×××
부도	은행에서 지급 거절	(차) 부도어음과수표	×××	(대) 받을어음	×××
배서	외상대금지급 시 양도	(차) 외상매입금	×××	(대) 받을어음	×××
	원재료구입 시 양도	(차) 원재료	×××	(대) 받을어음	×××
할인	금융기관에서 할인	(차) 매출채권처분손실 당좌예금	××× ×××	(대) 받을어음	×××

받을어음의 거래 입력하기

회계관리 ➡ 전표/장부관리 ➡ 전표입력

(주)삼일테크의 받을어음 거래자료는 다음과 같다. 거래자료의 입력을 수행하시오.

구분	일자	내 용
보유	4월 2일	매출처 (주)영재전자의 외상매출금 3,000,000원을 동점발행 전자어음으로 받고 입금표를 발행하였다. • 어음번호: 08820240402123456789 • 만기일: 2024.10.01. • 지급장소: 신한은행 용산지점 • 발행일: 2024.04.02. • 수금사원: 임영찬 • 발행인: (주)영재전자 • 어음종류: 전자 • 수금구분: 자수
만기	4월 4일	매출처 (주)화인알텍에서 받아 보관 중인 약속어음 2,000,000원이 만기가 되어 추심의뢰한 결과 당점 거래은행인 신한은행 당좌예금계좌에 입금되었다. • 어음번호: 자가51251234 • 만기일: 2024.04.04.
할인	4월 6일	매출처 (주)한국테크로부터 물품대금으로 받아 보관 중인 약속어음 3,000,000원을 신한은행에서 할인받고 할인료 30,000원을 차감한 잔액은 신한은행 당좌예금계좌로 입금하였다. • 어음번호: 자가51331912 • 만기일 2024.06.30.
배서	4월 8일	매입처 (주)수민산업의 외상매입금을 지급하기 위하여 (주)영재전자로부터 받아 보관 중인 약속어음(5,000,000원)을 배서하여 지급하고 입금표를 받았다. • 어음번호: 자가10941786 • 만기일 2024.05.31.

수행 tip   🍀 어음관리

• 전자어음번호는 20자리의 어음번호체계를 갖는다.

   004   20240610   252232143
   ↳ 은행코드(국민은행)   ↳ 어음 발행일자   ↳ 일련번호

• 동점: 거래처, 당점: 우리회사
• 자수: 거래당사자로부터 직접 받은 어음
• 타수: 거래당사자로부터 어음을 수취하기 전에 약속어음 뒷면에 배서가 한번 이상 있었던 어음

수행 결과 받을어음의 거래 입력하기

❶ [4월 2일] 🌸보유 (차) 받을어음 3,000,000원   (대) 외상매출금 3,000,000원

분개	구분	코드	계정과목	코드	거래처명	적요
	3.차변	11000	받을어음	00001	(주)영재전자	1.외상매출금 어음회수
	4.대변	10800	외상매출금	00001	(주)영재전자	5.외상대금 받을어음회수

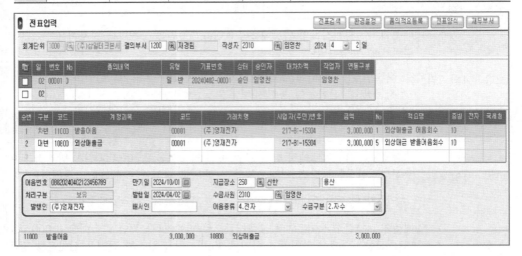

❷ [4월 4일] 🌸만기 (차) 당좌예금 2,000,000원   (대) 받을어음 2,000,000원

분개	구분	코드	계정과목	코드	거래처명	적요
	3.차변	10200	당좌예금	10002	신한은행(당좌)	2.받을어음 당좌추심
	4.대변	11000	받을어음	00003	(주)화인알텍	6.받을어음 당좌추심

주의 대변에 받을어음을 입력하면 '받을어음 반제처리' 화면이 나타난다. 만기 결제되는 어음을 선택한
후 '처리처/처리구분' 화면에서 '2.만기결제'와 처리처를 선택하고 [확인]을 클릭한다.

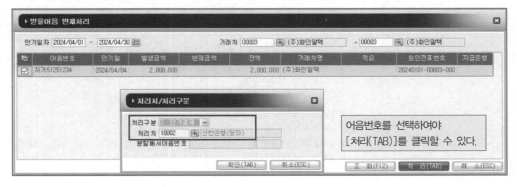

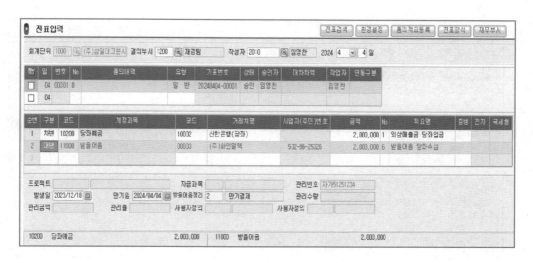

❸ [4월 6일] 🍀할인 (차) 매출채권처분손실 30,000원 (대) 받을어음 3,000,000원
　　　　　　　　당좌예금 2,970,000원

	구분	코드	계정과목	코드	거래처명	적요
분개	3.차변	93600	매출채권처분손실			0.어음할인료
	3.차변	10200	당좌예금	10002	신한은행(당좌)	3.받을어음할인액 당좌입금
	4.대변	11000	받을어음	00002	(주)한국테크	5.어음할인액 당좌예입

주의 대변에 받을어음을 입력하면 '받을어음 반제처리'화면이 나타난다. 할인되는 어음을 선택한 후 '처리처/처리구분' 화면에서 '3.할인'과 처리처를 선택하고 [확인]을 클릭한다.

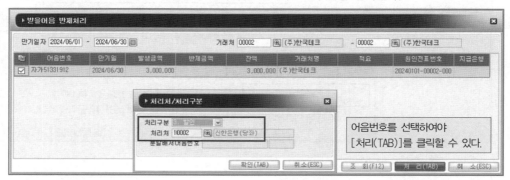

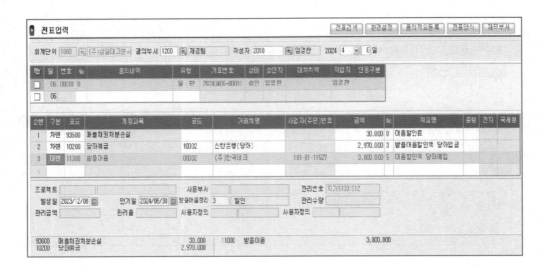

❹ [4월 8일] 🍀 배서 (차) 외상매입금   5,000,000원   (대) 받을어음   5,000,000원

	구분	코드	계정과목	코드	거래처명	적요
분개	3.차변	25100	외상매입금	00005	(주)수민산업	7.외상매입금반제 어음양도
	4.대변	11000	받을어음	00001	(주)영재전자	4.외상매입금 배서양도결제

주의 대변에 받을어음을 입력하면 '받을어음 반제처리' 화면이 나타난다. 배서하는 어음을 선택한 후 '처리처/처리구분' 화면에서 '4.배서'와 처리처를 선택하고 [확인]을 클릭한다.

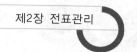

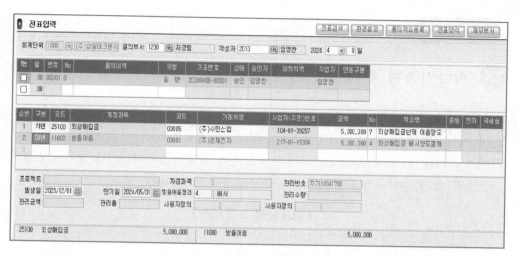

수행 내용   받을어음명세서

회계관리 ➡ 자금관리 ➡ 받을어음명세서

(주)삼일테크의 받을어음명세서를 조회하여 4월 중 만기 결제된 어음의 거래처와 금액을 확인하시오.

수행 결과   받을어음명세서

받을어음명세서 ➡ 거래처: (주)화인알텍, 금액: 2,000,000원

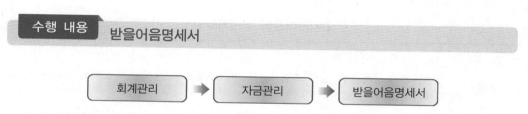

필요 지식

2.4 지급어음의 거래 입력하기

은행으로부터 약속어음 용지를 수령하면 먼저 [어음등록] 메뉴에 등록 후 거래자료 발생 및 어음발행 시 등록된 어음번호별로 처리한다. 어음번호는 [어음등록] 메뉴의 [수불부]에서 조회할 수 있다. 25200.지급어음 계정에는 '지급어음'이라는 연동항목이 연결되어 [자금관리]의 지급어음명세서와 자금관련 보고서에 반영된다.

┃ 어음발행 프로세스 ┃

은행으로부터 어음 수령 → 어음등록 (지급어음명세서) → 어음발행 (전표입력) → 어음회수 (전표입력)

┃ 지급어음의 회계처리 ┃

구 분	거　　래	분　　개
수령	약속어음을 등록하면 '수령'으로 표시되며, '수령'으로 표시된 어음번호에 대해 전표입력에 입력할 수 있다.	
발행	물품대금으로 어음발행	(차) 외상매입금 ×××　(대) 지급어음 ×××
결제	발행된 어음의 만기결제 시	(차) 지급어음 ×××　(대) 당좌예금 ×××
담보	특정기관에 담보성격으로 견질된 경우	
폐기	발행 또는 담보되지 않고 폐기되는 경우	

수행 내용　**지급어음의 거래 입력하기**

회계관리 → 자금관리 → 지급어음명세서 → 어음등록

(주)삼일테크의 지급어음 자료는 다음과 같다. 거래자료 입력을 수행하시오.

구분	일자	내　　용
어음수령 등록	5월 2일	신한은행(당좌)으로부터 약속어음 용지 10매(다라32123001~32123010)를 수령하였다.
발행	5월 2일	원재료 매입처 (주)이솔전자의 외상매입금 2,000,000원을 약속어음을 발행하여 지급하였다. • 어음번호: 다라32123001　　• 만기일 2024.06.30.

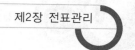

구분	일자	내 용
만기 결제	6월 30일	(주)이솔전자에 발행하였던 약속어음(2,000,000원)이 만기가 되어 당사 신 한은행 당좌예금계좌에서 지급처리 되었다. • 어음번호: 다라32123001　　• 만기일: 2024.06.30.

수행 결과　지급어음의 거래 입력하기

❶ 어음수령 등록

1) [자금관리] 메뉴의 [지급어음명세서]에서 상단부 [어음등록]을 클릭한다.

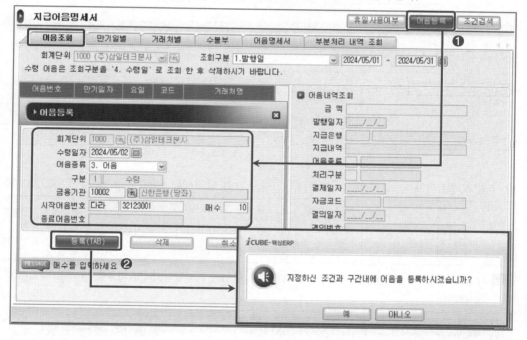

2) 어음등록 확인

❷ [5월 2일] (차) 외상매입금 2,000,000원 (대) 지급어음 2,000,000원

분개	구분	코드	계정과목	코드	거래처명	적요
	3.차변	25100	외상매입금	00006	(주)이솔전자	2.외상매입금반제 어음발행
	4.대변	25200	지급어음	00006	(주)이솔전자	4.외상매입금반제 어음발행

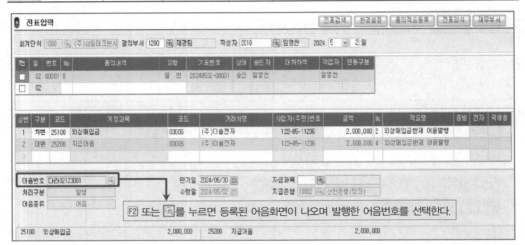

❸ [6월 30일] (차) 지급어음 2,000,000원 (대) 당좌예금 2,000,000원

분개	구 분	코 드	계정과목	코 드	거래처명	적 요
	3.차변	25200	지급어음	00006	(주)이솔전자	1.지급어음 당좌결제
	4.대변	10200	당좌예금	10002	신한은행(당좌)	4.지급어음 당좌결제

주의 차변에 지급어음을 입력하면 '지급어음 반제처리' 화면이 나타난다. 해당 어음을 선택하고 [처리]를 클릭한다.

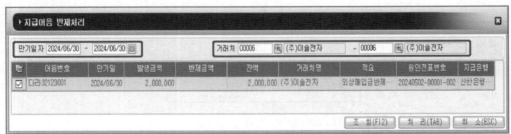

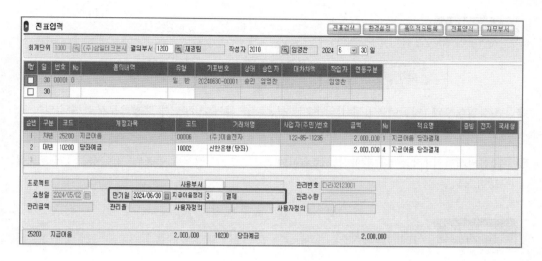

주요항목 설명

❶ 지급어음계정이 차변으로 분개될 경우에는 계정과목의 관리항목이 표시된다.

❷ 지급어음을 차변에 입력할 때 반제처리(만기일자)되며, 반제처리된 어음의 원인전표(발행전표)는 수정 및 삭제가 통제된다.

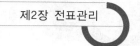

수행 내용 **지급어음명세서**

회계관리 ➡ 자금관리 ➡ 지급어음명세서

❶ (주)삼일테크의 [지급어음명세서]의 [수불부]를 조회하여 2024년에 은행으로부터 수령받아 등록한 어음 중 미발행된 약속어음의 매수 조회를 수행하시오.

❷ (주)삼일테크의 [지급어음명세서]를 조회하여 6월 중 만기 결제된 어음의 거래처와 금액 조회를 수행하시오.

수행 결과 **지급어음명세서**

❶ 지급어음명세서(수불부) ➡ 9매

❷ 지급어음명세서 ➡ (주)이솔전자, 2,000,000원

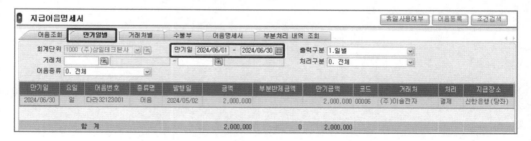

제**4**장

(NCS 능력단위 0203020205_23v6)

부가가치세 신고

NCS 능력단위요소

01 세금계산서 발급 · 수취하기

02 부가가치세 신고하기

03 부가가치세 부속서류 작성하기

NCS 능력단위: 부가가치세 신고(0203020205_23v6)

부가가치세 신고	상품의 거래나 서비스의 제공에서 얻어지는 이윤에 대해 과세되는 금액에 대하여 부가가치세법에 따라 신고 및 납부 업무를 수행할 수 있다.

직종	분류번호	능력단위	능력단위 요소	수준
세무	0203020205_23v6	부가가치세 신고	01 세금계산서 발급·수취하기	3
			02 부가가치세 부속서류 작성하기	3
			03 부가가치세 신고하기	3

능력단위요소	수행준거
01 세금계산서 발급·수취하기	1.1 세금계산서의 발급방법에 따라 세금계산서를 발급하고 세금계산서합계표를 국세청에 전송할 수 있다.
	1.2 수정세금계산서 발급사유에 따라 세금계산서를 수정 발행할 수 있다.
	1.3 부가가치세법에 따라 세금계산서합계표를 작성할 수 있다.
02 부가가치세 부속서류 작성하기	2.1 부가가치세법에 따라 수출실적명세서를 작성할 수 있다.
	2.2 부가가치세법에 따라 대손세액공제신고서를 작성하여 세액공제를 받을 수 있다.
	2.3 부가가치세법에 따라 공제받지 못할 매입세액명세서와 불공제분 대한 계산근거를 작성할 수 있다.
	2.4 부가가치세법에 따라 신용카드매출전표 등 수령명세서를 작성해 매입세액을 공제 받을 수 있다.
	2.5 부가가치세법에 따라 부동산임대공급가액명세서를 작성하고 간주임대료를 계산할 수 있다.
	2.6 부가가치세법에 따라 건물 등 감가상각자산취득명세서를 작성할 수 있다.
	2.7 부가가치세법에 따라 의제매입세액공제신고서를 작성하여 의제매입세액공제를 받을 수 있다.
03 부가가치세 신고하기	3.1 부가가치세법에 따른 과세기간을 이해하여 예정·확정 신고를 할 수 있다.
	3.2 부가가치세법에 따라 납세지를 결정하여 상황에 맞는 신고를 할 수 있다.
	3.3 부가가치세법에 따른 일반과세자와의 간이과세자의 차이를 판단할 수 있다.
	3.4 부가가치세법에 따른 재화의 공급과 용역의 공급의 범위를 판단 할 수 있다.
	3.5 부가가치세법에 따른 부가가치세 신고서를 작성할 수 있다.

01 세금계산서 발급 · 수취하기(NCS 능력단위요소명)

★ **학습목표(NCS 수행준거)**

1.1 세금계산서의 발급방법에 따라 세금계산서를 발급하고 세금계산서합계표를 국세청에 전송할 수 있다.

1.3 부가가치세법에 따라 세금계산서합계표를 작성할 수 있다.

필요 지식

부가가치세는 재화(상품, 제품)의 거래나 용역(서비스)의 제공과정에서 얻어지는 부가가치(이윤)에 대하여 과세하는 세금이며, 사업자가 납부하는 부가가치세는 매출세액에서 매입세액을 차감하여 계산한다. 부가가치세가 과세되는 재화나 용역을 제공하는 사업자는 공급받는 자로부터 공급가액의 10%에 해당하는 부가가치세를 징수하고, 그 거래사실을 증명하기 위하여 (전자)세금계산서를 발행하여야 한다.

▮ 부가가치세관리 프로세스 ▮

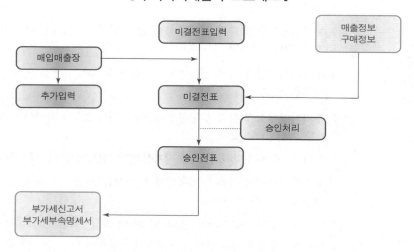

1.1 매출부가가치세 거래 입력

매출부가세와 관련된 거래는 25500.부가세예수금계정에 '매출부가세' 연동항목이 등록되어 있으므로, 전표입력 후 부가가치세신고서와 관련 부속서류에 자동 반영된다.

▌매출 유형별 입력자료와 특성 ▌

코드	유형	입력내용	반영되는 서식
11	과세 매출	• 일반 매출세금계산서(10% 부가세)	• 매출처별세금계산서합계표, 매입매출장, 부가가치세신고서 매출세액 부분과 과세표준명세
12	영세 매출	• 매출세금계산서로 영세율분	• 매출처별세금계산서합계표, 매입매출장, 부가가치세신고서 매출세액 부분과 과세표준명세
13	면세 매출	• 부가가치세 면세사업자가 발급하는 계산서	• 매출처별계산서합계표, 매입매출장, 부가가치세신고서 과세표준의 면세수입금액란
14	건별 매출	• 세금계산서가 발급되지 않는 과세매출(소매매출) • 간주공급	• 매입매출장, 부가가치세신고서 과세매출의 기타란과 과세표준명세
15	종합 매출	• 간이과세자의 매출(공급가액과 부가세가 구분되지 않음)	• 부가가치세신고서 과세표준의 기타란
16	수출	• 외국에 직접 수출하는 경우로 외국환증명서, 수출신고서 등의 자료에 의함	• 매입매출장, 부가가치세신고서 영세매출 기타란
17	카드 매출	• 과세대상 거래의 신용카드매출전표 발급분	• 매입매출장, 신용카드매출전표 발행집계표, 부가가치세신고서 과세표준매출세액의 신용카드, 현금영수증발행분
18	면세카드 매출	• 면세대상 거래의 신용카드매출전표 발급분	• 매입매출장, 신용카드매출전표 발행집계표, 부가가치세신고서 과세표준의 면세수입금액란
19	면세 건별	• 면세대상 거래의 영수증 발급분	• 매입매출장, 부가가치세신고서 과세표준의 면세수입금액란
31	현금 과세	• 과세거래의 현금영수증 발급분	• 매입매출장, 신용카드매출전표 발행집계표, 부가가치세신고서 과세표준매출세액의 신용카드, 현금영수증발행분
32	현금 면세	• 면세거래의 현금영수증 발급분	• 매입매출장, 부가가치세신고서 과세표준의 면세수입금액란, 신용카드매출발행집계표
33	과세매출 매입자발행 세금계산서	• 과세매출 매입자발행 세금계산서	• 매출처별세금계산서합계표, 매입매출장, 부가가치세신고서 매출세액 부분과 과세표준명세

수행 내용 매출부가가치세 거래 입력

회계관리 ➡ 전표/장부관리 ➡ 전표입력

(주)삼일테크의 매출부가세 자료는 다음과 같다. 거래자료 입력을 수행하시오.

	구분	일자	내 용
1	과세 매출	7월 1일	(주)영재전자에 제품(공급가액 5,000,000원, VAT별도)을 판매하고 본사를 공급자로 전자세금계산서를 발급하였다. 대금은 전액 현금으로 받았다.
2	과세 매출	7월 2일	(주)한국테크에 제품(공급가액 9,000,000원, VAT별도)을 판매하고 본사를 공급자로 전자세금계산서를 발급하였다. 대금은 전액 외상으로 받았다.
3	과세 매출	7월 3일	(주)화인알텍에 제품(공급가액 16,000,000원, VAT별도)을 판매하고 본사를 공급자로 전자세금계산서를 발급하였다. 대금은 동점발행의 약속어음으로 전액 결제받았다. • 어음번호: 아자32123555 • 만기일: 2025.01.05. • 지급처: 신한은행 용산지점 • 발행일: 2024.07.03. • 수금사원: 임영찬 • 발행인: (주)화인알텍 • 어음종류: 어음 • 수금구분: 자수
4	영세 매출	7월 4일	(주)영재전자에 Local L/C에 의하여 제품(공급가액 6,000,000원, 영세율 적 용)을 납품하고 본사를 공급자로 전자세금계산서를 발급하였다. 대금은 당사 기업은행 보통예금계좌로 입금되었다.
5	면세 매출	7월 5일	면세가 적용되는 제품 900,000원을 (주)한국테크에 판매하고 본사를 공급자로 전자계산서를 발급하였다. 대금은 전액 현금으로 받았다. (본 예제에 한하여 면세가 적용되는 제품으로 가정)

수행 결과 매출부가가치세 거래 입력

❶ [7월 1일] (차) 현금　　　　　　　　5,500,000원　　　(대) 국내제품매출액　　　5,000,000원
　　　　　　　　　　　　　　　　　　　　　　　　　　　　부가세예수금　　　　　500,000원

	구 분	코드	계정과목	코 드	거래처명	적 요
분개	대변	40401	국내제품매출액	00001	(주)영재전자	0.일반 매출
	대변	25500	부가세예수금	00001	(주)영재전자	0.매출 부가세
	차변	10100	현금	00001	(주)영재전자	0.일반매출 현금 입금

1) 구분란에 '6(매출부가세)'을 입력하여 매출정보를 입력하고 [적용TAB]을 클릭한다.

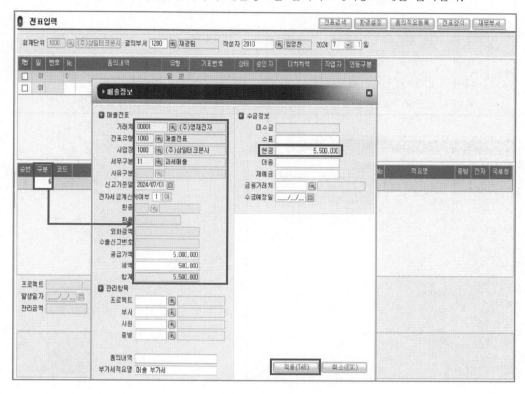

2) 자동으로 작성된 전표에서 매출계정과목을 수정한다.

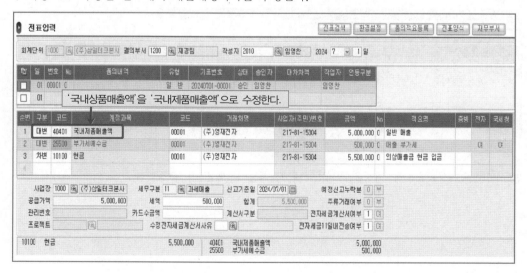

❷ [7월 2일] (차) 외상매출금   9,900,000원 (대) 국내제품매출액   9,000,000원
                                              부가세예수금   900,000원

분개	구분	코드	계정과목	코드	거래처명	적 요
	대변	40401	국내제품매출액	00002	(주)한국테크	0.일반 매출
	대변	25500	부가세예수금	00002	(주)한국테크	0.매출 부가세
	차변	10800	외상매출금	00002	(주)한국테크	0.외상매출금 발생

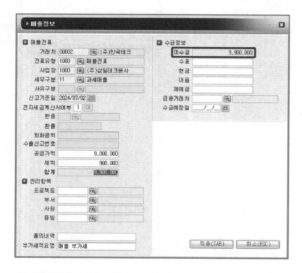

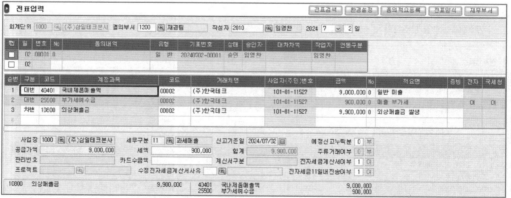

※ '40101.국내상품매출액' 계정을 '40401.국내제품매출액' 계정으로 수정한다.

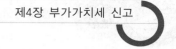

❸ [7월 3일] (차) 받을어음   17,600,000원   (대) 국내제품매출액   16,000,000원

부가세예수금   1,600,000원

분개	구 분	코 드	계정과목	코 드	거래처명	적 요
	대변	40401	국내제품매출	00003	(주)화인알텍	0. 일반 매출
	대변	25500	부가세예수금	00003	(주)화인알텍	0. 매출 부가세
	차변	11000	받을어음	00003	(주)화인알텍	0. 일반매출 받을어음 회수

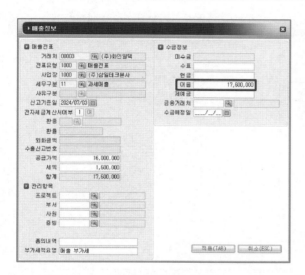

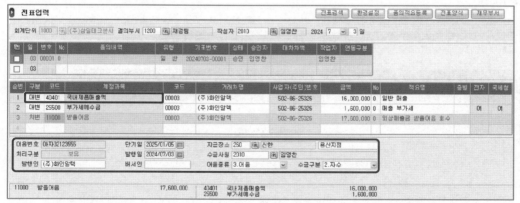

※ '40101.국내상품매출액' 계정을 '40401.국내제품매출액' 계정으로 수정한다.
  '11000.받을어음' 계정을 선택하여 하단의 받을어음 관련 정보를 입력하여야 한다.

❹ [7월 4일] (차) 보통예금 　6,000,000원 　(대) 국내제품매출액 　6,000,000원
　　　　　　　　　　　　　　　　　　　　　　부가세예수금 　　　　0원

분개	구 분	코 드	계정과목	코 드	거래처명	적 요
	대변	40401	국내제품매출액	00001	(주)영재전자	0.일반 매출
	대변	25500	부가세예수금	00001	(주)영재전자	0.매출 부가세
	차변	10301	보통예금	10001	기업은행	0.일반매출 보통예금 입금

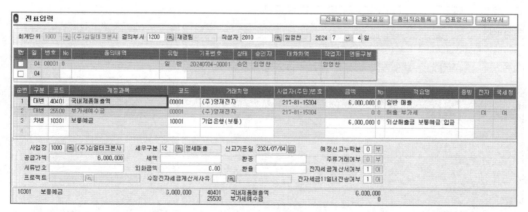

※ '40101.국내상품매출액' 계정을 '40401.국내제품매출액' 계정으로 수정, '10300.제예금' 계정을 '10301.
보통예금' 계정으로 수정한다.

❺ [7월 5일]　(차) 현금　　　　　　　　900,000원　　(대) 국내제품매출액　　　　　900,000원
　　　　　　　　　　　　　　　　　　　　　　　　　　　부가세예수금　　　　　　　　　0원

분개	구 분	코 드	계정과목	코 드	거래처명	적 요
	대변	40401	국내제품매출액	00002	(주)한국테크	0.일반 매출
	대변	25500	부가세예수금	00002	(주)한국테크	0.매출 부가세
	차변	10100	현금	00002	(주)한국테크	0.일반매출 현금 입금

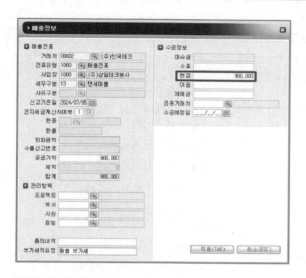

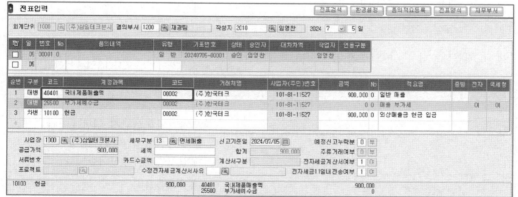

※ '40101.국내상품매출액' 계정을 '40401.국내제품매출액' 계정으로 수정한다.

필요 지식

1.2 매입부가가치세 거래 입력

매입부가세와 관련된 거래는 13500.부가세대급금계정에 '매입부가세' 연동항목이 등록되어 있으므로, 전표입력 후 부가가치세신고서와 관련 부속서류에 자동 반영된다.

❙ 매입 유형별 입력자료와 특성 ❙

코드	유형	입력내용	반영되는 서식
21	과세 매입	• 일반 매입세금계산서 (10% 부가세)	• 매입매출장 • 부가가치세신고서 일반매입란 또는 고정자산매입란 • 매입처별세금계산서합계표
		• 고정자산 매입 시	• 건물등감가상각자산취득명세서
22	영세 매입	• 영세율의 매입세금계산서	• 매입매출장, 부가가치세신고서 일반매입란 • 매입처별세금계산서합계표
23	면세 매입	• 부가가치세면세사업자가 발급한 계산서	• 매입매출장, 매입처별계산서합계표 • 부가가치세신고서 과세표준명세의 계산서 수취금액란
24	매입불공제	• 매입세액 불공제분 세금계산서	• 매입매출장, • 매입처별세금계산서합계표 • 부가가치세신고서 매입세액불공제란 • 매입세액불공제내역
25	수입	• 세관장이 발급한 수입세금계산서	• 매입매출장 • 부가가치세신고서 일반매입란 또는 고정자산매입란 • 매입처별세금계산서합계표
26	의제매입 세액 등	• 의제매입세액 공제대상	• 매입매출장 • 부가가치세신고서 그밖의 공제매입세액란
27	카드 매입	• 매입세액공제가 가능한 신용카드 매출전표	• 매입매출장 • 신용카드수취명세서 • 부가가치세신고서 그밖의 공제매입세액란

코드	유형	입력내용	반영되는 서식
28	현금 영수증 매입	• 매입세액공제가 가능한 현금영수증	• 매입매출장 • 신용카드수취명세서 • 부가가치세신고서 그밖의 공제매입세 액란
29	과세매입 매입자발행 세금계산서	• 매입자발행세금계산서	• 매입매출장 • 매입자발행세금계산서합계표 • 부가가치세신고서

$$\boxed{\text{회계관리}} \Rightarrow \boxed{\text{전표/장부관리}} \Rightarrow \boxed{\text{전표입력}}$$

(주)삼일테크의 매입부가세 자료는 다음과 같다. 거래자료 입력을 수행하시오.

구분	일자	내용
1 과세 매입	8월 1일	대구지사에서 사용할 원재료 7,000,000원(VAT별도)을 (주)수민산업에서 구입하였다. 대구지사를 공급받는자로 전자세금계산서를 발급받았으며, 대금은 전액 외상으로 하였다.
2 과세 매입	8월 2일	대구지사에서 사용할 원재료 5,000,000원(VAT별도)을 (주)이솔전자에서 구입하였다. 대구지사를 공급받는자로 전자세금계산서를 발급받았으며, 대금은 전액 당사 약속어음으로 발행하여 지급하였다. • 어음번호: 다라32123002 • 만기일 2025.02.05.
3 과세 매입	8월 3일	대구지사 생산팀에서 사용할 기계장치(품명: 자동포장기, 공급가액 10,000,000원, VAT별도)를 (주)휴스토리로부터 외상으로 구입하고, 대구지사를 공급받는자로 전자세금계산서를 발급받았다.
4 영세 매입	8월 4일	구매확인서에 의한 수출품 생산에 필요한 원재료 6,000,000원(영세율 적용)을 (주)수민산업에서 외상으로 구입하고, 대구지사를 공급받는자로 전자세금계산서를 발급받았다.
5 면세 매입	8월 5일	재경팀에서 사용할 도서(80,000원)를 (주)휴스토리에서 현금으로 구입하고, 본사 사업장을 공급받는자로 하여 전자계산서를 발급받았다.

❶ [8월 1일] (차) 원재료   7,000,000원 (대) 외상매입금   7,700,000원
　　　　　　　부가세대급금   700,000원

분개	구분	코드	계정과목	코드	거래처명	적요
	차변	14900	원재료	00005	(주)수민산업	0.일반 매입
	차변	13500	부가세대급금	00005	(주)수민산업	0.매입 부가세
	대변	25100	외상매입금	00005	(주)수민산업	0.외상매입금 발생

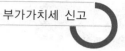

1) 구분란에 '5(매입부가세)'를 입력하여 매입정보를 입력하고 [적용TAB]을 클릭한다.

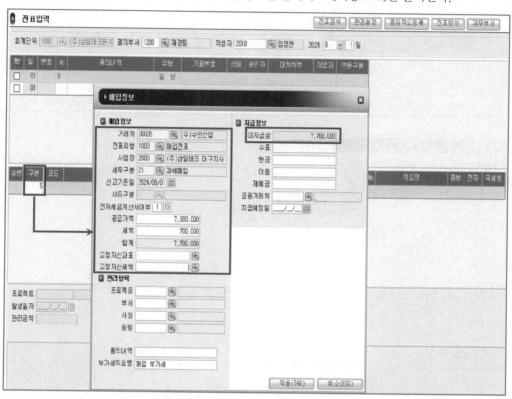

주의 사업장은 '2000 (주)삼일테크 대구지사'로 선택하여야 한다.

2) 자동으로 작성된 전표에서 매입계정과목을 수정한다.

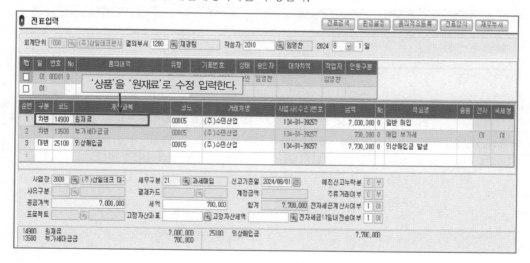

❷ [8월 2일] (차) 원재료   5,000,000원   (대) 지급어음   5,500,000원
                부가세대급금   500,000원

분개	구 분	코 드	계정과목	코 드	거래처명	적 요
	차변	14900	원재료	00006	(주)이솔전자	0.일반 매입
	차변	13500	부가세대급금	00006	(주)이솔전자	0.매입 부가세
	대변	25200	지급어음	00006	(주)이솔전자	0.외상매입금 지급어음 지급

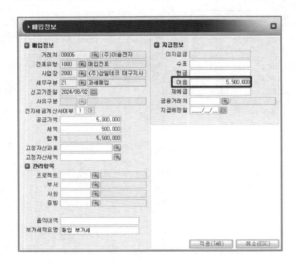

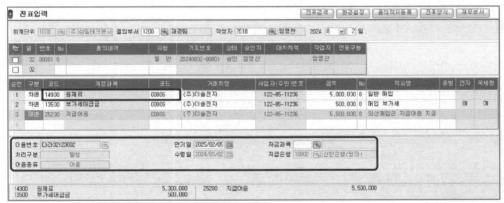

※ '14600.상품' 계정을 '14900.원재료' 계정으로 수정한다.
  '25200.지급어음' 계정을 선택하여 하단의 지급어음 관련 정보를 입력하여야 한다.

❸ [8월 3일]　(차) 기계장치　　　　　10,000,000원　　(대) 미지급금　　　　　11,000,000원
　　　　　　　부가세대급금　　　　1,000,000원

분개	구 분	코 드	계정과목	코 드	거래처명	적 요
	차변	20600	기계장치	00009	(주)휴스토리	0.자산 구입
	차변	13500	부가세대급금	00009	(주)휴스토리	0.자산 구입 시 부가세
	대변	25300	미지급금	00009	(주)휴스토리	0.자산 구입 시 미지급 발생

주의 재고자산 이외의 것을 외상으로 구입하면 '미지급금'으로 회계처리 하여야 한다.

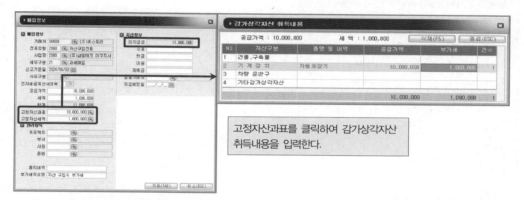

고정자산과표를 클릭하여 감가상각자산
취득내용을 입력한다.

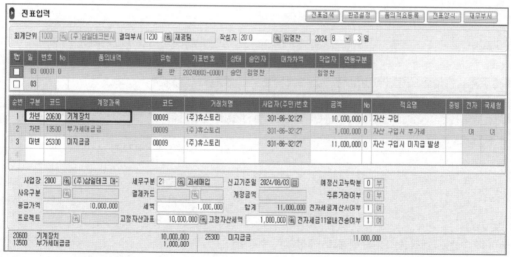

※ '21200.비품' 계정을 '20600.기계장치' 계정으로 수정한다.

❹ [8월 4일]　(차) 원재료　　　　　　　6,000,000원　(대) 외상매입금　　　　　6,000,000원
　　　　　　　　부가세대급금　　　　　　0원

분개	구 분	코 드	계정과목	코 드	거래처명	적 요
	차변	14900	원재료	00005	(주)수민산업	0. 일반 매입
	차변	13500	부가세대급금	00005	(주)수민산업	0. 매입 부가세
	대변	25100	외상매입금	00005	(주)수민산업	0. 외상매입금 발생

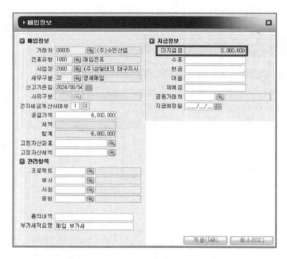

※ '14600.상품' 계정을 '14900.원재료' 계정으로 수정한다.

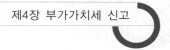

❺ [8월 5일] (차) (판)도서인쇄비   80,000원   (대) 현금   80,000원
         부가세대급금   0원

분개	구 분	코 드	계정과목	코 드	거래처명	적 요
	차변	82600	도서인쇄비	00009	(주)휴스토리	10.도서대금 지급
	차변	13500	부가세대급금	00009	(주)휴스토리	0.매입 부가세
	대변	10100	현금	00009	(주)휴스토리	0.도서구입비 현금지급

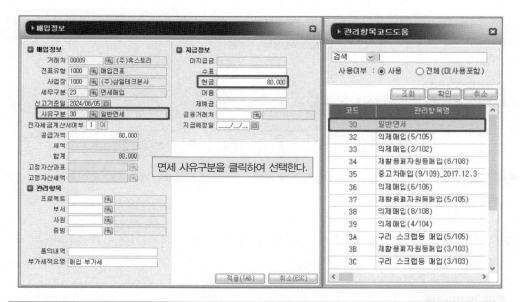

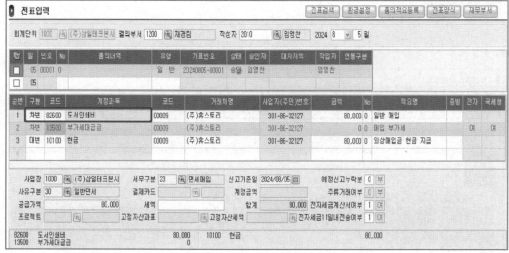

※ '14600.상품' 계정을 '82600.도서인쇄비' 계정으로 수정한다.

1.3 세금계산서합계표와 계산서합계표

(1) 세금계산서합계표

매출 시 발급한 세금계산서와 매입 시 발급받은 세금계산서를 집계하는 표로서, 부가가치세신고 시 부속서류로 반드시 첨부하여야 한다.

수행 내용 세금계산서합계표

❶ (주)삼일테크(본사)의 제2기 부가가치세 예정신고 시 매출전자세금계산서의 총매수와 총공급가액은 얼마인가?

❷ (주)삼일테크(대구지사)의 제2기 부가가치세 예정신고 시 매입전자세금계산서의 매입거래처 수는 몇 곳인가?

수행 결과 세금계산서합계표

❶ 예정신고 시 매출전자세금계산서 총매수와 공급가액 ➡ 4매, 36,000,000원

세금계산서합계표

신고방식 0.사 업 장 별 / 사업장 1000 (주)삼일테크본사 / 기간 2024/07 ~ 2024/09
구분 1. 매출 / 신고구분 1. 정기 / 자료구분 0. 전자 11일경과전송분 + 종이발행분

구분	사업자등록번호 발급분				주민등록번호 발급분				총합계			
	매출처수	매수	공급가액	부가세	매출처수	매수	공급가액	부가세	매출처수	매수	공급가액	부가세
합계	3	4	36,000,000	3,000,000	0	0	0	0	3	4	36,000,000	3,000,000
전자	3	4	36,000,000	3,000,000	0	0	0	0	3	4	36,000,000	3,000,000
전자 외	0	0	0	0	0	0	0	0	0	0	0	0

전자세금계산서분(11일이내 전송분) 전자세금계산서외(전자 11일경과 전송분포함)

NO	거래처명	등록번호	매수	공급가액	부가세	대표자성명	업태	종목	주류업종
1	(주)한국테크	101-81-11527	1	9,000,000	900,000	황재원	도소매, 서비스	전자제품 외	
2	(주)영재전자	217-81-15304	2	11,000,000	500,000	임영재	도소매	전자제품 외	
3	(주)화인알텍	502-86-25326	1	16,000,000	1,600,000	박정우	제조, 도소매	컴퓨터 외	
	합계		4	36,000,000	3,000,000				

❷ 예정신고 시 매입전자세금계산서의 매입거래처 수 ➡ 3곳

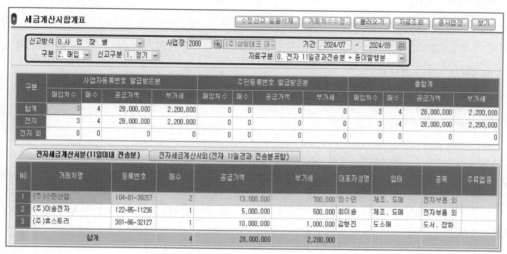

꼭 알아두기

- 매출처별세금계산서합계표에 반영되는 세무구분 유형:
  11.과세매출, 12.영세매출, 33.과세매출 매입자발행세금계산서
- 매입처별세금계산서합계표에 반영되는 세무구분 유형:
  21.과세매입, 22.영세매입, 24.매입불공제, 25.수입
- 매입자발행세금계산서합계표에 반영되는 세무구분 유형:
  29.과세매입 매입자발행세금계산서(단, 핵심ERP에서는 제공되지 않음)

(2) 계산서합계표

계산서가 발급된 거래유형과 계산서를 발급받은 거래유형으로 입력된 매출부가세, 매입부가세 전표에 의해 계산서합계표에 자동 반영된다. 부가가치세신고 시 부속서류로 반드시 첨부하여야 한다.

수행 내용 계산서합계표

(주)삼일테크(본사)의 제2기 부가가치세 예정신고 시 발급한 계산서 매출(수입) 금액은 얼마인가?

수행 결과 계산서합계표

제2기 예정신고 시 발급한 계산서 매출(수입)금액 ➡ 900,000원

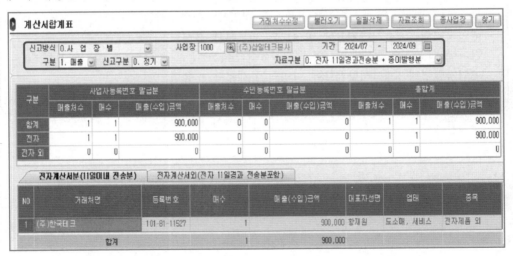

꼭 알아두기

• 매출처별계산서합계표에 반영되는 세무구분 유형: 13.면세매출
• 매입처별계산서합계표에 반영되는 세무구분 유형: 23.면세매입

02 부가가치세 신고하기(**NCS**_능력단위요소명)

★ **학습목표(NCS _ 수행준거)**

3.1 부가가치세법에 따른 과세기간을 이해하여 예정·확정 신고를 할 수 있다.

3.5 부가가치세법에 따른 부가가치세 신고서를 작성할 수 있다.

필요 지식

 2.1 **부가가치세신고서**

부가가치세신고서는 각 신고기간에 대한 부가가치세 과세표준과 납부세액 또는 환급세액 등을 기재하여 관할 세무서에 신고하는 서류이다. 유형별로 입력한 자료가 자동반영되어 작성된다. 부가가치세의 과세기간과 예정신고기간은 다음과 같다.

과세기간	예정신고기간과 과세기간 최종 3개월		신고납부기한
제1기 1월 1일~6월 30일	예정신고기간	1월 1일~ 3월 31일	4월 25일
	과세기간 최종 3개월	4월 1일~ 6월 30일	7월 25일
제2기 7월 1일~12월 31일	예정신고기간	7월 1일~ 9월 30일	10월 25일
	과세기간 최종 3개월	10월 1일~12월 31일	다음해 1월 25일

 알아두기

법인사업자의 과세기간은 1년을 1기와 2기로 나누나, 부가가치세신고·납부는 예정신 고기간으로 인하여 3개월마다 해야 한다. (단, 개인사업자와 직전 과세기간 공급가액의 합계액이 1억 5천만 원 미만인 법인사업자는 예정신고기간에 고지세액을 납부한다.)

수행 내용　부가가치세신고서

회계관리　➡　부가가치세관리　➡　부가세신고서

❶ (주)삼일테크의 각 사업장별 제2기 부가가치세 예정신고 시 납부(또는 환급)할 세액은 얼마인가?

❷ (주)삼일테크(본사와 대구지사 포함)의 제2기 부가가치세 예정신고 시 과세표준은 얼마인가?

수행 결과　부가가치세신고서

❶ 제2기 예정신고 시 납부할 세액 ➡ 800,000원 (본사 3,000,000원, 대구지사 -2,200,000원)

1) (주)삼일테크 본사

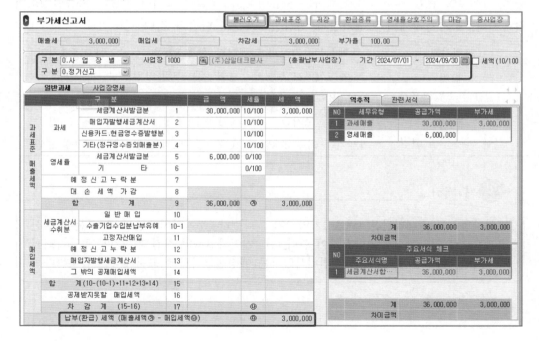

2) (주)삼일테크 대구지사

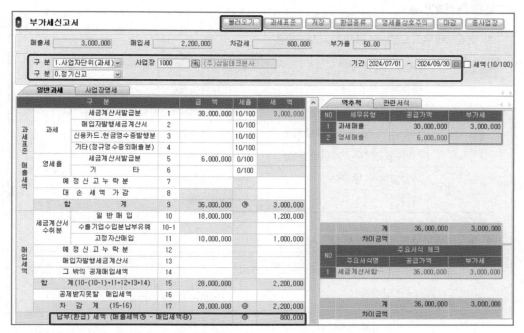

❷ (주)삼일테크(본사와 대구지사 포함) 제2기 예정신고 시 과세표준 ➡ 36,000,000원

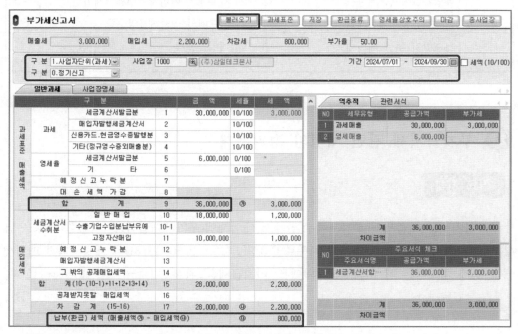

※ 과세표준은 신고서 상단 [과세표준]을 클릭하여 과세표준명세를 확인할 수도 있다.

꼭 알아두기

■ 매출 세무코드별 부가세신고서 반영

부가세신고서 구분		번호	세무코드
매출세액	과세		
		세금계산서발급분 1	11.과세매출
		매입자발행세금계산서 2	33.과세매출 매입자발행세금계산서
		신용카드, 현금영수증발행분 3	17.카드과세, 31.현금과세
		기타(정규영수증제외발행분) 4	14.건별
	영세	세금계산서 발급분 5	12.영세매출
		기타 6	16.수출

■ 매입 세무코드별 부가세신고서 반영

부가세신고서 구분		번호	세무코드
매입세액	세금계산서 수취분	일반매입 10	21.과세매입, 22.영세매입 24.매입불공제, 25.수입
		고정자산매입 11	21.과세매입, 22.영세매입 24.매입불공제, 25.수입 중 고정자산매입분
	매입자발행세금계산서	13	29.과세매입 매입자발행세금계산서
	그 밖의 공제매입세액	14	27.카드매입, 28.현금영수증
	공제받지 못할 매입세액	16	24.매입불공제

2.2 부가가치세 관련 계정의 정리분개

필요 지식

부가가치세는 매출세액(부가세예수금)에서 매입세액(부가세대급금)을 차감한 금액을 납부한다. 따라서 부가가치세과세기간 종료일(3/31, 6/30, 9/30, 12/31)에 매출세액과 매입세액을 상계 처리하는 분개를 하고, 차액은 '미지급세금' 혹은 '미수금'으로 회계처리 한다.

구 분		분 개			
납부세액인 경우	정리분개	(차) 부가세예수금	×××	(대) 부가세대급금 미지급세금	××× ×××
	납부 시	(차) 미지급세금	×××	(대) 현금	×××
환급세액인 경우	정리분개	(차) 부가세예수금 미수금	××× ×××	(대) 부가세대급금	×××
	환급 시	(차) 보통예금	×××	(대) 미수금	×××

꼭 알아두기

전자신고세액공제분(확정신고 시 10,000원)과 공제 및 경감세액은 잡이익으로, 가산세가 발생하는 경우에는 세금과공과금으로 회계처리 한다.

수행 내용 부가가치세 관련 계정의 정리분개

(주)삼일테크(본사와 대구지사 포함)의 제2기 부가가치세 예정신고서를 참고하여 다음을 수행하시오.(사업자단위로 조회할 것)

❶ [9월 30일] 부가가치세 관련 계정에 대한 정리분개를 수행하시오.

❷ [10월 25일] 부가가치세 납부세액을 기업은행 보통예금계좌에서 이체하여 납부하였다. 거래자료를 입력하시오.

수행 결과 부가가치세 관련 계정의 정리분개

❶ [9월 30일] (차) 부가세예수금   3,000,000원   (대) 부가세대급금   2,200,000원
미지급세금   800,000원

분개	구 분	코 드	계정과목	코 드	거래처명	적 요
	3.차변	25500	부가세예수금			1.부가세대급금과 상계
	4.대변	13500	부가세대급금			7.부가세예수금과 상계
	4.대변	26100	미지급세금			8.부가세의 미지급계상

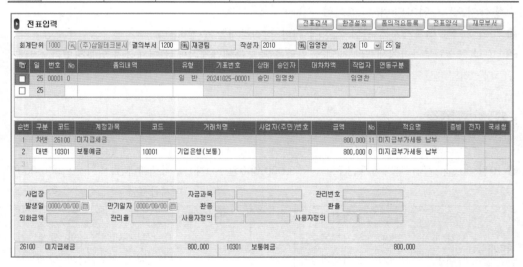

전표입력

회계단위 1000 (주)삼일테크본시 결의부서 1200 재경팀 작성자 2010 임영찬 2024 9 30 일

	일	번호	No	품의내역	유형	기표번호	상태	승인자	대차차액	작업자	연동구분
☐	30	00001	0		일 반	20240930-00001	승인	임영찬		임영찬	
☐	30										

순번	구분	코드	계정과목	코드	거래처명	사업자(주민)번호	금액	No	적요명	증빙	전자	국세청
1	차변	25500	부가세예수금				3,000,000	1	부가세대급금과 상계			
2	대변	13500	부가세대급금				2,200,000	7	부가세 예수금과 상계			
3	대변	26100	미지급세금				800,000	8	부가세의 미지급계상			
4												

사업장   사용부서   관리번호
발생일 2024/09/30   만기일자 0000/00/00   세무구분   불공제세액
과세표준   관리율   사용자정의   사용자정의

| 25500 | 부가세예수금 | 3,000,000 | 13500 | 부가세대급금 | 2,200,000 |
| | | | 26100 | 미지급세금 | 800,000 |

❷ [10월 25일]　(차) 미지급세금　　　　800,000원　(대) 보통예금　　　　　800,000원

	구 분	코 드	계정과목	코 드	거래처명	적 요
분개	3.차변	26100	미지급세금			11.미지급부가세등 납부
	4.대변	10301	보통예금	10001	기업은행(보통)	0.미지급부가세등 납부

전표입력

회계단위 1000 (주)삼일테크본시 결의부서 1200 재경팀 작성자 2010 임영찬 2024 10 25 일

	일	번호	No	품의내역	유형	기표번호	상태	승인자	대차차액	작업자	연동구분
☐	25	00001	0		일 반	20241025-00001	승인	임영찬		임영찬	
☐	25										

순번	구분	코드	계정과목	코드	거래처명	사업자(주민)번호	금액	No	적요명	증빙	전자	국세청
1	차변	26100	미지급세금				800,000	11	미지급부가세등 납부			
2	대변	10301	보통예금	10001	기업은행(보통)		800,000	0	미지급부가세등 납부			
3												

사업장   자금과목   관리번호
발생일 0000/00/00   만기일자 0000/00/00   환종   환율
외화금액   관리율   사용자정의   사용자정의

| 26100 | 미지급세금 | 800,000 | 10301 | 보통예금 | 800,000 |

03 부가가치세 부속서류 작성하기(NCS 능력단위요소명)

★ **학습목표(NCS 수행준거)**

2.1 부가가치세법에 따라 수출실적명세서를 작성할 수 있다.

2.2 부가가치세법에 따라 대손세액공제신고서를 작성하여 세액공제를 받을 수 있다.

2.3 부가가치세법에 따라 공제받지 못할 매입세액명세서와 불공제분 대한 계산근거를 작성할 수 있다.

2.4 부가가치세법에 따라 신용카드매출전표 등 수령명세서를 작성해 매입세액을 공제 받을 수 있다.

2.5 부가가치세법에 따라 부동산임대공급가액명세서를 작성하고 간주임대료를 계산할 수 있다.

2.6 부가가치세법에 따라 건물 등 감가상각자산취득명세서를 작성할 수 있다.

2.7 부가가치세법에 따라 의제매입세액공제신고서를 작성하여 의제매입세액공제를 받을 수 있다.

필요 지식

신용카드발행집계표와 수취명세서 작성하기

신용카드발행집계표는 신용카드매출전표(현금영수증)를 통하여 발행한 금액에 대해 집계한 서식으로, 부가가치세신고 시 부속서류로 반드시 첨부하여야 한다.

신용카드수취명세서는 신용카드매출전표(현금영수증)를 통하여 구매한 거래 중 부가가치세 공제요건을 갖춘 경우 매입세액을 공제받을 수 있으며, 부가가치세신고 시 부속서류로 반드시 첨부하여야 한다.

신용카드발행집계표와 수취명세서 작성하기

회계관리 → 부가가치세관리 → 신용카드발행집계표/수취명세서

(주)삼일테크의 신용카드와 현금영수증 자료는 다음과 같다. 거래자료를 입력하고, 신용카드발행집계표와 신용카드/현금영수증수취명세서 작성을 수행하시오.

	구분	일자	내 용
1	카드매출	11월 2일	본사는 (주)화인알텍에 제품 4,400,000원(VAT포함)을 판매하고, 대금은 비씨카드로 결제받았다.
2	현금과세	11월 3일	본사는 (주)한국테크에 제품 6,600,000원(VAT포함)을 현금판매하고, 현금영수증(지출증빙)을 발급하였다.
3	카드매입	11월 4일	본사는 (주)대한해운에 제품 운송료 330,000원(VAT포함)을 신한카드로 결제하였다.(신용카드 공제요건 충족)
4	현금영수증 매입	11월 5일	본사는 (주)휴스토리에서 A4용지를 구입하고, 대금 220,000원(VAT포함)을 현금으로 결제하고 현금영수증(지출증빙)을 발급받았다. (사무용품비로 회계처리)

신용카드발행집계표와 수취명세서 작성하기

❶ 거래자료 입력

1) [11월 2일] (차) 외상매출금　　　　4,400,000원　(대) 국내제품매출액　　　　4,000,000원
　　　　　　　　　　　　　　　　　　　　　　　　부가세예수금　　　　　　400,000원

분개	구 분	코 드	계정과목	코 드	거래처명	적 요
	대변	40401	국내제품매출액	00003	(주)화인알텍	0.일반 매출
	대변	25500	부가세예수금	00003	(주)화인알텍	0.매출 부가세
	차변	10800	외상매출금	10004	비씨카드	0.외상매출금 발생

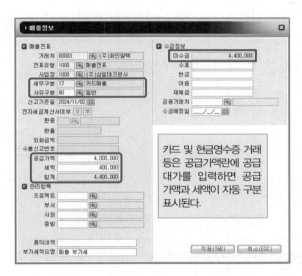

> 카드 및 현금영수증 거래
> 등은 공급가액란에 공급
> 대가를 입력하면 공급
> 가액과 세액이 자동 구분
> 표시된다.

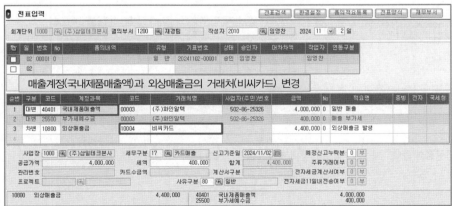

※ 페이머니, 제로페이 등의 전자지급수단으로 결제하는 경우 사유구분을 [1.전자지급수단]으로
선택하면 신용카드매출발행집계표의 [8.직불전자지급 수단 및 기명식 선물]란에 반영된다.

2) [11월 3일] (차) 현금   6,600,000원   (대) 국내제품매출액   6,000,000원
                                                 부가세예수금   600,000원

분개	구 분	코 드	계정과목	코 드	거래처명	적 요
	대변	40401	국내제품매출액	00002	(주)한국테크	0.일반 매출
	대변	25500	부가세예수금	00002	(주)한국테크	0.매출 부가세
	차변	10100	현금	00002	(주)한국테크	0.일반 매출 현금 입금

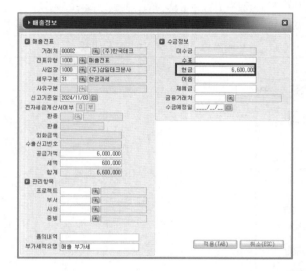

※ '40101.국내상품매출액' 계정을 '40401.국내제품매출액' 계정으로 수정한다.

3) [11월 4일] (차) (판)운반비   300,000원   (대) 미지급금   330,000원
　　　　　　　　부가세대급금   30,000원

분개	구 분	코드	계정과목	코 드	거래처명	적 요
	차변	82400	운반비	00008	(주)대한해운	0.일반 매입
	차변	13500	부가세대급금	00008	(주)대한해운	0.매입 부가세
	대변	25300	미지급금	10005	신한카드(법인)	0.카드미지급금 발생

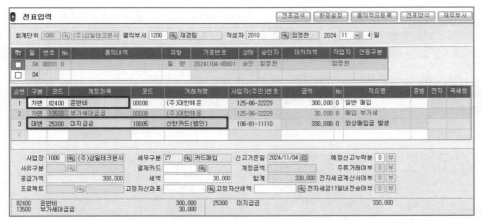

※ '14600.상품' 계정을 '82400.운반비' 계정으로 '10800.외상매출금' 계정을 '25300.미지급금' 계정으로
　 수정하며, 미지급금의 거래처도 변경한다.

4) [11월 5일] (차) (판) 사무용품비　　　　　　200,000원　(대) 현금　　　　　　220,000원
　　　　　　　　　　　　　　　　　　　　　　　　　　　　　　부가세대급금　　 20,000원

분개	구 분	코 드	계정과목	코 드	거래처명	적 요
	차변	82900	사무용품비	00009	(주)휴스토리	0.일반 매입
	차변	13500	부가세대급금	00009	(주)휴스토리	0.매입 부가세
	대변	10100	현금	00009	(주)휴스토리	0.일반 매입 현금 지급

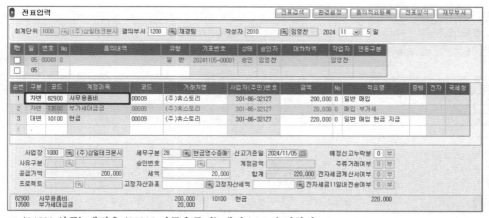

※ '14600.상품' 계정을 '82900.사무용품비' 계정으로 수정한다.

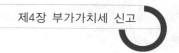

❷ 신용카드매출발행집계표 작성

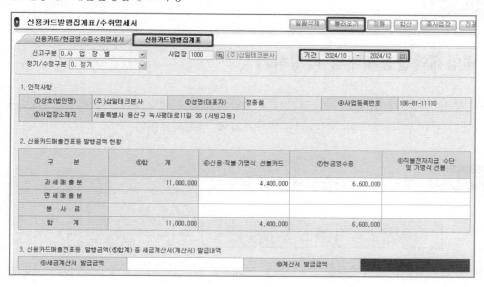

❸ 신용카드/현금영수증수취명세서 작성

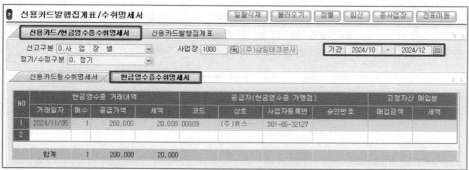

필요 지식

3.2 매입세액불공제내역 작성하기

10%의 부가가치세가 과세된 세금계산서를 발급받았으나 매입세액공제가 불가능한 사유에 해당하는 경우 작성하여 제출하는 부가가치세 부속서류이다.

수행 내용 매입세액불공제내역 작성하기

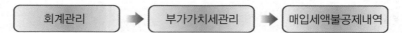

회계관리 ➡ 부가가치세관리 ➡ 매입세액불공제내역

(주)삼일테크(본사)의 매입세액불공제 관련 거래자료를 입력하고, 매입세액불공제내역 작성을 수행하시오.

구 분	일 자	내 용
매입불공제	11월 6일	매출처에 선물용으로 지급할 선물세트(800,000원, VAT별도)를 (주)휴스토리에서 외상으로 구입하고, 본사 사업장을 공급받는자로 하여 전자세금계산서를 발급받았다. (접대비: 접대비-일반접대비)
	11월 9일	복지센터에 연말을 맞아 기부할 사무용품(300,000원, VAT별도)을 (주)휴스토리에서 현금으로 구입하고, 본사 사업장을 공급받는자로 하여 전자세금계산서를 발급받았다.

꼭 알아두기

• 매입세액불공제는 분개상 매입부가세 연동계정(13500.부가세대급금)의 금액은 '0'으로 처리하고, 세무구분을 '24.매입불공제'를 선택한 후 공급가액과 세액(세금계산서내용)을 보조화면상에 입력한다. 회계처리 시 세액은 원가에 산입하여야 한다.

알아두기

■ 매입세액 불공제 사유

불공제 사유	내　　용
필요적 기재사항 누락	세금계산서를 미수취 및 부실 기재한 경우, 매입처별세금계산서합계표를 미제출·부실 기재한 경우
사업과 직접 관련이 없는 지출	사업과 직접 관련이 없는 지출에 대한 매입세액
비영업용 소형승용차 구입 및 유지	개별소비세가 과세되는 자동차(영업용 제외) 구입과 유지 및 임차비용에 관한 매입세액(1,000cc 이하의 국민차는 제외)
접대비 관련 매입세액	접대비 및 이와 유사한 비용의 지출에 관련된 매입세액
면세사업과 관련된 분	면세사업에 관련된 매입세액
토지의 자본적 지출 관련	토지의 자본적 지출비용에 관련된 매입세액
사업자등록 전 매입세액	사업자등록 전 수취한 매입세금계산서(단, 공급시기가 속하는 과세기간이 끝난 후 20일 이내에 등록 신청한 경우는 매입세액 공제가능)
금·구리 거래계좌 미사용 매입세액	금·구리 거래계좌 미사용 관련 매입세액

핵심ERP실무

수행 결과   매입세액불공제내역 작성하기

❶ 거래자료 입력 (세무구분: 24.매입불공제)

[11월 6일] (차) (판)접대비–일반접대비   880,000원   (대) 미지급금   880,000원
            부가세대급금   0원

분개	구 분	코 드	계정과목	코 드	거래처명	적 요
	차변	81301	접대비–일반접대비	00009	(주)휴스토리	0.일반 매입
	차변	13500	부가세대급금	00009	(주)휴스토리	0.매입 부가세
	대변	25300	미지급금	00009	(주)휴스토리	0.미지급금 발생

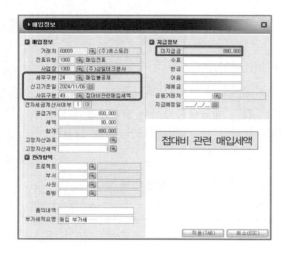

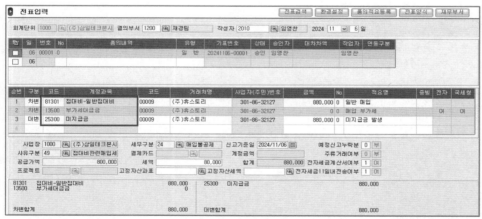

※ '14600.상품' 계정을 '81301.접대비–일반접대비' 계정으로 '25100.외상매입금' 계정을 '25300.미지급금'
   계정으로 수정한다.

[11월 9일] (차) 기부금   330,000원   (대) 현금   330,000원

            부가세대급금   0원

분개	구분	코드	계정과목	코드	거래처명	적요
	차변	93300	기부금	00009	(주)휴스토리	0.일반 매입
	차변	13500	부가세대급금	00009	(주)휴스토리	0.매입 부가세
	대변	10100	현금	00009	(주)휴스토리	0.일반 매입 현금지급

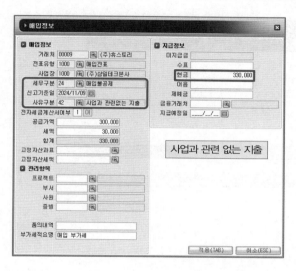

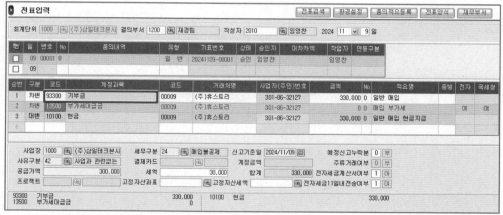

※ '14600.상품' 계정을 '93300.기부금' 계정으로 수정한다.

❷ 매입세액불공제내역

매입세액불공제내역			불러오기	일괄삭제	증사업장

신고구분 0.사 업 장 별 ▽   사업장 1000 🔍 (주)삼일테크본사   기간 2024/10 ~ 2024/12 📖
정기/수정구분 0. 정기 ▽

1. 인적사항

상호(법인명) (주)삼일테크본사   성명(대표자) 정종철   사업자등록번호 106-81-11110

2. 공제받지 못할 매입세액 내역

매입세액 불공제 사유	세금계산서		
	매수	공급가액	불공제매입세액
필요적 기재사항 누락			
사업과 관련없는 지출	1	300,000	30,000
비영업용소형승용차구입, 유지 및 임차			
접대비관련매입세액	1	800,000	80,000
면세사업과 관련된분			
토지의 자본적 지출 관련			
사업자등록 전 매입세액			
금.구리 스크랩 거래계좌 미사용 관련 매입세액			
합계	2	1,100,000	110,000

필요 지식

3.3 건물등감가상각자산취득명세서 작성하기

건물 등 감가상각 대상 자산을 세금계산서 또는 신용카드매출전표를 통해서 구입한 경우 작성하여 제출하는 부가가치세신고 부속서류이다.

수행 내용 건물등감가상각자산취득명세서 작성하기

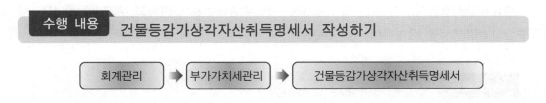

(주)삼일테크 대구지사의 제2기 부가가치세 예정신고 시 대구지사에서 세금계산서를 발급받고 구매한 유형자산에 대한 감가상각자산취득명세서 작성을 수행하시오.

수행 결과 건물등감가상각자산취득명세서 작성하기

3.4 수출매출거래 작성하기

영세율이란 일정한 재화 또는 용역의 공급에 대하여 영의 세율을 적용하는 제도로, 그 결과 부가가치세의 부담이 완전히 제거되는 완전 면세제도로 현재 수출하는 재화 및 정책적인 목적에서 조특법에서 규정한 일부거래에 대하여 영(0)의 세율을 적용한다.

세금계산서발급의무가 없는 직수출거래는 16.수출매출로 입력하고 부가가치세 신고 시 수출실적명세서를 작성하여 제출한다.

수출실적명세서 작성하기

회계관리 ➡ 부가가치세관리 ➡ 수출실적명세서

(주)삼일테크(본사)의 수출 관련 거래자료를 입력하고, 수출실적명세서 작성을 수행하시오.

구 분	일 자	내 용
수출	11월11일	본사에서는 IBM CO.,LTD.에 제품을 수출(신고번호: 04010−07−111111−00)하고, 대금은 미화 $8,000를 외화로 받아 기업은행 보통예금 통장으로 입금하였다. (1$당 환율은 1,250원 적용, '해외제품매출액' 계정 사용)

수행 결과   수출실적명세서 작성하기

❶ 거래자료 입력 (세무구분: 16.수출)

[11월 11일]   (차) 보통예금　　　　　10,000,000원　　(대) 해외제품매출액　　　　　10,000,000원

　　　　　　　　　　　　　　　　　　　　　　　　　부가세예수금　　　　　　　　　　0원

분개	구분	코드	계정과목	코드	거래처명	적요
	대변	40402	해외제품매출액	00004	IBM CO., LTD.	0.일반 매출
	대변	25500	부가세예수금	00004	IBM CO., LTD.	0.매출 부가세
	차변	10301	보통예금	10001	기업은행(보통)	0.일반매출 보통예금 입금

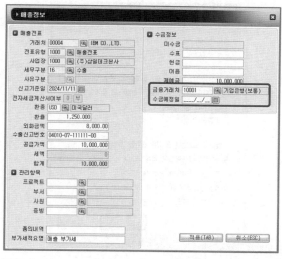

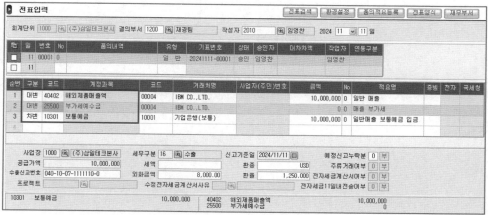

※ '40201.국내상품매출액' 계정을 '40402.해외제품매출액' 계정으로 '10300.제예금' 계정을
　'10301.보통예금' 계정으로 수정한다.

❷ 수출실적명세서

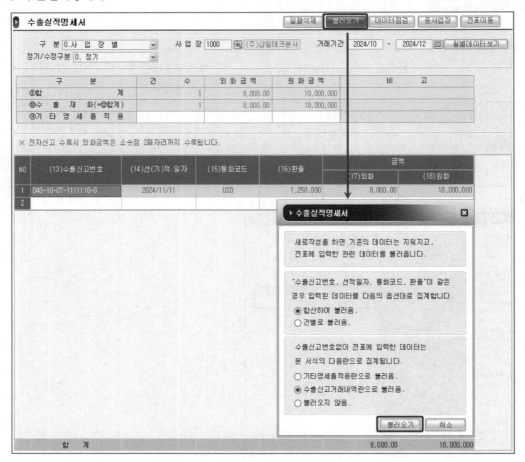

필요 지식

3.5 부동산임대공급가액명세서 작성하기

부동산 임대용역을 제공하는 사업자는 부동산 임대용역의 공급내역을 상세히 기록한 부동산임대공급가액명세서를 부가가치세신고 시 제출하여야 하며, 이는 부가가치세 성실신고여부와 보증금에 대한 간주임대료 계산의 적정여부 등을 판단하는 자료로 활용된다.

부동산 임대용역을 공급하고 전세금 또는 임대보증금을 받은 경우에는 금전 이외의 대가를 받은 것으로 보아, 다음 산식에 의해 계산한 금액을 부가가치세 과세표준으로 하며, 이를 통상 간주임대료라 한다.

$$\text{간주임대료} = \frac{\text{임대보증}}{\text{(전세금)}} \times \frac{\text{대상기간의 일수}}{365(\text{윤년의 경우 } 366)} \times \left\{ \begin{array}{l} \text{과세기간 종료일 현재} \\ \text{계약기간 1년 만기} \\ \text{정기예금 이자율} \end{array} \right\}$$

주의 계약기간 1년 만기 정기예금 이자율은 서울 시내에 본점을 둔 시중은행의 이자율을 감안하여 기획재정부령이 정하는 이자율을 말하며 수시로 변동될 수 있다.

수행 내용 | **부동산임대공급가액명세서 작성하기**

회계관리 ➡ 부가가치세관리 ➡ 부동산임대공급가액명세서

(주)삼일테크(본사)의 부동산관련 계약서를 참고하여 제2기 부가가치세 확정신고를 위한 [부동산임대공급가액명세서] 작성 및 간주임대료 관련 회계처리를 수행하시오.(본 문제에 한하여 부동산임대업을 겸업하고 있다고 가정하며, '동' 입력은 생략하고, 이자율은 3.5% 적용을 가정한다. 프로그램 이자율이 다를 경우 상단 이자율 란을 직접 수정 입력하여 적용한다.)

(사무실) 월세계약서   ■ 임대인용 □ 임차인용 □ 사무소보관용

부동산의 표시	소재지	서울 용산구 한강대로 112 우장빌딩 3층 304호				
	구 조	철근콘크리트조	용도	사무실	면적	200㎡
월 세 보 증 금		금 100,000,000원정		월세 2,000,000원정(VAT 별도)		

제 1 조 위 부동산의 임대인과 임차인 합의하에 아래와 같이 계약함.
제 2 조 위 부동산의 임대차에 있어 임차인은 보증금을 아래와 같이 지불키로 함.
제 3 조 위 부동산의 간주임대료는 임대인이 부담하기로 함.

계 약 금	1,000,000원정은 계약 시 지불하고			
중 도 금	원정은	년	월	일 지불하며
잔 금	99,000,000원정은	2024년	11월	30일 중개업자 입회하에 지불함.

제 3 조 위 부동산의 명도는 **2024년** **12월** **1일**로 함.
제 4 조 임대차 기간은 **2024년** **12월** **1일**로부터 (**24**)개월로 함.

임 대 인	주 소	서울시 용산구 녹사평대로11길 30(서빙고동)				
	사업자등록번호	106-81-11110	전화번호	02-552-1234	성명	(주)삼일테크 ㊞
임 차 인	주 소	서울 중구 남대문로 11(남대문로4가)				
	사업자등록번호	104-81-39257	전화번호	02-323-7250	성명	(주)수민산업 ㊞
중개업자	주 소	서울 용산구 한강대로 257 청룡빌딩 101호		허가번호	92240000-004	
	상 호	한강공인중개사	전화번호	02-572-6262	성명	김 광 언 ㊞

참고 본 월세계약서의 보증금과 월세에 대한 거래자료 입력은 생략하기로 한다.

수행 결과 부동산임대공급가액명세서 작성하기

❶ 부동산임대공급가액명세서 작성

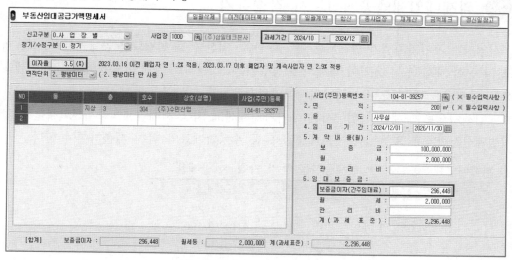

❷ 간주임대료 관련 회계처리 (세무구분: 14.건별매출)

[12월 31일] (차)(판) 세금과공과금　　　29,644원　(대) 부가세예수금　　　29,644원

분개	구분	코드	계정과목	코드	거래처명	적요
	대변	25500	부가세예수금			0.간주임대료에 대한 부가세
	차변	81700	세금과공과금			0.간주임대료에 대한 부가세

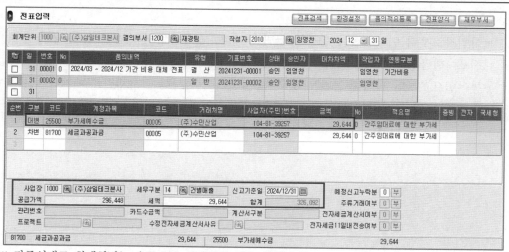

※ 간주임대료 회계처리는 수동으로 입력하는 것을 추천한다.

필요 지식

3.6 의제매입세액공제신고서 작성하기

사업자가 부가가치세가 면제되는 농·축·수·임산물 등 원재료를 공급받아서 이를 제조, 가공한 재화 또는 용역이 과세되는 경우에는 그 원재료 가액의 일정금액을 매입세액으로 공제받을 수 있으며, 이를 의제매입세액공제라고 한다.

매입세액으로 공제받기 위해서는 부가가치세신고 시 의제매입세액공제신고서를 매입처별계산서합계표 또는 신용카드매출전표 등 수령합계표와 함께 제출하여야 한다.

① 의제매입세액공제액 = 면세농산물 등의 가액 × 공제율

구 분		공제율
일반업종		2/102
중소제조업 및 개인사업자		4/104(6/106)*
음식점	법인사업자	6/106
	개인사업자	8/108(9/109)**
	과세유흥장소	2/102

* 최종소비자 대상 개인제조업자(과자점업, 도정업, 제분업, 떡방앗간) 6/106 적용
** 과세표준이 2억 원(연매출 4억 원) 이하인 음식점을 경영하는 개인사업자 9/109 적용

② 의제매입세액 공제한도(법인사업자): (과세표준 × 50%) × 공제율
→ 2026년 12월 31일까지 한시적으로 공제한도 확대

③ 의제매입세액 공제요건
- 사업자로부터 면세농산물 등을 공급받은 경우: 정규증명서류(계산서, 신용카드매출전표, 현금영수증 등) 수취
- 농어민으로부터 직접 공급받은 경우: 공급자의 인적사항이 기재된 구매계약서 등 수취(일반과세 음식점업자는 제외)

수행 내용 의제매입세액공제신고서 작성하기

회계관리 ➡ 부가가치세관리 ➡ 의제매입세액공제신고서

❶ (주)삼일테크(대구지사)의 면세매입 관련 거래자료를 확인하고, 의제매입세액공제신고서 작성을 위한 회계처리를 수행하시오.

구분	일자	내　　　용
면세매입	10월30일	대구지사에서 사용할 원재료 100EA를 (주)이솔전자에서 1,000,000원에 구입하고 본사를 공급받는자로 전자계산서를 발급받았으며, 대금은 전액 외상으로 하였다. (의제매입세액공제율 4/104)

❷ (주)삼일테크(대구지사)에서 구입한 면세재화에 대한 의제매입세액공제신고서를 작성하시오.
(본 건의 면세 원재료는 제조에 투입하여 과세 재화를 생산하는 중소기업이라 가정한다.)

❸ (주)삼일테크(대구지사)의 의제매입세액공제분에 대해서는 "부가세대급금" 계정을 사용하여 의제매입세액공제관련 회계처리를 수행하시오.

핵심ERP실무

수행 결과 의제매입세액공제신고서 작성하기

❶ 거래자료 입력 (23.면세매입)

[10월 30일] (차) 원재료   1,000,000원   (대) 외상매입금   1,000,000원
              부가세대급금   0원

분개	구 분	코 드	계정과목	코 드	거래처명	적 요
	차변	14900	원재료	00006	(주)이솔전자	0.일반 매입
	차변	13500	부가세대급금	00006	(주)이솔전자	0.매입 부가세
	대변	25100	외상매입금	00006	(주)이솔전자	0.외상매입금 발생

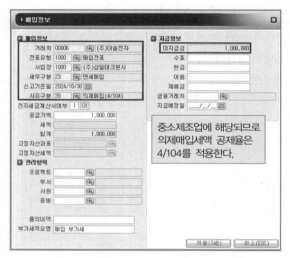

중소제조업에 해당되므로 의제매입세액 공제율은 4/104를 적용한다.

※ '14600.상품' 계정을 '14900.원재료' 계정으로 수정한다.

❷ 의제매입세액공제신고서 작성

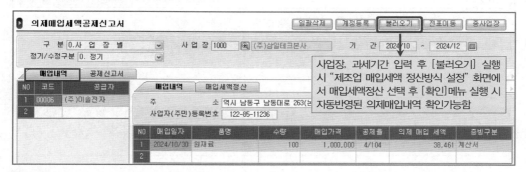

참고 부가가치세 확정신고 시에 수행하여야 하는 의제매입세액정산 관련 작업은 생략하기로 한다.

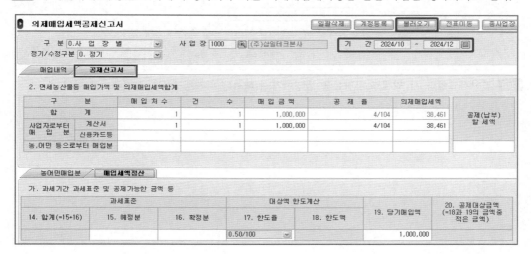

❸ 의제매입세액 자료 입력

[12월 31일]　(차)   (대) 부가세대급금   − 38,461원
　　　　　　　　　　　　　　　　　　　　　　　　　　　　　원재료   38,461원

분개	구 분	코 드	계정과목	코 드	거래처명	적 요
	대변	13500	부가세대급금			0. 의제매입세액
	대변	14900	원재료			0. 의제매입세액

 알아두기

• 면세매입 재화의 의제매입세액 공제액에 대해 [13500.부가세대급금] 계정을 차변으로
　작성하는 경우, 핵심ERP특성상 세무구분, 사유 등을 추가입력 하여야 하므로, 대변에
　음수(−)금액으로 회계처리 하여 매입세액에 가산한다.

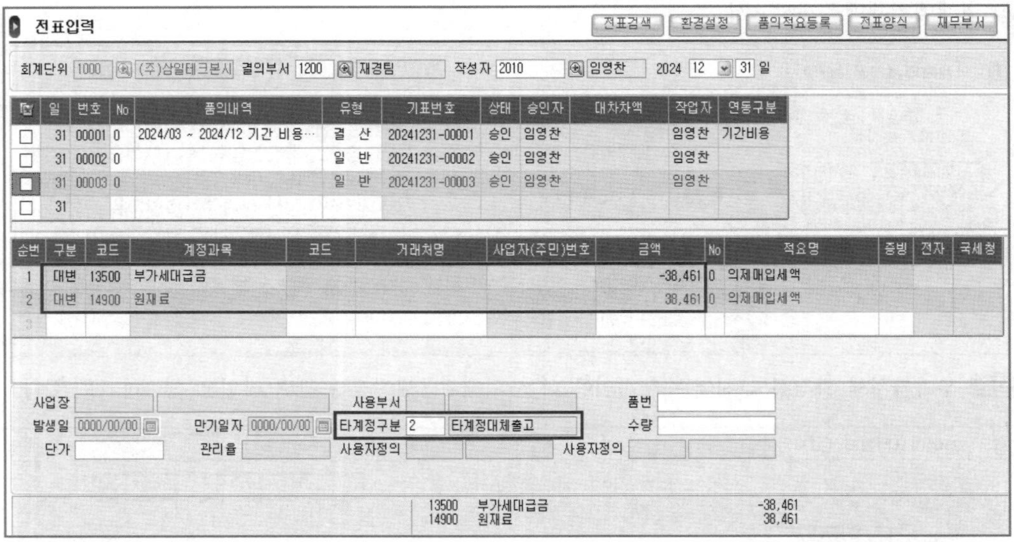

참고 결산자료입력 시 원재료 차감분을 반영하기 위해서는 타계정구분을 선택하여야 한다.

3.7 부가가치세부속서류와 관련된 부가가치세신고서 작성하기

수행 내용 부가가치세신고 작성하기

(주)삼일테크(본사)의 제2기 부가가치세 확정신고서 작성을 수행하시오.

수행 결과 부가가치세신고 작성하기

❶ 사업장 1000 (주)삼일테크 본사

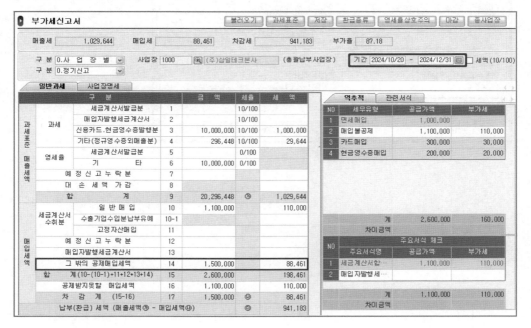

꼭 알아두기

핵심ERP 교육용에서는 의제매입세액공제신고서의 의제매입세액이 부가세신고서(그 밖의 공제매입세액)에 자동 반영되지 않으므로 클릭 후 강제로 입력 하여야 함

❷ 과세표준 명세서

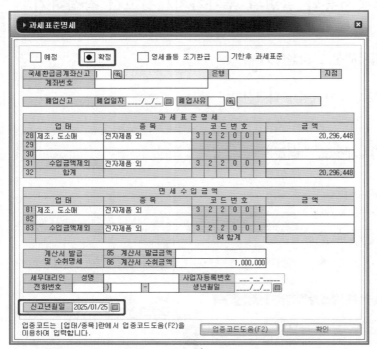

제**5**장

(NCS 능력단위 0203020104_23v5)

결산처리

NCS 능력단위요소
01 결산분개하기
02 장부마감하기
03 재무제표 작성하기

NCS 능력단위: 결산처리(0203020104_23v5)

결산처리	재고조사표, 시산표 및 정산표를 작성하는 결산 예비절차와 각 계정을 정리하여 집합계정과 자본계정에 대체하고, 장부를 마감할 수 있다.

직종	분류번호	능력단위	능력단위요소	수준
회계 감사	0203020104_23v5	결산처리	01 결산준비하기	2
			02 결산분개하기	2
			03 장부마감하기	2

능력단위요소	수행준거
01 결산준비하기	1.1 회계의 순환과정을 파악할 수 있다.
	1.2 회계관련규정에 따라 시산표를 작성할 수 있다.
	1.3 회계관련규정에 따라 재고조사표를 작성할 수 있다.
	1.4 회계관련규정에 따라 정산표를 작성할 수 있다.
02 결산분개하기	2.1 손익 관련 결산분개를 할 수 있다.
	2.2 자산·부채계정에 관한 결산정리사항을 분개할 수 있다.
	2.3 손익 계정을 집합계정에 대체할 수 있다.
03 장부마감하기	3.1 회계관련규정에 따라 주요 장부를 마감할 수 있다.
	3.2 회계관련규정에 따라 보조장부를 마감할 수 있다.
	3.3 회계관련규정에 따라 각 장부의 오류를 수정할 수 있다.
	3.4 자본거래를 파악하여 자본의 증감여부를 확인할 수 있다.

01 결산분개하기(NCS 능력단위요소명)

★ **학습목표(NCS 수행준거)**
2.1 손익 관련 결산분개를 할 수 있다.
2.2 자산·부채계정에 관한 결산정리사항을 분개할 수 있다.
2.3 손익 계정을 집합계정에 대체할 수 있다.

필요 지식

 결산

결산이란 기업의 경영활동에서 발생한 회계기록을 정리하고 마감하여 기업의 재무상태와 경영성과를 정확하게 파악하는 절차를 말한다.

┃핵심ERP 결산항목 구분┃

수동결산항목	자동결산항목
수동결산정리사항에 해당하는 내용을 정리하여 [전표입력]에 결산일자로 입력한다.	[결산자료입력]에 자동결산정리사항을 입력한 후 결산자동분개를 생성한다.
수익의 발생과 비용의 발생 (미수수익, 미지급비용)	재고자산의 매출원가 대체
수익의 이연과 비용의 이연 (선수수익, 선급비용)	감가상각비(유형, 무형자산) 계상
소모품과 소모품비 정리	퇴직급여충당부채 추가 설정
자산·부채의 평가	대손상각비 계상
현금과부족 등 임시계정 정리	법인세등 계상

고정자산등록과 감가상각

핵심ERP를 이용해 감가상각을 하는 경우 감가상각비 계산에 필요한 요소를 입력하면 감가상각비가 자동 산출되므로, 감가상각에 대한 구체적인 이론적 학습 없이도 쉽게 감가상각비를 산출할 수 있다. 또한 감가상각 자료를 한 번만 입력하면 차기에 자동으로 이월되어 자동으로 감가상각비가 계산된다.

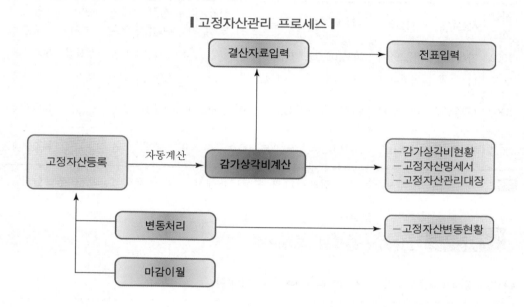

▌고정자산관리 프로세스 ▌

(1) 고정자산등록

고정자산 등록은 기업이 경영활동에 사용하기 위해 취득한 유형자산과 무형자산의 세부내용을 등록하고 관리하기 위한 메뉴이다. 고정자산을 등록하여 자산관리와 동시에 감가상각비를 계산하며, [결산자료입력]에 해당 금액을 반영한다.

수행 내용 고정자산등록과 감가상각

회계관리 ➡ 고정자산관리 ➡ 고정자산등록

(주)삼일테크의 고정자산 내역은 다음과 같다. 고정자산등록 메뉴에 입력하여 당기 감가
상각비 산출을 수행하시오.

자산 코드	자산유형	자산명	취 득 일	취득금액	감가상각 누 계 액	상각 방법	내용 연수	관리 부서	경비 구분
1000	기계장치	자동포장기	2024.08.03.	10,000,000	0	정률법	8년	생산팀	500번대
2000	비　　품	커피머신	2024.01.01.	4,000,000	0	정액법	4년	재경팀	800번대
3000	차량운반구	포터(7942)	2023.10.02.	29,000,000	3,500,000	정률법	5년	국내 영업팀	800번대
3001	차량운반구	제네시스	2024.01.01.	50,000,000	0	정액법	5년	국내 영업팀	800번대

주의 차량운반구 제네시스는 2장 전표관리의 수행내용에서 미리 등록하였으므로 생략한다.

수행 결과 고정자산등록과 감가상각

❶ 기계장치 [자동포장기]의 감가상각비 ➡ 1,304,166원

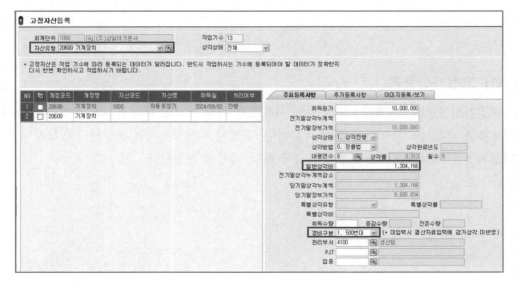

❷ 비품 [커피머신]의 감가상각비 ➡ 1,000,000원

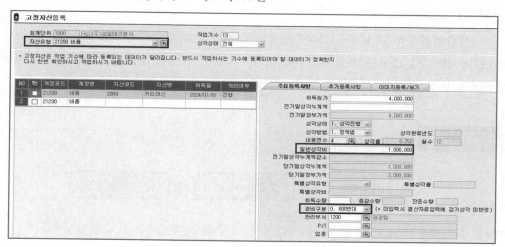

❸ 차량운반구 [포터(7942)]의 감가상각비 ➡ 11,500,500원

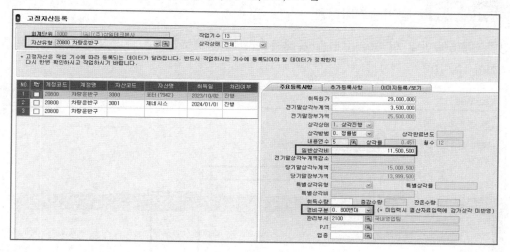

❹ 차량운반구 [제네시스]의 감가상각비 ➡ 10,000,000원

　※ 업무용승용차 차량등록에서 등록하였으므로, 이 부분은 금액만 확인한다.

(2) 감가상각비현황

감가상각비현황은 고정자산등록에 입력된 고정자산의 감가상각 사항을 총괄, 부서별, PJT별의 경비구분내역을 조회하는 메뉴이다. 부서별, PJT별 조회를 위해서는 주요등록 사항에 반드시 부서와 PJT를 입력하여야 한다.

수행 내용 감가상각비현황

```
회계관리  ➡  고정자산관리  ➡  감가상각비현황
```

(주)삼일테크의 2023년 12월 31일 기준의 감가상각비현황 작성을 수행하시오.

수행 결과 감가상각비현황

경비구분(500번대 및 800번대)을 통해서 판관비와 제조경비를 구분해서 감가상각비를 조회할 수 있다.

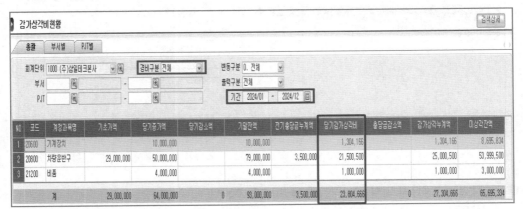

NO	코드	계정과목명	기초가액	당기증가액	당기감소액	기말잔액	전기총당금누계액	당기감가상각비	충당금감소액	감가상각누계액	미상각잔액
1	20600	기계장치		10,000,000		10,000,000		1,304,166		1,304,166	8,695,834
2	20800	차량운반구	29,000,000	50,000,000		79,000,000	3,500,000	21,500,500		25,000,500	53,999,500
3	21200	비품		4,000,000		4,000,000		1,000,000		1,000,000	3,000,000
		계	29,000,000	64,000,000	0	93,000,000	3,500,000	23,804,666	0	27,304,666	65,695,334

필요 지식

1.3 채권년령분석

기업의 채권을 연령별로 분석하여 회수가능성을 검토하여 대손을 예측하는데 활용하는 메뉴이다. 거래처 채권에 대하여 채권잔액일자로부터 연령별로 분석하며, 연령이 높을수록 채권 회수가능성이 낮고 대손가능성이 높다.

따라서 기업은 연령분석법을 활용하여 채권에 대한 회수가능성을 분석하고, 그에 따른 대손충당금 설정금액 등을 판단하게 된다.

수행 내용 **채권년령분석**

(주)삼일테크의 당기말 외상매출금 잔액에 대한 채권년령분석을 수행하시오.
(전개월수: 6, 채권잔액일자: 2024/12/31)

수행 결과 **채권년령분석**

외상매출금 채권에 대하여 채권년령분석을 12월 31일로 조회하여 작성한다.

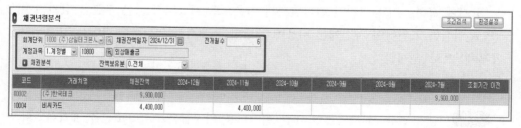

1.4 수동결산 분개하기

(1) 손익의 결산정리

기업은 인위적인 회계기간에 대하여 경영성과를 보고하게 된다. 당기의 경영성과를 정확하게 측정하기 위해서는 발생기준에 의해서 당기에 실현된 수익과 발생된 비용이 정확하게 반영되어야 하지만, 실무상 현금의 수입 혹은 지출 시에 처리하는 현금주의 기준에 의해서 수익과 비용을 기록하는 경우도 있다. 따라서 결산 시에는 수익과 비용을 실현주의(수익)와 발생주의(비용)에 의하여 정확하게 조정하기 위해 수정분개를 하여야 한다.

① 수익의 발생(미수수익)

당기에 속하는 수익이지만 결산일까지 수익으로 계상되지 않은 부분을 당기의 수익으로 인식하기 위하여 대변에는 수익에 해당하는 계정과목으로, 차변에는 '미수수익(자산)'으로 분개한다.

차변	미수수익(자산계정)	×××	대변	수익계정	×××

▶ 사례 　당기결산 시 은행예금에 대한 이자수익 미수분 30,000원을 계상하였다.

　　　(차) 미수수익　　　　　30,000원　　　　(대) 이자수익　　　　　30,000원

② 비용의 발생(미지급비용)

당기에 속하는 비용이지만 결산일까지 비용으로 계상되지 않은 부분을 당기의 비용으로 인식하기 위하여 차변에는 비용에 해당하는 계정과목으로, 대변에는 '미지급비용(부채)'으로 분개한다.

차변	비용계정	×××	대변	미지급비용(부채계정)	×××

▶ 사례 　당기 결산 시 차입금에 대한 이자비용 미지급분 100,000원을 계상하였다.

　　　(차) 이자비용　　　　100,000원　　　　(대) 미지급비용　　　　100,000원

③ 수익의 이연(선수수익)

당기에 받은 수익 중에서 차기에 속하는 부분을 계산하여 차기로 이연시키기 위하여 차변에는 당기의 수익에서 차감되는 수익계정과목으로, 대변에는 '선수수익(부채)'으로 분개한다.

| 차변 | 수익계정 | ××× | 대변 | 선수수익(부채계정) | ××× |

▶ 사례 1년분 임대료 120,000원을 현금으로 수령하였다.
    (차) 현금   120,000원   (대) 임대료수익   120,000원

당기결산 시 장부에 계상된 임대료 중 60,000원은 차기분으로 확인되었다.
    (차) 임대료수익   60,000원   (대) 선수수익   60,000원

④ 비용의 이연(선급비용)

당기에 지급한 비용 중에서 차기에 속하는 부분을 계산하여 차기로 이연시키기 위하여 차변에는 '선급비용(자산)'으로, 대변에는 당기의 비용에서 차감하는 비용계정 과목으로 분개한다.

| 차변 | 선급비용(자산계정) | ××× | 대변 | 비용 | ××× |

▶ 사례 1년분 보험료 120,000원을 현금으로 지급하였다.
    (차) 보험료   120,000원   (대) 현금   120,000원

당기 결산 시 장부에 계상된 보험료 중 60,000원은 차기분으로 확인되었다.
    (차) 선급비용   60,000원   (대) 보험료   60,000원

(2) 소모품과 소모품비의 정리

소모품은 구입 시 자산(소모품)으로 처리하거나 비용(소모품비)으로 처리할 수 있다. 단, 결산시점에 사용액과 미사용액을 구분하여 당기 사용액은 비용으로 처리하고, 미사용액은 자산으로 처리하는 정리분개를 한다.

① 구입 시 자산처리법

구입 시 '소모품'으로 처리하며, 기말에 당기 사용 금액을 '소모품비'로 대체한다. 차변에는 '소모품비' 계정으로, 대변에는 '소모품' 계정으로 분개한다.

| 차변 | 소모품비 | ××× | 대변 | 소모품 | ××× |

▶ 사례 (구입 시) 소모품 100,000원을 현금으로 구입하다.
    (차) 소모품   100,000원   (대) 현금   100,000원

(결산 시) 소모품 사용액이 70,000원이다.
    (차) 소모품비   70,000원   (대) 소모품   70,000원

② 구입 시 비용처리법

구입 시 '소모품비'로 처리하며, 기말에 당기 미사용 금액을 '소모품'으로 대체한다.
차변에는 '소모품' 계정으로, 대변에는 '소모품비' 계정으로 분개한다.

차변	소모품	×××	대변	소모품비	×××

▶ **사례** (구입 시) 소모품 100,000원을 현금으로 구입하다.

(차) 소모품비 100,000원 (대) 현금 100,000원

(결산 시) 소모품 미사용액이 30,000원이다.

(차) 소모품 30,000원 (대) 소모품비 30,000원

(3) 단기매매증권의 평가

단기매매증권은 기말 결산 시 공정가치로 평가하여야 한다.

① 장부금액 < 공정가치: 단기매매증권평가이익

차변	단기매매증권	×××	대변	단기매매증권평가이익	×××

▶ **사례** 단기매매증권의 장부금액은 10,000원이며, 기말 공정가치는 12,000원이다.

(차) 단기매매증권 2,000원 (대) 단기매매증권평가이익 2,000원

② 장부금액 > 공정가치: 단기매매증권평가손실

차변	단기매매증권평가손실	×××	대변	단기매매증권	×××

▶ **사례** 단기매매증권의 장부금액은 10,000원이며, 기말 공정가치는 8,000원이다.

(차) 단기매매증권평가손실 2,000원 (대) 단기매매증권 2,000원

(4) 현금과부족의 정리

현금과부족은 장부상 현금잔액과 실제 현금잔액이 일치하지 않을 경우 실제 현금잔액
을 기준으로 장부를 일치시킬 때 사용하는 임시계정과목이며, 결산 시까지 현금과부족의
원인이 밝혀지지 않을 경우 '잡이익'이나 '잡손실' 계정으로 대체한다.

결산일 당일에 현금과부족이 발생하면 바로 '잡이익'이나 '잡손실'로 대체한다.

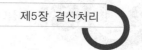

① 기중 현금불일치의 결산정리

[장부상 현금잔액 < 실제 현금잔액]

차변	현금과부족	×××	대변	잡이익	×××

▶▷ **사례** **(현금과잉)** 장부상 현금은 50,000원이고, 실제 현금은 60,000원이다.

   (차) 현금　　　　　10,000원　　　　(대) 현금과부족　　　　10,000원

(결 산 시) 현금과부족 10,000원의 원인이 밝혀지지 않았다.

   (차) 현금과부족　10,000원　　　　(대) 잡이익　　　　　10,000원

[장부상 현금잔액 > 실제 현금잔액]

차변	잡손실	×××	대변	현금과부족	×××

▶▷ **사례** **(현금부족)** 장부상 현금은 50,000원이고, 실제 현금은 40,000원이다.

   (차) 현금과부족　　　　10,000원　　　(대) 현금　　　　　10,000원

(결 산 시) 현금과부족 10,000원의 원인이 밝혀지지 않았다.

   (차) 잡손실　　　　　10,000원　　　(대) 현금과부족　　10,000원

② 결산일 당일의 현금불일치 분개

[결산일 기준 장부상 현금잔액 〈 실제 현금잔액]

차변	현금	×××	대변	잡이익	×××

[결산일 기준 장부상 현금잔액 〉 실제 현금잔액]

차변	잡손실	×××	대변	현금	×××

▶▷ **사례** **(현금과잉)** 결산 당일 장부상 현금은 50,000원이고, 실제 현금은 80,000원이다.

   (차) 현금　　　　　30,000원　　　　(대) 잡이익　　　　　30,000원

(현금부족) 결산 당일 장부상 현금은 50,000원이고, 실제 현금은 30,000원이다.

   (차) 잡손실　　　　20,000원　　　　(대) 현금　　　　　20,000원

(5) 선납세금의 정리

기중에 법인세 중간예납액과 이자수익 등에 대한 원천징수세액을 선납세금으로 분개하고, 결산 시 선납세금을 법인세등으로 대체하는 분개를 한다.

차변	법인세등	×××	대변	선납세금	×××

(6) 비유동부채의 유동성대체

결산일을 기준으로 1년 이내에 상환하여야 하는 비유동부채를 유동부채(유동성장기부채)로 대체하는 분개를 한다.

차변	장기차입금	×××	대변	유동성장기부채	×××

▶▶ 사례 결산일 현재 장기차입금 500,000원의 상환기일이 내년으로 도래하였다.

    (차) 장기차입금　　　　　500,000원　　　　　(대) 유동성장기부채　　　500,000원

(7) 화폐성 외화자산과 부채

화폐성 외화자산과 부채는 결산일 현재 기준환율로 환산한 금액을 재무상태표상 금액으로 하여야 한다.

① 외화자산

[장부금액 〉 기말평가금액]

차변	외화환산손실	×××	대변	외화예금	×××

[장부금액 〈 기말평가금액]

차변	외화예금	×××	대변	외화환산이익	×××

▶▶ 사례 외화장기성예금 50,000원의 결산일 기준환율 평가금액은 40,000원이다.

    (차) 외화환산손실　　　　10,000원　　　　　(대) 외화장기성예금　　　10,000원

② 외화부채

[장부금액 〉 기말평가금액]

차변	외화차입금	×××	대변	외화환산이익	×××

[장부금액 〈 기말평가금액]

차변	외화환산손실	×××	대변	외화차입금	×××

▶▶ 사례 외화차입금 50,000원의 결산일 기준환율 평가금액은 40,000원이다.

    (차) 외화차입금　　　　　10,000원　　　　　(대) 외화환산이익　　　　10,000원

(8) 대손충당금의 환입

결산일에 매출채권 잔액에 대손설정률을 곱한 대손추정액보다 대손충당금잔액이 클 경우 초과되는 금액에 대해 환입시키는 분개를 한다.

차변	대손충당금	×××	대변	대손충당금환입 (판매비와관리비 차감계정)	×××

▶ 사례 결산일의 외상매출금 잔액이 200,000원이고 대손설정률은 1%이다. 결산 전 대손충당금잔액은 3,000원으로 확인된다.

(차) 대손충당금   1,000원   (대) 대손충당금환입   1,000원

(9) 기타의 대손상각비

일반적인 상거래 이외의 기타채권(미수금, 대여금 등) 중에는 차기 이후에 대손이 예상되는 금액이 포함되어 있다. 따라서 결산 시 대손예상액만큼을 대손충당금으로 설정한다.

차변	기타의대손상각비 (영업외비용)	×××	대변	대손충당금	×××

▶ 사례 결산일의 대여금 잔액이 200,000원이고 대손설정률은 1%이다. 결산 전 대손충당금잔액은 0원으로 확인된다.

(차) 기타의대손상각비   2,000원   (대) 대손충당금   2,000원

필요 지식

1.5 자동결산 분개하기

결산기준일의 정리사항을 요약한 다음 '수동결산자료'를 [전표입력] 메뉴의 결산기준일로 입력한 이후에 [결산자료입력] 메뉴에서 '자동결산자료'를 입력하고 난 다음 화면 상단의 [분개]키를 이용하여 결산대체분개를 자동으로 생성한다.

(1) 제품매출원가의 계상

[결산자료입력]에서 기말제품 재고액을 입력한다.

> 제품매출원가 = 기초제품재고액 + 당기제품제조원가 – 기말제품재고액
> ↳ 합계잔액시산표의 제품잔액 – 매출에누리및환입 – 매출할인

차변	제품매출원가	×××	대변	제품	×××

(2) 매출채권에 대한 대손예상액 계상

합계잔액시산표상 매출채권(외상매출금, 받을어음)의 기말잔액 중에는 차기 이후에 대손이 예상되는 금액이 포함되어 있기 때문에 결산 시 대손예상액만큼을 대손충당금으로 설정하기 위하여 [결산자료입력]에서 추가 설정액을 입력한다.

> 대손충당금 추가 설정액 = (기말매출채권 × 설정률) – 결산 전 대손충당금잔액

차변	대손상각비	×××	대변	대손충당금	×××

(3) 감가상각비의 계상

고정자산은 이를 사용하거나 시간의 경과 또는 기술적 진보에 따라 물리적·경제적으로 그 가치가 점차 감소되어 가는데 이러한 가치감소분을 감가상각비라 하며, 그 금액을 재무상태와 경영성과에 반영시킨다.

[결산자료입력]에서 상단부의 `감가상각` 을 누른 후 `분개` 를 누르거나 감가상각비 금액을 입력한 후 `분개` 를 클릭하면 자동으로 관련 분개가 생성된다.

차변	감가상각비	×××	대변	감가상각누계액	×××

(4) 퇴직급여의 계상(퇴직급여 전입액 입력)

결산일 현재 지급하여야 할 퇴직급여추계액에서 기 설정된 퇴직급여충당부채를 차감한 금액을 추가로 계상한다.

[결산자료입력]에서 퇴직급여전입액을 입력한 후 분개 를 클릭하면 자동으로 관련 분개가 생성된다.

퇴직급여충당부채 추가 설정액 = 퇴직급여추계액 − 결산 전 퇴직급여충당부채잔액			
차변	퇴직급여 ×××	대변	퇴직급여충당부채 ×××

(5) 법인세등의 입력

법인세추산액에서 기중에 납부한 법인세(선납세금)를 차감한 금액을 추가로 계상한다. [결산자료입력]에서 법인세 계상액을 입력한 후 분개 를 클릭하면 자동으로 관련 분개가 생성된다.

법인세 추가 계상액 = 법인세 추산액 − 선납세금			
차변	법인세등 ×××	대변	미지급세금 ×××

주의 선납세금이 있는 경우 선납세금을 법인세등으로 대체하는 분개를 일반전표입력에 한 후 [결산자료입력]의 '법인세 계상'란에 추가 계상액을 입력한다.

제3부

수행 내용　결산분개하기

회계관리　➡　결산/재무제표관리　➡　결산자료입력

(주)삼일테크의 기말정리사항은 다음과 같다. 기말 결산분개를 수행하시오.

구 분	내　　　용
1	[결산자료입력] 메뉴에서 결산 자동분개 생성을 위한 [계정생성] 작업을 하시오.
2	기말재고자산의 금액은 다음과 같다. 원재료 8,000,000원　　재공품 3,000,000원　　제품 2,000,000원
3	매출채권(외상매출금, 받을어음) 잔액에 대하여 1%의 대손상각비를 계상하시오. (보충법)
4	당기감가상각비 계상액은 [고정자산등록] 메뉴에 입력된 자료를 이용한다.
5	'생산직 1,000,000원, 사무직 1,500,000원'의 퇴직급여충당부채를 설정하시오.
6	법인세비용 500,000원을 계상하시오.
7	자동결산 정리사항을 [결산자료입력] 메뉴에서 자동분개하시오.
8	[결산자료입력] 메뉴에서 발생시킨 전표를 [승인] 처리하시오.

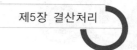

수행 결과 결산분개하기

회계관리 ➡ 결산/재무제표관리 ➡ 결산자료입력

❶ [결산자료입력] 메뉴의 계정생성

1) [계정설정] 탭에서 계정생성 시작

2) 매출원가 및 원가경비를 입력(45500.제품출원가, 1.제조, 1.500번대 제조, 1.제조원가명세서) 한
   후 선택하고 확인

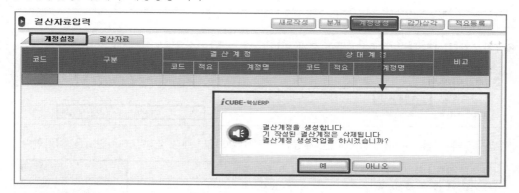

3) 계정생성 완료

코드	구분	결 산 계 정			상 대 계 정			비고
		코드	적요	계정명	코드	적요	계정명	
10100	상 품 매 출 원 가	45100	1	상품매출원가	00000	0		
11000	제 품 매 출 원 가	45500	1	제품매출원가	00000	0		
11100	재 료 비(…	50100	1	원재료비	00000	0		
11200	부 재 료 비(…	50200	1	부재료비	00000	0		
11310	퇴직급여충당금전입	50800	1	퇴직급여충당금전입	29500	4	퇴직급여충당금	
11320	단체퇴직급여충당금전입	50900	1	단퇴급여충당금전입	29600	4	단체퇴직급여충당금	
11710	감 가 상 각 비(…	51800	1	감가상각비	20300	4	감가상각누계액	건물

참고

- 매출원가코드 및 계정선택: [F2]조회 버튼을 이용하여 "제품매출원가" 선택
- 원가구분: '1.제조, 2.도급, 3.분양' 중 '1'을 입력
- 원가경비: '1.500번대, 2.600번대, 3.700번대' 중 '1'을 입력
- 표준원가명세서선택: '1.제조원가, 2.공사원가, 3.임대원가, 4.분양원가, 5.운송원가, 6.기타원가' 중 '1'을 입력
- 입력한 확인한 후 [선택(TAB)]을 클릭하고 [확인]을 누른다.

❷ [결산자료] 탭에서 기말재고자산 금액 입력

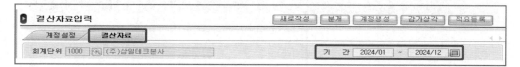

기말재고액 '원재료 8,000,000원, 재공품 3,000,000원, 제품 2,000,000원'을 입력한다.

(5) 기 말 원 재 료 재 고 액	8,000,000		8,000,000
(4) 기 말 재 공 품 재 고 액	3,000,000		3,000,000
(5) 기 말 제 품 재 고 액	2,000,000		2,000,000

❸ 대손충당금 추가 설정액에 외상매출금 93,000원, 받을어음 106,000원을 입력한다.

┃ 합계잔액시산표 조회화면 ┃

> 대손충당금 추가설정액 = (기말 매출채권잔액 × 설정률) - 기설정 대손충당금

* 외상매출금 대손충당금 추가설정액 = (14,300,000원 × 1%) - 50,000원 = 93,000원
* 받 을 어 음 대손충당금 추가설정액 = (20,600,000원 × 1%) - 100,000원 = 106,000원

┃분개대상금액 입력 보조화면(TAB를 누르면 보조화면이 나타남)┃

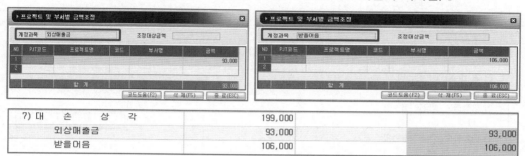

7) 대 손 상 각	199,000	
외상매출금	93,000	93,000
받을어음	106,000	106,000

❹ 감가상각비를 반영한다. 화면 우측 상단에 있는 감가상각 을 클릭하여 [고정자산등록] 메뉴에 입력된 당기상각비를 원가경비별로 구분하여 조회한다.

1) 제조원가의 경비(500번대 감가상각비)

(3) 감 가 상 각 비	1,304,166	
건물		
구축물		
기계장치	1,304,166	1,304,166
차량운반구		
공구와기구		
비품		

2) 판매비와관리비(800번대 감가상각비)

5) 감 가 상 각 비	22,500,500	
건물		
구축물		
기계장치		
차량운반구	21,500,500	21,500,500
공구와기구		
비품	1,000,000	1,000,000

❺ 퇴직급여충당금전입란에 생산직과 사무직 금액을 각각 입력한다.

1) 생산직은 노무비의 퇴직급여충당금 전입란에 1,000,000원을 입력한다.

3) 노　　무　　비		1,000,000	
(2) 퇴직급여 충당금 전 입		1,000,000	
퇴직급여충당금전입		1,000,000	1,000,000
(3) 단체퇴직급여충당금전입			
단퇴급여충당금전입			

2) 사무직은 판매비와 일반관리비의 퇴직급여충당금전입란에 1,500,000원을 입력한다.

4. 판 매 비 와 일반관리비		26,999,691	
1) 급여외	2,800,191		
3) 퇴직급여 충당금 전 입		1,500,000	
퇴직급여충당금전입		1,500,000	1,500,000
4) 단체퇴직급여충당금전입			
단퇴급여충당금전입			

❻ 법인세등란에 500,000원을 입력한다.

9. 법　　인　　세　　등		500,000	
법인세등	500,000		500,000

❼ 결산자료입력을 이용한 전표생성

1) [결산자료입력]을 통해 [분개대상금액]에 대한 전표를 발행하기 위해 상단부 분개 를 클릭한다. [결산분개 내역보기]를 확인하고 하단의 전표 발행 을 클릭한다.

2) 전표입력 메뉴에서 12월 31일 결산자료입력을 통해 생성된 전표를 확인한다.

❽ 결산대체분개 미결전표 승인처리하기: [전표승인해제] 메뉴에서 미결전표를 승인처리 한다.

주요항목 설명

❶ 새로작성 : 입력된 결산자료가 일괄 삭제되며, 각 계정별 금액을 다시 불러온다.

❷ 분개 : 입력된 결산자료를 근거로 전표를 발행한다. 분개 화면에서 분개하고자 하는 항목을 체크하고 분개 버튼을 클릭하면 해당항목의 전표가 전표 입력에 일괄 삽입된다. 결산전표의 발행은 화면의 결산기간 마지막 월로 한 번만 발행되며, 재발행하고자 할 경우 분개 버튼을 클릭하면 일괄 삭제되고 재발행된다.

❸ 감가상각 : 입력된 결산자료의 감가상각 금액을 삭제하고 고정자산 명세서에 의해 감가상각비를 다시 불러온다.

꼭 알아두기

■ 미결전표 발생원인
- 사원등록 메뉴에서 입력방식이 '미결'로 등록된 사원이 전표를 입력한 경우
- 회계모듈이 아닌 영업, 구매/자재관리, 생산관리, 인사/급여관리 등의 모듈에서 입력한 전표
- 차변과 대변의 합계금액이 틀리게 입력된 경우
- 결산자료입력에서 발생시킨 전표
- [이익잉여금처분계산서]에서 발생시킨 '손익대체분개' 전표

02 장부마감하기(NCS_능력단위요소명)

★ 학습목표(NCS_ 수행준거)

2.1 회계 관련 규정에 따라 주요장부를 마감할 수 있다.

2.2 회계 관련 규정에 따라 보조장부를 마감할 수 있다.

2.3 회계 관련 규정에 따라 각 장부의 오류를 수정할 수 있다.

2.4 자본거래를 파악하여 자본의 증감여부를 확인할 수 있다.

필요 지식

2.1 손익계산서계정의 마감

손익계산서계정인 수익과 비용계정은 당기의 경영성과를 보여주며 차기의 경영활동에 영향을 미치지 않으므로 잔액은 손익(집합손익) 계정으로 대체하여 마감한다.

- 수익계정의 잔액을 손익(집합손익) 계정으로 대체한다.
  (차) 수익계정   ×××   (대) 손익계정   ×××
- 비용계정의 잔액을 손익(집합손익) 계정으로 대체한다.
  (차) 손익계정   ×××   (대) 비용계정   ×××
- 손익계정의 잔액을 미처분이익잉여금 계정으로 대체한다.
  (차) 손익계정   ×××   (대) 미처분이익잉여금   ×××

2.2 재무상태표계정의 마감(마감 후 이월)

재무상태표계정인 자산, 부채, 자본계정은 당기의 재무상태가 보고된 이후에도 잔액이 '0'으로 되지 않고 이월되어 차기의 재무상태에 영향을 미치게 된다. 당기의 경영활동에 의한 경영성과와 재무상태를 파악하기 위하여 기말수정분개를 하고 난 후 각 계정을 마감하여 다음 회계기간의 경영활동을 기록하기 위한 준비를 한다.

2.3 마감및년도이월

회계모듈에서 최종적으로 결산작업이 마무리되고 재무제표 확정 후 차기로 이월시키는 메뉴이다. 마감 후에는 전표의 추가, 수정, 삭제가 불가능하다.

03 재무제표 작성하기

필요 지식

3.1 합계잔액시산표 작성하기

합계잔액시산표의 차변합계액과 대변합계액은 대차평균의 원리에 의하여 반드시 일치하여야 한다. 차변합계와 대변합계가 일치하지 않는다면 입력오류가 발생한 것이므로, 오류를 조사하여 이를 수정하여야 한다. 즉, [합계잔액시산표]는 입력된 전표가 대차차액없이 적정하게 처리되었는지 정확성 여부를 검증하는 것이다.

수행 내용 합계잔액시산표 작성하기

회계관리 ➡ 결산/재무제표관리 ➡ 합계잔액시산표

(주)삼일테크의 12월 31일 합계잔액시산표 작성을 수행하시오.

수행 결과 합계잔액시산표 작성하기

합계잔액시산표를 12월 31일로 조회하여 작성한다. 합계잔액시산표에서 대차차액이 발생하면 관련 전표의 오류를 수정하여야 한다.

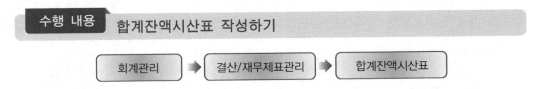

차 변		계정과목	대 변	
잔 액	합 계		합 계	잔 액
270,518,461	338,026,410	<< 자 산 >>	101,661,615	34,153,666
92,518,461	160,026,410	[유 동 자 산]	67,856,949	349,000
79,518,461	103,335,000	< 당 좌 자 산 >	24,165,539	349,000
14,495,000	18,050,000	현 금	3,555,000	
2,970,000	4,970,000	당 좌 예 금	2,000,000	
25,200,000	26,000,000	제 예 금	800,000	
1,800,000	1,800,000	단 기 매 매 증 권		

14,300,000	19,300,000	외 상 매 출 금	5,000,000	
		대 손 충 당 금	143,000	143,000
20,600,000	30,600,000	받 을 어 음	10,000,000	
		대 손 충 당 금	206,000	206,000
65,000	365,000	선 급 비 용	300,000	
88,461	2,250,000	부 가 세 대 급 금	2,161,539	
13,000,000	56,691,410	< 재 고 자 산 >	43,691,410	
2,000,000	18,345,705	제 품	16,345,705	
8,000,000	22,000,000	원 재 료	14,000,000	
3,000,000	16,345,705	재 공 품	13,345,705	
178,000,000	178,000,000	[비 유 동 자 산]	33,804,666	33,804,666
162,000,000	162,000,000	< 유 형 자 산 >	33,804,666	33,804,666
100,000,000	100,000,000	건 물		
30,000,000	30,000,000	기 계 장 치		
		감 가 상 각 누 계 액	6,304,166	6,304,166
29,000,000	29,000,000	차 량 운 반 구		
		감 가 상 각 누 계 액	25,000,500	25,000,500
3,000,000	3,000,000	비 품		
		감 가 상 각 누 계 액	2,500,000	2,500,000
5,000,000	5,000,000	< 무 형 자 산 >		
5,000,000	5,000,000	개 발 비		
11,000,000	11,000,000	< 기 타 비 유 동자산 >		
11,000,000	11,000,000	기 타 보 증 금		
	12,800,000	<< 부 채 >>	81,989,644	69,189,644
	12,800,000	< 유 동 부 채 >	79,489,644	66,689,644
	7,000,000	외 상 매 입 금	47,600,000	40,600,000
	2,000,000	지 급 어 음	7,500,000	5,500,000
		미 지 급 금	19,060,000	19,060,000
	3,000,000	부 가 세 예 수 금	4,029,644	1,029,644
	800,000	미 지 급 세 금	1,300,000	500,000
		< 비 유 동 부 채 >	2,500,000	2,500,000
		퇴 직 급 여 충 당 금	2,500,000	2,500,000
		<< 자 본 >>	154,500,000	154,500,000
		< 자 본 금 >	100,000,000	100,000,000
		자 본 금	100,000,000	100,000,000
		< 이 익 잉 여 금 >	54,500,000	54,500,000
		이 익 준 비 금	3,000,000	3,000,000
		이 월 이 익 잉 여 금	51,500,000	51,500,000
44,224,849	60,570,554	<< 손 익 >>	73,245,705	56,900,000
		< 매 출 액 >	56,900,000	56,900,000
		제 품 매 출	56,900,000	56,900,000
16,345,705	16,345,705	< 매 출 원 가 >		
16,345,705	16,345,705	제 품 매 출 원 가		
	16,345,705	< 제 조 원 가 >	16,345,705	
	13,961,539	원 재 료 비	13,961,539	
	1,000,000	퇴직급여충당금전입	1,000,000	
	1,304,166	감 가 상 각 비	1,304,166	
	80,000	소 모 품 비	80,000	

27,019,144	27,019,144	< 판 매 관 리 비 >		
1,500,000	1,500,000	퇴직급여충당금전입		
550,000	550,000	복 리 후 생 비		
1,080,000	1,080,000	접 대 비		
29,644	29,644	세 금 과 공 과 금		
22,500,500	22,500,500	감 가 상 각 비		
300,000	300,000	보 험 료		
150,000	150,000	차 량 유 지 비		
330,000	330,000	운 반 비		
80,000	80,000	도 서 인 쇄 비		
200,000	200,000	사 무 용 품 비		
100,000	100,000	광 고 선 전 비		
199,000	199,000	대 손 상 각 비		
360,000	360,000	< 영 업 외 비 용 >		
330,000	330,000	기 부 금		
30,000	30,000	매 출 채 권 처 분 손 실		
500,000	500,000	< 법 인 세 등 >		
500,000	500,000	법 인 세 등		
314,743,310	411,396,964	합 계	411,396,964	314,743,310

(3.2) 제조원가명세서 작성하기

제조원가명세서는 제조업을 영위하는 기업에서 작성하는 것으로 재료비, 노무비, 제조
경비 등을 집계하여 당기제품제조원가를 산출하는 보고서이다.

수행 내용   제조원가명세서 작성하기

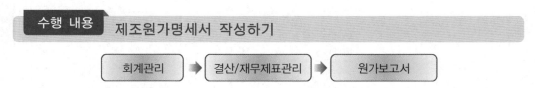

회계관리 ➡ 결산/재무제표관리 ➡ 원가보고서

(주)삼일테크의 당기분 제조원가명세서 작성을 수행하시오.

수행 결과   제조원가명세서 작성하기

❶ [매출원가 및 원가경비선택] 화면에서 '455.제품매출원가'를 선택하고 [확인(ENTER)]을 클릭
한다.

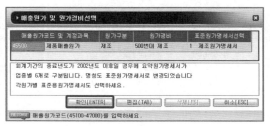

❷ 제조원가명세서를 12월 31일로 조회하여 작성한다.

원가보고서		통합계정	제목편집	환경설정

회계단위 1000 (주)삼일테크본사 제조   기간 2024/12/31

관리용   제출용   세목별

과 목	제 13 (당)기		제 12 (전)기	
	금 액		금 액	
I.재 료 비		13,961,539		29,000,000
원 재 료 비		13,961,539		29,000,000
기초 원재료 재고액	3,000,000		2,000,000	
당기 원재료 매입액	19,000,000		30,000,000	
타계정으로 대체액	38,461			
기말 원재료 재고액	8,000,000		3,000,000	
II.부 재 료 비				
III.노 무 비		1,000,000		30,500,000
임 금			30,500,000	
퇴직급여충당금전입	1,000,000			
IV.제 조 경 비		1,384,166		27,000,000
복 리 후 생 비			6,600,000	
가 스 수 도 료			1,650,000	
전 력 비			4,200,000	
세 금 과 공 과 금			1,680,000	
감 가 상 각 비	1,304,166		4,230,000	
수 선 비			2,956,000	
보 험 료			1,320,000	
차 량 유 지 비			1,200,000	
소 모 품 비	80,000		3,164,000	
V.당 기 총 제 조 비 용		16,345,705		86,500,000
VI.기 초 재 공 품 재 고 액				
VII.타 계 정 에 서 대 체 액				
VIII.합 계		16,345,705		86,500,000
IX.기 말 재 공 품 재 고 액		3,000,000		
X.타 계 정 으 로 대 체 액				
XI.당 기 제 품 제 조 원 가		13,345,705		86,500,000

주의 [제조원가보고서]의 당기제품제조원가는 [손익계산서] 제품매출원가 항목의 당기제품제조원가 금액과 일치한다.

필요 지식

③.3 손익계산서 작성하기

손익계산서는 일정 기간 동안 기업의 경영성과를 나타내는 결산보고서이다. [결산/재무제표]의 [손익계산서]를 12월로 조회하여 당기순이익을 확인한다.

수행 내용 **손익계산서 작성하기**

회계관리 ➡ 결산/재무제표관리 ➡ 손익계산서

(주)삼일테크의 당기분 손익계산서 작성을 수행하시오.

수행 결과 **손익계산서 작성하기**

▶ **손익계산서**   주식입력 | 양식선택 | 통합계정 | 환경설정

회계단위 1000 (주)삼일테크본사 ▼ Q   기간 2024/12/31 📅   단위 0. 원 ▼

관리용 | 제출용 | 세목별   (단위 : 원)

과 목	제 13 (당)기 금 액		제 12 (전)기 금 액	
I . 매 출 액		56,900,000		200,000,000
제 품 매 출	56,900,000		200,000,000	
II . 매 출 원 가		16,345,705		86,000,000
제 품 매 출 원 가		16,345,705		86,000,000
기 초 제 품 재 고 액	5,000,000		4,500,000	
당 기 제 품 제 조 원 가	13,345,705		86,500,000	
기 말 제 품 재 고 액	2,000,000		5,000,000	
III . 매 출 총 이 익		40,554,295		114,000,000
IV . 판 매 관 리 비		27,019,144		97,110,000
직 원 급 여			46,000,000	
퇴직급여충당금전입	1,500,000			
복 리 후 생 비	550,000		12,000,000	
여 비 교 통 비			4,500,000	
접 대 비	1,080,000		9,250,000	
통 신 비			3,560,000	
세 금 과 공 과 금	29,644		13,500,000	
감 가 상 각 비	22,500,500			
보 험 료	300,000		2,500,000	
차 량 유 지 비	150,000			
운 반 비	330,000			
도 서 인 쇄 비	80,000			
사 무 용 품 비	200,000			
소 모 품 비			5,650,000	
광 고 선 전 비	100,000			
대 손 상 각 비	199,000		150,000	
V . 영 업 이 익		13,535,151		16,890,000
VI . 영 업 외 수 익				
VII . 영 업 외 비 용		360,000		1,200,000
이 자 비 용			1,200,000	
기 부 금	330,000			
매 출 채 권 처 분 손 실	30,000			
VIII . 법인세비용차감전순이익		13,175,151		15,690,000
IX . 법 인 세 비 용		500,000		
법 인 세 등	500,000			
X . 당 기 순 이 익		12,675,151		15,690,000

필요 지식

3.4 이익잉여금처분계산서 작성하기

이익잉여금처분계산서는 전기이월미처분이익잉여금에 당기순이익을 더한 미처분이익잉여금의 금액과 이익잉여금처분내역, 차기이월미처분이익잉여금이 나타나는 결산보고서이다.

수행 내용 이익잉여금처분계산서 작성하기

회계관리 ➡ 결산/재무제표관리 ➡ 이익잉여금처분계산서

❶ (주)삼일테크의 전기분 이익잉여금처분계산서 작성을 수행하시오.
(처분확정일: 2024년 2월 28일, 전기이월미처분이익잉여금: 35,810,000원, 당기순이익 15,690,000원)

❷ (주)삼일테크의 당기분 이익잉여금처분계산서 작성을 수행하시오.
(처분확정일: 당기 2025년 2월 28일, 전기이월미처분이익잉여금: 51,500,000원)

❸ (주)삼일테크의 당기분 손익대체분개를 생성하고, [전표/장부관리]의 [전표승인해제]에서 미결전표에 대한 승인처리를 수행하시오.

회계관리 ➡ 전표/장부관리 ➡ 전표승인해제

수행 결과 이익잉여금처분계산서 작성하기

❶ 전기분 이익잉여금처분계산서 작성하기: [이익잉여금처분계산서] 상단부의 〔전기분작성〕을 클릭하여
전기분이익잉여금처분계산서를 작성한다.

▶전기분 작성		
제 12기 2023년 01월 01일 부터 2023년 12월 31일 까지		처분확정일 2024/02/28
과 목	제 12 (전)기	
	금 액	
Ⅰ.미 처 분 이 익 잉 여 금		51,500,000
1.전기 이월 미처분 잉여금	35,810,000	
2.회계변경의 누적 효과		
3.전 기 오 류 수 정 이 익		
4.전 기 오 류 수 정 손 실		
5.중 간 배 당 액		
6.당 기 순 이 익	15,690,000	
Ⅱ.임의적립금등의 이 입 액		
합 계		51,500,000

❷ 당기분 이익잉여금처분계산서 작성하기: [이익잉여금처분계산서] 상단부에 [처분확정일]을 입
력하고, 〔새로작성〕을 클릭하면 자동으로 작성된다.

이익잉여금처분계산서			전기분작성 새로작성 항목추가 전표생성 저장	
제 13기 2024년 01월 01일 부터 2024년 12월 31일 까지			처분확정일 2025/02/28	
과 목	계정과목		제 13 (당)기	
	코드	과목명	금 액	
Ⅰ.미 처 분 이 익 잉 여 금				64,175,151
1.전기 이월 미처분 잉여금	37500	이월이익잉여금	51,500,000	
2.회계변경의 누 적 효 과	36900	회계변경의누적효과		
3.전 기 오 류 수 정 이 익	37000	전기오류수정이익		
4.전 기 오 류 수 정 손 실	37100	전기오류수정손실		
5.중 간 배 당 액	26500	미지급배당금		
6.당 기 순 이 익			12,675,151	
Ⅱ.임의적립금등의 이 입 액				
합 계				64,175,151
Ⅲ.이 익 잉 여 금 처 분 액				
1.이 익 준 비 금				
2.기 타 법 정 적 립 금				
3.주식할인발행차금 상각액				
4.배 당 금				
가.현 금 배 당				
나.주 식 배 당				
5.사 업 확 장 적 립 금				
6.감 채 적 립 금				
Ⅳ.차가이월미처분이익잉여금				64,175,151

주의 [이익잉여금처분계산서]의 당기순이익과 [손익계산서]의 당기순이익은 일치한다.

❸ [이익잉여금처분계산서] 상단부 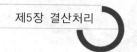을 클릭하여 손익대체분개를 생성한 후 [전표승인해제] 메뉴에서 미결전표를 승인처리 한다.

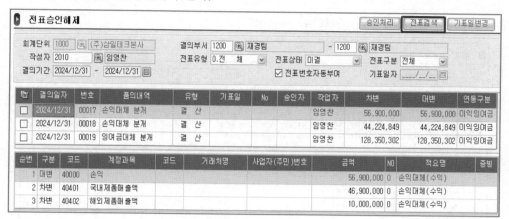

3.5 재무상태표 작성하기

재무상태표는 일정 시점의 기업의 재무상태를 나타내는 결산보고서이다.

[결산/재무제표]의 [재무상태표]를 12월로 조회하여 자산, 부채, 자본의 상태를 확인하고 기말 자본을 확인한다.

수행 내용 재무상태표 작성하기

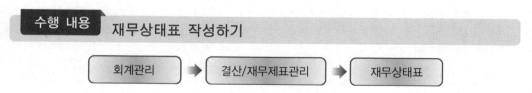

(주)삼일테크의 당기분 재무상태표 작성을 수행하시오.

수행 결과 | 재무상태표 작성하기

재무상태표를 12월 31일로 조회하여 작성한다.

과 목	제 13 (당)기 금 액		제 12 (전)기 금 액	
재무상태표			양식선택 통합계정 환경설정	
회계단위 1000 (주)삼일테크문사	기간 2024/12/31		단위 0. 원	
관리용 제출용 세목별				(단위 : 원
자 산				
I. 유 동 자 산		92,169,461		35,900,000
(1) 당 좌 자 산		79,169,461		27,900,000
현 금		14,495,000		3,050,000
당 좌 예 금		2,970,000		
제 예 금		25,200,000		10,000,000
단 기 매 매 증 권		1,800,000		
외 상 매 출 금	14,300,000		5,000,000	
대 손 충 당 금	143,000	14,157,000	50,000	4,950,000
받 을 어 음	20,600,000		10,000,000	
대 손 충 당 금	206,000	20,394,000	100,000	9,900,000
선 급 비 용		65,000		
부 가 세 대 급 금		88,461		
(2) 재 고 자 산		13,000,000		8,000,000
제 품		2,000,000		5,000,000
원 재 료		8,000,000		3,000,000
재 공 품		3,000,000		
II. 비 유 동 자 산		144,195,334		158,000,000
(1) 투 자 자 산				
(2) 유 형 자 산		128,195,334		142,000,000
건 물		100,000,000		100,000,000
기 계 장 치	30,000,000		20,000,000	
감 가 상 각 누 계 액	6,304,166	23,695,834	5,000,000	15,000,000
차 량 운 반 구	29,000,000		29,000,000	
감 가 상 각 누 계 액	25,000,500	3,999,500	3,500,000	25,500,000
비 품	3,000,000		3,000,000	
감 가 상 각 누 계 액	2,500,000	500,000	1,500,000	1,500,000
(3) 무 형 자 산		5,000,000		5,000,000
개 발 비		5,000,000		5,000,000
(4) 기타 비유동자산		11,000,000		11,000,000
기 타 보 증 금		11,000,000		11,000,000
자 산 총 계		236,364,795		193,900,000

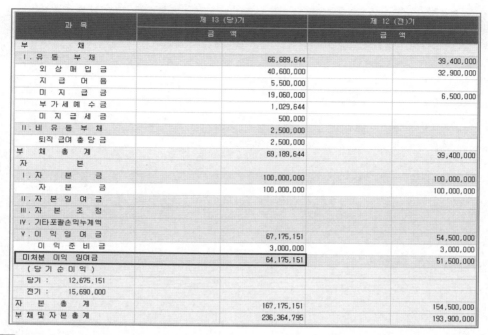

과 목	제 13 (당)기	제 12 (전)기
	금 액	금 액
부 채		
Ⅰ.유 동 부 채	66,689,644	39,400,000
외 상 매 입 금	40,600,000	32,900,000
지 급 어 음	5,500,000	
미 지 급 금	19,060,000	6,500,000
부 가 세 예 수 금	1,029,644	
미 지 급 세 금	500,000	
Ⅱ.비 유 동 부 채	2,500,000	
퇴 직 급 여 충 당 금	2,500,000	
부 채 총 계	69,189,644	39,400,000
자 본		
Ⅰ.자 본 금	100,000,000	100,000,000
자 본 금	100,000,000	100,000,000
Ⅱ.자 본 잉 여 금		
Ⅲ.자 본 조 정		
Ⅳ.기타포괄손익누계액		
Ⅴ.이 익 잉 여 금	67,175,151	54,500,000
이 익 준 비 금	3,000,000	3,000,000
미처분 이익 잉여금	64,175,151	51,500,000
(당 기 순 이 익)		
당기 : 12,675,151		
전기 : 15,690,000		
자 본 총 계	167,175,151	154,500,000
부 채 및 자 본 총 계	236,364,795	193,900,000

주 [재무상태표]의 미처분이익잉여금은 [이익잉여금처분계산서]의 차기이월미처분이익잉여금과
일치한다.

제**4**부

합격 문제풀이

제**1**장

유형별 연습문제

01 ERP 시스템의 이해

1.1 ERP 개념과 등장

01 ERP에 대한 아래 설명 중 가장 적절하지 않은 것은?

① ERP라는 용어는 가트너 그룹에서 최초로 사용하였다.
② ERP는 생산, 회계, 인사 등의 업무프로세스를 지원하는 각각의 개별시스템이다.
③ ERP를 통해 BPR이 이루어져 프로세스 개선이 효율적으로 수행될 수 있다.
④ ERP 소프트웨어는 경영혁신의 도구이다.

02 ERP에 대한 설명으로 틀린 것은?

① 인사, 영업, 구매, 생산, 회계 등 기업의 업무가 통합된 시스템이다.
② 기능 최적화에서 전체 최적화를 목표로 한 시스템이다.
③ 모든 사용자들은 쉽게 기업의 정보에 접근할 수 있다.
④ 신속한 의사결정을 지원하는 경영정보시스템이다.

03 다음 중 ERP에 대한 설명으로 옳지 않은 것은?

① 투명경영의 수단으로 쓰인다.
② '전사적 자원관리시스템'이라고 불린다.
③ 전산시스템은 회계, 인사, 자재관리 등의 각 시스템이 분야별로 개발 및 운영된다.
④ 모든 자원의 흐름을 기업 전체의 흐름에서 최적관리를 가능하게 하는 통합시스템이다.

04 다음 중 ERP에 대한 설명으로 바르지 않은 것은?

① 경영혁신 환경을 뒷받침하는 새로운 경영업무 시스템 중 하나이다.
② 기업의 전반적인 업무과정이 컴퓨터로 연결되어 실시간 관리를 가능하게 한다.
③ 기업 내 각 영역의 업무프로세스를 지원하고 단위별 업무처리의 강화를 추구하는 시스템이다.
④ 전통적 정보시스템과 비교하여 보다 완벽한 형태의 통합적인 정보인프라 구축을 가능하게 해주는 신경영혁신의 도구이다.

05 ERP에 대한 다음 설명 중 타당하지 않은 것은?

① ERP란 전사적 자원관리로 선진업무프로세스(Best Practice)와 최신 IT기술을 기반으로 한다.
② 기업 내 모든 업무를 실시간, 통합적으로 수행할 수 있다.
③ 전사적 자원의 최적 활용이 가능하여 업무생산성 증대, 고객서비스 개선, 투명성이 제고된다.
④ 효율적이고 효과적인 기업경영을 위하여 인사급여, 재무회계, 생산, 유통 등 주요 기능별로 최적화된 시스템이다.

06 ERP(Enterprise Resource Planning)와 관련된 다음의 설명 중 가장 거리가 먼 것은?

① 판매, 생산, 재고관리 등의 시스템들이 상호 연동하여 사용자가 요청하는 작업을 즉시 수행할 수 있도록 해주는 통합시스템이다.

② 업무의 표준화, 자료의 표준화에 의한 시스템 통합으로 전사차원에서 통합된 데이터베이스를 구축하여 정보의 일관성 유지는 가능하나 관리의 중복을 배제할 수는 없다.

③ 기업으로 하여금 글로벌 환경에 쉽게 대응할 수 있도록 한다.

④ 정보시스템을 통해 회사의 경영에 필요한 조기경보체제를 구축할 수 있다.

07 다음 중 BPR(업무 재설계)의 필요성이라고 볼 수 없는 것은?

① 기존업무 방식의 고수

② 경영 환경 변화에의 대응

③ 조직의 복잡성 증대와 효율성 저하에의 대처

④ 정보기술을 통한 새로운 기회의 모색

08 다음 설명 중 가장 적합하지 않은 것은?

① ERP에 내장되어 있는 Best Practice를 자사의 업무 프로세스에 맞추어 가는 것 자체가 기업이 추구하는 프로세스 혁신(PI: Process Innovation)이기 때문에 기업업무 전반에 걸친 Business Process Model을 제대로 검토하는 것이 매우 중요하다.

② ERP 시스템 도입 전 PI를 실행함으로써 ERP 시스템에 대한 적응기간을 단축하는 효과를 가져올 수 있다.

③ BPR은 경쟁우위 확보를 위해 기업의 핵심 부문에 대한 비용, 품질, 서비스, 속도와 같은 요인을 획기적으로 향상시킬 수 있도록 업무 프로세스를 근간으로 경영시스템을 근본적으로 재설계하여 극적인 성과를 추구하는 것이다.

④ ERP 시스템을 도입하여 업무에 적용함으로써 BPR이 저절로 수행되는 효과를 기대할 수 있다.

09 다음 중 ERP와 기존의 정보시스템(MIS) 특성 간의 차이점에 대한 설명으로 가장 적절하지 않은 것은?

① 기존 정보시스템(MIS)의 업무범위는 단위업무이고, ERP는 통합업무를 담당한다.

② 기존 정보시스템(MIS)의 전산화 형태는 중앙집중식이고, ERP는 분산처리구조이다.

③ 기존 정보시스템(MIS)은 수평적으로 업무를 처리하고, ERP는 수직적으로 업무를 처리한다.

④ 기존 정보시스템(MIS)의 데이터베이스 형태는 파일시스템이고, ERP는 관계형 데이터베이스 시스템(RDBMS)이다.

10 다음 [보기]의 (   ) 안에 공통적으로 들어갈 용어는 무엇인가?

┤ 보기 ├

- (   )은 정보기술을 활용한 리엔지니어링을 의미하며, ERP 시스템은 이것을 추진하기 위한 핵심 도구로 활용될 수 있다.
- (   )은 기업의 업무처리 방식, 정보기술, 조직 등에서 불필요한 요소들을 제거하고 효과적으로 재설계함으로써 기업 가치를 극대화하기 위한 경영기법이다.
- (   )은 1992년에 하버드 비즈니스 스쿨의 토마스 데이븐포트(Thomas H. Davenport) 교수가 출간한 책의 제목에서 사용된 용어이다.

① BPR
② 리스트럭처링(Restructuring)
③ 프로세스 혁신(PI, Process Innovation)
④ 전사적 품질경영(TQM, Total Quality Management)

1.2 ERP 발전과정과 특징

01 다음은 ERP의 발전과정을 나타낸 것이다. [보기]의 (   ) 안에 들어갈 단계를 가장 알맞게 나타낸 것은?

┤ 보기 ├

$$MRP \rightarrow (\quad) \rightarrow ERP \rightarrow (\quad)$$

① SCM, 확장형 ERP
② MRP II, 확장형 ERP
③ CRM, 확장형 ERP
④ MIS, 확장형 ERP

02 다음의 용어와 설명이 맞지 않는 것은?

① MRP Ⅰ - Material Requirement Planning(자재소요계획)
② MRP Ⅱ - Man Resource Planning(인적자원계획)
③ ERP - Enterprise Resource Planning(전사적 자원관리)
④ EERP - Extended ERP(확장형 ERP)

03 다음은 ERP의 발전과정을 도표로 정리한 것이다. 빈칸에 들어갈 말로 올바른 것은?

┤ 보기 ├

1970년대	1980년대	1990년대	2000년대
MRP1	(A)	ERP	(B)
(C)	제조자원관리	(D)	기업간 최적화
재고최소화	원가절감	경영혁신	WIN – WIN – WIN

	(A)	(B)	(C)	(D)
①	MRPⅡ	확장형 ERP	자재수급관리	전사적 자원관리
②	MRPⅡ	CRM	자재공급관리	고객관계관리
③	MIS	확장형 ERP	고객관계관리	공급사슬망관리
④	MIS	SCM	자재수급관리	제조자원관리

04 다음 [보기]의 (   )에 들어갈 적당한 용어는 무엇인가?

┤ 보기 ├

(   )는 생산현장의 실제 데이터와 제조자원의 용량제한을 고려하고, 자동화된 공정데이터의 수집, 수주관리, 재무관리, 판매주문관리 등의 기능이 추가되어 실현 가능한 생산계획을 제시하면서 제조활동을 더 안정된 분위기에서 가장 효율적인 관리를 위해 탄생되었다.

① MRP Ⅰ　　　　② MRP Ⅱ　　　　③ ERP　　　　④ 확장형 ERP

05 다음 중 ERP의 기능적 특징에 해당하지 않는 것은?

① 다국적, 다통화, 다언어 지원
② 통합업무 시스템 – 중복업무의 배제 및 실시간 정보처리체계 구축
③ Best Practice Business Process를 공통화, 표준화
④ 불투명 경영의 수단으로 활용

06 다음 중 ERP의 기능적 특징으로 바르지 않은 것은?

① 중복적, 반복적으로 처리하던 업무를 줄일 수 있다.
② 실시간으로 데이터 입·출력이 이루어지므로 신속한 정보사용이 가능하다.
③ ERP를 통해 기업의 투명회계 구현이라는 성과를 가져올 수 있다.
④ 조직의 변경이나 프로세스의 변경에 대한 대응은 가능하나 기존 하드웨어와의 연계에 있어서는 보수적이다.

07 ERP의 특징 중 기술적 특징에 해당하지 않는 것은?

① 다국적, 다통화, 다언어 지원
② 관계형 데이터베이스(RDBMS) 채택
③ 4세대 언어(4GL) 활용
④ 객체지향기술(Object Oriented Technology) 사용

08 ERP 시스템이 갖는 특징을 기능적 특징과 기술적 특징으로 구분할 수 있는데, 그중에서 기술적 특징에 해당되는 것은?

① 경영정보제공 및 경영조기경보체계를 구축
② 객체지향기술 사용
③ 표준을 지향하는 선진화된 최고의 실용성을 수용
④ 투명경영의 수단으로 활용

09 다음은 ERP의 특징을 설명한 것이다. 특징과 설명을 잘못 연결한 것은?

① 다국적, 다통화, 다언어: 각 나라의 법률과 대표적인 상거래 습관, 생산방식이 시스템에 입력되어 있어서 사용자는 이 가운데 선택하여 설정할 수 있다.

② 통합업무시스템: 세계 유수기업이 채용하고 있는 Best Practice Business Process를 공통화, 표준화시킨다.

③ Open Multi-Vendor: 특정 H/W 업체에 의존하는 Open 형태를 채택, C/S형의 시스템 구축이 가능하다.

④ Parameter 설정에 의한 단기간의 도입과 개발이 가능: Parameter 설정에 의해 각 기업과 부문의 특수성을 고려할 수 있다.

10 다음 [보기]의 (   )에 들어갈 가장 적절한 용어는 무엇인가?

┤ 보기 ├

- ERP 시스템은 범용패키지로 각 프로세스나 기능별로 다양한 선택 가능한 조건들인 (   )을 (를) 포함하고 있어서 회사의 실정에 맞도록 시스템을 설정할 수 있다.
- (   )설정을 통한 도입 방식은 기존의 S/W 자체개발 방식에 비해 상대적으로 시스템의 구축기간이 짧고, 유지보수 비용이 적다는 장점이 있다.

① 파라미터(Parameter)
② 미들웨어(Middleware)
③ 그래픽 유저 인터페이스(GUI, Graphic User Interface)
④ 기업애플리케이션통합(EAI, Enterprise Application Integration)

(1.3) ERP 도입과 구축

01 ERP 도입의 효과로 가장 바람직한 것은 무엇인가?

① 비즈니스 프로세스 혁신
② 자동화
③ 매출증대 및 인원절감
④ 불량품 감소

02 ERP 도입의 예상효과로 볼 수 없는 것은?

① 투명한 경영
② 고객서비스 개선
③ 결산작업의 증가
④ 재고물류비용 감소

03 다음 중 ERP 도입의 예상 효과로 적절하지 않은 것은?

① 업무효율성의 증가
② 정보체계의 표준화, 단순화, 코드화
③ 투명한 경영환경 구축
④ 리드타임(Lead Time) 증가

04 다음 중 ERP 도입 효과로 가장 적합하지 않은 것은?

① 불필요한 재고를 없애고 물류비용을 절감할 수 있다.
② 업무의 정확도가 증대되고 업무 프로세스가 단축된다.
③ 업무시간을 단축할 수 있고 필요인력과 필요자원을 절약할 수 있다.
④ 의사결정의 신속성으로 인한 정보 공유의 공간적, 시간적 한계가 있다.

05 다음은 ERP 도입 의의를 설명한 것이다. 가장 올바르지 않은 것은?

① 기업의 프로세스를 재검토하여 비즈니스 프로세스를 변혁시킨다.
② ERP 도입의 가장 큰 목표는 업무효율화를 통해 새로운 비즈니스 모델을 창출하며, 이를 통해 사업을 다각화 시키는 데 있다.
③ 기업의 입장에서 ERP 도입을 통해 업무 프로세스를 개선함으로써 업무의 비효율을 줄이는 것이다.
④ 고객의 입장에서 ERP 도입은 공급사슬의 단축, 리드타임의 감소, 재고절감 등을 이룩한다.

06 다음 중 'Best Practice' 도입을 목적으로 ERP 패키지를 도입하여 시스템을 구축하고자 할 경우 가장 바람직하지 않은 방법은?

① 기존 업무처리에 따라 ERP 패키지를 수정하는 방법
② BPR을 실시한 후에 이에 맞도록 ERP 시스템을 구축하는 방법
③ BPR과 ERP 시스템 구축을 병행하는 방법
④ ERP 패키지에 맞추어 BPR을 추진하는 방법

07 다음 중 ERP의 장점 및 효과에 대한 설명으로 가장 적절하지 않은 것은?

① ERP는 다양한 산업에 대한 최적의 업무관행인 Best Practices를 담고 있다.
② ERP 시스템 구축 후 업무재설계(BPR)를 수행하여 ERP 도입의 구축성과를 극대화할 수 있다.
③ ERP는 모든 기업의 업무 프로세스를 개별 부서원들이 분산처리 하면서도 동시에 중앙에서 개별 기능들을 통합적으로 관리할 수 있다.
④ 차세대 ERP는 인공지능 및 빅데이터 분석기술과의 융합으로 선제적 예측과 실시간 의사결정지원이 가능하다.

08 다음 중 ERP 시스템 구축의 장점으로 볼 수 없는 것은?

① ERP 시스템은 비즈니스 프로세스의 표준화를 지원한다.
② ERP 시스템의 유지보수비용은 ERP 시스템 구축 초기보다 증가할 것이다.
③ ERP 시스템은 이용자들이 업무처리를 하면서 발생할 수 있는 오류를 예방한다.
④ ERP 구현으로 재고비용 및 생산비용의 절감효과를 통한 효율성을 확보할 수 있다.

09 다음 중 ERP시스템에 대한 투자비용에 관한 개념으로 시스템의 전체 라이프사이클(life-cycle)을 통해 발생하는 전체 비용을 계량화하는 것을 무엇이라 하는가?

① 유지보수 비용(Maintenance Cost)
② 시스템 구축비용(Construction Cost)

③ 소프트웨어 라이선스비용(Software License Cost)
④ 총소유비용(Total Cost of Ownership)

10 다음 중 ERP가 성공하기 위한 요건으로 볼 수 없는 것은?

① 경영자의 관심과 기업 구성원 전원이 참여하는 분위기 조성
② 경험과 지식을 겸비한 최고의 인력으로 TFT(Task Force Team)를 구성
③ 업무환경에 맞는 우수한 ERP package 선정
④ 도입 초기에만 집중적으로 교육 및 훈련 실시

11 기업에 ERP 시스템이 성공적으로 도입되고 운영되기 위해서는 많은 요소들을 고려해야 한다. 다음 중 ERP 시스템 도입을 위한 성공요인으로 적절하지 않은 것은?

① 업무 단위별 추진   ② 경영진의 확고한 의지
③ 지속적인 교육 및 훈련   ④ 현업 중심의 프로젝트 진행

12 다음 중에서 ERP를 도입할 때 선택기준으로 가장 적절하지 않은 것은?

① 경영진의 확고한 의지가 있어야 한다.
② 경험 있는 유능한 컨설턴트를 활용하여야 한다.
③ 전사적으로 전 임직원의 참여를 유도하여야 한다.
④ 다른 기업에서 가장 많이 사용하는 패키지이어야 한다.

13 상용화 패키지에 의한 ERP 시스템 구축 시, 성공과 실패를 좌우하는 요인으로 보기 어려운 것은?

① 시스템 공급자와 기업 양쪽에서 참여하는 인력의 자질
② 기업환경을 최대한 고려하여 개발할 수 있는 자체개발인력 보유 여부
③ 제품이 보유한 기능을 기업의 업무환경에 얼마만큼 잘 적용하는지에 대한 요인
④ 사용자 입장에서 ERP 시스템을 충분히 이해하고 사용할 수 있는 반복적인 교육훈련

14 ERP의 구축단계를 순서대로 바르게 나타낸 것은?

① 분석→설계→구현→구축   ② 설계→구현→분석→구축
③ 분석→설계→구축→구현   ④ 설계→분석→구축→구현

15 ERP 구축절차에 대한 설명으로 가장 바르지 않은 것은?

① 구현단계에서 전 직원을 상대로 요구분석을 실시한다.
② 패키지를 설치한 후 각 모듈별 및 통합테스트를 실시한다.
③ 초기단계에서 AS-IS를 파악한 후 TO-BE PROCESS를 도출한다.
④ 최종적으로 시험가동 및 데이터 전환을 실시하고 실제로 운영해 본 후의 유지보수 과정이 필요하다.

16 ERP 구축절차 중 모듈조합화, 테스트 및 추가개발 또는 수정기능 확정을 하는 단계는 다음 중 어느 단계에 해당하는가?

① 구현단계   ② 분석단계
③ 설계단계   ④ 구축단계

17 다음 ERP의 4단계 구축 과정 중 분석단계에 해당하지 않는 것은 무엇인가?

① 모듈의 조합화 및 GAP 분석   ② 목표와 범위 설정
③ 경영전략 및 비전 도출   ④ 현재 시스템의 문제 파악

18 다음 중 ERP 구축 전에 수행되는 단계적으로 시간의 흐름에 따라 비즈니스 프로세스를 개선해가는 점증적 방법론을 무엇이라 하는가?

① BPI(Business Process Improvement)
② BPR(Business Process Re-Engineering)
③ ERD(Entity Relationship Diagram)
④ MRP(Material Requirement Program)

19 다음 중 ERP 도입전략으로 ERP 자체개발 방법에 비해 ERP 패키지를 선택하는 방법의 장점으로 가장 적절하지 않은 것은?

① 검증된 방법론 적용으로 구현 기간의 최소화가 가능하다.
② 검증된 기술과 기능으로 위험 부담을 최소화할 수 있다.
③ 시스템의 수정과 유지보수가 주기적이고 지속적으로 단시간에 이루어질 수 있다.
④ 향상된 기능과 최신의 정보기술이 적용된 버전(version)으로 업그레이드(upgrade)가 가능하다.

20 다음 중 ERP 구축 시 컨설턴트를 고용함으로써 얻는 장점으로 가장 적절하지 않은 것은?

① 프로젝트 주도권이 컨설턴트에게 넘어갈 수 있다.
② 숙달된 소프트웨어 구축방법론으로 실패를 최소화할 수 있다.
③ ERP 기능과 관련된 필수적인 지식을 기업에 전달할 수 있다.
④ 컨설턴트는 편견이 없고 목적 지향적이기 때문에 최적의 패키지를 선정하는데 도움이 된다.

1.4 확장형 ERP

01 다음 중 확장형 ERP 시스템에 포함되어야 할 내용으로 적절하지 않은 것은?

① 산업유형 지원 확대   ② 그룹웨어기능의 포함
③ 전문화 확대 적용   ④ 고유기능의 축소

02 확장형 ERP 시스템은 기업의 핵심기능인 기본형 ERP 시스템과 경영에 필요한 정보를 제공해 주는 전략적 기업경영(SEM: Strategic Enterprise Management) 시스템으로 구성된다. 그 외 인터넷 기반의 정보교환, 제품거래 역할을 담당하는 e-비즈니스 지원시스템도 포함된다. 다음의 단위시스템 중 e-비즈니스 지원 시스템에 포함되지 않는 것은?

① 공급망관리(SCM) 시스템   ② 생산자원관리(MRP Ⅱ) 시스템
③ 지식경영시스템(KMS)   ④ 고객관계관리(CRM) 시스템

03 전략적 기업경영(SEM) 시스템은 기업운영을 위한 전략적인 부분을 지원하고, 경영에 필요한 정보를 제공해 주는 것으로 단위시스템들로 구성될 수 있다. 이 중 가장 적합하지 않은 것은?

① 성과측정관리(BSC, Balanced Score Card)
② 부가가치경영(VBM, Valued-Based Management)
③ 활동기준경영(ABM, Activity-Based Management)
④ 제조자원계획(MRP II, Manufacturing Resource Planning)

04 다음 중 확장된 ERP 시스템의 공급망관리(SCM) 모듈을 실행함으로써 얻는 장점으로 가장 적절하지 않은 것은?

① 공급사슬에서의 가시성 확보로 공급 및 수요변화에 대한 신속한 대응이 가능하다.
② 정보투명성을 통해 재고수준 감소 및 재고회전율(inventory turnover) 증가를 달성할 수 있다.
③ 공급사슬에서의 계획(plan), 조달(source), 제조(make) 및 배송(deliver) 활동 등 통합 프로세스를 지원한다.
④ 마케팅(marketing), 판매(sales) 및 고객서비스(customer service)를 자동화함으로써 현재 및 미래 고객들과 상호작용할 수 있다.

05 다음 [보기]의 ( )에 들어갈 용어로 맞는 것은 무엇인가?

┤ 보기 ├

확장된 ERP 시스템 내의 ( )모듈은 공급자부터 소비자까지 이어지는 물류, 자재, 제품, 서비스, 정보의 흐름 전반에 걸쳐 계획하고 관리함으로써 수요와 공급의 일치를 최적으로 운영하고 관리하는 활동이다.

① ERP(Enterprise Resource Planning)
② SCM(Supply Chain Management)
③ CRM(Customer Relationship Management)
④ KMS(Knowledge Management System)

06 다음 중 ERP 아웃소싱(Outsourcing)의 장점으로 가장 적절하지 않은 것은?

① ERP 아웃소싱을 통해 기업이 가지고 있지 못한 지식을 획득할 수 있다.
② ERP 개발과 구축, 운영, 유지보수에 필요한 인적 자원을 절약할 수 있다.
③ IT 아웃소싱 업체에 종속성(의존성)이 생길 수 있다.
④ ERP 자체개발에서 발생할 수 있는 기술력 부족의 위험요소를 제거할 수 있다.

유형별연습문제

07 다음 중 ERP와 CRM 간의 관계에 대한 설명으로 가장 적절하지 않은 것은 무엇인가?

① ERP와 CRM 간의 통합으로 비즈니스 프로세스의 투명성과 효율성을 확보할 수 있다.
② ERP시스템은 비즈니스 프로세스를 지원하는 백오피스 시스템(Back-Office System)이다.
③ CRM시스템은 기업의 고객대응활동을 지원하는 프런트오피스 시스템(Front-Office System)이다.
④ CRM시스템은 조직 내의 인적자원들이 축적하고 있는 개별적인 지식을 체계화하고 공유하기 위한 정보시스템으로 ERP시스템의 비즈니스 프로세스를 지원한다.

08 ERP시스템의 SCM 모듈을 실행함으로써 얻는 장점으로 가장 적절하지 않은 것은?

① 공급사슬에서의 가시성 확보로 공급 및 수요변화에 대한 신속한 대응이 가능하다.
② 정보투명성을 통해 재고수준 감소 및 재고회전율(inventory turnover) 증가를 달성할 수 있다.
③ 공급사슬에서의 계획(plan), 조달(source), 제조(make) 및 배송(deliver) 활동 등 통합 프로세스를 지원한다.
④ 마케팅(marketing), 판매(sales) 및 고객서비스(customer service)를 자동화함으로써 현재 및 미래 고객들과 상호작용할 수 있다.

(1.5) 4차 산업혁명과 스마트(차세대) ERP

01 다음 중 클라우드 ERP와 관련된 설명으로 가장 적절하지 않은 것은?

① 클라우드를 통해 ERP 도입에 관한 진입장벽을 높일 수 있다.
② IaaS 및 PaaS 활용한 ERP를 하이브리드 클라우드 ERP라고 한다.
③ 서비스형 소프트웨어 형태의 클라우드로 ERP를 제공하는 것을 SaaS ERP라고 한다.
④ 클라우드 ERP는 고객의 요구에 따라 필요한 기능을 선택·적용한 맞춤형 구성이 가능하다.

02 다음 중 클라우드 서비스 기반 ERP와 관련된 설명으로 가장 적절하지 않은 것은?

① ERP 구축에 필요한 IT 인프라 자원을 클라우드 서비스로 빌려 쓰는 형태를 IaaS라고 한다.
② ERP 소프트웨어 개발을 위한 플랫폼을 클라우드 서비스로 제공받는 것을 PaaS라고 한다.
③ PaaS에는 데이터베이스 클라우드 서비스와 스토리지 클라우드 서비스가 있다.
④ 기업의 핵심 애플리케이션인 ERP, CRM 솔루션 등의 소프트웨어를 클라우드 서비스를 통해 제공받는 것을 SaaS라고 한다.

03 클라우드 서비스 사업자가 클라우드 컴퓨팅 서버에 ERP 소프트웨어를 제공하고, 사용자가 원격으로 접속해 ERP 소프트웨어를 활용하는 서비스를 무엇이라 하는가?

① IaaS(Infrastructure as a Service)   ② PaaS(Platform as a Service)
③ SaaS(Software as a Service)   ④ DaaS(Desktop as a Service)

04 다음 중 차세대 ERP의 인공지능(AI), 빅데이터(BigData), 사물인터넷(IoT) 기술의 적용에 관한 설명으로 가장 적절하지 않은 것은?

① 현재 ERP는 기업 내 각 영역의 업무프로세스를 지원하고, 단위별 업무처리의 강화를 추구하는 시스템으로 발전하고 있다.

② 제조업에서는 빅데이터 분석기술을 기반으로 생산자동화를 구현하고 ERP와 연계하여 생산계획의 선제적 예측과 실시간 의사결정이 가능하다.

③ 차세대 ERP는 인공지능 및 빅데이터 분석기술과의 융합으로 상위계층의 의사결정을 지원할 수 있는 지능형시스템으로 발전하고 있다.

④ ERP에서 생성되고 축적된 빅데이터를 활용하여 기업의 새로운 업무개척이 가능해지고, 비즈니스 간 융합을 지원하는 시스템으로 확대가 가능하다.

05 다음 [보기]의 (   )에 들어갈 용어로 가장 적절한 것은 무엇인가?

┤ 보기 ├

> ERP 시스템 내의 데이터 분석 솔루션인 (   )은(는) 구조화된 데이터(structured data)와 비구조화된 데이터(unstructured data)를 동시에 이용하여 과거 데이터에 대한 분석뿐만 아니라, 이를 통한 새로운 통찰력 제안과 미래 사업을 위한 시나리오를 제공한다.

① 리포트(Report)
② SQL(Structured Query Language)
③ 비즈니스 애널리틱스(Business Analytics)
④ 대시보드(Dashboard)와 스코어카드(Scorecard)

06 다음 중 차세대 ERP의 비즈니스 애널리틱스(Business Analytics)에 관한 설명으로 가장 적절하지 않은 것은?

① 비즈니스 애널리틱스는 구조화된 데이터(structured data)만을 활용한다.

② ERP 시스템 내의 방대한 데이터 분석을 위한 비즈니스 애널리틱스가 ERP의 핵심요소가 되었다.

③ 비즈니스 애널리틱스는 질의 및 보고와 같은 기본적 분석기술과 예측 모델링과 같은 수학적으로 정교한 수준의 분석을 지원한다.

④ 비즈니스 애널리틱스는 리포트, 쿼리, 대시보드, 스코어카드뿐만 아니라 예측모델링과 같은 진보된 형태의 분석기능도 제공한다.

07 스마트공장의 구성영역 중에서 생산계획 수립, 재고관리, 제조자원관리, 품질관리, 공정관리, 설비제어 등을 담당하는 것은?

① 제품개발   ② 현장자동화
③ 공장운영관리   ④ 공급사슬관리

08 클라우드 서비스의 비즈니스 모델에 관한 설명으로 옳지 않은 것은?

① 공개형 클라우드는 사용량에 따라 사용료를 지불하며 규모의 경제를 통해 경쟁력 있는 서비스 단가를 제공한다는 장점이 있다.
② 공개형 클라우드는 데이터의 소유권 확보와 프라이버시 보장이 필요한 경우 사용된다.
③ 폐쇄형 클라우드는 특정한 기업 내부 구성원에게만 제공되는 서비스를 말한다.
④ 혼합형 클라우드는 특정 업무는 폐쇄형 클라우드 방식을 이용하고 기타 업무는 공개형 클라우드 방식을 이용하는 것을 말한다.

09 인공지능의 기술발전에 대한 설명으로 옳지 않은 것은?

① 계산주의는 인간이 보유한 지식을 컴퓨터로 표현하고 이를 활용해 현상을 분석하거나 문제를 해결하는 지식기반시스템을 말한다.
② 연결주의는 지식을 직접 제공하기보다 지식과 정보가 포함된 데이터를 제공하고 컴퓨터가 스스로 필요한 정보를 학습한다.
③ 연결주의 시대는 학습에 필요한 빅데이터와 컴퓨팅 파워의 부족이라는 한계를 극복하였다.
④ 딥러닝은 입력층(input layer)과 출력층 (output layer) 사이에 다수의 숨겨진 은닉층(hidden layer)으로 구성된 심층신경망(Deep Neural Networks)을 활용한다.

10 다음 중 세계경제포럼(World Economic Forum)에서 발표한 인공지능 규범(AI code)의 5개 원칙에 해당하지 않는 것은?

① 인공지능은 인류의 공동 이익과 이익을 위해 개발되어야 한다.
② 인공지능은 투명성과 공정성의 원칙에 따라 작동해야 한다.
③ 인공지능이 개인, 가족, 지역 사회의 데이터 권리 또는 개인정보를 감소시켜야 한다.
④ 인간을 해치거나 파괴하거나 속이는 자율적 힘을 인공지능에 절대로 부여하지 않는다.

02 재무회계의 이해

2.1 재무회계의 기초

01 [보기]는 회계공준에 대한 설명이다. 설명에 적합한 회계공준의 명칭을 적절하게 짝지은 것은?

┤ 보기 ├

- (가) 기업의 경제활동은 기업 소유주의 경제활동과 구분하여 측정 및 보고한다.
- (나) 취득원가원칙, 유형자산의 감가상각, 수익 비용대응 등의 존립근거가 된다.

① (가) 기업실체의 공준   (나) 계속기업의 공준
② (가) 기업실체의 공준   (나) 발생주의의 공준
③ (가) 실질우선의 공준   (나) 계속기업의 공준
④ (가) 실질우선의 공준   (나) 발생주의의 공준

02 회계정보가 갖추어야 할 가장 중요한 질적 특성으로 맞는 항목은 어느 것인가?

① 비교가능성, 신뢰성   ② 신뢰성, 목적적합성
③ 목적적합성, 중요성   ④ 중요성, 비교가능성

03 [보기]의 회계정보의 질적 특성 제고에 대한 내용 중 (   )에 들어갈 용어는 무엇인가?

┤ 보기 ├

회계정보가 갖추어야 할 가장 중요한 질적 특성은 (   )과 신뢰성이다. 특정 거래를 회계
처리할 때 대체적인 회계처리방법이 허용되는 경우, (   )과 신뢰성이 더 높은 회계처리방
법을 선택할 때에 회계정보의 유용성이 증대된다.

정답: _____

04 [보기]의 회계정보의 질적 특성 제고에 대한 내용 중 (   )에 공통적으로 들어갈 용어는 무엇인가?

┤ 보기 ├

회계정보가 갖추어야 할 가장 중요한 질적 특성은 목적적합성과 (   )이다. 이 중 회계정보의
(   )은 다음의 요소로 구성된다. 첫째 회계정보는 그 정보가 나타내고자 하는 대상을 충실히
표현하고 있어야 하고, 둘째 객관적으로 검증가능하여야 하며, 셋째 중립적이어야 한다.

정답: _____

05 일반기업 회계기준서에 의한 재무제표정보의 질적 특성인 목적적합성에 대한 설명에 해당하는 것은?

① 재무정보가 특정이용자에게 치우치지 않아야 한다.
② 거래나 사건을 사실대로 충실하게 표현하여야 한다.
③ 미래 재무상태, 경영성과, 현금흐름 등을 예측하는데 그 정보가 활용될 수 있어야 한다.
④ 동일사건에 대해 다수의 서로 다른 측정자들이 동일하거나 유사한 결론에 도달할 수 있어야 한다.

2.2 재무제표의 이해

01 다음 중 일반기업회계기준에서 규정하고 있는 재무제표의 종류에 해당하는 것을 고르시오.

① 재무상태표 ② 총계정원장
③ 분개장 ④ 매출장

02 다음 [보기]의 문장 중 (   )안에 들어갈 말은 무엇인가?

┤ 보기 ├

재무제표는 경제적 사실과 거래의 실질을 반영하여 기업의 경영활동내역을 공정하게 표시하여야 하며, 일반기업회계기준에 따라 적정하게 작성된 재무제표는 공정하게 표시된 재무 제표로 본다.
이와같은 재무제표의 종류로는 재무상태표, 손익계산서, (   ), 자본변동표가 있으며, 주석을 포함한다.

정답: _____

03 다음 중 [보기]의 (가)~(라)에 들어갈 용어로 가장 옳은 것은?

┤ 보기 ├

- 재무상태표는 (가)에 (동안) 회사의 (나)을/를 나타내는 재무제표이다.
- 손익계산서는 (다)에 (동안) 회사가 달성한 (라)을/를 나타내는 재무제표이다.

① (가) 일정기간 (나)재무상태 (다) 일정시점 (라) 경영성과
② (가) 일정시점 (나)재무상태 (다) 일정기간 (라) 경영성과
③ (가) 일정시점 (나)경영성과 (다) 일정기간 (라) 재무상태
④ (가) 일정기간 (나)경영성과 (다) 일정시점 (라) 재무상태

04 다음 중 재무제표 작성과 표시의 일반원칙에 관한 설명으로 옳지 않은 것은?

① 자산과 부채는 원칙적으로 상계하여 표시하지 않고 총액으로 표시한다.
② 중요하지 않은 항목은 성격과 기능이 유사한 항목과 통합하여 표시할 수 있다.
③ 재무제표의 작성과 표시에 대한 책임은 경영진과 주주에게 있다.
④ 재무제표는 계속기업을 전제로 하여 작성한다.

05 다음 중 일반기업회계기준상 재무상태표에 대한 설명으로 옳지 않은 것은?

① 자산은 유동자산과 비유동자산으로 구분한다.
② 유동자산은 당좌자산과 재고자산으로 구분한다.
③ 자산은 유동성이 큰 항목부터 배열하는 것을 원칙으로 한다.
④ 자본은 자본금과 이익잉여금으로 구분한다.

06 자산은 유동자산과 비유동자산으로 구분한다. 다음 계정 중 유동자산에 해당되지 않는 것은?

① 비품
② 상품
③ 현금성자산
④ 외상매출금

07 자산은 유동자산과 비유동자산으로 구분되며 비유동자산은 투자자산, 유형자산, 무형자산, 기타비유동자산으로 구분된다. 다음 중 계정과목별 구분이 적절하지 않은 것은?

① 투자자산 – 매도가능증권
② 유형자산 – 상품
③ 무형자산 – 영업권
④ 기타비유동자산 – 임차보증금

08 다음 계정과목 중 제조업의 영업손익에 영향을 미치지 않는 항목은?

① 매출원가
② 이자비용
③ 매출액
④ 대손상각비

09 다음 중 재무제표에 대한 설명으로 적절하지 않은 것은?

① 재무상태표는 일정 기간 동안의 자산, 부채, 자본 등 기업의 재무상태를 나타내는 동태적 보고서이다.
② 포괄손익계산서는 일정 기간 동안의 수익과 비용 및 수익에서 비용을 차감한 이익 등 기업의 경영성과를 나타내며, 일반적으로 발생주의에 따라 작성한다.
③ 현금흐름표는 일정 기간 동안의 기업의 현금의 유입과 유출내용을 나타내며, 일반적으로 현금주의에 따라 작성한다.
④ 자본변동표는 일정 기간 동안의 기업의 자본의 크기와 그 변동에 관한 정보를 제공하는 동태적 보고서이다.

2.3 회계의 순환과정

01 다음 중 회계거래에 해당하지 않는 것은?

① 화재가 발생하여 200,000원의 집기비품이 소실되다.
② 800,000원에 건물을 구입하기로 약정을 맺다.
③ 거래처에 용역을 제공하기로 하고 계약금으로 100,000원을 받다.
④ 1,000,000원의 토지를 외상으로 구입하다

02 다음 중 회계상 거래로 볼 수 없는 것은?

① 추후 급여 200만 원을 지급하기로 하고 직원 A를 채용하다.
② B기업의 업무용 차량에 300만 원 상당의 감가상각이 발생하다.
③ 홍수로 인하여 B기업 소유 건물이 침수되어 1억여 원 상당의 피해가 발생하다.
④ 은행이자가 입금되었을 때 이자수익에 대한 원천세를 인식하다.

03 다음 중 차기이월 방법을 통하여 장부를 마감하여야 하는 계정과목은?

① 임차료   ② 접대비
③ 미지급급여   ④ 복리후생비

04 다음 중 비용의 이연과 관련된 것으로 적절한 것은?

① 선급보험료   ② 선수임대료
③ 미지급임차료   ④ 이자비용

05 결산을 하면서 선수임대료 중 기간경과로 인하여 소멸된 부분에 대한 결산정리분개를 누락하였다. 이로 인한 영향을 바르게 설명한 것은 무엇인가?

① 당기순이익, 부채 모두 과대계상
② 당기순이익, 부채 모두 과소계상
③ 당기순이익은 과대계상, 부채는 과소계상
④ 당기순이익은 과소계상, 부채는 과대계상

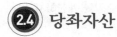 당좌자산

01 다음 [보기]는 (주)한국이 12월 31일 현재 금고에 보관되어 있는 통화 등의 내역이다. 12월 31일 현재 현금 및 현금성자산 잔액으로 표시될 금액은 얼마인가?

| 보기 |

- 통화   15,000원   - (주)대한의 발행주식   100,000원
- 지하철공채(만기: 90일)   50,000원   - 송금환   20,000원
- (주)대한이 발행한 어음   25,000원   - 우표   6,000원

① 35,000원   ② 41,000원
③ 85,000원   ④ 97,000원

02 [보기]는 단기매매증권 관련 회계자료이다. 단기매매증권의 회계처리와 관련하여 취득시점의 장부금액과 처분시점의 처분손익으로 적절한 것은?

| 보기 |

- 2023년 10월 25일 단기매매증권 446,000원을 수수료 4,000원과 함께 현금으로 구매하다.
- 2023년 12월 31일 결산 시 공정가치는 410,000원이다.
- 2024년 1월 20일 440,000원에 처분하였다.

(장부금액)   (처분손익)   (장부금액)   (처분손익)
① 446,000원   – 6,000원   ② 446,000원   30,000원
③ 450,000원   – 6,000원   ④ 450,000원   30,000원

03 다음 [보기]는 (주)부산은 단기간 내의 매매차익을 목적으로 취득한 상장주식 (주)서울에 대한 내용이다. 2024년 3월 2일 주식처분시점의 처분손익으로 옳은 것은?

| 보기 |

- 2023년 9월 6일: 100주를 주당 1,400원에 취득
- 2023년 12월 31일: 주당 공정가치 1,200원으로 평가
- 2024년 3월 2일: 100주를 주당 1,400원에 매각

① 단기매매증권처분이익 20,000원   ② 단기매매증권처분이익 30,000원
③ 매도가능증권처분이익 20,000원   ④ 매도가능증권처분이익 30,000원

04 그림의 자료를 이용하여 (주)양촌테크의 2024년 3월 15일 단기매매증권처분손익을 계산하시오.
(손실은 음수(–)로 표기)

┤ 그림 ├

취득금액(2023/10/05)	공정가치(2023/12/31)	처분금액(2024/03/15)
500,000원	450,000원	550,000원

정답: _____

05 (주)생산성은 7월 11일 단기매매차익을 얻을 목적으로 삼성(주)의 보통주 100주(주당 액면금액 5,000원)를 주당 8,000원에 취득하고 수수료 40,000원과 함께 현금으로 지급한 후 (차) 단기매매 증권 840,000원 (대) 현금 840,000원으로 회계처리하였다. 이에 대한 설명으로 옳은 것은?

① 올바르게 회계처리하였다.
② 유동자산과 영업외비용이 40,000원 과대계상 되었다.
③ 유동자산과 판매관리비가 40,000원 과대계상 되었다.
④ 유동자산은 40,000원 과대계상, 영업외비용은 40,000원 과소계상 되었다.

06 다음 [보기]의 자료를 이용하여 결산 후 손익계산서에 계상되는 대손상각비와 재무상태표에 계상되는 대손충당금 기말잔액은 각각 얼마인가?

┤ 보기 ├

- 1월 1일 기초 대손충당금 잔액은 50,000원이다.
- 7월 31일 매출채권 40,000원을 대손처리 하였다.
- 12월 31일 기말 매출채권 잔액은 10,000,000원이며, 이중 1%가 회수되지 못할 것으로 추정 하였다.(보충법)

	(대손상각비)	(대손충당금)		(대손상각비)	(대손충당금)
①	10,000원	10,000원	②	40,000원	50,000원
③	90,000원	100,000원	④	100,000원	100,000원

07 [보기]의 자료를 이용하여 계산한 2024년 손익계산서에 표시될 대손상각비(대손충당금환입액)는?

┤ 보기 ├

- 2023년 말 회사는 거래처의 파산 등의 사유로 보유하고 있던 2,000,000원의 매출채권 중에서 3%가 회수불가능 할 것으로 판단하였다.
- 2024년 중 거래처 중 (주)동안의 매출채권 20,000원이 회수 불가능한 것으로 확정되었다.
- 2024년 말 거래처의 파산 등으로 보유 중인 3,000,000원의 매출채권 중에서 1%의 대손을 추정하였다.

① 대손상각비   10,000원
② 대손충당금환입   10,000원
③ 대손상각비   20,000원
④ 대손충당금환입   20,000원

08 [보기]의 조건에 따라 2024년 12월 20일에 (주)생산성에 수행해야 할 회계처리로 가장 올바른 것은?

┤ 보기 ├

바이오식품가공업을 하는 (주)생산성은 원재료인 쌀가루의 안정적인 확보를 위해 총매입 대금 3,000,000원 중 일부인 2,000,000원을 2024년 12월 20일 (주)생산성에 우선 지급하였다. 실제 원재료 입고일은 2025년 1월 10일이다.

① (차) 선급비용   1,000,000원   (대) 현금   1,000,000원
② (차) 원 재 료   2,000,000원   (대) 현금   2,000,000원
③ (차) 매출원가   1,000,000원   (대) 현금   1,000,000원
④ (차) 선 급 금   2,000,000원   (대) 현금   2,000,000원

09 다음 [보기]에서 설명하는 계정과목을 고르시오.

┤ 보기 ├

주로 현금의 지출이 이루어졌으나 어떤 계정과목으로 처리해야 할지 확실하게 알 수 없는 경우 임시적으로 설정되는 계정과목을 말한다.

① 현금 및 현금성자산   ② 가지급금
③ 선급비용   ④ 가수금

2.5 재고자산

01 선적지인도조건으로 재고자산을 취득할 경우 취득원가에 포함해야하는 금액에 해당하지 않는 것은?

① 매입금액
② 선적 후 매입자가 부담한 매입운임
③ 매입과 관련된 할인, 에누리
④ 선적 후 매입자가 부담한 매입에 따른 하역료 및 보험료

02 다음 중 일반기업회계기준상 재고자산에 대한 설명으로 옳지 않은 것은?

① 재고자산의 매입과 관련된 할인항목은 매입원가에서 차감한다.
② 재고자산은 판매하여 수익을 인식한 기간에 매출원가로 인식한다.
③ 재고자산의 시가가 취득원가보다 하락한 경우에는 저가법을 사용한다.
④ 재고자산 판매 시 지출한 운반비는 재고자산의 원가에 포함한다.

03 (주)무릉의 상품창고에 화재가 발생하였다. 상품재고와 관련된 내용이 다음 [보기]와 같을 때, 상품창고에 남아 있어야 할 기말의 상품재고자산 금액은?

┤ 보기 ├
- 순매출액   5,000,000원   - 매출총이익률   25%
- 기초재고   500,000원   - 당기매입액   6,500,000원
- 화재에 의해 소실된 상품가액 1,250,000원

정답: _____

04 다음 [보기]에서 주어진 조건에 따라 (주)적성기업의 자료로 매출원가를 계산하면 얼마인가?

┤ 보기 ├
- 기초상품재고액   100,000원   - 기말상품재고액   200,000원
- 판매가능상품   380,000원

① 380,000원   ② 480,000원
③ 280,000원   ④ 180,000원

05 (주)고려의 8월 중 상품관련 계정과목이 다음 [보기]와 같이 해당 계정에 적절하게 기록되었다. 8월 말 결산수정 후 상품의 매출원가는 얼마인가?(단, 기말상품재고액은 2,300원이다.)

┤ 보기 ├

상 품			**매 출**	
8/1 전기이월	1,100원		8/5 매출채권	1,000원
			8/9 매출채권	8,000원
매출할인				
8/20 매출채권	80원			
매 입			**매입에누리**	
8/5 당좌예금	6,500원		8/8 당좌예금	500원
대손상각비			**운반비**	
8/31 대손충당금	20원		8/5 현금 70원	

정답: _____

06 물가가 하락하는 경우에 순이익을 적게 표시하고 법인세의 이연효과를 가져오게 하는 재고자산의 평가방법은?

① 선입선출법
③ 이동평균법
② 후입선출법
④ 개별법

 투자자산

01 [보기]의 자료에 의한 유가증권의 취득원가는 얼마인가?

┤ 보기 ├

매도가능증권으로 분류되는 시장성 있는 주식 100주를 주당 20,000원에 구입하면서 수수료로 증권회사에 50,000원을 지급하고, 거래세로 5,000원을 지급하였다.

정답: _____

유형별연습문제

02 다음 [보기]와 같은 (주)미래벤처의 주식에 대한 주식 취득 및 처분 거래와 관련된 설명 중 적절하지 않는 것은?

┤ 보기 ├
- 2023년 2월 1일 (주)미래벤처 발행주식의 0.5%인 100주를 주당 10,000원에 장기시세차익 목적으로 취득하였다.
- 2023년 12월 31일 공정가치는 주당 9,000원으로 평가되었다.
- 2024년 9월 20일 (주)미래벤처 주식 전부를 1,200,000원으로 처분하였다.

① (주)미래벤처의 주식은 투자자산으로 분류된다.
② (주)미래벤처의 주식은 매도가능증권에 해당하며 공정가치를 적용하여 평가한다.
③ 2023년 12월 31일 매도가능증권평가손실은 기타포괄손익누계액에 해당된다.
④ 2024년 9월 20일 매도가능증권처분으로 인하여 매도가능증권처분이익 300,000원이 발생된다.

03 (주)한국은 2024년 8월 1일 (주)대한의 보통주 20주를 증권거래소에서 주당 8,000원에 수표를 발행하여 장기투자를 목적으로 취득하면서 매입수수료로 2,000원을 현금으로 지급하였다. (주)한국은 2024년 10월 1일에 (주)대한의 보통주 중 5주를 주당 9,000원에 매도하였다. 매도 시에 인식할 유가증권의 처분이익은 얼마인가?

정답: _____

04 다음은 일반기업회계기준에 의한 유가증권에 관한 설명이다. 옳지 않은 것은?
① 단기매매증권이나 매도가능증권으로 분류되지 아니하는 유가증권은 만기보유증권으로 분류한다.
② 유가증권은 취득한 후에 만기보유증권, 단기매매증권, 그리고 매도가능증권 중의 하나로 분류한다.
③ 매도가능증권은 만기보유증권으로 재분류할 수 있으며 만기보유증권은 매도가능증권으로 재분류할 수 있다.
④ 단기매매증권은 원칙적으로 다른 범주로 재분류할 수 없으며, 다른 범주의 유가증권의 경우에도 단기매매증권으로 재분류할 수 없다.

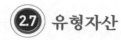 유형자산

01 다음 [보기]의 거래를 회계처리할 경우 차변계정과목으로 옳은 것은?

┤ 보기 ├

한국(주)는 울산공장의 진입로 개선을 위해 하천을 통과하기 위한 다리를 놓기로 하면서 공사 시작과 동시에 공사착수금으로 오늘 (주)대한건설에 당좌수표 10,000,000,000원을 발행하여 지급하다.

① 선급금   ② 건물
③ 구축물   ④ 건설중인 자산

02 (주)창조의 2024년 기계장치에 대한 회계처리 자료가 다음 [보기]와 같을 때 손익계산서상 비용항목 중 기계장치와 관련된 2024년도의 감가상각비는 얼마인가?

┤ 보기 ├

1) 기계장치 기말잔액

	2023년 12월 31일	2024년 12월 31일
기계장치	5,000,000원	4,500,000원
감가상각누계액	1,600,000원	1,700,000원

2) 기중거래 (기계장치에 대한 모든 거래)

(차) 당좌예금	2,300,000원	(대) 기계장치	3,000,000원
감가상각누계액	600,000원		
유형자산처분손실	100,000원		

정답: _____

03 (주)창조는 2024년 11월 1일에 기계장치(취득원가 650,000원, 내용연수 5년, 잔존가액 50,000원)를 구매하였다. 2024년 12월 31일 차기로 이월되는 감가상각누계액은 얼마인가?(단, 감가상각은 정액법에 의하며 월할상각함)

정답: _____

04 (주)무릉은 2023년 1월 1일에 사무실에서 사용할 프린터(취득원가 1,000,000원, 내용연수 5년)를 구매하여 사용해 오고 있다. 2024년 12월 31일 차기로 이월되는 감가상각누계액(합계)은 얼마인가? (단, 감가상각은 정률법에 의하며, 상각률은 0.45임)

정답: _____

05 다음 중 유형자산의 회계처리에 대한 설명으로 옳지 않은 것은?

① 유형자산 처분 시 장부가액이 처분가액보다 크다면 유형자산처분손실이 발생한다.
② 유형자산의 감가상각누계액은 부채에 해당한다.
③ 유형자산은 장기간 사용을 목적으로 보유하는 자산이다.
④ 감가상각은 수익에 대응될 적절한 비용을 산정하기 위한 취득원가의 인위적인 배분과정이다.

2.8 무형자산

01 다음 중 물리적 형체는 없지만 식별가능하고 기업이 통제하고 있으며 미래 경제적 효익이 있는 비화폐성자산에 해당하는 계정과목으로 옳은 것은?

① 단기대여금   ② 재고자산
③ 선급금   ④ 상표권

02 다음 [보기] 중에서 무형자산에 해당되는 항목을 선택하여 그 합계를 구하면 합계 금액은 얼마인가?

보기					
- 연구비	20원	- 개발비	30원	- 경상개발비	24원
- 특허권	31원	- 임차보증금	35원	- 소프트웨어구입비	36원

① 22원   ② 59원
③ 82원   ④ 97원

03 (주)미래의 제품개발과 관련하여 연구 및 개발활동의 회계자료가 다음 [보기]와 같을 때 지출시점(감가상각 이전)에 무형자산으로 분류되는 계정의 금액합계는 얼마인가?

보기
- 기초연구단계에서 5,000원 지출
- 신제품 개발단계에서 4,000원 지출
(비경상적으로 발생되며 미래 경제적 효익의 발생 가능성이 확실함)
- 신기술 개발단계에서 3,000원 지출
(경상적으로 발생되며 미래 경제적 효익의 발생 가능성이 불확실함)

정답: _____

부채

01 다음 계정과목 중 유동부채에 해당하지 않는 계정과목은?

① 선수수익
② 유동성장기부채
③ 당기법인세부채
④ 퇴직급여충당부채

02 [보기]에는 이번 회계기간 중 차입금계정과 관련된 모든 내용이 표시되어 있다(단위 원). 차입금계정에 대한 설명 중 적절하지 않은 것은?

┤ 보기 ├

차입금

3/20 현금	3,000	3/1 전월이월	6,300
3/31 차월이월	******	3/22 당좌예금	2,000

① 3월 1일 6,300원은 2월 말의 차입금 잔액이다.
② 3월 20일 거래로 인하여 현금(자산)이 증가하였다.
③ 3월 22일 거래로 인하여 차입금(부채)이 증가하였다.
④ 3월 31일 차입금(부채)은 5,300원이며 3월 1일 보다 감소하였다.

03 (주)미래는 [보기]와 같이 사채를 발행하였다. 2024년 말에 사채이자를 지급할 때 회계처리 중 적절한 것은?

┤ 보기 ├

- 발행시점: 2024년 1월 1일, 발행금액: 95,026원
- 사채액면: 100,000(3년 만기, 액면이자율 8%, 이자는 매년 말 지급)
- 사채할인발행차금은 유효이자율법(유효이자율 10%)을 사용한다.

① (차) 이자비용　　　　10,000원　　(대) 현금　　　　　　　8,000원
　　　　　　　　　　　　　　　　　　　　사채할인발행차금　2,000원

② (차) 이자비용　　　　8,000원　　(대) 현금　　　　　　　10,000원
　　　사채할인발행차금　2,000원

③ (차) 이자비용　　　　9,503원　　(대) 현금　　　　　　　8,000원
　　　　　　　　　　　　　　　　　　　　사채할인발행차금　1,503원

④ (차) 이자비용　　　　8,000원　　(대) 현금　　　　　　　9,503원
　　　사채할인발행차금　1,503원

04 다음 중 사채 발행의 회계처리에 대한 설명으로 옳지 않은 것은?

① 대변에 사채를 발행금액으로 기록하고, 차변에 수령하는 대금을 액면금액으로 기록한다.
② 사채의 액면이자율이 시장이자율보다 낮은 경우 할인발행이 된다.
③ 사채할증발행차금은 사채의 가산적 평가계정이다.
④ 유효이자율법 적용 시 사채할증발행차금 상각액은 매년 증가한다.

 2.10 자본

01 다음 중 자본 항목이 아닌 것은?

① 주식발행초과금   ② 매도가능증권평가이익
③ 주식할인발행차금   ④ 투자자산처분이익

02 [보기]의 (   )에 들어갈 용어는 무엇인가?

┤ 보기 ├

일반기업회계기준에서 재무상태표상 자본은 자본금, 자본잉여금, 기타포괄손익누계액, 자본조정, (   )으로 분류한다.

정답: _____

03 다음의 자본 항목 중 주주와의 자본거래로 인해 발생한 항목이 아닌 것은?

① 자본금   ② 감자차손
③ 주식발행초과금   ④ 매도가능증권평가손익

04 재무상태표 상에서 자본은 자본금, 자본잉여금, 자본조정, 기타포괄손익누계액, 그리고 이익잉여금 (또는 결손금)으로 구분한다. 다음 중 계정과목과 자본구분의 연결이 올바르지 않은 것은?

① 이익준비금 – 이익잉여금
② 주식발행초과금 – 자본잉여금
③ 자기주식처분손실 – 자본조정
④ 자기주식처분이익 – 기타포괄손익누계액

05 (주)대양은 증자를 위해 보통주(액면금액 1주당 500원) 100주를 1주당 700원에 발행하였다. 위 주식발행에 대한 회계처리에 대한 설명 중 적절한 것은?

① 부채가 70,000원 증가하였다.
② 자본금이 70,000원 증가하였다.
③ 이익잉여금이 20,000원 증가하였다.
④ 자본잉여금이 20,000원 증가하였다.

06 다음 [보기]는 (주)무릉의 자본변동 내용이다. 최종 소각시점에서의 감자차손익은 얼마인가?

┤ 보기 ├

- 유통주식 200주(액면금액 5,000원)를 주당 7,000원에 현금 매입하여 소각
- 유통주식 400주(액면금액 5,000원)를 주당 3,000원에 현금 매입하여 소각

① 감자차손 100,000원 ② 감자차익 100,000원
③ 감자차손 400,000원 ④ 감자차익 400,000원

07 (주)무릉은 2024년 4월 1일 설립시점에 액면금액 5,000원의 보통주 100주를 4,000원에 현금 발행하였다. 이 거래가 재무제표에 미치는 영향을 [보기]에서 선택한 것으로 옳은 것은?

┤ 보기 ├

(가) 자산의 증가   (나) 자본의 증가   (다) 비용의 발생
(라) 수익의 발생   (마) 부채의 증가

① (가), (나)   ② (가), (다)
③ (나), (다)   ④ (라), (마)

08 다음 [보기]는 (주)무릉의 재무상태표중 자본 구성항목이 다음과 같을 때, 자본잉여금과 자본조정 그리고 기타포괄손익누계액에 해당하는 금액으로 올바르게 표시된 것은?

┤ 보기 ├

- 재평가잉여금	700,000원	- 이익준비금	200,000원
- 주식할인발행차금	300,000원	- 자기주식	250,000원
- 감자차익	350,000원	- 보통주 자본금	500,000원
- 매도가능증권평가이익	150,000원	- 감자차손	100,000원

	(자본잉여금)	(자본조정)	(기타포괄손익누계액)
①	200,000원	550,000원	700,000원
②	200,000원	650,000원	850,000원
③	350,000원	550,000원	700,000원
④	350,000원	650,000원	850,000원

09 (주)고려는 이번 회계기간 기초에 자본은 1,000,000원이고 이익잉여금은 400,000원이었다. 기중에 다음 [보기]와 같을 경우 자본과 이익잉여금에 미치는 영향으로 적절한 것은?

┤ 보기 ├

- 당기에 보통주(액면 500원) 100주를 1주당 800에 발행하다.
- 배당금 100,000원을 이익잉여금을 처분하여 지급하다.
- 당기순이익이 20,000원 발생하다.

   (자본)   (이익잉여금)   (자본)   (이익잉여금)
① 불변   불변   ② 불변   감소
③ 증가   불변   ④ 증가   감소

(2.11) 수익과 비용

01 (주)태평양의 8월 회계자료가 다음 [보기]와 같을 때 이들 거래로 인하여 발생된 8월의 비용 총액은 얼마인가?(단위: 원)

┤ 보기 ├

- 건물의 재산세 2,000원을 현금으로 지급하다.
- 상품매출과 관련된 운반비 3,000원을 현금으로 지급하다.
- 토지구입 40,000원과 토지정지비 4,000원을 예금으로 지급하다.
- 단기매매증권 5,000,000원을 구매하고 수수료 5,000원과 함께 예금으로 지급하다.

① 2,000원   ② 5,000원
③ 9,000원   ④ 10,000원

02 (주)고려의 3월 손익관련 회계자료가 [보기]와 같을 때 손익계산서의 판매비 및 관리비에 해당되는 금액은 얼마인가?

┤ 보기 ├

- 3/ 2 청소기(상품)를 40,000원에 매입하고 대금은 매입 시 운반대금 10,000원과 함께 현금으로 지급하다.
- 3/ 3 이번 달 판매사원 급여 2,500원을 현금으로 지급하다.
- 3/16 거래처 접대비 1,000원을 현금으로 지급하다.
- 3/25 청소기(상품)를 55,000원에 외상으로 판매하고 배송비 5,000원을 현금으로 지급하다.

   정답: _____

03 다음 계정과목 중 영업손익에 영향을 미치지 않는 항목은?

① 기부금

② 교육훈련비

③ 대손상각비

④ 세금과공과

04 다음 [보기]는 당기 (주)무릉의 손익계산서 내용이다. 영업이익을 계산하면 얼마인가?

┤ 보기 ├

- 매출액	1,000,000원	- 기초상품재고액	400,000원
- 당기상품매입액	150,000원	- 매입환출액	40,000원
- 매입에누리액	20,000원	- 매입부대비용	30,000원
- 판매비와관리비	350,000원	- 단기매매증권처분손실	5,000원
- 이자비용	25,000원	- 기말상품재고액	120,000원

① 220,000원

② 225,000원

③ 230,000원

④ 250,000원

05 [보기]는 (주)고려의 확인이 가능한 5월 달 손익관련 회계자료이며 이들 항목의 금액은 정확하다. 이들 자료를 이용하여 영업이익을 계산하면 얼마인가?(단위: 원, 영업손실은 음수(－)로 표시한다)

┤ 보기 ├

- 순매출액	800,000원	- 매출할인	30,000원	- 매출원가	300,000원
- 총매입액	740,000원	- 매입에누리	40,000원	- 매입운임	20,000원
- 이자비용	80,000원	- 광고선전비	56,000원	- 기부금	12,000원
- 단기매매증권처분이익	1,500원			- 매출채권대손상각비	4,000원

정답: _____

06 다음은 (주)무릉의 재무상태 및 경영성과이다. 자료의 흐름이 [보기]와 같을 때, 당기에 지출한 비용은 얼마인가?

┤ 보기 ├

- 기초재무상태	자산	500,000원		- 부채	100,000원
- 기중 추가 출자액		70,000원			
- 당기 경영성과	수익	800,000원		- 비용	( )원
- 기말 재무상태 자본		770,000원			

정답: _____

03 세무회계의 이해

3.1 부가가치세 이론

[부가가치세의 의의와 특징]

01 현행 부가가치세법에 대한 다음 설명 중 가장 거리가 먼 항목은?

① 납세자와 담세자가 다른 간접세이다.
② 우리나라 부가가치세는 일반소비세에 해당한다.
③ 부가가치세 과세방법은 전단계거래액공제법에 의하고 있다.
④ 부가가치세법상 용역의 수입은 부가가치세 과세대상이 아니다.

[사업자등록]

02 사업자등록에 관한 다음 설명 중 잘못된 것은?

① 사업자등록신청은 사업개시일로부터 20일 이내에 하여야 한다.
② 사업자등록번호는 주민등록번호처럼 사업자의 고유번호로 사용된다.
③ 신규로 사업을 개시하고자 하는 자는 사업개시일 전이라도 등록할 수 있다.
④ 사업자등록 전 매입세액은 전액 불공제된다.

03 다음은 부가가치세법상 사업자등록 정정 사유이다. 다음 중 재발급기한을 옳지 않게 설명한 것은?

① 사업의 종류에 변경이 있을 때는 2일 내 재발급한다.
② 사업장을 이전한 때는 2일 내 재발급한다.
③ 상호를 변경하는 때는 신청일 당일 재발급한다.
④ 공동사업자의 구성원의 변경이 있을 때는 신청일 당일 재발급한다.

[납세의무자]

04 다음 중 부가가치세의 납세의무자인 사업자에 관한 설명으로 잘못된 것은?

① 사업자란 사업상 독립적으로 재화나 용역을 공급하는 자를 말한다.
② 사업자는 과세사업자와 면세사업자로 나뉜다.
③ 과세사업자는 다시 일반과세자와 간이과세자로 나뉜다.
④ 사업자가 되기 위해서는 영리목적이 있어야 한다.

[과세기간]

05 다음 [보기]의 괄호 안에 들어가야 하는 부가가치세법상 해당하는 숫자는?

┤ 보기 ├

부가가치세 제2기 확정신고기간에 대한 부가가치세 신고는 다음해 1월 (   )일까지 하여야 한다.(해당일은 국·공휴일 등이 아님을 가정)

정답: _____

[납세지]

06 다음은 부가가치세법상 주사업장 총괄납부에 관한 설명으로 옳지 않은 것은?

① 주사업장총괄납부의 승인요건은 전산시스템설비의 요건을 갖추는 것이다.
② 승인신청은 과세기간 개시 20일전에 하여야 한다.
③ 총괄사업장은 개인의 경우 주사무소로 한다.
④ 승인의 효력은 주된 사업장에서 총괄납부 및 환급을 한다.

07 부가가치세법상 둘 이상의 사업장이 있는 사업자가 본점 또는 주사무소에서 총괄하여 사업자등록, 세금계산서 발급, 신고 및 납부할 수 있게 하는 제도를 무엇이라 하는가?

정답: _____

[과세대상]

08 다음 중 부가가치세법상 과세대상에 해당하지 않는 것은?

① 용역의 수입   ② 용역의 공급
③ 재화의 공급   ④ 재화의 수입

09 다음 중 부가가치세법상 과세대상에 해당하지 않는 것은?

① 사업자가 공급하는 재화의 공급
② 비사업자에 의한 재화의 수입
③ 사업자가 공급하는 용역
④ 비사업자에 의한 국내 생산재화의 수출

10 다음 중 재화의 공급에 해당하지 않는 것은?

① 건물의 판매   ② 자동차의 판매
③ 주식의 발행   ④ 전기의 판매

11 다음 중 부가가치세법상 용역의 공급에 해당하지 않는 것은?

① 주요 자재를 전혀 부담하지 않고 단순히 가공만 하는 경우
② 특허권을 대여하는 경우
③ 상표권을 양도하는 경우
④ 음식점에서 음식을 판매하는 경우

[영세율과 면세]

12 다음 중 영세율 적용대상거래에 해당하지 않는 것은?

① 수출하는 재화
② 수출대행 용역의 제공
③ 선박 및 항공기의 외국항행 용역
④ 국외에서 제공하는 용역

13 다음 중 부가가치세법상 면세대상과 거리가 먼 항목은?

① 도서대여 용역
② 수집용 우표
③ 연탄과 무연탄
④ 시내버스 운송용역

14 다음 중 현행 우리나라의 부가가치세법상 면세 대상에 해당하지 않는 것은?

① 수돗물
② 토지
③ 연탄과 무연탄
④ 전세버스 운송용역

15 다음 중 부가가치세법상 영세율과 면세에 관한 설명으로 가장 잘못된 항목은?

① 영세율은 부가가치세 과세대상이나 면세는 과세대상이 아니다.
② 원칙적으로, 영세율은 매입세액을 공제받을 수 있으나 면세는 공제받을 수 없다.
③ 면세는 최종소비자의 세부담 경감을 통한 역진성 완화가 목적이고, 영세율은 가격경쟁력 제고로 수출을 촉진하는 것이 목적이다.
④ 영세율 적용대상자는 부가가치세법상 사업자등록 의무가 면제된다.

[과세표준과 세액계산]

16 [보기]의 (   ) 안에 공통적으로 들어가야 하는 부가가치세법 관련 용어를 쓰시오.

┤ 보기 ├

재화 또는 용역의 공급에 대한 부가가치세의 과세표준은 해당 과세기간에 공급한 재화 또는 용역의 (   )을/를 합한 금액으로 한다. (   )은/는 대금, 요금, 수수료, 그 밖에 어떤 명목이든 상관없이 재화 또는 용역을 공급받는 자로부터 받는 금전적 가치 있는 모든것을 포함하되, 부가가치세는 포함하지 아니한다.

정답: _____

17 다음 [보기] 문장의 (   )안에 들어갈 숫자는 무엇인가?

┤ 보기 ├─────────────────────────────────

우리나라 일반과세자 부가가치세율은 (   )%로 단일세율이다.

───

정답: _____

18 무역업을 영위하는 최생산 씨는 컴퓨터를 수입하여 판매하고 있다. 최생산 씨는 2024년 1/4분기 중 컴퓨터를 수입하여 30,000,000원의 매출을 달성하였으며 2024년 1기 예정신고시에 1,000,000원의 부가가치세를 납부하였다. 재화의 수입 이외에 다른 매입거래가 없는 경우 최생산 씨가 수입 시에 부담한 매입세액은 얼마인가?

정답: _____

19 다음 [보기]의 자료에 의해 납부해야할 부가가치세액을 계산하시오.(단, 모든 거래금액은 과세인 경우, 부가가치세가 포함되지 않은 금액이다.)

┤ 보기 ├─────────────────────────────────

- 총매출액은 10,000,000원이며, 총매입액은 8,000,000원으로, 총매입액에는 다음 거래들이 포함되어 있다.
- 제품매출처 창립기념일 선물용으로 화환 구입비 100,000원
- 기계장치 시운전비 500,000원
- 거래처 접대목적 저녁식사비 300,000원

───

정답: _____

20 [보기]는 부동산임대업을 영위하는 주본부 씨의 2024년 제1기 예정신고기간의 거래내역이다. 주본부 씨의 2024년 제1기 예정신고기간의 부가가치세 과세표준은 얼마인가?

┤ 보기 ├─────────────────────────────────

- 임대부동산: 오피스 빌딩
- 임대기간: 2024/02/13 ~ 2024/09/30
- 임대료 총액: 40,000,000원(선급조건)

───

정답: _____

21 다음 중 부가가치세법상 매입세액공제가 불가능한 것은?

① 공장 직원 체육대회용 물품구입 세액
② 봉사단체에 기부할 컴퓨터 매입세액
③ 제품운반용 화물차의 구입에 관한 매입세액
④ 비영업용 소형승용차(998cc)의 구입에 관한 매입세액

[세금계산서]

22 부가가치세법상 전자(세금)계산서 제도에 대한 다음 설명 중 가장 적합하지 않은 것은?

① 공급시기가 속하는 과세기간의 확정신고 기한까지도 발행하지 않는 경우에는 미발급으로 간주되어 2%의 가산세를 내야 한다.
② 전자세금계산서는 원칙적으로 공급시기에 발급해야 하며, 발급기한을 경과하여 발급하면 공급자와 공급받는자 모두에게 1%의 가산세가 적용된다.
③ 전자세금계산서 발급대상 사업자가 적법한 발급기한 내에 전자세금계산서 대신에 종이세금계산서를 발급한 경우 공급가액의 1%의 가산세가 적용된다.
④ 직전 사업년도 사업장별 과세 및 면세 공급가액이 각각 5천만 원과 1억 원인 경우, 과세공급가액이 1억 원 미만이므로 전자(세금)계산서 의무발급 대상자는 아니다.

23 다음 중 세금계산서 교부 의무가 없는 경우로서 가장 부적합한 것은?

① 간주임대료에 해당하는 부동산 임대용역
② 자기생산재화를 면세사업을 위하여 직접 사용할 경우
③ 면세사업자가 공급하는 재화
④ 영세율적용을 받는 재화의 공급

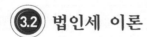 **법인세 이론**

[법인세법의 개념과 납세의무]

01 다음 설명 중 옳지 않은 것은?

① 법인세를 납부할 의무가 있는 자는 법인이다.
② 비영리법인도 법인세 납세의무를 지는 경우가 있다.
③ 납세지란 법인세 과세권자인 국가입장에서 법인세를 부과·징수하는 기준이 되는 장소를 의미한다.
④ 국내에서 사업을 영위하는 외국 법인은 법인세의 납세의무를 지지 않는다.

02 다음은 법인세 납세의무자에 대한 설명이다. 가장 거리가 먼 항목은?

① 비영리 내국법인은 비영리기관이므로 모든 소득에 대하여 법인세 납세의무가 없다.
② 영리 내국법인은 영리기관이므로 국내외 모든 소득에 대하여 법인세 납세의무가 있다.
③ 영리 외국법인의 경우에는 국내원천소득에 한하여 법인세 납세의무가 있다.
④ 국내에서 사업을 영위할 지라도 외국에 본점을 둔 법인은 외국법인으로 분류된다.

[사업연도와 납세지]

03 다음 [보기] 내용의 (   )안에 들어가야 하는 용어를 한글 4글자로 쓰시오.

┤ 보기 ├

우리나라의 법인세법에서는 법인의 소득은 계속하여 발생하므로 조세수입을 적시에 확보하기 위해서는 일정한 기간 단위로 소득을 구분하여야 하는데 이렇게 소득을 구분하는 일정한 기간을 (   )(이)라고 한다.

[세무조정]

04 법인세와 관련하여, 다음 [보기]의 내용이 설명하고 있는 것을 쓰시오.

┤ 보기 ├

재무회계의 결산서상 당기순이익으로부터 수익비용과 익금손금의 차이를 조정하여 각 사업년도 소득금액을 구하는 과정을 말하며, 이를 통하여 각 사업년도 소득금액을 계산하는 방식을 간접법에 의한 계산이라고 한다.

정답: _____

05 법인세 세무조정과 관련하여, 다음 [보기]의 내용 중 (   )안에 가장 부합하는 용어를 쓰시오.

┤ 보기 ├

일반적으로 결산서란 재무상태표, 손익계산서 등을 의미하는데, 이는 기업회계기준에 따라 작성된다. 그러나 법인세 과세표준은 이 손익계산서상 당기순이익이 아닌 법인세법상 각 사업년도 소득금액을 기준으로 과세된다. 즉, 기업회계기준과 법인세법의 차이 조정을 통해 (   )에서 각 사업년도 소득금액에 도달하는 과정을 세무조정이라고 한다. 따라서, 세무조정의 시작은 기업회계기준상 (   )에서 시작된다고 볼 수 있다.

정답: _____

[결산조정과 신고조정]

06 세무조정 사항 중 반드시 장부에 반영되어야만 세무회계상 손금으로 인정받을 수 있는 사항을 무엇이라고 하는가?

정답: _____

유형별연습문제

07 다음 [보기]의 문장 중 빈 (   )안에 들어갈 용어로 맞는 항목은 어느 것인가?

┤ 보기 ├

법인세 신고과정에서 사업자의 장부상 비용으로 별도로 계상함이 없어도 과세표준 신고과정에서 세무조정계산서에 손금이나 필요경비로 계상함으로써 비용으로 인정받을 수 있게 하는 것을 (   )이라고 한다.

① 세무조정   ② 결산조정
③ 신고조정   ④ 법인조정

[소득처분]

08 다음 법인세법상 세무조정 시 소득처분이 잘못된 것은?

① 법인세비용 – 유보   ② 임원상여 한도초과액 – 상여
③ 접대비 한도초과액 – 기타사외유출   ④ 자기주식 처분이익 – 기타

[익금과 손금]

09 다음 중 법인세법상 익금에 해당되지 않는 항목은?

① 부가가치세 매출세액   ② 무상으로 받은 자산의 가액
③ 임대보증금 등에 대한 "간주임대료" ④ 손금에 산입된 금액 중 환입된 금액

10 다음 중 법인세법상 손금에 해당하지 않는 항목은?

① 업무수행 중 발생한 교통범칙금
② 영업자가 조직한 단체로서 법인에 지급한 일반회비
③ 업무자산의 임차료
④ 업무차량 자동차세

11 다음 중 법인세법상 손금산입 항목이 아닌 것은?

① 차입금 이자   ② 세금과공과
③ 고정자산의 수선비   ④ 주식할인발행차금

12 다음 중 법인세법상 손금으로 인정받는 비용이 아닌 것은?

① 직장연예비
② 일용직에 대한 인건비
③ 건설이자의 배당금
④ 주식발행법인이 파산한 경우 당해 주식평가 차손

13 다음 중 법인세법상 손금에 해당하지 않는 항목은?

① 감자차손
② 영업자가 조직한 단체로서 법인에 지급한 일반회비
③ 업무자산의 임차료
④ 업무차량 자동차세

14 법인세법상 다음 [보기]의 자료에서 익금산입 및 손금불산입 항목에 해당하는 금액을 모두 합하면 얼마인가?

┤ 보기 ├

- 자산수증이익   300,000원   - 보험업법 등에 의한 평가이익   400,000원
- 부가가치세 매출세액   600,000원   - 교통위반범칙금   500,000원

정답: _____

[과세표준과 세액의 계산]

15 [보기]의 항목들을 이용하여 법인세 과세표준을 계산하시오.

┤ 보기 ├

- 각사업연도 소득금액   2,000,000원   - 이월결손금   500,000원
                                          (발생일로부터 15년 경과함)
- 비과세소득   400,000원   - 소득공제   800,000원

정답: _____

16 [보기]는 (주)한국의 2024년 귀속 사업내용이다. 2024년도 귀속 (주)한국의 법인세 산출세액은?

┤ 보기 ├

- 과세표준: 4,400,000,000원   - 사업년도: 2024/01/01 ~ 2024/12/31
- 적용 법인세율:

과 세 표 준	세 율
2억 원 이하	과세표준 × 9%
2억 원 초과 200억 원이하	1천 8백만 원 + 2억 원을 초과하는 금액의 19%
200억 원 초과 3,000억 원 이하	37억 8천만 원 + 200만 원을 초과하는 금액의 21%
3,000억 원 초과	625억 8천만 원 + 3,000억 원을 초과하는 금액의 24%

정답: _____

17 [보기]의 자료는 2024년 사업을 개시한 어떤 기업에 대한 것이다. 해당 기업의 최초 사업연도 법인세 산출세액을 구하시오.

┤ 보기 ├

- 과세표준: 200,000,000원
- 사업연도: 2024/07/01 ~ 2024/12/31(최초 사업연도)
- 적용할 법인세율은 2억 원 이하 9%, 2억 원 초과 200억 원 이하는 19%이다.

정답: _____

[신고와 납부]

18 법인세법상 영리내국법인의 사업연도가 3월 1일 ~ 익년 2월 말일인 경우 법인세 과세표준의 신고기한은 익년도 몇월 몇일인가?

정답: _____

19 우리나라 현행 법인세법에 대한 다음의 설명 중 가장 거리가 먼 항목은?

① 과세권자가 국가인 국세이며, 법인의 본점 또는 주사무소를 납세지로 한다.
② 법인의 사업연도를 단위로 과세소득을 집계하며, 우리나라 모든 법인의 법인세 신고납부 기한은 매년 3월 31일이다.
③ 납세의무를 확정함에 있어서는 신고납부제도를 따른다. 즉 납세의무자인 법인이 스스로 과세표준과 세액을 신고함으로써 납세의무가 1차적으로 확정된다.
④ 과세대상소득의 범위와 관련하여 원칙적으로 순자산증가설의 입장을 취하고 있다. 따라서 과세대상소득으로 열거되지 않은 항목이라도 동 항목으로 인하여 법인의 순자산이 증가하였다면 원칙적으로 과세대상소득이 된다.

20 (주)무릉은 2024년 4월 1일에 설립한 내국법인이다. 제1기 사업년도가 4월 1일부터 2025년 3월 31일까지라고 할 때, 다음 중 잘못된 항목은?

① 결산일은 2025년 3월 31일이다.
② 법인세 신고납부 기한은 2025년 3월 31일이다.
③ 부가가치세 최초 과세기간은 2024년 4월 1일부터 6월 30일까지이다.
④ 2024년 제1기 부가가치세 확정 신고납부 기한은 7월 25일이다.

21 다음 중 법인세 신고 시 반드시 제출해야 하는 서류가 아닌 것은?

① 기업회계기준 적용 재무상태표 및 포괄손익계산서
② 기업회계기준 적용 이익잉여금처분(결손금처리)계산서
③ 세무조정계산서
④ 세금계산서

22 다음 [보기]의 (   )안에 들어갈 법인세 과세표준 신고서류는 무엇인가?

┤ 보기 ├

법인세 과세표준 신고 시 첨부해야 할 서류는 다음과 같다.
- 기업회계기준을 준용하여 작성한 ① 재무상태표, ② 포괄손익계산서 및 ③ 이익잉여금처분
계산서(또는 결손금처리계산서)
- ④ (   )
- 그 밖에 대통령령으로 정하는 서류

정답: _____

04 원가 및 관리회계의 이해

4.1 원가 및 관리회계의 이해

[원가의 개념과 분류]

01 다음 중 원가에 대한 설명으로 옳지 않은 것은?

① 제조경비는 재료비와 노무비 외의 모든 원가요소를 말한다.
② 직접비는 제품별로 직접적으로 추적이 가능하다.
③ 재공품은 미래 경제적 효익을 제공할 수 있는 원가로 미소멸원가에 해당한다.
④ 기회원가는 의사결정의 결과 포기한 모든 대안에서 발생한 효익의 총합계액이다.

02 다음 내용의 (   )에 공통적으로 적합한 관리회계 용어는 무엇인가?(한글로 작성하시오)

┤ 보기 ├

- 고정원가는 일정한 (   ) 범위 내에서 총고정원가가 일정한 행태를 보여주는 원가를
  말한다.
- 표준원가시스템에서 고정제조간접원가의 예산액과 배부액의 차이를 (   )차이라고 한다.

정답: _____

03 과거 의사결정의 결과 이미 발생한 원가로 현재 또는 미래의 의사결정에 아무런 영향을 미치지 못하는
원가를 무엇이라고 하는가?(한글로 작성하시오)

정답: _____

[원가계산과 원가의 흐름]

04 다음은 제조간접원가에 대한 설명이다. 이 중 가장 적절하지 않은 것은?

① 제조간접원가는 가공원가이다.
② 제조간접원가는 고정원가만 가능하다.
③ 조립공정의 전력비는 제조간접원가이다.
④ 수선부서(보조부문) 종업원의 임금은 제조간접원가이다.

05 원가계산방법에 대한 설명으로 적절하지 않는 것은?

① 원가계산은 부문별원가 – 요소별원가 – 제품별원가의 순서로 집계된다.

② 표준원가계산은 원가통제, 가격결정, 성과평가 등을 목적으로 사용된다.

③ 원가계산은 원가의 구성범위에 따라 전부원가계산과 변동원가계산으로 구분된다.

④ 정상원가계산에서 직접재료원가와 직접노무원가는 실제원가 이지만 제조간접원가는 예정배부한다.

06 다음 원가 항목 중 원가유형에 있어 기본원가와 가공원가에 모두 해당되는 것은?

① 직접노무원가   ② 직접재료원가

③ 간접노무원   ④ 제조간접원가

07 다음 자료에 의해 가공원가를 계산하면 얼마인가?

┤ 보기 ├

- 직접노무원가   2,100원   - 간접노무원가   200원
- 직접재료원가   2,300원   - 제조부 감가상각비   500원
- 제조부 전력비   700원   - 영업부 광고선전비   300원

정답: _____

08 원가자료가 다음 [보기]와 같을 때 가공원가는 얼마인가?

┤ 보기 ├

- 생산량: 10,000개

	단위당원가	총원가
- 직접재료원가 구입액		300,000원
- 직접재료원가 사용액		400,000원
- 직접노무원가 발생액		520,000원
- 변동제조간접원가 발생액	8원	
- 고정제조간접원가 발생액		120,000원

정답: _____

09 당기의 제품생산에 투입된 직접재료원가, 직접노무원가, 직접경비 및 배부된 제조간접원가로 구성된 원가를 무슨 원가라고 하는가?

① 당기가공원가   ② 당기총제조원가

③ 당기제품제조원가   ④ 당기제품매출원가

10 [보기]는 제품생산을 위해 발생한 지급수수료에 대한 자료이다. 이 자료에 의하여 당기총제조비용에 포함될 2024년의 지급수수료 당기발생액을 계산하면 얼마인가?

┤ 보기 ├

- 2023년 말 미지급액   20,000원
- 2024년 중 지급액   230,000원   - 2024년 말 미지급액   60,000원

정답: _____

11 (주)금강의 제조과정에서 당기에 발생한 원가자료가 다음 [보기]와 같다. 자료를 이용하여 (주)금강의 당기제품제조원가를 산출하면 얼마인가?

┤ 보기 ├

- 기초제품재고액   280,000원   - 기말제품재고액   150,000원
- 매출원가   1,730,000원

정답: _____

12 (주)한국의 다음 [보기]의 원가자료에 의해 당기제품제조원가를 계산하면 얼마인가?

┤ 보기 ├

- 재공품 기초재고액   15,000원   - 기말재고액   10,000원
- 제품 기초재고액   22,000원   - 기말재고액   32,000원
- 직접재료원가   50,000원   - 직접노무원가   60,000원
- 제조간접원가   70,000원

① 175,000원   ② 180,000원
③ 185,000원   ④ 190,000원

13 다음 [보기]는 (주)미래의 제조원가명세서의 일부 항목이다. 이에 대한 설명 중 가장 적절한 것은?

┤ 보기 ├

- 직접재료원가   300,000원   - 직접노무원가   120,000원
- 제조간접원가   130,000원
- 기초재공품재고액   30,000원   - 기말재공품재고액   40,000원

① 당기 재료소비액이 130,000원이다.
② 당기 가공원가는 120,000원이다.
③ 당기에 발생한 총제조비용은 550,000원이다.
④ 당기에 생산한 제품제조원가는 550,000원이다.

14 [보기]의 2024년 개별원가계산 자료를 이용하여 손익계산서에 계상될 매출원가를 구하시오.(단, 2024년 초 제품재고는 300,000원이고 2024년 말 제품재고는 600,000원이다.)

┤ 보기 ├

과 목	금 액
기초재공품	180,000원
직접재료비	950,000원
직접노무비	650,000원
제조간접비	220,000원
기말재공품	0원
합 계	2,000,000원

정답: _____

 원가계산

[원가배부와 부문별 원가계산]

01 원가에 대한 다음 [보기]의 설명 내용 중 (가)에 공통적으로 적합한 관리회계 용어는 무엇인가 기입하시오.

┤ 보기 ├

- (가)는(은) 원가가 집계되는 활동 및 항목을 말한다.
- 원가는 (가)별로 구분하여 집계된다.
- (가)의 예에는 제품, 부문, 활동 등이 해당된다.
- 원가는 (가)별로 직접 추적할 수 있을 때 이를 직접원가라고 한다.

정답: _____

02 직접배부법, 단계배부법, 상호배부법 등의 배부방법은 부문별 원가계산의 계산단계 중 다음 설명에 표시된 계산단계에서 사용된다. ( )에 적합한 것은 무엇인가?

┤ 보기 ├

부문별원가계산의 계산단계 중 ( )를 제조부문에 배부하는 단계에서 직접배부법, 단계배부법, 상호배부법 등의 배부방법을 사용한다.

① 부문공통비   ② 부문개별비
③ 보조부문비   ④ 제조부문비

03 다음은 제조원가계산에 대한 설명이다. (가) 부분에 공통적으로 적합한 용어는 무엇인가?

┤ 보기 ├

제조원가계산 중 부문별 원가계산에서는 부문개별원가를 각 부문별로 집계하는 것으로부터 시작하여 원가계산을 위하여 여러 단계의 배부 절차를 진행하게 된다. 부문별 원가계산의 배부단계 중 배부방법으로 직접배부법, 단계배부법, 상호배부법을 사용하는 단계는 (가) 부문원가를 (가)부문에서 (나)부문으로 배부하는 과정이다.

정답: _____

[개별원가계산]

04 다음 중 개별원가계산에 대한 설명으로 옳지 않은 것은?

① 개별원가 계산은 주문생산을 주로 하는 업종에 적합하다.
② 제조간접비를 실제발생액으로 배부하는 것을 실제원가계산이라 한다.
③ 제조간접비는 개별작업과 직접 대응되어 발생시점에 바로 계산한다.
④ 개별원가 계산은 제품의 규격이 다양한 업종에 적합하다.

05 (주)한라는 정상원가계산을 선택하고 있으며 제조간접원가는 직접작업시간을 기준으로 배부하고 있다. 작업시간과 원가 자료가 다음 [보기]와 같을 때 원가차이를 조정한 매출원가의 총제조간접원가는 얼마인가?(단, 배부차이조정은 매출원가일괄조정법을 사용한다.)

┤ 보기 ├

- (매출원가)제조간접원가배부액   1,600원
- 예상 총제조간접원가   2,400원   - 실제 총제조간접원가   2,300원
[작업시간]
- 예상 총직접작업시간   300시간   - 실제 총직접작업시간   250시간

정답: _____

06 [보기]는 제조간접원가 예정배부와 관련된 자료이다. 제조간접원가를 예정배부한 경우에 제조간접원가 예정배부액과 배부의 과대 및 과소 여부를 적절하게 나타내고 있는 것은?(단위: 원)

┤ 보기 ├

	예정원가		실제원가	
	기계작업시간	제조간접원가	기계작업시간	제조간접원가
제품 알파	2,400		2,000	
제품 베타	3,600		3,000	
합 계	6,000	60,000	5,000	48,000

	(예정배부액)	(배부차이)		(예정배부액)	(배부차이)
①	50,000원	과소	②	50,000원	과대
③	60,000원	과소	④	60,000원	과대

[종합원가계산]

07 다음 [보기]는 특정 원가계산의 특징에 대한 내용을 설명하고 있다. 이들 특징을 가지고 있는 원가계산의 종류는 어느 것인가?

┤ 보기 ├

- 제조공정별 제조원가보고서를 작성한다.
- 완성품환산량을 기준으로 작성한 원가계산이 중요하다.
- 소품종 다량생산인 제지업, 화학공업, 가전제품제조업 등의 원가계산에 적합하다.

① 실제원가계산   ② 표준원가계산
③ 종합원가계산   ④ 개별원가계산

08 [보기]에 제시된 생산공정 관련 자료를 참고하여 평균법에 의한 종합원가계산을 통해 가공비의 완성품 환산량을 구하면 얼마인가?(단, 가공비는 공정 전반에 균등하게 투입됨)

┤ 보기 ├

- 기초재공품: 5,000개 (완성도 50%)
- 기말재공품: 4,000개 (완성도 25%)
- 당기완성량: 12,000개

정답: _____

09 다음 [보기]는 종합원가계산을 위한 기말재공품평가에 있어 선입선출법에 의한 가공비의 기말재공품 단위당 원가를 산출하는 수식이다. 괄호 안에 적합한 내용은 무엇인가?

┤ 보기 ├

$$완성품환산량단위당원가 = \frac{(\quad\quad)}{완성품환산량}$$

① 당기 총가공원가
② 당기 총가공원가 − 기초재공품 가공원가
③ 당기 총가공원가 + 기초재공품 가공원가
④ 당기 총가공원가 + 기말재공품 가공원가 − 기초재공품 가공원가

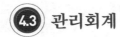

4.3 관리회계

[CVP분석]

01 '원가-조업도-이익분석'에 대한 다음 설명 중 적절하지 않는 것은?

① 원가, 조업도, 이익의 상호관계를 분석하는 것이다.
② 공헌이익이 커질수록 손익분기점 판매량은 감소한다.
③ 손익분기점 판매량에서는 '공헌이익 = 변동비'가 된다.
④ 조업도의 관련 범위 내에서 모든 원가의 행태가 직선으로 표시된다는 가정이 필요하다.

02 원가 · 조업도 · 이익(CVP)분석에 대한 다음 설명 중 가장 적절하지 않은 것을 고르시오.

① 공헌이익률은 단위당 공헌이익을 단위당 매출액으로 나눈 값이다.
② 단위당 판매가격이 일정할 경우 단위당 변동원가가 감소하면 단위당 공헌이익도 감소한다.
③ 손익분기점에서의 총공헌이익은 총고정원가와 일치한다.
④ 공헌이익률이 커지면 손익분기점 매출액은 감소한다.

03 (주)한강은 체중기를 제조판매하고 있으며 2024년에 2,200개(단가 3,600원)을 판매하였다. 2024년 원가자료가 [보기]와 같을 때, 손익분기점을 달성하려면 매출량을 몇 개로 하여야 하는가?(답은 숫자로 쓰시오)

┤ 보기 ├

	개당변동원가	고정원가	총고정원가
직접재료원가	1,000원		
직접노무원가	400원		
제조간접원가	300원		2,000,000원
판매관리원가	100원	220,000원	1,600,000원

정답: _____

04 (주)독도의 판매 및 원가 자료가 다음 [보기]와 같으며 현재는 손익분기점에 미달하고 있다. 광고료를 21,000원 추가 지출하면 판매량이 2,200개로 증가할 것으로 기대된다. 광고의 추가 실시 여부를 결정하기 위해 광고료를 추가 지출한 경우의 손익분기점 정보를 알려고 한다. 광고를 실시한 경우 손익분기점 판매량은 몇 개인가?

┤ 보기 ├

- 생산량(판매량)   1,800개   - 단위당판매가격   300원
- 단위당변동원가   90원   - 총고정원가   420,000원

정답: _____

[전부원가계산과 변동원가계산 및 초변동원가계산]

05 조업도에 따라 비례적으로 증가 또는 감소하는 성격의 원가를 무엇이라고 하는가?

정답: _____

06 (주)고려의 회계자료가 다음 [보기]와 같을 때 변동원가계산에 의한 개당 변동원가를 계산하면?

┤ 보기 ├

- 판매량 900개(판매단가 280원)
- 생산량 1,000개(단, 기초제품 재고는 없다)
- 제품제조원가(생산단위당)
  ① 직접재료원가   22원   ② 직접노무원가   28원
  ③ 변동제조간접원가   33원   ④ 고정제조간접원가   20원
- 판매관리비(총액)
  ① 변동판매관리비   63,000원   ② 고정판매관리비   28,000원

① 50원   ② 83원
③ 153원   ④ 173원

[표준원가계산]

07 표준원가계산의 직접노무원가의 원가차이분석과 관련하여 다음 설명 중 가장 적절하지 않은 것은?

① 직접노무원가 원가차이는 임률차이와 능률차이로 구성된다.
② 직접노무원가 실제발생액이 표준배부액보다 작으면 유리한 차이이다.
③ 직접노무원가 표준배부액은 시간당 표준임률 × 실제산출량에 허용된 표준시간이다.
④ 직접노무원가 표준배부액은 기준산출량에 허용된 표준조업도에 따른 변동예산금액에 해당된다.

08 (주)한강은 표준원가계산을 실시하고 있으며 원가자료는 [보기]와 같다. 직접노무원가의 표준원가를 산정하기 위해 실제생산량에 허용된 표준시간을 계산하면 얼마인가?

┤ 보기 ├

[직접노무원가 예산]
- 제품생산량   1,000개   - 직접노동시간   2,100시간
- 직접노무원가   63,000원
[직접노무원가 실제]
- 제품생산량   900개   - 직접노동시간   2,000시간
- 직접노무원가   54,000원

정답: _____

09 (주)창조는 제조간접원가 예정배부를 실시하고 있다. 실제제조간접원가 발생액이 3,000원이고, 제조간접원가배부차이(과소) 20원이었다면 제조간접원가를 예정배부하는 시점에서의 분개로 적절한 것은?

① (차) 재공품   2,980원   (대) 제조간접원가   2,980원
② (차) 제조간접원가   2,980원   (대) 재공품   2,980원
③ (차) 재공품   3,020원   (대) 제조간접원가   3,020원
④ (차) 제조간접원가   3,020원   (대) 재공품   3,020원

10 고정제조간접원가의 표준원가계산 체계도표는 다음과 같다. 이 중 고정제조간접원가 예산이란 기준조업도하에서의 예산이며 변동제조간접원가와는 다르게 예산이 조업도 변동에 따라 변동되지 않는다.

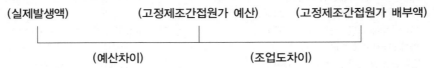

(실제발생액)   (고정제조간접원가 예산)   (고정제조간접원가 배부액)

(예산차이)   (조업도차이)

(주)태백의 다음 [보기]의 자료하에서 고정제조간접원가 예산은 얼마인가?

┤ 보기 ├

(주)태백의 원가자료
[고정제조간접원가 예산]
- 직접노동시간   5,000시간   - 제품 단위당 표준직접노동시간   2시간
- 고정제조간접원가 표준배부율   70원
[고정제조간접원가 실제발생]
- 제품생산량   2,400개   - 직접노동시간   4,500시간
- 고정제조간접원가 실제발생액   300,000원

정답: _____

11 [보기]는 표준원가계산을 적용하고 있는 (주)남산의 예산과 실제 원가자료이다. 실제산출량에 허용된 표준노동시간과 표준원가 배부액은 각각 얼마인가?

┤ 보기 ├

[예산수립]
- 직접노동시간   3,000시간
- 제품 단위당 표준직접노동시간   2시간
- 제품 단위당 표준직접재료수량   3개
- 직접노무원가   300,000원

[실제발생]
- 제품생산량   1,600개
- 직접노동시간   3,300시간
- 직접재료실제투입수량   4,000개
- 직접노무원가 실제발생액   370,000원

	(표준노동시간)	(표준원가 배부액)		(표준노동시간)	(표준원가 배부액)
①	3,000시간	300,000원	②	3,000시간	320,000원
③	3,200시간	300,000원	④	3,200시간	320,000원

12 다음 중 원가회계시스템에 대한 설명으로 적절하지 않은 것은?

① 표준원가계산은 원가통제, 성과평가 등의 목적에 사용된다.
② 변동원가계산에서 고정제조간접원가는 제품원가에서 제외된다.
③ 제품별 원가계산은 종합원가계산과 개별원가계산으로 구분된다.
④ 부문별 원가계산에서 요소별원가계산으로 원가계산절차가 진행된다.

13 다음은 원가회계시스템에 대한 특징을 설명한 것이다. 이 중 가장 적합한 것은?

① 계획 수립과 원가통제에는 전부원가계산이 변동원가계산에 비해 유용하다.
② 완성품원가와 기말재공품원가를 효율적으로 구분하기 위해서 종합원가계산이 아닌 개별원가계산을 적용하여야 한다.
③ 사전에 신속하게 제품원가결정을 위해서 표준원가계산보다 실제원가계산을 적용하여야 한다.
④ 간접원가의 비중이 클수록 활동기준원가계산의 사용 필요성이 크게 요구된다.

제2장

회계 1급 기출문제

회계 1급 2024년 1회 (2024년 1월 27일 시행)

[이론]

[과목: 경영혁신과 ERP]

01 ERP 아웃소싱(Outsourcing)에 대한 설명으로 적절하지 않은 것은?

① ERP 자체개발에서 발생할 수 있는 기술력 부족을 해결할 수 있다.
② ERP 아웃소싱을 통해 기업이 가지고 있지 못한 지식을 획득할 수 있다.
③ ERP 개발과 구축, 운영, 유지보수에 필요한 인적 자원을 절약할 수 있다.
④ ERP시스템 구축 후에는 IT아웃소싱 업체로부터 독립적으로 운영할 수 있다.

02 기업이 클라우드 ERP를 통해 얻을 수 있는 장점으로 적절하지 않은 것은?

① 안정적이고 효율적인 데이터관리
② 시간과 장소에 구애받지 않고 ERP 사용이 가능
③ 장비관리 및 서버관리에 필요한 IT 투입자원 감소
④ 필요한 어플리케이션을 자율적으로 설치 및 활용이 가능

03 ERP 시스템의 프로세스, 화면, 필드, 그리고 보고서 등 거의 모든 부분을 기업의 요구사항에 맞춰 구현하는 방법을 무엇이라 하는가?

① 정규화(Normalization)
② 트랜잭션(Transaction)
③ 컨피규레이션(Configuration)
④ 커스터마이제이션(Customization)

04 ERP와 인공지능(AI), 빅데이터(Big Data), 사물인터넷(IoT) 등 혁신기술과의 관계에 대한 설명으로 가장 적절하지 않은 것은?

① 현재 ERP는 기업 내 각 영역의 업무프로세스를 지원하여 독립적으로 단위별 업무처리를 추구하는 시스템으로 발전하고 있다.
② 제조업에서는 빅데이터 분석기술을 기반으로 생산자동화를 구현하고 ERP와 연계하여 생산계획의 선제적 예측과 실시간 의사결정이 가능하다.
③ ERP에서 생성되고 축적된 빅데이터를 활용하여 기업의 새로운 업무개척이 가능해지고, 비즈니스 간 융합을 지원하는 시스템으로 확대가 가능하다.
④ 현재 ERP는 인공지능 및 빅데이터 분석기술과의 융합으로 전략경영 등의 분석도구를 추가하여 상위계층의 의사결정을 지원할 수 있는 지능형시스템으로 발전하고 있다.

05 'Best Practice' 도입을 목적으로 ERP 패키지를 도입하여 시스템을 구축하고자 할 경우 가장 적절하지 않은 것은?

① BPR과 ERP 시스템 구축을 병행하는 방법
② ERP 패키지에 맞추어 BPR을 추진하는 방법
③ 기존 업무처리에 따라 ERP 패키지를 수정하는 방법
④ BPR을 실시한 후에 이에 맞도록 ERP 시스템을 구축하는 방법

[과목: 재무회계의 이해]

06 [보기]는 회계의 기본가정에 관한 설명이다. (가), (나), (다)에 해당되는 용어를 순서대로 나열한 것을 고르시오.

> ┤ 보기 ├
>
> - ((가)) 기업은 자금을 제공한 당사자와는 별도로 존재하는 하나의 독립된 실체라고 할 수 있다.
> - ((나)) 기업은 원칙적으로 영속적인 생명을 가지고 있는 것으로 보고, 계속하여 그 사업을 영위한다는 전제 하에 회계처리를 하는 것을 말한다.
> - ((다)) 기업실체는 일정기간 단위로 분할하여 회계보고서를 작성하여야 하는데, 이렇게 된 기간 단위를 회계기간이라고 한다.

① (가)기업실체의 가정　　(나)기간별 보고의 가정　　(다)현금주의 가정
② (가)계속기업의 가정　　(나)기업실체의 가정　　(다)기간별 보고의 가정
③ (가)기간별 보고의 가정　　(나)기업실체의 가정　　(다)계속기업의 가정
④ (가)기업실체의 가정　　(나)계속기업의 가정　　(다)기간별 보고의 가정

07 [보기]에서 회계정보의 질적 특성에 관한 내용 중 (A)에 가장 적합한 회계용어는 무엇인가?

> ┤ 보기 ├
>
> - 회계정보가 갖추어야 할 가장 중요한 질적 특성은 목적적합성과 (A)이다.
> - 이 중 회계정보의 (A)은(는) 그 정보가 나타내고자 하는 대상을 충실히 표현하고 있어야 하고, 객관적으로 검증할 수 있어야 하며, 중립적이어야 한다.

① 중요성　　　　　　　　② 신뢰성
③ 예측가치　　　　　　　④ 확인가치

08 재무제표 작성기준 중 손익계산서 작성기준으로 가장 적절하지 않은 것은?

① 발생주의　　　　　　　② 총액주의
③ 유동성배열　　　　　　④ 수익비용대응의 원칙

09 [보기]는 손익계산서와 관련된 자료이다. 영업이익은 얼마인가?

┤ 보기 ├

- 매출액　　220,000원　　　　- 매출원가　　80,000원
- 급여　　　 60,000원　　　　- 광고선전비　10,000원
- 이자비용　 10,000원　　　　- 접대비　　　15,000원
- 감가상각비　20,000원　　　　- 기부금　　　 3,000원

① 22,000원　　　　　　　　　② 25,000원
③ 35,000원　　　　　　　　　④ 40,000원

10 손익계산서에 대한 설명으로 가장 적절하지 않은 것은?

① 매출액에서 매출원가를 차감하여 매출총이익을 표시한다.
② 수익과 비용은 각각 총액으로 보고하는 것을 원칙으로 한다.
③ 영업외수익은 기업의 영업활동으로부터 발생한 수익으로 표시한다.
④ 손익계산서는 일정기간 동안 기업의 경영성과에 관한 정보를 제공하는 보고서를 의미한다.

11 계정과목 중 그 성격(재무제표 구성요소)이 다른 항목은?

① 선수금　　　　　　　　　　② 예수금
③ 미수금　　　　　　　　　　④ 가수금

12 발생주의에 입각한 회계처리로 가장 보기 힘든 것은 무엇인가?

① 당기에 미지급된 당기분 임차료를 당기의 비용으로 계상한다.
② 장기건설공사의 공사수익을 공사진행률에 따라 매년 인식한다.
③ 당기 5월에 현금으로 받은 1년분 임대료를 전액 당기의 수익으로 계상한다.
④ 유형자산은 내용연수에 걸쳐 체계적이고 합리적인 방법으로 감가상각하여 비용으로 인식한다.

13 [보기]의 상황을 기업회계기준에 따라 회계처리할 때 발생하는 계정과목으로 가장 적절하지 않은 것은?

┤ 보기 ├

(주)생산의 상장주식 20주를 1주당 50,000원에 취득하고, 대금은 수표를 발행하여 지급하고 거래수수료 50,000원은 보통예금 계좌에서 이체하여 지급하였다.
해당 주식은 장기투자를 목적으로 보유하는 것으로 가정한다.

① 당좌예금　　　　　　　　　② 보통예금
③ 매도가능증권　　　　　　　④ 단기매매증권

14 [보기]는 계속기록법을 적용하고 있는 (주)생산성의 결산 전 기말재고자산과 관련된 자료이다. 이 회사가 결산업무를 진행할 때 재고자산평가손실을 계산하면 얼마인가?

┤ 보기 ├
- 장부상 재고자산수량:　　110개
- 단위당 취득원가:　　@900원/개
- 조사한 결과 실제재고수량:　　100개
- 단위당 공정가치(결산 시):　　@800원/개

① 10,000원
② 15,000원
③ 20,000원
④ 22,000원

15 [보기]에서 설명하는 회계정보의 질적 특성을 한글로 입력하시오.

┤ 보기 ├
재무상태, 경영성과 등을 보고 세웠던 기대치를 확인 또는 수정되게 함으로써 의사결정에 영향을 미칠 수 있는 특성을 의미한다.

정답: ____(_____)가치_____

16 [보기]는 2024년 12월 31일 (주)생산성의 재무상태 관련 자료이다. 이를 이용하여 '현금 및 현금성자산' 합계액을 계산하면 얼마인가?(정답은 단위를 제외한 숫자만 입력하시오.)

┤ 보기 ├
- 자기앞수표:　　700원
- 선일자수표:　　300원
- 우편환증서:　　150원
- 우표:　　250원
- 전신환증서:　　100원
- 당좌예금:　　500원
- 타인발행 당좌수표:　　200원
- 보통예금:　　450원
- 배당금지급통지표:　　300원
- 일람출급어음:　　100원

정답: _____

17 (주)생산성은 상품을 매출하고 받은 약속어음을 은행에서 할인받고 할인료를 차감한 실수금은 당좌예금 계좌에 입금처리 하였다. 그 관련자료가 [보기]와 같을 때, 매출채권처분손실 금액은 얼마인가?(정답은 단위를 제외한 숫자로 입력하시오.)

┤ 보기 ├
- 약속어음 액면가: 5,000,000원
- 할인율: 연 2%
- 할인기간: 73일(단, 1년은 365일로 하며, 소수일 경우 소수점 이하는 버릴 것)

정답: _____

[과목: 세무회계의 이해]

18 현행 우리나라 법인세의 설명으로 가장 옳지 않은 것은? 은?

① 과세권한이 국가에 있는 국세이다.
② 독립적 세원이 존재하는 독립세이다.
③ 납세자와 담세자가 동일한 직접세이다.
④ 재화나 용역이 최종소비자에게 도달될 때까지의 모든 거래단계마다 부과하는 과세이다.

19 법인세법상 납세지에 대한 설명 중 가장 적절하지 않은 것은?

① 외국법인의 법인세 납세지는 국내사업장의 소재지로 한다.
② 원천징수한 법인세의 납세지는 원천징수의무자의 소재지로 한다.
③ 내국법인은 등기부에 따른 본점·주사무소(사업의 실질적 관리장소)의 소재지로 한다.
④ 납세지가 변경된 경우에는 그 변경된 날부터 30일 이내에 변경 전의 납세지 관할 세무서장에게 이를 신고하여야 한다.

20 법인세법상 손금산입 항목으로 옳지 않은 것은?

① 임차료
② 법인세비용
③ 유형자산의 수선비
④ 양도한 자산의 양도 당시 장부가액

21 내국법인이 지출한 각 사업연도 지출금액 중 한도 없이 전액을 손금으로 인정하는 항목은?

① 기부금
② 퇴직금(임원)
③ 광고선전비(업무관련)
④ 접대비(또는 기업업무추진비)

22 (주)생산성은 2024년 9월 1일 주당 20,000원에 취득한 자기주식 2,000주 중 자기주식 1,000주를 2024년 12월 31일에 주당 25,000원에 처분하고 [보기]와 같이 회계처리 하였다. 세무조정과 소득처분으로 옳은 것은?

| 보기 |

| (차 변) 현금 | 25,000,000원 | (대 변) 자기주식 | 20,000,000원 |
| | | 자기주식처분이익 | 5,000,000원 |

단, 자기주식처분이익을 자본잉여금으로 회계처리 하였다.

① 〈익금산입〉 자기주식처분이익   5,000,000(기타)
② 〈익금불산입〉 자기주식처분이익   5,000,000(유보)
③ 〈손금산입〉 자기주식처분이익   5,000,000(△유보)
④ 〈손금불산입〉 자기주식처분이익   5,000,000(상여)

23 [보기] 법인세를 계산하는 과정이다. 순서로 옳은 것을 고르시오.

┤ 보기 ├

[당기순이익] > [a] > [b] > [c] > [d] > [고지세액]

① a.과세표준 〉 b.결정세액 〉 c.각사업연도소득 〉 d.산출세액
② a.각사업연도소득 〉 b.과세표준 〉 c.산출세액 〉 d.결정세액
③ a.각사업연도소득 〉 b.과세표준 〉 c.결정세액 〉 d.산출세액
④ a.과세표준 〉 b.산출세액 〉 c.결정세액 〉 d.각사업연도소득

24 [보기]는 부가가치세 산출과 납부세액의 계산방식이다. (   )에 들어갈 용어를 한글로 입력하시오.

┤ 보기 ├

부가가치세 계산방식 중 매출액과 매입액에 각각 세율을 적용하여 매출세액에서 매입 시 징수당한 매입세액을 공제하여 계산하는 방식이다. 현재, 우리나라를 비롯하여 유럽 등 대부분의 국가들은 (법)을 채택하고 있다.

정답: _____

25 [보기]의 설명으로 알맞은 용어는 무엇인지 한글로 입력하시오.

┤ 보기 ├

1. 법령 또는 정관 등에서 정하는 1회계 기간을 의미한다.
2. 우리나라의 법인세법상 법인의 계속적인 조세수입을 적시에 확보하기 위해 일정한 기간 단위로 소득을 구분하여야 하는데 이러한 소득을 구분하는 일정한 기간을 말한다.

정답: _____

26 [보기]의 (   )에 들어갈 용어를 한글로 기입하시오.

┤ 보기 ├

(   )(이)란 사업자가 재화나 용역을 공급하는 때에 공급받는 자로부터 당해 재화나 용역에 대한 과세표준에 소정의 세율을 적용하여 부가가치세를 징수하는 것을 말한다.

정답: _____

[과목: 관리회계의 이해]

27 유조선 제조기업인 (주)생산조선의 원가회계 담당자가 다음과 같이 제조원가를 분류한 내용이다. 적절하지 않은 것을 고르시오.

① 유조선의 동력 엔진 - 직접재료비
② 장갑이나 나사 등 소모성 비품 - 간접재료비
③ 유조선 제조 전문기술자의 임금 - 직접노무비
④ 공장 내 식당에서 근무하는 영양사의 급여 - 직접노무비

28 (주)생산성은 1월 중 41,000원의 직접재료를 구입하였다. 1월 중 제조간접원가의 합은 30,000원이었고 당월총제조원가는 103,000원이었다. 직접재료의 1월 초 재고가 6,000원이었고 1월 말 재고가 7,000원이었다면 1월 중 직접노무원가는 얼마인가?

① 31,000원
② 33,000원
③ 35,000원
④ 36,000원

29 종합원가계산에 대한 설명 중 적절하지 않은 것은?

① 동종 제품의 연속 대량생산체제에서 사용한다.
② 정유업, 제분업, 철강업, 제지업 등의 업종에서 주로 사용하는 원가계산 방법이다.
③ 기말재공품의 평가가 불필요하며, 제조지시서의 원가를 집계하여 원가를 계산한다.
④ 개별원가계산에 비해 원가계산의 정확성은 낮지만, 제품의 대량생산체제에 적용하기 쉬운 장점이 있다.

30 [보기]는 종합원가계산제도를 채택하고 있는 (주)생산성의 생산과 관련된 자료이다. 가공원가는 공정 전반에 걸쳐서 균등하게 발생한다고 가정하며, (주)생산성이 선입선출법을 적용할 경우 가공원가의 총완성품환산량을 계산하면 얼마인가?(정답은 단위를 제외한 숫자만 입력하시오.)

┤ 보기 ├

- 기초재공품 수량: 200개(진척도 50%)
- 당기 착수량: 1,000개
- 당기 완성수량: 1,000개
- 기말재공품 수량: 200개(진척도 60%)

정답: _____

31 [보기]는 영업레버리지도(DOL)에 대한 설명이다. (ⓐ)에 공통으로 들어갈 적절한 관리회계 용어를 한글로 입력하시오.

┤ 보기 ├

영업레버리지도(DOL)란 (ⓐ)원가가 지레 작용을 함으로써 매출액의 변화율에 따른 영업이익의 변화율이 반응하는 효과를 말한다. 따라서 (ⓐ)원가의 비중이 큰 기업은 영업레버리지도 또한 크게 나타난다.

정답: _____

32 [보기]는 (주)생산성의 당기 판매관련 자료이다. 이를 이용하여 (주)생산성이 '법인세 차감 후 목표이익 120,000원'을 얻기 위한 목표달성 매출액을 계산하면 얼마인가?(정답은 단위를 제외한 숫자만 입력하시오.)

┤ 보기 ├

- 단위당 판매가격: @1,000원/개
- 단위당 변동비: @700원/개
- 총고정비: 100,000원
- 당기 법인세율: 40%

정답: _____

[실무] ●

> ❖ 본 문제는 시뮬레이션 문제로서 [실기메뉴]의 메뉴를 활용하여 문제에 답하시오.
> 웹하드(http://www.webhard.co.kr)에서 Guest(ID: samil3489, PASSWORD: samil3489)로
> 로그인하여 백데이터를 다운받아 설치한 후 회계 1급 2024년 1회 김은찬으로 로그인한다.

[과목: ERP 회계 기본정보관리]

01 당사는 ERP를 도입하고 회계와 관련된 시스템환경설정을 마쳤다. 다음 중 당사의 시스템환경설정으로 옳지 않은 것을 고르시오..

① 전표의 관리항목 중 사용부서로 예산을 통제한다.
② 거래처 등록시 거래처코드는 5자리로 자동 부여한다.
③ 기존에 입력된 전표를 복사하여 전표를 입력할 수 없다.
④ 고정자산 상각이 완료되는 자산은 비망가액을 남겨 관리한다.

02 당사의 프로젝트 등록에 대한 설명으로 옳은 것을 고르시오.

① 본사 프로젝트는 현재 진행 중이다.
② 등록된 프로젝트의 원가구분은 모두 제조 원가구분이다.
③ 프로젝트 분류는 동부, 중부, 남부 3개의 분류가 등록되어 있다.
④ 울산공장 프로젝트는 원가구분 제조, 프로젝트유형이 직접 프로젝트이다.

03 당사의 계정과목에 대한 설명 중 옳지 않은 것을 고르시오.

① 13200.대손충당금은 13100.선급금의 차감계정이다.
② 51100.복리후생비 계정에 대해 세분화하여 관리하고 있다.
③ 25400.예수금 계정은 프로젝트별로 이월하도록 설정하였다.
④ 10400.기타제예금 계정은 관리항목으로 자금과목을 입력할 수 있다.

[과목: ERP 재무회계 프로세스의 이해]

04 당사는 회계팀 접대비(판매관리비)로 편성된 예산 금액 중 300,000원을 2024년 6월 2일에 여비교통비(판매관리비)로 예산을 전용하기로 했다. 예산 전용 작업을 직접 수행한 후 6월 여비교통비(판매관리비)의 잔여예산 금액은 얼마인지 고르시오.(집행방식은 승인집행으로 조회한다.)

① 170,000원
② 270,000원
③ 370,000원
④ 470,000원

05 당사는 업무용승용차를 [L3.업무용승용차] 관리항목으로 사용하여 관리하고 있다.(주)한국생산 본점의 2024년 3월 한 달 동안 [82200.차량유지비] 계정으로 가장 많은 비용이 발생한 업무용승용차를 고르시오.

① 2080001.69어6467
② 2080002.38거1390
③ 2080003.26우8873
④ 2080004.38가4990

06 다음 중 (주)한국생산 본점의 2024년 2월 거래내역에 대한 설명으로 옳은 것을 고르시오.

① 상품 매출액은 215,000,000원이다.
② 판매용 상품을 모두 현금으로 매입했다.
③ 외상매출금은 100,000,000원 회수하였다.
④ 제조원가 중 여비교통비는 모두 현금으로 지출했다.

07 당사는 프로젝트별 손익계산서를 작성하고 있다. 다음 중 (주)한국생산 본점의 2024년 1분기 영업이익이 가장 큰 프로젝트를 고르시오.

① 1000.서울공장
② 1001.광주공장
③ 1002.부산공장
④ 1003.울산공장

08 당사는 거래처별 외상매입금 관리를 하고 있다. 2024년 1분기 동안 (주)한국생산 본점에서 외상매입금 계정이 가장 많이 감소한 거래처를 고르시오.

① 00006.DN상사(주)
② 00007.(주)라라실업
③ 00020.정우실업(유)
④ 00050.유신상사(주)

09 (주)한국생산 본점은 2024년 3월말 결산 시 미수금에 대해 1%의 대손충당금을 설정하려고 한다. 다음 중 회계처리로 옳은 것을 고르시오.

① 대손상각비   2,114,020원 / 대손충당금   2,114,020원
② 대손상각비   2,481,960원 / 대손충당금   2,481,960원
③ 대손충당금   2,114,020원 / 대손충당금환입   2,114,020원
④ 대손충당금   2,420,000원 / 대손충당금환입   2,420,000원

10 다음 [거래내용]을 전표입력 후 (주)한국생산 본점에서 2024년 1년간 보험료로 인식할 기간비용은 총 얼마인지 고르시오.

┤ 거래 내용 ├

2024년 5월 1일 (주)한국생산 본점 건물의 화재보험료를 (주)우리보험에게 3,000,000원에 계약하고 신안은행 보통예금 계좌에서 이체했다.
(자산계정으로 분개, 대체계정은 82100.보험료, 계약기간은 2024/05/01 ~ 2025/04/30, 계산방법 양편넣기)

① 1,006,705원
② 2,013,655원
③ 3,521,719원
④ 4,528,669원

11 (주)한국생산 본점의 회계담당자는 거래처 (주)영은실업에 40,000,000원, (주)제동에 30,000,000원 여신한도액을 설정하였다. 여신한도액 설정 후에 2024.06.30 기준 여신초과액이 가장 큰 거래처는 어디인지 고르시오.

① 00001.(주)영은실업
② 00003.(주)제동
③ 00004.(주)상상유통
④ 00005.(주)중원

12 (주)한국생산 본점의 2024년 3월 말 결산 시 소모품의 기말 재고액은 37,000,000원 이다. 장부의 금액을 확인한 후 이와 관련된 기말 결산 수정 분개로 옳은 것을 고르시오.(단, 소모품은 취득시 자산처리 하였다.)

① 소 모 품 30,000,000원 / 소모품비 30,000,000원
② 소모품비 30,000,000원 / 소 모 품 30,000,000원
③ 소 모 품 37,000,000원 / 소모품비 37,000,000원
④ 소모품비 37,000,000원 / 소 모 품 37,000,000원

13 당사는 사용부서별로 회의비(판관비)를 관리하고 있다. 다음 중 2024년 1년 동안 (주)한국생산 본점에서 회의비(판관비) 계정 지출이 전년대비 가장 많이 증가한 부서는 어느 부서인지 고르시오.

① 1001.회계팀
② 2001.영업부
③ 3001.생산부
④ 4001.자재부

14 (주)한국생산 본점은 업무용승용차를 등록하여 관리하고 있다. 다음 중 차량을 리스로 임차하여 사용하고 있는 업무용승용차 차량번호를 고르시오.

① 69어6467
② 38거1390
③ 26우8873
④ 38가4990

[과목: ERP 세무회계 프로세스의 이해]

15 다음 중 (주)한국생산 춘천지사의 2024년 1기 부가가치세 확정 신고기간 작성한 부가세신고서에 대한 설명으로 옳지 않은 것을 고르시오.(사업장: [2000] (주)한국생산 춘천지사)

① 신고 업태는 제조업, 도소매 이며 종목은 기계장치 이다.
② 해당 과세기간에 납부할 세액 26,140,000원이 계산되었다.
③ 매입세액 중 세금계산서 수취분 고정자산 매입으로 3,000,000원 세액이 존재한다.
④ 신용카드 수취명세서 매입내역 중 고정자산 매입으로 500,000원 세액이 존재한다.

16 2024년 1월 30일 (주)한국생산 춘천지사는 '청우유통(주)'에게 기계장치를 5,000,000원(VAT별도)에 현금으로 매입하고 현금영수증(승인번호: 45332927)을 발급 받았다. 해당 거래내역을 전표입력 후 2024년 1기 부가가치세 예정 신고기간의 현금영수증 매입건 중 고정자산매입세액을 조회하면 얼마인지 고르시오.(사업장: [2000] (주)한국생산 춘천지사)

① 500,000원   ② 550,000원

③ 600,000원   ④ 650,000원

17 (주)한국생 춘천지사의 2024년 1기 부가가치세 확정 신고시 '비영업용소형승용차구입 및 유지'의 사유로 매입세액 공제를 받지 못하는 세액은 얼마인지 고르시오.(사업장: [2000] (주)한국생산 춘천지사)

① 2,150,000원   ② 2,200,000원

③ 2,450,000원   ④ 2,550,000원

18 다음 [보기]의 거래내역을 전표입력 후 (주)한국생산 춘천지사의 2024년 1기 부가가치세 예정신고 기간에 직수출한 원화금액 합계는 얼마인지 고르시오.

┤ 보기 ├

- 회계단위 및 사업장: [2000] (주)한국생산 춘천지사
- 2월 10일 '논스탑' 거래처에 상품 $28,000(USD환율 1$당 1,200원)을 수출신고서(신고번호: 15555-55-555555-X)에 의해 외상으로 직수출했다.(매출액 계정은 [40102.해외매출액] 계정을 사용)

① 29,400,000원   ② 33,600,000원

③ 43,700,000원   ④ 77,300,000원

19 (주)한국생산 춘천지사의 2024년 1기 부가가치세 예정신고 기간의 부가가치세 면세수입금액은 얼마인지 고르시오.(사업장: [2000] (주)한국생산 춘천지사)

① 40,000,000원   ② 42,000,000원

③ 44,000,000원   ④ 46,000,000원

20 (주)한국생산 춘천지사의 2024년 1기 부가가치세 확정 신고시 신고해야 할 서식이 아닌 것을 고르시오.(사업장: [2000] (주)한국생산 춘천지사)

① 수출실적명세서

② 세금계산서합계표

③ 매입세액불공제내역

④ 신용카드발행집계표/수취명세서

21 회계담당자가 (주)한국생산 본점의 2024년 1분기 제조원가보고서를 조회하였더니 원재료비의 당기 기초재고액과 전기 기말재고액이 다르다는 안내메시지가 발생하는 것을 확인하였다. 이에 해당 메시지가 발생하지 않도록 조치를 취하려고 할 때 올바른 것을 고르시오.

① 전표입력 메뉴에서 [14900.원재료] 계정의 금액을 수정한다.
② 초기이월등록 메뉴에서 [14700.제품] 계정의 금액을 수정한다.
③ 초기이월등록 메뉴에서 [50100.원재료비] 계정의 오른쪽 하단 기말재고액 금액을 수정한다.
④ 초기이월등록 메뉴에서 [45500.제품매출원가] 계정의 오른쪽하단 기말재고액 금액을 수정한다.

22 회계담당자가 (주)한국생산 본점의 2024년 원가보고서를 분석하고 있다. 노무비(급여) 지출액이 2024년 상반기에 총 얼마가 지출되었는지 고르시오.

① 171,000,000원　　　　　　　　② 233,000,000원
③ 253,000,000원　　　　　　　　④ 325,169,000원

23 (주)한국생산 본점에서 2024년 6월 말 결산 시 제조원가보고서에 계상할 기계장치의 감가상각비는 얼마인지 고르시오.

① 10,999,506원　　　　　　　　② 16,249,010원
③ 24,120,040원　　　　　　　　④ 32,457,110원

24 (주)한국생산 본점의 2024년 1월 말 상품과 제품의 총 판매량이 40,000개 일 때, 다음 [보기]를 참고하면 손익분기점 판매량은 몇 개인지 구하시오.(단, 상품과 제품의 판매단가는 동일하다.)

┤ 보기 ├

1) 단위당변동비　　　　2,400원
2) 총 고정비　　77,000,000원

① 10,000개　　　　　　　　② 11,000개
③ 13,000개　　　　　　　　④ 14,000개

25 (주)한국생산 본점은 분기별로 원가보고서를 작성한다. 2024년에 [52900.사무용품비] 계정을 가장 많이 지출한 분기는 언제인지 고르시오.

① 1/4분기　　　　　　　　② 2/4분기
③ 3/4분기　　　　　　　　④ 4/4분기

회계 1급 2023년 6회 (2023년 11월 25일 시행)

[이론] ●

[과목: 경영혁신과 ERP]

01 ERP도입 기업의 사원들을 위한 ERP교육을 계획할 때, 고려사항으로 가장 적절하지 않은 것은?

① 전사적인 참여가 필요함을 강조한다.
② 지속적인 교육이 필요함을 강조한다.
③ 최대한 ERP커스터마이징이 필요함을 강조한다.
④ 자료의 정확성을 위한 철저한 관리가 필요함을 강조한다.

02 [보기]는 무엇에 대한 설명인가?

┤ 보기 ├

조직의 효율성을 제고하기 위해 업무흐름 뿐만 아니라 전체 조직을 재구축하려는 경영혁신전략 기법이다. 주로 정보기술을 통해 기업경영의 핵심과 과정을 전면 개편함으로 경영성과를 향상시키려는 경영기법인데 매우 신속하고 극단적인 그리고 전면적인 혁신을 강조하는 이 기법은 무엇인가?

① 지식경영   ② 벤치마킹
③ 리스트럭처링   ④ 리엔지니어링

03 ERP에 대한 설명 중 가장 적절하지 않은 것은?

① 신속한 의사결정을 지원하는 대표적인 경영정보시스템이다.
② 모든 사용자들은 사용권한 없이도 쉽게 기업의 정보에 접근할 수 있다.
③ 회계, 인사, 영업, 구매, 생산, 물류 등 기업의 업무가 통합된 시스템이다.
④ ERP의 기본시스템에 공급망 관리, 고객지원기능 등의 확장기능을 추가할 수 있다.

04 ERP와 전통적인 정보시스템(MIS) 특성 간의 차이점에 대한 설명으로 가장 적절하지 않은 것은?

① 전통적인 정보시스템의 업무범위는 단위업무이고, ERP는 통합업무를 처리한다.
② 전통적인 정보시스템의 시스템구조는 폐쇄형이나 ERP는 개방성을 갖는다.
③ 전통적인 정보시스템의 업무처리 대상은 Process 중심이나 ERP는 Task 중심이다.
④ 전통적인 정보시스템의 저장구조는 파일시스템을 이용하나 ERP는 관계형 데이터베이스시스템(RDBMS) 등을 이용한다.

05 ERP시스템의 SCM 모듈을 실행함으로써 얻는 장점으로 가장 적절하지 않은 것은?

① 공급사슬에서의 가시성 확보로 공급 및 수요변화에 대한 신속한 대응이 가능하다.
② 정보투명성을 통해 재고수준 감소 및 재고회전율(inventory turnover) 증가를 달성할 수 있다.
③ 공급사슬에서의 계획(plan), 조달(source), 제조(make) 및 배송(deliver) 활동 등 통합 프로세스를 지원한다.
④ 마케팅(marketing), 판매(sales) 및 고객서비스(customer service)를 자동화함으로써 현재 및 미래 고객들과 상호작용할 수 있다.

06 재무정보의 질적 특성에 대한 설명으로 가장 적절하지 않은 것은?

① 재무정보가 갖추어야 할 가장 중요한 질적 특성은 목적적합성과 비교가능성이다.
② 재무정보가 유용하기 위해 갖추어야 할 주요 속성을 말하며, 재무정보 유용성의 판단기준이 된다.
③ 회계기준제정기구가 회계기준을 제정 또는 개정할 때 대체적 회계처리방법들을 비교 평가할 수 있는 판단기준이 된다.
④ 경영자와 감사인이 회계정책을 선택 또는 평가하거나, 재무정보이용자가 기업실체가 사용한 회계처리방법의 적절성 여부를 평가할 때 판단기준을 제공한다.

07 [보기]에서 적용된 회계의 기본가정(전제)으로 가장 적절한 것은?

┤ 보기 ├

(주)생산성은 건물이나 기계장치를 구입하기 위해 소요된 원가를 자산으로 계상하고, 이후 그 자산이 실제로 영업활동에 사용되는 회계기간에 걸쳐 비용으로 계상하고자 한다.

① 기업실체의 가정　　　　　　　② 현금주의의 가정
③ 계속기업의 가정　　　　　　　④ 기간별 보고의 가정

08 재무제표의 특징으로 가장 적절한 것은?

① 재무상태표 - 일정 시점의 재무상태 - 정태적 보고서 - 현금주의
② 손익계산서 - 일정 시점의 경영성과 - 동태적 보고서 - 발생주의
③ 현금흐름표 - 일정 기간의 현금흐름 - 동태적 보고서 - 현금주의
④ 자본변동표 - 일정 기간의 자본현황 - 정태적 보고서 - 발생주의

09 [보기]의 손익계정에서 영업이익의 합계는 얼마인가?

┤ 보기 ├

- 매출원가	100,000	- 매출액	150,000원
- 종업원의 복리후생비	15,000원	- 이자비용	5,000원
- 건물의 감가상각비	3,500원	- 기부금	3,000원
- 기타의 대손상각비	1,200원		

① 25,700원　　　　　　　② 30,700원
③ 31,500원　　　　　　　④ 50,000원

10 현금흐름표는 기업의 일정기간 현금흐름을 나타내는 표로서 현금흐름에 영향을 미치는 세 가지 활동으로 구분하여 표시된다. [보기]의 (가), (나), (다)에 해당되는 용어를 순서대로 나열한 것은?

┤ 보기 ├

- ((가))은 영업활동에 필요한 자산을 취득하거나 처분하는 활동 등을 의미한다.
- ((나))은 제품이나 서비스를 만들어 고객에게 전달하는 활동 등을 의미한다.
- ((다))은 기업이 필요한 자금을 조달하고 부채를 상환하는 활동 등을 의미한다.

① (가)재무활동 　　(나)투자활동 　　(다)영업활동
② (가)영업활동 　　(나)이익활동 　　(다)재무활동
③ (가)투자활동 　　(나)영업활동 　　(다)이익활동
④ (가)투자활동 　　(나)영업활동 　　(다)재무활동

11 발생주의에 입각한 회계처리로 가장 적절하지 않은 것은?

① 당기에 미지급된 당기분 보험료를 당기의 비용으로 계상한다.
② 장기건설공사의 공사수익을 공사진행률에 따라 매년 인식한다.
③ 당기 2월에 현금으로 지급한 1년분 임차료를 전액 당기의 비용으로 계상한다.
④ 유형자산은 내용연수에 걸쳐 체계적이고 합리적인 방법으로 감가상각하여 비용으로 인식한다.

12 재무상태표를 유동성배열법을 기준으로 작성할 때 가장 먼저 기록될 계정과목은 무엇인가?

① 토지 　　　　　　　　　　　② 상품
③ 현금 　　　　　　　　　　　④ 영업권

13 [보기]의 자료를 이용할 경우 2023년 12월 31일 결산수정분개로 가장 적절한 것은?(단, 월할 계산할 것)

┤ 보기 ├

- 결산일은 2023년 12월 31일이다.
- 2023년 8월 1일: 1년분 임차료(120,000원)를 현금으로 지급하고 다음과 같이 분개하였다.
  (차변) 임차료 120,000원 (대변) 현금 120,000원

① (차변) 임 차 료 70,000원 　　　(대변) 선급비용 70,000원
② (차변) 선급비용 50,000원 　　　(대변) 임 차 료 50,000원
③ (차변) 임 차 료 50,000원 　　　(대변) 선급비용 50,000원
④ (차변) 선급비용 70,000원 　　　(대변) 임 차 료 70,000원

14 재고자산의 매입, 매출 관련 거래의 회계처리로 가장 적절한 것은?

① 매출에누리는 총매출액에서 가산(+)한다.
② 매출환입 및 매출운임은 총매출액에서 가산(+)한다.
③ 매입할인 및 매입운임은 당기 총매입액에서 가산(+)한다.
④ 매입에누리 및 매입할인은 당기 총매입액에서 차감(-)한다.

15 [보기]는 회계정보의 질적 특성과 수익 인식시점에 대한 설명이다. (   )에 공통적으로 들어갈 적합한 용어를 한글로 입력하시오.

┤ 보기 ├

- 재무정보가 갖추어야 할 가장 중요한 질적특성은 목적적합성(또는 관련성)과 (   )이다.
- 특정 거래를 회계처리할 때 대체적인 회계처리방법이 허용되는 경우, 목적적합성(또는 관련성)과
  (   )이(가) 더 높은 회계처리방법을 선택할 때에 재무정보의 유용성이 증대된다.
- 목적적합성과 (   ) 중 어느 하나가 완전히 상실된 경우 그 정보는 유용한 정보가 될 수 없다.

정답: _____

16 [보기]는 (주)생산성의 외상매입금 거래자료이다. (주)생산성의 당기 기말의 재무상태표에 계상될 외상매입금은 얼마인가?(정답은 단위를 제외한 숫자만 입력하시오.)

┤ 보기 ├

- 당기 외상매입금 상환액: 5,000,000원
- 당기 외상매입금 발생액: 7,500,000원
- 전기말 외상매입금 잔액: 2,500,000원

정답: _____

17 [보기]는 (주)생산성의 당기 재고관련 자료들이다. 이를 이용하여 (주)생산성의 당기 매출원가를 계산하면 얼마인가?(정답은 단위를 제외한 숫자만 입력하시오.)

┤ 보기 ├

- 기초재고액: 100,000원   - 당기 총매입액: 1,400,000원
- 기말재고액: 200,000원   - 매입할인: 100,000원
- 매입환출: 100,000원   - 매입에누리: 100,000원

정답: _____

[과목: 세무회계의 이해]

18 (주)무릉이 [보기]의 거래내용으로 재화를 공급했을 경우, 부가가치세 과세표준 금액은 얼마인가?

┤ 보기 ├

- 상품매출액	10,000,000원	- 매출할인	250,000원
- 매출에누리	100,000원	- 판매장려상품 지급	200,000원
- 외상판매 연체이자	50,000원	- 거래처 파산 대손금	250,000원

① 9,400,000원 　　　　　　　　② 9,600,000원
③ 9,650,000원 　　　　　　　　④ 9,850,000원

19 부가가치세법상의 세금계산서 발급에 대한 내용으로 가장 적절하지 않은 것은?

① 세금계산서는 사업자가 제15조 및 제16조에 따른 재화 또는 용역의 공급시기에 재화 또는 용역을 공급받는 자에게 발급하여야 한다.
② 관계 증명서류 등에 따라 실제거래사실이 확인되는 경우에는 해당 거래일을 작성 연월일로 하여 세금계산서를 발급할 수도 있다.
③ 재화, 용역의 거래상 부가가치세 관련하여 필요한 정규증명으로 (전자)세금계산서, (전자)계산서, 신용카드매출전표 그리고 현금영수증 등이 있다.
④ 사업자가 재화 또는 용역을 공급하는 경우에는 세금계산서를 그 공급을 받는 자에게 발급하여야 하나 발급하기 어렵거나 불필요한 경우에는 발급하지 아니할 수 있다.

20 법인세 납세의무자에 대한 설명으로 적절하지 않은 것은?

① 내국법인 중 비영리법인은 모든 소득에 대하여 법인세 납세의무가 없다.
② 영리외국법인의 경우에는 국내원천소득에 한하여 법인세 납세의무가 있다.
③ 영리내국법인은 영리기관이므로 국내외 모든 소득에 대하여 법인세 납세의무가 있다.
④ 국내에서 사업을 영위할지라도 외국에 본점을 둔 법인은 외국법인으로 분류된다.

21 법인세법상 익금산입에 해당되는 항목들의 합계액은 얼마인가?

┤ 보기 ├

- 자기주식처분이익	100,000원	- 감자차익	200,000원
- 부가가치세 매출세액	300,000원	- 상품판매대금	1,000,000원
- 전기납부 법인세 환급액	400,000원	- 자산수증이익	500,000원

① 1,500,000원 　　　　　　　　② 1,600,000원
③ 1,800,000원 　　　　　　　　④ 2,500,000원

22 법인세 신고 시 필수적으로 첨부해야 하는 서류로 가장 적절하지 않은 것은?

① 재무상태표
② 세무조정계산서
③ 포괄손익계산서
④ 합계잔액시산표

23 법인세법상 납세지에 대한 설명으로 가장 적절하지 않은 것은?

① 내국법인은 법인등기부상 법인대표의 소재지가 납세지이다.
② 내국법인은 법인등기부상 본점 또는 주사무소의 소재지가 납세지이다.
③ 외국법인은 국내사업장이 있는 경우에는 국내사업장의 소재지를 납세지로 한다.
④ 내국법인은 국내에 본점 또는 주사무소가 있지 아니하는 경우에는 사업을 실질적으로 관리하는 장소의 소재지로 한다.

24 [보기]는 2023년 제2기 (주)무릉의 매입관련 부가가치세 관련자료이다. 공제되는 부가가치세 매입세액은 얼마인가?(정답은 단위를 제외한 숫자만 입력하시오.)

┤ 보기 ├

- 매입 전자세금계산서의 공급가액 합계는 50,000,000원이며, 여기에는 제품운반용 화물차 수리비 공급가액 500,000원이 포함되어 있다.
- 공장부지 진입로 포장대금(전자세금계산서 수령) 공급가액 3,000,000원이다.
- 금강회관(과세사업자)에서 매출거래처 직원들과 회식을 하고 받은 신용카드 매출전표의 공급대가는 385,000원이다.

정답: _____

25 [보기]의 설명으로 가장 적절한 용어를 한글로 입력하시오.

┤ 보기 ├

법인의 각 사업연도 소득은 익금총액에서 손금총액을 공제하여 계산한다. 그러나 실제 계산에 있어서는 수익에서 비용을 공제한 결산서상 당기순이익을 출발점으로 기업회계와 세무회계의 차이를 조정하여 각 사업연도의 소득금액을 계산한다. 이러한 조정을 통하여 정확한 과세소득을 계산하기 위한 일련의 절차를 말한다.

정답: _____

26 [보기]에서 설명하는 법인세법상의 용어를 한글로 입력하시오.

> ┤ 보기 ├
>
> 법인세법상의 각사업연도 소득금액은 기업 회계상 당기순손익에서 익금산입사항과 손금불산입 사항을 가산하고, 익금불산입사항과 손금산입사항을 차감하여 계산한다. 이렇게 익금에 가산된 금액 등이 누구에게 귀속하는가를 확정하는 세법상의 절차를 말한다.

정답: _____

[과목: 관리회계의 이해]

27 [보기]를 참고하여 (주)생산성의 매몰원가(sunk cost)를 구하시오.

> ┤ 보기 ├
>
> (주)생산성은 현재 정상 판매가 불가능한 재고자산을 보유하고 있는데, 이의 제조원가는 1,000,000원이다. (주)생산성은 재고자산을 처분하기 위해 다음과 같은 의사결정안을 수립하였다.
> 첫번째는 200,000원을 투입하여 재가공한 후 500,000원에 판매하는 것이고, 두번째는 이를 재가공하지 않고 그대로 재활용센터에 판매하여 100,000원을 받는 것이다.

① 100,000원 ② 200,000원
③ 500,000원 ④ 1,000,000원

28 원가집계 계정의 흐름으로 가장 적절한 것은?

① 매출원가 → 재공품 → 재료비 → 제품
② 재료비 → 매출원가 → 재공품 → 제품
③ 매출원가 → 재료비 → 재공품 → 제품
④ 재료비 → 재공품 → 제품 → 매출원가

29 정상개별원가계산에서 제조간접비 배부차이 금액을 조정하는 일반적인 방법으로 가장 적절하지 않은 것은?

① 단계배부법 ② 영업외손익법
③ 매출원가조정법 ④ 요소별 비례배분법

30 [보기] (A)에 가장 적절한 관리회계 용어를 한글로 입력하시오.

┤ 보기 ├

- 영희는 피아노학원을 다니고 있었는데, 방학이 되자 수영을 배우려고 알아보니 피아노학원 수업 시간과 겹치게 되었다.
- 영희는 수영을 꼭 배우고 싶어 수강 중인 피아노학원을 그만두고 수영을 수강하려고 한다.
- 이때 피아노학원 위해 지출되는 수강료는 (A)원가(비용)에 해당한다.

정답: _____

31 [보기]는 (주)생산성의 당기 생산관련 자료이다. 변동원가계산을 적용하고 있는 (주)생산성의 총공헌 이익을 계산하면 얼마인가?(정답은 단위를 제외한 숫자만 입력하시오.)

┤ 보기 ├

- 매출액:	2,000원	- 직접재료비:	700원
- 직접노무비:	300원	- 변동제조간접비:	200원
- 고정제조간접비:	250원	- 변동판매비와관리비:	100원
- 고정판매비와관리비:	250원		

정답: _____

32 [보기]는 (주)생산성의 당해 회계자료 일부분이다. (주)생산성의 당해 안전한계율(%)을 구하시오. (정답은 단위를 제외하고 숫자만 기입하시오.)

┤ 보기 ├

- 매출액:	1,000,000원
- 고정비:	200,000원
- 공헌이익률:	40%

정답: _____

[실무]

> ❖ 본 문제는 시뮬레이션 문제로서 [실기메뉴]의 메뉴를 활용하여 문제에 답하시오.
> 웹하드(http://www.webhard.co.kr)에서 Guest(ID: samil3489, PASSWORD: samil3489)로
> 로그인하여 백데이터를 다운받아 설치한 후 회계 1급 2023년 6회 김은찬으로 로그인한다.

[과목: ERP 회계 기본정보관리]

01 다음 거래처 중 현재는 사용하고 있지 않아 사용구분을 '미사용'으로 설정해 놓은 거래처를 고르시오.

① 00001.(주)영은실업   ② 00008.청우유통(주)
③ 00014.한국식당   ④ 00100.대전시청

02 다음 판매관리비 계정 중 지출이 발생하여 전표입력을 할 때 증빙을 필수로 입력해야 하는 계정을 고르시오.

① 80200.직원급여   ② 80800.퇴직급여
③ 81200.여비교통비   ④ 81400.통신비

03 다음 중 사용자권한설정에 대한 설명으로 옳지 않은 것을 고르시오.

① 윤수현 사원은 [결산/재무제표관리] 메뉴를 사용할 수 없다.
② 김은찬 사원은 기간비용현황 메뉴에서 등록, 변경 작업을 할 수 있다.
③ 윤수현 사원과 김수빈 사원은 전표입력 메뉴를 사업장 권한으로 조회할 수 있다.
④ 김은찬 사원은 고정자산등록의 자본적지출 발생시 자산변동처리를 입력 할 수 있다.

[과목: ERP 재무회계 프로세스의 이해]

04 (주)더존 본점은 판매관리비를 프로젝트별로 관리하고 있다. 2023년 상반기 판매관리비 중 사무용품비를 가장 많이 지출한 프로젝트를 고르시오.

① 서울공장   ② 광주공장
③ 부산공장   ④ 울산공장

05 (주)더존 본점의 2023년 10월에 발생한 전표 중 전표상태가 '미결'인 전표의 차변금액 합계는 얼마인지 고르시오.

① 2,150,000원   ② 2,200,000원
③ 3,150,000원   ④ 3,200,000원

06 (주)더존 본점은 업무용승용차를 부서별로 관리하고 있다. 등록된 차량 중 보험이 미등록된 차량이 있음을 확인하였는데 어느 부서에서 관리하는 것인지 고르시오.

① 1001.회계팀   ② 2001.영업부

③ 3001.생산부   ④ 4001.총무부

07 (주)더존 본점은 2022년에서 2023년으로 소모품 잔액을 이월하였다. 다음 거래처 중 이월된 금액이 가장 큰 거래처를 고르시오.

① 00001.(주)영은실업   ② 00003.(주)제동

③ 00004.(주)상상유통   ④ 00005.(주)중원

08 2023년 하반기 동안 [1001.회계팀]에서 사용한 예산 중 집행율이 가장 큰 계정과목을 고르시오. (단, 집행방식은 승인집행으로 조회)

① 81100.복리후생비   ② 81200.여비교통비

③ 81400.통신비   ④ 82100.보험료

09 (주)더존 본점은 매월 수입 및 지출에 대해 일자별자금계획을 수립하고 있다. 2023년 12월 고정적으로 지출되는 금액은 2023년 10월과 비교하여 얼마의 차이가 있는지 고르시오.

① 200,000원   ② 2,000,000원

③ 3,500,000원   ④ 4,000,000원

10 (주)더존 본점은 외상매출금에 대하여 선입선출법 기준으로 채권년령을 관리하고 있다. 2023년 12월말 기준으로 6개월 전까지의 채권년령에 대한 설명으로 옳지 않은 것을 고르시오.

① 총 미회수 외상매출금은 1,141,279,000원이다.

② 2023년 10월 한 달 동안 미회수 외상매출금 합계는 190,400,000원이다.

③ 조회조건 이전 가장 많은 채권 잔액을 보유한 거래처는 (주)중원 거래처이다.

④ (주)제동 거래처는 2023년 7월부터 2023년 12월까지 매월 미회수 외상매출금이 존재한다.

11 (주)더존 본점은 거래처별 외상매입금 관리를 하고 있다. 다음 보기 중 2023년 3분기 기간 동안에 25100.외상매입금 계정이 가장 많이 발생한 거래처를 고르시오.

① 00007.(주)라라실업   ② 00008.청우유통(주)

③ 00009.(주)신흥전자   ④ 00010.D&H

12 2023년 5월 한 달 동안 (주)더존 본점에서 입금 및 출금된 현금을 분석하고 있다. [1001.회계팀] 결의부서에서 5월 한 달 동안 현금 입금액은 얼마인지 고르시오.

① 110,000원   ② 220,000원

③ 550,000원   ④ 660,000원

13 (주)더존 본점에서는 받을어음을 등록하여 만기일을 관리하고 있다. 다음 받을어음 중 3분기 만기일 (2023.09.30)에 만기가 도래하지 않은 어음을 고르시오.

① 자가2023043000001　　　　　　② 자가2023063000001
③ 자가2023063000002　　　　　　④ 자가2023033000004

14 2023년 6월 15일 [1010] 자산코드로 융합기 자산을 신규 취득하여 기계장치 유형으로 고정자산 등록하였다. 취득가액 60,000,000원, 상각방법 정액법, 내용연수 5년으로 신규 자산을 등록 후에 (주)더존 본점의 2023년 6월 상각비 확인시 기계장치 계정유형으로 조회되는 당기감가상각비 금액은 얼마인지 고르시오.(당사는 상각비를 프로그램 계산에 따른다.)

①　999,916원　　　　　　② 1,000,000원
③ 3,099,916원　　　　　　④ 5,499,916원

[과목: ERP 세무회계 프로세스의 이해]

15 다음 중 (주)더존 지점의 2023년 2기 부가가치세 예정 신고기간에 면세매출이 발생한 거래처가 아닌 것을 고르시오.(사업장: [2000] (주)더존 지점)

① (주)중원　　　　　　② (주)제동
③ (주)영은실업　　　　④ (주)하진테크

16 (주)더존 지점의 2023년 2기 부가가치세 예정 신고기간에 신용카드발행집계표/수취명세서 서식에 대한 설명으로 옳지 않은 것을 고르시오.(사업장: [2000] (주)더존 지점)

① 현금영수증으로 매입한 내역은 존재하지 않는다.
② 신용카드로 매입한 내역 중 복지카드 매입내역이 존재한다.
③ 신용카드 발행금액 중 세금계산서 발급금액은 1,900,000원이다.
④ 신용카드로 매입한 내역 중 고정자산 매입관련 세액 합계는 600,000원이다.

17 (주)더존 지점의 2023년 2기 부가가치세 확정 신고시 면세수입금액은 얼마인지 고르시오.(사업장: [2000] (주)더존 지점)

①　44,512,000원　　　　　　②　52,000,000원
③ 96,500,000원　　　　　　④ 279,030,000원

18 (주)더존 지점은 법인이며 농산물을 원재료로 매입하여 가공한 후 매출하는 사업자이다. 다음 [보기]의 내용을 전표입력하고 2023년 2기 부가세 예정신고 기간에 작성해야 할 부가세 서식에서 집계되는 세액의 합계 금액으로 옳은 것을 고르시오.(사업장: [2000] (주)더존 지점)

┤ 보기 ├

- 매입내역: 2023년 8월 23일 청우유통(주) 거래처에게 원재료로 배추 300포기를 3,000,000원을 매입하고 계산서를 수취하였으며, 대금은 전액 외상으로 매입하였다.(의제매입 공제율 6/106)

① 169,811원
② 269,811원
③ 369,811원
④ 469,811원

19 (주)더존 지점의 2023년 2기 부가가치세 확정 신고시 부가세신고서에 대한 설명으로 옳지 않은 것을 고르시오.(사업장: [2000] (주)더존 지점)

① 공제받지 못할 매입세액으로 220,000원이 발생하였다.
② (주)더존 지점은 해당 과세기간에 부가세 환급을 받을 수 있다.
③ 매입세액 예정신고누락분 금액이 매출세액 예정신고누락분 금액보다 작다.
④ 신용카드수취명세서 매입내역에서 고정자산 매입으로 인한 세액은 330,000원이다.

20 (주)더존 지점의 2023년 2기 부가가치세 확정 신고시 신고해야 할 서식이 아닌 것을 고르시오.(사업장: [2000] (주)더존 지점)

① 수출실적명세서
② 매입세액불공제내역
③ 신용카드발행집계표/수취명세서
④ 사업자단위과세 사업장별세액명세서

21 (주)더존 본점은 2023년 12월 31일 결산시 원가보고서를 작성하면서 잘못된 부분을 발견하였다. 원재료를 복리후생비로 대체 출고하고 전표입력을 완료하였으나 원재료 계정의 '타계정구분'이 잘못 입력된 것을 확인하였다. 해당 전표를 찾아 전표를 정상적으로 수정하려고 할 때 올바른 작업을 고르시오.

① 2023.03.31. 전표의 원재료 계정을 차변으로 변경한다.
② 2023.03.31. 전표의 원재료 계정에서 타계정구분을 변경한다.
③ 2023.06.30. 전표의 원재료 계정을 차변으로 변경한다.
④ 2023.06.30. 전표의 원재료 계정에서 타계정구분을 변경한다.

22 당사는 분기별 결산을 진행한다. 2023년도 1분기 결산을 ERP 시스템에서 자동결산으로 진행하려고 할 때 확인사항으로 옳지 않은 것을 고르시오.

① 당기 상품매입액이 당기 원재료 매입액보다 금액이 더 크다.
② 2023년도 1분기 자동결산시 분개생성에서 역분개는 자동생성되지 않는다.
③ 기말상품재고액이 0원이라고 가정했을 때 상품매출원가는 746,970,000원이다.
④ 제품매출원가에 반영되는 감가상각비를 불러왔을 때 차량운반구로 1,200,000원이 반영된다.

기출문제

23 (주)더존 본점의 2023년 제조원가명세서에서 노무비 중 급여가 가장 많이 지급된 분기를 고르시오.

① 1/4분기   ② 2/4분기

③ 3/4분기   ④ 4/4분기

24 (주)더존 본점은 실제원가계산을 사용하고 있다. 2023년 1월 말 현재 제품생산과 관련된 재료비의 실제 소비가격이 단위당 5,000원이고, 기말원재료재고액이 400,000,000원 경우 실제 재료소비량은 얼마인지 고르시오.

① 106,750단위   ② 120,820단위

③ 207,250단위   ④ 224,800단위

25 (주)더존 본점은 전국 공장을 프로젝트별로 관리하고 있다. 2023년 3월 한 달 기간 동안의 당기제품 제조원가가 가장 높은 공장을 고르시오.

① 광주공장   ② 서울공장

③ 대전공장   ④ 울산공장

회계 1급 **2023년 5회 (2023년 9월 23일 시행)**

[이론]

[과목: 경영혁신과 ERP]

01 클라우드 서비스 기반 ERP와 관련된 설명으로 가장 적절하지 않은 것은?

① PaaS에는 데이터베이스 클라우드 서비스와 스토리지 클라우드 서비스가 있다.
② ERP 소프트웨어 개발을 위한 플랫폼을 클라우드 서비스로 제공받는 것을 PaaS라고 한다.
③ ERP 구축에 필요한 IT인프라 자원을 클라우드 서비스로 빌려 쓰는 형태를 IaaS라고 한다.
④ 기업의 핵심 애플리케이션인 ERP, CRM 솔루션 등의 소프트웨어를 클라우드 서비스를 통해 제공받는 것을 SaaS라고 한다.

02 차세대 ERP의 비즈니스 애널리틱스(Business Analytics)에 관한 설명으로 가장 적절하지 않은 것은?

① 비즈니스 애널리틱스는 구조화된 데이터(structured data)만 분석대상으로 한다.
② ERP시스템의 방대한 데이터 분석을 위해 비즈니스 애널리틱스가 차세대 ERP의 핵심요소가 되고 있다.
③ 비즈니스 애널리틱스는 리포트, 쿼리, 대시보드, 스코어카드뿐만 아니라 예측모델링과 같은 진보된 형태의 분석기능도 제공한다.
④ 비즈니스 애널리틱스는 질의 및 보고와 같은 기본적 분석기술과 예측 모델링과 같은 수학적으로 정교한 수준의 분석을 지원한다.

03 ERP시스템 투자비용에 관한 개념 중 '시스템의 전체 라이프사이클(life-cycle)을 통해 발생하는 전체 비용을 계량화한 비용'에 해당하는 것은?

① 유지보수 비용(Maintenance Cost)
② 시스템 구축비용(Construction Cost)
③ 총소유비용(Total Cost of Ownership)
④ 소프트웨어 라이선스비용(Software License Cost)

04 효과적인 ERP 패키지 도입을 위한 고려사항으로 가장 적절하지 않은 것은?

① 도입 효과를 위해 자사에 맞는 패키지 선정
② 가시적인 성과를 거둘 수 있는 부분에 집중
③ 업무 효율을 위해 전체 모듈에 대한 전면적인 수정
④ 지속적인 교육 및 워크숍을 통해 직원들의 변화 유도

05 'Best Practice' 도입을 목적으로 ERP 패키지를 도입하여 시스템을 구축 시 가장 적절하지 않은 것은?

① BPR과 ERP 시스템 구축을 병행하는 방법
② ERP 패키지에 맞추어 BPR을 추진하는 방법
③ 기존 업무처리에 따라 ERP 패키지를 수정하는 방법
④ BPR을 실시한 후에 이에 맞도록 ERP 시스템을 구축하는 방법

[과목: 재무회계의 이해]

06 재무회계에 대한 설명으로 가장 적절하지 않은 것은?

① 기업 이해관계자의 의사결정을 위한 유용한 회계정보를 제공한다.
② 모든 기업의 회계기간은 1년으로, 시작은 1월 1일이며 12월 31일에 종료된다.
③ 시간 · 정보는 과거지향적이며, 일정한 원칙에 의하여 모든 재산의 변동상황을 기록한다.
④ 재무회계의 주목적은 일정한 시점에 있어서의 재무상태와 일정기간의 경영성과를 파악하는 것이다.

07 [보기]에서 설명하는 회계활동을 수행하기 위한 기본 전제(가정)은 무엇인가?

┤ 보기 ├

원칙적으로 기업은 소유주의 것이지만, 기업을 소유주와는 독립적으로 존재하는 회계단위로 간주하여 이 회계단위의 관점에서 그 경제활동에 대한 재무정보를 측정 보고한다는 전제(가정)이다.

① 계속기업의 전제(가정)　　　　　② 기업실체의 전제(가정)
③ 기간별보고의 전제(가정)　　　　④ 기업 대리인의 전제(가정)

08 [보기]에 기입되어야 할 금액을 고르시오. 단, 기중에 자본의 증자와 감자 및 배당 등은 없었다고 가정하며, △은 순손실을 의미한다. [보기]는 이미지를 참고하시오.

┤ 보기 ├

기초			기말			총 수익	총 비용	순 손익
자산	부채	자본	자산	부채	자본			
450	(가)	(나)	240	(다)	175	(라)	70	△15

① (가) 260　(나) 190　(다) 65　(라) 85
② (가) 290　(나) 160　(다) 65　(라) 85
③ (가) 290　(나) 160　(다) 55　(라) 55
④ (가) 260　(나) 190　(다) 65　(라) 55

09 [보기]에서 설명하는 용어는 무엇인가?

┤ 보기 ├

일정기간 동안 기업의 경영성과에 대한 정보를 제공하는 재무보고서로 한 회계기간에 속하는 경영성과를 일정한 형식에 따라 나타내는 보고서이다. 당해 회계기간의 경영성과 뿐만 아니라 수익창출능력 등의 예측에도 유용한 정보를 제공해 주는 보고서이다.

① 합계시산표
② 재무상태표
③ 손익계산서
④ 현금흐름표

10 현금흐름표에 관한 설명으로 가장 적절하지 않은 것은?

① 현금의 흐름은 영업활동, 재무활동, 투자활동으로 구분하여 보고한다.
② 현금흐름표는 일정기간 동안 기업의 현금흐름과 일정시점의 현금보유액을 나타내는 재무제표이다.
③ 영업활동이란, 현금의 차입 및 상환활동, 신주발행이나 배당금의 지급활동과 같이 부채 및 자본 계정에 영향을 미치는 거래이다.
④ 투자활동이란, 현금의 대여와 회수활동, 유가증권, 투자자산, 유형자산 및 무형자산의 취득과 처분과 같이 영업을 준비하는 활동이다.

11 회계순환과정상 장부를 마감하는 과정에서 집합손익계정으로 대체하여 마감하지 않는 계정과목을 고르시오.

① 매출채권
② 매출원가
③ 이자비용
④ 감가상각비

12 재무제표와 관련된 등식 중 성립할 수 없는 것은 무엇인가? 단, 기중에 자본의 증자와 감자 및 배당은 없었다고 가정한다.

① 총수익 = 총비용 + 당기순이익
② 기초자산 = 기초부채 + 기초자본
③ 매출총이익 = 순매출액 − 매출원가
④ 기말자산 + 총수익 = 기말부채 + 기말자본 + 총비용

13 [보기]의 자료에서 현금및현금성 자산 금액의 합계액은 얼마인가?

┤ 보기 ├

- 우편환증서	150,000원	- 자기앞수표	200,000원
- 보통예금	500,000원	- 선일자수표	100,000원
- 수입인지	30,000원	- 당좌거래개설보증금	250,000원
- 현금	100,000원	- 국세환급금통지서	30,000원

① 880,000원
② 950,000원
③ 980,000원
④ 1,050,000원

14 도착지인도기준으로 재고자산을 취득할 때 매입자의 취득원가에 가산(+)해야 하는 항목으로 가장 적절하지 않은 것은?

① 매입금액
② 매입과 관련된 에누리와 환출액
③ 도착 후 매입자가 부담한 매입운임
④ 도착 후 매입자가 부담한 매입에 따른 하역료 및 보험료

15 [보기]는 (주)무릉의 손익계산서 관련 자료이다. (주)무릉의 영업이익은 얼마인가?(정답은 단위를 제외한 숫자만 입력하시오.)

┤ 보기 ├

- 기초상품재고액: 2,000,000원 — 기말상품재고액: 1,500,000원
- 당기매출액: 5,000,000원 — 당기매입액: 3,000,000원
- 급여: 550,000원 — 기타 대손상각비: 15,000원
- 감가상각비: 150,000원 — 접대비: 50,000원
- 매입상품 운반비: 7,000원 — 이자비용: 35,000원

정답: _____

16 [보기]는 현금흐름표에 대한 설명이다. [보기]의 (   )에 들어갈 용어를 한글로 입력하시오.

┤ 보기 ├

- 현금흐름표는 기업의 현금흐름을 나타내는 표이다.
- 현금의 변동내용을 명확하게 보고하기 위하여 해당 회계기간에 현금의 유입과 유출내용을 적정하게 표시하여야 한다.
- 현금흐름에 영향을 주는 영업활동, 재무활동, (   )활동으로 구분표시 된다.

정답: _____

17 [보기]의 (A)에 들어갈 용어를 한글로 입력하시오.

┤ 보기 ├

일반기업회계기준에서는 재무상태표상 자본은 자본금, 자본잉여금, (A   ), 기타포괄손익누계액, 이익잉여금으로 분류한다.

정답: _____

[과목: 세무회계의 이해]

18 부가가치세법상 납세의무자에 대한 설명으로 가장 적절하지 않은 것은?

① 재화의 수입에 대한 부가가치세는 사업자가 아닌 세관장이 수입자로부터 징수한다.

② 납세의무자는 사업자 또는 재화를 수입하는 자이며, 부가가치세를 실질적으로 납부하는 사람은 최종소비자이다.

③ 면세대상 재화 또는 용역을 공급하는 사업자는 부가가치세법상 사업자가 아니며, 부가가치세의 납세의무도 지지 아니한다.

④ 부가가치세를 납부하여야 할 의무가 있는 자를 과세사업자라 하며, 면세사업자와 비사업자는 원칙적으로 부가가치세를 납부할 의무가 없다.

19 부가가치세법상 영세율에 대한 설명으로 가장 적절하지 않은 것은?

① 국제적으로 이중과세를 방지한다.

② 저소득층의 세부담에 대한 역진성을 완화한다.

③ 수출품 가격완화를 통하여 수출산업을 지원한다.

④ 사업자의 부가가치세 부담을 완화해주는 완전 면제제도이다.

20 현행 우리나라 법인세의 특징에 대한 설명으로 가장 적절하지 않은 것은?

① 법인세는 누진세로써 소득의 규모와 관계없이 단일세율을 적용하는 비례세와 대비된다.

② 법인세는 국세로써 과세권한이 지방자치단체에 있는 지방세와 대비된다.

③ 납세자와 담세자가 다른 간접세로 납세자와 담세자가 동일한 직접세와 대비된다.

④ 소득을 과세대상으로 하는 소득세로, 보유재산을 과세대상으로 하는 재산세와 대비된다.

21 법인세법상 납세지에 대한 설명으로 가장 적절하지 않은 것은?

① 외국법인의 납세지는 국내사업장의 소재지로 한다.

② 내국법인의 납세지는 법인등기부상 주사무소의 소재지로 한다.

③ 내국법인의 납세지는 법인등기부상 기재된 본점의 소재지로 한다.

④ 외국법인은 국내사업장이 없을 경우, 부동산소득과 양도소득이 있는 경우 해당 외국법인이 지정한 소재지를 납세지로 한다.

22 [보기]는 무엇에 대한 설명인가?

┤ 보기 ├

1. 우리나라의 법인세법상 법인의 계속적인 조세수입을 적시에 확보하기 위해 일정한 기간 단위로 소득을 구분하여야 하는데 이러한 소득을 구분하는 일정한 기간을 말한다.
2. 법령 또는 정관 등에서 정하는 1회계 기간으로 한다.

① 이월연도　　　　　　　　　② 세무조정
③ 사업연도　　　　　　　　　④ 마감연도

23 법인세상 세무조정을 하여 유보에 해당하는 소득처분으로 가장 적절하지 않은 것은?

① 접대비 한도초과
② 대손충당금 한도초과
③ 감가상각비 한도초과액
④ 퇴직급여충당금 한도초과

24 세무조정사항 중 반드시 장부에 반영되어야만 세무회계상 손금으로 인정받을 수 있는 사항을 무엇이라고 하는지 한글로 입력하시오.

정답: _____

25 사업연도가 2023년 7월 1일 ~ 2024년 6월 30일이며, 납세의무가 있는 기업인 (주)생산의 각 사업연도 소득에 대한 법인세 과세표준과 세액은 언제까지 신고 및 납부해야 하는가?(정답은 예와 같이 숫자만 입력하시오.(예: 2024년 9월 23일 경우 9, 23으로 입력)

┤ 보기 ├

상품이 최종소비자에게 도달될 때까지의 모든 단계마다 과세된다는 것을 뜻한다.

정답: (2024년   월   일)

26 [보기]의 자료 중, 법인세 세무조정계산서 작성 시 소득금액조정합계표 및 자본금과적립금조정명세서(乙)의 작성과 연관되는 모든 항목의 합계액을 구하시오.(정답은 단위를 제외한 숫자만 입력하시오.)

┤ 보기 ├

- 임원상여금: 2,000원
- 접대비 한도초과액: 4,000원
- 대손충당금 한도초과액: 5,000원
- 건물 감가상각비 한도초과액: 5,000원

정답: _____

[과목: 관리회계의 이해]

27 [보기]는 표준원가계산제도를 채택하고 있는 (주)생산성의 직접노무비 관련 자료이다. 당해 (주)생산성의 직접노무비 임률차이를 계산하면 얼마인가?

┤ 보기 ├

- 직접노무비 표준임률: 시간당 @400원/시간
- 직접노무비 실제임률: 시간당 @500원/시간
- 실제생산량에 허용된 표준직접노동시간: 500시간
- 실제생산량에 투입된 실제직접노동시간: 600시간

① 40,000원 유리한 차이　　　　　　　② 40,000원 불리한 차이
③ 60,000원 유리한 차이　　　　　　　④ 60,000원 불리한 차이

28 개별원가계산을 적용하기에 가장 적합한 업종은 무엇인가?

① 사무용품인 볼펜을 대량생산하는 문구제조업
② 최신형 핸드폰을 대량생산하는 전자제품제조업
③ 고객의 주문에 의해서만 비행기를 생산하는 항공업
④ 인스턴트 고등어 통조림을 대량생산하는 식품가공업

29 조업도의 증감에 따른 변동비 및 고정비의 원가행태 변화에 대한 설명으로 옳지 않은 것은?

① 조업도의 증가에 따라 총변동비는 증가한다.
② 조업도의 증가에 따라 총고정비는 일정이다.
③ 조업도의 증가에 따라 단위당 고정비는 감소한다.
④ 조업도의 증가에 따라 단위당 변동비는 증가한다.

30 [보기]는 (주)생산성의 당해 9월 노무비계정 원가자료이다. 이를 활용하여 9월에 실제로 발생한 노무비를 구하시오. 단, 주어진 자료만을 이용하여 계산한다.(정답은 단위를 제외한 숫자만 입력하시오.)

┤ 보기 ├

- 9월의 노무비 현금지급액: 600원
- 9월의 노무비 미지급액: 370원
- 8월에 선지급된 9월분 노무비 해당액: 280원
- 9월의 노무비 현금지급액 중 8월분 미지급노무비 해당액: 150원
- 9월의 노무비 현금지급액 중 10월분 노무비 해당액: 240원

정답: _____

31 [보기]는 (주)생산성의 당해 회계자료 일부분이다. 당해 영업레버리지도(DOL)를 계산하면 얼마인가?

┤ 보기 ├

- 매출액:　　　　　　　1,000,000원
- 고정비:　　　　　　　250,000원
- 공헌이익률:　　　　　50%

정답: _____

32 (주)생산성은 2023년도에 매출액의 20%에 해당하는 목표이익을 얻고자 한다. [보기]의 목표매출액 계산식에서 (A)에 들어갈 적절한 숫자를 소수점 첫째짜리까지 기재하시오.

┤ 보기 ├

- 매출액: S
- 총고정비: FC
- 2023년도 변동비율: 매출액의 50%
- 목표매출액 계산식: S = FC ÷ (A)

정답: _____

[실 무]

❖❖ 본 문제는 시뮬레이션 문제로서 [실기메뉴]의 메뉴를 활용하여 문제에 답하시오.
웹하드(http://www.webhard.co.kr)에서 Guest(ID: samil3489, PASSWORD: samil3489)로 로그인하여 백데이터를 다운받아 설치한 후 회계 1급 2023년 5회 김은찬으로 로그인한다.

[과목: ERP 회계 기본정보관리]

01 다음 중 사원등록에 대한 설명으로 옳지 않은 것을 고르시오.(단, 사용자권한설정은 수정하지 않는다.)

① 등록된 사원 코드는 수정할 수 없다.
② 인사팀 소속 사원은 조민지 사원이 유일하다.
③ 퇴사일과 암호는 시스템관리자만 수정이 가능하다.
④ 유지현 사원은 회계입력방식이 '승인'이므로 전표승인해제 메뉴 사용이 가능하다.

02 당사는 ERP를 도입하여 당사의 환경설정에 맞게 시스템 환경설정을 모두 마쳤다. 당사의 시스템 환경설정으로 옳지 않은 것을 고르시오.

① 예산통제는 사용부서별로 통제한다.
② 처분 자산의 상각비를 월할로 계산한다.
③ 재무제표를 영어로 조회 및 출력할 수 있다.
④ 고정자산등록 시 자산코드는 5자리로 자동 채번된다.

03 당사는 무역 거래처 관리 중 [00008.청우유통(주)] 거래처의 거래처구분이 '일반'으로 잘못 등록된 것을 발견하였다. 해당 거래처의 거래처구분을 '무역'으로 변경 후 거래처 구분이 '무역'인 거래처를 조회하면 몇 개인가?

① 1개   ② 2개   ③ 3개   ④ 4개

[과목: ERP 재무회계 프로세스의 이해]

04 (주)한국생산 본점의 2023년 2월부터 6월 사이에 외상매출금 발생금액이 가장 큰 달은 언제인가?

① 2월   ② 3월   ③ 4월   ④ 5월

05 손익계산서에 표시되는 접대비 입력시 관리항목으로 사용부서와 프로젝트를 입력하였다. (주)한국생산 본점의 2023년 1분기 손익계산서에 표시되는 접대비 중 사용부서가 '1001.회계팀'이며, 프로젝트가 '1000.서울공장'으로 관리항목이 입력된 발생금액은 얼마인가?

① 1,010,000원   ② 1,800,000원
③ 4,610,000원   ④ 6,410,000원

06 (주)한국생산 본점은 (주)한국생산 본점은 '(주)우리보험' 거래처와 보험계약을 맺고 보험료를 선급비용 관리하고 있다. 기간비용현황에서 당해년도의 내역을 새로불러오기 한 뒤 2023년 12월 결산시 보험료로 알맞은 금액을 고르시오.(단, 당해기간동안 (주)우리보험 거래처로 보험료 처리 분개는 하지 않은 것으로 가정한다.)

① 127,038원   ② 254,789원
③ 381,827원   ④ 3,519,024원

07 (주)한국생산 본점의 2023년 12월말 결산시 소모품의 기말 재고액은 4,000,000원이다. 장부의 금액을 확인한 후 이와 관련된 기말 결산 수정 분개로 옳은 것은 무엇인가?(단, 소모품은 취득시 자산처리 하였다.)

① 소 모 품   63,000,000원 / 소모품비   63,000,000원
② 소모품비   63,000,000원 / 소 모 품   63,000,000원
③ 소 모 품   71,000,000원 / 소모품비   71,000,000원
④ 소모품비   71,000,000원 / 소 모 품   71,000,000원

기출문제

08 (주)한국생산 본점은 보유하고 있던 차량운반구 자산 중 [2080007.1톤트럭]을 전체 양도하였다. 아래 [보기]를 참고하여 자산양도처리 한 후 [2080007.1톤트럭] 자산의 당해 감가상각비 금액은 얼마인가?(당사는 ERP 프로그램을 통해 고정자산 상각비를 계산한다.)

┤ 보기 ├

- 자산유형: 차량운반구   - 자산코드: 2080007
- 자산명: 1톤트럭   - 양도일: 2023.07.05
- 양도금액: 24,000,000원(전체양도)

① 3,000,000원   ② 3,500,000원
③ 4,000,000원   ④ 4,500,000원

09 (주)한국생산 본점은 지출증빙서류검토표를 작성하던 중 핵심 ERP의 증빙을 연결하는 작업이 잘못된 것을 발견하였다. 아래 [적격증빙별 전표증빙]과 같이 증빙 연결을 수정 후 2023년 한 해 동안 접대비가 수취제외대상으로 설정된 내역들의 합계액을 조회하면 얼마인가?

┤ 적격증빙별 전표증빙 ├

- 10.신용카드(법인)   - 8.신용카드매출전표(법인)
- 11.신용카드(개인)   - 8A.신용카드매출전표(개인)
- 20.현금영수증   - 9A.현금영수증
- 30.세금계산서   - 1.세금계산서
- 40.계산서   - 2.계산서
- 50.수취제외대상   - 3.영수증, 3A.영수증(접대비), 99송금명세작성분

① 2,280,000원   ② 2,520,000원
③ 4,390,000원   ④ 5,500,000원

10 (주)한국생산 본점은 업무용 승용차 손금불산입 특례 규정에 따라 업무용 승용차 관련비용 명세서를 작성하고 있다. 한 해 동안 (주)한국생산 본점 명세서를 불러오기하여 작성한 후 2023년 지출한 업무용 승용차 관련 비용 중 '29아8902' 차량의 손금으로 인정되는 금액을 조회하면 얼마인가?

① 3,820,000원   ② 4,550,000원
③ 6,230,000원   ④ 18,600,000원

11 다음중 (주)한국생산 본점의 2023년 3월 1일부터 2023년 6월 30일 사이 발생한 제조원가 중 현금으로 지출한 금액이 가장 큰 순서로 옳은 것은?

① 차량유지비 〉여비교통비 〉보험료 〉사무용품비
② 차량유지비 〉보험료 〉여비교통비 〉사무용품비
③ 차량유지비 〉여비교통비 〉사무용품비 〉보험료
④ 차량유지비 〉보험료 〉사무용품비 〉여비교통비

12 당사는 예산을 사용부서별로 관리하고 있다. 2023년 2월 한달 동안 '회계팀'에서 사용한 예산 중 손익계산서에 표시되는 보험료 집행율은 얼마인가?(단, 집행방식은 승인집행으로 조회)

① 84%　　　　　　② 86%　　　　　　③ 90%　　　　　　④ 100%

13 다음 중 현재 설정된 전표입력 메뉴의 환경설정에 대한 설명으로 옳지 않은 설명을 고르시오.(단, 현재 설정된 환경설정 값은 변경하지 않는다.)

① 전표의 거래처명 수정이 가능하다.
② 전표의 품의내역으로 전표복사하여 전표를 생성할 수 있다.
③ 전표입력시 품의내역에 작성한 내역이 적요명으로 복사된다.
④ 부가세계정의 세무구분 25.수입 전표입력 시 공급가액을 제외할 수 있다.

14 (주)한국생산 본점의 한 해 동안 여비교통비(판매관리비) 계정을 가장 많이 사용한 분기가 언제인지 고르시오.

① 1분기　　　　　　② 2분기　　　　　　③ 3분기　　　　　　④ 4분기

[과목: ERP 세무회계 프로세스의 이해]

15 (주)한국생산 춘천지사의 2023년 1기 부가가치세 예정 신고기간에 발생한 신용카드매출액 중 세금계산서가 발급된 금액은 얼마인가?(사업장: [2000] (주)한국생산 춘천지사)

① 4,500,000원　　　　　　　　② 5,900,000원
③ 6,000,000원　　　　　　　　④ 11,500,000원

16 (주)한국생산 춘천지사는 부동산임대업도 하고 있어 부가가치세 신고시 간주임대료를 포함하여 신고하려고 한다. 2023년 2기 부가가치세 확정 신고 시 다음 [부동산임대내역]의 자료를 기반으로 보증금이자(간주임대료)를 계산하여 2023년 12월 31일 전표처리 후 2023년 2기 부가가치세 확정신고기간의 (주)한국생산 춘천지사의 건별매출의 매출세액을 조회하면 얼마인가? 단, 보증금이자(간주임대료)는 프로그램을 이용하여 계산하며 전표입력 시 소수점 이하는 절사하며, 입력한 전표의 상태가 '미결'인 경우 '승인' 처리한다.(사업장: [2000] (주)한국생산 춘천지사)

┤ **부동산임대내역** ├

- 상호(성명): (주)상상유통
- 임대기간: 2023/10/01 ~ 2024/09/30
- 동: 3017066000 대전광역시 서구 둔산3동
- 월세: 2,000,000원
  (이자율은 1.2%로 계산한다.)
- 면적 / 용도: 500㎡ / 사무실
- 보증금: 300,000,000원
- 층 / 호수: 지상 1층 / 101호
- 관리비: 150,000원

① 90,739원　　　　　　　　② 110,239원
③ 170,730원　　　　　　　　④ 190,739원

17 (주)한국생산 춘천지사의 2023년 1기 부가가치세 확정 신고시 첨부대상이 아닌 부속명세서를 고르시오.(사업장: [2000] (주)한국생산 춘천지사)

① 신용카드수취명세서   ② 매입세액불공제 내역
③ 매입처별 계산서 합계표   ④ 매출처별 세금계산서 합계표

18 (주)한국생산 춘천지사의 2023년 1기 부가가치세 확정 기간에 발급한 매출세금계산서 중 공급가액 총 합계액이 가장 큰 거래처를 고르시오.(사업장: [2000] (주)한국생산 춘천지사)

① (주)영은실업   ② (주)제동
③ (주)중원   ④ (주)하진테크

19 (주)한국생산 춘천지사의 2023년 2기 부가가치세 예정신고 기간의 부가가치세 과세표준명세 금액은 얼마인가?(사업장: [2000] (주)한국생산 춘천지사)

① 143,700,000원   ② 418,000,000원
③ 559,000,000원   ④ 610,100,000원

20 2023년 2월5일 (주)한국생산 춘천지사는 '푸른자동차(주)'에게 내국신용장으로 3,000,000원 영세매출 거래가 발생했다.(서류번호 232511) 해당 거래내역을 전표입력 후 내국신용장.구매확인서 전자발급명세서 서식을 작성한 뒤, 2023년 1기 부가가치세 예정 신고기간의 영세율매출명세서 총 합계 금액을 고르시오.(사업장: [2000] (주)한국생산 춘천지사)

① 43,700,000원   ② 46,700,000원
③ 49,800,000원   ④ 51,900,000원

21 (주)한국생산 본점의 2023년 1월말 상품과 제품의 총 판매량이 40,000개일 때, 다음 [보기]를 참고하면 손익분기점 판매량은 몇 개인가?(단 상품과 제품의 판매단가는 동일하다.)

┤ 보기 ├
1) 단위당변동비 1,400원
2) 총 고정비 20,000,000원

① 2,500개   ② 2,700개
③ 3,000개   ④ 3,300개

22 (주)한국생산 본점은 부서별로 부문을 설정하여 관리하고 있다. 2023년 상반기 동안 '2001.영업부문'로 설정된 부문에서 지출한 사무용품비(제조경비)를 조회하면 얼마인가?

① 2,100,000원   ② 4,275,000원
③ 5,305,000원   ④ 11,400,000원

23 (주)한국생산 본점은 고정자산등록 시 관리부서를 등록하여 관리하던 중 기계장치 자산으로 등록된 [1007.압축기]의 관리부서가 누락된 것을 발견하였다. 해당 자산의 관리부서를 [3001.생산부]으로 등록 후 (주)한국생산 본점 2023년 결산 시 제조원가보고서에 계상할 [3001.생산부] 부서로 등록된 기계장치의 감가상각비를 조회하면 얼마인지 고르시오.

① 12,000,000원   ② 16,000,000원
③ 18,000,000원   ④ 22,000,000원

24 (주)한국생산 본점은 2023년 6월 30일 원재료를 복리후생비로 대체 출고하여 전표입력을 완료하였으나 원재료 계정의 '타계정구분'이 잘못 입력된 것을 확인하였다. 해당 전표를 찾아 '타계정구분'을 수정 후 2023년 6월 30일 기준으로 (주)한국생산 본점의 원재료가 타계정으로 대체된 금액을 조회하면 얼마인가?

①   500,000원   ② 1,000,000원
③ 1,500,000원   ④ 2,000,000원

25 (주)한국생산 본점의 2023년 1분기 제조원가보고서에 대한 설명 중 옳지 않은 것은?

① 이월된 원재료 금액은 28,000,000원이다.
② 원재료가 타계정으로 대체된 금액은 1,000,000원이다.
③ 제조경비가 감소하면 당기 총 제조비용은 증가한다.
④ 노무비가 증가하면 당기 제품 제조원가도 증가한다.

회계 1급　2023년 4회 (2023년 7월 22일 시행)

[이론]

[과목: 경영혁신과 ERP]

01 ERP 도입 시 선정기준으로 가장 적절하지 않은 것은?

① 경영진의 확고한 의지가 있어야 한다.
② 경험 있는 유능한 컨설턴트를 활용해야 한다.
③ 전사적으로 전 임직원의 참여를 유도해야 한다.
④ 다른 기업에서 가장 많이 사용하는 패키지를 선택하는 것이 좋다.

02 클라우드 서비스 사업자가 클라우드 컴퓨팅 서버에 ERP소프트웨어를 제공하고, 사용자가 원격으로 접속해 ERP소프트웨어를 활용하는 서비스를 무엇이라 하는가?

① DaaS(Desktop as a Service)
② PaaS(Platform as a Service)
③ SaaS(Software as a Service)
④ IaaS(Infrastructure as a Service)

03 경영환경 변화에 대한 대응방안 및 정보기술을 통한 새로운 기회 창출을 위해 기업경영의 핵심과 과정을 전면 개편함으로써 경영성과를 향상시키기 위한 경영을 무엇이라 하는가?

① JIT(Just In Time)
② MBO(Management by objectives)
③ MRP(Material Requirement Program)
④ BPR(Business Process Re-Engineering)

04 ERP의 발전과정으로 가장 적절한 것은?

① MRP I → MRP II → ERP → 확장형ERP
② MRP II → MRP I → ERP → 확장형ERP
③ MRP I → ERP　→ 확장형ERP → MRP II
④ ERP → 확장형ERP　→ MRP I → MRP II

05 효과적인 ERP교육을 위한 고려사항으로 가장 적절하지 않은 것은 무엇인가?

① 다양한 교육도구를 이용하라.
② 교육에 충분한 시간을 배정하라.
③ 비즈니스 프로세스보다 트랜잭션을 우선하라.
④ 조직차원의 변화관리활동을 잘 이해하도록 교육을 강화하라.

[과목: 재무회계의 이해]

06 일반기업회계기준에서 규정하고 있는 기본 재무제표의 종류로 가장 적절하지 않은 것은?

① 주석
③ 현금흐름표
② 자본변동표
④ 이익잉여금처분계산서

07 일반기업회계기준상 재무제표는 몇 가지 기본가정을 두고 있다. [보기]에 해당되는 기본가정으로 가장 적절한 것은?

┤ 보기 ├

기업실체의 이해관계자는 지속적으로 의사결정을 해야 하므로 적시성이 있는 정보가 필요하게 된다. 따라서 기업실체의 존속기간을 일정한 회계기간 단위로 구분하고 각 회계기간에 대한 재무제표를 작성하여 재무상태, 경영성과, 현금흐름, 자본변동 등에 대한 정보를 제공하게 된다.

① 기업실체
③ 화폐평가
② 계속기업
④ 기간별 보고

08 [보기]는 일반기업회계기준 관련 내용이다. [보기] (   )에 공통으로 들어갈 내용을 고르시오.

┤ 보기 ├

- 매출액 - 매출원가 = 매출총이익
- 매출총이익 - 판매비 및 일반관리비 = 영업이익
- 영업이익 + 영업외수익 - 영업외비용 = (   )
- (   ) - 법인세비용 = 당기순이익

① 영업이익
③ 법인세비용
② 매출총이익
④ 법인세비용차감전순이익

09 손익계산서 계정과목 중 제품, 상품, 용역 등의 총매출액에서 매출할인, 매출환입, 매출에누리 등을 차감한 금액으로 가장 적절한 것은?

① 순매출액
③ 매출총이익
② 영업이익
④ 주당순이익

10 [보기]의 (   )에 해당되는 재무 보고서로 가장 적절한 것은?

┤ 보기 ├

(   )는 기업의 일정기간 현금흐름을 나타내는 표로서, 현금의 변동내용을 명확하게 표시하는
보고서이다. 이 보고서에 영향을 미치는 영업활동, 재무활동, 투자활동으로 구분하여 표시된다.

① 재무상태표   ② 현금흐름표
③ 자본변동표   ④ 손익계산서

11 [보기]에서 설명하고 있는 계정과목으로 가장 적절한 것은?

┤ 보기 ├

현금의 수입은 있었으나 회계처리할 계정과목이나 금액이 확정되지 않은 경우, 우선 대변에 기입하고
추후에 확정되면 차변에 기입하여 상계시키는 계정이다.

① 선수금   ② 예수금
③ 가수금   ④ 미수금

12 비용의 이연에 해당하는 항목으로 가장 적절한 것은?

① 이자비용   ② 선급보험료
③ 선수임대료   ④ 미지급임차료

13 [보기]는 (주)생산성의 결산자료이다. (주)생산성의 당기말 결산수정분개로 가장 적절한 것은?(단,
월할 계산한다.)

┤ 보기 ├

- 당기말 결산일은 2023년 12월 31일이다.
- 2023년 10월 1일: 자동차보험료 1년분(1,200,000원)을 현금으로 지급하고 다음과 같이 자산처리하
  였다.
   (차변) 선급비용   1,200,000원   (대변) 현금   1,200,000원

① (차변) 보험료   900,000원   (대변) 미지급비용   900,000원
② (차변) 선급비용   300,000원   (대변) 보험료   300,000원
③ (차변) 보험료   300,000원   (대변) 선급비용   300,000원
④ (차변) 선급비용   900,000원   (대변) 보험료   900,000원

14 재고자산의 매입, 매출 관련 거래의 회계처리로 가장 적절한 것은?

① 매출할인은 총매출액에서 가산(+)한다.
② 매출에누리 및 매출환입은 총매출액에서 가산(+)한다.
③ 매입할인 및 매입운임은 당기 총매입액에서 차감(-)한다.
④ 매입에누리 및 매입환출은 당기 총매입액에서 차감(-)한다.

15 [보기]는 2023년 12월 31일 (주)생산성의 재무상태 관련 자료이다. (주)생산성의 '현금 및 현금성자산' 합계액을 구하시오.(정답은 단위(원)을 제외한 숫자만 입력하시오.)

┤ 보기 ├

- 자기앞수표:	500원	- 단기매매증권:	700원
- 선일자수표:	200원	- 타인발행 당좌수표:	200원
- 우편환증서:	150원	- 보통예금:	450원
- 수입인지:	250원	- 일람출급어음:	300원
- 당좌예금:	100원	- 만기가 도래한 배당금지급통지표:	300원

정답: _____

16 [보기]는 (주)생산성의 당기 재고관련 자료들이다. 이를 이용하여 (주)생산성의 당기 매출원가를 구하시오.

┤ 보기 ├

- 기초재고액:	100,000원	- 당기 총매입액:	1,300,000원
- 기말재고액:	200,000원	- 매입할인:	100,000원
- 매입환출:	100,000원	- 매입에누리:	100,000원

정답: _____

17 [보기]에서 설명 용어를 한글로 입력하시오.

┤ 보기 ├

거래나 사건 그리고 환경이 기업에 미치는 재무적 효과를 현금이 수취되거나 지급되는 기간에 기록하는 것이 아니라, 그 거래가 발생한 기간에 기록하는 것을 말한다. 즉, 재고자산·서비스를 구매자나 수요자에게 실제로 인도(교환)할 때, 비용에 대한 인식 역시 기업이 물품·노동·서비스를 실제로 이용·소비할 때 인식하는 것을 말한다.

정답: (_____)회계

[과목: 세무회계의 이해]

18 부가가치세법에 따른 기타 용역의 공급시기가 「예정신고기간 또는 과세기간의 종료일」로 적절하지 않은 것은?

① 사업자가 부동산 임대용역을 공급하고 전세금 또는 임대보증금을 받는 경우
② 역무의 제공이 완료되는 때 또는 대가를 받기로 한 때를 공급시기로 볼 수 없는 경우
③ 헬스클럽장 등 스포츠센터를 운영하는 사업자가 연회비를 미리 받고 회원들에게 시설을 이용하게 할 경우
④ 사업자가 사회기반시설에 대한 민간투자법 방식을 준용하여 설치한 시설에 대하여 둘 이상의 과세기간에 걸쳐 계속적으로 시설을 이용하게 하고 그 대가를 받는 경우

19 법인세 납세의무자에 대한 설명으로 가장 적절하지 않은 것은?

① 영리 외국법인의 경우에는 국내원천소득에 한하여 법인세 납세의무가 있다.
② 영리 내국법인은 국내외 모든 소득에 대하여 법인세 납세의무가 있다.
③ 내국법인 중 비영리법인은 모든 소득에 대하여 법인세 납세의무가 없다.
④ 국내에서 사업을 영위할지라도 외국에 본점을 둔 법인은 외국 법인으로 분류된다.

20 법인세법상 납세지에 대한 설명으로 가장 적절하지 않은 것은?

① 내국법인은 법인등기부상 본점 또는 주사무소의 소재지가 납세지이다.
② 내국법인은 국내에 본점 또는 주사무소가 있지 아니하는 경우에는 사업을 실질적으로 관리하는 장소의 소재지로 한다.
③ 외국법인은 국내사업장이 있는 경우에는 국내사업장의 소재지를 납세지로 한다.
④ 외국법인은 국내사업장이 없을 경우에 외국법인이 납세지를 지정할 수 있고, 부동산 소득과 양도소득이 있는 경우에도 지정한 소재지를 납세지로 한다.

21 우리나라 법인세법상 사업연도에 대한 설명으로 가장 적절하지 않은 것은?

① 신설법인의 최초 사업연도는 설립등기일부터 사업연도 종료일까지의 기간으로 한다.
② 기업이 정한 회계기간을 그대로 사업연도로 인정하며, 1년을 초과할 수 있도록 하고 있다.
③ 기업의 존속기간을 인위적으로 정하여 과세소득을 측정하기 위한 시간적 단위를 사업연도라고 한다.
④ 사업연도를 변경하려는 법인은 직전 사업연도 종료일로부터 3개월 이내에 사업연도 변경신고서를 제출하여야 한다.

22 법인세법상 세무조정 시 유보에 해당하는 소득처분을 고르시오.

① 접대비 한도초과액
② 기부금 한도초과액
③ 감가상각비 한도초과액
④ 임원상여금 한도초과액

23 [보기]는 (주)생산의 2023년도 귀속 감가상각에 관한 자료이다. 법인세법에 따른 세무조정과 소득처분으로 가장 적절한 것은?

┤ 보기 ├

- 기계장치 취득원가: 1,000,000원
- 회사가 계상한 감가상각비: 550,000원
- 법인세법상 상각범위액(가정): 450,000원

① 세무조정: [익금산입]   / 소득처분: 감가상각비 100,000원(△유보)
② 세무조정: [익금불산입] / 소득처분: 감가상각비 100,000원(유보)
③ 세무조정: [손금산입]   / 소득처분: 감가상각비 100,000원(△유보)
④ 세무조정: [손금불산입] / 소득처분: 감가상각비 100,000원(유보)

24 법인세법상 과세표준의 계산은 [보기]의 순서에 따라 계산된다. [보기]에서 (㉠)에 들어갈 용어를 한글로 기입하시오.([보기]는 이미지를 참고하세요.)

┤ 보기 ├

```
            각 사업연도 소득금액
(-)         이 월 결 손 금
(-)         (      ㉠      )
(-)         소 득 공 제
=           과 세 표 준
```

정답: _____

25 [보기]에서 설명하는 법인세법상의 용어를 한글로 기입하시오.

┤ 보기 ├

법인세법상의 소득이 사내에 유보되었는지 사외로 유출되었는지를 밝히고, 사외로 유출된 경우 소득의 귀속자를 명확하게 하는 절차를 말한다. 즉, 본 절차는 법인의 세무상 순자산을 계산함으로써 각사업연도소득과 청산소득계산에 적정화를 기하고 사외유출된 소득의 귀속자에 대한 소득세를 부과함으로써 조세부담의 공평을 기하는 것에 의의가 있다.

정답: _____

26 [보기] 매입세액 자료 중 부가가치세법상 공제받는 매입세액의 합계액은 얼마인가?(정답은 단위(원)를 제외한 숫자만 입력하시오.)

┤ 보기 ├

- 소모품비: 1,000,000원
- 사업장 임차료: 5,000,000원
- 토지의 자본적지출 관련: 5,000,000원
- 접대비 및 이와 유사한 비용 관련: 6,000,000원
- 비영업용 승용자동차(1000cc초과) 구입비: 4,000,000원

정답: _____

[과목: 관리회계의 이해]

27 조업도의 감소에 따라 고정비 및 변동비에 대한 설명으로 가장 적절하지 않은 것은?

① 총고정비는 일정하다.
② 총변동비는 감소한다.
③ 단위당 고정비는 감소한다.
④ 단위당 변동비는 일정하다.

28 제조간접원가에 대한 설명으로 가장 적절하지 않은 것은?

① 제조간접원가는 가공원가이다.
② 제조간접원가는 고정원가만 가능하다.
③ 조립공정의 전력비는 제조간접원가이다.
④ 보조부분인 수선부서 종업원의 임금은 제조간접원가이다.

29 [보기]는 표준원가계산제도를 채택하고 있는 (주)생산성의 직접노무비 관련 자료이다. 당해 (주)생산성의 직접노무비 임률차이를 계산하면 얼마인가?

┤ 보기 ├

- 직접노무비 표준임률: 시간당 @800원/시간
- 직접노무비 실제임률: 시간당 @1,000원/시간
- 실제생산량에 허용된 표준직접노동시간: 500시간
- 실제생산량에 투입된 실제직접노동시간: 600시간

① 80,000원 유리한 차이   ② 80,000원 불리한 차이
③ 120,000원 유리한 차이   ④ 120,000원 불리한 차이

30 (주)생산성은 종합원가계산을 채택하고 있으며 가공비는 공정전반에 걸쳐 균등하게 발생한다. [보기]에 주어진 자료를 활용하여, 기말재공품의 평가를 평균법과 선입선출법으로 계산할 경우 가공비 총완성품환산량의 차이는 얼마인가?(정답은 단위(개)를 제외한 숫자만 입력하시오.)

┤ 보기 ├

- 기초재공품 수량: 200개(완성도 60%)
- 당기 착수 수량: 800개
- 기말재공품 수량: 100개(완성도 40%)
- 당기 완성품 수량: 900개

정답: _____

31 [보기]는 (주)생산성의 당해 회계자료 일부분이다. 당해 영업레버리지도(DOL)를 구하시오.

┤ 보기 ├

- 매출액: 1,000,000원
- 고정비: 300,000원
- 공헌이익률: 40%
- 공헌이익: 400,000원(1,000,000원 × 0.4)

정답: _____

32 [보기]는 (주)생산성의 당해 회계자료 일부분이다. (주)생산성의 당해 안전한계율(%)을 구하시오.(정답은 단위(%)를 제외한 숫자만 입력하시오.)

┤ 보기 ├

- 매출액: 2,000,000원
- 고정비: 600,000원
- 공헌이익률: 40%
- 공헌이익: 800,000원 (2,000,000원×0.4)

정답: _____

[실 무] ●

:: 본 문제는 시뮬레이션 문제로서 [실기메뉴]의 메뉴를 활용하여 문제에 답하시오.
웹하드(http://www.webhard.co.kr)에서 Guest(ID: samil3489, PASSWORD: samil3489)로
로그인하여 백데이터를 다운받아 설치한 후 회계 1급 2023년 4회 김은찬으로 로그인한다.

[과목: ERP 회계 기본정보관리]

01 다음 사원 중 소속 부서가 '1001.회계팀'이 아니지만 [전표입력] 메뉴에서 전표입력이 가능한 사원은
누구인가?

① ERP13A01.김은찬   ② ERP13A02.윤수현
③ ERP13A03.김수빈   ④ ERP13A04.신서율

02 당손익계산서에 반영되는 교육훈련비 계정의 관리항목으로 등록하지 않아 해당 계정을 전표입력 시
입력이 불가한 관리항목은 무엇인가?

① A1.거래처   ② C1.사용부서
③ D1.프로젝트   ④ D4.사원

03 당사는 신용카드를 금융거래처로 등록하여 사용하고 있다. 당사에 거래처 구분이 '신용카드'로 등록
된 거래처는 몇 개인가?

① 1개   ② 2개
③ 3개   ④ 4개

[과목: ERP 재무회계 프로세스의 이해]

04 당사는 '98001.신안은행' 거래처의 당좌한도액을 100,000,000원으로 설정하려고 한다. 해당 거래
처의 당좌한도액을 입력 후 (주)더존 본점의 2023년 3월 8일 현재 보통예금 계정 중 '98001.신안은
행' 거래처의 가용자금 금액으로 옳은 것을 고르시오.

①   273,000원   ②   812,000원
③ 1,000,000원   ④ 2,100,000원

05 (주)더존 본점은 지출증빙서류검토표를 작성하던 중 핵심ERP의 증빙을 연결하는 작업이 잘못된 것을 발견하였다. 아래 [적격증빙별 전표증빙]과 같이 증빙 연결을 수정 후 2023년 한 해 동안 현금영수증으로 지출된 내역의 합계액을 조회하면 얼마인가?

┤ 적격증빙별 전표증빙 ├

- 10.신용카드(법인)
- 11.신용카드(개인)
- 20.현금영수증
- 30.세금계산서
- 40.계산서

- 8.신용카드매출전표(법인)
- 8A.신용카드매출전표(개인)
- 9A.현금영수증
- 1.세금계산서
- 2.계산서

① 1,000,000원
② 3,320,000원
③ 3,720,000원
④ 4,240,000원

06 (주)더존 본점의 업무용승용차 [200.20나 0927] 차량에 대하여 운행기록부를 작성하고 있다. 2023년 1월 10일 09:00부터 [ERP13A04.신서율] 사원이 일반업무용(주행거리: 80km)으로 해당 차량을 사용하였다. 해당 내역을 운행기록부에 작성 후 2023년 1월 한 달 동안 해당 차량의 업무사용비율을 조회하면 얼마인가?(운행내역을 작성 후 재조회하여 상단의 업무사용비율을 갱신한다.)

① 50%
② 52%
③ 66%
④ 73%

07 더존 본점은 '(주)상상유통'에 매출 후 2023년 2월 2일에 수취한 어음(자가202302020001)을 은행에서 할인받으려 한다. 아래 조건으로 할인받을 경우 할인료에 대한 회계처리의 계정과목과 금액으로 옳은 것은?(할인일: 2023년 03월 31일, 할인율: 연 13%, 월할계산, 매각거래로 처리)

① 이자비용: 143,000원
② 이자비용: 572,000원
③ 매출채권처분손실: 143,000원
④ 매출채권처분손실: 572,000원

08 (주)더존 본점의 2023년 손익계산서에 대한 설명 중 옳지 않은 것은?

① 상품매출액이 가장 큰 분기는 3분기이다.
② 2023년 한 해 동안 판매관리비로 지출된 통신비는 7,755,000원이다.
③ 판매관리비의 수도광열비는 상반기에 비해 하반기에 지출액이 더 크다.
④ 공장을 프로젝트별로 관리하고 있으며 상반기 통신비 지출이 가장 큰 공장은 울산공장이다.

09 당사는 예산을 사용부서별로 관리하고 있다. 2023년 1월 한 달 동안 '1001.회계팀'에서 사용한 예산 중 집행율이 가장 큰 계정은 무엇인가?(단, 집행방식은 승인집행으로 조회)

① 80200.직원급여
② 81200.여비교통비
③ 81500.수도광열비
④ 82200.차량유지비

10 다음 중 (주)더존 본점의 2023년 10월 16일부터 2023년 11월 8일 사이 발생한 제조원가 중 현금으로 지출한 금액이 큰 순서로 옳은 것은?

① 접대비 〉보험료〉차량유지비 〉여비교통비 〉통신비
② 접대비 〉보험료〉차량유지비 〉여비교통비 〉사무용품비
③ 복리후생비 〉보험료〉차량유지비 〉사무용품비 〉여비교통비
④ 복리후생비 〉보험료〉차량유지비 〉여비교통비 〉사무용품비

11 다음 중 현재 설정된 전표입력 메뉴의 환경설정에 대한 설명으로 옳지 않은 설명을 고르시오. 단, 현재 설정된 환경설정 값은 변경하지 않는다.

① 전표의 거래처명은 수정이 불가하다.
② 부가세계정의 공급가액에 0원 입력이 불가하다.
③ 전표입력시 품의내역에 작성한 내역이 적요명으로 복사된다.
④ 세무구분이 [27.카드매입]인 부가세계정을 입력 시 결제카드의 입력여부는 필수가 아니다.

12 'ERP13A01.김은찬' 사원이 작성한 승인전표 중 (주)더존 본점의 2023년 10월 한 달 동안 발생한 현금의 입금액에서 출금액을 차감하면 얼마인가?

① 1,500,000원
② 2,615,000원
③ 12,385,000원
④ 65,770,000원

13 (주)더존 본점의 2023년 2월부터 7월 사이에 외상매입금 발생금액이 가장 큰 달은 언제인가?

① 2월
② 3월
③ 4월
④ 5월

14 (주)더존 본점의 2023년 하반기에 [ERP13A01.김은찬] 사원이 작성한 전표 중 전표상태가 '미결'인 전표는 몇 건인가?

① 2건
② 4건
③ 6건
④ 8건

[과목: ERP 세무회계 프로세스의 이해]

15 (주)더존 지점은 부동산임대업도 하고 있어 부가가치세 신고시 간주임대료를 포함하여 신고하려고 한다. 2023년 1기 부가가치세 예정 신고 시 다음 [부동산임대내역]의 자료를 기반으로 보증금이자 (간주임대료)를 계산하여 2023년 3월 30일로 전표처리 후 2023년 1기 부가가치세 예정신고기간의 (주)더존 지점의 건별매출의 매출세액을 조회하면 얼마인가? 단, 보증금이자(간주임대료)는 프로그램을 이용하여 계산하며 전표입력 시 소수점 이하는 절사한다.(사업장: [2000] (주)더존 지점)

부동산임대내역
- 상호(성명): SJ정보통신   - 면적 / 용도: 500㎡ / 사무실
- 임대기간: 2023/03/01~2024/02/28   - 보증금: 200,000,000원
- 동: 3017064000.대전광역시 서구 둔산2동   - 층 / 호수: 지상 1층 / 101호
- 월세: 2,000,000원   - 관리비: 100,000원
(이자율은 1.2%로 계산한다.)

① 17,326원　　　　　　　　　　② 20,383원
③ 59,178원　　　　　　　　　　④ 120,383원

16 (주)더존 지점의 2023년 2기 부가가치세 확정 신고 시 수출실적명세서에 작성될 수출재화의 외화금액은 얼마인가?(사업장: [2000] (주)더존 지점)

① 12,000달러　　　　　　　　　② 23,000달러
③ 43,700달러　　　　　　　　　④ 84,700달러

17 (주)더존 지점의 2023년 2기 부가가치세 예정 신고 기간에 발급한 매출세금계산서 중 공급가액 총합계액이 가장 큰 거래처를 고르시오.(사업장: [2000] (주)더존 지점)

① (주)제동　　　　　　　　　　② (주)중원
③ (주)영은실업　　　　　　　　④ (주)하진테크

18 (주)더존 지점은 2023년 6월 1일 기계장치를 2,000,000원(vat별도)에 매입 후 전표입력을 완료하였으나 부가세계정의 고장자산과표 내역이 누락된 것을 발견하였다. 해당 전표의 고정자산과표의 기계장치 항목에 공급가액 및 세액을 입력 후 2023년 1기 부가가치세 확정신고기간에 건물등감가상각자산취득명세서의 기계장치 항목에 작성해야하는 공급가액을 조회하면 얼마인가?(사업장: [2000] (주)더존 지점)

① 2,000,000원　　　　　　　　② 3,000,000원
③ 5,000,000원　　　　　　　　④ 8,000,000원

19 (주)더존 지점의 2023년 2기 부가가치세 확정 신고기간에 발생한 신용카드매출액 중 계산서가 발급된 금액은 얼마인가?(사업장: [2000] (주)더존 지점)

① 1,900,000원   ② 2,000,000원
③ 2,500,000원   ④ 5,500,000원

20 (주)더존 지점의 2023년 2기 부가가치세 확정 신고 시 매출에 대한 예정신고 누락분의 건수와 공급가액으로 옳은 것은 무엇인가?(사업장: [2000] (주)더존 지점)

① 1건 / 500,000원   ② 1건 / 4,000,000원
③ 1건 / 25,000,000원   ④ 2건 / 29,000,000원

21 (주)더존 본점의 2023년 제조원가보고서 표시되는 복리후생비에 대한 설명 중 옳지 않은 것은 무엇인가?

① 상반기에 11,715,000원의 복리후생비가 지출되었다.
② 상반기보다 하반기에 지출한 복리후생비 금액이 더 크다.
③ 2023년 한 해 동안 '3001.생산부'에서 사용한 복리후생비는 260,000원이다.
④ 2월부터 4월까지 세 달동안 6,430,000원의 복리후생비가 지출되었다.

22 (주)더존 본점의 2023년 1월말 상품과 제품의 총 판매량이 25,000개일 때, 다음 [보기]를 참고하면 손익분기점 판매량은 몇 개인가?(단, 상품과 제품의 판매단가는 동일하다.)

┤ 보기 ├
1) 단위당변동비 3,324원
2) 총 고정비 60,000,000원

① 10,000개   ② 20,000개
③ 30,000개   ④ 40,000개

23 고정자산등록 메뉴에 [보기]의 고정자산을 등록 후 (주)더존 본점의 2023년 원가보고서에 계상할 차량운반구의 감가상각비를 조회하면 얼마인가?

┤ 보기 ├
- 회계단위: (주)더존 본점
- 자산코드: 208003
- 취득금액: 30,000,000원
- 상각방법: 정액법
- 경비구분: 500번대
- 자산유형: 차량운반구
- 자산명: 1톤 트럭
- 취득일: 2023/04/01
- 내용연수: 5년
- 관리부서: 회계팀

① 4,500,000원   ② 9,300,000원
③ 33,300,000원   ④ 34,499,000원

24 (주)더존 본점은 2023년 6월 30일 원재료를 복리후생비로 대체 출고하고 전표입력을 완료하였으나 원재료 계정의 '타계정구분'이 잘못 입력된 것을 확인하였다. 해당 전표를 찾아 '타계정구분'을 수정 후 2023년 6월 30일 기준으로 (주)더존 본점의 원재료가 타계정으로 대체된 금액을 조회하면 얼마인가?

① 500,000원
② 1,000,000원
③ 1,200,000원
④ 1,500,000원

25 (주)더존 본점의 2023년 제조원가보고서 표시되는 전기(20기, 2022년)의 원재료매입액을 조회하면 얼마인가? 단, 전기의 데이터는 초기이월등록에 등록된 데이터를 사용하여 조회한다.

① 478,050,000원
② 485,050,000원
③ 955,600,000원
④ 991,108,000원

회계 1급 2023년 3회 (2023년 5월 27일 시행)

[이론]

[과목: 경영혁신과 ERP]

01 ERP와 기존의 정보시스템(MIS) 특성 간의 차이점에 대한 설명으로 가장 적절하지 않은 것은?

① 기존 정보시스템의 업무범위는 단위업무이고, ERP는 통합업무를 담당한다.
② 기존 정보시스템의 전산화 형태는 중앙집중식이고, ERP는 분산처리구조이다.
③ 기존 정보시스템은 업무처리 방식은 수평적이고, ERP 업무처리 방식은 수직적이다.
④ 기존 정보시스템의 데이터베이스 형태는 파일시스템이고, ERP는 관계형 데이터베이스 시스템 (RDBMS)이다.

02 ERP시스템 투자비용에 관한 개념 중 '시스템의 전체 라이프사이클(life-cycle)을 통해 발생하는 전체 비용을 계량화한 비용'에 해당하는 것은?

① 유지보수 비용(Maintenance Cost)
② 시스템 구축비용(Construction Cost)
③ 총소유비용(Total Cost of Ownership)
④ 소프트웨어 라이선스비용(Software License Cost)

03 정보시스템의 역할로 가장 적절하지 않은 것은?

① 기업의 다양한 업무지원
② 고객만족 및 서비스 증진 효과
③ 효율적 의사결정을 위한 지원기능
④ 조직원의 관리, 감독, 통제 기능 강화

04 클라우드 ERP의 특징 혹은 효과에 대한 설명 중 가장 옳지 않은 것은?

① 안정적이고 효율적인 데이터관리
② IT자원관리의 효율화와 관리비용의 절감
③ 필요한 어플리케이션을 자유롭게 설치 가능
④ 원격근무 환경 구현을 통한 스마트워크 환경 정착

05 ERP에 대한 설명 중 가장 적절하지 않은 것은?

① 신속한 의사결정을 지원하는 경영정보시스템이다.
② 회계, 인사, 생산, 물류 등 기업의 업무가 통합된 시스템이다.
③ 모든 사용자들은 사용권한 없이도 쉽게 기업의 정보에 접근할 수 있다.
④ ERP의 기본시스템에 공급망관리, 고객지원기능 등의 확장기능을 추가할 수 있다.

[과목: 재무회계의 이해]

06 재무제표 기본가정으로 가장 적절하지 않은 것은?

① 기업실체의 가정
② 계속기업의 가정
③ 현금주의의 가정
④ 기간별 보고의 가정

07 [보기]에서 설명하는 회계정보의 질적 특성으로 가장 적절한 것은?

┤ 보기 ├

재무상태, 경영성과 등을 보고 세웠던 기대치에 맞게 수시로 계획을 수정할 수 있는 능력이다.

① 중립성   ② 예측가치
③ 피드백 가치   ④ 표현의 충실성

08 재무제표 작성기준 중 손익계산서 작성기준으로 가장 적절하지 않은 것은?

① 1년기준   ② 총액주의
③ 발생주의   ④ 유동성배열

09 손익계산서에 대한 설명으로 가장 적절하지 않은 것은?

① 매출액에서 매출원가를 차감하여 매출총이익을 표시한다.
② 수익과 비용은 각각 총액으로 보고하는 것을 원칙으로 한다.
③ 영업외수익은 기업의 영업활동으로부터 발생한 수익으로 표시한다.
④ 손익계산서는 일정기간동안 기업의 경영성과에 관한 정보를 제공하는 보고서를 의미한다.

10 회계순환과정상 총계정원장의 마감에 대한 설명으로 가장 적절하지 않은 것은?

① 당기순손익을 계산하여 당기순이익계정에 대체한다.
② 수익, 비용계정 잔액을 집합계정인 손익계정에 대체 후 마감한다.
③ 기말 결산정리사항을 분개하여 총계정원장의 해당계정에 수정기입한다.
④ 자산, 부채, 자본계정은 차기이월로 마감하고, 개시기입시 전기이월로 기입한다.

11 선적지인도기준으로 재고자산을 취득할 경우 취득원가에서 차감해야 하는 항목은 무엇인가?

① 매입금액
② 매입과 관련된 할인액 및 에누리액
③ 선적 후 매입자가 부담한 매입운임
④ 선적 후 매입자가 부담한 매입에 따른 하역료 및 보험료

12 [보기]]는 (주)생산의 2023년 7월 1일 현재, 장기차입금 계정에 대한 자료이다. 이를 바탕으로 2023 연도말 유동성장기부채 계정으로 대체될 금액을 계산하시오.(당기 회계기간보고 종료일은 2023. 12.31.이다.)

항목	금액(원)	상환예정시기	비고
장기차입금A	1,000,000	2023년 12월 31일	상환예정시기에 상환하는 것으로 가정함
장기차입금B	2,000,000	2024년 6월 30일	
장기차입금C	3,000,000	2024년 12월 31일	
장기차입금D	4,000,000	2025년 6월 30일	

① 2,000,000원
② 5,000,000원
③ 6,000,000원
④ 10,000,000원

13 사채발행의 회계처리에 대한 설명으로 가장 적절하지 않은 것은?

① 사채할인발행차금은 사채의 차감적 평가계정이다.
② 사채의 액면이자율이 사장이자율보다 낮은 경우 할인발행이 된다.
③ 유효이자율법 적용 시 사채할증발행차금 상각액은 매년 증가한다.
④ 대변에 사채를 발행가액으로 기록하고, 차변에 수령하는 금액을 액면금액으로 기록한다.

14 영업용 트럭을 어음을 발행하여 외상으로 구입한 경우, 대변에 기재해야 하는 계정과목으로 가장 적절한 것은?

① 미수금
② 선수금
③ 미지급금
④ 외상매입금

15 [보기]는 (주)생산에 대한 자료이다. (주)생산의 사채할인발행차금을 정액법으로 상각할 경우 2023 년 12월31일에 상각해야 할 금액은 얼마인가?(정답은 단위를 제외한 숫자만 입력하시오.)

┤ 보기 ├
- 2023년 1월 1일 연리 12%, 만기가 5년인 액면금액 100,000원인 사채를 96,000원에 할인 발행
- 사채발행비용 2,000원을 지급

정답: _____

16 [보기]를 이용하여 (주)생산성이 연수합계법으로 감가상각을 한다면 2023년 12월 31일 결산 시 재무상태표에 계상될 감가상각누계액은 얼마인가?(정답은 단위를 제외한 숫자만 입력하시오.)

┤ 보기 ├
- 취득일: 2022년 1월 1일
- 잔존가치: 0원
- 결산일: 12월 31일
- 취득원가: 1,000,000원
- 내용연수: 4년
- 월할 상각 적용

정답: _____

17 [보기]는 재무제표의 기본가정에 대한 설명이다. (A)에 들어갈 적절한 용어를 한글로 기입 하시오.

┤ 보기 ├
- 기업 실체의 가정: 기업을 독립적인 회계단위로 간주하고, 회계단위의 관점에서 재무정보를 측정·보고한다.
- (A)의 가정: 기업은 목적과 의무를 이행하기에 충분할 정도로 장기간 존속한다고 가정한다.
- 화폐 평가의 가정: 회계의 모든 거래는 화폐단위로 측정할 수 있고, 화폐의 가치는 안정되어 있다고 가정한다.
- 기간별 보고의 가정: 일정한 단위기간마다 정보를 제공하는 가정이다.

정답: _____

[과목: 세무회계의 이해]

18 부가가치세법상 재화의 공급에 속하는 항목으로 가장 적절한 것은?
① 상속세 및 증여세법에 의하여 사업용 자산으로 물납하는 경우
② 매입세액공제를 받은 재화를 폐업일까지 판매하지 못하고 창고에 보관하는 경우
③ 질권, 저당권, 양도담보의 목적으로 동산, 부동산 및 부동산상의 권리를 제공하는 경우
④ 국세징수법에 따른 공매 및 민사집행법에 따른 경매에 따라 재화를 인도, 양도하는 경우

19 [보기]의 설명으로 가장 적절한 것은?

> **┤ 보기 ├**
>
> 법인의 각 사업연도 소득은 익금총액에서 손금총액을 공제하여 계산한다. 그러나 실제 계산에 있어서는 수익에서 비용을 공제한 결산서상 당기순이익을 출발점으로 기업회계와 세무회계의 차이를 조정하여 각 사업연도의 소득금액을 계산한다. 이러한 조정을 통하여 정확한 과세소득을 계산하기 위한 일련의 절차를 말한다.

① 사업연도   ② 세무조정
③ 신고조정   ④ 결산조정

20 법인세 납세지에 대한 설명으로 가장 적절하지 않은 것은?

① 국내에 사업의 실질적 관리장소를 둔 법인은 내국법인이다.
② 내국법인은 법인등기부상 법인대표의 소재지가 납세지이다.
③ 외국법인은 국내사업장이 있는 경우에는 국내사업장의 소재지를 납세지로 한다.
④ 내국법인은 등기상 본점. 주사무소(사업의 실질적 관리장소)소재지를 납세지로 한다.

21 법인세 신고 시 반드시 제출해야 하는 서류로 가장 적절한 것은?

① 재무상태표, 현금흐름표
② 현금흐름표, 세무조정계산서
③ 포괄손익계산서, 세무조정계산서
④ 소득금액조정합계표, 합계잔액시산표

22 법인세법상 세무조정의 소득처분이 다른 하나는?

① 법인세비용
② 지정기부금 한도초과
③ 퇴직급여충당부채 한도초과
④ 임대보증금 등의 간주임대료

23 부가가치세법상 세금계산서의 발급시기에 대한 설명 중 가장 적절하지 않은 것은?

① 재화, 용역의 공급시기를 작성연월일로 하여 발급해야 하나, 상황에 따라 공급시기가 되기 전 세금계산서를 발급할 수 있다.
② 재화, 용역의 공급시기 전에 대가를 받지 않은 경우, 세금계산서 발급일로 7일 이내에 대가를 받으면 세금계산서를 발급한 때를 공급시기로 볼 수 있다.
③ 재화, 용역의 공급시기 전에 대가의 일부 또는 전부를 받고, 받은 대가에 대하여 세금계산서를 발급하는 경우 그 발급하는 때를 공급시기로 볼 수 있다.
④ 거래처별로 1역월 이내에서 사업자가 임의로 정한 기간의 공급가액을 합계하여 그 기간의 종료일자를 작성연월일로 하여 세금계산서를 발급하는 경우 그 기간의 종료일자까지 발급할 수 있다.

24 [보기]의 괄호 안에 들어가야 하는 법인세 세무조정의 소득처분은 무엇인가?(정답은 한글로 입력하시오.)

┤ 보기 ├

법인세 세무조정에 따른 소득처분시, 사외유출의 소득 귀속자가 출자임원인 경우의 소득처분은 ( )로 한다.

정답: _____

25 [보기]는 법인세법상 계산구조를 나타낸 것이다. 빈칸에 들어갈 용어를 한글로 기재하시오.

┤ 보기 ├

	결산서상 당기순이익
(+)	익금산입 · 손금불산입
(-)	손금산입 · 익금불산입
	차 가 감 소 득 금 액
(+)	기 부 금 한 도 초 과 액
=	각 사업연도 ( )

정답: _____

26 [보기]의 (A) 들어갈 적절한 숫자를 입력하시오.

┤ 보기 ├

법인세의 과세표준에 세율을 곱하여 산출세액을 계산할 때, 사업연도가 1년인 경우의 처리 방법은 다음과 같다.

사업연도 개월수는 12개월로 나누어 계산하며, 1개월 미만의 일수는 (A)개월로 계산한다.

정답: _____

[과목: 관리회계의 이해]

27 [보기]를 참고하여 (주)생산성의 매몰원가(sunk cost)를 구하시오.

┤ 보기 ├

(주)생산성은 현재 정상 판매가 불가능한 재고자산을 보유하고 있는데, 이의 제조원가는 1,500,000 원이다. (주)생산성은 재고자산을 처분하기 위해 다음과 같은 의사결정안을 수립하였다. 첫번째는 200,000원을 투입하여 재가공한 후 500,000원에 판매하는 것이고, 두번째는 이를 재가공 하지 않고 그대로 재활용센터에 판매하여 100,000원을 받는 것이다.

① 100,000원　　　　　　　　　　　② 200,000원
③ 500,000원　　　　　　　　　　　④ 1,500,000원

28 개별원가계산에 대한 설명으로 가장 적절하지 않은 것은?

① 개별원가계산은 주문생산을 주로 하는 업종에 적합하다.
② 개별원가계산은 제품의 규격이 다양한 업종에 적합하다.
③ 제조간접비를 실제 발생액으로 배부하는 것을 실제원가계산이라 한다.
④ 제조간접비는 개별 작업과 직접 대응되어 발생시점에 바로 계산한다.

29 [보기]의 원가내역에 의한 CVP분석 내용으로 적절하지 않은 것은?

┤ 보기 ├

- 매출액:	1,000,000원	- 변동원가율:	60%
- 고정원가:	300,000원	- 법인세율:	40%

① 안전한계율은 4이다.
② 공헌이익률은 40%이다.
③ 손익분기점 매출액은 750,000원이다.
④ 법인세차감 후 당기순이익은 60,000원이다.

30 [보기]는 종합원가계산제도를 채택하고 있는 (주)생산성의 자료이다. 가공원가는 공정 전반에 걸쳐 서 균등하게 발생한다고 가정한다. (주)생산성이 선입선출법을 적용할 경우 가공원가의 총완성품환 산량을 계산하면 얼마인가?(정답은 단위를 제외한 숫자만 입력하시오.)

┤ 보기 ├

- 기초재공품 수량:	200개(진척도 50%)	- 당기 착수량:	1,000개
- 당기 완성수량:	1,100개	- 기말재공품 수량:	100개(진척도 60%)

정답: (＿＿＿＿＿＿＿＿)개 ＿＿＿＿＿＿＿＿＿＿＿＿＿＿

31 [보기]는 (주)생산성의 원가자료이다. [보기]를 이용하여 (주)생산성의 당기제품제조원가를 계산하면 얼마인가?(정답은 단위를 제외한 숫자만 입력하시오.)

┤ 보기 ├

- 제품 기초재고액	2,200원	- 제품 기말재고액	3,200원
- 재공품 기초재고액	1,500원	- 재공품 기말재고액	1,500원
- 직접재료원가	6,000원	- 직접노무원가	5,000원
- 제조간접원가	4,000원		

정답: _____

32 [보기]의 (A)에 가장 적절한 관리회계 용어를 한글로 입력하시오.

┤ 보기 ├

- 고정원가는 일정한 (A) 범위 내에서 총고정원가가 일정한 행태를 나타내는 원가를 말한다.
- 표준원가시스템에서 고정제조간접원가의 예산액과 배부액의 차이를 (A)차이라고 한다.

정답: _____

[실무] ●

> ❖❖ 본 문제는 시뮬레이션 문제로서 [실기메뉴]의 메뉴를 활용하여 문제에 답하시오.
> 웹하드(http://www.webhard.co.kr)에서 Guest(ID: samil3489, PASSWORD: samil3489)로
> 로그인하여 백데이터를 다운받아 설치한 후 회계 1급 2023년 3회 김은찬으로 로그인한다.

[과목: ERP 회계 기본정보관리]

01 다음 중 사원등록에 대한 설명으로 옳지 않은 것을 고르시오.

① 등록된 사원 코드는 수정할 수 없다.
② 퇴사일과 암호는 본인만 입력할 수 있다.
③ 영업부 소속 사원은 김민준 사원이 유일하다.
④ 김은찬 사원은 전표입력에서 승인된 전표를 수정 및 삭제할 수 있다.

02 당사 고정자산의 자본적지출이 발생하여 자산변동 처리를 입력하려고 한다. 다음 중 자산변동 처리를 입력할 수 없는 사원은 누구인지 고르시오.

① ERP13A01.김은찬
② ERP13A03.조민지
③ ERP13A04.김민준
④ ERP13A05.배윤미

03 당사의 계정과목 설정을 확인하고, 각 계정과목이 반영되는 서식이 잘못 연결된 것을 고르시오.

① 10302.외화예금 – 외화명세서
② 10700.단기대매증권 – 유가증권명세서
③ 12000.미수금 – 받을어음명세서
④ 26300.선수수익 – 기간비용현황

[과목: ERP 재무회계 프로세스의 이해]

04 다음 중 당사 전표입력 메뉴의 환경설정에 대한 설명으로 옳지 않은 설명을 고르시오.

① 전표 복사 기능을 사용할 수 있다.
② 전표의 분개내역 입력 시 대차차액이 일치할 경우 전표를 자동 저장할 수 있다.
③ 전표의 품의내역으로 전표복사하여 전표를 생성할 수 있다.
④ 전표의 분개내역에서 세무구분 27.카드매입 전표입력 시 결제카드는 필수로 입력해야 한다.

05 (주)한국생산 본점은 2023년 12월 말 결산 시 받을어음에 대해 2%의 대손충당금을 설정하려고 한다. 다음 중 회계처리로 옳은 것을 고르시오.

① 대손상각비 1,570,000원 / 대손충당금　　1,570,000원
② 대손상각비 2,251,020원 / 대손충당금　　2,251,020원
③ 대손충당금 2,251,020원 / 대손충당금환입 2,251,020원
④ 대손충당금 4,432,000원 / 대손충당금환입 4,432,000원

06 (주)한국생산 본점은 '(주)우리보험' 거래처와 보험계약을 맺고 보험료를 선급비용 관리하고 있다. 기간비용현황에서 확인 시 2023년 5월 계상할 보험료로 알맞은 금액을 고르시오.

① 127,038원　　　　　　　　② 254,789원
③ 381,827원　　　　　　　　④ 542,630원

07 (주)한국생산 본점은 [10800.외상매출금]이 발생하는 거래처를 거래처분류별로 나누어 거래처 관리를 하고 있다. 거래처 분류하여 관리하는 거래처 중 거래처 분류가 다른 거래처 하나를 고르시오.

① 00002.(주)하진테크
② 00003.(주)제동
③ 00004.(주)상상유통
④ 00005.(주)중원제

08 2023년 12월 말 결산 시 기준환율이 아래와 같은 경우 (주)한국생산 본점의 외화환산이익은 얼마인지 고르시오.

┤ 보기 ├

[기준환율]
　EUR(유럽연합유로) 1유로(€) = 1,420원(₩)
　JPY(일본엔화) 100엔(¥) = 1,050원(₩)
　USD(미국달러) 1달러($) = 1,380원(₩)

①　 899,400원　　　　　　　② 1,589,700원
③ 2,186,900원　　　　　　　④ 3,419,100원

09 당사는 2023년 5월 15일부로 2023년 5월 보험료(판매관리비)로 편성된 '1001.회계팀' 예산금액 중 200,000원을 '1001.회계팀'의 여비교통비(판매관리비)로 예산을 전용하기로 하였다. 예산전용을 수행한 후 5월 '1001.회계팀'의 여비교통비(판매관리비) 집행율을 조회하면 얼마인지 고르시오.(집행방식은 승인집행으로 조회한다.)

① 71%　　　　　② 84%　　　　　③ 95%　　　　　④ 96%

10 다음 중 (주)한국생산 본점의 2023년 1월 20일 발생한 판매관리비 중 현금 지출 금액이 큰 순서대로 계정과목을 나열한 것을 고르시오.

① 보험료 〉 여비교통비 〉 복리후생비 〉 접대비
② 보험료 〉 차량유지비 〉 사무용품비 〉 통신비
③ 차량유지비 〉 사무용품비 〉 접대비 〉 통신비
④ 보험료 〉 여비교통비 〉 차량유지비 〉 사무용품비

11 (주)한국생산 본점의 2023년 1월부터 2023년 4월까지의 기간 동안 차량유지비(판매관리비) 계정을 가장 많이 사용한 달은 언제인지 고르시오.

① 1월   ② 2월   ③ 3월   ④ 4월

12 다음 [보기]의 내용을 참고하여 고정자산등록 메뉴에 입력한 후 해당 자산의 당기 일반상각비 금액을 조회하면 얼마인지 고르시오.

┤ 보기 ├

2023년 4월 15일에 (주)한국생산 본점의 기계장치 자산 [1006.발전기]의 발전모터 1개를 20,000,000원에 추가로 구매하여 장착하였다. 이때 장착한 모터는 자본적지출로 처리하였다.

① 12,000,000   ② 17,000,000
③ 20,000,000   ④ 25,000,000

13 (주)한국생산 본점의 손익계산서를 조회했을 때, 상품매출원가의 당기 기초재고액과 전기 기말재고액이 다르다는 메시지를 확인하였다. 실제 장부에 금액은 당기 기초재고액이 맞는 금액이라는 것을 확인하였다면 해당 메시지를 없애기 위해 회계 담당자는 아래 보기 중 어떤 작업을 해야 하는지 고르시오.

① 차액만큼 전표입력 메뉴에서 상품 계정을 차변에 입력한다.
② 초기이월등록 메뉴에서 재무상태표 상품 계정 금액을 차액만큼 수정한다.
③ 초기이월등록 메뉴에서 재무상태표 상품 계정 오른쪽 하단 기초재고 금액을 수정한다.
④ 초기이월등록 메뉴에서 손익계산서 상품매출원가 계정 오른쪽 하단 기말재고액 금액을 수정한다.

14 (주)한국생산 본점의 [ERP13A02.유지현] 사원은 업무용승용차 운행 후 운행기록부를 작성하려고 한다. [2080001.69어6467] 차량에 대하여 2023년 03월 15일 09:00부터 60km 업무용으로 운행하였다. 위 운행기록부를 작성 후 2023년 3월 한 달 동안 해당 차량의 업무사용비율은 얼마인지 고르시오.(단, 운행기록부 작성 후 재조회하여 갱신된 업무사용비율을 확인한다.)

① 75%   ② 82%   ③ 85%   ④ 92%

[과목: ERP 세무회계 프로세스의 이해]

15 (주)한국생산 춘천지사의 2023년 1기 부가가치세 확정 신고 시 세금계산서 수취분 고정자산매입 세액 총 합계 금액은 얼마인지 고르시오.(사업장: [2000] (주)한국생산 춘천지사)

① 500,000원

② 2,000,000원

③ 3,000,000원

④ 4,000,000원

16 2023년 1월 31일 (주)한국생산 춘천지사는 '(주)한국상사'에게 기계장치를 3,000,000원(VAT별도)에 현금으로 매입하고 현금영수증(승인번호: 90970123)을 발급 받았다. 해당 거래내역을 전표입력(고정자산 과표 기계장치로 3,000,000원 전액입력)하고 2023년 1기 부가가치세 예정 신고기간의 현금영수증 매입건 중 고정자산매입세액을 고르시오.(사업장: [2000] (주)한국생산 춘천지사)

① 300,000원

② 400,000원

③ 500,000원

④ 600,000원

17 2023년 1월 27일 (주)한국생산 춘천지사는 '한국화학(주)'에게 내국신용장으로 2,000,000원 영세매출 거래가 발생했다.(서류번호 111111) 해당 거래내역을 전표입력 후 내국신용장.구매확인서 전자발급명세서 서식을 작성한 뒤, 2023년 1기 부가가치세 예정 신고기간의 영세율매출명세서 총 합계 금액을 고르시오.(사업장: [2000] (주)한국생산 춘천지사)

① 43,700,000원

② 45,700,000원

③ 47,700,000원

④ 49,700,000원

18 당사의 부가가치세 신고유형에 대한 설명으로 옳은 것을 고르시오.

① 당사의 부가가치세 신고유형은 사업자단위 과세 신고유형을 적용하고 있다.

② 당사의 사업장은 총 4개의 사업장이 있으며 본점은 (주)한국생산 춘천지사이다.

③ 당사는 총괄납부 사업자로 (주)한국생산 본점에서 모두 총괄하여 신고 및 납부한다.

④ 당사는 총괄납부 사업자로 신고는 각 사업장별로 하고 납부는 (주)한국생산 본점에서 총괄하여 납부한다.

19 (주)한국생산 춘천지사는 수출기업의 수입 부가가치세 납부유예 요건을 충족하여 수입 세금계산서 전표입력시 사유구분을 입력하였다. 2023년 1기 부가가치세 확정 신고시 부가세신고서의 수출기업 수입분납부유예 항목에 기재되어야 하는 세액은 얼마인지 고르시오.(사업장: [2000] (주)한국생산 춘천지사)

① 100,000원

② 200,000원

③ 300,000원

④ 400,000원

20 (주)한국생산 춘천지사의 2023년 1기 부가가치세 확정 신고시 첨부대상이 아닌 부속명세서를 고르시오.(사업장: [2000] (주)한국생산 춘천지사)

① 수출실적명세서   ② 매입세액불공제내역
③ 매입처별 세금계산서합계표   ④ 매출처별 세금계산서합계표

21 (주)한국생산 본점의 2023년 상반기 제조원가보고서에 대한 설명 중 옳지 않은 것을 고르시오.

① 이월된 원재료 금액은 28,000,000원이다.
② 상반기에 원재료 112,000,000원을 매입하였다.
③ 원재료가 타 계정으로 대체된 금액은 2,000,000원이다.
④ 노무비가 증가하여도 '당기제품제조원가'는 증가하지 않는다.

22 (주)한국생산 본점은 고정자산등록 시 프로젝트(PJT)를 등록하여 관리하던 중 차량운반구 자산으로 등록된 [2080007.1톤트럭]의 프로젝트(PJT)가 등록되어있지 않은 것을 발견하였다. 해당 자산의 프로젝트를 [1004.대전공장]으로 등록 후 (주)한국생산 본점 2023년 결산 시 제조원가보고서에 계상할 [1004.대전공장] 프로젝트로 등록된 차량운반구의 감가상각비를 조회하면 얼마인지 고르시오.

① 2,749,000원   ② 4,749,000원
③ 6,000,000원   ④ 10,749,000원

23 (주)한국생산 본점은 공장을 프로젝트로 관리하여 원가보고서를 산출한다. 2023년 4월 한 달 동안 가장 많은 제품 제조원가가 발생한 공장은 어디인지 고르시오.

① 부산공장   ② 광주공장
③ 대전공장   ④ 울산공장

24 (주)한국생산 본점의 제조공장 직원들에게 상여금이 지급되고 있다. 다음 보기 중 2023년 상반기에 상여금이 지급된 월은 언제인지 고르시오.

① 3월   ② 4월   ③ 5월   ④ 6월

25 (주)한국생산 본점은 실제원가계산을 사용하고 있다. 2023년 1월 말 현재 제품생산과 관련된 재료비의 실제 소비가격이 단위당 5,700원이고, 기말원재료재고액이 8,000,000원 경우 실제 재료소비량은 얼마인지 고르시오.

① 10,000단위   ② 20,000단위
③ 30,000단위   ④ 40,000단위

회계 1급　2023년 2회 (2023년 3월 28일 시행)

[이론] ●

[과목: 경영혁신과 ERP]

01 ERP 구축의 성공요인으로 가장 적절하지 않은 것은?

① 지속적인 ERP 교육 실시
② IT 중심의 프로젝트만 추진
③ 경험과 지식을 겸비한 인력으로 구성
④ 경영자와 전체 임직원의 높은 관심 및 참여

02 ERP 구축절차 중 TO-BE Process 도출, 패키지 설치, 인터페이스 문제논의를 하는 단계로 가장 적절한 것은?

① 구축단계　　　　　　　　② 구현단계
③ 분석단계　　　　　　　　④ 설계단계

03 [보기]는 무엇에 대한 설명인가?

┤ 보기 ├
비용, 품질, 서비스, 속도와 같은 핵심적 부분에서 극적인 성과를 이루기 위해 기업의 업무프로세스를 기본적으로 다시 생각하고 근본적으로 재설계하는 것

① BPR　　　　　　　　② JIT
③ TQM　　　　　　　　④ 커스터마이징

04 ERP 도입의 예상 효과로 적절하지 않은 것은?

① 사이클 타임 증가　　　　② 고객 서비스 개선
③ 최신 정보기술 도입　　　④ 통합 업무 시스템 구축

05 클라우드 ERP의 장점으로 가장 적절하지 않은 것은?

① 장비관리의 자원 투입 감소
② 서버관리의 자원 투입 감소
③ 기업의 데이터베이스 관리 효율성 증가
④ 다양한 어플리케이션 설치 및 활용을 통한 생산성 개선

[과목: 재무회계의 이해]

06 (주)생산성은 건물이나 기계장치를 구입하기 위해 소요된 원가를 자산으로 계상하고, 이후 그 자산이 실제로 영업활동에 사용되는 회계기간에 걸쳐 비용으로 계상하고자 한다. 이 경우 (주)생산성이 적용하는 회계의 기본가정(전제)은 무엇인가?

① 기업실체의 가정   ② 계속기업의 가정
③ 현금주의의 가정   ④ 기간별 보고의 가정

07 재무제표에 대한 설명으로 가장 적절한 것은?

① 재무상태표 - 일정 시점의 재무상태 - 정태적 보고서 - 발생주의
② 손익계산서 - 일정 시점의 경영성과 - 정태적 보고서 - 발생주의
③ 현금흐름표 - 일정 기간의 현금흐름 - 동태적 보고서 - 발생주의
④ 자본변동표 - 일정 기간의 자본현황 - 정태적 보고서 - 발생주의

08 유동자산에 대한 설명으로 가장 적절하지 않은 것은?

① 사용의 제한이 없는 현금및현금성자산
② 보고기간종료일로부터 1년 이후에 현금화 또는 실현될 것으로 예상되는 자산
③ 매도가능증권 또는 만기보유증권 등의 비유동자산 중 1년 이내에 실현되는 자산
④ 기업의 정상적인 영업주기 내에 실현될 것으로 예상되거나 판매목적 또는 소비목적으로 보유하고 있는 자산

09 계정과목 중 제조기업의 영업손익에 영향을 미치는 항목으로 가장 적절하지 않은 것은?

① 매출액   ② 매출원가
③ 이자비용   ④ 대손상각비

10 현금흐름표는 기업의 일정기간 현금흐름을 나타내는 표로서 현금흐름에 영향을 미치는 세 가지 활동으로 구분하여 표시된다. [보기]의 (가), (나), (다)에 해당되는 용어를 순서대로 나열한 것은?

┤ 보기 ├

- ((가))은 영업활동에 필요한 자산을 취득하거나 처분하는 활동을 의미한다.
- ((나))은 제품이나 서비스를 만들어 고객에게 전달하는 활동을 의미한다.
- ((다))은 기업이 필요한 자금을 조달하고 빚을 갚거나 자금사용에 대한 대가로 과실을 배분하는 활동을 의미한다.

① (가)재무활동   (나)투자활동   (다)영업활동
② (가)투자활동   (나)영업활동   (다)재무활동
③ (가)투자활동   (나)영업활동   (다)이익활동
④ (가)영업활동   (나)이익활동   (다)재무활동

11 회계순환과정상 장부를 마감하는 과정에서 집합손익계정으로 대체하여 마감하는 계정으로 적절하지 않은 것은?

① 매입채무
② 매출원가
③ 이자비용
④ 대손상각비

12 [보기]의 자료를 이용할 경우 2023년 12월 31일 결산수정분개로 가장 적절한 것은?(단, 월할 계산할 것)

┤ 보기 ├
- 결산일은 2023년 12월 31일이다.
- 2023년 9월 1일: 1년분 임차료(120,000원)를 현금으로 지급하고 다음과 같이 분개하였다.
 (차변) 임차료 120,000원 / (대변) 현금 120,000원

① (차변) 임 차 료 80,000원　　(대변) 선급비용 80,000원
② (차변) 선급비용 40,000원　　(대변) 임 차 료 40,000원
③ (차변) 임 차 료 40,000원　　(대변) 선급비용 40,000원
④ (차변) 선급비용 80,000원　　(대변) 임 차 료 80,000원

13 (주)생산성은 공장을 신축하기 위해 기존 건물이 있는 토지를 구입하였다. 관련 자료가 [보기]와 같을 때 토지계정에 기입되어야 할 토지 취득원가로 옳은 것은?

┤ 보기 ├
- 구입대금(현금): 　　　　　　　　　　100,000,000원
- 구입관련 중개수수료: 　　　　　　　　　900,000원
- 구 건물 철거비용: 　　　　　　　　　5,100,000원
- 구 건물철거후 폐자재 등 처분대금 수입: 600,000원
- 신축건물 설계비용: 　　　　　　　　3,000,000원

① 105,400,000원
② 114,800,000원
③ 115,400,000원
④ 118,400,000원

14 계정과목들에 관한 설명 중 가장 적절하지 않은 것은?

① 주식발행초과금과 자기주식처분이익은 손익거래에서 발생한 이익을 집계하는 이익잉여금에 속한다.
② 자기주식처분손실과 주식할인발행차금은 자본거래 결과 발생한 손실 등을 임시적으로 처리하는 자본조정에 속한다.
③ 주식발행초과금, 주식할인발행차금, 자기주식처분이익, 자기주식처분손실, 매도가능증권평가이익은 모두 자본에 속한 계정들이다.
④ 매도가능증권평가이익은 파생상품평가이익 등과 함께 손익계산서상의 당기순손익 계산시 제외되는 포괄손익을 집계하는 기타포괄손익누계액에 속한다.

15 [보기]는 회계 정보의 질적 특성 중 무엇에 대한 설명인지 한글로 입력하시오.

┤ 보기 ├─

회계 정보가 신뢰성을 갖기 위해서는 그 정보가 기업의 경제적 자원과 의무 그리고 이들의 변동을 초래하는 사건을 충실하게 표현해야 한다.

정답: _____

16 [보기]는 (   )에 공통으로 들어갈 내용을 한글로 입력하시오.

┤ 보기 ├─

- (   )회계는 거래나 사건 그리고 환경이 기업에 미치는 재무적 효과를 현금이 수취되거나 지급되는 기간에 기록하는 것이 아니라, 그 거래가 생기는 기간에 기록하는 것을 말한다.
- (   )회계는 현금의 수취나 지급과 분리하여 거래가 생기는 시점에서 기록하므로 영업활동과 관련된 기록과 현금의 유출입과는 보통 일치하지 않는다.
- (   )회계의 도입 목적은 수익·비용 원칙에 보다 합리적 대응을 가져와 그 기간의 경영성과를 보다 정확히 나타내는 데 있다.
- 현금주의회계는 현금을 수취하였을 때 수익(매출)으로 인식하고 현금을 지출하였을 때 비용으로 인식하는 회계처리제도이다.
- 현금주의회계의 경우 (   )회계와는 달리 재화나 용역의 인수나 인도의 시점은 중요하지 않고 현금의 수취와 지급의 시점만이 기준이 된다.

정답: _____

17 [보기]는 상품매매업과 제조업에 종사하는 있는 (주)생산의 자료이다. [보기]의 자료를 이용하여 상품매출원가를 계산하면 얼마인가? 단, 정답은 단위를 제외한 숫자만 입력하시오.

┤ 보기 ├─

- 기초상품재고액	75,000원
- 당기상품매입액	200,000원
- 기말상품재고액	25,000원
- 매입할인	50,000원
- 상품매입운반비	15,000원
- 공장감가상각비	30,000원
- 타계정대체(접대목적으로 제공함)	10,000원

정답: _____

[과목: 세무회계의 이해]

18 부가가치세법상 납세의무자에 대한 설명 중 가장 옳지 않은 것은?

① 각 거래단계에서 부가가치를 창출한 사업자이어야만 한다.
② 면세로 규정되어 있는 재화나 용역의 공급자도 납세의무자다.
③ 사업자란 영리이든 비영리이든 관계없으며, 독립적이어야 한다.
④ 개인이라도 외국에서 재화를 수입하는 경우에는 납세의무자에 해당된다.

19 부가가치세법상 과세표준 포함항목으로 가장 적절한 것은?

① 매출할인
② 공급대가의 지연으로 인한 연체이자
③ 공급받는 자가 부담하는 원자재 등의 가액
④ 장기할부판매 또는 할부판매 경우의 이자상당액

20 현행 우리나라 법인세의 특징에 대한 설명 중 가장 적절하지 않은 것은? 단, 조합법인에 대한 내용은 해당 문제에서는 적용하지 않는다.

① 납세자와 담세자가 다른 간접세로서 납세자와 담세자가 동일한 직접세와 대비된다.
② 과세권한이 국가에 있는 국세로서 과세권한이 지방자치단체에 있는 지방세와 대비된다.
③ 소득을 과세대상으로 하고 있는 소득세로서 보유재산을 과세대상으로 하는 재산세와 대비된다.
④ 4단계 초과누진세율 구조로 되어 있는 누진세로서 소득의 규모와 관계없이 단일세율을 적용하는 비례세와 대비된다.

21 법인세법상 납세의무에 대한 설명으로 가장 적절하지 않은 것은?

① 외국법인은 청산소득에 대한 납세의무가 있다.
② 비영리내국법인은 수익사업소득에 대한 납세의무가 있다.
③ 내국영리법인은 국내외 모든 소득에 대하여 납세의무가 있다.
④ 외국의 지방자치단체가 국내에서 수익사업을 영위하는 경우 납세의무가 있다.

22 법인세법상 세무조정 시, 소득처분이 다른 하나는 무엇인가?

① 접대비의 손금불산입액(증빙불비의 경우 제외)
② 임대보증금 등의 간주임대료
③ 업무무관자산 등 관련 차입금 이자
④ 채권자불분명 사채이자(원천징수액 제외)

기출문제

23 (주)생산성의 제1기 예정신고기간중 부가가치세 관련자료가 [보기]와 같다고 가정할 때, 차가감 납부할 세액은 얼마인가?

┤ 보기 ├

(매출내역)
- 전자세금계산서 발급분(부가가치세 포함):　55,000,000원
- 신용카드매출전표 발행분(공급대가):　　　　1,353,000원
- 전자계산서 발급분: 1,500,000원

(매입내역)
- 전자세금계산서 수취분(부가가치세 포함):　33,000,000원
　(단, 접대관련 매입액 3,000,000원이 포함되어 있음)

① 2,423,000원　　　　　　　　② 2,435,300원
③ 2,573,000원　　　　　　　　④ 2,873,000원

24 [보기]는 부가가치세법 중 세율에 관한 설명이다. (A)에 들어갈 용어를 한글로 입력하시오.

┤ 보기 ├

(1) (　A　)은(는) 부가가치세 과세대상이나 면세는 과세대상이 아니다.
(2) (　A　)은(는) 원칙적으로 매입세액을 공제받을 수 있으나 면세는 공제받을 수 없다.
(3) (　A　)은(는) 가격경쟁력 제고로 수출을 촉진하는 것이 주된 목적이고, 면세는 최종소비자의
　　세부담 경감을 통한 역진성 완화가 주된 목적이다.

정답: _____

25 [보기]의 (가), (나)에 들어갈 숫자를 예와 같이 입력하시오.(예: 정답이 3월 25일인 경우 3, 25로 기재)

┤ 보기 ├

법인세 납세의무가 있는 내국법인으로 각 사업연도의 종료일이 매년 6월 30일 경우,
(가)월 (나)일까지 그 사업연도의 소득에 대한 법인세의 과세표준과 세액을 납세지 관할 세무서장에게 신고하여야 한다.
단, 본 지문에서 성실신고확인서를 제출해야 하는 내국법인의 기준은 적용하지 않는다.

정답: _____

26 [보기]는 법인기업인 (주)생산의 법인세 관련 자료이다. (주)생산의 2023 연도 귀속 법인세 납부세액을 계산하면 얼마인가? 단, [보기] 자료 외에는 다른 사항은 없는 것으로 가정하며 정답은 단위를 제외한 숫자만 입력하시오.

┤ 보기 ├

- 각 사업연도 소득금액: 500,000,000원
- 이월결손금 2010년도분: 3,000,000원
- 이월결손금 2020년도분: 5,000,000원
- 비과세소득: 2,000,000원
- 소득공제: 3,000,000원
 * 법인세율:
   - 2억 원 이하: 9%   - 2억 원 초과 ~ 200억 원 이하: 19%

정답: _____

[과목: 관리회계의 이해]

27 조업도의 증감에 따른 변동비 및 고정비의 원가행태 변화에 대한 설명으로 가장 적절하지 않은 것은?

① 조업도의 증가에 따라 총변동비는 증가한다.
② 조업도의 감소에 따라 총고정비는 일정이다.
③ 조업도의 증가에 따라 단위당 고정비는 감소한다.
④ 조업도의 감소에 따라 단위당 변동비는 감소한다.

28 개별원가계산을 적용하기에 가장 적합한 업종은 무엇인가?

① 사무용품인 볼펜을 대량생산하는 문구제조업
② 고객의 주문에 의해서만 선박을 생산하는 조선업
③ 인스턴트 꽁치 통조림을 대량생산하는 식품가공업
④ 최신형 핸드폰을 대량 생산하는 전자기기 제품제조업

29 [보기]는 (주)생산성의 공헌이익계산서 내용 중 일부이다. (주)생산성의 당해 영업레버리지도(DOL)가 4로 계산된 경우 (가)에 기록된 금액은 얼마인가? 단, [보기]는 이미지를 참고하시오. [보기]에 주어진 자료만을 이용하여 문제의 정답을 구하시오.

┤ 보기 ├

공헌이익계산서

(주)생산성   (단위: 원)

매출액	100,000
− 변동비	60,000
= 공헌이익	
− 고정비	(가)
= 영업이익	

① 10,000원   ② 20,000원
③ 30,000원   ④ 40,000원

30 [보기]의 (A)에 가장 적절한 관리회계 용어를 한글로 입력하시오.

┤ 보기 ├

길동이는 피아노학원을 다니고 있었는데, 방학이 되자 수영을 배우려고 알아보니 피아노학원 수업 시간과 겹치게 되었다.
길동이는 수영을 꼭 배우고 싶어 수강중인 피아노학원을 그만두고 수영을 수강하게 되었다. 이때 이미 지출된 피아노학원비는 (A)원가에 해당한다.

정답: (   )원가

31 [보기]는 (주)생산성의 원가자료이다. [보기]를 이용하여 (주)생산성의 당기제품제조원가를 계산하면 얼마인가? 단, 정답은 단위를 제외한 숫자만 입력하시오.

┤ 보기 ├

- 제품 기초재고액   2,200원   - 제품 기말재고액   3,200원
- 재공품 기초재고액 1,500원   - 재공품 기말재고액 1,500원
- 직접재료원가   6,000원   - 직접노무원가   5,000원
- 제조간접원가   4,000원

정답: _____

32 [보기]의 (㉮)에 들어갈 숫자를 소수점 첫째짜리까지 입력하시오.

> ┤ 보기 ├
>
> - (주)생산성의 올해 변동비는 매출액의 60%이다. 매출액을 S, 총고정비를 FC라고 할 때, 당사는 매출액의 20%에 해당하는 목표이익을 얻고 싶다. 단, 다른 가정은 무시한다.
> - 매출액: S = FC ÷ (㉮)

정답: _____

[실무] ●

> ❖❖ 본 문제는 시뮬레이션 문제로서 [실기메뉴]의 메뉴를 활용하여 문제에 답하시오.
> 웹하드(http://www.webhard.co.kr)에서 Guest(ID: samil3489, PASSWORD: samil3489)
> 로 로그인하여 백데이터를 다운받아 설치한 후 회계 1급 2023년 2회 김은찬으로 로그인한다.

[과목: ERP 회계 기본정보관리]

01 고정자산의 자본적지출이 발생하여 자산변동처리를 입력하려고 한다. 다음 중 자산변동처리를 입력할 수 있는 사원을 고르시오.

① ERP13A01.김은찬
② ERP13A02.최영서
③ ERP13A03.김수빈
④ ERP13A04.신서율

02 원가보고서에 반영되는 여비교통비 계정의 관리항목으로 등록하지 않아 해당 계정을 전표입력 시 입력이 불가한 관리항목은 무엇인가?

① A1.거래처
② C1.사용부서
③ D1.프로젝트
④ D4.사원

03 당사는 무역 거래처 관리 중 [00010.D&H] 거래처의 거래처구분이 '기타'로 잘못 등록된 것을 발견하였다. 해당 거래처의 거래처구분을 '무역'으로 변경 후 거래처구분이 '무역'인 거래처를 조회하면 몇 개인가?

① 1개
② 2개
③ 3개
④ 4개

[과목: ERP 재무회계 프로세스의 이해]

04 (주)더존 본점은 2023년 7월 1일 단기매매차익을 목적으로 매입한 주식(U-20230701) 중 일부인 200주를 2023년 12월 30일에 1주당 9,000원에 매각했을 때, 본 거래와 관련한 단기매매증권처분손익은 얼마인가?(단, 처분시 수수료는 50,000원이다.)

① 손실: 200,000원   ② 손실: 250,000원
③ 이익: 300,000원   ④ 이익: 550,000원

05 (주)더존 본점의 2023년 12월말 결산 시 소모품의 기말 재고액은 2,000,000원이다. 장부의 금액을 확인한 후 이와 관련된 기말 결산 수정 분개로 옳은 것은 무엇인가?(단, 소모품은 취득시 자산처리 하였다.)

① 소 모 품 10,000,000원 / 소모품비 10,000,000원
② 소모품비 10,000,000원 / 소 모 품 10,000,000원
③ 소 모 품 12,000,000원 / 소모품비 12,000,000원
④ 소모품비 12,000,000원 / 소 모 품 12,000,000원

06 2023년 12월 말 결산 시 (주)더존 본점이 외화예금으로 보유하고 있는 유로(EUR)금액은 얼마인가?

① 2,000유로   ② 2,100유로
③ 4,000유로   ④ 4,200유로

07 (주)더존 본점의 2023년 1분기 손익계산서에 대한 설명 중 옳지 않은 것은 무엇인가?

① 상품매출액은 317,500,000원이다.
② 당기상품매입액은 104,550,000원이다.
③ 이자비용 8,000,000원이 영업외비용으로 발생하였다.
④ 판매관리비 중 복리후생비는 4,840,000원 발생하였다.

08 (주)더존 본점은 매월 수입 및 지출에 대해 일자별자금계획을 수립하고 있다. 2023년 4월 고정적으로 지출되는 금액은 2023년 3월과 비교하여 얼마나 감소하였는가?

① 2,000,000원   ② 2,300,000원
③ 5,500,000원   ④ 9,000,000원

09 손익계산서에 표시되는 사무용품비 입력시 관리항목으로 프로젝트와 사용부서를 입력하였다. (주)더존 본점의 2023년 1분기 손익계산서에 표시되는 사무용품비 중 프로젝트가 '무역 1000.서울공장'이며 사용부서가 '무역 1001.회계팀'으로 관리항목이 입력된 금액은 얼마인가?

①   120,000원   ②   300,000원
③ 1,005,000원   ④ 1,335,000원

10 (주)더존 본점의 업무용승용차 [200.20나 0927] 차량에 대하여 운행기록부를 작성하고 있다. 2023년 1월 27일 14시 [ERP13A04.신서율] 사원이 일반업무용(주행거리: 100km)으로 해당 차량을 사용하였다. 해당 내역을 운행기록부에 작성 후 2023년 1월 한 달 동안 해당 차량의 업무사용비율을 조회하면 얼마인가?(운행내역을 작성하고 저장 후 재조회하여 상단의 업무사용비율을 갱신한다.)

① 50%   ② 52%   ③ 66%   ④ 75%

11 다음 (주)더존 본점의 2023년 10월 13일부터 2023년 10월 30일까지 발생한 판매관리비 지출금액 중 현금지출액이 가장 큰 계정과목을 고르시오.

① 81200.여비교통비   ② 81300.접대비
③ 82100.보험료   ④ 82900.사무용품비

12 다음 [보기]의 내용을 참고하여 고정자산등록 메뉴에 입력 한 후 해당 입력 자산의 당기 일반상각비 금액을 조회하면 얼마인가?

┤ 보기 ├

- 회계단위: (주)더존 본점   - 자산유형: 비품
- 자산코드: 21203   - 자산명: 복합기
- 취득금액: 2,400,000원   - 취득일: 2023/02/01
- 상각방법: 정액법   - 내용연수: 5년
- 경비구분: 800번대   - 관리부서: 회계팀

① 200,000원   ② 400,000원
③ 440,000원   ④ 520,000원

13 2022년에서 2023년으로 이월된 (주)더존 본점의 외상매출금에 대한 설명으로 옳지 않은 것을 고르시오.

① 이월된 외상매출금은 810,540,000원이다.
② 이월된 외상매출금이 가장 큰 거래처는 '(주)영은실업'이다.
③ 거래처분류가 '종로구'인 거래처들의 이월된 외상매출금 합계액은 147,800,000원이다.
④ '(주)하진테크'의 이월된 외상매출금보다 '(주)제동'의 이월된 외상매출금 금액이 더 크다.

14 당사는 예산을 사용부서별로 관리하고 있다. 2023년 1월 한 달 동안 '회계팀'에서 사용한 예산 중 손익계산서에 표시되는 복리후생비의 집행율은 얼마인가?(단, 집행방식은 승인집행으로 조회)

① 25%   ② 48%   ③ 87%   ④ 96%

[과목: ERP 세무회계 프로세스의 이해]

15 (주)더존 지점은 '(주)하진테크'에 과세되는 상품을 24,000,000(VAT별도) 매출한 2023년 3월 4일 거래에서 부가세계정에 공급가액이 잘못 입력된 것을 발견하였다. 해당 전표를 찾아 공급가액을 수정 후 2023년 1기 부가가치세 예정 신고기간 동안 '(주)하진테크'에서 발생한 매출세금계산서 거래의 공급가액 합계액을 조회하면 얼마인가?(사업장: [2000] (주)더존 지점)

① 62,000,000원　　　　　　　　② 74,000,000원
③ 134,000,000원　　　　　　　　④ 158,000,000원

16 (주)더존 지점의 2023년 2기 부가가치세 확정 신고 시 매입에 대한 예정신고 누락분의 건수와 공급가액으로 옳은 것은 무엇인가?(사업장: [2000] (주)더존 지점)

① 1건 / 500,000원　　　　　　　② 1건 / 4,000,000원
③ 1건 / 25,000,000원　　　　　　④ 2건 / 29,000,000원

17 2023년 9월 29일 (주)더존 지점는 '동진상사(주)'에게 기계장치를 3,000,000원(VAT별도)에 현금으로 매입하고 현금영수증(승인번호: 80870927)을 발급 받았다. 해당 거래내역을 전표입력 후 2023년 2기 부가가치세 예정 신고기간의 현금영수증매입건 중 고정자산매입세액을 조회하면 얼마인가?(사업장: [2000] (주)더존 지점)

① 250,000원　　　　　　　　　② 300,000원
③ 500,000원　　　　　　　　　④ 800,000원

18 (주)더존 지점의 2023년 2기 부가가치세 확정 신고기간에 발생한 신용카드매출액 중 세금계산서가 발급된 금액은 얼마인가?(사업장: [2000] (주)더존 지점)

① 1,900,000원　　　　　　　　② 2,000,000원
③ 2,500,000원　　　　　　　　④ 5,500,000원

19 2023년 5월 29일 (주)더존 지점에서 발생한 접대비지출 전표가 '미결' 상태인 것을 발견하였다. 해당 전표를 승인처리 후 2023년 1기 부가가치세 확정 신고기간에 발생한 매입거래 중 '접대비관련매입세액' 사유로 불공제되는 매입세액을 조회하면 얼마인가?(사업장: [2000] (주)더존 지점)

① 30,000원　　　　　　　　　② 50,000원
③ 80,000원　　　　　　　　　④ 90,000원

20 다음 거래처 중 2023년 2기 부가기치세 확정 신고기간에 (주)더존 지점에서 면세매출 거래가 발생한 거래처를 고르시오.(사업장: [2000] (주)더존 지점)

① 00001.(주)영은실업　　　　　② 00007.(주)라라실업
③ 00009.(주)신흥전자　　　　　④ 00012.한국컴퓨터

21 (주)더존 본점의 2023년 상반기 원재료 매입액 중 타계정대체출고가 발생한 달은 언제인가?

① 3월　　　　　　② 4월　　　　　　③ 5월　　　　　　④ 6월

22 당사는 공장을 프로젝트로 등록하고 프로젝트분류를 설정하여 관리하고 있다. (주)더존 본점의 2023년 상반기 동안 프로젝트분류가 '200.남부'로 설정된 공장에서 지출한 가스수도료(제조경비)를 조회하면 얼마인가?

① 　580,000원　　　　　　　　　② 1,560,000원
③ 2,053,000원　　　　　　　　　④ 2,633,000원

23 (주)더존 본점의 2023년 상반기 제조원가보고서에 대한 설명 중 옳지 않은 것은 무엇인가?

① 이월된 원재료 금액은 955,600,000원이다.
② 노무비로 지출된 금액은 213,750,000원이다.
③ 상반기에 원재료 260,550,000원을 매입하였다.
④ 노무비가 증가하면 '당기 제품 제조원가'는 감소한다.

24 (주)더존 본점은 고정자산등록 시 프로젝트(PJT)를 등록하여 관리하던 중 기계장치 자산으로 등록된 '1008.이송장치'의 프로젝트(PJT)가 잘못 등록된 것을 발견하였다. 해당 자산의 프로젝트를 '1004.대전공장'로 변경 후 (주)더존 본점 2023년 결산 시 제조원가보고서에 계상할 '1004.대전공장' 프로젝트로 등록된 기계장치의 감가상각비를 조회하면 얼마인가?

① 　11,199,000원　　　　　　　② 12,000,000원
③ 24,000,000원　　　　　　　　④ 25,199,000원

25 (주)더존 본점의 2023년 사무용품비(제조원가) 지출액이 가장 큰 분기는 언제인가?

① 1/4분기　　　　　　　　　　② 2/4분기
③ 3/4분기　　　　　　　　　　④ 4/4분기

회계 1급 2023년 1회 (2023년 1월 28일 시행)

[이론] ●

[과목: 경영혁신과 ERP]

01 ERP 선택 및 사용 시 유의점으로 가장 옳지 않은 것은?

① 도입하려는 기업의 상황에 맞는 패키지를 선택해야 한다.
② 데이터의 신뢰도를 높이기 위해 관리를 철저히 해야 한다.
③ 지속적인 교육 및 워크숍 등의 원활한 사용을 위한 노력이 필요하다.
④ 현 시점의 기업 비즈니스 프로세스를 유지할 수 있는 패키지를 선택해야 한다.

02 ERP 도입의 예상 효과로 가장 적절하지 않은 것은?

① 사이클 타임 증가   ② 고객 서비스 개선
③ 최신 정보기술 도입   ④ 통합 업무 시스템 구축

03 원가, 품질, 서비스, 속도와 같은 주요 성과측정치의 극적인 개선을 위해 업무프로세스를 급진적으로 재설계하는 것은 무엇인가?

① BSC(Balanced Scorecard)   ② CALS(Commerce At Light Speed)
③ EIS(Executive Information System) ④ BPR(Business Process Reengineering)

04 ERP의 특징에 관한 설명 중 가장 적절하지 않은 것은?

① 세계적인 표준 업무절차를 반영하여 기업 조직구성원의 업무수준이 상향평준화된다.
② ERP시스템의 안정적인 운영을 위하여 특정 H/W와 S/W업체를 중심으로 개발되고 있다.
③ 정확한 회계데이터 관리로 인하여 분식결산 등을 사전에 방지하는 수단으로 활용이 가능하다.
④ Parameter 설정에 의해 기업의 고유한 업무환경을 반영하게 되어 단기간에 ERP 도입이 가능하다.

05 Best Practice를 통해 ERP 패키지를 도입하여 시스템을 구축하고자 할 경우 가장 옳지 않은 방법은 무엇인가?

① BPR과 ERP 시스템 구축을 병행하는 방법
② ERP 패키지에 맞추어 BPR을 추진하는 방법
③ 기존 업무처리에 따라 ERP 패키지를 수정하는 방법
④ BPR을 실시한 후에 이에 맞도록 ERP 시스템을 구축하는 방법

[과목: 재무회계의 이해]

06 [보기]는 무엇에 대한 설명인가?

┤ 보기 ├

장부 기록을 자산이나 부채, 자본, 수익, 비용의 변동을 가져오는 거래가 발생 시점과 관계없이 실제 현금이 들어오고 나갈 때를 기준으로 기록하는 것이다.

① 저가주의
② 보수주의
③ 발생주의
④ 현금주의

07 [보기]의 계정과목 중 영업이익 계산과정에서 제외되는 항목으로만 짝지어진 것은?

┤ 보기 ├

ㄱ. 매출원가
ㄴ. 종업원의 복리후생비
ㄷ. 이자비용
ㄹ. 건물의 감가상각비
ㅁ. 기부금
ㅂ. 단기매매증권평가손실

① ㄱ, ㄷ, ㅁ
② ㄴ, ㅁ, ㅂ
③ ㄷ, ㄹ, ㅂ
④ ㄷ, ㅁ, ㅂ

08 [보기]는 무엇에 대한 설명인가?

┤ 보기 ├

- 한 회계기간 동안 발생한 소유주지분의 변동내역을 주주의 입장에서 한 눈에 알아볼 수 있도록 상세하게 표시한 재무제표
- 내용 및 구성항목: 자본금의 변동, 자본잉여금의 변동, 자본조정의 변동, 기타포괄손익누계액의 변동, 이익잉여금의 변동 등

① 재무상태표
② 자본변동표
③ 현금흐름표
④ 포괄손익계산서

09 재무제표 작성 방법으로 가장 적절하지 않은 것은?(단, 기중에 자본의 증자와 감자 및 배당은 없었다고 가정한다)

① 총수익 = 총비용 + 당기순이익
② 매출총이익 = 매출액 − 매출원가
③ 기말자산 = 기말부채 + 기말자본
④ 기말자산 + 총비용 = 기말부채 + 기말자본 + 총수익

기출문제

10 [보기]에서 2022년도 비용으로 인식되는 보험료는 얼마인가?

> **보기**
>
> 2022년 자동차 보험료 1년분(2022년 8월 1일 ~ 2023년 7월 31일) 1,500,000원을 현금으로 지급하고 미경과분을 선급비용처리 함.

① 625,000원 ② 805,000원
③ 1,205,000원 ④ 1,405,000원

11 기말 결산공고 상의 재무상태표에서 찾아볼 수 없는 계정과목은 무엇인가?

① 선급금 ② 선수금
③ 가지급금 ④ 미지급금

12 [보기]의 당해 기말 재고자산 관련 자료를 기초로 재고자산 감모손실과 평가손실을 계산하면 얼마인가?(단, 수량계산은 실지재고조사법을 적용하였다.)

> **보기**
>
> - 장부상 재고자산수량　　　1,000개　　- 조사한 결과 실제재고수량　　850개
> - 단위당 취득원가　　　　@1,000원　　- 단위당 시가(결산 시)　　　@850원

① 감모손실 127,500원　　평가손실 127,500원
② 감모손실 127,500원　　평가손실 150,000원
③ 감모손실 150,000원　　평가손실 127,500원
④ 감모손실 150,000원　　평가손실 150,000원

13 [보기]는 (주)무릉이 사용 중이던 기계장치를 (주)생산의 A비품과 교환하는 거래자료이다. 이 거래에서 (주)무릉은 공정가치의 차액인 100,000원을 현금으로 받았다. 이 거래에서 (주)무릉이 취득하는 A비품의 취득원가는 얼마인가?([보기]는 이미지를 참고하세요.)

> **보기**

구분	기계장치	A비품
취득원가	1,500,000원	1,200,000원
감가상각누계액	(1,047,900원)	(838,320원)
시장공정가치	400,000원	300,000원

① 300,000원 ② 361,680원
③ 400,000원 ④ 452,100원

14 일반기업회계기준상 재무상태표에 대한 설명으로 옳지 않은 것은?

① 부채는 유동부채와 비유동부채로 구분한다.
② 유형자산과 무형자산은 비유동자산에 속한다.
③ 자산은 유동자산과 비유동자산으로 구분한다.
④ 자본은 유동자본과 비유동자본으로 구분한다.

15 [보기]는 (주)생산의 손익계산서 관련자료이다. (주)생산의 영업이익은 얼마인가?(정답은 단위를 제외한 숫자만 입력하시오.)

┤ 보기 ├

- 기초상품재고액	3,000,000원	- 기말상품재고액	1,500,000원
- 당기매출액	75,000,000원	- 당기매입액	45,000,000원
- 급여	5,500,000원	- 장기대여금 대손상각비	150,000원
- 감가상각비	870,000원	- 접대비	350,000원
- 매출상품 운반비	70,000원	- 이자비용	105,000원

정답: _____

16 [보기]의 자료를 참고하여, (가)에 들어갈 금액을 구하면 얼마인가?(정답은 단위를 제외한 숫자만 입력하시오.)

┤ 보기 ├

- 영업부 종업원의 급여	100,000원	- 대손상각비	50,000원
- 기타의 대손상각비	150,000원	- 이자비용	120,000원
- 기부금	140,000원		

※ 매출총이익 - (가) = 영업이익

정답: _____

17 [보기]의 제시된 7개의 내용을 자본잉여금, 자본조정, 이익잉여금으로 구분하고자 한다. 이익잉여금으로 구분되는 내용은 총 몇 개인가?(정답은 단위를 제외한 1~7 사이의 숫자 하나만 입력하시오.)

┤ 보기 ├

주식발행초과금, 감자차익, 이익준비금, 미교부주식배당금, 주식할인발행차금, 자기주식처분손실, 자기주식

정답: _____

기출문제

[과목: 세무회계의 이해]

18 세금계산서와 계산서는 발행 내용에 차이가 있다. 차이에 대한 설명으로 가장 적절한 것은?

① 영리목적 유무   ② 사업자 해당여부
③ 공급가액의 한계   ④ 부가가치세 면세 해당여부

19 부가가치세법상 영세율 적용대상으로 가장 적절하지 않은 것은?

① 내국물품을 외국으로 반출하는 것
② 국외에서 제공하는 해외건설용역
③ 국내 사업장이 있는 사업자가 해외에서 건설용역을 제공하는 경우
④ 수출을 대행하고 수출대행수수료를 받는 수출업자가 제공하는 수출대행용역

20 부가가치세법상 공급시기에 관한 설명으로 가장 옳은 것은?

① 통상적인 용역의 공급은 대가의 각 부분을 받기로 한 때이다.
② 일반적인 상품 및 제품은 현금이 수취되는 때가 공급시기이다.
③ 부동산 임대용역의 간주임대료 수입은 그 대가를 받는 때이다.
④ 재화의 이동이 필요 없는 경우는 재화의 이용이 가능한 때이다.

21 현행 우리나라 법인세의 설명으로 가장 옳은 것은?

① 법인의 사업연도는 변경할 수 없다.
② 외국법인의 법인세 납세지는 국내사업장 소재지이다.
③ 내국비영리법인은 청산소득에 대하여 납세의무가 있다.
④ 비영리 법인은 토지 등 양도소득에 대한 법인세 납세의무가 없다.

22 [보기]의 자료에서 법인세법상 상여로 소득처분할 금액의 합계액은 얼마인가?

보기	
- 정치자금기부금	5,000,000원
- 업무와 관련하여 발생한 교통사고 벌과금	800,000원
- 증명서류가 없는 접대비(귀속자불분명)	5,000,000원
- 퇴직한 주주인 임원의 퇴직급여 한도초과액	3,000,000원

① 5,800,000원   ② 8,000,000원
③ 8,800,000원   ④ 10,800,000원

23 법인세 계산절차에 대한 설명으로 가장 적절하지 않은 것은?

① 세액공제란 요건에 해당하는 경우 법인의 소득금액에서 일정액을 공제하여 주는 제도이다.

② 비과세소득은 법인세를 과세하지 아니하는 소득으로 다음연도로 이월하여 공제받을 수 없다.

③ 기납부세액이란 사업년도 중에 미리 납부한 세액으로 중간예납세액이나 원천징수세액 등을 말한다.

④ 법인세법상 결손금은 기업회계의 손익계산서상 당기순손실 금액과 일치하지 않는 것이 일반적이다.

24 [보기]의 (㉠)의 들어갈 용어를 한글로 입력하시오.

┤ 보기 ├

직전년도 1년 공급대가가 8000만원 미만인 개입사업자는 일반과세자가 아닌 (㉠)로 구분한다.

정답: _____

25 [보기]에서 설명하는 부가가치세의 특징을 한글로 입력하시오.

┤ 보기 ├

상품이 최종소비자에게 도달될 때까지의 모든 단계마다 과세된다는 것을 뜻한다.

정답: _____

26 [보기]는 (주)생산의 법인세 자료이다. 본 자료만을 이용하여, 2022년 사업년도 법인세 산출세액을 계산하면 얼마인가?([보기]에서 제시된 법인세율을 적용하시오. 정답은 단위를 제외한 숫자만 입력하시오.)

┤ 보기 ├

- 각 사업년도 소득금액   250,000,000원
- 이월결손금 발생자료:
  - 2010년도분   6,000,000원
  - 2014년도분   4,000,000원
  - 2018년도분   3,000,000원
- 법인세율:
  - 과세표준 2억원 이하: 10%
  - 과세표준 2억원 초과 ~ 200억원 이하: 20%
- 과세표준: 240,000,000원(250,000,000원 - 10,000,000원)

정답: _____

[과목: 관리회계의 이해]

27 (주)생산조선은 선박 제조기업이다. (주)생산조선의 제조원가 분류로 가장 적절하지 않은 것은?

① 선박의 핵심 엔진 – 직접재료비
② 못이나 나사 등 소모품 – 간접재료비
③ 선박 제조 전문기술자의 임금 – 직접노무비
④ 공장 내 직원식당에 근무하는 조리원의 급여 – 직접노무비

28 [보기]의 원가 관련 자료를 참고하여, 당기총제조원가를 계산하면 얼마인가?

┤ 보기 ├
- 직접재료원가 사용액   400,000원
- 직접노무원가 발생액   500,000원
- 변동제조간접원가 발생액   300,000원(변동제조간접원가는 총제조간접원가의 60%이다.)

① 900,000원
② 1,000,000원
③ 1,200,000원
④ 1,400,000원

29 [보기]는 표준원가계산제도를 채택하고 있는 (주)생산성의 2022년 직접노무비 관련 자료이다. 당해 (주)생산성의 직접노무비 임률차이를 계산하면 얼마인가?

┤ 보기 ├
- 직접노무비 표준임률   시간당 @8,000원/시간
- 직접노무비 실제임률   시간당 @10,000원/시간
- 실제생산량에 허용된 표준직접노동시간   500시간
- 실제생산량에 투입된 실제직접노동시간   600시간

① 800,000원 유리한 차이
② 800,000원 불리한 차이
③ 1,200,000원 유리한 차이
④ 1,200,000원 불리한 차이

30 [보기]는 (주)생산성의 8월 노무비계정 원가자료이다. 이를 이용할 경우 8월에 실제로 발생한 노무비의 금액은 얼마인가?(정답은 단위를 제외한 숫자만 입력하시오.)

┤ 보기 ├
- 8월 노무비 미지급액   370원
- 8월 노무비 현금지급액   700원
- 7월 선지급된 8월분 노무비 해당액   280원
- 8월 노무비 현금지급액 중 9월분 노무비 해당액   230원
- 8월의 노무비 현금지급액 중 7월분 미지급노무비   170원

정답: _____

31 [보기]는 (주)생산성의 당해 회계자료 일부분이다. (주)생산성의 당해 영업레버리지도(DOL)를 구하시오.

┤ 보기 ├

- 매출액　　1,000,000원　　　　- 고정비　　150,000원　　　- 공헌이익률　　30%

정답: _____

32 [보기]에서 원가흐름에 대한 가정을 한글로 기입하시오.

┤ 보기 ├

종합원가계산절차 시 완성품과 기말재공품에 배분을 위한 원가흐름에 대한 가정이 필요하다. 그 중 하나는 기초재공품이 먼저 완성되고 당기착수물량을 그 뒤에 가공한다고 가정하고, 기초재공품과 당기총제조비용 중 일부가 완성품원가가 되고 기말재공품원가는 당기발생원가로만 구성된다고 가정하는 것이다.

정답: _____

※ 본 문제는 시뮬레이션 문제로서 [실기메뉴]의 메뉴를 활용하여 문제에 답하시오.
웹하드(http://www.webhard.co.kr)에서 Guest(ID: samil3489, PASSWORD: samil3489)로 로그인하여 백데이터를 다운받아 설치한 후 회계 1급 2023년 1회 김은찬으로 로그인한다.

[과목: ERP 회계 기본정보관리]

01 당사는 사용부서를 관리항목으로 사용하여 재무제표를 부문별로 조회하고 있다. 다음 중 '1001.회계팀'과 같은 부문에 속한 부서를 고르시오.

① 2001.영업부
② 3001.생산부
③ 4001.자재부
④ 5001.인사팀

02 당사는 ERP를 도입하여 당사의 환경에 맞게 시스템 환경설정을 모두 마쳤다. 당사의 시스템 환경설정으로 옳지 않은 것을 고르시오.

① 처분 자산의 상각비를 월할로 계산한다.
② 재무제표를 영어로 조회 및 출력할 수 있다.
③ 전표입력에서 입출금 전표를 사용하지 않는다.
④ 거래처등록 시 거래처코드가 5자리로 자동 채번된다.

03 아래에서 설명하는 전표의 상태로 전표입력이 가능한 사원은 누구인지 고르시오. 전표입력 시 전표의 상태는 '승인'으로 발행되며, 승인전표 수정 및 삭제 시 전표의 승인해제 없이 전표의 수정이 가능하다.(직접 전표를 입력하는 경우이며, 대차차액은 없는 것으로 가정한다.)

① 김민준   ② 김은찬
③ 배윤미   ④ 유지현

[과목: ERP 재무회계 프로세스의 이해]

04 (주)한국생산 본점은 'L3.업무용승용차' 관리항목을 이용하여 차량유지비를 관리한다. 다음 중 2023년 1월부터 3월까지 82200.차량유지비계정의 지출이 가장 큰 차량을 고르시오.

① 26우8873   ② 29아8902
③ 38가4990   ④ 38거1390

05 (주)한국생산 본점은 아래 [보기]의 어음을 할인하고 할인료를 차감한 금액을 당좌예금 계좌로 입금하였다. 이와 관련된 회계 처리로 옳은 것을 고르시오.

> ┤ 보기 ├
>
> - 어음번호   자가2023033101
> - 어음할인일   2023년 3월 31일
> - 어음할인율   12%(월할계산, 매각 거래로 처리)

① (차) 당좌예금   29,100,000원   (대) 받을어음 30,000,000원
　 (차) 매출채권처분손실   900,000원
② (차) 당좌예금   29,100,000원   (대) 받을어음 30,000,000원
　 (차) 이자비용   900,000원
③ (차) 당좌예금   19,400,000원   (대) 받을어음 20,000,000원
　 (차) 매출채권처분손실   600,000원
④ (차) 당좌예금   19,400,000원   (대) 받을어음 20,000,000원
　 (차) 이자비용   600,000원

06 (주)한국생산 본점은 전년도 장부를 마감 후 2023년도로 이월하였다. 다음 중 전년도에서 이월한 외상매출금의 거래처별 내역이 일치하지 않은 것을 고르시오.

① 00001.(주)영은실업: 160,500,000원
② 00002.(주)하진테크: 77,805,000원
③ 00003.(주)제동: 188,286,000원
④ 00005.(주)중원: 35,560,000원

07 당사에서 사용하고 있는 예산통제구분과 [81300.접대비] 계정의 예산통제방식은 무엇인가?

① 예산통제구분: 사용부서, 예산통제방식: 월별통제
② 예산통제구분: 결의부서, 예산통제방식: 누적통제
③ 예산통제구분: 결의부서, 예산통제방식: 월별통제
④ 예산통제구분: 사용부서, 예산통제방식: 누적통제

08 (주)한국생산 본점에서 다음 [보기]의 거래내용을 전표입력하고 2023년 6월 30일까지의 단기매매증권 잔액을 조회한 값은 얼마인가?

┤ 보기 ├

2023년6월23일 단기매매를 목적으로 (주)신흥전자 주식 400주를 1주당 액면 60,000원에 매입하고 매입수수료 25,000원을 포함하여 현금으로 지급하였다.(단, 지급수수료 분개가 필요한 경우 판관비 계정을 사용할 것)

① 637,000,000원
② 688,000,000원
③ 712,000,000원
④ 842,000,000원

09 (주)한국생산 본점은 외상매출금에 대하여 선입선출법 기준으로 채권년령을 관리하고 있다. 2023년 3월말 기준으로 3개월 전까지의 채권년령에 대한 설명으로 옳지 않은 것을 고르시오.

① 총 미회수 외상매출금은 662,310,000원이다.
② 2023년 2월 한 달 동안 미회수 외상매출금은 164,986,000원이다.
③ 논스탑 거래처는 2019년 1월에 발생한 외상매출금이 아직 미회수 처리 되었다.
④ (주)중원 거래처는 2023년 1월~2023년 3월 동안 매월 미회수 외상매출금이 존재한다.

10 (주)한국생산 본점은 업무용 승용차 손금불산입 특례 규정에 따라 업무용 승용차 관련비용 명세서를 작성하여 관리하고 있다. 명세서를 불러오기 하여 작성한 후 2023년에 지출한 업무용 승용차 관련비용 중 '38가4990' 차량의 손금으로 인정되는 금액을 조회하면 얼마인가?

① 1,510,000원
② 3,820,000원
③ 6,230,000원
④ 8,550,000원

11 [1101.회계팀]의 2023년 예산 중 예산을 초과하여 집행한 계정과목을 고르시오.(집행방식은 결의집행으로 조회한다.)

① 81300.접대비
② 82100.보험료
③ 82200.차량유지비
④ 87200.회의비

12 (주)한국생산 본점의 2023년 5월 31일 현재 현금 계정의 가용자금 금액으로 옳은 것을 고르시오.

① 31,981,000원
② 57,605,000원
③ 1,482,983,000원
④ 2,904,973,000원

13 (주)한국생산 본점은 보유하고 있던 기계장치 자산 중 [1006.발전기]를 전체 양도하였다. 아래 [보기]를 참고하여 자산양도처리 한 후 [1006.발전기] 자산의 당해 감가상각비 금액은 얼마인가?(당사는 ERP 프로그램을 통해 고정자산 상각비를 계산한다.)

┤ 보기 ├

- 자산유형: 기계장치
- 자산코드: 1006
- 자산명: 발전기
- 양도일: 2023.05.09.
- 양도금액: 48,000,000원(전체양도)

① 5,000,000원
② 6,000,000원
③ 7,000,000원
④ 8,000,000원

14 (주)한국생산 본점은 2023년 6월말 결산 시 받을어음에 대해 2%의 대손충당금을 설정하려고 한다. 다음 중 회계처리로 옳은 것을 고르시오.

① (차) 대손상각비   1,527,710원   (대) 대손충당금   1,527,710원
② (차) 대손상각비   1,570,000원   (대) 대손충당금   1,570,000원
③ (차) 대손충당금   2,420,000원   (대) 대손충당금환입 2,420,000원
④ (차) 대손충당금   3,990,000원   (대) 대손충당금환입 3,990,000원

[과목: ERP 세무회계 프로세스의 이해]

15 (주)한국생산 춘천지사의 2023년 1기 부가가치세 확정 신고 기간에 발급한 매출세금계산서 중 공급가액 총 합계액이 가장 큰 거래처를 고르시오.(사업장: [2000] (주)한국생산 춘천지사)

① (주)상상유통
② (주)제동
③ (주)중원
④ (주)하진테크

16 다음 [보기]의 거래를 전표입력 후 (주)한국생산 춘천지사의 2023년 1기 부가가치세 확정 신고기간 동안의 공제받지 못할 매입세액 설명으로 가장 옳은 것을 고르시오.(사업장: [2000] (주)한국생산 춘천지사)

┤ 보기 ├

- 매입내용: 2023년 04월 20일 비영업용 소형승용차(1,800cc)를 구입 후 세금계산서를 수취 후 신안 은행에서 전액 이체처리 하였다.
- 거래처: (주)연대자동차
- 합계액: 33,000,000원(VAT포함)
- 참고사항: 프로젝트별 공통매입안분 및 재계산은 하지 않는다.

① 불공제매입세액은 총 5,200,000원이다.
② 비영업용소형승용차구입 및 유지 불공제매입세액은 2,150,000원이다.
③ 불공제매입세액 관련 세금계산서는 4장이다.
④ 접대비관련매입세액은 600,000원이다.

17 다음 중 (주)한국생산 춘천지사의 2023년 1기 부가가치세 확정 신고기간에 매입한 자산의 종류를 고르시오.(사업장: [2000] (주)한국생산 춘천지사)

① 건물, 구축물
② 기계장치
③ 기타감가상각자산
④ 차량운반구

18 (주)한국생산 춘천지사의 거래내용을 전표입력한 후 2023년 1기 예정 부가가치세 신고 시 의제매입 세액 공제액은 얼마인가?(사업장: [2000] (주)한국생산 춘천지사)

┤ 보기 ├

- 2023년 3월 4일 사과잼 원재료 사과를 100상자 외상으로 구입 후 전자계산서를 수취하였다.
- 사업장: [2000] (주)한국생산 춘천지사
- 구입처: 청우유통(주)
- 매입가액: 7,000,000
- 공제율: 2/102

① 86,327원
② 117,647원
③ 137,254원
④ 254,901원

19 (주)한국생산 춘천지사의 2023년 1기 부가가치세 예정신고 기간의 부가가치세 면세수입금액은 얼마인가?(사업장: [2000] (주)한국생산 춘천지사)

① 6,900,000원
② 31,000,000원
③ 48,000,000원
④ 52,000,000원

20 (주)한국생산 춘천지사의 2023년 1기 부가가치세 확정 신고 시 첨부대상이 아닌 부속명세서는 무엇인가?(사업장: [2000] (주)한국생산 춘천지사)

① 매입세액불공제내역
② 매입처별 세금계산서합계표
③ 매출처별 세금계산서합계표
④ 신용카드매출전표등 발행금액집계표

21 (주)한국생산 본점에서 2023년 3월 31일 기준 원재료를 타 계정으로 대체한 금액은 얼마인가?

① 1,000,000원
② 2,000,000원
③ 3,000,000원
④ 4,000,000원

22 (주)한국생산 본점에서 2023년 1월 31일 기준 기말원재료 재고액이 8,000,000원이라면, 기초 원가는 얼마인가?(제조원가는 모두 직접원가이다.)

① 28,000,000원
② 57,000,000원
③ 70,000,000원
④ 87,000,000원

23 (주)한국생산 본점의 2023년 제조원가명세서에서 노무비 중 상여금이 지급되지 않은 분기를 고르시오.

① 1/4분기
② 2/4분기
③ 3/4분기
④ 4/4분기

24 (주)한국생산 본점은 실제원가계산을 사용하고 있다. 2023년 1월부터 3월까지 제품 생산에 투입된 재료량이 10,000 단위일 경우 재료비의 실제 단위당 소비가격은 얼마인가?(기말 원재료 재고액은 7,000,000원으로 가정한다.)

① 5,000원
② 7,000원
③ 10,000원
④ 20,000원

25 (주)한국생산 본점은 전국 공장을 프로젝트별로 관리하고 있다. 2023년 3월 한 달 기간 동안의 당기 제품제조원가가 가장 높은 공장을 고르시오.

① 광주공장
② 대전공장
③ 서울공장
④ 울산공장

회계 1급 | **2022년 6회 (2022년 11월 26일 시행)**

[과목: 경영혁신과 ERP]

01 경영환경 변화에 대한 대응방안 및 정보기술을 통한 새로운 기회 창출을 위해 기업경영의 핵심과 과정을 전면 개편함으로써 경영성과를 향상시키기 위한 경영기법으로 가장 적절한 것은?

① JIT(Just In Time)
② MBO(Management By Objectives)
③ MRP(Material Requirement Program)
④ BPR(Business Process Re-Engineering)

02 ERP 도입의 예상효과로 가장 적절하지 않은 것은?

① 리드타임 증가
② 결산작업의 단축
③ 고객서비스 개선
④ 통합 업무 시스템 구축

03 [보기]의 (　) 안에 들어갈 용어로 가장 적절한 것은?

┤ 보기 ├

ERP시스템 내의 데이터 분석 솔루션인 (　)은(는) 구조화된 데이터(structured data)와 비구조화된 데이터(unstructured data)를 동시에 이용하여 과거 데이터에 대한 분석뿐만 아니라 이를 통한 새로운 통찰력 제안과 미래 사업을 위한 시나리오를 제공한다.

① 리포트(Report)
② SQL(Structured Query Language)
③ 비즈니스 애널리틱스(Business Analytics)
④ 대시보드(Dashboard)와 스코어카드(Scorecard)

04 클라우드 컴퓨팅의 장점으로 가장 적절하지 않은 것은?

① 사용자의 IT투자비용이 줄어든다.
② 필요에 따라 언제든지 컴퓨팅 자원을 사용할 수 있다.
③ 장비관리 업무와 PC 및 서버 자원 등을 줄일 수 있다.
④ 사용자가 필요로 하는 애플리케이션을 설치하는데 제약이 없다.

05 ERP와 기존의 정보시스템(MIS) 특성 간의 차이점에 대한 설명으로 가장 적절하지 않은 것은?

① 기존 정보시스템의 업무범위는 단위업무이고, ERP는 통합업무를 담당한다.
② 기존 정보시스템의 전산화 형태는 중앙집중식이고, ERP는 분산처리구조이다.
③ 기존 정보시스템은 업무처리 방식은 수평적이고, ERP 업무처리 방식은 수직적이다.
④ 기존 정보시스템의 데이터베이스 형태는 파일시스템이고, ERP는 관계형 데이터베이스 시스템 (RDBMS)이다.

[과목: 재무회계의 이해]

06 [보기] 중 일반기업회계기준상 회계보고서로 작성되는 주요재무제표에 해당하는 것을 모두 고르면?

┤ 보기 ├

㉮ 주석   ㉯ 손익계산서   ㉰ 자본변동표   ㉱ 재무상태표

① ㉮, ㉯   ② ㉮, ㉯, ㉰
③ ㉯, ㉰, ㉱   ④ ㉮, ㉯, ㉰, ㉱

07 [보기]는 회계정보의 질적 특성 중 무엇에 대한 설명인가?

┤ 보기 ├

동일한 사건에 대하여 동일한 측정 방법을 적용할 경우 독립된 여러 측정자가 유사한 결론에 도달 해야 한다.

① 중립성   ② 예측가치
③ 검증가능성   ④ 표현의 충실성

08 자본항목 중 주주와의 자본거래로 인해 발생한 항목으로 가장 적절하지 않은 것은?

① 감자차익   ② 감자차손
③ 이익잉여금   ④ 자기주식처분이익

09 회계순환과정상 결산의 본 절차에 해당하는 회계처리업무는 무엇인가?

① 결산수정분개   ② 재무상태표의 작성
③ 총계정원장의 마감   ④ 수정전시산표의 작성

10 현금 및 현금성 자산에 대한 설명으로 가장 적절하지 않은 것은?

① 계정 구분상 당좌자산에 해당된다.
② 이자율 변동으로 인한 가치변동의 위험이 중요하지 않아야 한다.
③ 단기금융상품 중 결산 당시 만기가 3개월 이내에 도래하여야 한다.
④ 통화 및 통화대용증권, 은행예금 중 요구불예금, 취득당시 만기 3개월이내의 유가증권 및 단기 금융상품으로 구성된다.

11 [보기]는 (주)생산성의 2022년 임대료 회계자료이다. 2022년 12월 31일 결산일의 결산수정분개로 가장 적절한 것은?(단, 월할 계산할 것)

┤ 보기 ├

2022년 10월 1일: 1년분 임대료(240,000원)를 현금으로 받았다. 다음과 같이 분개하였다.
  (차) 현금   240,000원   (대) 선수수익   240,000원

① (차) 선수수익   60,000원   (대) 임대료   60,000원
② (차) 선수수익   180,000원   (대) 임대료   180,000원
③ (차) 선급임차료   180,000원   (대) 임차료   180,000원
④ (차) 선급임차료   60,000원   (대) 임차료   60,000원

12 재고자산의 비용인식과 관련된 내용 중 가장 적절하지 않은 것은?

① 재고자산의 평가손실은 매출원가에 가산한다.
② 재고자산평가충당금은 재고자산의 차감계정으로 표시한다.
③ 재고자산의 감모손실이 정상적인 범위 내 해당하는 경우 영업외비용으로 처리한다.
④ 재고자산평가손실이란 재고자산의 물리적 손상, 진부화 및 원가상승 등으로 인하여 보유중인 재고자산의 가치가 하락하는 경우 발생한 손실이다.

13 [보기]의 상황을 기업회계기준에 따라 회계처리할 때 발생하는 계정과목으로 가장 적절하지 않은 것은?

┤ 보기 ├

(주)한국생산의 상장주식 20주를 1주당 50,000원에 취득하고, 대금은 수표를 발행하여 지급하고 거래수수료 50,000원을 포함하여 보통예금 계좌에서 이체하여 지급하였다. 해당 주식은 장기투자를 목적으로 보유하는 것으로 가정한다.

① 당좌예금
② 보통예금
③ 단기매매증권
④ 매도가능증권

14 당기 중 새로 취득한 건물과 관련하여 지출된 비용은 [보기]와 같다. 건물의 취득원가는 얼마인가?

┤ 보기 ├

- 건물 취득가액   150,000,000원   - 건물 취득 관련 수수료   2,000,000원
- 건물 관리비   200,000원   - 건물 보험료   200,000원
- 건물 취득세   2,000,000원   - 건물 재산세   500,000원

① 150,200,000원
② 150,700,000원
③ 154,000,000원
④ 154,700,000원

15 [보기]에 제시된 자료를 참고하여 결산 시, 손익계산서에 표시할 대손상각비는 얼마인가?(*정답은 단위를 제외하고, 숫자로 입력하시오.)

┤ 보기 ├
- 01월 01일 대손충당금 잔액은 60,000원이다.
- 02월 10일 외상매출금 20,000원이 회수불능으로 판명되다.
- 03월 13일 위의 대손 처리한 외상매출금 중 10,000원을 현금으로 회수하다.
- 12월 31일 결산 시 외상매출금 잔액 5,000,000원에 대하여 2%의 대손을 예상하다.

정답: _____

16 [보기]는 계속기록법을 적용하고 있는 (주)생산성의 결산 전 기말재고자산과 관련된 자료이다. 이 회사가 결산업무를 진행할 때 재고자산평가손실을 계산하면 얼마인가?(단, 정답은 단위를 제외한 숫자만 입력하시오.)

┤ 보기 ├
- 장부상 재고자산수량   110개   - 조사한 결과 실제재고수량   100개
- 단위당 취득원가   @900원/개   - 단위당 공정가치(결산 시)   @800원/개

정답: _____

17 [보기]의 (   )안에 들어갈 용어를 한글로 입력하시오.

┤ 보기 ├
이익준비금은 이익잉여금에 해당하나 자기주식처분이익, 주식발행초과금, 감자차익은 (   )에 해당한다.

정답: _____

[과목: 세무회계의 이해]

18 [보기]는 부가가치세의 어떤 특징을 설명한 것인가?

┤ 보기 ├
세부담의 역진성을 완화하기 위하여 특정 재화 또는 용역의 공급에 대해서는 부가가치세 과세대상에서 제외시키는 제도를 도입하고 있다.

① 면세도입   ② 면세포기
③ 일반소비세   ④ 소비형부가가치세

19 [보기]는 (주)생산 관련 자료이다. [보기] 자료에 따르면, (주)생산의 부가가치세법상 공급시기는 언제인가?(단, (주)생산은 자동차 판매회사이다)

┤ 보기 ├

- 9월 1일 자동차 판매주문을 받음
- 9월 30일 자동차 판매대가 5,000,000원을 전액 수령하고 세금계산서를 발급함
- 10월 3일 자동차를 인도함
- 10월 15일 거래처로부터 자동차 수령증을 수취함

① 9월 1일   ② 9월 30일
③ 10월 3일   ④ 10월 15일

20 우리나라 법인세의 특징에 대한 설명 중 가장 거리가 먼 항목은 무엇인가?

① 납세자와 담세자가 동일한 직접세로서 납세자와 담세자가 다른 간접세와 대비된다.
② 과세권한이 국가에 있는 국세로서 과세권한이 지방자치단체에 있는 지방세와 대비된다.
③ 소득을 과세대상으로 하고 있는 소득세로서 보유재산을 과세대상으로 하는 재산세와 대비된다.
④ 소득의 규모에 비례하여 단일세율을 적용하는 비례세로서 누진세율 구조로 되어 있는 누진세와 대비된다.

21 부가가치세법상 재화의 공급에 해당하는 것은?

① 상속세를 물납하기 위해 부동산을 제공하는 경우
② 저당권 등 담보 목적으로 부동산을 제공하는 경우
③ 사업자가 재화를 고객 또는 불특정다수에게 증여하는 경우
④ 사업장별로 그 사업에 관한 모든 권리와 의무를 포괄적으로 승계시키는 경우

22 법인세법상 손금산입 항목으로 옳지 않은 것은?

① 임차료   ② 주식할인발행차금
③ 유형자산의 수선비   ④ 양도한 자산의 양도 당시 장부가액

22 (주)한국은 2022년 9월 1일 주당 20,000원에 취득한 자기주식 2,000주 중 자기주식 1,000주를 2022년 12월 31일에 주당 25,000원에 처분하고 [보기]와 같이 회계처리 하였다. 세무조정과 소득처분으로 옳은 것은?

┤ 보기 ├

(차) 현금   25,000,000원   (대) 자기주식   20,000,000원
                                   자기주식처분이익   5,000,000원
단, 자기주식처분이익을 자본잉여금으로 회계처리하였다.

① 〈익금산입〉 자기주식처분이익 5,000,000원(기타)
② 〈익금불산입〉 자기주식처분이익 5,000,000원(유보)

③ 〈손금산입〉 자기주식처분이익 5,000,000원(△유보)
④ 〈손금불산입〉 자기주식처분이익 5,000,000원(상여)

24 [보기]의 (   )에 들어갈 적절한 용어를 한글로 기입하시오.

┤ 보기 ├

- (   )(은)는 부가가치세과세방식의 일종으로 부가가치세매출세액에서 매입세액을 공제하여 바로
  부가가치세납부세액을 계산하는 방법이다.
- (   )(은)는 부가가치세제를 실시하는 대부분의 나라에서 채택하고 있으며 우리나라도 이 방식에
  의하고 있다.

정답: _____

25 [보기]의 (   )안에 공통으로 들어갈 적절한 법인세 관련 용어를 한글로 입력하시오.

┤ 보기 ├

기업회계상 수익에서 비용을 차감하여 당기순이익을 계산하는 회계학의 원리와 마찬가지로 법인세
법상 익금에서 손금을 차감하여 계산하는 것을 말한다. 따라서, 이 각 사업년도 (   )(은)는 기업회
계의 장부상 당기순이익과 거의 유사하므로 1년 동안 벌어들인 법인세법상 각 사업년도 (   )(을)
를 직접 계산하지 않고, 손익계산서상의 당기순이익을 기초로 양자간의 차이를 발생시키는 항목들
만 가감하여 계산하는데, 이를 세무조정이라고 한다.

정답: _____

26 [보기]는 법인세법상 중간예납에 대한 설명이다. (   )에 들어갈 적절한 숫자를 입력하시오.

┤ 보기 ├

원칙적으로 내국법인은 중간예납세액을 중간예납 기간이 지난 날로부터 (   )개월 이내에 납부
하여야 한다.

정답: _____

[과목: 관리회계의 이해]

27 원가는 현재시점 의사결정과의 관련성에 따라 관련원가와 비관련원가로 구분된다. 관련원가로 분류될 수 있는 가장 적절한 원가항목은 무엇인가?

① 기회원가
② 매몰원가
③ 기발생원가
④ 회피불능원가

28 당기에 발생한 노무비로 인식해야 할 경우로 옳지 않은 것은?

① 당기에 선지급 하고 차기에 실제 작업을 한 경우
② 전기에 선지급 하고 당기에 실제 작업을 한 경우
③ 당기에 실제 작업을 하고 차기에 현금으로 지급한 경우
④ 당기에 실제 작업을 하고 당기에 현금으로 지급한 경우

29 [보기]는 표준원가계산제도를 채택하고 있는 (주)생산성의 2022년 직접노무비 관련 자료이다. 당해 (주)생산성의 직접노무비 임률차이를 계산하면 얼마인가?

┤ 보기 ├

- 직접노무비 표준임률   시간당 @8,000원/시간
- 직접노무비 실제임률   시간당 @10,000원/시간
- 실제생산량에 허용된 표준직접노동시간   500시간
- 실제생산량에 투입된 실제직접노동시간   600시간

① 800,000원 유리한 차이
② 800,000원 불리한 차이
③ 1,200,000원 유리한 차이
④ 1,200,000원 불리한 차이

30 (주)생산성의 보조부문에서 발생한 변동제조간접원가는 2,000원, 고정제조간접원가는 2,000원이다. [보기]의 배부기준과 단일배부율법을 적용하여 보조부문의 제조간접원가를 제조부문에 배부할 경우 조립부문에 배부될 제조간접원가는 얼마인가?(정답은 단위를 제외한 숫자만 입력하시오. [보기]는 이미지도 함께 제공됩니다)

┤ 보기 ├

[배부기준]
- 조립부문: 실제기계시간 400시간, 최대기계시간 500시간
- 절삭부문: 실제기계시간 400시간, 최대기계시간 300시간

정답: _____

31 [보기]는 (주)생산성의 공헌이익계산서 내용 중 일부이다. 이 회사의 당해 변동비율을 계산하면 몇 % 인가?(단, [보기] 자료만을 이용하여 계산하며, 정답은 단위를 제외한 숫자만 입력하시오. [보기]는 이미지를 참고하시오.)

┤ 보기 ├

공헌이익계산서

(주)생산성	(단위: 원)
매출액	100,000
- 변동비	
= 공헌이익	
- 고정비	20,000
= 영업이익	10,000

정답: _____

32 [보기]의 자료를 이용하여 계산할 경우 당해 목표이익을 달성하기 위한 목표매출액은 얼마인가? (*정답은 단위를 제외한 숫자만 입력하시오.)

┤ 보기 ├

- 손익분기점 매출액   1,000,000원   - 공헌이익률   50%
- 목표이익   200,000원

정답: _____

:: 본 문제는 시뮬레이션 문제로서 [실기메뉴]의 메뉴를 활용하여 문제에 답하시오.
웹하드(http://www.webhard.co.kr)에서 Guest(ID: samil3489, PASSWORD: samil3489)로
로그인하여 백데이터를 다운받아 설치한 후 회계 1급 2022년 6회 김은찬으로 로그인한다.

[과목: ERP 회계 기본정보관리]

01 당사의 계정과목에 대한 설명 중 옳지 않은 것은 무엇인가?

① 13200.대손충당금은 13100.선급금의 차감계정이다.
② 14600.상품 계정은 프로젝트별로 이월하도록 설정하였다.
③ 51100.복리후생비 계정에 대해 세목으로 세분화하여 관리하고 있다.
④ 10400.기타제예금 계정은 전표입력 시 금융거래처를 필수로 등록하도록 설정하였다.

02 당사는 무역 거래처 관리 중 '00010.D&H' 거래처의 거래처구분이 '기타'로 잘못 등록된 것을 발견하였다. 해당 거래처의 거래처구분을 '무역'으로 변경 후 거래처구분이 '무역'인 거래처를 조회하면 몇 개인가?

① 1개
② 2개
③ 3개
④ 4개

03 당사는 사용부서를 관리항목으로 사용하여 재무제표를 부문별로 조회하고 있다. 다음 중 3001.생산부과 같은 부문에 속한 부서는 어디인가?

① 1001.회계팀
② 2001.영업부
③ 4001.총무부
④ 5001.시설팀

[과목: ERP 재무회계 프로세스의 이해]

04 (주)더존 본점은 2022년 5월 일자별자금계획 작성을 완료하였다. (주)더존 본점의 2022년 5월 10일부터 5월 30일까지의 자금계획을 조회하면 수입과 지출 예정금액은 얼마인가?

① 수입예정: 1,100,000원, 지출예정: 3,900,000원
② 수입예정: 1,100,000원, 지출예정: 7,100,000원
③ 수입예정: 3,300,000원, 지출예정: 7,100,000원
④ 수입예정: 3,300,000원, 지출예정: 13,900,000원

05 (주)더존 본점은 2022년 12월 말 1년간의 지출증빙서류검토표를 작성하려고 한다. 아래 [적격증빙별 전표증빙]을 참고하여 적격증빙 성격에 맞는 핵심ERP의 증빙을 연결하는 작업 수행 후 현금영수증으로 지출된 내역의 합계액을 조회하면 얼마인가?

> **┤ 보기 ├**
>
> [적격증빙별 전표증빙]
> - 10.신용카드(법인)   - 8.신용카드매출전표(법인)
> - 11.신용카드(개인)   - 8A.신용카드매출전표(개인)
> - 20.현금영수증   - 9A.현금영수증
> - 30.세금계산서   - 1.세금계산서
> - 40.계산서   - 2.계산서

① 2,790,000원   ② 3,190,000원
③ 3,320,000원   ④ 3,720,000원

06 (주)더존 본점은 외상매출금에 대하여 선입선출법 기준으로 채권년령을 관리하고 있다. 2022년 6월 말 기준으로 6개월 전까지의 채권년령에 대한 설명으로 옳지 않은 것은 무엇인가?

① 미회수 외상매출금이 가장 큰 거래처는 (주)영은실업이다.
② (주)중원 거래처에서 미회수된 외상매출금은 89,000,000원이다.
③ 다글 거래처는 6개월을 초과하여 반제되지 않은 외상매출금이 존재한다.
④ 2022년 4월 한 달 동안 (주)중원 거래처에서는 외상매출금이 발생하지 않았다.

07 (주)더존 본점의 2022년 하반기에 ERP13A01.김은찬 사원이 작성한 전표 중 전표상태가 '미결'인 전표는 몇 건인가?

① 4건   ② 6건
③ 8건   ④ 9건

08 (주)더존 본점은 2022년 6월말 결산 시 받을어음에 대해 2%의 대손충당금을 설정하려고 한다. 다음 중 회계처리로 옳은 것은 무엇인가?

① (차) 대손상각비   8,900,000원   (대) 대손충당금   8,900,000원
② (차) 대손상각비   13,575,200원   (대) 대손충당금   13,575,200원
③ (차) 대손충당금   8,900,000원   (대) 대손충당금환입   8,900,000원
④ (차) 대손충당금   13,575,200원   (대) 대손충당금환입   13,575,200원

09 (주)더존 본점의 2022년 1분기 손익계산서에 대한 설명 중 옳지 않은 것은 무엇인가?

① 제품매출액은 317,500,000원이다.
② 당기상품매입액은 104,550,000원이다.
③ 이자수익 1,000,000원이 영업외수익으로 발생하였다.
④ 판매관리비 중 직원급여는 94,000,000원 발생하였다.

10 (주)더존 본점의 업무용승용차 '200.20나 0927' 차량에 대하여 운행기록부를 작성하고 있다. 2022년 1월 28일 ERP13A04.신서율 사원이 일반업무용(주행거리: 40km)으로 해당 차량을 사용하였다. 해당 내역을 운행기록부에 작성 후 2022년 1월 한 달 동안 해당 차량의 업무사용비율을 조회하면 얼마인가?(운행내역을 작성 후 재조회하여 상단의 업무사용비율을 갱신한다.)

① 50%
② 52%
③ 60%
④ 80%

11 회계팀에서 작성(결의)한 승인전표 중 (주)더존 본점의 2022년 9월 한 달 동안 발생한 현금 출금액은 얼마인가?

① 1,010,000원
② 5,550,000원
③ 7,100,000원
④ 12,220,000원

12 (주)더존 본점의 2022년 상반기 손익계산서에 표시되는 복리후생비 지출액 중 사용부서가 생산부인 금액의 합계액은 얼마인가?

① 1,100,000원
② 3,350,000원
③ 6,180,000원
④ 8,910,000원

13 (주)더존 본점은 2022년 9월 25일 00094.다글 거래처의 외상매출금을 외화로 회수하였다. 해당 전표를 입력 시 환종이 잘못 입력된 것을 발견하였다. 해당 거래의 환종을 USD(미국달러)로 변경 후 2022년 12월 31일 결산 시 기준환율이 아래와 같은 경우 (주)더존 본점이 보유한 외화예금의 모든 환종의 외화환산이익을 계산하면 얼마인가?

> **┤ 보기 ├**
>
> [기준환율]
> - EUR(유럽연합유로) 1유로(€) = 1,350원(₩)
> - JPY(일본엔화) 100엔(¥)   = 1,000원(₩)
> - USD(미국달러) 1달러($)   = 1,450원(₩)

① 100,000원
② 210,000원
③ 600,000원
④ 800,000원

14 (주)더존 본점의 2022년 12월말 결산 시 소모품의 기말 재고액은 1,000,000원이다. 장부의 금액을 확인한 후 이와 관련된 기말 결산 수정 분개로 옳은 것은 무엇인가?(단, 소모품은 취득시 자산처리 하였다.)

① (차) 소모품   10,000,000원   (대) 소모품비 10,000,000원
② (차) 소모품비 10,000,000원   (대) 소모품   10,000,000원
③ (차) 소모품   12,000,000원   (대) 소모품비 12,000,000원
④ (차) 소모품비 12,000,000원   (대) 소모품   12,000,000원

[과목: ERP 세무회계 프로세스의 이해]

15 (주)더존 지점의 2022년도 제2기 확정 부가가치세 신고 시 면세수입금액은 얼마인가?(사업장: [2000] (주)더존 지점)

① 30,000,000원
② 52,000,000원
③ 96,500,000원
④ 279,030,000원

16 (주)더존 지점의 2022년 2기 부가가치세 확정 신고 시 수출실적명세서에 작성될 수출재화의 외화금액은 얼마인가?(사업장: [2000] (주)더존 지점)

① 23,000달러
② 30,330달러
③ 43,700달러
④ 84,700달러

17 2022년 9월 29일 (주)더존 지점는 '동진상사(주)'에게 기계장치를 3,000,000원(VAT별도)에 현금으로 매입하고 현금영수증(승인번호: 80870927)을 발급 받았다. 해당 거래내역을 전표입력 후 2022년 2기 부가가치세 예정신고기간의 현금영수증매입건 중 고장자산매입세액을 조회하면 얼마인가? (사업장: [2000] (주)더존 지점)

① 300,000원
② 350,000원
③ 500,000원
④ 800,000원

18 (주)더존 지점은 부가가치세가 면세되는 원재료를 구매하여 부가가치세가 과세되는 제품을 제조하여 판매하고 있다. 2022년 4월 21일 '(주)상상유통'에서 부가가치세가 면세되는 원재료 1,000개를 구매에 3,000,000원을 현금으로 지출하고 전자계산서를 수취하였다. 해당 거래내역을 전표입력 후 (주)더존 지점의 2022년 1기 부가가치세 확정 신고 시 공제받을 수 있는 의제매입세액을 조회하면 얼마인가?(의제매입세액 공제율은 4/104를 적용받는다.)(사업장: [2000] (주)더존 지점)

① 68,461원
② 76,923원
③ 115,384원
④ 166,380원

19 2022년 (주)더존 지점의 1기 부가가치세 예정 신고 시 차가감하여 납부할 세액은 얼마인가? (사업장: [2000] (주)더존 지점)

① 310,000원
② 500,000원
③ 850,000원
④ 900,000원

20 (주)더존 지점의 2022년 1기 부가가치세 확정 신고기간에 발생한 매입거래 중 '토지의 자본적 지출 관련' 사유로 불공제되는 매입세액은 얼마인가?(사업장: [2000] (주)더존 지점)

① 150,000원
② 200,000원
③ 350,000원
④ 380,000원

[과목: ERP 원가회계 프로세스의 이해]

21 (주)더존 본점은 2022년 6월 30일 원재료를 복리후생비로 대체 출고하고 전표입력을 완료하였으나 원재료 계정의 '타계정구분'이 잘못 입력된 것을 확인하였다. 해당 전표를 찾아 '타계정구분'을 수정 후 2022년 6월 30일 기준으로 (주)더존 본점의 원재료가 타계정으로 대체된 금액을 조회하면 얼마인가?

① 500,000원
② 1,000,000원
③ 1,200,000원
④ 1,500,000원

22 (주)더존 본점은 공장을 프로젝트로 관리하던 중 '1001.광주공장' 프로젝트의 프로젝트분류가 잘못 입력된 것을 확인하였다. '1001.광주공장'의 프로젝트분류를 '200.남부'로 변경 후 (주)더존 본점의 2022년 상반기 동안 프로젝트분류가 '200.남부'로 설정된 공장에서 지출한 여비교통비(제조경비)를 조회하면 얼마인가?

① 1,200,000원
② 1,560,000원
③ 1,620,000원
④ 1,806,000원

23 (주)더존 본점의 2022년 1월말 상품과 제품의 총 판매량이 50,000개일 때, 다음 [보기]를 참고하면 손익분기점 판매량은 몇 개인가?(단, 상품과 제품의 판매단가는 동일하다.)

| 보기 |

- 단위당변동비　　1,662원　　　　- 총 고정비　　60,000,000원

① 10,000개
② 20,000개
③ 30,000개
④ 40,000개

24 (주)더존 본점은 실제원가계산을 사용하고 있다. 2022년 1월 말 현재 제품생산과 관련된 재료비의 실제 소비가격이 단위당 2,000원이고, 기말원재료재고액이 20,550,000원 경우 실제 재료소비량은 얼마인가?

① 100,000단위
② 100,275단위
③ 153,789단위
④ 250,000단위

25 (주)더존 본점의 2022년 사무용품비(제조원가) 지출액이 가장 큰 분기는 언제인가?

① 1/4분기
② 2/4분기
③ 3/4분기
④ 4/4분기

회계 1급　2022년 5회 (2022년 9월 24일 시행)

[이론]

[과목: 경영혁신과 ERP]

01 ERP 도입 의의를 설명한 것이다. 가장 적절하지 않은 것은?

① 기업의 프로세스를 재검토하여 비즈니스 프로세스를 변혁시킨다.
② 공급사슬의 단축, 리드타임의 감소, 재고비용의 절감 등을 목표로 한다.
③ 기업의 입장에서 ERP 도입을 통해 업무 프로세스를 개선함으로써 업무의 비효율을 줄일 수 있다.
④ 기업 전체의 업무 프로세스를 각각 별개의 시스템으로 분리하여 관리하기 위해 ERP를 도입한다.

02 ERP의 특징 중 기술적 특징에 해당하지 않은 것은?

① 4세대 언어(4GL)활용
② 다국적, 다통화, 다언어 지원
③ 관계형 데이터베이스(RDBMS) 채택
④ 객체지향기술(Object Oriented Technology) 사용

03 ERP를 성공적으로 도입하기 위한 전략으로 적절하지 않은 것은?

① 단기간의 효과 위주로 구현해야 한다.
② 현재의 업무방식만을 그대로 고수해서는 안 된다.
③ 프로젝트 구성원은 현업 중심으로 구성해야 한다.
④ 최고경영층도 프로젝트에 적극적으로 참여해야 한다.

04 ERP시스템의 구축절차 중 모듈조합화 및 수정기능확정은 어느 단계에서 진행되는가?

① 분석단계
③ 설계단계
② 구축단계
④ 구현단계

05 ERP의 발전과정으로 가장 옳은 것은?

① MRPⅡ → MRPⅠ → ERP → 확장형ERP
② ERP → 확장형ERP → MRPⅠ → MRPⅡ
③ MRPⅠ → ERP → 확장형ERP → MRPⅡ
④ MRPⅠ → MRPⅡ → ERP → 확장형ERP

[과목: 재무회계의 이해]

06 회계의 기본목적에 대한 설명으로 가장 적절한 것은?

① 회사의 재무상태만을 파악하고자 한다.
② 회사에서 단순히 장부를 정리하고 요약하는 작업이다.
③ 회사의 법인세 결정을 위한 과세표준 계산이 주된 목적이다.
④ 회사의 다양한 이해관계자의 경제적 의사결정에 유용한 정보를 제공하는 것이다.

07 재무제표의 기본가정에 해당하지 않은 것은?

① 기업실체의 가정
② 계속기업의 가정
③ 발생주의의 가정
④ 기간별 보고의 가정

08 회계정보의 질적특성에 대한 설명으로 가장 옳지 않은 것은?

① 신뢰성에는 표현의 충실성, 검증가능성, 중립성이 있다.
② 회계정보의 질적특성은 회계정보 유용성의 판단기준이 된다.
③ 비교가능성은 목적적합성과 신뢰성보다 중요한 질적특성이다.
④ 회계정보가 갖추어야 할 가장 중요한 질적특성은 목적적합성과 신뢰성이다.

09 기업회계기준 상 자산 구성요소에 속하지 않는 것은?

① 개발비
② 임차보증금
③ 이익잉여금
④ 건설중인자산

10 회계순환과정상 장부를 마감하는 과정에서, 집합손익계정으로 대체하여 마감하지 않는 계정과목은 무엇인가?

① 매출채권
② 매출원가
③ 이자비용
④ 대손상각비

11 현금 및 현금성자산에 대한 설명으로 옳지 않은 것은?

① 우편환증서, 자기앞수표는 현금및현금성자산으로 구분된다.
② 보통예금과 당좌예금은 재무제표 작성 시 현금및현금성자산에 포함된다.
③ 현금및현금성자산 중 통화와 통화대용증권은 회계처리 시 현금으로 분개한다.
④ 결산일로부터 1년 이후 만기가 도래하는 금융상품은 단기금융상품으로 분류한다.

12 [보기]는 당기말(2022년 12월 31일) 결산단계의 외상매출금 계정이다. 이에 대한 설명 중 옳지 않은 것은?([보기] 내용외에 다른 거래는 없으며, 대손충당금은 보충법으로 1% 설정하는 것으로 가정한다. [보기]는 이미지를 참고하세요.)

```
┌─ 보기 ┐
                              외상매출금
        1/1 전기이월  100,000 │ 3/15 보통예금  80,000
        9/30 제품매출   80,000 │
```

① 당기중에 증가된 외상매출금은 100,000원이다.

② 당기중 받아야 할 외상매출금 총액은 180,000원이다.

③ 전기말 받지 못한 외상매출금 잔액은 100,000원이다.

④ 당기말에 설정해야 할 외상매출금에 대한 대손충당금은 1,000원이다.

13 재고자산 단가결정 방법과 관련하여 성격이 가장 다른 항목은?

① 개별법   ② 총평균법

③ 계속기록법   ④ 선입선출법

14 유가증권에 대한 설명으로 가장 적절하지 않은 것은?

① 유가증권이란 재산권 또는 재산적 가치를 나타내는 증권을 의미한다.

② 채무증권에는 국채, 공채(지방채), 사채 등이 해당되며, 배당수익을 목적으로 한다.

③ 단기매매증권의 경우, 시장성을 상실하게 되면 매도가능증권으로 분류해야 한다.

④ 매도가능증권의 경우, 공정가치 평가로 인한 평가손익은 자본계정 중 기타포괄손익누계액에 속한다.

15 (주)무릉은 건물이나 기계장치를 구입하기 위해 소요된 원가를 자산으로 계상하고, 이후 그 자산이 실제로 영업활동에 사용되는 회계기간에 걸쳐 비용으로 계상하고자 한다. 이 경우 (주)무릉이 적용하는 회계의 기본가정(전제)은 무엇인가?(정답은 한글로 입력하시오.)

정답: _____

16 [보기]는 2022년 12월 31일 (주)생산성의 재무상태 관련 자료이다. 이를 이용하여 '현금 및 현금성자산' 합계액을 계산하면 얼마인가?(단, 정답은 단위를 제외한 숫자만 기입하시오.)

```
┌─ 보기 ┐
 - 자기앞수표        500원   - 단기매매증권    900원   - 선일자수표      200원
 - 타인발행 당좌수표  100원   - 우편환증서      150원   - 보통예금        250원
 - 수입인지:         150원   - 배당금지급통지표 300원   - 전신환증서      100원
 - 일람출급어음      100원
```

정답: _____

17 [보기] 사채 발행과 관련된 회계처리이다. (　)에 해당되는 계정과목을 한글로 기입하시오.

┤ 보기 ├

사채발행에 직접적으로 발행한 사채권인쇄비, 광고비, 발행수수료 등의 사채발행비는 (　　　)에 가산하거나 사채할증발행차금에서 차감한다.

정답: _____

[과목: 세무회계의 이해]

18 부가가치세법에 대한 설명으로 옳지 않은 것은?

① 현행 부가가치세는 일반소비세이면서 간접세에 해당된다.
② 현행 부가가치세는 전단계거래액공제법을 채택하고 있다.
③ 재회 및 용역을 일시적 우발적으로 공급하는 자는 부가가치세법상 사업자에 해당하지 않는다.
④ 사업자란 사업 목적이 영리이든 비영리이든 관계없이 사업상 독립적으로 재화 또는 용역을 공급하는 자를 말한다.

19 부가가치세법상 세금계산서에 관한 설명으로 가장 옳은 것은?

① 작성연월일은 세금계산서 필요적 기재사항이 아니다.
② 면세재화를 공급하는 사업자는 세금계산서를 발급할 수 있다
③ 재화의 간주공급에 해당하는 경우 세금계산서를 발급해야 한다.
④ 내국신용장에 의하여 공급하는 재화도 영세율세금계산서를 발급해야 한다.

20 부가가치세법에 따른 재화의 공급시기에 대한 설명으로 옳지 않은 것은?

① 폐업 시 잔존재화의 경우 폐업하는 때이다.
② 장기할부판매의 경우 대가의 총액을 받기로 한 때이다.
③ 반환조건부 판매의 경우 조건이 성취되거나 기한이 지나 판매가 확정되는 때이다.
④ 현금판매, 외상판매의 경우 재화가 인도되거나 이용 가능하게 되는 때이다.

21 현행 부가가치세법상 면세대상으로 옳지 않은 것은?

① 토지
② 택시운송 용역
③ 금융보험 용역
④ 도서, 신문, 잡지

22 다음 중 법인세 신고시 제출해야 하는 첨부서류로서 모든 법인이 제출해야 하는 필수서류에 해당되지 않는 항목은?

① 재무상태표
② 현금흐름표
③ 세무조정계산서
④ 포괄손익계산서

23 현행 우리나라 법인세의 설명으로 가장 옳지 않은 것은?

① 과세권한이 국가에 있는 국세이다.
② 독립적 세원이 존재하는 독립세이다.
③ 납세자와 담세자가 동일한 직접세이다.
④ 담세력을 고려하지 않고 수입이나 재산 그 자체에 대하여 부과하는 물세이다.

24 [보기] 과세자료에 의하여 일반과세 사업자의 경우, 부가가치세 과세표준을 계산하면 얼마인가?
(정답은 단위를 제외하고 숫자로 기입하시오.)

┤ 보기 ├

- 전자세금계산서 교부분 공급가액   11,000,000원(부가가치세 별도)
- 영세율전자세금계산서 교부분 공급가액   1,800,000원
- 신용카드 매출전표상의 매출액(공급대가)   4,620,000원
- 전자세금계산서 수취분 매입가액   7,700,000원(부가가치세 별도)

정답: _____

25 [보기]는 음식업을 경영하는 간이과세자 A에 대한 설명이다. 2022년도분 과세자료를 참고하면, 과
세표준 신고시 납부하여야 할 부가가치세는 얼마인가?(정답은 단위를 제외하고 숫자만 기입하시오.)

┤ 보기 ├

- 1년간 공급대가 77,000,000원(이 중 신용카드매출전표 발행금액이 11,000,000원 포함됨)이다.
- 1년간 세금계산서를 발급받은 재화의 공급대가는 8,800,000원이며, 이 중 접대비 관련 공급대가
  1,100,000원 포함되어 있다.
- A는 과세표준과 납부세액을 전자신고 하고자 하며, 예정부과기간 중 고지납부한 세액은 없다
- 음식업의 업종별 부가가치율은 15%이며, 지방소비세를 포함한 금액을 계산한다.

정답: _____

26 [보기]는 법인세법에 대한 설명이다. 빈칸에 부합하는 용어를 한글로 기입하시오.

┤ 보기 ├

과세소득을 정의하는 방법은 크게 2가지가 있다. 즉, 과세대상을 정의할 때, 계속적 반복적으로 발
생하는 소득만을 과세대상으로 한다는 소득원천설과 임시적이든 비반복적이든 과세기간 중 늘어나
는 모든 소득을 과세대상으로 삼아야 한다는 (   )증가설이 있다. 이 중 법인세는 후자인 (   )증
가설을 채택하고 있어 우발적이든 일시적이든 종류와 범위를 열거할 필요가 없이 과세기간중의 모
든 소득을 그 대상으로 한다.

정답: _____

[과목: 관리회계의 이해]

27 원가의 분류기준에 따른 원가구분 연결이 가장 적절하지 않은 것은?

① 원가의 통제가능성에 따라 – 변동원가, 고정원가
② 원가의 추적가능성에 따라 – 직접원가, 간접원가
③ 제조활동과의 관련성에 따라 – 제조원가, 비제조원가
④ 의사결정과의 관련성에 따라 – 관련원가, 비관련원가

28 (주)생산은 종합원가계산을 채택하고 있다. (주)생산의 당해 연도 제조관련 자료는 [보기]와 같으며 재료원가는 공정 초에 전량 투입되었다. (주)생산이 선입선출법을 적용할 경우 재료원가의 총완성품 환산수량을 계산하면 얼마인가?

┤ 보기 ├

- 기초재공품 수량   0개   - 당기완성품 수량   1,500개
- 기말재공품 수량   500개(완성도 60%)

① 1,000개   ② 1,500개
③ 1,800개   ④ 2,000개

31 [보기]는 (주)생산성의 공헌이익계산서 내용 중 일부이다. (주)생산성의 당해 영업레버리지도(DOL)가 2로 계산된 경우 (가)에 기록된 금액은 얼마인가?(단, 보기에 주어진 자료만을 이용하여 계산한 값을 구하시오.)

┤ 보기 ├

공헌이익계산서

(주)생산성   (단위: 원)

매출액	100,000
- 변동비	60,000
= 공헌이익	
- 고정비	(가)
= 영업이익	

① 10,000원   ② 20,000원
③ 30,000원   ④ 40,000원

기출문제

30 [보기]의 ( )들어갈 적절한 용어를 한글로 기입하시오.

┤ 보기 ├
원가의 세 가지 요소에는 재료비, 제조경비, ( )가 있다.

정답: _____

31 [보기]는 영업레버리지도(DOL)에 대한 설명이다. (가)에 공통으로 들어갈 적절한 원가용어를 한글로 기입하시오.

┤ 보기 ├
영업레버리지도(DOL)란 (가)(이)가 지렛대의 작용을 함으로써 매출액의 변화율에 따른 영업이익의 변화율이 반응하는 효과를 말한다. 따라서 (가)의 비중이 큰 기업은 영업레버리지도 또한 크게 나타난다.

정답: _____

32 [보기]는 (주)생산성의 당해 회계자료 일부분이다. (주)생산성의 당해 안전한계율(%)을 계산하면 얼마인가?(단, 정답은 단위를 제외하고 숫자만 기입하시오.)

┤ 보기 ├
- 매출액   2,000,000원   - 고정비   600,000원   - 공헌이익률   50%

정답: _____

[실무] ●

❖ 본 문제는 시뮬레이션 문제로서 [실기메뉴]의 메뉴를 활용하여 문제에 답하시오.
웹하드(http://www.webhard.co.kr)에서 Guest(ID: samil3489, PASSWORD: samil3489)로
로그인하여 백데이터를 다운받아 설치한 후 회계 1급 2022년 5회 김은찬으로 로그인한다.

[과목: ERP 회계 기본정보관리]

01 'ERP13A02.유지현' 사원에 대한 설명으로 옳지 않은 것은?

① 현재 소속된 부서는 '1001.회계팀'이다.
② 'ERP13A05.배윤미' 사원과 입사일이 동일하다.
③ 대차차액이 없는 전표를 입력할 때 승인 상태로 저장된다.
④ 승인전표를 수정할 때 전표의 승인해제 없이 수정할 수 있다.

02 당사의 거래처 중 '00097.한국백화점'은 2022년 7월 17일 폐업하였다. 해당 거래처의 사용여부를 '미사용'으로 변경 후 현재 거래처구분이 '일반'인 거래처 중 사용여부가 '미사용'으로 설정된 거래처를 조회하면 몇 개인가?

① 1개
③ 3개
② 2개
④ 4개

03 당사는 사용부서를 관리항목으로 사용하여 재무제표를 부문별로 조회하고 있다. 다음 중 '5001.인사팀'과 같은 부문에 속한 부서는 어디인가?

① 1001.회계팀
③ 3001.생산부
② 2001.영업부
④ 4001.자재부

[과목: ERP 재무회계 프로세스의 이해]

04 (주)한국생산 본점은 2022년 12월 말 1년간의 지출증빙서류검토표를 작성하려고 한다. 아래 [적격증빙별 전표증빙]을 참고하여 적격증빙 성격에 맞는 핵심ERP의 증빙을 연결하는 작업 수행 후 현금영수증으로 지출된 내역의 합계액을 조회하면 얼마인가?

┤ 보기 ├

[적격증빙별 전표증빙]
- 10.신용카드(법인)   - 8.신용카드매출전표(법인)
- 11.신용카드(개인)   - 8A.신용카드매출전표(개인)
- 20.현금영수증   - 9A.현금영수증
- 30.세금계산서   - 1.세금계산서
- 40.계산서   - 2.계산서

① 10,759,000원   ② 15,999,000원
③ 27,499,000원   ④ 38,529,000원

05 당사는 거래처에 거래처분류를 등록하여 관리하던 중 '00001.(주)영은실업'의 거래처분류가 누락된 것을 확인하였다. '00001.(주)영은실업'의 거래처분류를 '1000.강남구'로 입력하고 (주)한국생산 본점의 2022년 6월 30일 기준 거래처분류가 '1000.강남구'인 거래처 중 채권인 외상매출금 잔액과 채무인 외상매입금 잔액이 모두 존재하는 거래처를 조회하면 어디인가?

① 00001.(주)영은실업   ② 00002.(주)하진테크
③ 00004.(주)상상유통   ④ 00005.(주)중원

06 (주)한국생산 본점은 공장을 프로젝트로 관리하던 중 '1001.광주공장' 프로젝트의 프로젝트분류가 잘못 입력된 것을 확인하였다. '1001.광주공장'의 프로젝트분류를 '200.남부'로 변경 후 (주)한국생산 본점의 2022년 상반기 동안 프로젝트분류가 '200.남부'로 설정된 공장에서 지출한 여비교통비(판매관리비)를 조회하면 얼마인가?

① 1,120,000원   ② 1,380,000원
③ 2,500,000원   ④ 4,600,000원

07 (주)한국생산 본점은 '(주)하진테크'에 매출 후 2022년 4월 25일에 수취한 어음(자가202204002)을 은행에서 할인받으려 한다. 아래 조건으로 할인받을 경우 할인료에 대한 회계처리의 계정과목과 금액으로 옳은 것은?(할인일: 2022년 05월 31일, 할인율: 연 12%, 월할계산, 매각거래로 처리)

① 이자비용 275,000원
② 이자비용 825,000원
③ 매출채권처분손실 275,000원
④ 매출채권처분손실 825,000원

08 (주)한국생산 본점의 2022년 상반기 중 외상매출금 회수금액이 가장 큰 달은 언제인가?

① 1월
② 2월
③ 3월
④ 4월

09 당사는 2022년 5월 15일부로 2022년 5월 지급수수료(판매관리비)로 편성된 '1001.회계팀' 예산금액 중 500,000원을 '1001.회계팀'의 차량유지비(판매관리비)로 예산을 전용하기로 하였다. 예산전용작업을 수행한 후 5월 '1001.회계팀'의 차량유지비(판매관리비) 집행율을 조회하면 얼마인가?(집행방식은 승인집행으로 조회한다.)

① 48%
② 56%
③ 86%
④ 92%

10 (주)한국생산 본점의 2022년 12월말 결산 시 소모품의 기말 재고액은 30,000,000원이다. 장부의 금액을 확인한 후 이와 관련된 기말 결산 수정 분개로 옳은 것은?(단, 소모품은 취득시 자산처리 하였다.)

① (차) 소 모 품   30,000,000원   (대) 소모품비   30,000,000원
② (차) 소모품비   30,000,000원   (대) 소 모 품   30,000,000원
③ (차) 소 모 품   36,000,000원   (대) 소모품비   36,000,000원
④ (차) 소모품비   36,000,000원   (대) 소 모 품   36,000,000원

11 (주)한국생산 본점의 2022년 1분기 손익계산서에 대한 설명 중 옳지 않은 것은?

① 제품매출액은 535,000,000원이다.
② 당기상품매입액은 110,018,000원이다.
③ 기부금 1,000,000원이 영업외비용으로 발생하였다.
④ 판매관리비 중 직원급여는 240,000,000원 발생하였다.

12 (주)한국생산 본점은 매월 수입 및 지출에 대해 일자별자금계획을 수립하고 있다. 2022년 4월 고정적으로 지출되는 금액은 2022년 3월과 비교하여 얼마나 감소하였는가?

① 2,000,000원
② 2,300,000원
③ 5,500,000원
④ 9,000,000원

13 2022년 12월 말 결산 시 (주)한국생산 본점이 보유하고 있는 달러(USD)예금은 얼마인가?

① 10,000달러
② 10,100달러
③ 12,600달러
④ 25,000달러

14 (주)한국생산 본점의 업무용승용차 '2080001.69어6467' 차량에 대하여 운행기록부를 작성하였다. 2022년 1월 한 달 동안 해당 차량의 업무사용비율은 얼마인가?

① 70%
② 80%
③ 85%
④ 90%

[과목: ERP 세무회계 프로세스의 이해]

15 (주)한국생산 춘천지사는 수출기업의 수입 부가가치세 납부유예 요건을 충족하여 수입 세금계산서 전표입력시 사유구분을 입력하였다. 2022년 1기 부가가치세 확정 신고시 부가세신고서의 수출기업수입분납부유예 항목에 기재되어야 하는 세액은 얼마인가?(사업장: [2000] (주)한국생산 춘천지사)

① 200,000원   ② 250,000원
③ 300,000원   ④ 550,000원

16 2022년 9월 30일 (주)한국생산 춘천지사는 '(주)라라실업'에게 기계장치를 3,000,000원(VAT별도)에 현금으로 매입하고 현금영수증(승인번호: 80870927)을 발급 받았다. 해당 거래내역을 전표입력 후 2022년 2기 부가가치세 예정신고기간의 현금영수증매입건 중 고정자산매입세액을 조회하면 얼마인가?(사업장: [2000] (주)한국생산 춘천지사)

① 200,000원   ② 350,000원
③ 500,000원   ④ 950,000원

17 (주)한국생산 춘천지사의 2022년 2기 부가가치세 확정 신고 시 매입에 대한 예정신고 누락분의 건수와 공급가액으로 옳은 것은?(사업장: [2000] (주)한국생산 춘천지사)

① 1건/ 4,000,000원   ② 1건/12,000,000원
③ 1건/25,000,000원   ④ 2건/27,000,000원

18 (주)한국생산 춘천지사의 2022년 1기 부가가치세 예정 신고기간에 수취한 매출계산서 매수는?(사업장: [2000] (주)한국생산 춘천지사)

① 1매   ② 2매
③ 5매   ④ 8매

19 (주)한국생산 춘천지사의 2022년 1기 부가가치세 확정 신고기간의 과세매출 내역 중 공급가액이 가장 큰 거래처는?(사업장: [2000] (주)한국생산 춘천지사)

① (주)중원   ② (주)상상유통
③ (주)영은실업   ④ (주)하진테크

20 (주)한국생산 춘천지사의 2022년 2기 부가가치세 확정 신고시 첨부대상이 아닌 부속명세서는?(사업장: [2000] (주)한국생산 춘천지사)

① 수출실적명세서
② 매입처별 세금계산서합계표
③ 매출처별 세금계산서합계표
④ 신용카드매출전표등 발행금액집계표

> ❖ 본 문제는 시뮬레이션 문제로서 [실기메뉴]의 메뉴를 활용하여 문제에 답하시오.
> 웹하드(http://www.webhard.co.kr)에서 Guest(ID: samil3489, PASSWORD: samil3489)로
> 로그인하여 백데이터를 다운받아 설치한 후 회계 1급 2022년 6회 김은찬으로 로그인한다.

[과목: ERP 회계 기본정보관리]

01 당사의 계정과목에 대한 설명 중 옳지 않은 것은 무엇인가?

① 13200.대손충당금은 13100.선급금의 차감계정이다.
② 14600.상품 계정은 프로젝트별로 이월하도록 설정하였다.
③ 51100.복리후생비 계정에 대해 세목으로 세분화하여 관리하고 있다.
④ 10400.기타제예금 계정은 전표입력 시 금융거래처를 필수로 등록하도록 설정하였다.

02 당사는 무역 거래처 관리 중 '00010.D&H' 거래처의 거래처구분이 '기타'로 잘못 등록된 것을 발견하였다. 해당 거래처의 거래처구분을 '무역'으로 변경 후 거래처구분이 '무역'인 거래처를 조회하면 몇 개인가?

① 1개
② 2개
③ 3개
④ 4개

03 당사는 사용부서를 관리항목으로 사용하여 재무제표를 부문별로 조회하고 있다. 다음 중 3001.생산부과 같은 부문에 속한 부서는 어디인가?

① 1001.회계팀
② 2001.영업부
③ 4001.총무부
④ 5001.시설팀

[과목: ERP 재무회계 프로세스의 이해]

04 (주)더존 본점은 2022년 5월 일자별자금계획 작성을 완료하였다. (주)더존 본점의 2022년 5월 10일부터 5월 30일까지의 자금계획을 조회하면 수입과 지출 예정금액은 얼마인가?

① 수입예정: 1,100,000원, 지출예정: 3,900,000원
② 수입예정: 1,100,000원, 지출예정: 7,100,000원
③ 수입예정: 3,300,000원, 지출예정: 7,100,000원
④ 수입예정: 3,300,000원, 지출예정: 13,900,000원

05 (주)더존 본점은 2022년 12월 말 1년간의 지출증빙서류검토표를 작성하려고 한다. 아래 [적격증빙별 전표증빙]을 참고하여 적격증빙 성격에 맞는 핵심ERP의 증빙을 연결하는 작업 수행 후 현금영수증으로 지출된 내역의 합계액을 조회하면 얼마인가?

> ┤ 보기 ├
>
> [적격증빙별 전표증빙]
> - 10.신용카드(법인)   - 8.신용카드매출전표(법인)
> - 11.신용카드(개인)   - 8A.신용카드매출전표(개인)
> - 20.현금영수증   - 9A.현금영수증
> - 30.세금계산서   - 1.세금계산서
> - 40.계산서   - 2.계산서

① 2,790,000원   ② 3,190,000원
③ 3,320,000원   ④ 3,720,000원

06 (주)더존 본점은 외상매출금에 대하여 선입선출법 기준으로 채권년령을 관리하고 있다. 2022년 6월 말 기준으로 6개월 전까지의 채권년령에 대한 설명으로 옳지 않은 것은 무엇인가?

① 미회수 외상매출금이 가장 큰 거래처는 (주)영은실업이다.
② (주)중원 거래처에서 미회수된 외상매출금은 89,000,000원이다.
③ 다글 거래처는 6개월을 초과하여 반제되지 않은 외상매출금이 존재한다.
④ 2022년 4월 한 달 동안 (주)중원 거래처에서는 외상매출금이 발생하지 않았다.

07 (주)더존 본점의 2022년 하반기에 ERP13A01.김은찬 사원이 작성한 전표 중 전표상태가 '미결'인 전표는 몇 건인가?

① 4건   ② 6건
③ 8건   ④ 9건

08 (주)더존 본점은 2022년 6월말 결산 시 받을어음에 대해 2%의 대손충당금을 설정하려고 한다. 다음 중 회계처리로 옳은 것은 무엇인가?

① (차) 대손상각비   8,900,000원   (대) 대손충당금   8,900,000원
② (차) 대손상각비 13,575,200원   (대) 대손충당금   13,575,200원
③ (차) 대손충당금   8,900,000원   (대) 대손충당금환입   8,900,000원
④ (차) 대손충당금 13,575,200원   (대) 대손충당금환입 13,575,200원

09 (주)더존 본점의 2022년 1분기 손익계산서에 대한 설명 중 옳지 않은 것은 무엇인가?

① 제품매출액은 317,500,000원이다.
② 당기상품매입액은 104,550,000원이다.
③ 이자수익 1,000,000원이 영업외수익으로 발생하였다.
④ 판매관리비 중 직원급여는 94,000,000원 발생하였다.

10 (주)더존 본점의 업무용승용차 '200.20나 0927' 차량에 대하여 운행기록부를 작성하고 있다. 2022년 1월 28일 ERP13A04.신서율 사원이 일반업무용(주행거리: 40km)으로 해당 차량을 사용하였다. 해당 내역을 운행기록부에 작성 후 2022년 1월 한 달 동안 해당 차량의 업무사용비율을 조회하면 얼마인가?(운행내역을 작성 후 재조회하여 상단의 업무사용비율을 갱신한다.)

① 50%
② 52%
③ 60%
④ 80%

11 회계팀에서 작성(결의)한 승인전표 중 (주)더존 본점의 2022년 9월 한 달 동안 발생한 현금 출금액은 얼마인가?

① 1,010,000원
② 5,550,000원
③ 7,100,000원
④ 12,220,000원

12 (주)더존 본점의 2022년 상반기 손익계산서에 표시되는 복리후생비 지출액 중 사용부서가 생산부인 금액의 합계액은 얼마인가?

① 1,100,000원
② 3,350,000원
③ 6,180,000원
④ 8,910,000원

13 (주)더존 본점은 2022년 9월 25일 00094.다글 거래처의 외상매출금을 외화로 회수하였다. 해당 전표를 입력 시 환종이 잘못 입력된 것을 발견하였다. 해당 거래의 환종을 USD(미국달러)로 변경 후 2022년 12월 31일 결산 시 기준환율이 아래와 같은 경우 (주)더존 본점이 보유한 외화예금의 모든 환종의 외화환산이익을 계산하면 얼마인가?

┤ 보기 ├

[기준환율]
- EUR(유럽연합유로) 1유로(€) = 1,350원(₩)
- JPY(일본엔화) 100엔(¥)   = 1,000원(₩)
- USD(미국달러) 1달러($)   = 1,450원(₩)

① 100,000원
② 210,000원
③ 600,000원
④ 800,000원

14 (주)더존 본점의 2022년 12월말 결산 시 소모품의 기말 재고액은 1,000,000원이다. 장부의 금액을 확인한 후 이와 관련된 기말 결산 수정 분개로 옳은 것은 무엇인가?(단, 소모품은 취득시 자산처리 하였다.)

① (차) 소모품   10,000,000원   (대) 소모품비 10,000,000원
② (차) 소모품비 10,000,000원   (대) 소모품   10,000,000원
③ (차) 소모품   12,000,000원   (대) 소모품비 12,000,000원
④ (차) 소모품비 12,000,000원   (대) 소모품   12,000,000원

[과목: ERP 세무회계 프로세스의 이해]

15 (주)더존 지점의 2022년도 제2기 확정 부가가치세 신고 시 면세수입금액은 얼마인가?(사업장: [2000] (주)더존 지점)

① 30,000,000원   ② 52,000,000원

③ 96,500,000원   ④ 279,030,000원

16 (주)더존 지점의 2022년 2기 부가가치세 확정 신고 시 수출실적명세서에 작성될 수출재화의 외화금액은 얼마인가?(사업장: [2000] (주)더존 지점)

① 23,000달러   ② 30,330달러

③ 43,700달러   ④ 84,700달러

17 2022년 9월 29일 (주)더존 지점은 '동진상사(주)'에게 기계장치를 3,000,000원(VAT별도)에 현금으로 매입하고 현금영수증(승인번호: 80870927)을 발급 받았다. 해당 거래내역을 전표입력 후 2022년 2기 부가가치세 예정신고기간의 현금영수증매입건 중 고정자산매입세액을 조회하면 얼마인가? (사업장: [2000] (주)더존 지점)

① 300,000원   ② 350,000원

③ 500,000원   ④ 800,000원

18 (주)더존 지점은 부가가치세가 면세되는 원재료를 구매하여 부가가치세가 과세되는 제품을 제조하여 판매하고 있다. 2022년 4월 21일 '(주)상상유통'에서 부가가치세가 면세되는 원재료 1,000개를 구매에 3,000,000원을 현금으로 지출하고 전자계산서를 수취하였다. 해당 거래내역을 전표입력 후 (주)더존 지점의 2022년 1기 부가가치세 확정 신고 시 공제받을 수 있는 의제매입세액을 조회하면 얼마인가?(의제매입세액 공제율은 4/104를 적용받는다.)(사업장: [2000] (주)더존 지점)

① 68,461원   ② 76,923원

③ 115,384원   ④ 166,380원

19 2022년 (주)더존 지점의 1기 부가가치세 예정 신고 시 차가감하여 납부할 세액은 얼마인가? (사업장: [2000] (주)더존 지점)

① 310,000원   ② 500,000원

③ 850,000원   ④ 900,000원

20 (주)더존 지점의 2022년 1기 부가가치세 확정 신고기간에 발생한 매입거래 중 '토지의 자본적 지출 관련' 사유로 불공제되는 매입세액은 얼마인가?(사업장: [2000] (주)더존 지점)

① 150,000원   ② 200,000원

③ 350,000원   ④ 380,000원

[과목: ERP 원가회계 프로세스의 이해]

21 (주)더존 본점은 2022년 6월 30일 원재료를 복리후생비로 대체 출고하고 전표입력을 완료하였으나 원재료 계정의 '타계정구분'이 잘못 입력된 것을 확인하였다. 해당 전표를 찾아 '타계정구분'을 수정 후 2022년 6월 30일 기준으로 (주)더존 본점의 원재료가 타계정으로 대체된 금액을 조회하면 얼마인가?

① 500,000원
② 1,000,000원
③ 1,200,000원
④ 1,500,000원

22 (주)더존 본점은 공장을 프로젝트로 관리하던 중 '1001.광주공장' 프로젝트의 프로젝트분류가 잘못 입력된 것을 확인하였다. '1001.광주공장'의 프로젝트분류를 '200.남부'로 변경 후 (주)더존 본점의 2022년 상반기 동안 프로젝트분류가 '200.남부'로 설정된 공장에서 지출한 여비교통비(제조경비)를 조회하면 얼마인가?

① 1,200,000원
② 1,560,000원
③ 1,620,000원
④ 1,806,000원

23 (주)더존 본점의 2022년 1월말 상품과 제품의 총 판매량이 50,000개일 때, 다음 [보기]를 참고하면 손익분기점 판매량은 몇 개인가?(단, 상품과 제품의 판매단가는 동일하다.)

┤ 보기 ├

- 단위당변동비   1,662원   - 총 고정비   60,000,000원

① 10,000개
② 20,000개
③ 30,000개
④ 40,000개

24 (주)더존 본점은 실제원가계산을 사용하고 있다. 2022년 1월 말 현재 제품생산과 관련된 재료비의 실제 소비가격이 단위당 2,000원이고, 기말원재료재고액이 20,550,000원 경우 실제 재료소비량은 얼마인가?

① 100,000단위
② 100,275단위
③ 153,789단위
④ 250,000단위

25 (주)더존 본점의 2022년 사무용품비(제조원가) 지출액이 가장 큰 분기는 언제인가?

① 1/4분기
② 2/4분기
③ 3/4분기
④ 4/4분기

회계 1급 | 2022년 5회 (2022년 9월 24일 시행)

[이론] ●

[과목: 경영혁신과 ERP]

01 ERP 도입 의의를 설명한 것이다. 가장 적절하지 않은 것은?

① 기업의 프로세스를 재검토하여 비즈니스 프로세스를 변혁시킨다.
② 공급사슬의 단축, 리드타임의 감소, 재고비용의 절감 등을 목표로 한다.
③ 기업의 입장에서 ERP 도입을 통해 업무 프로세스를 개선함으로써 업무의 비효율을 줄일 수 있다.
④ 기업 전체의 업무 프로세스를 각각 별개의 시스템으로 분리하여 관리하기 위해 ERP를 도입한다.

02 ERP의 특징 중 기술적 특징에 해당하지 않은 것은?

① 4세대 언어(4GL)활용
② 다국적, 다통화, 다언어 지원
③ 관계형 데이터베이스(RDBMS) 채택
④ 객체지향기술(Object Oriented Technology) 사용

03 ERP를 성공적으로 도입하기 위한 전략으로 적절하지 않은 것은?

① 단기간의 효과 위주로 구현해야 한다.
② 현재의 업무방식만을 그대로 고수해서는 안 된다.
③ 프로젝트 구성원은 현업 중심으로 구성해야 한다.
④ 최고경영층도 프로젝트에 적극적으로 참여해야 한다.

04 ERP시스템의 구축절차 중 모듈조합화 및 수정기능확정은 어느 단계에서 진행되는가?

① 분석단계   ② 구축단계
③ 설계단계   ④ 구현단계

05 ERP의 발전과정으로 가장 옳은 것은?

① MRP Ⅱ → MRP Ⅰ → ERP → 확장형ERP
② ERP → 확장형ERP → MRP Ⅰ → MRP Ⅱ
③ MRP Ⅰ → ERP → 확장형ERP → MRP Ⅱ
④ MRP Ⅰ → MRP Ⅱ → ERP → 확장형ERP

[과목: 재무회계의 이해]

06 회계의 기본목적에 대한 설명으로 가장 적절한 것은?

① 회사의 재무상태만을 파악하고자 한다.
② 회사에서 단순히 장부를 정리하고 요약하는 작업이다.
③ 회사의 법인세 결정을 위한 과세표준 계산이 주된 목적이다.
④ 회사의 다양한 이해관계자의 경제적 의사결정에 유용한 정보를 제공하는 것이다.

07 재무제표의 기본가정에 해당하지 않은 것은?

① 기업실체의 가정
② 계속기업의 가정
③ 발생주의 가정
④ 기간별 보고의 가정

08 회계정보의 질적특성에 대한 설명으로 가장 옳지 않은 것은?

① 신뢰성에는 표현의 충실성, 검증가능성, 중립성이 있다.
② 회계정보의 질적특성은 회계정보 유용성의 판단기준이 된다.
③ 비교가능성은 목적적합성과 신뢰성보다 중요한 질적특성이다.
④ 회계정보가 갖추어야 할 가장 중요한 질적특성은 목적적합성과 신뢰성이다.

09 기업회계기준 상 자산 구성요소에 속하지 않는 것은?

① 개발비
② 임차보증금
③ 이익잉여금
④ 건설중인자산

10 회계순환과정상 장부를 마감하는 과정에서, 집합손익계정으로 대체하여 마감하지 않는 계정과목은 무엇인가?

① 매출채권
② 매출원가
③ 이자비용
④ 대손상각비

11 현금 및 현금성자산에 대한 설명으로 옳지 않은 것은?

① 우편환증서, 자기앞수표는 현금및현금성자산으로 구분된다.
② 보통예금과 당좌예금은 재무제표 작성 시 현금및현금성자산에 포함된다.
③ 현금및현금성자산 중 통화와 통화대용증권은 회계처리 시 현금으로 분개한다.
④ 결산일로부터 1년 이후 만기가 도래하는 금융상품은 단기금융상품으로 분류한다.

12 [보기]는 당기말(2022년 12월 31일) 결산단계의 외상매출금 계정이다. 이에 대한 설명 중 옳지 않은 것은?([보기] 내용외에 다른 거래는 없으며, 대손충당금은 보충법으로 1% 설정하는 것으로 가정한다. [보기]는 이미지를 참고하세요.)

┤ 보기 ├

<table>
<tr><td colspan="2" align="center">외상매출금</td></tr>
<tr><td>1/1 전기이월 100,000</td><td>3/15 보통예금 80,000</td></tr>
<tr><td>9/30 제품매출 80,000</td><td></td></tr>
</table>

① 당기중에 증가된 외상매출금은 100,000원이다.
② 당기중 받아야 할 외상매출금 총액은 180,000원이다.
③ 전기말 받지 못한 외상매출금 잔액은 100,000원이다.
④ 당기말에 설정해야 할 외상매출금에 대한 대손충당금은 1,000원이다.

13 재고자산 단가결정 방법과 관련하여 성격이 가장 다른 항목은?

① 개별법　　　　　　　　　　　　　② 총평균법
③ 계속기록법　　　　　　　　　　　④ 선입선출법

14 유가증권에 대한 설명으로 가장 적절하지 않은 것은?

① 유가증권이란 재산권 또는 재산적 가치를 나타내는 증권을 의미한다.
② 채무증권에는 국채, 공채(지방채), 사채 등이 해당되며, 배당수익을 목적으로 한다.
③ 단기매매증권의 경우, 시장성을 상실하게 되면 매도가능증권으로 분류해야 한다.
④ 매도가능증권의 경우, 공정가치 평가로 인한 평가손익은 자본계정 중 기타포괄손익누계액에 속한다.

15 (주)무릉은 건물이나 기계장치를 구입하기 위해 소요된 원가를 자산으로 계상하고, 이후 그 자산이 실제로 영업활동에 사용되는 회계기간에 걸쳐 비용으로 계상하고자 한다. 이 경우 (주)무릉이 적용하는 회계의 기본가정(전제)은 무엇인가?(정답은 한글로 입력하시오.)

　정답: ＿＿＿＿＿＿＿＿＿＿＿＿＿＿＿＿＿＿＿＿

16 [보기]는 2022년 12월 31일 (주)생산성의 재무상태 관련 자료이다. 이를 이용하여 '현금 및 현금성자산' 합계액을 계산하면 얼마인가?(단, 정답은 단위를 제외한 숫자만 기입하시오.)

┤ 보기 ├

- 자기앞수표	500원	- 단기매매증권	900원	- 선일자수표	200원
- 타인발행 당좌수표	100원	- 우편환증서	150원	- 보통예금	250원
- 수입인지:	150원	- 배당금지급통지표	300원	- 전신환증서	100원
- 일람출급어음	100원				

　정답: ＿＿＿＿＿＿＿＿＿＿＿＿＿＿＿＿＿＿＿＿

17 [보기] 사채 발행과 관련된 회계처리이다. (   )에 해당되는 계정과목을 한글로 기입하시오.

┤ 보기 ├

사채발행에 직접적으로 발행한 사채권인쇄비, 광고비, 발행수수료 등의 사채발행비는 (   )에 가산하거나 사채할증발행차금에서 차감한다.

정답: _____

[과목: 세무회계의 이해]

18 부가가치세법에 대한 설명으로 옳지 않은 것은?

① 현행 부가가치세는 일반소비세이면서 간접세에 해당된다.
② 현행 부가가치세는 전단계거래액공제법을 채택하고 있다.
③ 재회 및 용역을 일시적 우발적으로 공급하는 자는 부가가치세법상 사업자에 해당하지 않는다.
④ 사업자란 사업 목적이 영리이든 비영리이든 관계없이 사업상 독립적으로 재화 또는 용역을 공급하는 자를 말한다.

19 부가가치세법상 세금계산서에 관한 설명으로 가장 옳은 것은?

① 작성연월일은 세금계산서 필요적 기재사항이 아니다.
② 면세재화를 공급하는 사업자는 세금계산서를 발급할 수 있다
③ 재화의 간주공급에 해당하는 경우 세금계산서를 발급해야 한다.
④ 내국신용장에 의하여 공급하는 재화도 영세율세금계산서를 발급해야 한다.

20 부가가치세법에 따른 재화의 공급시기에 대한 설명으로 옳지 않은 것은?

① 폐업 시 잔존재화의 경우 폐업하는 때이다.
② 장기할부판매의 경우 대가의 총액을 받기로 한 때이다.
③ 반환조건부 판매의 경우 조건이 성취되거나 기한이 지나 판매가 확정되는 때이다.
④ 현금판매, 외상판매의 경우 재화가 인도되거나 이용 가능하게 되는 때이다.

21 현행 부가가치세법상 면세대상으로 옳지 않은 것은?

① 토지
② 택시운송 용역
③ 금융보험 용역
④ 도서, 신문, 잡지

22 다음 중 법인세 신고시 제출해야 하는 첨부서류로서 모든 법인이 제출해야 하는 필수서류에 해당되지 않는 항목은?

① 재무상태표
② 현금흐름표
③ 세무조정계산서
④ 포괄손익계산서

기출문제

23 현행 우리나라 법인세의 설명으로 가장 옳지 않은 것은?

① 과세권한이 국가에 있는 국세이다.
② 독립적 세원이 존재하는 독립세이다.
③ 납세자와 담세자가 동일한 직접세이다.
④ 담세력을 고려하지 않고 수입이나 재산 그 자체에 대하여 부과하는 물세이다.

24 [보기] 과세자료에 의하여 일반과세 사업자의 경우, 부가가치세 과세표준을 계산하면 얼마인가? (정답은 단위를 제외하고 숫자로 기입하시오.)

┤ 보기 ├

- 전자세금계산서 교부분 공급가액   11,000,000원(부가가치세 별도)
- 영세율전자세금계산서 교부분 공급가액   1,800,000원
- 신용카드 매출전표상의 매출액(공급대가)   4,620,000원
- 전자세금계산서 수취분 매입가액   7,700,000원(부가가치세 별도)

정답: _____

25 [보기]는 음식업을 경영하는 간이과세자 A에 대한 설명이다. 2022년도분 과세자료를 참고하면, 과세표준 신고시 납부하여야 할 부가가치세는 얼마인가?(정답은 단위를 제외하고 숫자만 기입하시오.)

┤ 보기 ├

- 1년간 공급대가 77,000,000원(이 중 신용카드매출전표 발행금액이 11,000,000원 포함됨)이다.
- 1년간 세금계산서를 발급받은 재화의 공급대가는 8,800,000원이며, 이 중 접대비 관련 공급대가 1,100,000원 포함되어 있다.
- A는 과세표준과 납부세액을 전자신고 하고자 하며, 예정부과기간 중 고지납부한 세액은 없다
- 음식업의 업종별 부가가치율은 15%이며, 지방소비세를 포함한 금액을 계산한다.

정답: _____

26 [보기]는 법인세법에 대한 설명이다. 빈칸에 부합하는 용어를 한글로 기입하시오.

┤ 보기 ├

과세소득을 정의하는 방법은 크게 2가지가 있다. 즉, 과세대상을 정의할 때, 계속적 반복적으로 발생하는 소득만을 과세대상으로 한다는 소득원천설과 임시적이든 비반복적이든 과세기간 중 늘어나는 모든 소득을 과세대상으로 삼아야 한다는 (　　)증가설이 있다. 이 중 법인세는 후자인 (　　)증가설을 채택하고 있어 우발적이든 일시적이든 종류와 범위를 열거할 필요가 없이 과세기간중의 모든 소득을 그 대상으로 한다.

정답: _____

[과목: 관리회계의 이해]

27 원가의 분류기준에 따른 원가구분 연결이 가장 적절하지 않은 것은?

① 원가의 통제가능성에 따라 – 변동원가, 고정원가
② 원가의 추적가능성에 따라 – 직접원가, 간접원가
③ 제조활동과의 관련성에 따라 – 제조원가, 비제조원가
④ 의사결정과의 관련성에 따라 – 관련원가, 비관련원가

28 (주)생산은 종합원가계산을 채택하고 있다. (주)생산의 당해 연도 제조관련 자료는 [보기]와 같으며 재료원가는 공정 초에 전량 투입되었다. (주)생산이 선입선출법을 적용할 경우 재료원가의 총완성품 환산수량을 계산하면 얼마인가?

┤ 보기 ├

- 기초재공품 수량   0개   - 당기완성품 수량   1,500개
- 기말재공품 수량   500개(완성도 60%)

① 1,000개
③ 1,800개
② 1,500개
④ 2,000개

31 [보기]는 (주)생산성의 공헌이익계산서 내용 중 일부이다. (주)생산성의 당해 영업레버리지도(DOL) 가 2로 계산된 경우 (가)에 기록된 금액은 얼마인가?(단, 보기에 주어진 자료만을 이용하여 계산한 값을 구하시오.)

┤ 보기 ├

공헌이익계산서

(주)생산성	(단위: 원)
매출액	100,000
- 변동비	60,000
= 공헌이익	
- 고정비	(가)
= 영업이익	

① 10,000원
③ 30,000원
② 20,000원
④ 40,000원

기출문제

30 [보기]의 (   )들어갈 적절한 용어를 한글로 기입하시오.

┤ 보기 ├

원가의 세 가지 요소에는 재료비, 제조경비, (   )가 있다.

정답: _____

31 [보기]는 영업레버리지도(DOL)에 대한 설명이다. (가)에 공통으로 들어갈 적절한 원가용어를 한글로 기입하시오.

┤ 보기 ├

영업레버리지도(DOL)란 (가)(이)가 지렛대의 작용을 함으로써 매출액의 변화율에 따른 영업이익의 변화율이 반응하는 효과를 말한다. 따라서 (가)의 비중이 큰 기업은 영업레버리지도 또한 크게 나타난다.

정답: _____

32 [보기]는 (주)생산성의 당해 회계자료 일부분이다. (주)생산성의 당해 안전한계율(%)을 계산하면 얼마인가?(단, 정답은 단위를 제외하고 숫자만 기입하시오.)

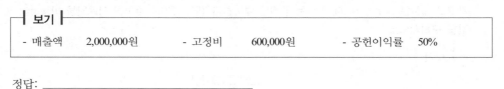

┤ 보기 ├

- 매출액   2,000,000원   - 고정비   600,000원   - 공헌이익률   50%

정답: _____

[과목: ERP 회계 기본정보관리]

01 'ERP13A02.유지현' 사원에 대한 설명으로 옳지 않은 것은?

① 현재 소속된 부서는 '1001.회계팀'이다.
② 'ERP13A05.배윤미' 사원과 입사일이 동일하다.
③ 대차차액이 없는 전표를 입력할 때 승인 상태로 저장된다.
④ 승인전표를 수정할 때 전표의 승인해제 없이 수정할 수 있다.

02 당사의 거래처 중 '00097.한국백화점'은 2022년 7월 17일 폐업하였다. 해당 거래처의 사용여부를 '미사용'으로 변경 후 현재 거래처구분이 '일반'인 거래처 중 사용여부가 '미사용'으로 설정된 거래처를 조회하면 몇 개인가?

① 1개   ② 2개
③ 3개   ④ 4개

03 당사는 사용부서를 관리항목으로 사용하여 재무제표를 부문별로 조회하고 있다. 다음 중 '5001.인사팀'과 같은 부문에 속한 부서는 어디인가?

① 1001.회계팀   ② 2001.영업부
③ 3001.생산부   ④ 4001.자재부

[과목: ERP 재무회계 프로세스의 이해]

04 (주)한국생산 본점은 2022년 12월 말 1년간의 지출증빙서류검토표를 작성하려고 한다. 아래 [적격증빙별 전표증빙]을 참고하여 적격증빙 성격에 맞는 핵심ERP의 증빙을 연결하는 작업 수행 후 현금영수증으로 지출된 내역의 합계액을 조회하면 얼마인가?

> ┤ 보기 ├
>
> [적격증빙별 전표증빙]
> - 10.신용카드(법인)   - 8.신용카드매출전표(법인)
> - 11.신용카드(개인)   - 8A.신용카드매출전표(개인)
> - 20.현금영수증   - 9A.현금영수증
> - 30.세금계산서   - 1.세금계산서
> - 40.계산서   - 2.계산서

① 10,759,000원   ② 15,999,000원
③ 27,499,000원   ④ 38,529,000원

05 당사는 거래처에 거래처분류를 등록하여 관리하던 중 '00001.(주)영은실업'의 거래처분류가 누락된 것을 확인하였다. '00001.(주)영은실업'의 거래처분류를 '1000.강남구'로 입력하고 (주)한국생산 본점의 2022년 6월 30일 기준 거래처분류가 '1000.강남구'인 거래처 중 채권인 외상매출금 잔액과 채무인 외상매입금 잔액이 모두 존재하는 거래처를 조회하면 어디인가?

① 00001.(주)영은실업   ② 00002.(주)하진테크
③ 00004.(주)상상유통   ④ 00005.(주)중원

06 (주)한국생산 본점은 공장을 프로젝트로 관리하던 중 '1001.광주공장' 프로젝트의 프로젝트분류가 잘못 입력된 것을 확인하였다. '1001.광주공장'의 프로젝트분류를 '200.남부'로 변경 후 (주)한국생산 본점의 2022년 상반기 동안 프로젝트분류가 '200.남부'로 설정된 공장에서 지출한 여비교통비(판매관리비)를 조회하면 얼마인가?

① 1,120,000원   ② 1,380,000원
③ 2,500,000원   ④ 4,600,000원

07 (주)한국생산 본점은 '(주)하진테크'에 매출 후 2022년 4월 25일에 수취한 어음(자가202204002)을 은행에서 할인받으려 한다. 아래 조건으로 할인받을 경우 할인료에 대한 회계처리의 계정과목과 금액으로 옳은 것은?(할인일: 2022년 05월 31일, 할인율: 연 12%, 월할계산, 매각거래로 처리)

① 이자비용 275,000원
② 이자비용 825,000원
③ 매출채권처분손실 275,000원
④ 매출채권처분손실 825,000원

08 (주)한국생산 본점의 2022년 상반기 중 외상매출금 회수금액이 가장 큰 달은 언제인가?

① 1월　　　　　　　　　　　　　　② 2월

③ 3월　　　　　　　　　　　　　　④ 4월

09 당사는 2022년 5월 15일부로 2022년 5월 지급수수료(판매관리비)로 편성된 '1001.회계팀' 예산금액 중 500,000원을 '1001.회계팀'의 차량유지비(판매관리비)로 예산을 전용하기로 하였다. 예산전용작업을 수행한 후 5월 '1001.회계팀'의 차량유지비(판매관리비) 집행율을 조회하면 얼마인가?(집행방식은 승인집행으로 조회한다.)

① 48%　　　　　　　　　　　　　② 56%

③ 86%　　　　　　　　　　　　　④ 92%

10 (주)한국생산 본점의 2022년 12월말 결산 시 소모품의 기말 재고액은 30,000,000원이다. 장부의 금액을 확인한 후 이와 관련된 기말 결산 수정 분개로 옳은 것은?(단, 소모품은 취득시 자산처리 하였다.)

① (차) 소 모 품　　30,000,000원　　(대) 소모품비　　30,000,000원
② (차) 소모품비　　30,000,000원　　(대) 소 모 품　　30,000,000원
③ (차) 소 모 품　　36,000,000원　　(대) 소모품비　　36,000,000원
④ (차) 소모품비　　36,000,000원　　(대) 소 모 품　　36,000,000원

11 (주)한국생산 본점의 2022년 1분기 손익계산서에 대한 설명 중 옳지 않은 것은?

① 제품매출액은 535,000,000원이다.
② 당기상품매입액은 110,018,000원이다.
③ 기부금 1,000,000원이 영업외비용으로 발생하였다.
④ 판매관리비 중 직원급여는 240,000,000원 발생하였다.

12 (주)한국생산 본점은 매월 수입 및 지출에 대해 일자별자금계획을 수립하고 있다. 2022년 4월 고정적으로 지출되는 금액은 2022년 3월과 비교하여 얼마나 감소하였는가?

① 2,000,000원　　　　　　　　　② 2,300,000원

③ 5,500,000원　　　　　　　　　④ 9,000,000원

13 2022년 12월 말 결산 시 (주)한국생산 본점이 보유하고 있는 달러(USD)예금은 얼마인가?

① 10,000달러　　　　　　　　　② 10,100달러

③ 12,600달러　　　　　　　　　④ 25,000달러

14 (주)한국생산 본점의 업무용승용차 '2080001.69어6467' 차량에 대하여 운행기록부를 작성하였다. 2022년 1월 한 달 동안 해당 차량의 업무사용비율은 얼마인가?

① 70%　　　　　　　　　　　　　② 80%

③ 85%　　　　　　　　　　　　　④ 90%

[과목: ERP 세무회계 프로세스의 이해]

15 (주)한국생산 춘천지사는 수출기업의 수입 부가가치세 납부유예 요건을 충족하여 수입 세금계산서 전표입력시 사유구분을 입력하였다. 2022년 1기 부가가치세 확정 신고시 부가세신고서의 수출기업수입분납부유예 항목에 기재되어야 하는 세액은 얼마인가?(사업장: [2000] (주)한국생산 춘천지사)

① 200,000원   ② 250,000원
③ 300,000원   ④ 550,000원

16 2022년 9월 30일 (주)한국생산 춘천지사는 '(주)라라실업'에게 기계장치를 3,000,000원(VAT별도)에 현금으로 매입하고 현금영수증(승인번호: 80870927)을 발급 받았다. 해당 거래내역을 전표입력 후 2022년 2기 부가가치세 예정신고기간의 현금영수증매입건 중 고장자산매입세액을 조회하면 얼마인가?(사업장: [2000] (주)한국생산 춘천지사)

① 200,000원   ② 350,000원
③ 500,000원   ④ 950,000원

17 (주)한국생산 춘천지사의 2022년 2기 부가가치세 확정 신고 시 매입에 대한 예정신고 누락분의 건수와 공급가액으로 옳은 것은?(사업장: [2000] (주)한국생산 춘천지사)

① 1건/ 4,000,000원   ② 1건/12,000,000원
③ 1건/25,000,000원   ④ 2건/27,000,000원

18 (주)한국생산 춘천지사의 2022년 1기 부가가치세 예정 신고기간에 수취한 매출계산서 매수는?(사업장: [2000] (주)한국생산 춘천지사)

① 1매   ② 2매
③ 5매   ④ 8매

19 (주)한국생산 춘천지사의 2022년 1기 부가가치세 확정 신고기간의 과세매출 내역 중 공급가액이 가장 큰 거래처는?(사업장: [2000] (주)한국생산 춘천지사)

① (주)중원   ② (주)상상유통
③ (주)영은실업   ④ (주)하진테크

20 (주)한국생산 춘천지사의 2022년 2기 부가가치세 확정 신고시 첨부대상이 아닌 부속명세서는?(사업장: [2000] (주)한국생산 춘천지사)

① 수출실적명세서
② 매입처별 세금계산서합계표
③ 매출처별 세금계산서합계표
④ 신용카드매출전표등 발행금액집계표

제**3**장

합격문제 답안

회계 1급 유형별 연습문제

01 ERP 시스템의 이해

1.1 ERP 개념과 등장

1	2	3	4	5	6	7	8	9	10
②	③	③	③	④	②	①	①	③	③

[풀이]

01 ② ERP는 개별시스템이 아니라 통합시스템에 해당한다.

02 ③ ERP는 다양한 보안정책으로 인해 접근이 인가된 사용자만 ERP 시스템에 접근할 수 있다.

03 ③ 전산시스템은 회계, 인사, 생산 및 영업·물류관리 등의 시스템을 통합하여 개발 및 운영된다.

04 ③ 기업 내 각 영역의 업무프로세스를 지원하고 통합 업무처리의 강화를 추구하는 시스템이다.

05 ④ ERP 시스템은 주요 기능별로 최적화된 시스템이 아니라 프로세스 중심적이며 전체 업무의 최적화를 목표로 한다.

06 ② ERP 도입으로 관리의 중복을 배제할 수 있다.

07 ① 기존 방식의 고수는 BPR(업무 재설계)의 필요성이라고 볼 수 없다.

08 ① 자사의 업무를 ERP에 내장되어 있는 Best Practice에 맞추어야 한다.

09 ③ 기존 정보시스템(MIS)은 수직적으로 업무를 처리하고, ERP는 수평적으로 업무를 처리한다.

10 ③ 프로세스 혁신(PI, Process Innovation)에 대한 설명이다.

1.2 ERP 발전과정과 특징

1	2	3	4	5	6	7	8	9	10
②	②	①	②	④	④	①	②	③	①

[풀이]

01 ② ERP 발전과정: MRP → MRP Ⅱ → ERP → 확장형 ERP

02 ② MRP Ⅱ의 주요 관리범위는 제조자원관리이며, 원가절감이 주된 목표이다.

03 ① MRP Ⅱ, 확장 ERP, 자재수급관리, 전사적 자원관리

04 ② 보기의 내용은 MRP Ⅱ에 대한 설명이다.

05 ④ 조직의 분권화 및 상호견제와 내부통제제도를 강화하여 투명 경영의 수단으로 활용가능하다.

06 ④ 조직의 변경이나 프로세스의 변경에 대한 대응이 가능하고 기존 하드웨어와의 연계에 있어서도 개방적이다.

07 ① 다국적, 다통화, 다언어 지원은 기술적 특징이 아닌 기능적 특징에 해당된다.

08 ② 객체지향기술 사용은 기술적 특징에 해당되며, 나머지 내용은 기능적 특징에 해당된다.

09 ③ Open Multi-Vendor: 특정 H/W 업체에 의존하지 않는 Open 형태를 채택, C/S형의 시스템 구축이 가능하다.

10 ① 파라미터(Parameter)에 대한 설명이다.

1.3 ERP 도입과 구축

1	2	3	4	5	6	7	8	9	10
①	③	④	④	②	①	②	②	④	④
11	12	13	14	15	16	17	18	19	20
①	④	②	③	①	④	①	①	③	①

[풀이]

01 ① ERP 도입의 궁극적인 효과는 비즈니스 프로세스 혁신 추구에 있다.

02 ③ 결산작업의 시간이 단축된다.

03 ④ 업무의 시작에서 종료까지의 시간을 의미하는 리드타임(Lead Time)이 감소된다.

04 ④ 의사결정의 신속성으로 인한 정보 공유의 공간적, 시간적 한계가 없다.

05 ② ERP 도입과 사업의 다각화는 직접적인 관련이 없다.

06 ① 선진 업무프로세스(Best Practice) 도입을 목적으로 ERP 패키지를 도입하였는데, 기존 업무처리에 따라 ERP 패키지를 수정한다면 BPR은 전혀 이루어지지 않는다.

07 ② 일반적으로 ERP 시스템이 구축되기 전에 BPR(업무재설계)을 수행해야 ERP 구축성과가 극대화될 수 있다.

08 ② ERP 시스템의 유지비용은 초기 ERP 시스템 구축 초기 단계보다 감소하게 된다.

09 ④ ERP 시스템에 대한 투자비용에 관한 개념으로 시스템의 전체 라이프사이클을 통해 발생하는 전체 비용을 계량화하는 것을 총소유비용(Total Cost of Ownership)이라 한다.

10 ④ 지속적인 교육과 훈련이 필요하다.

11 ① 업무 단위별 추진은 실패의 지름길이므로 통합적으로 추진하여야 한다.

12 ④ 자사의 규모, 업종 등 특성을 고려하여 자사에 맞는 패키지를 선정하여야 한다.

13 ② 상용화 패키지에 의한 ERP 시스템 구축에는 자체 개발인력을 보유할 필요가 없다.

14 ③ ERP의 구축단계: 분석 → 설계 → 구축 → 구현

15 ① 전 직원을 상대로 요구분석을 실시하는 단계는 분석단계에 해당한다.

16 ④ 구축단계에 해당된다.

17 ① 모듈 조합화는 구축단계에 해당하고, GAP분석은 설계단계에 해당한다.

18 ① BPR(Business Process Re-Engineering)은 급진적으로 비즈니스 프로세스를 개선하는 방식을 의미하며, BPI(Business Process Improvement)는 단계적으로 시간의 흐름에 따라 비즈니스 프로세스를 개선하는 점증적 방법론을 의미한다.

19 ③ ERP를 패키지가 아닌 자체개발 방식을 사용할 경우 사용자의 요구사항을 충실하게 반영하여 시스템의 수정과 유지보수가 주기적이고 지속적으로 단시간에 가능하다.

20 ① ERP 구축 시 유능한 컨설턴트를 통해 최적의 패키지를 선정하는데 도움을 주는 역할을 하며, 프로젝트 주도권이 넘어가지는 않는다.

1.4 확장형 ERP

1	2	3	4	5	6	7	8		
④	②	④	④	②	③	④	④		

[풀이]

01 ④ 확장형 ERP에는 기본기능 이외에 고유기능이 추가되어야 한다.

02 ② 생산자원관리(MRP II)시스템은 E-ERP라 불리우는 확장형 ERP의 과거모델이다.

03 ④ 전략적 기업경영(SEM) 시스템에는 성과측정관리(BSC), 가치중심경영(VBM), 전략계획수립 및 시뮬레이션(SFS), 활동기준경영(ABM) 등이 포함된다.

04 ④ 마케팅(marketing), 판매(sales) 및 고객서비스(customer service)를 자동화하는 것은 고객관계관리(CRM)에 대한 설명이다.

05 ② 공급망관리(SCM: Supply Chain Management)에 대한 설명이다.

06 ③ IT아웃소싱을 하더라도 아웃소싱 업체에 전적으로 의존하거나 종속되는 것은 아니고 협력관계에 있다.

07 ④ 지식관리시스템(KMS)은 조직 내의 인적자원들이 축적하고 있는 개별적인 지식을 체계화하고 공유하기 위한 정보시스템으로 ERP시스템의 비즈니스 프로세스를 지원한다.

08 ④ 마케팅(marketing), 판매(sales) 및 고객서비스(customer service)를 자동화함으로써 현재 및 미래 고객들과 상호작용할 수 있도록 지원하는 것은 CRM 모듈의 실행 효과이다.

1.5 4차 산업혁명과 스마트(차세대) ERP

1	2	3	4	5	6	7	8	9	10
①	③	③	①	③	①	③	②	③	③

[풀이]

01 ① 클라우드를 통해 ERP 도입에 관한 진입장벽을 낮출 수 있다.

02 ③ 데이터베이스 클라우드 서비스와 스토리지 클라우드 서비스는 IaaS에 속한다.

03 ③ SaaS(Software as a Service)는 클라우드 컴퓨팅 서비스 사업자가 클라우드 컴퓨팅 서버에 소프트웨어를 제공하고, 사용자가 원격으로 접속해 해당 소프트웨어를 활용하는 모델이다.

04 ① ERP는 4차 산업혁명의 핵심기술인 인공지능(Artificial Intelligence, AI), 빅데이터(Big Data), 사물인터넷(Internet of Things, IoT), 블록체인(Blockchain) 등의 신기술과 융합하여 보다 지능화된 기업경영이 가능한 통합시스템으로 발전된다.

05 ③ 비즈니스 애널리틱스는 ERP 시스템 내의 데이터 분석 솔루션으로 구조화된 데이터(structured data)와 비구조화된 데이터(unstructured data)를 동시에 이용하여 과거 데이터에 대한 분석뿐만 아니라, 이를 통한 새로운 통찰력 제안과 미래 사업을 위한 시나리오를 제공한다.

06 ① 비즈니스 애널리틱스는 구조화된 데이터(structured data)와 비구조화된 데이터(unstructured data)를 동시에 이용한다.

07 ③

[스마트팩토리의 구성역영과 기술요소]

구 분	주 요 기 술 요 소
제품개발	제품수명주기관리(PLM: Product Lifecycle Management)시스템을 이용하여 제품의 개발, 생산, 유지보수, 폐기까지의 전 과정을 체계적으로 관리
현장자동화	인간과 협업하거나 독자적으로 제조작업을 수행하는 시스템으로 공정자동화, IoT, 설비제어장치(PLC), 산업로봇, 머신비전 등의 기술이 이용
공장운영관리	자동화된 생산설비로부터 실시간으로 가동정보를 수집하여 효율적으로 공장운영에 필요한 생산계획 수립, 재고관리, 제조자원관리, 품질관리, 공정관리, 설비제어 등을 담당하며, 제조실행시스템(MES), 창고관리시스템(WMS), 품질관리시스템(QMS) 등의 기술이 이용
기업자원관리	고객주문, 생산실적정보 등을 실시간으로 수집하여 효율적인 기업운영에 필요한 원가, 재무, 영업, 생산, 구매, 물류관리 등을 담당하며, ERP 등의 기술이 이용
공급사슬관리	제품생산에 필요한 원자재 조달에서부터 고객에게 제품을 전달하는 전체 과정의 정보를 실시간으로 수집하여 효율적인 물류시스템 운영, 고객만족을 목적으로 하며, 공급망관리(SCM) 등의 기술이 이용

08 ② 폐쇄형 클라우드는 데이터의 소유권 확보와 프라이버시 보장이 필요한 경우 사용된다.

09 ③ 연결주의 시대는 막대한 컴퓨팅 성능과 방대한 학습데이터가 필수적이나 학습에 필요한 빅데이터와 컴퓨팅 파워의 부족이라는 한계를 극복하지 못해 비즈니스 활용 측면에서 제약이 있었다.

10 ③ 인공지능이 개인, 가족, 지역 사회의 데이터 권리 또는 개인정보를 감소시켜서는 안 된다.

02 재무회계의 이해

2.1 재무회계의 기초

1	2	3	4	5				
①	②	목적적합성	신뢰성	③				

[풀이]

01 ① (가)는 기업실체의 공준, (나)는 계속기업의 공준에 대한 설명이다.

02 ② 회계정보가 갖추어야 할 가장 중요한 질적특성은 목적적합성과 신뢰성이다.

03 목적적합성

04 신뢰성

05 ③ 회계정보(재무제표)의 질적 특성 중 목적적합성(관련성)이란 정보가 의사결정과 관련성 있게 해주는 세 가지 속성을 의미한다. 그 세 가지 속성에는 예측가치(미래에 더 좋은 선택을 할 수 있도록 해줌), 피드백가치(과거 예측했던 사건의 결과를 평가할 수 있게 해줌), 적시성(필요한 시기에 정보를 제공할 수 있게 해줌) 등이 있다. 이 중 예측가치가 ③에 해당한다. ①, ②, ④의 경우 신뢰성에 관한 설명이다.

2.2 재무제표의 이해

1	2	3	4	5	6	7	8	9	
①	현금흐름표	②	③	④	①	②	②	①	

[풀이]

01 ① 일반기업회계기준의 재무제표 종류로는 재무상태표, 손익계산서, 현금흐름표, 자본변동표, 주석이 있다.

02 현금흐름표

03 ② 일정시점의 재무상태를 나타내는 것은 재무상태표이고, 일정기간의 경영성과를 나타내는 것은 손익계산서이다.

04 ③ 재무제표의 작성 책임은 경영진에게 있으며 주주는 작성책임이 없다.

05 ④ 자본은 자본금, 자본잉여금, 자본조정, 기타포괄손익누계액 및 이익잉여금(또는 결손금)으로 구분한다.

06 ① 비품은 비유동자산이다.

07 ② 상품은 유동자산 중 재고자산에 해당한다.

08 ② 이자비용은 제조업에서 영업외비용으로 영업손익에 영향을 미치지 않는다.

09 ① 재무상태표는 일정 시점에서의 기업의 재무상태를 나타내는 정태적 보고서이다.

2.3 회계의 순환과정

1	2	3	4	5					
②	①	③	①	④					

[풀이]

01 ② 계약금이 수반되지 않은 단순 약정사항은 회계상의 거래에 해당하지 않는다.

02 ① 기업의 다양한 경제 활동 중에서 재무상태의 변화를 수반하는 활동을 회계상 거래라고 한다. 즉, 회계상 거래가 되기 위해서는 자산, 부채, 자본, 수익, 비용에 영향을 미치는 재화 또는 화폐의 이동이 이루어져야 한다. ①과 같은 계약의 체결은 경제적 거래이기는 하지만 재무상태에 변화를 가져오지 않으므로 회계상 거래로 볼 수 없다.

03 ③ 미지급급여는 부채에 속하는 계정으로 차기이월하여 마감한다.

04 ① 비용의 이연은 당기에 지급한 비용중 차기분(선급분)이 포함되어 있다는 의미이다.
[손익의 이연]
• 비용의 이연: 선급보험료(선급비용)
• 수익의 이연: 선수임대료(선수수익)
• 비용의 예상: 미지급임차료(미지급비용)
• 수익의 예상: 미수이자(미수수익)

05 ④ 누락된 회계처리는 다음과 같다.
(차) 선수임대료(부채의 감소)   ×××   (대) 임대료수익(수익의 발생)   ×××
위의 회계처리가 누락되면, 부채는 과대계상 되고 수익은 과소계상(당기순이익 과소계상) 된다.

2.4 당좌자산

1	2	3	4	5	6	7	8	9	
③	②	①	100,000	④	③	②	④	②	

[풀이]

01 ③ 현금및현금성자산: 통화 15,000원 + 지하철공채(만기 90일) 50,000원 + 송금환 20,000원 = 85,000원

02 ② 단기매매증권 취득시 수수료는 취득원가에 가산하지 않으므로 단기매매증권의 취득금액은 446,000원이다.
• 처분손익: 처분금액(440,000원) − 장부금액(2023년 결산 시 공정가치 410,000원) = 처분이익 30,000원
• 단기매매증권 취득시: (차) 단기매매증권   446,000원   (대) 현금   450,000원
　　　　　　　　　　　　　　　지급수수료   4,000원
• 2023년 결산 시: (차) 단기매매증권평가손실 36,000원   (대) 단기매매증권   36,000원
• 2024년 처분 시: (차) 현금   440,000원   (대) 단기매매증권   410,000원
　　　　　　　　　　　　　　　　　　　　　　　　　　　　단기매매증권처분이익   30,000원

03 ①
- 2023년 12월 31일 단기매매증권평가: (100주 × 1,200원) − (100주 × 1,400원)
                                        = 단기매매증권평가손실 20,000원
- 2024년 3월 2일 단기매매증권처분: (100주 × 1,400원) − (100주 × 1,200원)
                                        = 단기매매증권처분이익 20,000원

04 100,000원
- 2023년 500,000원 취득한 단기매매증권을 2023년 결산 시에 공정가치 450,000원으로 평가 하였으므로, 단기매매증권의 2024년 장부금액(공정가치)은 450,000원
- 2024년 처분 시 처분손익: 장부금액(450,000원) 〈 처분금액(550,000원) = 처분이익(100,000원)

05 ④ 유동자산은 40,000원 과다계상되고, 영업외비용은 40,000원 과소계상 되었다.

06 ③
- 기초 대손충당금: 50,000원
- 7/31 대손발생: (차) 대손충당금   40,000원   (대) 매출채권   40,000원
- 결산 전 대손충당금 잔액: 기초 대손충당금(50,000원) − 대손발생(40,000원) = 10,000원
- 결산 시 대손추산액: 결산 시 매출채권(10,000,000원) × 1% = 100,000원
- 결산 시 대손추가계상액: 결산 시 대손추산액(100,000원) − 결산 전 대손충당금(10,000원) = 90,000원
- 결산 시 대손설정: (차) 대손상각비   90,000원   (대) 대손충당금   90,000원
- 결산 후 대손충당금 잔액: 100,000원(대손상각비: 90,000원)

07 ②
- 2023년 결산 후 대손충당금 잔액: 매출채권 잔액(2,000,000원) × 3% = 60,000원
- 2024년 기중 20,000원의 대손발생
                    (차) 대손충당금   20,000원   (대) 매출채권   20,000원
- 2024년 결산 전 대손충당금 잔액: 기초 대손충당금(60,000원) − 대손발생(20,000원) = 40,000원
- 2024년 결산 시 대손충당금 추산액: 매출채권 잔액(3,000,000원) × 1% = 30,000원
- 2024년 결산 시 대손충당금 추가계상액: 대손추산액(30,000원) − 대손충당금 잔액(40,000원)
                                        = − 10,000원(대손충당금환입)

08 ④ 재고자산 구입관련 계약금 지급액은 선급금으로 처리한다.

09 ② 일반가지급금은 주주, 종업원 일시대여, 여비 전도 또는 업무경비 미정산에서 발생 후 향후 지출 성격에 따라 적절한 계정과목으로 대체되며, 임시계정에 해당되어 결산 시에 재무제표에 표기될 수 없다.

2.5 재고자산

1	2	3	4	5	6				
③	④	2,000,000	④	4,800	①				

[풀이]

01 ③ 매입과 관련된 할인과 에누리는 취득원가에 포함되지 않는다.

02 ④ 판매 시 지출한 운반비는 판매관리비이므로 재고자산의 원가에 포함하지 않는다.

03 2,000,000원
- 매출총이익률 25%는 매출액 중 25%가 이익이고, 나머지 75%가 매출원가란 의미이다.
- 매출총이익: 순매출액 × 매출총이익률 = 5,000,000원 × 25% = 1,250,000원
- 매출원가: 순매출액 − 매출총이익 = 5,000,000원 − 1,250,000원 = 3,750,000원
- 매출원가(3,750,000원) = 기초재고 + 당기매입 − 기말재고 = 500,000원 + 6,500,000원 − x
- 기말상품재고액은 3,250,000원
- 화재로 인해 1,250,000원의 상품이 소실되었으므로, 결산일 현재 창고의 상품재고액 = 2,000,000원

04 ④
- 매출원가 = 판매가능상품(기초상품 + 당기매입액) − 기말상품재고액
   = (100,000원 + 380,000원) − 200,000원 = 180,000원

05 4,800원
- 상품매출원가 = 기초상품재고액 + 당기순매입액 − 기말상품재고액 = 1,100원 + x − 2,300원
- 당기순매입액(x) = 당기매입 − 매입에누리 = 6,500원 − 500원 = 6,000원
- 상품매출원가 = 1,100원 + 6,000원 − 2,300원 = 4,800원

06 ① 순이익을 적게 표시하려면 매출원가를 높여야 하므로 선입선출법으로 재고자산을 평가하여야 한다. 또한, 매출원가를 높이면 이익이 적게 표시되어 법인세 이연효과가 나타난다.

 투자자산

1	2	3	4						
2,055,000	④	4,500	①						

 [풀이]

01 2,055,000원
- 취득원가 = 구입가격 + 취득부대비용 = (20,000원 × 100주) + (50,000원 + 5,000원) = 2,055,000원

02 ④ 2024년 9월 20일 매도가능증권 처분 시 처분이익은 200,000원이 발생한다.
   처분 시: (차) 현금 등   1,200,000원   (대) 매도가능증권   900,000원
                                              매도가능증권평가손실   100,000원
                                              매도가능증권처분이익   200,000원

03 4,500원
- 유가증권 취득단가: (20주 × 8,000원 + 수수료 2,000원) ÷ 20주 = 8,100원(주당)
- 유가증권처분손익: 처분금액(5주 × 9,000원) − 장부금액(5주 × 장부금액 8,100원) = 처분이익(4,500원)
- 유가증권 중 단기매매증권 취득 시 발생하는 취득수수료는 원가에 가산하지 않고, 별도의 비용으로 처리하지만, 단기매매증권을 제외한 매도가능증권, 만기보유증권 등 취득 시에 발생하는 취득수수료는 해당 유가증권의 취득원가에 가산한다.

04 ① 단기매매증권이나 만기보유증권으로 분류되지 아니하는 유가증권은 매도가능증권으로 분류한다.

 **유형자산**

1	2	3	4	5					
④	700,000	20,000	697,500	②					

[풀이]

01 ④ 공장의 진입로 공사 시작과 동시에 지급된 공사착수금이므로 건설중인 자산으로 회계처리 한다.
  (차) 건설중인자산　　　　　　10,000,000원　　　(대) 당좌예금　　　　　　　　10,000,000원

02 700,000원
  • 2023년 기말 결산 후 감가상각누계액 = 1,600,000원
  • 2024년 기말 결산 전 감가상각누계액: 2022년도에서 이월된 감가상각누계액(1,600,000원) − 600,000원
    (기계장치 처분 시 감가상각누계액) = 1,000,000원
  • 2024년 기말 결산 후 감가상각누계액: 2023년 결산 전 감가상각누계액(1,000,000원) + 결산 시 감가상각
    추가계상액(x) = 결산 후 감가상각누계액(1,700,000원)
  • 2024년 당기 결산 시 감가상각 반영: (차) 감가상각비　　700,000원　　　(대) 감가상각누계액　　700,000원

03 20,000원
  • 정액법 감가상각 = (취득원가 − 잔존가액) ÷ 내용연수 = (650,000원−50,000원)) ÷ 5년 = 120,000원(년)
  • 2024년 감가상각비 = 120,000원 × 2(귀속 2개월) = 20,000원

04 697,500원
  • 2023년도 감가상각비: 취득원가(1,000,000원) × 상각률(0.45) = 450,000원
  • 2024년도 감가상각비: 장부가액(1,000,000원 − 450,000원) × 상각률(0.45) = 247,500원
  • 2024년도 감가상각누계액: 2023년 상각비(450,000원) + 2024년 상각비(247,500원) = 697,500원

05 ② 감가상각누계액은 부채에 해당하지 않고 자산의 차감적 평가계정에 해당한다.

2.8 무형자산

1	2	3							
④	④	4,000							

[풀이]

01 ④ 무형자산에 대한 설명이다.
  • 영업권(Franchise value): 한 기업이 같은 업종의 다른 기업보다 많은 이익을 낼 수 있는 수익력, 예컨대 고
  정 거래고객이 많다거나, 영업망이 잘 갖춰지고 인지도가 높은 것 등이 이에 해당한다.
  • 산업재산권: 일정기간 독점적·배타적으로 이용할 수 있는 권리로서 특허권, 실용신안권, 의장권 및 상표권
  등이 해당
  ① 단기대여금: 유동자산, ② 재고자산: 유동자산, ③ 선급금: 유동자산

02 ④
  • 무형자산: 개발비 + 특허권 + 소프트웨어 구입비 = 30원 + 31원 + 36원 = 97원
  연구비와 경상개발비는 판매관리비(비용)이고, 임차보증금은 기타비유동자산으로 분류된다.

03 4,000원
  • 개발단계에 비경상적으로 발생되고 미래경제적효익 창출이 확실한 경우에 무형자산인 개발비로 분류된다.

2.9 부채

1	2	3	4						
④	②	③	①						

[풀이]

01 ④ 퇴직급여충당부채는 비유동부채에 속하며, 나머지는 유동부채 계정과목이다.

02 ② 3/20 거래로 인하여 부채와 자산이 감소한다.
  (차) 차입금(부채의 감소)   3,000원   (대) 현금(자산의 감소)   3,000원

03 ③
  • 2024년 1월 1일 기초 장부금액(발행금액) = 95,026원
  • 액면이자금액: 액면금액 × 액면이자율 = 100,000원 × 8% = 8,000원
  • 유효이자금액: 장부금액 × 유효이자율 = 95,026원 × 10% = 9,503원
  • 사채이자 지급: (차) 이자비용   9,503원   (대) 현금   8,000원
                                                        사채할인발행차금   1,503원

04 ① 사채 발행의 회계처리는 대변에 사채를 액면금액으로 기록하고, 차변에 수령하는 대금을 발행금액으로 기록한다.

2.10 자본

[풀이]

1	2	3	4	5	6	7	8	9	
④	이익잉여금	④	④	④	④	①	④	②	

01 ④ 투자자산처분이익은 영업외수익 항목이다.
  • 투자에 속하는 유가증권의 처분이익을 처리하는 계정이다. 투자유가증권은 타기업의 지배 또는 거래관계의 유지 등을 목적으로 하는 장기소유의 유가증권이다. 따라서 이런 투자유가증권이나 투자부동산 등의 처분이 거액이고 비경상적, 비반복적인 경우는 정상수익력을 반영하는 기간손익항목이 아닌 임시적 손익항목이기 때문에 특별이익에 포함시키고 그 이외의 경우에는 영업외수익에 포함한다.

02 이익잉여금
  • 재무상태표상 자본은 자본금, 자본잉여금, 자본조정, 기타포괄손익누계액, 이익잉여금으로 분류한다.

03 ④ 매도가능증권평가손익은 손익거래에 해당된다.

04 ④ 자기주식처분이익은 자본잉여금에 속한다.

05 ④

(차) 현금(자산 증가)	70,000원	(대) 자본금(자본금 증가)	50,000원
		주식발행초과금(자본잉여금 증가)	20,000원

06 ④

㉠ (차) 자본금	1,000,000원	(대) 현금	1,400,000원
감자차손	400,000원		
㉡ (차) 자본금	2,000,000원	(대) 현금	1,200,000원
감자차손	400,000원		
감자차익	400,000원		

자본감소(주식소각) 과정에서 감자차익(자본잉여금) 발생시 감자차손(자본조정)이 있는 경우 우선 상계처리 하여야 한다.

07 ①

(차) 현금	400,000원(자산증가)	(대) 자본금	500,000원(자본증가)
주식할인발행차금	100,000원(자본감소)		

08 ④
- 자본잉여금 = 감자차익 = 350,000원
- 자본조정 = 주식할인발행차금 + 감자차손 + 자기주식
  = 300,000원 + 350,000원 + 250,000원 = 650,000원
- 기타포괄손익누계액 = 매도가능증권평가이익 + 재평가잉여금 = 150,000원 + 700,000원 = 850,000원

09 ②
자본금 증가 50,000원, 자본잉여금 증가 30,000원, 이익잉여금 감소 100,000원, 이익잉여금 증가 20,000원
당기에 보통주(액면 500원) 100주를 1주당 800원에 발행하다.

(차) 현금 등(자산의 감소)	80,000원	(대) 자본금(자본금 증가)	50,000원
		주식발행초과금(자본잉여금 증가)	30,000원

배당금 100,000원을 이익잉여금을 처분하여 지급하다.(이익잉여금 감소 100,000원)
당기순이익 20,000원 발생하다.(당기순이익 증가 20,000원 → 이익잉여금 증가 20,000원)

2.11 수익과 비용

1	2	3	4	5	6				
④	8,500	①	④	440,000	500,000				

[풀이]

01 ④
- 비용 총액 = 재산세 + 매출운반비 + 수수료
  = 2,000원 + 3,000원 + 5,000원 = 10,000원

02 8,500원
매입 시 운반비는 매입원가에 포함하며, 매출 시 운반비는 판매비 및 관리비에 해당한다.
- 판매비 및 관리비 = 급여 + 접대비 + 매출 시 운반비
  = 2,500원 + 1,000원 + 5,000원 = 8,500원

03 ① 기부금은 영업외비용에 해당하며, 영업외손익에 영향을 주지 않는다.
- 토지정지비용은 토지의 취득원가에 해당한다.

04 ④
- 매출액총이익 = 매출액 − 매출원가(x) = 1,000,000원 − x
- 매출원가(x) = 기초상품재고액 + 상품순매입액(y) − 기말상품재고액 = 400,000원 + y − 120,000원
- 상품순매입액(y) = 상품매입액 + 매입부대비용 − 매입에누리 및 환출
  = 150,000원 + 30,000원 + 60,000원 = 120,000원
- 매출원가(x) = 400,000원, 매출총이익 = 600,000원
- 영업이익: 매출총이익 − 판매비와관리비 = 600,000원 − 350,000원 = 250,000원

05 440,000원
- 영업이익 = 순매출액 − 매출원가 − 판매비와관리비(x) = 800,000원 − 300,000원 − x
- 판매비와관리비 = 광고선전비 + 매출채권대손상각비 = 56,000원 + 4,000원 = 60,000원
- 영업이익 = 440,000원

06 500,000원
- 기초자본 = 기초자산 − 기초부채 = 500,000원 − 100,000원 = 400,000원
- 기말자본 = 기초자본 + 기중 추가 출자 + 당기순이익(x)
  = 400,000원 + 70,000원 + x = 기말자본(770,000원)
- 당기순손익: 당기순이익(x) 300,000원
- 당기순이익 = 총수익 − 총비용(y) = 800,000원 − y = 300,000원
- 당기비용(y) = 500,000원

03 세무회계의 이해

3.1 부가가치세 이론

1	2	3	4	5	6	7	8
③	④	④	④	25	①	사업자 단위과세	①
9	10	11	12	13	14	15	16
④	③	③	②	②	④	④	공급가액
17	18	19	20	21	22	23	
10	2,000,000	240,000	10,000,000	②	④	④	

[풀이]

01 ③ 우리나라 부가가치세 과세방법은 전단계세액공제법(매출세액 − 매입세액)에 의하고 있다.

02 ④ 사업자등록 전 매입세액이라 하더라도 등록신청일로부터 역산하여 20일 이내에 종료하는 과세 기간 기산일 까지 역산한 기간의 매입세액은 불공제대상에서 제외한다.

03 ④

[사업자등록 사후관리]
- 사업자등록증 정정 시 2일 내 재발급 하는 경우
  - 대표자를 변경하는 경우
  - 사업의 종류에 변동이 있는 경우
  - 사업장을 이전하는 경우
  - 상속으로 사업자의 명의가 변경되는 경우
  - 공동사업자의 구성원 또는 출자지분이 변경되는 경우
  - 임대인, 임대차 목적물 및 그 면적, 보증금, 임차료 또는 임대차기간이 변경되거나 새로 상가건물을 임차한 경우
- 사업자등록증 정정 시 신청일 당일 재발급 사유
  - 상호를 변경하는 경우
  - 통신판매업자가 사이버몰의 명칭 또는 인터넷 도메인이름을 변경하는 경우

> ※사업자 등록 절차
> 사업자는 사업장마다 사업개시일부터 20일 이내에 사업장 관할세무서장에게 등록신청을 해야한다.
> 이 경우 관할세무서장은 2일 이내 사업자 등록증을 발급한다. 단, 필요한 경우 발급기한을 5일 이내에서 연장 가능하다.

04 ④ 사업목적이 영리인지 비영리인지는 사업자를 정의하는데 있어 영향을 주지 않는다. 따라서 비영리법인의 경우도 재화나 용역을 공급하면 부가가치세를 납부할 의무가 있는 사업자가 된다.

05 25일

06 ① 전산시스템설비 요건은 주사업총괄납부의 승인 요건과는 무관하다.

07 사업자단위과세

08 ① 용역의 수입은 부가가치세법상 과세대상에 해당되지 않는다.

09 ④ 재화의 수입을 제외하고는 사업자에 의한 재화용역의 공급이 과세대상이다.

10 ③ 어음·수표 등의 화폐대용증권과 주식·사채 등의 유가증권은 부가가치세가 과세되는 재화에서 제외된다.

11 ③ 산업재산권(특허권, 상표권 등)의 대여는 용역의 공급이며, 산업재산권(특허권, 상표권 등)의 양도는 재화의 공급이다.

12 ② 수출대금은 영세율 적을 받을 수 있지만, 수출대행 용역의 제공(수수료)은 영세율 적용대상이 아니다.

13 ② 우표는 면세대상이나, 수집용 우표는 면세대상에서 제외된다.

14 ④ 전세버스 운송용역은 과세 대상이다.

15 ④ 영세율 적용대상자의 경우 부가가치세법상 사업자에 해당하기 때문에 사업자등록 의무가 있다.

16 공급가액
- 재화 또는 용역의 공급에 대한 부가가치세의 과세표준은 해당 과세기간에 공급한 재화 또는 용역의 공급가액을 합한 금액으로 한다.

17 10%
우리나라의 부가가치세는 일반과세자의 경우 10%의 단일세율이 적용된다.

18 2,000,000원
- 납부세액 = 매출세액 − 매입세액(x) = 1,000,000원 = 3,000,000원 − x
- 매출세액 = 매출액 × 세율 = 30,000,000원 × 10% = 3,000,000원

19 240,000원
- 납부세액 = 매출세액 - 매입세액 = 1,000,000원 - 760,000원 = 240,000원
  화환구입은 면세대상 거래이며, 접대식사비는 불공제이므로 총매입액에서 차감한다.

20 10,000,000원
- 1기 예정 과세표준 = 선급 조건의 임대료 총액 × 총개월수 중 1기 예정 귀속개월 수
  = 40,000,000원 × 2월/8월 = 10,000,000원

  임대계약기간의 월수 계산시 개시일이 속하는 달이 1월 미만이면 1월로 하므로 계약기간은 총 8개월이며, 1기 예정 과세기간에 포함되는 개월수는 2개월이다.

21 ② 기부금은 계정과목 분류가 영업외 비용으로 사업과 직접 관련없는 지출에 해당되어 매입세액공제가 불가능하다.

22 ④ 직전 사업년도의 과세공급가액이 아니라 총 공급가액(과세 + 면세)이 1억 원(2024년 7월 1일부터는 8천만 원) 이상이면 전자(세금)계산서 의무발급대상자이다.

23 ④ 영세율 적용을 받는 재화의 공급은 영세율세금계산서 교부대상이다.

(3.2) 법인세 이론

1	2	3	4	5	6	7	8
④	①	사업연도	세무조정	당기순이익	결산조정	③	①
9	10	11	12	13	14	15	16
①	①	④	③	①	1,200,000	800,000	816,000,000
17	18	19	20	21	22		
28,000,000	5월 31일	②	②	④	세무조정계산서		

[풀이]

01 ④ 외국법인도 국내원천소득 있는 경우에 이에 대하여 법인세 납세의무를 진다.

02 ① 비영리 내국법인은 각 사업연도 소득(국내외소득 중 수익사업소득)과 토지 등 양도소득에 대하여 법인세 납세의무가 있다.

03 사업연도(또는 사업년도)

04 세무조정

05 당기순이익(복수정답: 기업회계기준상 당기순이익, 재무회계상 당기순이익, 손익계산서상 당기순이익)

06 결산조정
익금산입, 손금불산입, 익금불산입 세무조정은 모두 강제 조정사항이지만, 손금산입에 대한 세무조정은 결산조정항목과 신고조정항목으로 구분된다.
- 결산조정 항목: 감가상각비, 고유목적사업준비금, 퇴직급여충당금, 대손충당금, 일시상각충당금, 구상채권 상각충당금, 대손금, 자산의 평가손, 생산설비의 폐기손 등
- 신고조정 항목: 결산조정항목 이외의 모든 항목

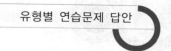

07 ③ 신고조정에 대한 설명이다.

08 ① 법인세비용의 세무조정 시 소득처분의 경우 유보가 아닌 기타사외유출로 처분한다.

09 ① 법인세법상 부가가치세 매출세액은 익금불산입 항목에 해당한다.

10 ① 법인세법상 교통범칙금은 손금불산입 항목에 해당한다.

11 ④ 법인세법상 주식할인발행차금은 손금불산입 항목에 해당한다.

12 ③ 건설이자의 배당금은 손금불산입 항목에 해당한다.

13 ① 자본거래에 해당하는 감자차손은 손금불산입 항목에 해당한다.

14 1,200,000원
- 익금산입 항목: 자산수증이익 300,000원, 보험업법 등에 의한 평가이익 400,000원
- 손금불산입 항목: 교통위반범칙금 500,000원
- 익금불산입 항목: 부가가치세 매출세액 600,000원

15 800,000원
- 과세표준 = 각사업연도소득금액 – 이월결손금 – 비과세소득 – 소득공제
  = 2,000,000원 – 0원 – 400,000원 – 800,000원 = 800,000원

이월결손금은 10년 이내 발생한 이월결손금이 아니므로 공제금액에 포함되지 않는다.

16 816,000,000원
- 산출세액 = 200,000,000원 × 9% + (4,400,000,000원 – 200,000,000원) × 19% = 816,000,000원

구 분	과 세 표 준	세 율
일반법인	2억 원 이하	과세표준 × 9%
	2억 원 초과 200억 원이하	1천 8백만 원 + 2억 원을 초과하는 금액의 19%
	200억 원 초과 3,000억 원 이하	37억 8천만 원 + 200만 원을 초과하는 금액의 21%
	3,000억 원 초과	625억 8천만 원 + 3,000억 원을 초과하는 금액의 24%

17 28,000,000원

사업연도가 1년 미만인 법인의 산출세액을 계산할 경우에는 과세표준을 1년 단위로 환산한 후에 세율을 적용한 후 다시 원래의 사업연도 월수로 돌려주어야 한다.

사업연도 월수: 6개월(7월~12월)
- 1년 환산 과세표준 = 6개월 과세표준(200,000,000원) × (12/6) = 400,000,000원
- 산출세액 = {200,000,000원 × 9% + (400,000,000원 – 200,000,000원) × 19%} × 6/12 = 28,000,000원

18 5월 31일

익년 5월 31일: 사업연도의 종료일이 속하는 달의 말일부터 3개월 이내이다.

19 ② 법인세 사업연도는 법인마다 다를 수 있다.

20 ② 법인세 납세의무가 있는 내국법인은 각 사업연도 종료일이 속하는 달의 말일부터 3개월 이내에 법인세 과세표준과 세액을 신고하여야 한다. 그러므로 법인세 신고납부기한은 2025년 6월 30일이다.

21 ④ 법인세 신고 시 법인세 과세표준 및 세액신고서에 기업회계기준을 준용하여 작성한 개별 내국법인의 재무상태표, 포괄손익계산서, 이익잉여금처분(결손금처리)계산서, 세무조정계산서를 반드시 첨부하여 제출해야 한다.

22 세무조정계산서

04 원가 및 관리회계의 이해

4.1 원가 및 관리회계의 이해

1	2	3	4	5	6	7	8
④	조업도	매몰	②	①	①	3,500	720,000

9	10	11	12	13	14		
②	270,000	1,600,000	③	③	1,700,000		

[풀이]

01 ④ 기회원가는 포기한 대안에서 얻을 수 있는 효익 중 가장 큰 것을 말한다.

02 조업도

03 매몰

04 ② 제조간접원가는 고정원가와 변동원가 모두 가능하다.

05 ① 원가계산은 [요소별원가] → [부문별원가] → [제품별원가]의 순서로 집계된다.

06 ① 직접재료원가는 기본원가이나 가공원가는 아니다. 가공원가에는 직접노무원가, 제조간접원가가 해당된다.

07 3,500원
 • 제조간접원가 = 간접노무원가 + 제조부 감가상각비 + 제조부 전력비
  = 200원 + 500원 + 700원 = 1,400원
 • 가공원가 = 직접노무원가 + 제조간접원가 = 2,100원 + 1,400원 = 3,500원

08 720,000원
 • 제조간접원가 = 변동제조간접원가 + 고정제조간접원가
  = (8원 × 생산량 10,000개) + 120,000원 = 200,000원
 • 가공원가 = 직접노무원가 + 제조간접원가 = 520,000원 + 200,000원 = 720,000원

09 ② 당기제품제조원가는 당기에 완성된 제품의 제조원가이고, 당기제품매출원가는 당기에 판매된 제품의 제조
 원가이다.

10 270,000원
 • 당기발생 지급수수료 = 당기 중 지급액 + 당기 말 미지급액 − 전기 말 미지급액
  = 230,000원 + 60,000원 − 20,000원 = 270,000원

11 1,600,000원
 • 매출원가 = 기초제품재고액 + 당기제품제조원가(x) − 기말제품재고액
  = 280,000원 + x − 150,000원 = 1,730,000원
 • 당기제품제조원가(x) = 1,600,000원

12 ③
 • 당기총제조원가 = 직접재료원가 + 직접노무원가 + 제조간접원가
  = 50,000원 + 60,000원 + 70,000원 = 180,000원

• 당기제품제조원가 = 기초재공품재고액 + 당기총제조원가 − 기말재공품재고액
= 15,000원 + 180,000원 − 10,000원 = 185,000원

13 ③

① 당기 재료소비액은 300,000원이고, 당기 노무원가 발생액이 120,0000원이다.
② 당기 가공원가 = 직접노무원가+ 제조간접원가 = 120,000원 + 130,000원 = 250,000원
③ 당기 총제조비용 = 직접재료원가 + 직접노무원가 + 제조간접원가
= 300,000원 + 120,000원 +130,000원 = 550,000원
④ 당기 제품제조원가 = 기초재공품재고액 + 당기 총제조비용 − 기말재공품재고액
= 30,000원 + 550,000원 − 40,000원 = 540,000원

14 1,700,000원

• 당기총제조원가 = 직접재료비 + 직접노무비 + 제조간접비
= 950,000원 + 650,000원 + 220,000원 = 1,820,000원
• 당기제품제조원가 = 기초재공품재고액 + 당기총제조원가 − 기말재공품재고액
= 180,000원 + 1,820,000원 + 0원 = 2,000,000원
• 매출원가 = 기초제품재고액+ 당기제품제조원가 − 기말제품재고액
= 300,000원 + 2,000,000원 − 600,000원 = 1,700,000원

 **원가계산**

1	2	3	4	5	6	7	8	9	
원가대상	③	보조	③	1,900	②	③	13,000	①	

01 원가대상

02 ③ 보조부문의 보조부문비를 제조부문에 배부하는 계산단계에 대한 설명이다.

03 보조
부문별원가에서는 보조부문비를 보조부문에서 제조부문으로 배부(직접배부, 단계배부, 상호배부)함.

04 ③ 제조간접비는 개별작업과 직접 대응이 어렵다. 그러므로 발생시점에 바로 계산이 어려운 원가요소이다.

05 1,900원

• 제조간접비 예정배부율 = 예상 총제조간접원가 ÷ 예상 배부기준 = 2,400원 ÷ 300시간 = 8원/시간
• 제조간접비 예정배부액 = 실제 배부기준 × 예정배부율 = 250시간 × 8원/시간 = 2,000원
• 배부차이 = 실제총제조간접원가 − 예정총제조간접원가 = 2,300원 − 2,000원 = 300원 과소배부
• 매출원가의 총제조간접원가 = 제조간접비 예정배부액 + 과소배부 = 1,600원 + 300원 = 1,900원

06 ②

• 제조간접원가 예정배부율 = 예정제조간접원가 ÷ 예정배부기준합계
= 60,000원 ÷ 6,000시간 = 10원/시간
• 예정배부액 = 배부기준의 실제발생량 × 예정배부율
• 제품알파 예정배부액 = 기준의 실제발생 × 예정배부율 = 2,000시간 × 10원/시간 = 20,000원
• 제품베타 예정배부율 = 기준의 실제발생 × 예정배부율 = 3,000시간 × 10원/시간 = 30,000원
• 예정배부액 합계는 50,000원이며, 실제배액(48,000원) 〈 예정배부액(50,000원)이므로 과대배부이다.

07 ③ 종합원가계산은 완성품 환산량에 기초한 제품원가계산을 실시하고 개별 작업지시서가 아닌 제조공정별로 제조원가를 보고한다.

08 13,000개
- 평균법에 의한 완성품 환산량 = 완성품수량 + 기말재공품 환산량
  = 12,000개 × (4,000개 × 25%) = 13,000개

평균법에서는 기초재공품 수량은 고려하지 않음.

09 ①
- 선입선출법의 완성품환산량 단위당 원가 = 당기 총가공원가 ÷ 완성품환산량
- 평균법의 완성품환산량 단위당 원가 = (당기 총가공원가 + 기초재공품 가공원가) ÷ 완성품 환산량

4.3 관리회계

1	2	3	4	5	6	7	8
③	②	2,000	2,100	변동	③	④	1,890
9	10	11	12	13			
①	350,000	④	④	④			

[풀이]

01 ③ 손익분기점 판매량에서는 공헌이익 = 고정비가 된다.

02 ② 단위당 공헌이익 = 단위당 판매가격 - 단위당 변동원가
단위당 판매가격이 일정한 경우 단위당 변동원가가 감소하면 단위당 공헌이익은 증가한다.

03 2,000개
- 손익분기점 매출수량 = 총 고정비 ÷ (단위당 판매가격 - 단위당 변동비)
  = 3,600,000원 ÷ (단위당 판매가격 - 단위당 변동비) = 2,000(개)

04 2,100개
- 단위당 공헌이익 = 단위당 판매가격 - 단위당 변동원가 = 300원 - 90원 = 210원
- 손익분기점 판매량 = (총고정원가 + 추가 지출) ÷ 단위당 공헌이익
  = (420,000원 + 21,000원) ÷ 210원 = 2,100개

05 변동

06 ③
- 변동원가계산의 제품원가
  = 직접재료원가 + 직접노무원가 + 변동제조간접원가 + (변동판매관리비 ÷ 판매량)
  = 22원 + 28원 + 33원 + (63,000원 ÷ 900개) = 153원

07 ④ 직접노무원가 표준배부액은 실제산출량에 허용된 표준조업도에 따른 변동예산금액에 해당된다.

08 1,890시간
- 예정배부율 = 예산 직접노동시간 ÷ 예산 제품생산량 = 2,100 ÷ 1,000 = 2.1
- 실제생산량에 허용된 표준시간 = 실제 제품생산량 × 예정배부율 = 900 × 2.1 = 1,890시간

09 ① 과소배부는 예정배부액이 실제배부보다 작은 경우이다.

제조간접비 예정배부: (차) 재공품 2,980원 (대) 제조간접원가 2,980원

제조간접비 실제배부: (차) 제조간접원가 3,000원 (대) 재료비 등 3,000원

제조간접비 배부차이: (차) 제조간접비 배부차이 20원 (대) 제조간접원가 20원

10 350,000원
- 고정제조간접원가 예산 = 기준조업도 × 표준배부율 = 5,000시간 × 70 = 350,000원

11 ④
- 표준노동시간: 실제발생 제품생산량 × 단위당 표준직접노동시간 = 1,600개 × 2시간 = 3,200시간
- 표준임률: 예산 직접노무원가 ÷ 예산 직접노동시간 = 300,000원 ÷ 3,000시간 = 100원(시간당)
- 표준원가: 표준노동시간 × 표준임률 = 3,200시간 × 100원 = 320,000원

12 ④ 요소별원가계산에서 부문별원가계산으로 원가계산절차가 연결된다.

13 ④ 계획 수립과 원가통제에는 전부원가계산이 변동원가계산보다 유용하지 않다.

완성품원가와 기말재공품원가를 효율적으로 구분하기 위해서 종합원가계산을 적용하여야 한다.

사전에 신속하게 제품원가결정을 표준원가로 적용하여야 한다.

최신 기출문제

회계 1급 | 2024년 1회 (2024년 1월 27일 시행)

[이론 답안]

1	2	3	4	5	6	7	8
④	④	④	①	③	④	②	③
9	10	11	12	13	14	15	16
③	③	③	③	④	①	피드백	2,500
17	18	19	20	21	22	23	24
20,000	④	④	②	③	①	②	전단계세액 공제
25	26	27	28	29	30	31	32
사업연도	거래징수	④	②	③	1,020	고정	1,000,000

[풀이]

01 ④ IT아웃소싱업체로부터 독립적 운영이 아닌 협력관계로 운영할 수 있다.

02 ④ 클라우드 ERP는 필요한 어플리케이션을 자율적으로 설치 및 활용이 불가능한 단점이 있다.

03 ④ 프로세스, 화면, 필드, 보고서 등 거의 모든 부분을 기업의 요구사항에 맞추어 구현하는 방법을 커스터마이제이션이라고 한다.

04 ① ERP는 독립적으로 단위별 업무처리추구가 아닌 통합정보시스템이며 ①은 혁신기술 내용은 아니다. 혁신기술은 인공지능, 사물인터넷, 빅데이터, 클라우드 컴퓨팅 등과 관련된 내용을 말한다.

05 ③ Best Practice(선진 업무프로세스) 도입을 목적으로 ERP 패키지를 도입하였는데, 기존 업무처리에 따라 ERP 패키지를 수정한다면 BPR은 전혀 이루어지지 않는다.

06 ④ (가)는 기업실체의 가정, (나)는 계속기업의 가정, (다)는 기간별 보고의 가정에 대한 설명이다.

07 ② 회계정보의 질적 특성은 목적적합성과 신뢰성이며 신뢰성의 하위 질적특성에는 표현의 충실성, 검증 가능성, 중립성이 있다.

08 ③ 유동성배열법은 손익계산서 작성기준이 아니라 재무상태표 작성기준이다.

09 ③
- 매출총이익 = 매출액 − 매출원가
  = 220,000원 − 80,000원 = 140,000원
- 영업이익 = 매출총이익 − 판매비와관리비(급여 + 광고선전비 + 접대비 + 감가상각비)
  = 140,000원 − (60,000원 + 10,000원 + 15,000원 + 20,000원) = 35,000원

10 ③ 영업외수익은 기업의 주된 영업활동이 아닌 활동으로부터 발생한 수익을 말한다.

11 ③ 미수금은 자산계정이며 선수금, 예수금, 가수금은 부채계정이다.

12 ③ 발생주의는 당기에 발생한 부분만 당기 수익으로 인식한다. 당기 5월에 현금으로 받은 1년분 임대료를 당기 수익으로 계상한 경우는 현금주의에 따라 수익을 인식한 것이다.

13 ④ 유가증권은 취득 목적이 장기투자 목적이므로 매도가능증권으로 회계처리한다.

| (차) 매도가능증권 | 1,000,000원 | (대) 당좌예금 | 1,000,000원 |
| 지급수수료 | 50,000원 | 보통예금 | 50,000원 |

14 ①
- 재고자산평가손실 = 실제재고수량 × (@취득원가 − @공정가치)
  = 100개 × (@900원 − @800원) = 10,000원

15 피드백

회계정보의 질적 특성은 목적적합성과 신뢰성이며 목적적합성의 하위 질적특성에는 예측가치, 피드백 가치, 적시성이 있다. [보기]의 설명은 피드백 가치에 대한 설명이다.

16 2,500
- 현금 및 현금성자산 = 자기앞수표 + 당좌예금 + 타인발행 당좌수표 + 우편환증서 + 보통예금 + 배당금지급 통지표 + 전신환증서 + 일람출급어음
  = 700원 + 500원 + 200원 + 150원 + 450원 + 300원 + 100원 + 100원 = 2,500원

17 20,000
- 매출채권처분손실 = 5,000,000원 × 2% × 73/365 = 20,000원

18 ④ 재화나 용역이 최종소비자에게 도달될 때까지의 모든 거래단계마다 부과되는 과세는 부가가치세이다.

19 ④ 납세지가 변경된 경우에는 그 변경된 날부터 15일 이내에 변경 후의 납세지 관할 세무서장에게 이를 신고하여야 한다.

20 ② 임차료, 유형자산의 수선비, 양도한 자산의 양도 당시 장부가액은 손금산입 항목이고, 법인세비용은 손금불산입 항목이다.

21 ③ 업무와 관련된 광고선전비는 전액 손금으로 인정된다.

22 ① 자기주식처분이익은 익금산입 항목이고 기타로 소득처분한다.

23 ② 법인세 계산 순서는 '당기순이익 〉 각사업연도소득 〉 과세표준 〉 산출세액 〉 결정세액 〉 고지세액' 순이다.

24 전단계세액공제
- 매출세액에서 매입세액을 차감하여 납부세액을 계산하는 부가가치세 계산방식을 전단계세엑공제법이라고 한다.

25 사업연도
- 법령 또는 정관 등에서 정하는 1회계 기간으로 법인세법상 일정한 기간 단위로 소득을 구분는 일정한 기간을 사업연도라고 한다.

26 거래징수
- 사업자가 재화나 용역을 공급하는 때에 공급받는 자로부터 당해 재화나 용역에 대한 과세표준에 소정의 세율을 적용하여 부가가치세를 징수하는 것을 거래징수라고 한다.

27 ④ 공장 내 식당에 근무하는 영양사의 급여는 간접노무비로서 제조간접비에 해당한다.

28 ②
- 직접재료원가 = 월초 재고 + 당월 구입액 − 월말 재고
  = 6,000원 + 41,000원 − 7,000원 = 40,000원
- 당기총제조원가 = 직접재료원가 + 직접노무원가 + 제조간접원가
  = 40,000원 + 직접노무원가 + 30,000원 = 103,000원

• 직접노무원가 = 33,000원

29 ③ 종합원가계산은 완성품환산량에 따라 완성품과 기말재공품으로 집계하여 계산하므로 기말재공품의 평가가 꼭 필요하다.

30 1,020
• 가공원가의 완상품환상량 = (200개 × 0.5) + (800개 × 1) + (200개 × 0.6) = 1,020개
  또는 (1,000개 × 1) + (200개 × 60%) − (200개 × 50%) = 1,020개

31 고정
• 영업레버리지도(DOL)란 고정원가가 지례 작용을 함으로써 매출액의 변화율에 따른 영업이익의 변화율에 반응하는 효과를 말한다. 따라서 고정원가의 비중이 큰 기업은 영업레버리지도 또한 크게 나타난다.

32 1,000,000
• 법인세 차감전 목표이익 = 120,000원 ÷ (1 − 0.4) = 200,000원
• 공헌이익률 = @300원 ÷ @1,000원 = 0.3
• 목표달성 매출액 = (고정비 + 세전이익) ÷ 공헌이익률
                  = (100,000원 + 200,000원) ÷ 0.3 = 1,000,000원

[실무 답안]

1	2	3	4	5	6	7	8	9	10
③	④	③	③	①	④	③	③	①	④

11	12	13	14	15	16	17	18	19	20
②	②	④	②	①	①	①	④	②	①

21	22	23	24	25
③	③	①	②	④

 [풀이]

01 ③ [시스템관리] → [회사등록정보] → [시스템환경설정] 전표복사사용여부(유형설정: 1.사용) 확인

02 ④ [시스템관리] → [기초정보관리] → [프로젝트등록] 울산공장(원가구분: 1.제조, 프로젝트유형: 1.직접) 확인

03 ③ [회계관리] → [기초정보관리] → [계정과목등록] 25400.예수금(이월항목에 프로젝트는 없음) 확인

04 ③ [회계관리] → [예산관리] → [예산조정입력] 81300.접대비 예산전용 300,000원 입력 후 [회계관리] → [예산관리] → [예산실적현황] 조회기간(2024/06~2024/06), 81200.여비교통비 잔여예산 확인

05 ① [회계관리] → [전표/장부관리] → [관리항목원장] 회계단위(1000.(주)한국생산 본점), 관리항목(L3.업무용 승용차) 82200.차량유지비(2024/03/01~2024/03/31), 당기증가 금액 중 가장 큰 금액 확인

06 ④ [회계관리] → [전표/장부관리] → [일월계표] 일계표 탭, 회계단위(1000.(주)한국생산 본점), 기간 (2024/02/01~2024/02/29), 제조원가의 여비교통비 차변 계 530,000원, 차변 대체 0원, 차변 현금 530,000원 확인
① 상품매출액은 143,500,000원이다.
② 판매용 상품은 모두 외상으로 매입하였다.
③ 외상매출금은 197,410,000원을 회수하였다.

07 ③ [회계관리] → [결산/재무제표관리] → [관리항목별손익계산서] PJT별 탭, 회계단위(1000.(주)한국생산 본점), PJT(선택전체), 기간(2024/01/01~2024/03/31), 영업이익이 가장 큰 프로젝트 부산공장 확인

08 ③ [회계관리] → [전표/장부관리] → [거래처원장] 잔액 탭, 회계단위(1000.(주)한국생산 본점), 25100.외상매입금, 기간(2024/01/01~2024/03/31), 감소금액이 가장 큰 정우실업(유)의 금액 확인

09 ① [회계관리] → [결산/재무제표관리] → [합계잔액시산표] 기간(2024/03/31), 계정별 탭, 미수금과 대손충당금 금액 확인
- 대손 추산액 = 미수금(459,598,000원) × 2% = 4,595,980원
- 대손추가계상액 = 대손추산액 − 대손충당금잔액 = 4,595,980원 − 2,481,960원 = 2,114,020원
- 대손충당금 회계처리 (차) (기타의)대손상각비   2,114,020원   (대) 대손충당금   2,114,020원

10 ④ 1) [회계관리] → [전표/장부관리] → [전표입력] 회계단위(1000.(주)한국생산 본점)
    5월 1일 전표입력 (차) 선급비용   3,000,000원   (대) 보통예금(신안은행)   3,000,000원
    대체계정: 82100, 시작일: 2024/05/01, 종료일: 2025/04/30, 계산방법: 1.양편넣기
  2) [회계관리] → [전표/장부관리] → [기간비용현황] 기간비용현황 탭, 회계단위(1000.(주)한국생산 본점), 계약기간(2024/01~2024/12), 조회기간비용 합계 확인

11 ② 1) [시스템관리] → [기초정보관리] → [일반거래처등록] 거래등록사항 탭, 여신한도액
    (주)영은실업 40,000,000원, (주)제동 30,000,000원 입력
  2) [회계관리] → [전표/장부관리] → [채권채무잔액조회서] 여신한도체크 탭, 회계단위(1000.(주)한국생산 본점), 기준일자(2024/06/30), 여신초과액이 가장 큰 (주)제동의 금액 확인

12 ② [회계관리] → [결산/재무제표관리] → [재무상태표] 회계단위(1000.(주)한국생산 본점), 기간 (2024/03/31), 관리용 탭, 소모품 67,000,000원 확인
- 소모품비 = 소모품(67,000,000원) − 기말 재고액(37,000,000원) = 30,000,000원
- 기말 회계처리 (차) 소모품비   30,000,000원   (대) 소모품   30,000,000원

13 ④ [회계관리] → [전표/장부관리] → [관리내역현황] 전년대비 탭, 사업장(1000.(주)한국생산 본점), 관리항목(C1.사용부서), 관리내역(1001.회계팀~5001.인사팀), 기표기간(2024/01/01~2024/12/31), 82700.회의비, 증가액이 가장 큰 자재부의 금액 확인

14 ② [회계관리] → [업무용승용차관리] → [업무용승용차 차량등록] 차량번호 38거1390의 임차구분 2.리스 확인

15 ④ [회계관리] → [부가가치세관리] → [부가가치세신고서] 신고구분(0.사업장별), 사업장(2000.(주)한국생산 춘천지사), 기간(2024/04/01~2024/06/30), 신고구분(0.정기신고), [불러오기] 실행한 후 내용 확인, 14.그 밖의 공제 매입세액의 고정자산매입(42) 란의 세액 '50,000원' 확인

16 ① 1) [회계관리] → [전표/장부관리] → [전표입력] 회계단위(2000.(주)한국생산 춘천지사) 1월 30일 전표입력 구분(5.매입부가세) 선택 / 거래처(청우유통(주)), 전표유형(1000.매입전표), 사업장(2000.(주)한국생산 춘천지사), 세무구분(28.현금영수증매입), 신고기준일(2024/01/30), 공급가액(5,000,000원), 세액(500,000원), 고정자산과표(5,000,000원), 고정자산세액(500,000원), 현금(5,500,000원) 입력 후 적용
    (차) 기계장치   5,000,000원   (대) 현금   5,500,000원
        부가세대급금   500,000원
  2) [회계관리] → [부가가치세관리] → [신용카드발행집계표/수취명세서] 신용카드/현금영수증수취명세서 탭, 신고구분(0.사업장별), 사업장(2000.(주)한국생산 춘천지사), 기간(2024/01~2024/03) [불러오기] 후 현금영수증수취명세서 탭의 고정자산 매입분 세액 확인

17 ① [회계관리] → [부가가치세관리] → [매입세액불공제내역] 신고구분(0.사업장별), 사업장(2000.(주)한국생산 춘천지사), 기간(2024/04~2024/06), 비영업용소형승용차구입 및 유지의 불공제매입세액 확인

18 ④ 1) [회계관리] → [전표/장부관리] → [전표입력] 회계단위(2000.(주)한국생산 춘천지사) 2월 10일 전표입력 구분(6.매출부가세) 선택 / 거래처(논스탑), 전표유형(1000.매출전표), 사업장(2000.(주)한국생산 춘천지사), 세무구분(16.수출), 신고기준일(2024/02/10), 환종(USD.미국달러), 환율(1,200원), 외화금액($28,000), 수출신고번호(15555−55−555555−X), 공급가액(33,600,000원), 세액(0원), 미수금(33,600,000원) 입력 후 적용

　　　(차) 외상매출금　　　33,600,000원　　　(대) 해외매출액　　　33,600,000원
　　　　　　　　　　　　　　　　　　　　　　부가세예수금　　　　　　　　0원

　　2) [회계관리] → [부가가치세관리] → [수출실적명세서] 신고구분(0.사업장별), 사업장(2000.(주)한국생산 춘천지사), 기간(2024/01~2024/03) [불러오기] 후 원화금액의 합계 확인

19 ② [회계관리] → [부가가치세관리] → [부가세신고서] 사업장(2000.(주)한국생산 춘천지사), 기간(2024/01/01~2024/03/31) [불러오기] 실행, [과세표준명세]에서 면세수입금액 확인

20 ① [회계관리] → [전표/장부관리] → [매입매출장] 세무구분별 탭, 사업장(2000.(주)한국생산 춘천지사), 조회기간(신고기준일, 2024/04/01~2024/06/30), 출력구분(전체) 세무구분 유형 확인
　　• 매출처별 세금계산서합계표: 11.과세매출, 12.영세매출
　　• 매입처별 세금계산서합계표: 21.과세매입, 24.매입불공제, 55.수입매입
　　• 매입세액불공제내역: 24.매입불공제
　　• 신용카드발행집계표/수취명세서: 27.카드매입

21 ③ [시스템관리] → [초기이월관리] → [회계초기이월등록] 회계단위(1000.(주)한국생산 본점), 구분 (3.500번대 원가), 이월기준일(2024/01/01), 50100.원재료비 기말재고액을 수정하여 전기 기말재고액과 당기 기초재고액을 일치시킬 수 있다.

22 ③ [회계관리] → [결산/재무제표관리] → [기간별원가보고서] 반기별 탭, 회계단위(1000.(주)한국생산 본점), 기간(상반기~하반기), 출력구분(0.계정별), 노무비 급여의 상반기 금액 확인

23 ① [회계관리] → [고정자산관리] → [감가상각비현황] 총괄 탭, 회계단위(1000.(주)한국생산 본점), 경비구분 (1.500번대), 기간(2024/01~2024/06), 기계장치의 당기감가상각비 금액 확인

24 ② [회계관리] → [결산/재무제표관리] → [손익계산서] 회계단위(1000.(주)한국생산 본점), 기간(2024/01/31), 관리용 탭 매출액 확인
　　• 단위당 매출액 = 매출액 ÷ 판매량 = 376,000,000원 ÷ 40,000단위 = 9,400원
　　• 손익분기점판매량 = 고정비 ÷ (단위당매출액 − 단위당변동비)
　　　　　　　　　　　　= 77,000,000원 ÷ (9,400원 − 2,400원) = 11,000개

25 ④ [회계관리] → [결산/재무제표관리] → [기간별원가보고서] 분기별 탭, 회계단위(1000.(주)한국생산 본점), 기간(1/4분기~4/4분기) 제조경비 사무용품비의 분기별 금액 중 가장 큰 금액확인

회계 1급 | 2023년 6회 (2023년 11월 25일 시행)

[이론 답안]

1	2	3	4	5	6	7	8
③	④	②	③	④	①	③	③
9	10	11	12	13	14	15	16
③	④	③	③	④	④	신뢰성	5,000,000
17	18	19	20	21	22	23	24
1,000,000	④	④	①	②	④	①	5,000,000
25	26	27	28	29	30	31	32
세무조정	소득처분	④	④	①	기회	700	50

[풀이]

01 ③ 커스터마이징은 가급적 최소화해야 한다.

02 ④ 리엔지니어링은 조직의 효율성을 제고하기 위해 업무흐름 뿐만 아니라 전체 조직을 재구축하려는 혁신전략 기법 중 주로 정보기술을 통해 기업경영의 핵심과 과정을 전면 개편함으로 경영성과를 향상시키려는 전략이다. 신속하고 극단적인 성격이 있으며, 전면적인 혁신을 강조한다.

03 ② 모든 사용자들이 사용권한 없이 정보에 접근하는 것이 아니라 사용권한이 주어진 사용자들만 정보에 접근할수 있어야 한다.

04 ③ 전통적인 정보시스템(MIS)은 Task(기능 및 일) 중심이나 ERP는 Process 중심이다.

05 ④ 마케팅(marketing), 판매(sales) 및 고객서비스(customer service)를 자동화함으로써 현재 및 미래 고객들과 상호작용하는 것은 고객관계관리(CRM)에 대한 설명이다.

06 ① 재무정보가 갖추어야 할 가장 중요한 질적 특성은 목적적합성과 신뢰성이다. 재무정보의 비교가능성은 목적적합성과 신뢰성만큼 중요한 질적특성은 아니나, 목적적합성과 신뢰성을 갖춘 정보가 기업실체간에 비교가 능하거나 또는 기간별 비교가 가능할 경우 재무정보의 유용성이 제고될 수 있다.

07 ③ 계속기업의 가정은 일반적으로 기업이 예상 가능한 기간 동안 영업을 계속할 것이라는 가정이다. [보기]의 내용은 계속기업의 가정에 해당한다.

08 ③ 현금흐름표는 일정기간의 현금흐름을 나타내는 동태적 보고서이며 현금주의에 의해 작성한다. 재무상태표는 발생주의에 의해 작성하고, 손익계산서는 일정기간의 경영성과를 나타내는 보고서이며, 자본변동표는 일정기간의 자본현황을 나타내는 동태적 보고서이다.

09 ③
- 매출총이익 = 매출액 - 매출원가
  = 150,000원 - 100,000원 = 50,000원
- 영업이익 = 매출총이익 - 판매비와관리비(종업원의 복리후생비 + 건물의 감가상각비)

= 50,000원 − (15,000원 + 3,500원) = 31,500원

10 ④
- 투자활동은 영업활동에 필요한 자산을 취득하거나 처분하는 활동 등을 의미한다.
- 영업활동은 제품이나 서비스를 만들어 고객에게 전달하는 활동 등을 의미한다.
- 재무활동은 기업이 필요한 자금을 조달하고 부채를 상환하는 활동 등을 의미한다.

11 ③ 발생주의는 당기에 발생한 부분만 당기 비용으로 인식한다. 당기 2월에 현금으로 지급한 1년분 임차료를 전액 당기 비용으로 계상한 경우는 현금주의에 따라 비용을 인식한 것이다.

12 ③ 재무상태표를 유동성배열법 기준으로 작성할 때 유동자산(당좌자산 → 재고자산)을 먼저 기록하고 비유동자산(투자자산 → 유형자산 → 무형자산 → 기타비유동자산)을 기록한다. 따라서 유동성이 큰 순서는 당좌자산 현금 → 재고자산 상품 → 유형자산 토지 → 무형자산 영업권이다.

13 ④ 발생주의에 의한 당기 귀속분 임차료는 5개월(2023년 8월 ~ 2023년 12월)분이고, 차기 귀속분 임차료는 7개월(2024년 1월 ~ 2024년 7월)분이다.
- 월 임차료 = 120,000원 ÷ 12개월 = 10,000원
- 기말 회계처리 (차) 선급비용   70,000원 (대) 임차료   70,000원

14 ④ 재고자산 매입 시 매입운임은 재고자산 매입액에 가산하고, 매입에누리 및 매입환출과 매입할인은 차감한다. 재고자산 매출 시 운반비는 판매비와관리비로 처리하고, 매출에누리 및 매출환입과 매출할인은 총매출액에서 차감한다.

15 신뢰성
- 재무정보가 갖추어야 할 가장 중요한 질적 특성은 목적적합성과 신뢰성이다.
- 특정 거래를 회계처리할 때 대체적인 회계처리방법이 허용되는 경우 목적적합성과 신뢰성이 더 높은 회계처리방법을 선택할 때 정보의 유용성이 증대된다.
- 목적적합성과 신뢰성 중 어느 하나가 완전히 상실된 경우 그 정보는 유용한 정보가 될 수 없다.

16 5,000,000
- 기말 외상매입금 = 전기말 외상매입금 잔액 + 당기 외상매입금 발생액 − 당기 외상매입금 상환액
  = 2,500,000원 + 7,500,000원 − 5,000,000원 = 5,000,000원

17 1,000,000
- 당기 순매입액 = 당기 총매입액 − 매입할인 − 매입환출 − 매입에누리
  = 1,400,000원 − 100,000원 − 100,000원 − 100,000원 = 1,100,000원
- 매출원가 = 기초 재고액 + 당기 순매입액 − 기말 재고액
  = 100,000원 + 1,100,000원 − 200,000원 = 1,000,000원

18 ④
- 과세표준에 포함하지 않는 항목: 매출에누리, 매출환입, 매출할인, 연체이자 등
- 과세표준에서 공제하지 않는 항목: 대손금, 장려금(단, 장려금을 재화로 지급하는 경우에는 사업상증여로 재화의 시가로 과세한다.), 하자보증금
- 과세표준 = 상품매출액 − 매출할인 − 매출에누리 + 판매장려상품 지급
  = 10,000,000원 − 250,000원 − 100,000원 + 200,000원 = 9,850,000원

19 ④ 사업자가 재화 또는 용역을 공급하는 경우에는 세금계산서를 공급받는자에게 발급하여야 한다. 단, 발급이 어렵거나 세금계산서의 발급이 불필요한 경우로 택시운송사업자와 노점 및 행상, 소매업 또는 미용, 욕탕 및 유사서비스업, 간주공급 등의 경우는 발급의무를 면제한다.

20 ① 내국법인 중 비영리법인은 각 사업연도 소득(국내외소득 중 수익사업소득)과 토지 등 양도소득에 대하여 법인세 납세의무가 있다.

21 ②
- 익금산입 항목: 자기주식처분이익, 상품판매대금(매출액), 자산수증이익
- 익금불산입 항목: 감자차익, 부가가치세 매출세액, 전기납부 법인세 환급액

• 익금산입 합계액 = 100,000원 + 1,000,000원 + 500,000원 = 1,600,000원

22 ④ 법인세 신고시 필수첨부서류는 기업회계기준을 준용하여 작성한 재무상태표, 포괄손익계산서, 이익잉여금 처분계산서(또는 결손금처리계산서), 세무조정계산서이다.

23 ① 내국법인의 납세지는 법인등기부상 본점 또는 주사무소의 소재지이다.

24 5,000,000
• 제품운반용 화물차 수리비는 매입세액 공제가 가능하며 공장부지 진입로 포장대금은 토지의 자본적지출로 매출거래처 직원들과 회식비는 접대성격으로 매입세액 공제가 불가능하다.
• [복수 정답] 5,300,000원
건축하면서 포장공사를 하면 건축물 취득 과세표준으로 보기 때문에 매입세액 공제가 가능하다고 해석하여 복수정답으로 인정한다.

25 세무조정
• 법인의 각 사업연도 소득은 익금총액에서 손금총액을 공제하여 계산한다. 그런데 이는 개념상의 계산일뿐이며, 실제 계산에 있어서는 결산서상 당기순이익을 출발점으로 기업회계와 세무회계의 차이를 조정하여 각 사업연도의 소득금액을 계산하는데 이러한 조정과정을 세무조정이라 한다.

26 소득처분
• 법인세법상의 각사업연도 소득금액은 기업회계상 당기순손익에서 익금산입과 손금불산입 사항을 가산하고, 익금불산입과 손금산입 사항을 차감하여 계산한다. 이러한 세무조정사항으로 발생한 소득이 법인 내부에 남아 있으면 이를 기업회계상 순자산에 가산하여 세무상 순자산을 계산하고, 법인 외부로 유출되었으면 소득귀속자를 파악하여 소득세를 징수하는 등의 세법상 절차를 소득처분이라 한다.

27 ④ 매몰원가는 과거의 의사결정의 결과 이미 발생한 원가로 현재 또는 미래의 의사결정에 아무런 영향을 미치지 못하는 원가이다. [보기]의 내용에서는 제조원가 1,000,000원이 매몰원가이다.

28 ④ 원가는 재료비 → 재공품 → 제품 → 매출원가 계정 순으로 집계된다.

29 ① 정상(예정)개별원가계산에서 제조간접비 배부차이 처리방법은 영업외손익법, 매출원가조정법, 요소별 비례배분법이 있다. 단계배부법은 직접배부법, 상호배부법과 함께 부문별원가계산에서 제조간접비(부문비)를 각 제품에 보다 엄격하게 배부하기 위하여 우선적으로 그 발생장소인 부문별로 분류 집계할 때 보조부문비를 제조부문에 배부하는 방법 중의 하나이다.

30 기회
• 기회원가(기회비용)은 의사결정의 여러 대안 중 하나의 대안을 선택하면 다른 대안은 포기할 수 밖에 없을 때 포기한 대안에서 얻을 수 있는 효익 중 가장 큰 것이다. [보기]의 내용은 기회비용에 대한 내용이다.

31 700
• 총공헌이익 = 매출액 − (직접재료비 + 직접노무비 + 변동제조간접비 + 변동판매비와관리비)
= 2,000원 − (700원 + 300원 + 200원 + 100원) = 700원

32 50
• 공헌이익 = 매출액 × 공헌이익률 = 1,000,000원 × 0.4 = 400,000원
• 영업이익 = 공헌이익 − 고정비 = 400,000원 − 200,000원 = 200,000원
• 안전한계율(%) = (영업이익 ÷ 공헌이익) × 100 = (200,000원 ÷ 400,000) × 100 = 50%

[실무적답안]

1	2	3	4	5	6	7	8	9	10
④	③	③	②	②	③	①	①	②	③

11	12	13	14	15	16	17	18	19	20
③	①	④	③	①	②	③	①	④	④

21	22	23	24	25
④	①	④	②	③

[풀이]

01 ④ [시스템관리] → [기초정보관리] → [일반거래처등록] 사용여부(0.미사용), 민호빌딩(주)와 대전시청 확인

02 ③ [회계관리] → [기초정보관리] → [계정과목등록] 증빙필수입력여부(3.차변 필수) 여비교통비 확인

03 ③ [시스템관리] → [회사등록정보] → [사용자권한설정] 모듈구분(A.회계관리), 윤수현사원과 김수빈사원의 사용가능한 메뉴의 [전표/장부관리] 전표입력메뉴를 사업장 권한으로 조회할 수 없고, 부서로 조회 가능함을 확인

04 ② [회계관리] → [결산/재무제표관리] → [관리항목별손익계산서] PJT별 탭, 회계단위(1000.(주)더존 본점), PJT(선택전체), 기간(2023/01/01~2023/06/30), 판매관리비의 사무용품비 금액이 가장 큰 광주공장 확인

05 ② [회계관리] → [전표/장부관리] → [전표승인해제] 회계단위(1000.(주)더존 본점), 전표상태(미결), 결의기간 (2023/10/01~2023/10/31), 차변금액 합 2,200,000원(= 50,000원 + 2,150,000원) 확인

06 ③ [회계관리] → [업무용승용차관리] → [업무용승용차 차량등록] 차량번호 40라 0316, 부서 3001.생산부, 보험여부 0.부 확인

07 ① [시스템관리] → [초기이월관리] → [회계초기이월등록] 회계단위(1000.(주)더존 본점), 구분(1.재무상태표), 이월기준일(2023/01/01), 12200.소모품, 거래처별 금액이 가장 큰 (주)영은실업 확인

08 ① [회계관리] → [예산관리] → [예산초과현황] 조회기간(2023/07~2023/12), 과목구분(1.예산과목), 집행방식 (2.승인집행), 관리항목(0.부서별, 1001.회계팀), 계정과목별 집행율(%)이 가장 큰 복리후생비 확인

09 ② [회계관리] → [자금관리] → [일자별자금계획입력] 자금계획입력 탭, 고정자금, 기간에서 2023년 10월과 2023년 12월 금액 비교 확인
- 2023년 10월 = 일용직인건비(4,900,000원) + 임차료(2,000,000원) + 전화요금(200,000원) = 7,100,000원
- 2023년 12월 = 일용직인건비(4,900,000원) + 전화요금(200,000원) = 5,100,000원
- 차이 금액 = 7,100,000원 − 5,100,000원 = 2,000,000원
- 2023년 10월 31일 기간이 만료되는 임차료 2,000,000원 차이이다.

10 ③ [회계관리] → [전표/장부관리] → [채권년령분석] 회계단위(1000.(주)더존 본점), 채권잔액일자 (2023/12/31), 전개월수(6), 계정과목(10800.외상매출금), 조회기간 이전 채권잔액이 가장 큰 (주)영은실업 확인

11 ③ [회계관리] → [전표/장부관리] → [관리항목원장] 잔액 탭, 회계단위(1000.(주)더존 본점), 관리항목(A1.거래처), 기표기간(2023/07/01~2023/09/30), 25100.외상매입금 당기증가 금액 중 가장 많은 (주)신흥전자 확인

12 ① [회계관리] → [전표/장부관리] → [현금출납장] 결의부서별 탭, 회계단위(1000.(주)더존 본점), 조회기간 (2023/05/01~2023/05/31), 결의부서(1001.회계팀), 입금 월계 금액 확인

13 ④ [회계관리] → [자금관리] → [받을어음명세서] 어음조회 탭, 회계단위(1000.(주)더존 본점), 조회구분(2.만기일)(2023/09/30~2023/09/30), 어음번호 확인

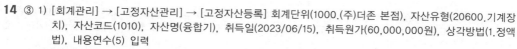

14 ③ 1) [회계관리] → [고정자산관리] → [고정자산등록] 회계단위(1000.(주)더존 본점), 자산유형(20600.기계장치), 자산코드(1010), 자산명(융합기), 취득일(2023/06/15), 취득원가(60,000,000원), 상각방법(1.정액법), 내용연수(5) 입력

　　　 2) [회계관리] → [고정자산관리] → [감가상각비현황] 총괄 탭, 회계단위(1000.(주)더존 본점), 기간(2023/06~2023/06), 20600.기계장치의 당기감가상각비 확인

15 ① [회계관리] → [부가가치세관리] → [계산서합계표] 신고구분(0.사업장별), 사업장(2000.(주)더존 지점), 기간(2023/07~2023/09), 구분(1.매출), 신고구분(1.정기) [불러오기] 실행, 거래처명 확인

16 ② [회계관리] → [부가가치세관리] → [신용카드발행집계표/수취명세서] 신용카드/현금영수증수취명세서 탭, 신고구분(0.사업장별), 사업장(2000.(주)더존 지점), 기간(2023/07~2023/09) [불러오기] 후 신용카드 등 수취명세서 탭(복지카드 매입내역은 없다.)과 현금영수증수취명세서 탭의 내용 확인

17 ③ [회계관리] → [부가가치세관리] → [부가세신고서] 사업장(2000.(주)더존 지점), 기간(2023/10/01~2023/12/31) [불러오기] 실행, [과세표준명세]에서 면세수입금액 확인

18 ① 1) [회계관리] → [전표/장부관리] → [전표입력] 회계단위(2000.(주)더존 지점) 8월 23일 전표입력 구분(5.매입부가세) 선택 / 거래처((청우유통(주), 전표유형(1000.매입전표), 사업장(2000.(주)더존 지점), 세무구분(23. 면세매입), 신고기준일(2023/08/23), 사유구분(33. 의제매입(6/106), 공급가액(3,000,000원), 미지급금(3,000,000원) 입력 후 적용

　　　 (차) 원재료　　　 3,000,000원　　　 (대) 외상매입금　　　 3,000,000원

　　　 2) [회계관리] → [부가가치세관리] → [의제매입세액공제신고서] 구분(0.사업장별), 사업장(2000.(주)더존 지점) 기간(2023/07~2023/09), 정기/수정구분(0. 정기) 조회 / 매입내역 탭에서 불러오기 클릭 후 공제신고서 탭 불러오기 확인

19 ④ [회계관리] → [부가가치세관리] → [부가세신고서] 사업장(2000.(주)더존 지점), 기간(2023/10/01~2023/12/31), [불러오기] 실행한 후 내용 확인, 14.그 밖의 공제 매입세액의 고정자산매입(42) 란의 세액 '300,000원' 확인

20 ④ [회계관리] → [전표/장부관리] → [매입매출장] 세무구분별 탭, 사업장(2000.(주)더존 지점), 조회기간(신고기준일, 2023/10/01~2023/12/31), 출력구분(전체) 세무구분 유형 확인
- 수출실적명세서: 16.수출
- 매입세액불공제내역: 24.매입불공제
- 신용카드발행집계표/수취명세서: 17.카드매출, 27.카드매입, 31현금과세
- (주)더존 지점은 사업장별 신고이므로 사업자단위과세 사업장별세액명세서 서식은 필요하지 않다.

21 ④ [회계관리] → [전표/장부관리] → [전표입력] 회계단위(1000.(주)더존 본점), 기간(2023/06/30), (차) 81100.복리후생비 1,000,000원 (대) 14900.원재료 1,000,000원, 대변 원재료의 하단 타계정구분을 2.타계정대체출고로 입력

22 ① [회계관리] → [결산/재무제표관리] → [결산자료입력] 결산자료 탭, 회계단위(1000.(주)더존 본점), 기간(2023/01~2023/03) 확인
- 당기 상품 매입액(104,550,000원)이 당기 원재료 매입액(109,400,000원)보다 작다.
- 1분기 결산 시 이전월 결산내역이 없으므로 역분개는 생성되지 않는다.
- 기말 상품 재고액이 0원이라고 가정하면 상품매출원가는 746,970,000원이다.
  기초 상품 재고액(642,420,000원) + 당기 상품 매입액(104,550,000원) - 기말 상품 재고액(0원)
- 제품매출원가로 반영되는 1월~3월 차량운반구 감가상각비는 1,200,000원이다.

23 ④ [회계관리] → [결산/재무제표관리] → [기간별원가보고서] 분기별 탭, 회계단위(1000.(주)더존 본점), 기간(1/4분기~4/4분기), 출력구분(0.계정별) 분기별 노무비 급여가 가장 많은 4/4분기 확인

24 ② [회계관리] → [결산/재무제표관리] → [결산자료입력] 결산자료 탭, 회계단위(1000.(주)더존 본점), 기간(2023/01~2023/01) 기말 원재료 재고액(400,000,000원) 입력 후 원재료비(604,100,000원) 확인
- 실제 재료소비량 = 원재료비 ÷ 단위당 실제 소비가격 = 604,100,000원 ÷ 5,000원 = 120,820단위

25 ③ [회계관리] → [결산/재무제표관리] → [관리항목별원가보고서] 프로젝트별 탭, 회계단위(1000.(주)더존본점), 프로젝트(선택전체), 기간(2023/03/01~2023/03/31) 당기제품제조원가가 가장 높은 대전공장 확인

회계 1급 2023년 5회 (2023년 9월 23일 시행)

[이론 답안]

1	2	3	4	5	6	7	8
①	①	③	③	③	②	②	④
9	10	11	12	13	14	15	16
③	③	①	④	③	②	743,000	투자
17	18	19	20	21	22	23	24
자본조정	②	②	③	④	③	①	결산조정
25	26	27	28	29	30	31	32
9, 30	10,000	④	③	④	860	2	0.3

[풀이]

01 ① 데이터베이스 클라우드 서비스와 스토리지 클라우드 서비스는 IaaS에 속한다.

02 ① 비즈니스 애널리틱스는 구조화된 데이터(structured data)와 비구조화된 데이터(unstructured data)를 동시에 이용한다.

03 ③ ERP 시스템에 대한 투자비용에 관한 개념으로 시스템의 전체 라이프사이클을 통해 발생하는 전체 비용을 계량화하는 것을 총소유비용(Total Cost of Ownership)이라 한다.

04 ③ 업무 효율을 위해 전체 모듈에 대한 전면적인 수정은 ERP 패키지 도입내용이 아니다.

05 ③ Best Practice(선진 업무프로세스) 도입을 목적으로 ERP 패키지를 도입하였는데, 기존 업무처리에 따라 ERP 패키지를 수정한다면 BPR은 전혀 이루어지지 않는다.

06 ② 회계기간은 법인의 정관에서 정하므로 기업마다 다르다.

07 ② 기업실체의 가정은 기업을 소유주와는 독립적으로 존재하는 회계단위로 간주하고 하나의 기업을 하나의 회계단위 관점에서 재무정보를 측정, 보고하는 가정이다. [보기]의 내용은 기업실체의 가정에 해당한다.

08 ④
- 기말자산(240원) = 기말부채(다) + 기말자본(175원), (다) = 65원
- 기말자본(175원) = 기초자본(나) ± 순손익(-15원), (나) = 190원
- 기초자산(450원) = 기초부채(가) + 기초자본(190원), (가) = 260원
- 순손익(-15원) = 총수익(라) - 총비용(70원), (라) = 55원

09 ③ 손익계산서는 기업 일정기간의 경영성과를 나타내는 보고서로 수익창충능력 등의 예측에도 유용한 정보를 제공한다.

10 ③ 재무활동은 기업이 필요한 자금을 조달하고 부채를 상환하는 활동으로 현금의 차입 및 상환활동, 신주발행이나 배당금의 지급활동과 같이 부채와 자본계정에 영향을 미치는 거래이다.

11 ① 손익계산서 계정인 수익과 비용은 손익(집합손익) 계정으로 대체하여 마감하며, 재무상태표 계정인 자산, 부채, 자본은 차기로 이월시켜 마감한다. 매출원가, 이자비용, 감가상각비는 비용이므로 손익(집합손익)으로 대체하여 마감하고, 매출채권은 자산이므로 차기로 이월시켜 마감한다.

12 ④
- 기말자산 + 총비용 = 기말부채 + 기초자본 + 총수익

13 ③ 현금및현금성자산 = 우편환증서 + 자기앞수표 + 보통예금 + 현금 + 국세환급금통지서
  = 150,000원 + 200,000원 + 500,000원 + 100,000원 + 30,000원 = 980,000원

14 ② 재고자산 매입 시 매입에누리 및 매입환출은 재고자산에서 차감한다.

15 743,000
- 매출액 = 5,000,000원
- 매출원가 = 기초 상품 재고액 + 당기 매입액 + 매입상품 운반비 − 기말 상품 재고액
  = 2,000,000원 + 3,000,000원 + 7,000원 − 1,500,000원 = 3,507,000원
- 매출총이익 = 매출액 − 매출원가 = 5,000,000원 − 3,507,000원 = 1,493,000원
- 판매비와관리비 = 급여 + 감가상각비 + 접대비
  = 550,000원 + 150,000원 + 50,000원 = 750,000원
- 영업이익 = 매출총이익 − 판매비와관리비 = 1,493,000원 − 750,000원 = 743,000원

16 투자
- 현금흐름표는 일정기간 현금흐름의 변동 내용을 표시하는 재무보고서로 현금흐름에 영향을 주는 영업활동, 재무활동, 투자활동으로 구분하여 표시된다.

17 자본조정
- 재무상태표의 자본은 자본금, 자본잉여금, 자본조정, 기타포괄손익누계액, 이익잉여금으로 분류한다.

18 ② 부가가치세 납세의무자는 사업자 또는 재화를 수입하는 자이며, 부가가치세를 실질적으로 부담하는 자는 최종소비자이다.

19 ② 세부담의 역진성 완화를 위한 제도는 영세율이 아니라 면세 제도이다.

20 ③ 법인세는 납세자와 담세자가 동일한 직접세로 납세자와 담세자가 다른 간접세와 대비된다.

21 ④ 외국법인은 국내사업장이 없을 경우 부동산소득과 양도소득이 있으면 그 자산의 소재지가 납세지이다.

22 ③ 법인세법상 법인의 계속적인 조세수입을 적시에 확보하기 위해 일정기간 단위로 소득을 구분하여야 하는 데 이러한 일정 기간을 사업연도라고 하며 사업연도는 법령 또는 정관 등에서 정하는 1회계 기간으로 한다.

23 ① 대손충당금, 감가상각비, 퇴직급여충당금 한도초과액은 유보로 소득처분하며, 접대비 한도초과액은 기타사외유출로 소득처분한다.

24 결산조정
- 세무조정사항 중 반드시 장부에 반영되어야만 세무회계상 손금으로 인정받을 수 있는 사항은 결산조정(사항)이라 하고 장부 반영 여부와 관계없이 세무회계상 손금으로 인정받을 수 있는 사항은 신고조정(사항)이라 한다.

25 9, 30
- 법인은 각 사업연도 종료일이 속하는 달로부터 3개월 이내에 법인세 과세표준과 세액을 납세지 관할 세무서장에게 신고 납부하여야 한다. 사업연도가 2023년 7월 1일 ~ 2024년 6월 30일인 경우 2024년 9월 30일까지 신고 납부하여야 한다.

26 10,000
- 자본금과 적립금조정명세서(乙)은 유보로 소득처분된 금액을 관리하는 서식이며, 대손충당금 한도초과액(5,000원)과 건물 감가상각비 한도초과액(5,000원)은 유보로 소득처분한다.

27 ④
- 직접노무비 임률차이
  = 실제생산량에 투입된 실제직접노동시간 × (직접노무비 실제임률 − 직접노무비 표준임률)
  = 600시간 × (@500/시간 − @400/시간) = 60,000원(실제 〉 표준: 불리한 차이)

28 ③ 대량생산하는 문구제조업, 전자제품제조업, 식품가공업은 종합원가계산이 적합하며, 고객 주문에 의해서만 생산하는 항공업은 개별원가계산을 적용하기 적합하다.

29 ④
- 조업도의 증가에 따라 총변동비는 증가하며, 단위당 변동비는 일정하다.
- 조업도의 증가에 따라 총고정비는 일정하며, 단위당 고정비는 감소하다.

30 860
- 9월 노무비 발생액 = 9월 노무비 현금지급액 + 9월 노무비 미지급액 + 8월에 선지급된 9월분 노무비해당액
  − 9월 노무비 현금지급액 중 8월분 미지급노무비 해당액 − 9월의 노무비 현금지급액
  중 10월분 노무비 해당액
  = 600원 + 370원 + 280원 − 150원 − 240원 = 860원

31 2
- 공헌이익 = 매출액 × 공헌이익률 = 1,000,000원 × 0.5 = 500,000원
- 영업이익 = 공헌이익 − 고정비 = 500,000원 − 250,000원 = 250,000원
- 영업레버리지도(DOL) = 공헌이익 ÷ 영업이익 = 500,000원 ÷ 250,000원 = 2

32 0.3
- 목표이익 = 매출액 − 변동비 − 고정비
  $0.2S = S - 0.5S - FC$
  $0.3S = FC$
  $S = FC ÷ (0.3)$

[실무 답안]

1	2	3	4	5	6	7	8	9	10
④	④	③	②	①	④	②	②	③	③

11	12	13	14	15	16	17	18	19	20
①	②	④	①	③	④	③	②	③	②

21	22	23	24	25					
①	①	④	④	③					

[풀이]

01 ④
- [시스템관리] → [회사등록정보] → [사원등록] 관련 내용 확인, 유지현 사원의 회계입력방식이 승인으로 전표입력시 승인전표로 입력된다.

- [시스템관리] → [회사등록정보] → [사용자권한설정] 모듈구분(A.회계관리) 관련 내용 확인, 유지현 사원의 전표입력은 사용가능한 메뉴이나 전표승인해제는 사용가능 메뉴가 아니다.

02 ④ [시스템관리] → [회사등록정보] → [시스템환경설정] 26.자산코드자동부여 여부는 0.부로 설정되어 있으므로 고정자산등록 시 사용자가 직접 코드를 입력한다.

03 ③ [시스템관리] → [기초정보관리] → [일반거래처등록] 00008.청우유통(주), 구분 1.일반을 2.무역으로 수정 입력한 후 상단 [조건검색], 거래처구분 2.무역으로 검색하여 거래처 수 확인

04 ② [회계관리] → [전표/장부관리] → [총계정원장] 월별 탭, 회계단위(1000.(주)한국생산 본점), 기표기간(2023/02~2023/06), 계정과목(10800.외상매출금) 차변 발생금액이 가장 큰 금액의 3월 확인

05 ① [회계관리] → [전표/장부관리] → [관리내역현황] 잔액 탭, 사업장(1000.(주)한국생산 본점), 관리항목1 (C1.사용부서), 관리내역(1001.회계팀~1001.회계팀), 관리항목2(D1.프로젝트), 관리내역(1000.서울공장~ 1000.서울공장), 기표기간(2023/01/01/~2023/03/31), 81300.접대비, 당기증가 금액 확인

06 ④ [회계관리] → [전표/장부관리] → [기간비용현황] 입력 탭, 회계단위(1000.(주)한국생산 본점), 기표일자 (2023/01/01~2023/12/31), 구분(1.선급비용), 새로불러오기 후 기간비용현황 탭의 계약기간(2023/01~ 2023/12), 조회기간비용 합계 확인

07 ② [회계관리] → [결산/재무제표관리] → [재무상태표] 회계단위(1000.(주)한국생산 본점), 조회기간 (2023/12/31), 관리용 탭, 소모품 67,000,000원 확인
- 소모품비 = 소모품(67,000,000원) − 기말 재고액(4,000,000원) = 63,000,000원
- 기말 회계처리 (차) 소모품비　　　　63,000,000원　　　　(대) 소모품　　　　　　　63,000,000원

08 ② [회계관리] → [고정자산관리] → [고정자산등록] 회계단위(1000.(주)한국생산 본점), 자산유형(20800. 차량운반구), 자산코드(2080007), 자산명(1톤트럭), 추가등록사항 탭, 일자(2023/07/05), 구분(양도), 금액(24,000,000원) 입력 / 주요등록사항 탭 일반상각비 금액 확인

09 ③ [회계관리] → [전표/장부관리] → [지출증빙서류검토표(관리용)] 상세내역 탭, 회계단위(1000.(주)한국생산 본점), 기표기간(2023/01/01~2023/12/31), 상단 [증빙설정] 실행, 적격증빙별 전표증빙 설정, 085.접대비 하단의 [50]수취제외대상 금액 확인

10 ③ [회계관리] → [업무용승용차관리] → [업무용승용차 관련비용 명세서(관리용)] 명세서 탭, 개별회계단위 (1000.(주)한국생산 본점), 기표기간(2023/01/01~2023/12/31) 상단 [불러오기] 실행 후 손금불산입 계산 탭, 개별회계단위(1000.(주)한국생산 본점), 조회기간(2023/01/01~2023/12/31) 차량번호(29아8902)의 손 금산입 합계 금액 확인

11 ① [회계관리] → [전표/장부관리] → [일월계표] 일계표 탭, 회계단위(1000.(주)한국생산 본점), 기간(2023/03/01~2023/06/30), 제조원가 계정과목별 차변 현금 금액 확인

12 ② [회계관리] → [예산관리] → [예산초과현황] 조회기간(2023/02~2023/02), 과목구분(1.예산과목), 집행 방식(2.승인집행), 관리항목(0.부서별, 1001.회계팀), 82100.보험료 집행율(%) 확인

13 ④ [회계관리] → [전표/장부관리] → [전표입력] 상단 [환경설정] 실행 후 내용 확인
- 매입매출 전표유형 디폴트 설정의 세무구분 [25.수입] 공급가액 제외는 체크되어 있지 않으므로 공급가액 을 필수로 입력해야 한다.

14 ① [회계관리] → [결산/재무제표관리] → [기간별손익계산서] 분기별 탭, 회계단위(1000.(주)한국생산 본점), 기간(1/4분기~4/4분기), 판매관리비 여비교통비의 금액이 가장 많은 1/4분기 확인

15 ③ [회계관리] → [부가가치세관리] → [신용카드발행집계표/수취명세서] 신용카드발행집계표 탭, 신고구분(0. 사업장별), 사업장(2000.(주)한국생산 춘천지사), 기간(2023/01~2023/03), 상단 [불러오기] 후 ⑨세금계 산서 발급금액 확인

16 ④ 1) [회계관리] → [부가가치세관리] → [부동산임대공급가액명세서] 신고구분(0.사업장별), 사업장(2000.(주)한국생산 춘천지사), 과세기간(2023/10~2023/12), 이자율(1.2%) 부동산임대관련 자료 입력 후 보증금이자(간주임대료 = 907,397원) 확인

2) [회계관리] → [전표/장부관리] → [전표입력] 회계단위(2000.(주)한국생산 춘천지사), 2023/12/31 거래자료(간주임대료) 입력(14.건별매출, 공급가액 907,397원, 세액 90,739원)
(차) 81700.세금과공과(판)   90,739원   (대) 25500.부가세예수금   90,739원

3) [회계관리] → [전표/장부관리] → [매입매출장] 세무구분별 탭, 사업장(2000.(주)한국생산 춘천지사), 조회기준(신고기준일, 2023/10/01~2023/12/31), 전표상태(1.승인), 출력구분(1.매출), 세무구분(14.건별매출), 세액의 소계 확인

17 ③ [회계관리] → [전표/장부관리] → [매입매출장] 세무구분별 탭, 사업장(2000.(주)한국생산 춘천지사), 조회기간(신고기준일, 2023/04/01~2023/06/30), 출력구분(전체) 세무구분 유형 확인
- 신용카드수취명세서: 27.카드매입
- 매입세액불공제내역: 24.매입불공제
- 매출처별세금계산서합계표: 11.과세매출, 12.영세매출

18 ② [회계관리] → [부가가치세관리] → [세금계산서합계표] 사업장(2000.(주)한국생산 춘천지사), 기간(2023/04~2023/06), 구분(1.매출), 신고구분(1.정기), 상단 [불러오기] 실행, 공급가액 금액이 가장 큰 거래처 (주)제동 확인

19 ③ [회계관리] → [부가가치세관리] → [부가세신고서] 사업장(2000.(주)한국생산 춘천지사), 기간(2023/07/01~2023/09/30) [불러오기] 실행, [과세표준명세]의 과세표준명세 합계 금액 확인

20 ② 1) [회계관리] → [전표/장부관리] → [전표입력] 회계단위(2000.한국생사 춘천지사), 2023/02/05 거래자료 입력(12.영세매출, 공급가액 3,000,000원, 세액 0원)
(차) 10800.외상매출금   3,000,000원   (대) 40101.국내매출액   3,000,000원
                                        25500.부가세예수금   0원

2) [회계관리] → [부가가치세관리] → [내국신용장.구매확인서 전자발급명세서] 사업장(2000.(주)한국생산 춘천지사), 구분(내국신용장), 서류번호(232511), 발급일(2023/02/05), 거래처명(푸른자동차(주), 금액(3,000,000원) 입력

3) [회계관리] → [부가가치세관리] → [영세율매출명세서] 사업장(2000.(주)한국생산 춘천지사), 과세기간(2023/01~2023/03), 상단 [불러오기] 실행 후 ⑪부가가치세법 합계 금액 확인

21 ① [회계관리] → [결산/재무제표관리] → [손익계산서] 회계단위(1000.(주)한국생산 본점), 기간(2023/01/31), 관리용 탭 매출액 확인
- 단위당 매출액 = 매출액 ÷ 판매량 = 376,000,000원 ÷ 40,000단위 = 9,400원
- 손익분기점 판매량 = 총 고정비 ÷ (단위당매출액 − 단위당변동비)
　　　　　　　　　= 20,000,000원 ÷ (9,400원 − 1,400원) = 2,500개

22 ① [회계관리] → [결산/재무제표관리] → [관리항목별원가보고서] 부문별 탭, 회계단위(1000.(주)한국생산 본점), 부문(2001.영업부문), 기간(2023/01/01~2023/06/30), 사무용품비(제조경비) 금액 확인

23 ④ 1) [회계관리] → [고정자산관리] → [고정자산등록] 회계단위(1000.(주)한국생산 본점), 자산유형(20600.기계장치), 자산코드(1007), 자산명(압축기), 관리부서 3001.생산부 입력
2) [회계관리] → [고정자산관리] → [감가상각비현황] 총괄 탭, 회계단위(1000.(주)한국생산 본점), 부서(3001.생산부), 기간(2023/01~2023/12), 20600.기계장치의 당기감가상각비 확인

24 ④ 1) [회계관리] → [전표/장부관리] → [전표입력] 회계단위(1000.(주)한국생산 본점), 기간(2023/06/30), (차) 81100.복리후생비 1,000,000원 (대) 14900.원재료 1,000,000원, 대변 원재료의 하단 타계정구분을 2.타계정대체출고로 입력
2) [회계관리] → [결산/재무제표관리] → [원가보고서] 관리용 탭, 회계단위(1000.(주)한국생산 본점), 기간(2023/06/30), 원재료비의 타계정으로 대체액 금액 확인

25 ③ [회계관리] → [결산/재무제표관리] → [원가보고서] 관리용 탭, 회계단위(1000.(주)한국생산 본점), 기간(2023/03/31), 당기총제조비용은 재료비, 노무비, 제조경비의 합계이므로 제조경비가 감소하면 당기총제조비용은 감소한다.

회계 1급 — 2023년 4회 (2023년 7월 22일 시행)

[이론 답안]

1	2	3	4	5	6	7	8
④	③	④	①	③	④	④	④
9	10	11	12	13	14	15	16
①	②	③	②	③	④	2,000	900,000
17	18	19	20	21	22	23	24
발생주의	②	③	④	②	③	④	비과세소득
25	26	27	28	29	30	31	32
소득처분	6,000,000	③	②	④	120	4	25

[풀이]

01 ④ 다른 기업에서 가장 많이 사용하는 패키지가 아닌 자사에 맞는 패키지를 선택해야 한다.

02 ③ SaaS(Software as a Service)는 클라우드 컴퓨팅 서비스 사업자가 클라우드 컴퓨팅 서버에 소프트웨어를 제공하고, 사용자가 원격으로 접속해 해당 소프트웨어를 활용하는 모델이다.

03 ④ BPR은 급진적으로 비즈니스 프로세스를 개선하는 방식이며, BPI는 단계적인 시간의 흐름에 따라 비즈니스 프로세스를 개선하는 방식이다.

04 ① ERP 발전과정은 MRP I → MRP II → ERP → 확장형 ERP 순이다.

05 ③ 논리적 작업단위인 트랜잭션이 아닌 비즈니스 프로세스에 초점을 맞추어야 한다.

06 ④ 일반기업회계기준에서 재무제표는 재무상태표, 손익계산서, 현금흐름표, 자본변동표로 구성되며, 주석을 포함한다.

07 ④ 기간별보고의 가정은 기업실체의 존속기간을 일정한 기간 단위로 분할하여 각 기간별로 재무제표를 작성하는 것을 말한다. [보기]의 내용은 기간별 보고의 가정에 대한 설명이다.

08 ④
- 매출총이익 = 매출액 − 매출원가
- 영업이익 = 매출총이익 − 판매비와관리비
- 법인세비용차감전순이익 = 영업이익 + 영업외수익 − 영업외비용
- 당기순이익 = 법인세비용차감전순이익 − 법인세비용

09 ① 순매출액은 총매출액에서 매출할인, 매출환입, 매출에누리 등을 차감하여 계산한다.

10 ② 현금흐름표는 일정기간 현금흐름의 변동 내용을 표시하는 재무보고서로 현금흐름에 영향을 주는 영업활동, 재무활동, 투자활동으로 구분하여 표시된다.

11 ③ 가수금은 현금의 수입은 있었으나 계정과목이나 금액이 확정되지 않은 경우 사용하는 임시계정으로 그 내용이 확정되면 본래의 계정으로 대체한다.

12 ② 선급보험료는 비용의 이연, 선수임대료는 수익의 이연, 미지급임차료는 비용의 발생(예상)에 해당한다.

13 ③ 발생주의에 의한 당기 귀속분 보험료는 3개월(2023년 10월 ~ 2023년 12월)분이고, 차기 귀속분 보험료는
9개월(2024년 1월 ~ 2024년 9월)분이다.
- 월 임차료 = 1,200,000원 ÷ 12개월 = 100,000원
- 기말 회계처리 (차) 보험료　　　300,000원　　　(대) 선급비용　　　300,000원

14 ④ 재고자산 매입 시 매입운임은 재고자산 매입액에 가산하고, 매입에누리 및 매입환출과 매입할인은 차감한
다. 재고자산 매출 시 매출에누리 및 매출환입과 매출할인은 총매출액에서 차감한다.

15 2,000
- 현금및현금성자산 = 자기앞수표 + 타인발행 당좌수표 + 우편환증서 + 보통예금 + 일람출급어음 + 당좌예금
　　+ 만기가 도래한 배당금지급통지표
　　= 500원 + 200원 + 150원 + 450원 + 300원 + 100원 + 300원 = 2,000원

16 900,000
- 당기 순매입액 = 당기 총매입액 – 매입할인 – 매입환출 – 매입에누리
　　　　= 1,300,000원 – 100,000원 – 100,000원 – 100,000원 = 1,000,000원
- 매출원가 = 기초 재고액 + 당기 순매입액 – 기말 재고액
　　　　= 100,000원 + 1,000,000원 – 200,000원 = 900,000원

17 발생주의
- 발생주의는 현금의 수수와 관계없이 거래가 발생된 시점에 인식하는 기준으로, 현금거래 이외의 비현금거래
에 대하여도 거래로 인식하여 회계처리하며, 현금주의는 현금의 수입과 지출이 있는 시점에 인식하여 회계처
리한다. 기업회계기준은 수익과 비용을 발생주의에 따라 인식하여 회계처리한다.

18 ② 역무의 제공이 완료되는 때 또는 대가를 받기로 한때를 공급시기로 볼 수 없는 경우에는 역무의 제공이 완
료되고 그 공급가액이 확정되는 때이다.

19 ③ 내국법인 중 비영리법인은 각 사업연도 소득(국내외소득 중 수익사업소득)과 토지 등 양도소득에 대하여 법
인세 납세의무가 있다.

20 ④ 외국법인은 국내사업장이 없을 경우에 부동산소득이나 양도소득이 있으면 그 자산의 소재지가 납세지이다.

21 ② 기업이 정한 회계기간을 그대로 사업연도로 인정하나, 1년을 초과할 수 없도록 하고 있다.

22 ③ 접대비, 기부금 한도초과액은 기타사외유출로 소득처분하고, 감가상각비 한도초과액은 유보로 소득처분
하며, 임원상여금 한도초과액은 상여로 소득처분한다.

23 ④ 회사계상 감가상각비(550,000원)가 법인세법상 상각범위액(450,000원)을 초과하였으므로 과대계상액
(100,000원)은 상각부인액으로 손금불산입하고 유보로 소득처분한다.

24 비과세소득
- 과세표준 = 각사업연도소득금액 – 이월결손금 – 비과세소득 – 소득공제

25 소득처분
- 소득처분이란 세무조정사항으로 발생한 소득이 법인 내부에 남아 있으면 이를 기업회계상 순자산에 가산하여
세무상 순자산을 계산하고, 법인 외부로 유출되었으면 소득 귀속자를 파악하여 소득세를 부과하는 제도이다.

26 6,000,000
- 공제받는 매입세액 = 소모품비 + 사업장 임차료 = 1,000,000원 + 5,000,000원 = 6,000,00원
- 토지의 자본적지출, 접대비 및 이와 유사한 비용, 비영업용 승용자동차(1000cc초과) 구입 관련 매입세액을
공제받을 수 없다.

27 ③
- 조업도의 감소에 따라 총고정비는 일정하며, 단위당 고정비는 증가한다.
- 조업도의 감소에 따라 총변동비는 감소하며, 단위당 변동비는 일정하다.

28 ② 제조간접원가는 변동제조간접원가와 고정제조간접원가로 구성되므로 둘 다 가능하다.

29 ④
- 직접노무비 임률차이
  = 실제생산량에 투입된 실제직접노동시간 × (직접노무비 실제임률 − 직접노무비 표준임률)
  = 600시간 × (@1,000/시간 − @800/시간) = 120,000원(실제 > 표준: 불리한 차이)

30 120
- 기말재공품 평가 시 평균법과 선입선출법의 완성품환산량 차이는 기초재공품의 완성품환산량 차이이다.
- 기초재공품의 완성품환산량 = 기초재공품 수량 × 완성도 = 200개 × 60% = 120개

31 4
- 공헌이익 = 매출액 × 공헌이익률 = 1,000,000원 × 0.4 = 400,000원
- 영업이익 = 공헌이익 − 고정비 = 400,000원 − 300,000원 = 100,000원
- 영업레버리지도(DOL) = 공헌이익 ÷ 영업이익 = 400,000원 ÷ 100,000원 = 4

32 25
- 공헌이익 = 매출액 × 공헌이익률 = 2,000,000원 × 0.4 = 800,000원
- 영업이익 = 공헌이익 − 고정비 = 800,000원 − 600,000원 = 200,000원
- 안전한계율(%) = (영업이익 ÷ 공헌이익) × 100 = (200,000원 ÷ 800,000) × 100 = 25%

[실무 답안]

1	2	3	4	5	6	7	8	9	10
③	③	④	②	③	④	③	①	①	③

11	12	13	14	15	16	17	18	19	20
①	②	①	②	④	②	④	③	②	③

21	22	23	24	25
③	①	②	④	①

[풀이]

01 ③
- [시스템관리] → [회사등록정보] → [사원등록] 부서명이 회계팀이 아닌 사원 김수빈, 신서율 확인
- [시스템관리] → [회사등록정보] → [사용자권한설정] 모듈구분(A.회계관리), 사용가능한메뉴의 전표입력이 가능한 김수빈 확인

02 ③ [회계관리] → [기초정보관리] → [계정과목등록] 82500.교육훈련비, 관리항목에 등록된 내용(A1.거래처, B1.거래처명, C1.사용부서, D4.사원) 확인

03 ④ [시스템관리] → [기초정보관리] → [금융거래처등록] 상단 [조건검색] 실행, 거래처구분을 신용카드로 검색, 거래처 개수 확인

04 ② 1) [시스템관리] → [기초정보관리] → [금융거래처등록] 98001.신안은행, 기본등록사항 탭, 당좌한도액 100,000,000원 입력
2) [회계관리] → [자금관리] → [자금현황] 총괄거래현황 탭, 회계단위(1000.(주)더존 본점), 조회기간 (2023/03/08~2023/03/08), 보통예금 신안은행의 당일말자금 금액 확인

05 ③ [회계관리] → [전표/장부관리] → [지출증빙서류검토표(관리용)] 집계 탭, 회계단위(1000.(주)더존 본점), 기표기간(2023/01/01~2023/12/31), 상단 [증빙설정] 실행, 적격증빙별 전표증빙 설정, 현금영수증 하단의 합계 금액 확인

06 ④ [회계관리] → [업무용승용차관리] → [업무용승용차 운행기록부] 회계단위(1000.(주)더존 본점), 사용기간 (과세기간)(2023/01/01~2023/01/31), 차량번호 20나 0927을 선택하고 신서율 운행관련 내용 입력 후 업무사용비율(%) 확인

07 ③ [회계관리] → [자금관리] → [받을어음명세서] 어음조회 탭, 회계단위(1000.(주)더존 본점), 조회구분 (1.수금일, 2023/02/02~2023/02/02) 해당 어음 조회
- 어음 할인기간 = 만기월 – 할인월 = 6월 – 3월 = 3개월
- 어음 할인료 = 어음금액 × 할인율 × (어음 할인기간/ 1년 개월수)
    = 4,400,000원 × 0.13 × 3/12 = 143,000원
- 어음 할인료는 매각 거래의 경우 매출채권처분손실로 회계처리한다.

08 ① 1) [회계관리] → [결산/재무제표관리] → [기간별손익계산서] 분기별 탭, 회계단위(1000.(주)더존 본점), 기간(1/4분기~4/4분기), 매출액의 상품매출이 가장 많은 4/4분기 확인
2) [회계관리] → [결산/재무제표관리] → [손익계산서] 회계단위(1000.(주)더존 본점), 기간(2023/12/31), 판매관리비의 통신비 금액 확인
3) [회계관리] → [결산/재무제표관리] → [기간별손익계산서] 반기별 탭, 회계단위(1000.(주)더존 본점), 기간(상반기~하반기), 판매관리비의 수도광열비 상반기와 하반기 비교 확인
4) [회계관리] → [결산/재무제표관리] → [관리항목별손익계산서] PJT별 탭, 회계단위(1000.(주)더존 본점), PJT(선택전체), 기간(2023/01/01~2023/06/30), 판매관리비의 통신비 공장별 금액 확인

09 ① [회계관리] → [예산관리] → [예산실적현황] 부서별 탭, 조회기간(2023/01~2023/01), 부서(1001.회계팀), 집행방식(2.승인집행), 예산과목별 집행율이 가장 큰 80200.직원급여 확인

10 ③ [회계관리] → [전표/장부관리] → [일월계표] 일계표 탭, 회계단위(1000.(주)더존 본점), 기간(2023/10/16~2023/11/08), 제조원가 계정과목별 차변 현금 금액 확인

11 ① [회계관리] → [전표/장부관리] → [전표입력] 상단 [환경설정] 실행 후 내용 확인
- 거래처명 수정여부의 등록된 거래처명 수정이 체크되어 있으므로 전표의 거래처명 수정이 가능하다.

12 ② [회계관리] → [전표/장부관리] → [현금출납장] 결의사원별 탭, 회계단위(1000.(주)더존 본점), 기표기간 (2023/10/01~2023/10/31), 결의사원(ERP13A01.김은찬), 입금 월계 출금 월계 확인(입금 15,000,000원 – 출금 12,385,000원 = 2,615,000원)

13 ① [회계관리] → [전표/장부관리] → [총계정원장] 월별 탭, 회계단위(1000.(주)더존 본점), 기표기간 (2023/02~2023/07), 계정과목(25100.외상매입금) 대변 발생금액이 가장 큰 2월 확인

14 ② [회계관리] → [전표/장부관리] → [전표승인해제] 회계단위(1000.(주)더존 본점), 전표상태(미결), 결의기간 (2023/07/01~2023/12/31), 전표 개수 확인

15 ④ 1) [회계관리] → [부가가치세관리] → [부동산임대공급가액명세서] 신고구분(0.사업장별), 사업장 (2000.(주)더존 지점), 과세기간(2023/01~2023/03), 이자율(1.2%) 부동산임대관련 자료 입력 후 보증금이자(간주임대료 = 203,835원) 확인
2) [회계관리] → [전표/장부관리] → [전표입력] 회계단위(2000.(주)더존 지점), 2023/03/30 거래자료(간주임대료) 입력(14.건별매출, 공급가액 203,835원, 세액 20,383원)
   (차) 81700.세금과공과(판)   20,383원   (대) 25500.부가세예수금   20,383원
3) [회계관리] → [전표/장부관리] → [매입매출장] 세무구분별 탭, 사업장(2000.(주)더존 지점), 조회기준 (신고기준일, 2023/01/01~2023/03/31), 전표상태(1.승인), 출력구분(1.매출), 세무구분(14.건별매출), 세액의 소계 확인

16 ② [회계관리] → [부가가치세관리] → [수출실적명세서] 신고구분(0.사업장별), 사업장(2000.(주)더존 지점), 기간(2023/10~2023/12) [불러오기] 후 외화금액의 합계 확인

17 ④ [회계관리] → [부가가치세관리] → [세금계산서합계표] 신고구분(0.사업장별), 사업장(2000.(주)더존 지점), 기간(2023/07~2023/09), 구분(1.매출), 신고구분(1.정기), 상단 [불러오기] 실행 후 공급가액이 가장 큰 거래처 (주)하진테크 확인

18 ③ 1) [회계관리] → [전표/장부관리] → [전표입력] 회계단위(2000.(주)더존 지점), 6월 1일 하단 고정자산과표와 고정자산세액(기계장치 공급가액 2,000,000원, 부가세 200,000원) 입력

2) [회계관리] → [부가가치세관리] → [건물등감가상각자산취득명세서] 신고구분(0.사업장별), 사업장 (2000.(주)더존 지점), 기간(2023/04~2023/06), 정기/수정구분(0. 정기), 상단 [불러오기] 실행 후 기계장치 공급가액 확인

19 ② [회계관리] → [부가가치세관리] → [신용카드발행집계표/수취명세서] 신용카드발행집계표 탭, 신고구분(0.사업장별), 사업장(2000.(주)더존 지점), 기간(2023/10~2023/12), 상단 [불러오기] 후 ⑩계산서 발급금액 확인

20 ③ [회계관리] → [전표/장부관리] → [매입매출장] 신고서기준 탭, 사업장(2000.(주)더존 지점), 조회기간(신고기준일, 2023/10/01~2023/12/31), 전표상태(1.승인), 출력구분(1.매출), 상단 [예정신고누락분 조회] 후 건수와 공급가액 확인

21 ③ 1) [회계관리] → [결산/재무제표관리] → [기간별원가보고서] 반기별 탭, 회계단위(1000.(주)더존 본점), 기간(상반기~하반기), 복리후생비(제조경비) 상반기와 하반기 금액 확인

2) [회계관리] → [결산/재무제표관리] → [관리항목별원가보고서] 부서별 탭, 회계단위(1000.(주)더존 본점), 부서(3001.생산부), 기간(2023/01/01~2023/12/31), 복리후생비(제조경비) 확인

3) [회계관리] → [결산/재무제표관리] → [기간별원가보고서] 월별 탭, 회계단위(1000.(주)더존 본점), 기간(2023/02~2023/04), 복리후생비(제조경비) 합계 금액 확인

22 ① [회계관리] → [결산/재무제표관리] → [손익계산서] 회계단위(1000.(주)더존 본점), 기간(2023/01/31), 관리용 탭 매출액 확인

- 단위당 매출액 = 매출액 ÷ 판매량 = 233,100,000원 ÷ 25,000개 = 9,324원
- 손익분기점판매량 = 총 고정비 ÷ (단위당매출액 − 단위당변동비)
= 60,000,000원 ÷ (9,324원 − 3,324원) = 10,000개

23 ② 1) [회계관리] → [고정자산관리] → [고정자산등록] 회계단위(1000.(주)더존 본점), 자산유형(20800.차량운반구), 자산코드(208003), 자산명(1톤트럭), 취득일(2023/04/01), 주요등록사항 탭, 취득원가(30,000,000원), 상각방법(1.정액법), 내용연수(5), 경비구분(1.500번대) 등 내용 입력

2) [회계관리] → [고정자산관리] → [감가상각비현황] 총괄 탭, 회계단위(1000.(주)더존 본점), 경비구분(1.500번대), 기간(2023/01~2023/12), 20800.차량운반구의 당기감가상각비 확인

24 ④ 1) [회계관리] → [전표/장부관리] → [전표입력] 회계단위(1000.(주)더존 본점), 기간(2023/06/30), (차) 81100.복리후생비 1,000,000원 (대) 14900.원재료 1,000,000원, 대변 원재료의 하단 타계정구분을 2.타계정대체출고로 입력

2) [회계관리] → [결산/재무제표관리] → [원가보고서] 회계단위(1000.(주)더존 본점), 기간(2023/06/30), 원재료비의 타계정으로 대체액 금액 확인

25 ① 1) [회계관리] → [결산/재무제표관리] → [원가보고서] 관리용 탭, 회계단위(1000.(주)더존 본점), 기간(2023/12/31), 제20(전)기 원재료비의 당기 원재료 매입액 확인

2) 또는 [시스템관리] → [초기이월관리] → [회계초기이월등록] 구분(3.500번대 원가), 원재료비 하단 당기 매입액 확인

회계 1급 | 2023년 3회 (2023년 5월 27일 시행)

[이론 답안]

1	2	3	4	5	6	7	8
③	③	④	③	③	③	③	④
9	10	11	12	13	14	15	16
③	①	②	②	④	③	1,200	700,000
17	18	19	20	21	22	23	24
계속기업	②	②	②	③	③	④	상여
25	26	27	28	29	30	31	32
소득금액	1	④	④	①	1,060	15,000	조업도

[풀이]

01 ③ 기존 정보시스템(MIS)은 수직적으로 업무를 처리하고, ERP는 수평적으로 업무를 처리한다.

02 ③ ERP 시스템에 대한 투자비용에 관한 개념으로 시스템의 전체 라이프사이클을 통해 발생하는 전체 비용을 계량화하는 것을 총소유비용(Total Cost of Ownership)이라 한다.

03 ④ 조직원의 관리, 감독, 통제 기능 강화는 정보시스템의 역할이 아니다.

04 ③ 클라우드 ERP는 필요한 어플리케이션을 자유롭게 설치 및 활용이 불가능한 단점이 있다.

05 ③ 모든 사용자들이 사용권한 없이 정보에 접근하는 것이 아니라 사용권한이 주어진 사용자들만 정보에 접근할 수 있어야 한다.

06 ③ 재무제표의 기본가정에는 기업실체의 가정, 계속기업의 가정, 기간별 보고의 가정이 있다.

07 ③ 회계정보의 질적 특성은 목적적합성과 신뢰성이며 목적적합성의 하위 질적특성에는 예측가치, 피드백 가치, 적시성이 있다. [보기]의 설명은 피드백 가치에 대한 설명이다.

08 ④ 유동성배열법은 손익계산서 작성기준이 아니라 재무상태표 작성기준이다.

09 ③ 영업외수익은 기업의 주된 영업활동이 아닌 활동으로부터 발생한 수익을 말한다.

10 ① 당기순이익은 개인기업의 경우 자본금계정으로 대체하고, 법인기업의 경우 이익잉여금의 미처분이익잉여금 계정으로 대체한다.

11 ② 재고자산 매입과 관련된 매입할인 및 에누리액은 재고자산의 취득원가에서 차감한다.

12 ② 2023연도말 기준으로 1년이내에 상환예정인 장기차입금B(2,000,000원)와 장기차입금C(3,000,000원)는 기말에 유동성장기부채 계정으로 대체된다.

13 ④ 사채 발행시 사채계정 대변에 사채의 액면금액으로 차변에 사채의 발행금액으로 기록하며, 액면금액과 발행금액의 차액은 사채할인발행차금이나 사채할증발행차금으로 기록한다.

14 ③ 유형자산인 차량운반구(영업용 트럭)를 구입하고 어음을 발행하는 경우 (차) 차량운반구 xxx (대) 미지급금 xxx으로 회계처리한다.

15 1,200
- 사채 발행시: (차) 현금 등 　　　　　94,000원　　　(대) 사채　　　　　　100,000원
　　　　　　　사채할인발행차금　　 6,000원
- 사채발행비는 사채 발행금액에서 차감한다.
- 사채 상각액(정액법으로 상각할 경우): 사채할인발행차금 6,000원 ≒ 5년 = 1,200원

16 700,000
- 연수합계법 감가상각비 = 감가상각대상금액(취득원가 − 잔존가치) × (내용연수의 역순/내용연수의 합계)
- 1차년도 감가상각비 = (1,000,000원 − 0원) × 4/(4 + 3 + 2 + 1 = 10) = 400,000원
- 2차년도 감가상각비 = (1,000,000원 − 0원) × 3/(4 + 3 + 2 + 1 = 10) = 300,000원
- 감가상각누계액은 = 400,000원 + 300,000원 = 700,000원
- 또는 (1,000,000원 − 0원) × (4+3/(4 + 3 + 2 + 1 = 10)) = 700,000원

17 계속기업
- 계속기업의 가정은 일반적으로 기업이 예상가능한 기간 동안 영업을 계속할 것이라는 가정이다. [보기]의 (A)의 가정 내용은 계속기업의 가정에 해당한다.

18 ② 조세의 물납, 담보의 제공, 국세징수법에 따를 공매 및 민사집행법에 따른 경매는 재화의 공급으로 보지 않으며, 폐업시 잔존재화는 간주공급으로 재화의 공급으로 보아 시가로 부가가치세를 과세한다.

19 ② 법인의 각 사업연도 소득은 익금총액에서 손금총액을 공제하여 계산한다. 그런데 이는 개념상의 계산일뿐이며, 실제 계산에 있어서는 결산서상 당기순이익을 출발점으로 기업회계와 세무회계의 차이를 조정하여 각 사업연도의 소득금액을 계산하는데 이러한 조정과정을 세무조정이라 한다.

20 ② 내국법인은 법인등기부상 본점 또는 주사무소의 소재지가 법인세 납세지이다.

21 ③ 법인세 신고 시 법인세 과세표준 및 세액신고서에 기업회계기준을 준용하여 작성한 개별 내국법인의 재무상태표, 포괄손익계산서, 이익잉여금처분(결손금처리)계산서, 세무조정계산서를 반드시 첨부하여 제출해야 한다.

22 ③ 법인세비용, 지정기부금 한도초과, 임대보증금 등의 간주임대료는 기타사외유출로 소득처분하고, 퇴직급여충당부채 한도초과액은 유보로 소득처분한다.

23 ④ 거래처별로 1역월 이내에서 사업자가 임으로 정한 기간의 공급가액을 합계하여 그 기간 종료일자(말일자)를 작성연월일로 하여 세금계산서를 발급하는 경우 공급일이 속하는 달의 다음달 10일까지 발급할 수 있다.

24 상여
- 법인세 세무조정에 따른 소득처분시, 사외유출의 소득 귀속자가 출자임원인 경우의 소득처분은 상여로 한다.

25 소득금액
- 차가감소득금액 = 결산서상 당기순이익 + 익금산입, 손금불산입 − 손금산입, 익금불산입
- 각 사업연도 소득금액 = 차가감소득금액 + 기부금한도초과액

26 1
- 사업연도가 1년 미만인 경우 법인세 과세표준에 세율을 곱하여 산출세액을 계산할 때 사업연도 개월수는 12개월로 나누어 계산하며, 1개월 미만의 일수는 1개월로 계산한다.

27 ④ 매몰원가는 과거의 의사결정의 결과 이미 발생한 원가로 현재 또는 미래의 의사결정에 아무런 영향을 미치지 못하는 원가이다. [보기]의 내용에서는 제조원가 1,500,000원이 매몰원가이다.

28 ④ 개별원가계산에서 제조간접비는 개별 작업과 간접적으로 대응되어 차후 배부기준을 통해 계산한다.

29 ①
- 공헌이익 = 매출액 − (매출액 × 변동원가율) = 1,000,000원 − (1,000,000원 × 60%) = 400,000원
- 공헌이익률(%) = (공헌이익 ÷ 매출액) × 100 = (400,000원 ÷ 1,000,000원) × 100 = 40%

• 영업이익 = 공헌이익 − 고정원가 = 400,000원 − 300,000원 = 100,000원
• 안전한계율 = 영업이익 ÷ 공헌이익 = 100,000원 ÷ 400,000원 = 25
• 손익분기점 매출액 = 고정비 ÷ 공헌이익률 = 300,000원 ÷ 40% = 750,000원
• 법인세차감 후 당기순이익 = 영업이익 − (매출액 × 법인세율) = 100,000원 − (100,000원 × 40%)
  = 60,000원

30 1,060
• 가공원가의 총완성품환산량 = (200개 × 50%) + (900개 × 100%) + (100개 × 60%) = 1,060개
  또는 (1,100개 × 1) + (100개 × 60%) − (200개 × 50%) = 1,060개

31 15,000
• 당기총제조원가 = 직접재료원가 + 직접노무원가 + 제조간접원가
            = 6,000원 + 5,000원 + 4,000원 = 15,000원
• 당기제품제조원가 = 기초재공품재고액 + 당기총제조원가 − 기말재공품재고액
            = 1,500원 + 15,000원 − 1,500원 = 15,000원

32 조업도
• 고정원가는 일정한 조업도 범위 내에서 총고정원가가 일정한 행태를 나타내는 원가를 말한다.
• 표준원가시스템에서 고정제조간접원가의 예산액과 배부액의 차이를 조업도차이라고 한다.

[실무 답안]

1	2	3	4	5	6	7	8	9	10
②	④	③	④	①	③	②	③	①	③

11	12	13	14	15	16	17	18	19	20
②	②	④	②	③	①	②	④	③	①

21	22	23	24	25
④	④	①	④	①

01 ② [시스템관리] → [회사등록정보] → [사원등록] 관련 내용 확인, 퇴사일은 시스템관리자와 인사모듈 [인사정보등록] 메뉴의 운용자가 변경 할 수 있으며, 암호는 시스템관리자와 본인이 수정할 수 있다.

02 ④ [시스템관리] → [회사등록정보] → [사용자권한설정] 모듈구분(A.회계관리) 사용가능한 메뉴 사원별 확인, 유지현, 배윤미는 고정자산관리 권한이 없으므로 자산변동 입력이 불가능하다.

03 ③ [회계관리] → [기초정보관리] → [계정과목등록] 계정과목별 연동항목 설정 확인, 미수금은 연동항목이 설정되어 있지 않아 받을어음명세서에 미반영된다.

04 ④ [회계관리] → [전표/장부관리] → [전표입력] 상단 [환경설정] 실행 후 내용 확인
• 매입매출 전표유형 디폴트 설정의 세무구분 [27.카드매입] 결제카드 필수는 체크되어 있지 않으므로 결제카드는 필수 입력사항이 아니다.

05 ① [회계관리] → [결산/재무제표관리] → [재무상태표] 관리용 탭, 회계단위(1000.(주)한국생산 본점), 기간(2023/12/31), 받을어음과 대손충당금(받을어음 차감계정) 금액 확인
• 대손 추산액 = 받을어음(199,500,000원) × 2% = 3,990,000원
• 대손추가계상액 = 대손추산액 − 대손충당금잔액 = 3,990,000원 − 2,420,000원 = 1,570,000원
• 대손충당금 회계처리 (차) 대손상각비   1,570,000원   (대) 대손충당금   1,570,000원

06 ③ [회계관리] → [전표/장부관리] → [기간비용현황] 입력 탭, 회계단위(1000.(주)한국생산 본점), 기표일자 (2023/01/01~2023/12/31), 구분(1.선급비용), 새로불러오기 후 기표일자 2023/03/01의 5월 비용금액 254,789원과 기표일자 2023/05/01의 5월 비용금액 127,038원을 확인하고 합산하여 381,827원 산출

07 ② [회계관리] → [전표/장부관리] → [거래처원장] 잔액 탭, 회계단위(1000.(주)한국생산 본점), 계정과목(1.계정별, 10800.외상매출금), 기표기간(2023/01/01~2023/12/31), 거래처분류명이 종로구로 되어 있는 (주)제동 확인

08 ③ [회계관리] → [전표/장부관리] → [외화명세서] 잔액 탭, 회계단위(1000.(주)한국생산 본점), 기표기간(2023/01/01~2023/12/31), 계정과목(10302.외화예금), 환종별 기말외화 확인
• EUR 외화환산손익 = 기말외화(2,000€) × 환율(1,420원) − 기말잔액(2,200,000원) = 640,000원
• JPY 외화환산손익 = 기말외화(20,000¥) × 환율(10.50(1엔 기준)) − 기말잔액(203,100원) = 6,900원
• USD 외화환산손익 = 기말외화(8,000$) × 환율(1,380원) − 기말잔액(9,500,000원) = 1,540,000원
• 외화환산이익 총액 = 640,000원 + 6,900원 + 1,540,000원 = 2,186,900원

09 ① [회계관리] → [예산관리] → [예산조정입력] 82100.보험료 예산전용 200,000원 입력 후 [회계관리] → [예산관리] → [예산초과현황] 81200.여비교통비 집행율(%) 71% 확인

10 ③ [회계관리] → [전표/장부관리] → [일월계표] 일계표 탭, 회계단위(1000.(주)한국생산 본점), 기간(2023/01/20~2023/01/20), 판매관리비 계정과목별 차변 현금 금액 확인

11 ② [회계관리] → [결산/재무제표관리] → [기간별손익계산서] 월별 탭, 회계단위(1000.(주)한국생산 본점), 기간(2023/01~2023/04), 판매관리비의 차량유지비 월별 금액 중 가장 많이 사용한 2월 확인

12 ② [회계관리] → [고정자산관리] → [고정자산등록] 사업장(1000.(주)한국생산 본점), 자산유형 (20600.기계장치), 자산명(1006.발전기) 선택. 추가등록사항 탭에서 일자(2023/04/15), 구분(자본적 지출), 금액(20,000,000원) 입력 / 주요등록사항 탭에서 일반상각비 확인

13 ④ [시스템관리] → [초기이월관리] → [회계초기이월등록] 회계단위(1000.(주)한국생산 본점), 구분(2.손익계산서), 이월기준일(2024/01/01), 45100.상품매출원가 기말재고액을 수정하여 전기 기말재고액과 당기 기초재고액을 일치시킬 수 있다.

14 ② [회계관리] → [업무용승용차관리] → [업무용승용차 운행기록부] 회계단위(1000.(주)한국생산 본점), 사용기간(과세기간)(2023/03/01~2023/03/31), 차량번호 69어6467을 선택하고 유지현 운행관련 내용 입력 후 업무사용비율(%) 확인

15 ③ [회계관리] → [부가가치세관리] → [부가세신고서] 사업장(2000.(주)한국생산 춘천지사), 기간 (2023/04/01~2023/06/30) [불러오기] 실행, 매입세액 세금계산서수취분 고정자산매입 세액 확인

16 ① 1) [회계관리] → [전표/장부관리] → [전표입력] 회계단위(2000.(주)한국생산 춘천지사) 1월 30일 전표입력 구분(5.매입부가세) 선택 / 거래처((주)한국상사), 전표유형(1000.매입전표), 사업장(2000.(주)한국생산 춘천지사), 세무구분(28.현금영수증매입), 신고기준일(2023/01/31), 공급가액(3,000,000원), 세액(300,000원), 고정자산과표(3,000,000원), 고정자산세액(300,000원), 현금(3,300,000원) 입력 후 적용

(차) 기계장치	3,000,000원	(대) 현금	3,300,000원
부가세대급금	300,000원		

2) [회계관리] → [부가가치세관리] → [신용카드발행집계표/수취명세서] 신용카드/현금영수증수취명세서 탭, 신고구분(0.사업장별), 사업장(2000.(주)한국생산 춘천지사), 기간(2023/01~2023/03) [불러오기] 후 현금영수증수취명세서 탭의 고정자산 매입분 세액 확인

17 ② 1) [회계관리] → [전표/장부관리] → [전표입력] 회계단위(2000.한국생산 춘천지사), 2023/01/27 거래자료 입력(12.영세매출, 공급가액 2,000,000원, 세액 0원)

(차) 10800.외상매출금	2,000,000원	(대) 40101.국내매출액	2,000,000원
		25500.부가세예수금	0원

2) [회계관리] → [부가가치세관리] → [내국신용장.구매확인서 전자발급명세서] 사업장(2000.(주)한국생산 춘천지사), 구분(내국신용장), 서류번호(111111), 발급일(2023/01/27), 거래처명(한국화학(주)), 금액(2,000,000원) 입력

3) [회계관리] → [부가가치세관리] → [영세율매출명세서] 사업장(2000.(주)한국생산 춘천지사), 과세기간(2023/01~2023/03), 상단 [불러오기] 실행 후 ⑪부가가치세법 합계 금액 확인

18 ④ [시스템관리] → [회사등록정보] → [사업장등록] 상단 [주(총괄납부)사업장 등록] 실행, 주(총괄납부)사업장 (1000.(주)한국생산 본점), 종사업장 확인, 주사업장총괄납부는 납부만 주사업장에서 한다.

19 ③ [회계관리] → [부가가치세관리] → [부가세신고서] 사업장(2000.(주)한국생산 춘천지사), 기간(2023/04/01~2023/06/30) [불러오기] 실행, 매입세액 세금계산서수취분 수출기업수입분납부유예 (10-1) 세액 확인

20 ① [회계관리] → [전표/장부관리] → [매입매출장] 세무구분별 탭, 사업장(2000.(주)한국생산 춘천지사), 조회기간(신고기준일, 2023/04/01~2023/06/30), 출력구분(전체) 세무구분 유형 확인
- 매입세액 불공제내역: 24.매입불공제
- 매입처별 세금계산서합계표: 21.과세매입, 24.매입불공제, 25.수입
- 매출처별 세금계산서합계표: 11.과세매출, 12.영세매출

21 ④ [회계관리] → [결산/재무제표관리] → [원가보고서] 회계단위(1000.(주)한국생산 본점), 기간 (2023/06/30), 관리용 탭 관련 내용 확인, 당기총제조비용은 '재료비 + 노무비 + 제조경비'이고, 당기제품 제조원가는 '기초재공품재고액 + 당기총제조비용 − 기말재공품재고액'이므로 노무비가 증가하면 당기제품 제조원가도 증가한다.

22 ④ 1) [회계관리] → [고정자산관리] → [고정자산등록] 사업장(1000.(주)한국생산 본점), 자산유형(20800.차량 운반구), 자산명(2080007.1톤트럭)의 PJT(1004.대전공장) 등록
2) [회계관리] → [고정자산리] → [감가상각비현황] 총괄 탭, 회계단위(1000.(주)한국생산 본점), 경비구분 (0.전체), PJT(1004.대전공장), 기간(2023/01~2023/12), 차량운반구의 당기감가상각비 확인

23 ① [회계관리] → [결산/재무제표관리] → [관리항목별원가보고서] 프로젝트별 탭, 회계단위(1000.(주)한국생산 본점), 기간(2023/04/01~2023/04/30), 당기제품제조원가가 가장 큰 부산공장 금액 확인

24 ④ [회계관리] → [결산/재무제표관리] → [기간별원가보고서] 월별 탭, 회계단위(1000.(주)한국생산 본점), 기간(2023/01~2023/06), 노무비의 상여금이 지급된 1월, 6월 확인

25 ① [회계관리] → [결산/재무제표관리] → [결산자료입력] 결산자료 탭, 회계단위(1000.(주)한국생산 본점), 기간(2023/01~2023/01), 기말원재료재고액 8,000,000원 입력, 원재료비 57,000,000원 확인
- 실제 재료소비량 = 원재료비 ÷ 단위당 실제 소비가격 = 57,000,000원 ÷ 5,700원 = 10,000단위

회계 1급 2023년 2회 (2023년 3월 28일 시행)

[이론 답안]

1	2	3	4	5	6	7	8
②	④	①	①	④	②	①	②
9	10	11	12	13	14	15	16
③	②	①	④	①	①	표현의 충실성	발생주의
17	18	19	20	21	22	23	24
205,000	②	④	①	①	④	①	영세율
25	26	27	28	29	30	31	32
9, 30	73,100,000	④	②	③	매몰	15,000	0.2

[풀이]

01 ② ERP 구축 및 실행의 성공을 위해서는 IT 중심의 프로젝트로 추진하면 안 된다.

02 ④ ERP 구축 절차 중 설계단계는 TO-BE 프로세스 도출, GAP 분석(패키지 기능과 TO-BE 프로세스와의 차이분석), 패키지 설치, 파라미터 설정, 추가개발 및 수정사항 논의, 인터페이스 문제 논의, 커스터마이징이 이루어진다.

03 ① BPR은 비용, 품질, 서비스, 속도와 같은 핵심적 부분에서 극적인 성과를 이루기 위해 기업의 업무프로세스를 기본적으로 다시 생각하고 근본적으로 재설계하는 것으로, BPR은 모든 부분에 걸쳐 개혁을 하는 것이 아니라 중요한 비즈니스 프로세스, 즉 핵심프로세스를 선택하여 그것들을 중점적으로 개혁해 나가는 것이다.

04 ① ERP를 도입하면 사이클 타임이 단축되는 효과가 있다.

05 ④ 클라우드 ERP는 다양한 어플리케이션의 자유로운 설치 및 활용이 불가능한 단점이 있다.

06 ② 계속기업의 가정은 일반적으로 기업이 예상 가능한 기간 동안 영업을 계속할 것이라는 가정이다. 유형자산이 실제로 영업활동에 사용되는 기간에 걸쳐 비용으로 계상하고자 하는 내용은 계속기업의 가정에 해당한다.

07 ① 재무상태표는 일정 시점의 재무상태를 나타내는 정태적 보고서로 발생주의에 의해 작성하고, 손익계산서는 일정기간의 경영성과를 나타내는 동태적 보고서이며, 현금흐름표는 일정기간의 현금흐름을 나타내는 동태적 보고서이며 현금주의에 의해 작성한다. 자본변동표는 일정기간의 자본현황을 나타내는 동태적 보고서이다.

08 ② 보고기간종료일로부터 1년 이후에 현금화 또는 실현될 것으로 예상되는 자산은 비유동자산이다.

09 ③ '매출액 - 매출원가 = 매출총손익, 매출총손익 - 판매비와관리비 = 영업손익'이므로 매출액, 매출원가, 대손상각비(판매비와관리비)는 영업손익에 영향을 미치며, 이자비용은 영업외비용이므로 영업손익에 영향을 미치지 않는다.

10 ②
- 투자활동은 영업활동에 필요한 자산을 취득하거나 처분하는 활동 등을 의미한다.
- 영업활동은 제품이나 서비스를 만들어 고객에게 전달하는 활동 등을 의미한다.

- 재무활동은 기업이 필요한 자금을 조달하고 빚을 갚거나 자금사용에 대한 대가로 과실을 배분하는 활동을 의미한다.

11 ① 손익계산서 계정인 수익과 비용은 손익(집합손익) 계정으로 대체하여 마감하며, 재무상태표 계정인 자산, 부채, 자본은 차기로 이월시켜 마감한다. 매출원가, 이자비용, 대손상각비는 비용이므로 손익(집합손익)으로 대체하여 마감하고, 매입채무는 부채이므로 차기로 이월시켜 마감한다.

12 ④ 발생주의에 의한 당기 귀속분 임차료는 4개월(2023년 9월 ~ 2023년 12월)분이고, 차기 귀속분 임차료는 8개월(2024년 1월 ~ 2024년 8월)분이다.
- 월 임차료 = 120,000원 ÷ 12개월 = 10,000원
- 기말 회계처리 (차) 선급비용　　　 80,000원　　　 (대) 임차료　　　　　　　　 80,000원

13 ①
- 토지의 취득원가 = 구입대금 + 구입관련 중개수수료 + 구 건물 철거비용 − 구 건물철거 후 폐자재 등 처분대금 수입
　　　　　　　　 = 100,000,000원 + 900,000원 + 5,100,000원 − 600,000원 = 105,400,000원
- 신축건물 설계비용은 토지의 취득원가가 아니라 건물의 취득원가에 포함된다.

14 ① 주식발행초과금과 자기주식처분이익은 손익거래가 아니라 자본거래 결과 발생한 잉여금으로 자본의 자본잉여금에 속한다.

15 표현의 충실성
- 회계정보의 질적 특성은 목적적합성과 신뢰성이며 신뢰성의 하위 질적특성에는 표현의 충실성, 검증 가능성, 중립성이 있다. [보기]의 내용은 표현의 충실성에 대한 설명이다.

16 발생주의
- 발생주의는 현금의 수수와 관계없이 거래가 발생된 시점에 인식하는 기준으로, 현금거래 이외의 비현금거래에 대하여도 거래로 인식하여 회계처리하며, 현금주의는 현금의 수입과 지출이 있는 시점에 인식하여 회계처리한다. 기업회계기준은 수익과 비용을 발생주의에 따라 인식하여 회계처리한다.

17 205,000
- 당기상품순매입액 = 당기상품매입액 + 상품매입운반비 − 매입할인
　　　　　　　　　 = 200,000원 + 15,000원 − 50,000원 = 165,000원
- 상품매출원가 = 기초상품재고액 + 당기상품순매입액 − 기말상품재고액 − 타계정대체
　　　　　　　 = 75,000원 + 165,000원 − 25,000원 − 10,000원 = 205,000원
- 공장감가상각비는 제조경비로서 제품제조원가와 제품매출원가에 관련되며, 상품매출원가와는 관련 없다.

18 ② 부가가치세법상 면세로 규정되어 있는 재화나 용역의 공급자는 납부의무가 면제되므로 부가가치세법상 납세의무자가 아니다.

19 ④
- 과세표준에 포함하지 않는 항목: 매출할인, 공급대가의 지연으로 인한 연체이자, 공급받는 자가 부담하는 원자재 등의 가액
- 과세표준에 포함하는 항목: 장기할부판매 또는 할부판매 경우의 이자상당액

20 ① 법인세는 납세자와 담세자가 동일한 직접세로 납세자와 담세자가 다른 간접세와 대비된다.

21 ① 외국법인의 경우 청산소득에 대한 법인세 납세의무는 없다.

22 ④ 접대비 손금불산입액(증빙불비의 경우는 대표자 상여), 임대보증금 등의 간주임대료, 업무무관자산 등 관련 차입금 이자는 기타사외유출로 소득처분하고, 채권자불분명 사채이자(원천징수액은 기타사외유출)는 상여로 소득처분한다.

23 ①
- 매출세액 = 전자세금계산서 발급분 + 신용카드매출전표 발행분 = 5,000,000원 + 123,000원 = 5,123,000원
- 매입세액 = 전자세금계산서 적취분 − 접대관련 매입세액 = 3,000,000원 − 300,000원 = 2,700,000원
- 납부세액 = 매출세액 − 매입세액 = 5,123,000원 − 2,700,000원 = 2,423,000원

24 영세율

- 영세율은 부가가치세 과세대상이나 면세는 부가가치세 과세대상이 아니다.
- 영세율 관련 사업을 영위하는 경우 매입세액을 공제받을 수 있으나 면세 관련 사업을 영위하는 경우 매입세액 공제를 받을 수 없다.
- 영세율은 수출 촉진이 주된 목적이고, 면세는 최종소비자의 세부담 경감을 통한 세부담의 역진성 완화가 주된 목적이다.

25 9, 30

- 법인은 각 사업연도 종료일이 속하는 달로부터 3개월 이내에 법인세 과세표준과 세액을 납세지 관할 세무서장에게 신고 납부하여야 한다. 사업연도의 종료일이 매년 6월 30일인 경우 9월 30일까지 신고 납부하여야 한다.

26 73,100,000

- 과세표준 = 각사업연도소득금액 − (이월결손금 + 비과세소득 + 소득공제)
  - = 500,000,000원 − (5,000,000원 + 2,000,000원 + 3,000,000원)
  - = 490,000,000원

이월결손금은 10년 이내 개시한 사업연도분에서 발생한 금액만 공제가능하다.
(2020년 1월 1일 이후분 부터는 15년 이내분)

- 납부세액 = (200,000,000원 × 9%) + (490,000,000원 − 200,000,000원) × 19%
  - = 18,000,000원 + 55,100,000원 = 73,100,000원

27 ④

- 조업도의 감소에 따라 총 변동비는 감소하고, 단위당 변동비는 일정하다.
- 조업도의 감소에 따라 총 고정비는 일정하고, 단위당 고정비는 증가한다.
- 조업도의 감소에 따라 총 변동비는 감소하고, 단위당 변동비는 일정하다.
- 조업도의 감소에 따라 총 고정비는 일정하고, 단위당 고정비는 증가한다.

28 ② 대량생산하는 문구제조업, 식품가공업, 제품제조업은 종합원가계산이 적합하며, 고객 주문에 의해서만 생산하는 조선업은 개별원가계산을 적용하기 적합하다.

29 ③

- 공헌이익 = 매출액 − 변동비 = 100,000원 − 60,000원 = 40,000원
- 영업레버리지도(DOL) = 공헌이익 ÷ 영업이익 = 40,000원 ÷ (?) = 4
  따라서 영업이익 = 10,000원
- 영업이익 = 매출액 − 변동비 − 고정비 = 100,000원 − 60,000원 − (가) = 10,000원
  따라서 고정비 (가) = 30,000원

30 매몰

- 매몰원가는 과거의 의사결정의 결과 이미 발생한 원가로 현재 또는 미래의 의사결정에 아무런 영향을 미치지 못하는 원가이다. [보기]의 (A)원가는 매몰원가에 대한 내용이다.

31 15,000

- 당기총제조원가 = 직접재료원가 + 직접노무원가 + 제조간접원가
  - = 6,000원 + 5,000원 + 4,000원 = 15,000원
- 당기제품제조원가 = 기초재공품재고액 + 당기총제조원가 − 기말재공품재고액
  - = 1,500원 + 15,000원 − 1,500원 = 15,000원

32 0.2

- 목표이익 = 매출액 − 변동비 − 고정비
  - 0.2S = S − 0.6S − FC
  - 0.2S = FC
  - S = FC ÷ (0.2)

[실무 답안]

1	2	3	4	5	6	7	8	9	10
①	④	②	②	④	③	①	①	①	④
11	12	13	14	15	16	17	18	19	20
②	③	③	①	②	②	②	③	③	①
21	22	23	24	25					
①	③	④	④	④					

[풀이]

01 ① [시스템관리] → [회사등록정보] → [사용자권한설정] 모듈구분(A.회계관리), 사용가능한 메뉴 사원별 확인, 김은찬은 고정자산관리 고정자산등록 입력 가능하므로 자산변동 입력이 가능하다.

02 ④ [회계관리] → [기초정보관리] → [계정과목등록] 51200.여비교통비, 관리항목에 등록된 내용(A1.거래처, B1.거래처명, C1.사용부서, D1.프로젝트) 확인

03 ② [시스템관리] → [기초정보관리] → [일반거래처등록] 거래처(00010.D&H)의 구분(무역) 수정 입력, 상단 [조건검색] 실행, 거래처구분을 무역으로 검색, 거래처 개수 확인

04 ② [회계관리] → [전표/장부관리] → [전표입력] 회계단위(1000.(주)더존 본점), 결의부서(1001.회계팀), 작성자(김은찬), 2023/07/01 거래자료 확인
(차) 단기매매증권　　　　　　　5,000,000원　　　(대) 보통예금　　　　　5,000,000원
　　(5,000,000원 ÷ 500주 = 10,000원)
• 단기매매증권처분손익 = (매각금액 − 취득금액) × 주식수 + 수수료
　　　　　　　　　　 = (9,000원 − 10,000원) × 200 − 50,000원 = −250,000원

05 ④ [회계관리] → [결산/재무제표관리] → [재무상태표] 회계단위(1000.(주)더존 본점), 조회기간 (2023/12/31), 관리용 탭, 소모품 14,000,000원 확인
• 소모품비 = 소모품(14,000,000원) − 기말 재고액(2,000,000원) = 12,000,000원
• 기말 회계처리 (차) 소모품비　　　　　12,000,000원　　　(대) 소모품　　　　　12,000,000원

06 ③ [회계관리] → [전표/장부관리] → [외화명세서] 잔액 탭, 회계단위(1000.(주)더존 본점), 기표기간(2023/01/01~2023/12/31), 계정과목(10302.외화예금), 환종 EUR 기말외화 소계 확인

07 ① [회계관리] → [결산/재무제표관리] → [손익계산서] 회계단위(1000.(주)더존 본점), 기간(2023/03/31), 관리용 탭, 관련 내용 확인, 상품매출 금액 266,600,000원 확인

08 ① [회계관리] → [자금관리] → [일자별자금계획입력] 자금계획입력 탭, 고정자금, 기간에서 2023년 3월과 2023년 4월 금액 비교 확인
• 2023년 3월 = 일용직인건비(4,900,000원) + 임차료(2,000,000원) + 전화요금(200,000원) + 직원경비지급 (1,000,000원) = 8,100,000원
• 2023년 4월 = 일용직인건비(4,900,000원) + 전화요금(200,000원) + 직원경비지급(1,000,000원) = 6,100,000원
• 차이 금액 = 8,100,000원 − 6,100,000원 = 2,000,000원
• 2023년 3월 31일 기간이 만료되는 임차료 2,000,000원 차이이다.

09 ① [회계관리] → [전표/장부관리] → [관리내역현황] 잔액 탭, 사업장(1000.(주)더존 본점), 관리항목1(C1.사용부서), 관리내역(1001.회계팀~1001.회계팀), 관리항목2(D1.프로젝트), 관리내역(1000.서울공장~1000.서울공장),기표기간(2023/01/01/~2023/03/31), 82900.사무용품비, 당기증가 금액 확인

10 ④ [회계관리] → [업무용승용차관리] → [업무용승용차 운행기록부] 회계단위(1000.(주)더존 본점), 사용기간 (과세기간)(2023/01/01~2023/01/31), 차량번호 20나 0927을 선택하고 신서율 운행관련 내용 입력 후 업무사용비율(%) 확인

11 ② [회계관리] → [전표/장부관리] → [일월계표] 일계표 탭, 회계단위(1000.(주)더존 본점), 기간(2023/10/13~2023/10/30), 판매관리비 계정과목별 차변 현금 금액이 가장 큰 접대비 확인

12 ③ [회계관리] → [고정자산관리] → [고정자산등록] 회계단위(1000.(주)더존 본점), 자산유형(21200.비품), 자산코드(21203), 자산명(복합기), 취득일(2023/02/01), 주요등록사항 탭, 취득원가(2,400,000원), 상각방법(1.정액법), 내용연수(5), 경비구분(0.800번대) 등 내용 입력 후 일반상각비 확인

13 ③ [회계관리] → [전표/장부관리] → [거래처원장] 잔액 탭, 회계단위(1000.(주)더존 본점), 계정과목(1.계정별, 10800.외상매출금), 기표기간(2023/01/01~2023/01/01), 관련 내용 확인, 거래처분류명이 종로구로 되어 있는 거래처 (주)하진테크(147,800,000원), (주)제동(263,670,000원)의 이월액 합계는 411,470,000원으로 확인

14 ① [회계관리] → [예산관리] → [예산초과현황] 조회기간(2023/01~2023/01), 과목구분(1.예산과목), 집행방식(2.승인집행), 관리항목(0.부서별, 1001.회계팀), 81100.복리후생비 집행율(%) 25% 확인

15 ② 1) [회계관리] → [전표/장부관리] → [전표입력] 회계단위(2000.(주)더존 지점), 결의부서(1001.회계팀), 작성자(ERP13A01.김은찬), 2023년 3월 4일, 대변 25500.부가세예수금 선택 후 하단 공급가액 24,000,000원 입력
   2) [회계관리] → [전표/장부관리] → [매입매출장] 거래처별 탭, 사업장(2000.(주)더존 지점), 조회기간(신고기준일, 2023/01/01~2023/03/31), 출력구분(1.매출), 세무구분(11.과세매출~12.영세매출), 거래처(00002.(주)하진테크), 공급가액 소계 74,000,000원 확인

16 ② [회계관리] → [전표/장부관리] → [매입매출장] 신고서기준 탭, 사업장(2000.(주)더존 지점), 조회기간(신고기준일, 2023/10/01~2023/12/31), 전표상태(1.승인), 출력구분(2.매입), 상단 [예정신고누락분 조회] 후 건수와 공급가액 확인

17 ② 1) [회계관리] → [전표/장부관리] → [전표입력] 회계단위(2000.(주)더존 지점) 9월 29일 전표입력 구분(5. 매입부가세) 선택 / 거래처(동진상사(주)), 전표유형(1000.매입전표), 사업장(2000.(주)더존 지점), 세무구분(28.현금영수증매입), 신고기준일(2023/09/29), 공급가액(3,000,000원), 세액(300,000원), 고정자산과표(3,000,000원), 고정자산세액(300,000원), 현금(3,300,000원) 입력 후 적용
   (차) 기계장치   3,000,000원   (대) 현금   3,300,000원
        부가세대급금   300,000원
   2) [회계관리] → [부가가치세관리] → [신용카드발행집계표/수취명세서] 신용카드/현금영수증수취명세서 탭, 신고구분(0.사업장별), 사업장(2000.(주)더존 지점), 기간(2023/07~2023/09), 상단 [불러오기] 후 현금영수증수취명세서 탭의 고정자산 매입분 세액 확인

18 ③ [회계관리] → [부가가치세관리] → [신용카드발행집계표/수취명세서] 신용카드발행집계표 탭, 신고구분(0.사업장별), 사업장(2000.(주)더존 지점), 기간(2023/10~2023/12), 상단 [불러오기] 후 ⑨세금계산서 발급금액 확인

19 ③ 1) [회계관리] → [전표/장부관리] → [전표승인/해제] 회계단위(2000.(주)더존 지점), 전표상태(미결), 결의기간(2023/05/29~2023/05/29), 미결전표 선택 후 상단 [승인처리]
   2) [회계관리] → [부가가치세관리] → [매입세액불공제내역] 신고구분(0.사업장별), 사업장(2000.(주)더존 지점), 기간(2023/04~2023/06), 상단 [불러오기] 후 접대비관련매입세액 불공제매입세액 확인

20 ① [회계관리] → [전표/장부관리] → [매입매출장] 세무구분별 탭, 사업장(2000.(주)더존 지점), 조회기간(신고기준일, 2023/10/01~2023/12/31), 출력구분(1.매출) 세무구분(13.면세매출), 면세매출 거래가 발생한 거래처 0000.1(주)영은실업, 00002.(주)하진테크, 00003.(주)제동 확인

21 ① [회계관리] → [결산/재무제표관리] → [기간별원가보고서] 월별 탭, 회계단위(1000.(주)더존 본점), 기간(2023/01~2023/06), 원재료비 타계정으로 대체액에 금액이 있는 3월 확인

22 ③ [회계관리] → [결산/재무제표관리] → [관리항목별원가보고서] PJT분류별 탭, 회계단위(1000.(주)
더존 본점), PJT분류(200.남부), 기간(2023/01/01~2023/06/30) 가스수도료(제조경비) 계정의 금액 확인

23 ④ [회계관리] → [결산/재무제표관리] → [원가보고서] 회계단위(1000.(주)더존 본점), 기간(2023/06/30),
관리용 탭 관련 내용 확인, 당기총제조비용은 '재료비 + 노무비 + 제조경비'이고, 당기제품제조원가는
'기초재공품재고액 + 당기총제조비용 − 기말재공품재고액'이므로 노무비가 증가하면 당기제품제조원가도
증가한다.

24 ④ 1) [회계관리] → [고정자산관리] → [고정자산등록] 사업장(1000.(주)더존 본점), 자산유형(20600.기계장
치), 자산명(1008.이송장치)의 PJT(1004.대전공장) 등록
2) [회계관리] → [고정자산관리] → [감가상각비현황] 총괄 탭, 회계단위(1000.(주)더존 본점), 경비구분
(1.500번대), PJT(1004.대전공장), 기간(2023/01~2023/12), 기계장치의 당기감가상각비 확인

25 ④ [회계관리] → [결산/재무제표관리] → [기간별원가보고서] 분기별 탭, 회계단위(1000.(주)더존 본점),
기간(1/4분기~4/4분기), 사무용품비(제조경비)가 가장 많은 4/4분기 확인

회계 1급 · 2023년 1회 (2023년 1월 28일 시행)

[이론 답안]

1	2	3	4	5	6	7	8
④	①	④	②	③	④	④	②
9	10	11	12	13	14	15	16
④	①	③	③	①	④	21,710,000	150,000
17	18	19	20	21	22	23	24
1	④	④	④	②	②	①	간이과세자
25	26	27	28	29	30	31	32
다단계 (거래세)	28,000,000	④	④	④	950	2	선입선출

[풀이]

01 ④ BPR을 통한 업무프로세스 표준화가 선행 또는 동시에 진행되어야 한다.

02 ① 사이클 타임 감소이다.

03 ④ BPR은 급진적으로 비즈니스 프로세스를 개선하는 방식이며, BPI는 단계적인 시간의 흐름에 따라 비즈니스 프로세스를 개선하는 방식이다.

04 ② ERP시스템은 인터넷 환경의 e-비즈니스를 수용할 수 있는 Multi-Tier 환경을 구성하여 운영한다.

05 ③ 현업 중심의 프로젝트를 진행하여야 한다.

06 ④ 현금주의는 장부 기록을 자산이나 부채, 자본, 수익, 비용의 변동을 가져오는 거래가 발생 시점과 관계없이 실제 현금이 들어오고 나갈 때를 기준으로 기록하는 것이다.

07 ④
- 매출총이익 = 매출액 - 매출원가(기초재고 + 당기매입 - 기말재고)
- 영업이익 = 매출총이익 - 판매비와관리비

08 ② [보기]의 내용은 자본변동표에 대한 설명이다.

09 ④
- 기말자본 = 기초자본 + 총수익 - 총비용
- 기말자산 + 총비용 = 기말부채 + 기초자본 + 총수익

10 ①
- 1,500,000 ÷ 12 = 125,000(한달 보험료)
- 125,000 × 5(경과된 달) = 625,000원

11 ③ 가지급금은 임시계정으로 그 내용이 확정되면 본래의 계정으로 대체한다.

12 ③
- 재고자산감모손실 = (장부수량 − 실제수량) × 장부단가 = (1,000개 − 850개) × 1000원 = 150,000원
- 재고자산평가손실 = (@취득원가 − @시가) × 실제재고수량 = (@1,000원 − @850원) × 850개
    = 127,500원

13 ①
[이종자산 교환거래]
- 취득원가: 제공자산 공정가치
- 손익인식: 인식함
- 현금수수: 수령, 지급액을 취득원가에 가감

14 ④ 자본은 자본금, 자본잉여금, 자본조정, 기타포괄손익누계액, 이익잉여금으로 나뉜다.

15 21,710,000
- 매출액 = 75,000,000원
- 매출원가 = 기초상품재고액 + 당기매입액 − 기말상품재고액
    = 3,000,000원 + 45,000,000원 − 1,500,000원 = 46,500,000원
- 매출총이익 = 매출액 − 매출원가 = 75,000,000원 − 46,500,000원 = 28,500,000원
- 판매비와관리비 = 급여 + 감가상각비 + 접대비 + 매출상품 운반비
    = 5,500,000원 + 870,000원 + 350,000원 + 70,000원 = 6,790,000원
- 영업이익 = 매출총이익 − 판매비와관리비 = 28,500,000원 − 6,790,000원 = 21,710,000원

16 150,000
- 매출총이익 − (가)판매비와관리비 = 영업이익
- (가)판매비와관리비 = 영업부 종업원의 급여 + 대손상각비 = 100,000원 + 50,000원 = 150,000원

17 1
- 자본잉여금: 주식발행초과금, 감자차익
- 자본조정: 자기주식, 주식할인발행차금, 자기주식처분손실, 미교부주식배당금
- 이익잉여금: 이익준비금

18 ④ 부가가치세 여부에 따른 차이가 존재한다. 과세의 경우 세금계산서, 면세의 경우 계산서를 발행한다.

19 ④ 수출대행수수료는 영세율이 적용되지 않으며 10%세율로 과세된다.

20 ④
① 통상적인 용역의 공급은 역무제공 완료일이다.
② 일반적인 상품 및 제품은 재화가 인도되는 때이다.
③ 부동산 임대용역의 간주임대료 수입은 과세기간 종료일이다.

21 ②
① 법인의 사업연도는 변경할 수 있다.
③ 내국비영리법인은 청산소득에 대하여 납세의무가 없다.
④ 비영리 법인은 토지 등 양도소득에 대한 법인세 납세의무가 있다.

22 ② 법인세법 시행령 제106조, 정치자금기부금과 교통사고벌과금은 기타사외유출로 처분한다.

23 ①
- 익금/손금과 수익/비용의 범위가 각각 상이하므로, 결손금과 당기순손실도 일치하지 않는 것이 일반적이다.
- 세액공제란 총부담 세액 계산시 산출세액에서 일정 세액을 공제하여 주는 것이며, 소득금액에서 공제하여 주는 것은 소득공제이다.
- 비과세와 소득공제는 이월공제가 없다.

24 간이과세자
공급대가(부가가치세 포함)의 합계액이 8,000만원 미만인 개인사업자는 간이과세자로 구분한다.

25 다단계(거래세)

생산 및 분배에 이르는 모든 거래단계에서 각 단계별 외형금액 또는 수입금액을 과세표준으로 하여 과세되는 유통세로서 다단계거래세라고도 한다.

26 28,000,000

- 산출세액 = 200,000,000원 × 10% + (240,000,000원 − 200,000,000원) × 20% = 28,000,000원
  또는 (240,000,000원 × 20%) − 20,000,000원 = 28,000,000원

27 ④ 공장 내 직원식당에 근무하는 조리원의 급여는 간접노무비로서 제조간접비에 해당한다.

28 ④

- 고정제조간접원가 = 500,000원 × 0.4 = 200,000원
- 당기총제조원가 = 직접재료원가 + 직접노무원가 + 변동제조간접원가 + 고정제조간접원가
  = 400,000원 + 500,000원 + 300,000원 + 200,000원 = 1,400,000원

29 ④

- 직접노무비 임률차이 = (표준직접노동시간 − 실제직접노동시간) × 시간당 표준임률
  = (@10,000원/시간 − @8,000원/시간) × 600시간 = 1,200,000원 불리한 차이

30 950

- 8월 노무비 발생액 = (700원 − 170원 − 230원) + 370원 + 280원 = 950원

31 2

- 공헌이익 = 매출액 × 공헌이익률 = 1,000,000원 × 0.3 = 300,000원
- 영업이익 = 공헌이익 − 고정비 = 300,000원 − 150,000원 = 150,000원
- 영업레버리지도(DOL) = 공헌이익 ÷ 영업이익 = 300,000원 ÷ 150,000원 = 2

32 선입선출

[실무 답안]

1	2	3	4	5	6	7	8	9	10
④	③	②	②	③	①	①	③	④	②

11	12	13	14	15	16	17	18	19	20
③	④	①	②	②	①	②	③	④	①

21	22	23	24	25					
①	④	④	③	②					

[풀이]

01 ④ [시스템관리] → [회사등록정보] → [부서등록] 회계팀의 부문(관리부문)과 동일한 부문의 부서 확인

02 ③ [시스템관리] → [회사등록정보] → [시스템환경설정] 관련내용 확인

03 ② [시스템관리] → [회사등록정보] → [사원등록] 관련내용 확인

04 ② [회계관리] → [전표/장부관리] → [관리항목원장] 총괄잔액 탭, 회계단위(1000.(주)한국생산 본점),
관리항목(L3.업무용승용차), 기표기간(2023/01/01~2023/03/31),
계정과목(1.계정별, 82200.차량유지비~82200.차량유지비) 계정과목별 지출액 확인

05 ③ [회계관리] → [자금관리] → [받을어음명세서] 어음조회 탭, 회계단위(1000.(주)더존 본점),
　　조회구분(1.수금일, 2021/01/30~2021/01/30) 해당 어음 조회
　　• 어음 할인기간 = 만기월 – 할인월 = 5월 – 3월 = 2개월
　　• 어음 할인액 = 어음금액 × 할인율 × 할인 개월수 = 1,100,000원 × 0.12 × 2/12 = 22,000원
　　• 어음 할인료는 매출채권처분손실로 회계처리한다.

06 ① [시스템관리] → [초기이월관리] → [회계초기이월등록] 회계단위(1000.(주)한국생산 본점), 구분(1.재무상태
　　표) 외상매출금 선택 후 전기에서 이월된 거래처별 금액 확인

07 ① 1) [회계관리] → [시스템관리] → [시스템환경설정] 조회구분(2.회계), 예산통제구분(1.사용부서) 확인
　　　2) [회계관리] → [기초정보관리] → [계정과목등록] 접대비(81300)의 예산통제방식(1.월별통제) 확인

08 ③ 1) [회계관리] → [전표/장부관리] → [전표입력] 회계단위(1000.(주)더존 본점), 결의부서(1001.회계팀),
　　　　작성자(김은찬), 2023/06/23 거래자료 입력
　　　　(차) 단기매매증권　　　　　24,000,000원　　　　(대) 현금　　　　　24,025,000원
　　　　(차) 지급수수료　　　　　　　25,000원
　　　2) [회계관리] → [전표/장부관리] → [계정별원장] 전체 탭, 회계단위(1000.(주)한국생산 본점), 기표기간
　　　　(2023/01/01~2023/06/30) 계정과목(10700.단기매매증권) 단기매매증권 잔액 확인

09 ④ [회계관리] → [전표/장부관리] → [채권녕령분석] 회계단위(1000.(주)한국생산 본점), 채권잔액일자
　　(2023/03/31), 전개월수(3), 계정과목(10800.외상매출금) 내역 확인

10 ② [회계관리] → [업무용승용차관리] → [업무용승용차 관련비용 명세서(관리용)] 명세서 탭, 개별회계단위
　　(1000.(주)한국생산 본점), 기표기간(2023/01/01~2023/12/31) 상단 [불러오기] 실행 / 손금불산입 계산
　　탭, 개별회계단위(1000.(주)한국생산 본점), 조회기간(2023/01/01~2023/12/31) 차량번호(38가4990)의 손
　　금산입 합계금액 확인

11 ③ [회계관리] → [예산관리] → [예산초과현황] 조회기간(2023/01~2023/12) 과목구분(1.예산과목),
　　집행방식(1.결의집행), 관리항목(0.부서별, 1001.회계팀) 각 계정과목의 예산 집행율(%) 확인

12 ④ [회계관리] → [자금관리] → [자금현황] 총괄거래현황 탭, 회계단위(1000.(주)한국생산 본점), 조회기간
　　(2023/05/31~2023/05/31), 계정구분(1.세목별) 계정과목별 가용자금 확인

13 ① [회계관리] → [고정자산관리] → [고정자산등록] 사업장(1000.(주)한국생산 본점), 자산유형
　　(20600.기계장치), 자산명(1006.발전기) 선택 / 추가등록사항 탭에서 일자(2023/05/09),
　　금액(48,000,000원), 전기말상각누계액감소(24,000,000원) 입력 / 주요등록사항 탭에서 일반상각비 확인

14 ② [회계관리] → [결산/재무제표관리] → [합계잔액시산표] 기간(2023/06/30) 계정별 탭, 받을어음과 대손충
　　당금 금액 확인
　　• 대손 추산액 = 받을어음(199,500,000원) × 2% = 3,990,000원
　　• 대손추가계상액 = 대손추산액 – 대손충당금잔액 = 3,990,000원 – 2,420,000원 = 1,570,000원
　　• 대손충당금 회계처리 (차) 대손상각비　　1,570,000원　　　(대) 대손충당금　　　　1,570,000원

15 ② [회계관리] → [부가가치세관리] → [세금계산서합계표] 신고구분(0.사업장별), 사업장(2000.(주)한국생산
　　춘천지사), 기간(2023/04~2023/06), 구분(1.매출), 신고구분(1.정기) 공급가액 총 합계액 확인

16 ① 1) [회계관리] → [전표/장부관리] → [전표입력] 회계단위(2000.(주)한국생산 춘천지사) 4월 20일 전표입력
　　　　구분(5.매입부가세) 선택 / 거래처((주)연대자동차), 전표유형(1000.매입전표), 사업장(2000.(주)한국생산
　　　　춘천지사), 세무구분(24. 매입불공제), 신고기준일(2023/04/20), 공급가액(30,000,000원),
　　　　미지급금(33,000,000원) 입력 후 적용
　　　　(차) 상품　　　　　33,000,000원　　　　　　(대) 외상매입금　　　33,000,000원
　　　2) [회계관리] → [부가가치세관리] → [매입세액불공제내역] 신고구분(0.사업장별), 사업장(2000.(주)한국
　　　　생산 춘천지사), 기간(2023/04~2023/06) [불러오기] 후 매입불공제 공급가액 확인

17 ② [회계관리] → [부가가치세관리] → [건물등감가상각자산취득명세서] 신고구분(0.사업장별),
　　사업장(2000.(주)한국생산 춘천지사), 기간(2023/04)~2023/06) [불러오기] 후 확인

18 ③ 1) [회계관리] → [전표/장부관리] → [전표입력] 회계단위(2000.(주)한국생산 춘천지사) 4월 20일 전표입력 구분(5.매입부가세) 선택 / 거래처((청우유통(주), 전표유형(1000.매입전표), 사업장(2000.(주)한국생산 춘천지사), 세무구분(23. 면세매입), 신고기준일(2023/03/04), 사유구분(33. 의제매입(2/102), 공급가액(7,000,000원), 미지급금(7,000,000원) 입력 후 적용

   (차) 상품   7,000,000원   (대) 외상매입금   7,000,000원

  2) [회계관리] → [부가가치세관리] → [의제매입세액공제신고서] 구분(0.사업장별), 사업장(2000.(주)한국생산 춘천지사) 기간(2023/01~2023/03), 정기/수정구분(0. 정기) 조회 / 공제신고서 탭에서 불러오기 버튼 클릭 후 확인

19 ④ [회계관리] → [부가가치세관리] → [부가세신고서] 사업장(2000.(주)한국생산 춘천지사), 기간 (2023/01/01~2023/03/31) [불러오기] 실행, [과세표준명세]에서 면세수입금액 확인

20 ① [회계관리] → [전표/장부관리] → [매입매출장] 세무구분별 탭, 사업장(2000.(주)한국생산 춘천지사), 조회기간(신고기준일, 2023/04/01~2023/06/30), 출력구분(전체) 세무구분 유형 확인
- 수출실적명세서: 16.수출
- 매입처별 세금계산서합계표: 21.과세매입
- 매출처별 세금계산서합계표: 11.과세매출
- 공제받지 못할 매입세액 명세서: 24.불공매입

21 ① [회계관리] → [결산/재무제표관리] → [원가보고서] 회계단위(1000.(주)한국생산 본점), 기간(2023/03/31), 관리용 탭에서 타계정으로 대체액 금액 확인

22 ④ [회계관리] → [결산/재무제표관리] → [결산자료입력] 회계단위(1000.(주)한국생산 본점), 기간 (2023/01~2023/01) 결산자료 탭 원재료(8,000,000원) 입력
- 기초원가 = 직접재료비 + 직접노무비 = 57,000,000원 + 30,000,000원 = 87,000,000원

23 ④ [회계관리] → [결산/재무제표관리] → [기간별원가보고서] 분기별 탭, 회계단위(1000.(주)한국생산 본점), 기간(1/4분기~4/4분기), 출력구분(0.계정별) 분기별 노무비 금액 확인

24 ③ [회계관리] → [결산/재무제표관리] → [결산자료입력] 회계단위(1000.(주)한국생산 본점), 기간 (2023/01~2023/03) 결산자료 탭 원재료(7,000,000원) 입력 후 원재료비(100,000,000원) 확인
- 단위당 소비가격 = 재료비 ÷ 재료량 = 100,000,000원 ÷ 10,000단위 = 10,000원

25 ② [회계관리] → [결산/재무제표관리] → [관리항목별원가보고서] 프로젝트 탭, 회계단위(1000.(주)한국생산 본점), 기간(2023/03/01~2023/03/31) 당기제품제조원가 확인

회계 1급 | 2022년 6회 (2022년 11월 26일 시행)

[이론 답안]

1	2	3	4	5	6	7	8
④	①	③	④	③	④	③	③
9	10	11	12	13	14	15	16
③	③	①	③	③	③	50,000	10,000
17	18	19	20	21	22	23	24
자본잉여금	①	②	④	③	②	①	전단계 세액공제
25	26	27	28	29	30	31	32
각 사업년도	2	①	①	④	2,000	70	1,400,000

[풀이]

01 ④ BPR은 급진적으로 비즈니스 프로세스를 개선하는 방식이며, BPI는 단계적인 시간의 흐름에 따라 비즈니스 프로세스를 개선하는 방식이다.

02 ① 리드타임 감소이다.

03 ③ ERP시스템 내의 데이터 분석 솔루션인 비즈니스 애널리틱스(Business Analytics)은(는) 구조화된 데이터 (structured data)와 비구조화된 데이터(unstructured data)를 동시에 이용하여 과거 데이터에 대한 분석 뿐만 아니라 이를 통한 새로운 통찰력 제안과 미래 사업을 위한 시나리오를 제공한다.

04 ④ 모든 종류의 어플리케이션을 설치할 수 없으므로, 사용자가 원하는 어플리케이션을 지원받지 못하거나 설치 에 제약이 있을 수 있음

05 ③ 기존 정보시스템은 업무처리 방식은 수직적이고, ERP 업무처리 방식은 수평적이다.

06 ④ 일반기업회계기준상 주요재무제표에는 재무상태표, 손익계산서, 현금흐름표, 자본변동표, 주석이 해당합니다.

07 ③ 검증가능성은 동일한 사건 다양한 측정치로서 유사한 측정치에 도달하는 것을 말한다.

08 ③ 이익잉여금은 기업의 손익거래에서 발생한 항목에 해당한다.

09 ③ 회계순환과정상 결산의 본 절차에 해당하는 회계처리업무는 장부마감이다. 따라서 총계정원장의 마감이 본 절차에 해당된다.

10 ③ 단기금융상품 중 취득 당시 만기가 3개월 이내에 도래하여야 한다.

11 ①
- 240,000 × 3/12 = 60,000원
  따라서 12월 31일 (차) 선수수익　　　　　60,000원　　　　　(대) 임대료　　　　　60,000원

12 ③ 재고자산의 감모손실이 정상적인 범위 내 해당하는 경우 매출원가에 가산한다.

13 ③ [일반기업회계기준문단 6.22] 유가증권은 취득한 후에 만기보유 증권, 단기매매증권, 그리고 매도가능증권 중의 하나로 분류하여야 한다. 장기투자의 목적으로 보유하므로 단기매매증권 회계처리는 적절하지 못하다.

14 ③
- 건물의 취득원가 = 건물 취득가액 + 건물 취득 관련 수수료 + 건물 취득세
  = 150,000,000원 + 2,000,000원 + 2,000,000원 = 154,000,000원
유형자산의 취득원가는 구입원가와 취득세, 취득 관련 수수료 등 경영진이 의도하는 방식으로 자산을 가동하는 데 필요한 장소와 상태에 이르게 하는 데 직접 관련되는 원가로 구성된다. 관리비, 재산세, 보험료는 당기 비용으로 처리하고, 기계장치의 취득원가에 포함하지 않는다.

15 50,000
- 전기분잔액 = 60,000원 − 20,000원 + 10,000원 = 50,000원
- 대손충당금 설정필요액 = 5,000,000원 × 2% = 100,000원
- 당기설정액 = 100,000원 − 50,000원 = 50,000원
  (차) 대손상각비　　　　　　　　　　50,000　　(대) 대손충당금　　　　　　50,000

16 10,000
- 재고자산평가손실 = 실제재고수량 × (@취득원가 − @공정가치)
  = 100개 × (@900원 − @800원) = 10,000원

17 자본잉여금
이익준비금은 이익잉여금에 해당하나 자기주식처분이익, 주식발행초과금, 감자차익은 자본잉여금에 해당한다.

18 ① 부가가치세의 특징 중 일반소비세는 면세 대상을 제외한 모든 재화와 용역을 과세대상으로 삼는 특성이며 전단계세액공제법은 부가가치세 별도로 법적 증빙서류를 가진 거래에 대해 부담한 세액을 공제하는 것이다.

19 ② 공급시기가 되기 전에 대가의 전부 일부를 받고, 이와 동시에 그 받은 대가에 대하여 세금계산서를 발급하면, 그 세금계산서 등을 발급하는 때를 그 재화 또는 용역의 공급시기로 본다.

20 ④ 법인세는 4단계 초과누진세율 구조로 되어 있는 누진세로서 소득의 규모와 관계없이 단일세율을 적용하는 비례세와 대비된다.

21 ③은 재화의 간주공급에 해당한다. 나머지는 재화의 공급에 해당하지 않는다.

22 ② 주식할인발행차금은 자본거래 관련이므로 손금불산입 항목이다.

23 ① 자기주식 처분이익은 익금사항이고 소득처분은 기타임

24 전단계세액공제방식

25 각 사업년도

26 2

27 ① 원가의 통제가능성에 따라 통제가능원가와 통제불능원가로 구분한다. 변동원가와 고정원가는 원가의 발생 행태에 따라 구분한 것이다.

28 ① 당기에 선지급 하고 차기에 실제 작업을 한 경우 지급된 노무비 금액은 차기에 발생한 노무비로 인식해야 한다.

29 ④
- 직접노무비 임률차이 = (표준직접노동시간 − 실제직접노동시간) × 시간당 표준임률
  = (@10,000원/시간 − @8,000원/시간) × 600시간 = 1,200,000원 불리한 차이

30 2,000
조립부문 제조간접원가는 단일배부율법을 적용할 경우 실제조업도만 이용한다.
- (2,000원 + 2,000원) × (400시간 / 800시간) = 2,000원

31 70
- 공헌이익 = 30,000원
- 변동원가 = 70,000원
- 변동비율 = 변동원가 ÷ 매출액 = 70,000원 ÷ 100,000원 × 100 = 70%

32 1,400,000
- 손익분기점 매출액 = 고정비 ÷ 공헌이익률
- 고정비 = 손익분기점 매출액 × 공헌이익률 = 1,000,000 × 50% = 500,000원
- 목표매출액 = (고정비 + 목표이익) ÷ 공헌이익률 = (500,000원 + 200,000원) ÷ 50% = 1,400,000원

[실무 답안]

1	2	3	4	5	6	7	8	9	10
②	②	③	②	④	④	①	①	③	③

11	12	13	14	15	16	17	18	19	20
④	①	④	②	③	①	①	③	④	②

21	22	23	24	25
④	②	②	④	④

[풀이]

01 ② [회계관리] → [기초정보관리] → [계정과목등록] 계정과목별 설정내용 확인

02 ② [시스템관리] → [기초정보관리] → [일반거래처등록] 거래처(00010.D&H)의 거래처구분(기타) 변경 / 화면 상단 [조건검색]메뉴 실행, 조건(거래처구분: 2무역) 선택 후 조회되는 거래처 개수 확인

03 ③ [시스템관리] → [회사등록정보] → [부서등록] 생산부의 부문(생산부문)과 동일한 부문의 부서 확인

04 ② [회계관리] → [자금관리] → [일자별자금계획입력] 자금계획상세보기 탭, 회계단위(1000.(주)더존 본점), 조회기간(2022/05/10~2022/05/30) 입력 후 확인

05 ④ 회계관리] → [전표/장부관리] → [지출증빙서류검토표(관리용)] 집계 탭, 회계단위(1000.(주)더존 본점), 기표기간(2022/01/01~2022/12/31) 현금영수증 지출금액 확인

06 ④ [회계관리] → [전표/장부관리] → [채권년령분석] 회계단위(1000.(주)더존 본점), 채권잔액일자(2022/06/30), 전개월수(6), 계정과목(10800.외상매출금) 거래처별 외상매출금 잔액 확인

07 ① [회계관리] → [전표/장부관리] → [전표승인해제] 회계단위(1000.(주)더존 본점), 전표상태(미결), 결의기간(2022/07/01~2022/12/31) 조회되는 전표 건수 확인

08 ① [회계관리] → [결산/재무제표관리] → [합계잔액시산표] 기간(2022/03/31) 계정별 탭, 받을어음과 대손충당금 금액 확인
- 대손 추산액 = 받을어음(445,000,000) × 1% = 8,900,000원
- 대손충당금 회계처리 (차) 대손상각비   8,900,000원   (대) 대손충당금   8,900,000원

09 ③ [회계관리] → [결산/재무제표관리] → [손익계산서] 회계단위(1000.(주)더존 본점), 기간(2022/03/31) 확인

10 ③ [회계관리] → [업무용승용차관리] → [업무용승용차 운행기록부] 회계단위(1000.(주)더존 본점), 사용기간(과세기간)(2022/01/01~2022/01/31) 관련내용 확인

11 ④ [회계관리] → [전표/장부관리] → [현금출납장] 결의부서별 탭. 회계단위(1000.(주) 더존 본점), 기표기간 (2022/09/01~2022/09/30), 결의부서(1001.회계팀) 출금 월계 확인

12 ① [회계관리] → [전표/장부관리] → [관리항목원장] 잔액 탭, 회계단위(1000.(주) 더존 본점), 관리항목(C1.사용부서), 관리내역(3001.생산부), 기표기간(2022/01/01~2022/12/31), 계정과목(1.계정별, 81100.복리후생비) 당기증가액 확인

13 ④ 1) [회계관리] → [전표/장부관리] → [전표입력] 회계단위(1000.(주)더존 본점), 결의부서(1001.회계팀), 작성자(김은찬), 2022/09/25 하단부의 환종 수정
　　　 2) [회계관리] → [전표/장부관리] → [외화명세서] 환종별상세원장 탭, 회계단위(1000.(주)더존 본점), 기표기간(2022/01/01~2022/12/31), 계정과목(10302.외화예금) 당기발생액 조회
　　　• 장부상 외화($2,000)의 원화금액 = 2,100,000원
　　　• 결산시 외화($2,000)의 원화금액 = $2,000 × @1,450원 = 2,900,000원
　　　　외상매출금의 결산시 금액이 장부상 금액보다 800,000원 증가하였으므로 외화환산이익이 발생한다.

14 ② [회계관리] → [결산/재무제표관리] → [합계잔액시산표] 기간(2022/12/31) 조회 후 소모품의 구입액 확인 후 사용액(구입액 11,000,000원 − 기말재고액 1,000,000원 = 10,000,000원)을 소모품비로 대체
　　　 12월 결산시: (차) 소모품비　　　　10,000,000원　　　　　(대) 소모품　　　　10,000,000원

15 ③ [회계관리] → [부가가치세관리] → [부가세신고서] 사업장(2000.(주)더존 지점), 기간(2022/10/01~2022/12/31) [불러오기] 실행, 과세표준 버튼 클릭하여 면세수입금액 확인

16 ① [회계관리] → [부가가치세관리] → [수출실적명세서] 구분(0.사업장별), 사업장(2000.(주)더존 지점), 거래기간(2022/10~2022/12) [불러오기] 후 외화금액 확인

17 ① 1) [회계관리] → [전표/장부관리] → [전표입력] 회계단위(2000.(주)더존 지점) 9월 29일 전표입력 구분(5.매입부가세) 선택 / 거래처(동진상사(주)), 전표유형(1000.매입전표), 사업장(2000.(주)더존 지점), 세무구분(28. 현금영수증매입), 신고기준일(2022/09/29), 공급가액(3,000,000원), 부가가치세(300,000원), 현금(3,300,000원) 입력 후 적용
　　　　 (차) 기계장치　　　　　3,000,000원　　　　(대) 현금　　　　　3,300,000원
　　　　 (차) 부가세대급금　　　3,000,000원
　　　 2) [회계관리] → [부가가치세관리] → [신용카드발행집계표/수취명세서] 신용카드/현금영수증명세서 탭, 신고구분(0.사업장별), 사업장(2000.(주)더존 지점), 기간(2022/07~2022/09) 현금영수증수취 명세서에서 고정자산 매입세액 확인

18 ③ 1) [회계관리] → [전표/장부관리] → [전표입력] 회계단위(2000.(주)더존 지점) 4월 21일 전표입력 구분(5.매입부가세) 선택 / 거래처((주)상상유통, 전표유형(1000.매입전표), 사업장(2000.(주)더존 지점, 세무구분(23. 면세매입), 신고기준일(2022/04/21), 사유구분(39.의제매입(4/104), 공급가액(3,000,000원), 현금(3,000,000원) 입력 후 적용
　　　　 (차) 원재료　　　　　3,000,000원　　　　(대) 현금　　　　　3,000,000원
　　　 2) [회계관리] → [부가가치세관리] → [의제매입세액공제신고서] 구분(0.사업장별), 사업장(2000.(주)더존 지점), 기간(2022/04~2022/06), 정기/수정구분(0. 정기) 조회 / 공제신고서 탭에서 불러오기 버튼 클릭 후 확인

19 ④ [회계관리] → [부가가치세관리] → [부가세신고서] 구분(0.사업장별), 사업장(2000.(주)더존 지점), 기간(2022/01/01~2022/12/31), 구분(0.정기신고) [불러오기] 후 차가감하여 납부할 세액(27) 확인

20 ② [회계관리] → [부가가치세관리] → [매입세액불공제내역] 신고구분(0.사업장별), 사업장(2000.(주)더존 지점), 기간(2022/04)~2022/06), 토지의 자본적 지출관련 불공제 매입세액 확인

21 ④ 1) [회계관리] → [전표/장부관리] → [전표입력] 회계단위(1000.(주)더존 본점), 결의부서(1001.회계팀), 작성자(김은찬) 2022/06/30 조회 후 타계정구분(8.타계정대체 출고) 입력 후 저장
　　　 2) [회계관리] → [결산/재무제표관리] → [원가보고서] 회계단위(1000.(주)더존 본점), 관리용 탭, 원재료 계정의 타계정으로 대체액 확인

22 ② 1) [시스템관리] → [기초정보관리] → [프로젝트등록] 등록된 프로젝트(1001.광주공장) 중 프로젝트분류가
'200.남부'인 프로젝트 확인
2) [회계관리] → [결산/재무제표관리] → [관리항목별원가보고서] 프로젝트별 탭, 회계단위(1000.(주)
더존 본점), PJT분류(200.남부), 프로젝트(1001.광주공장), 기간(2022/01/01~2022/06/30) 여비교통비
(제조) 계정의 사용금액 확인

23 ② [회계관리] → [결산/재무제표관리] → [손익계산서] 회계단위(1000.(주)더존 본점), 기간(2022/01/31)
매출액 확인
- 단위당 판매단가 = 매출액 ÷ 판매량 = 233,100,000원 ÷ 50,000개 = 4,662원
- 손익분기점 판매량 = 고정비 ÷ (단위당 판매단가 − 단위당 변동비)
  = 60,000,000원 ÷ (4,662원 − 1,662원) = 20,000개

24 ④ [회계관리] → [결산/재무제표관리] → [결산자료입력] 회계단위(1000.(주)더존 본점), 기간
(2022/01~2022/01) 결산자료 탭, 기말원재료(20,550,000원) 입력후 원재료비(500,000,000원) 확인
실제 재료소비량: 원재료비(500,000,000원) ÷ 단위당 실제 소비가격(2,000원) = 250,000단위

25 ④ [회계관리] → [결산/재무제표관리] → [기간별원가보고서] 분기별 탭, 회계단위(1000.(주)더존 본점),
기간(1/4분기~4/4분기), 출력구분(0.계정별) 분기별 제조경비 금액 확인

회계 1급 **2022년 5회 (2022년 9월 24일 시행)**

[이론 답안]

1	2	3	4	5	6	7	8
④	②	①	②	④	④	③	③
9	10	11	12	13	14	15	16
③	①	④	①	③	②	계속기업	1,500
17	18	19	20	21	22	23	24
사채할인발행차금	②	④	②	②	②	④	17,000,000
25	26	27	28	29	30	31	32
963,500	순자산(증가설)	①	④	②	노무비	고정원가	40

[풀이]

01 ④ ERP는 기업 내 각 영역의 업무프로세스를 지원하고 통합 업무처리의 강화를 추구하는 시스템이다.

02 ② 다국적, 다통화, 다언어 지원은 기술적 특징이 아닌 기능적 특징에 해당된다.

03 ① 단기간의 효과 위주로 구현해서는 안된다.

04 ②
[ERP 구축절차]
- 분석단계: AS – IS 파악(현재의 업무), 주요 성공요인 도출, 목표와 범위설정, 경영전략 및 비전 도출, 현재 시스템의 문제 파악, 현업의 요구분석, TFT 구성
- 설계단계: TO – BE 프로세스 도출, GAP 분석(패키지 기능과 TO – BE 프로세스와의 차이분석), 패키지 설치, 파라미터 설정, 추가개발 및 수정사항 논의, 인터페이스 문제 논의, 커스터마이징
- 구축단계: 모듈 조합화, 모듈별 테스트 후 통합테스트, 추가개발 및 수정기능 확정, 인터페이스 연계, 출력물 제시
- 구현단계: 시스템 운영(실제 데이터 입력 후 테스트), 시험가동, 데이터 전환, 시스템 평가

05 ④ ERP 발전과정: MRP → MRP Ⅱ → ERP → 확장형 ERP

06 ④ 회계의 기본목적은 '회사의 다양한 이해관계자의 경제적 의사결정에 유용한 정보를 제공하는 것'이다.

07 ③ 재무제표의 기본가정에는 기업실체의 가정, 계속기업의 가정, 기간별 보고의 가정이 있다.

08 ③ 재무정보의 비교가능성은 목적적합성과 신뢰성만큼 중요한 질적특성은 아니나, 목적적합성과 신뢰성을 갖춘 정보가 기업실체간에 비교가능하거나 또는 기간별 비교가 가능할 경우 재무정보의 유용성이 제고될 수 있다.

09 ③ 이익잉여금은 자본 구성 요소이다.

10 ① 매출채권은 기말결산 시 장부를 마감하는 과정에서 집합손익계정으로 대체하여 마감하지 않고 차기이월/전기이월로 마감하는 자산계정이자 영구계정이다.

11 ④ 단기금융상품은 취득 당시 만기가 취득일로부터 1년 이내 도래하는 것을 말한다.

12 ①

1/ 1	(차) 외상매출금	100,000원	(대) 전기이월	100,000원	
3/15	(차) 보통예금	80,000원	(대) 외상매출금	80,000원	
9/30	(차) 외상매출금	80,000원	(대) 제품매출	80,000원	

12/31 외상매출금 잔액의 1% 〉〉 100,000원 *1% = 1,000원

13 ③ 계속기록법은 수량결정에 적용되며, 나머지는 금액결정에 적용되는 항목이다.

14 ② 채무증권에는 국채, 공채(지방채), 사채 등이 해당되며, 이자수익을 목적으로 한다.

15 계속기업
(주)무릉이 제시문에서 적용하는 가정은 계속기업의 가정(전제)에 해당한다.

16 1,500
- 현금및현금성자산의 합계액
  = 자기앞수표 + 타인발행수표 + 우편환증서 + 보통예금 + 전신환증서 + 배당금지급통지표 + 일람출급어음
  = 500원 + 100원 + 150원 + 250원 + 100원 + 300원 + 100원 = 1,500원

17 사채할인발행차금
보기에서 제시된 광고비 발행수수료 등의 사채 발행비는 사채할인발행차금에서 가산하거나 사채할증발행차금에서 차감한다.

18 ② 현행 부가가치세는 전단계세액공제법을 채택하고 있다.

19 ④ 재화의 간주공급은 세금계산서를 발급할 수 없다. 작성연월일은 세금계산서 필요적 기재사항에 해당한다. 면세재화를 공급하는 사업자는 세금계산서를 발급할 수 없다.

20 ② 장기할부판매의 경우에는 대가의 각 부분을 받기로 한 때이다.

21 ② 택시운송 용역은 과세이다.

22 ② 현금흐름표는 기타첨부서류로 외부감사 대상이 되는 법인만 해당된다.

23 ④는 부가가치세에 대한 설명이다.

24 17,000,000
- 과세표준 = 과세 + 영세 = 11,000,000 + 4,200,000 + 1,800,000 = 17,000,000

25 963,500
- 납부세액 = 77,000,000원 × 15%(업종부가율) × 10% = 1,155,000원
- 공제세액:
  - 신용카드매출전표 등 발행공제 = 11,000,000원 × 1.3% = 143,000원
  - 세금계산서 등 세액공제 = (8,800,000원 − 1,100,000원) × 0.5% = 38,500원
  - 전자신고세액공제 = 10,000원
- 차가감 납부세액 = 1,155,000원 − (143,000원 + 38,500원 + 10,000원) = 963,500원

26 순자산(증가설)
과세소득을 정의하는 방법에는 소득원천설과 순자산증가설이 있다. 괄호에 적합한 용어는 순자산증가설이다.

27 ① 원가의 통제가능성에 따라 통제가능원가와 통제불능원가로 구분한다. 변동원가와 고정원가는 원가의 발생행태에 따라 구분한 것이다.

28 ④
- 재료원가 총완성품환산수량 = (1,500개 + 500개) × 100% = 2,000개

29 ②
- 영업레버리지도 = 공헌이익 ÷ 영업이익 = 40,000원 ÷ 20,000원 = 2
  따라서 고정비가 20,000원이라면 영업레버리지도가 2가 된다.

30 노무비 원가의 세 가지 요소에는 재료비, 제조경비, 노무비가 있다.

31 고정원가
영업레버리지도(DOL)란 고정원가가 지렛대 작용을 함으로써 매출액의 변화율에 따른 영업이익의 변화율이 반응하는 효과를 말한다. 따라서 고정원가의 비중이 큰 기업은 영업레버리지도 또한 크게 나타난다.

32 40
- 공헌이익 = 2,000,000원 × 0.5 = 1,000,000원
- 영업이익 = 1,000,000원 − 600,000원 = 400,000원
- 안전한계율 = 영업이익 ÷ 공헌이익 = 400,000원 ÷ 1,000,000원 × 100% = 40%

[실무 답안]

1	2	3	4	5	6	7	8	9	10
④	②	①	④	④	③	④	③	②	④

11	12	13	14	15	16	17	18	19	20
②	②	④	②	③	②	②	②	③	①

21	22	23	24	25					
②	③	③	①	③					

[풀이]

01 ④ [시스템관리] → [회사등록정보] → [사원등록]에서 조회하여 확인

02 ② [시스템관리] → [기초정보관리] → [일반거래처등록] 화면상단 [조건검색]메뉴 실행, 조건(거래처구분: 1일반) 선택 후 조회되는 거래처 확인

03 ① [시스템관리] → [회사등록정보] → [부서등록] 조회하여 확인

04 ④ [회계관리] → [전표/장부관리] → [지출증빙서류검토표] 집계 탭, 회계단위(1000.(주)한국생산 본점), 기표기간(2022/01/01~2022/03/31) 현금영수증 합계 확인

05 ④ 1) [시스템관리] → [기초정보관리] → [일반거래처등록] 거래처(00001.(주)영은실업) 선택 후 거래처분류(1000.강남구) 입력
   2) [회계관리] → [전표/장부관리] → [채권채무잔액조회서] 채권채무잔액 탭, 회계단위(1000.(주)한국생산 본점), 기준일자(2022/06/30), 계정구분(1.계정별) 채권인 외상매출금 잔액과 채무인 외상매입금 잔액 확인

06 ③ 1) [시스템관리] → [기초정보관리] → [프로젝트등록] 등록된 프로젝트(1001.광주공장) 중 프로젝트분류가 '200.남부'인 프로젝트 확인
   2) [회계관리] → [결산/재무제표관리] → [관리항목별원가보고서] 프로젝트별 탭, 회계단위(1000.(주)한국생산본점), PJT분류(200.남부), 프로젝트(1001.광주공장), 기간(2022/01/01~2022/06/30) 여비교통비(판매관리비) 계정의 사용금액 확인

07 ④ [회계관리] → [자금관리] → [받을어음명세서] 어음조회 탭, 회계단위(1000.(주)한국생산 본점), 조회구분(1.수금일, 2022/04/25~2022/04/25) 관련내용 확인

08 ③ [회계관리] → [전표/장부관리] → [총계정원장] 월별 탭, 회계단위(1000.(주)한국생산 본점),
기간(2022/01~2022/06), 계정과목(1.계정별, 10800.외상매출금) 차변금액 비교

09 ② 1) [회계관리] → [예산관리] → [예산조정입력] 관리항목(0.부서별, 1001.회계팀), 계정과목(지급수수료(판
매관리비)), 신청연도(2022) 예산전용 선택 후 지급수수료(판매관리비) 계정의 예산조정 내용(조정과목:
차량유지비(판매관리비), 조정항목: 회계팀, 조정금액: 500,000원) 입력
2) [회계관리] → [예산관리] → [예산초과현황] 조회기간(2022/05~2022/05) 과목구분(1.예산과목),
집행방식(2.승인집행), 관리항목(0.부서별, 1001.회계팀) 차량유지비(판매관리비) 계정과목의 예산 집행
율(%) 확인

10 ④ [회계관리] → [결산/재무제표관리] → [합계잔액시산표] 기간(2021/12/31) 조회 후 소모품의 구입액 확인
후 사용액(구입액 66,000,000원 – 기말재고액 30,000,000원 = 36,000,000원)을 소모품비로 대체
• 12월 결산시: (차) 소모품비 36,000,000원   (대) 소모품   36,000,000원

11 ② [회계관리] → [결산/재무제표관리] → [손익계산서] 회계단위(1000.(주)한국생산 본점), 기간
(2022/03/31) 조회 후 확인

12 ② [회계관리] → [자금관리] → [일자별자금계획입력] 자금계획입력 탭, 회계단위(1000.(주)한국생산 본점),
[고정자금] 메뉴 실행 후 3월과 4월의 고정지출 금액 확인
• 3월의 고정자금: 사무실임차료 + 통신비 + 공장임차료 = 5,500,000원 + 2,300,000원 + 9,000,000
= 16,800,000원
• 4월의 고정자금: 사무실임차료 + 공장임차료 = 5,500,000원 + 9,000,000원 = 14,500,000원
3월보다 4월에 2,300,000원 감소하였다.

13 ④ [회계관리] → [전표/장부관리] → [외화명세서] 잔액 탭, 회계단위(1000.(주)한국생산 본점), 출력기준
(1.발생기준), 기표기간(2022/01/01 ~ 2022/12/31) 계정과목(10302.외화예금) 조회 후 확인

14 ② [회계관리] → [업무용승용차관리] → [업무용승용차 운행기록부] 회계단위(1000.(주)한국생산 본점), 사용
기간(과세기간)(2022/01/01~2022/01/31) 관련내용 확인

15 ③ [회계관리] → [부가가치세관리] → [부가세신고서] 구분(0.사업장별), 사업장(2000.(주)한국생산 지점), 기
간(2022/04/01~2022/06/30), 구분(0.정기신고) [불러오기] 후 수출기업수입분납부유예(10-1) 세액 확인

16 ② 1) [회계관리] → [전표/장부관리] → [전표입력] 회계단위(2000.(주)한국생산 춘천지사) 9월 30일 전표입력
구분(5.매입부가세) 선택 / 거래처((주)라라실업), 전표유형(1000.매입전표), 사업장(2000.(주)한국생산
춘천지사), 세무구분(28. 현금영수증매입), 신고기준일(2022/09/29), 공급가액(3,000,000원),
부가가치세(300,000원), 현금(3,300,000원) 입력 후 적용
(차) 기계장치 3,000,000원   (대) 현금 3,300,000원
(차) 부가세대급금 3,000,000원
2) [회계관리] → [부가가치세관리] → [신용카드발행집계표/수취명세서] 신용카드/현금영수증명세서 탭,
신고구분(0.사업장별), 사업장(2000.(주)한국생산 춘천지사), 기간(2022/07~2022/09) 현금영수증수취
명세서에서 고정자산 매입세액 확인

17 ② [회계관리] → [전표/장부관리] → [매입매출장] 신고서기준 탭, 사업장(2000.(주)한국생산 춘천지사),
조회기간(신고기준일, 2022/10/01~2022/12/31), 전표상태(1.승인), 출력구분(2.매입) 우측 상단 [예정신고
누락분 제외] 버튼 클릭 후 예정신고누락분 건수 확인

18 ② [회계관리] → [부가가치세관리] → [계산서합계표] 신고방식(0.사업장별, 2000.(주)한국생산 춘천지사), 기
간(2022/01~2022/03), 구분(1.매출) 매수 확인

19 ③ [회계관리] → [전표/장부관리] → [매입매출장] 거래처별 탭, 사업장(2000.(주)한국생산 춘천지사), 조회기
간(신고기준일, 2022/04/01~2022/06/30), 전표상태(1.승인), 출력구분(1.매출), 세무구분(11.과세매출) 거
래처별 공급가액 합계 확인

20 ① [회계관리] → [전표/장부관리] → [매입매출장] 세무구분별 탭, 사업장(2000.(주)한국생산 춘천지사),
조회기간(신고기준일. (2022/10/01~2022/12/31) 전표상태(1.승인) 조회 후 세무구분 확인

21 ② [회계관리] → [결산/재무제표관리] → [기간별원가보고서] 반기별 탭, 회계단위(1000.(주)한국생산본점), 기간(상반기~하반기), 계정과목 확인

22 ③ 1) [회계관리] → [고정자산관리] → [고정자산등록] 사업장(1000.(주)한국생산 본점), 자산유형(20800.차량운반구), 차량(2080007.1톤트럭) 선택 후 경비구분(500번대)로 수정
    2) [회계관리] → [고정자산리] → [감가상각비현황] 총괄 탭, 회계단위(1000.(주)한국생산본점), 경비구분(1.500번대), 기간(2022/01~2022/12) 차량운반구의 당기감가상각비 확인

23 ③ [회계관리] → [결산/재무제표관리] → [관리항목별원가보고서] 프로젝트 탭, 회계단위(1000.(주)한국생산본점), 기간(2022/06/01~2022/06/30) 원재료비 타계정으로 대체액 금액 확인

24 ① [회계관리] → [결산/재무제표관리] → [기간별원가보고서] 월별 탭, 회계단위(1000.(주)한국생산 본점), 기간(2022/01~2022/06) 출력구분(0.계정별) 원재료 매입액 중 타계정에서 대체액 금액 확인

25 ③ [회계관리] → [결산/재무제표관리] → [원가보고서] 회계단위(1000.(주)한국생산 본점), 기간(2022/06/30), 관리용 탭, 관련내용 확인

회계 1급 | 2022년 4회 (2022년 7월 23일 시행)

[이론 답안]

1	2	3	4	5	6	7	8
①	①	②	④	④	③	③	④
9	10	11	12	13	14	15	16
②	③	④	③	④	②	acdb	2,000,000
17	18	19	20	21	22	23	24
만기보유	①	④	②	④	④	③	5,000,000 복수정답: 9,000,000
25	26	27	28	29	30	31	32
소득처분	14,000,000	②	①	②	1,000	2	110

[풀이]

01 ①

[ERP 구축절차]
- 분석단계: AS – IS 파악(현재의 업무), 주요 성공요인 도출, 목표와 범위설정, 경영전략 및 비전 도출, 현재 시스템의 문제 파악, 현업의 요구분석, TFT 구성
- 설계단계: TO – BE 프로세스 도출, GAP 분석(패키지 기능과 TO – BE 프로세스와의 차이분석), 패키지 설치, 파라미터 설정, 추가개발 및 수정사항 논의, 인터페이스 문제 논의, 커스터마이징
- 구축단계: 모듈 조합화, 모듈별 테스트 후 통합테스트, 추가개발 및 수정기능 확정, 인터페이스 연계, 출력물 제시
- 구현단계: 시스템 운영(실제 데이터 입력 후 테스트), 시험가동, 데이터 전환, 시스템 평가

02 ① ERP 선택기준은 커스터마이징의 최소화이다.

03 ② 현재 업무방식을 그대로 고수하지 말아야 한다.

04 ④ 모든 사용자들은 사용자 권한이 있는 범위에서 쉽게 기업의 정보에 접근할 수 있다.

05 ④ 리엔지니어링은 조직의 효율성을 제고하기 위해 업무흐름 뿐만 아니라 전체 조직을 재구축하려는 혁신전략 기법 중 주로 정보기술을 통해 기업경영의 핵심과 과정을 전면 개편함으로 경영성과를 향상시키려는 전략이다. 신속하고 극단적인 성격이 있으며, 전면적인 혁신을 강조한다.

06 ③ 재무회계의 질적특성 중에는 표현의 충실성, 검증가능성, 중립성 등이 있으며 보기는 검증가능성에 대한 설명이다.

07 ③ 자산과 부채는 원칙적으로 상계하여 표시하지 않는다. 다만, 기업이 채권과 채무를 상계할 수 있는 법적 구속력이 있는 권리를 가지고 있고, 채권과 채무를 순액기준으로 결제하거나 채권과 채무를 동시에 결제할 의도가 있다면 상계하여 표시할 수 있다.

08 ④ 할부판매는 장기와 단기를 구분하지 않고 모두 상품을 인도한 날에 수익으로 인식하므로 할부판매한 상품은 판매자의 재고에 포함한다.

09 ② 수익의 발생은 대변 요소이다.

10 ③ 당기 2월에 현금으로 지급한 1년분 임차료를 전액 당기의 비용으로 계상하는 회계처리는 현금주의에 입각한 것이다. 발생주의는 당기에 해당하는 부분만 당기 비용으로 인식한다.

11 ④ 매출할인, 매출에누리, 매출환입은 총매출액에서 차감(−)한다. 매입할인은 총매입액에서 차감(−)한다. 매입운임은 총매입액에 가산(+)한다.

12 ③ 매도가능증권으로 분류된 채무증권만 만기보유증권으로 분류변경할 수 있으며, 매도가능증권으로 분류된 지분증권을 1년 이내에 처분할 것이 거의 확실한 경우에는 유동자산으로 분류한다.

13 ④ 자본의 구성을 자본거래와 손익거래로 구분하는 문제이다. 자본거래(자본, 자본잉여금, 자본조정)와 손익거래(이익잉여금과 기타포괄손익누계액)는 모두 자본에 영향을 미친다.

14 ②
- 매출총이익 = 800,000원 × 10% = 80,000원
- 매출원가 = 매출액 − 매출총이익 = 800,000원 − 80,000원 = 720,000원
- 기말상품재고액 = 기초상품재고액 + 당기상품매입액 − 매출원가
    = 600,000원 + 450,000원 − 720,000원 = 330,000원

15 acdb
제조기업의 재무제표작성은 당기제품제조원가가 산출되고, 손익계산서의 당기순손익이 결정되고, 이익잉여금의 미처분이익잉여금이 결정되고, 최종적으로 재무상태표가 작성된다.

16 2,000,000
- 매출원가 = 기초재고액 + 당기총매입액 − 매입할인 − 매입에누리 − 기말재고액
    = 100,000원 + 1,300,000원 − 100,000원 − 100,000원 − 200,000원 = 1,000,000원
- 당기 매출총이익 = 3,000,000원 − 1,000,000원 = 2,000,000원

17 만기보유
- 만기보유증권은 상각후원가법으로 평가한다.

18 ① 발생된 세금을 실질적으로 부담하는 자는 담세자이다.

19 ④
- 부가가치세 매입세액 = (500,000+20,000) × 10% = 52,000

20 ② 면세포기를 신고하면 거래징수당한 매입세액을 공제받을 수 있게 된다.

21 ④ 거래처별로 1역월 이내에서 사업자가 임의로 정한 기간의 공급가액을 합계하여 그 기간의 종료일자(말일자)를 작성연월일로 하여 세금계산서를 발급하는 경우 공급일이 속하는 달의 다음 달 10일까지 발급할 수 있다.

22 ④ 공제하지 아니하는 매입세액: 사업자등록을 신청하기 전의 매입세액. 다만, 공급시기가 속하는 과세기간이 끝난 후 20일 이내에 등록을 신청한 경우 등록신청일부터 공급시기가 속하는 과세기간 기산일(제5조제1항에 따른 과세기간의 기산일을 말한다)까지 역산한 기간 내의 것은 제외한다.

23 ③ 가산금과 체납처분비는 손금불산입 항목이다.

24 5,000,000 or 복수정답: 9,000,000원
- 공제받는 매입세액 = 소모품비 + 사업장임차료 = 2,000,000원 + 3,000,000원 = 5,000,000원
- 복수정답 근거: 비영업용 소형승용자동차 구입비에서 1000CC 이하는 매입세액 공제가 가능함

25 소득처분

26 14,000,000

자본금과 적립금조정명세서(乙)은 유보금액을 관리하는 서식이다. 따라서 소득금액조정합계표 및 자본금과 적립금조정명세서(乙) 모두에 연관이 있는 항목은 유보로 처분되는 항목을 의미한다. 대손충당금 한도초과액과 건물 감가상각비 한도초과액은 유보로 처리한다.

27 ② 원가는 의사결정과의 관련성에 따라 관련원가와 비관련원가로 분류한다. 기회원가는 관련원가에 포함되는 개념이다.

28 ① 단계배분법은 부문별원가계산에서 보조부문비를 제조부문에 배분할 때 이용되는 방법이다.

29 ②

• 영업레버리지도 = 공헌이익 ÷ 영업이익 = 400,000원 ÷ 100,000원 = 4
  따라서 안전한계율이 0.25이다.

30 1,000

재료A가 공정의 100% 완료시점에 전량 투입되기 때문에 총완성품환산량은 당기 완성품의 수량만큼 계산된다.
• 기초재공 완성수량 + 당기착수 당기완성수량 = [(200개 × 1) + (800개 × 1)] = 1,000개

31 2

• 공헌이익 = 1,000,000원 × 0.4 = 400,000원
• 영업이익 = 400,000원 − 200,000원 = 200,000원
• 영업레버리지도(DOL) = 공헌이익 ÷ 영업이익 = 400,000원 ÷ 200,000원 = 2

32 110

• 직접재료비 구입가격차이 = 1,300kg × (A − @100원) = 13,000원
  따라서 A(실제 구입가격) = @110원/kg

[실무 답안]

1	2	3	4	5	6	7	8	9	10
③	②	③	②	①	④	④	②	①	④
11	12	13	14	15	16	17	18	19	20
②	①	②	①	④	③	①	①	①	②
21	22	23	24	25					
①	④	②	④	②					

[풀이]

01 ③ [시스템관리] → [회사등록정보] → [사원등록] 김은찬 사원의 회계입력방식 확인

02 ② [회계관리] → [기초정보관리] → [계정과목등록] 계정과목별 설정내용 확인

03 ③ [시스템관리] → [기초정보관리] → [일반거래처등록] [조건검색] 버튼을 클릭한 후 사업여부(0.미사용) 검색하여 확인

04 ② 1) [회계관리] → [예산관리] → [예산조정입력] 관리항목(0.부서별, 1001.회계팀), 계정과목(접대비(판매관리비)), 신청연도(2022) 예산전용 선택 후 접대비(판매관리비) 계정의 예산조정 내용(조정과목: 여비교통비(판매관리비), 조정항목: 회계팀, 조정금액: 630,000원) 입력

2) [회계관리] → [예산관리] → [예산초과현황] 조회기간(2022/01~2022/01) 과목구분(1.예산과목), 집행방식(2.승인집행), 관리항목(0.부서별, 1001.회계팀) 여비교통비(판매관리비) 계정과목의 예산금액 확인

05 ① [회계관리] → [자금관리] → [받을어음명세서] 어음조회 탭, 회계단위(1000.(주)더존 본점), 조회구분(1.수금일, 2022/02/01~2022/02/01) 해당 어음 조회

06 ④ [회계관리] → [전표/장부관리] → [채권년령분석] 회계단위(1000.(주)더존 본점), 채권잔액일자(2022/03/31), 전개월수(3), 계정과목(10800.외상매출금) 조회 후 확인

07 ④ [회계관리] → [결산관리] → [기간별손익계산서] 반기별 탭, 회계단위(1000.(주)더존 본점), 기간(상반기~하반기), 출력구분(0.계정별) 계정과목별 증감액 확인

08 ② [회계관리] → [전표/장부관리] → [외화명세서] 환종별상세원장 탭, 회계단위(1000.(주)더존 본점), 기표기간(2022/01/01~2022/12/31), 계정과목(10302.외화예금) 장부상 외화금액과 결산시 외화금액을 비교하여 외화환산손익 계산
- 장부상 외화($2,000)의 원화금액 = 2,100,000원
- 결산시 외화($2,000)의 원화금액 = $2,000 × @1,200원 = 2,400,000원
외상매출금의 결산시 금액이 장부상 금액보다 300,000원 감소하였으므로 외화환산이익이 발생한다.

09 ① [회계관리] → [업무용승용차관리] → [업무용승용차 차량등록] 회계단위(1000.(주)더존 본점) 등록된 차량 중 부서가 '1001.회계팀'인 차량의 차량번호 확인

10 ④ [회계관리] → [전표/장부관리] → [거래처원장] 잔액 탭, 회계단위(1000.(주)더존 본점), 출력기준(1.발생기준), 계정과목(1.계정별, 10800.외상매출금), 기표기간(2022/01/01~2022/06/30) 거래처 분류별 외상매출금 감소금액 확인

11 ② [회계관리] → [전표/장부관리] → [전표승인해제] 회계단위(1000.(주)더존 본점), 전표상태(미결), 결의기간(2022/10/01~2022/10/31) 조회되는 전표 건수 확인

12 ① [회계관리] → [결산/재무제표관리] → [합계잔액시산표] 기간(2022/07/31) 계정별 탭, 받을어음과 대손충당금 금액 확인
- 대손 추산액 = 외상매출금(879,080,000원) × 1% = 8,790,800원
- 대손충당금 회계처리 (차) 대손상각비   8,790,800원   (대) 대손충당금   8,790,800원

13 ② [회계관리] → [전표/장부관리] → [일원계표] 일계표 탭, 회계단위(1000.(주)더존 본점), 출력구분(0.계정별), 기간(2022/10/15~2022/10/31) 판매관리비 항목 중 지출금액이 큰 순서 확인

14 ① [회계관리] → [자금관리] → [자금현황] 총괄거래현황 탭, 회계단위(1000.(주)더존 본점), 조회기간(2022/06/30~2022/06/30), 계정구분(1.세목별) 계정과목별 가용자금 확인

15 ④ [회계관리] → [부가가치세관리] → [세금계산서합계표] 신고방식(0.사업장별), 사업장(2000.(주)더존 지점), 기간(2022/04~2022/06), 구부(2.매입) 세금계산서 관련 내용 확인

16 ③ 1) [회계관리] → [전표/장부관리] → [전표입력] 회계단위(2000.(주)더존 지점), 결의부서(1001.회계팀), 거래자료 입력(매입부가세, 세무구분: 27.카드매입, 거래처: (주)하진테크, 고정자산과표 입력)
　　(차) 20600.기계장치　　　　　3,000,000원　(대) 25300.미지급금　　3,300,000원(두리카드)
　　　　13500.부가세대급금　　　　300,000원

2) [회계관리] → [부가가치세관리] → [신용카드발행집계표/수취명세서] 신용카드/현금영수증수취명세서 탭, 신고구분(0.사업장별), 사업장(2000.(주)더존 지점), 기간(2022/10~2022/12) 신용카드수취명세서란의 고정자산 매입분(세액) 확인

17 ① 1) [회계관리] → [부가가치세관리] → [부동산임대공급가액명세서] 신고구분(0.사업장별), 사업장(2000.(주)더존 지점), 과세기간(2022/01~2022/03), 이자율(1.2%) 부동산임대관련 자료 입력 후 보증금이자(간주임대료 = 173,260원) 확인

2) [회계관리] → [전표/장부관리] → [전표입력] 회계단위(2000.(주)더존 지점), 2022/03/30 거래자료(간주임대료) 입력
(차) 81700.세금과공과(판)　　173,260원　　(대) 25500.부가세예수금　　173,260원

3) [회계관리] → [전표/장부관리] → [매입매출장] 세무구분별 탭, 사업장(2000.(주)더존 지점), 조회기준(신고기준일, 2022/01/01~2022/03/31), 전표상태(1.승인), 출력구분(1.매출), 세무구분(14.건별매출) 세액의 소계 확인

18 ① [회계관리] → [전표/장부관리] → [매입매출장] 신고서기준 탭, 사업장(2000.(주)더존 지점), 조회기간(신고기준일, 2022/10/01~2022/12/31), 전표상태(1.승인), 출력구분(2.매입) 우측 상단 예정신고누락분 조회 버튼 클릭 후 예정신고누락분 건수와 공급가액 확인

19 ① [회계관리] → [부가가치세관리] → [신용카드발행집계표/수취명세서] 신용카드발행집계표 탭, 신고구분(0.사업장별), 사업장(2000.(주)더존 지점), 기간(2022/07~2022/09) 세금계산서 발급금액 확인

20 ② [회계관리] → [부가가치세관리] → [매입세액불공제내역] 신고구분(0.사업장별), 사업장(2000.(주)더존 지점), 기간(2022/04)~2022/06), 토지의 자본적 지출관련 불공제 매입세액 확인

21 ① [회계관리] → [결산/재무제표관리] → [손익계산서] 회계단위(1000.(주)더존 본점), 기간(2022/01/31) 매출액 확인
- 단위당 판매단가 = 매출액 ÷ 판매량 = 233,100,000원 ÷ 30,000개 = 7,770원
- 손익분기점 판매량 = 고정비 ÷ (단위당 판매단가 − 단위당 변동비)
　　　　　　　　　 = 60,000,000원 ÷ (7,770원 − 1,770원) = 10,000개

22 ④ 1) [회계관리] → [고정자산관리] → [고정자산등록] 사업장(1000.(주)더존 본점), 자산유형(20600.기계장치) 자산명(1008.이송장치)의 PJT(1004.대전공장) 변경

2) [회계관리] → [고정자산관리] → [감가상각비현황] 총괄 탭, 회계단위(1000.(주)더존 본점), 경비구분(1.500번대), 기간(2022/01~2022/12) 기계장치의 당기감가상각비 확인

23 ② 1) [시스템관리] → [기초정보관리] → [프로젝트등록] 등록된 프로젝트(1001.광주공장) 중 프로젝트분류가 '200.남부'인 프로젝트 확인

2) [회계관리] → [결산/재무제표관리] → [관리항목별원가보고서] PJT분류별 탭, 회계단위(1000.(주)더존 본점), PJT분류(200.남부), 프로젝트(1001.광주공장), 기간(2022/01/01~2022/06/30) 여비교통비(제조경비) 계정의 사용금액 확인

24 ④ 1) [회계관리] → [전표/장부관리] → [전표입력] 회계단위(1000.(주)더존 본점), 결의부서(1001.회계팀), 작성자(김은찬) 2022/06/30 조회 후 타계정구분(8.타계정대체 출고) 입력 후 저장

2) [회계관리] → [결산/재무제표관리] → [원가보고서] 회계단위(1000.(주)더존 본점), 기간(2022/06/30), 관리용 탭, 원재료 계정의 타계정으로 대체액 확인

25 ② [회계관리] → [결산/재무제표관리] → [원가보고서] 회계단위(1000.(주)더존 본점), 기간(2022/03/31), 관리용 탭, 관련내용 확인

저자 약력

김혜숙

- 홍익대학교 교육대학원 석사 졸업(상업교육)
- 홍익대학교 일반대학원 박사 수료(세무학)
- 홍익대학교 외래교수
- 한국공인회계사회AT(TAT·FAT)연수강사
- 한국생산성본부 ERP연수강사
- (현) (주)더존에듀캠 전임교수
- (현) 서울사이버대학교 세무회계과 겸임교수
- (현) 안양대학교 글로벌경영학과 겸임교수

- ERP정보관리사 회계 1급, 2급 (「삼일인포마인」, 2024)
- ERP정보관리사 인사 1급, 2급 (「삼일인포마인」, 2024)
- ERP정보관리사 물류·생산 1급, 2급 (「삼일인포마인」, 2024)
- I CAN FAT 회계실무 2급 (「삼일인포마인」, 2023)
- I CAN FAT 회계실무 1급 (「삼일인포마인」, 2023)
- I CAN TAT 세무실무 2급 (「삼일인포마인」, 2023)
- I CAN TAT 세무실무 1급 (「삼일인포마인」, 2023)
- SAMIL전산세무2급 (「삼일인포마인」, 2011)
- SAMIL전산회계1급 (「삼일인포마인」, 2011)
- SAMIL전산회계2급 (「삼일인포마인」, 2011)

김진우

- 경남대학교 경영학석사(회계전문가 과정)
- 경남대학교 경영학박사(회계전공)
- 한국생산성본부 ERP 공인강사
- 영남사이버대학교 외래교수
- 영진전문대학교 외래교수
- 창원문성대학교 외래교수
- 경남도립거창대학 세무회계유통과 초빙교수
- 한국공인회계사회 AT연수강사
- (현) YBM원격평생교육원 운영교수
- (현) (주)더존에듀캠 전임교수
- (현) 거창세무서 국세심사위원회 위원
- (현) 울산과학대학교 스마트제조공학과 겸임교수
- (현) 경남대학교 경영학부 겸임교수
- (현) 서원대학교 경영학부 겸임교수

- ERP정보관리사 회계 1급, 2급 (「삼일인포마인」, 2024)
- ERP정보관리사 인사 1급, 2급 (「삼일인포마인」, 2024)
- ERP정보관리사 물류·생산 1급, 2급 (「삼일인포마인」, 2024)
- I CAN 전산세무 2급 (「삼일인포마인」, 2024)
- I CAN 전산회계 1급 (「삼일인포마인」, 2024)
- I CAN 전산회계 2급 (「삼일인포마인」, 2024)
- 바이블 원가회계 (「도서출판 배움」, 2021)
- 바이블 회계원리 (「도서출판 배움」, 2023)

임상종

- 계명대학교 경영학박사(회계학)
- (주)더존비즈온 근무
- 한국생산성본부 ERP 공인강사
- 대구지방국세청 납세자보호위원회 위원
- 중소기업청 정책자문위원
- (현) 계명대학교 경영대학 회계세무학부 교수

- ERP정보관리사 회계 1급, 2급 (「삼일인포마인」, 2024)
- ERP정보관리사 인사 1급, 2급 (「삼일인포마인」, 2024)
- ERP정보관리사 물류·생산 1급, 2급 (「삼일인포마인」, 2024)

2024 국가공인 ERP 정보관리사 회계 1급

발　　　행 ▌2024년 3월 13일 발행(2024년판)
저　　　자 ▌김혜숙 · 김진우 · 임상종
발　행　인 ▌이 희 태
발　행　처 ▌**삼일인포마인**
주　　　소 ▌서울특별시 한강대로 273 용산빌딩 4층
등　　　록 ▌1995. 6. 26 제3-633호
전　　　화 ▌(02) 3489-3100
팩　　　스 ▌(02) 3489-3141
정　　　가 ▌25,000원
ＩＳＢＮ ▌979-11-6784-224-4 13320

저자와의
협의하에
인지생략